はしがき

　かつて「人権と福祉，環境の大陸」などとよばれて，私たち日本人の憧憬の地であったヨーロッパ。特に英仏独など西欧とよばれる地域は，民主主義を生み出し，第2次世界大戦後は経済発展を主導するとともに福祉国家を確立させるなど，「先進国」であることに疑いはなかった。また欧州統合という形で，国家間の地域統合という未曾有の大実験を成功裡に進めてきた点でも先進的であった。

　しかし2000年以降，むしろヨーロッパに関して聞こえてくるニュースは，経済危機や移民・難民問題，テロや暴動など悲しい出来事が多くなり，ヨーロッパが扱われる文脈もネガティヴなものに変わってきたような気がする。私たちが教壇に立っていても，学生たちから「今度旅行でヨーロッパに行こうと思っているんですが，治安は大丈夫でしょうか」と尋ねられることが多くなった。いつの間にかヨーロッパは，「治安の悪さ」などネガティヴな問題を多く抱え，日本に住む人々にとっても警戒すべき大陸になってしまったのかもしれない。またイギリスの欧州連合からの離脱をめぐる混乱など（執筆時点では先が見えないが）ショッキングな出来事も起きているし，ハンガリーのように自由民主主義が危機に陥るような事例も出てきている。少なくとも「憧憬の地」とはもはやみなされていないようだし，そのように捉えることは実際難しいだろう。やはりヨーロッパは変わってしまったのだろうか。

　しかしながら，実際に私たちが訪問するヨーロッパは，以前と異なった様子も目にはするが，ワインは美味しいままだし，片言の言葉で話しかけても親切に対応してくれる人は多い。変わらない伝統を肌で感じることもまた多い。また，現在においてこそ多くの問題を目にしているとしても，より長いスパンでヨーロッパの政治や社会を考えるならば，それはさまざまな問題発生とその解決の繰り返しであった。この繰り返しのなかで，ヨーロッパの先進性が生み出されてきたとするならば，現在の状況も，単に悲観的にのみ捉えるべきではないのかもしれない。

　果してヨーロッパとは何だろうか。ヨーロッパの国々はどのような歴史を歩み，どのような流れのなかで現在の姿を生み出してきたのだろうか。現在ヨーロッパが直面する問題は，これまでヨーロッパが対処してきた問題とはどのように異なるものなのだろうか。そして，ヨーロッパは「先進性」を今一度取り戻すことができるだろうか。今こそこれらの大きな問いをじっくりと考えるチャンスである。ただこの問いに取り組むためには，最低限の共通理解が必要だろう。本書はその共通理解のために，必要とされるヨーロッパ政治の「教養」を取り上げている。

　すなわち本書は，この転換期と映る時期を念頭に，欧州連合（EU）を含むヨーロッ

パ各国の政治を改めてできる限り簡潔に学ぶことができるよう編集されたヨーロッパ政治のテキストである。必要最小限の歴史，政治制度を知り，現在の主要な政策の状況を知る。そして各国が抱えている問題を把握する。これが本書の指す「教養」である。極力シンプルに「教養」を記すことに各執筆者は徹している。一見分厚いが，それは国（章）の数が多いからだ（国がこれだけあることを知るのも1つの教養かもしれない）。だから，どこかの章を読み，内容をまとめるだけでも，その国や地域についての「教養」が身につくはずだ。

そして，可能ならば，これら最低限の「教養」を教室の共通理解として，「果して本当に変わってしまったのか」「変わらないところはどこか」，さらに「変わったとすれば，どこが，なぜ変わったのか」などを調べ，議論してほしい。なぜなら，本書刊行以降もしばらくヨーロッパの状況は流動的であるだろうからだ。その際本書で展開されている程度の基礎を抜きに今のヨーロッパについて議論することは，上っ面の議論で終わってしまい，事態の本質を見落とすことにつながるかもしれない。本書を理解することが学びの終わりではない。ここからスタートするために本書はある。

さらに，もし内容や語句がわからなければ，読書案内などを通じて独自で調べることで，「情報収集」や「情報を整理する」力を高めることができるだろうし，「なぜこのような事態が生じているのか」と議論することで「コミュニケーション」力を高めることができる。このように，本書を通じて，さまざまな意味で「教養」を深めつつ，ヨーロッパについて知り，そして学ぶこと，考えること，調べることの面白さを知ってほしいと願っている。

本書の完成に至るまで，執筆に加わっていない方からも多くのアドバイスをいただいた。特にこの間，ミネルヴァ書房の堀川健太郎さんにはしっかりと並走してもらい，編著者が心折れそうな時に励ましてくれた。いつものことながら本当に感謝している。

2019年4月

編著者一同

教養としてのヨーロッパ政治

目　次

はしがき

序　ヨーロッパの新しい時代の入り口に………………………………… i

第Ⅰ部　西　欧

第1章　イギリス……………………………………………………… 7
1　変わりゆく政党政治と議会 ………………………………… 8
2　小さな福祉国家 ……………………………………………… 11
3　多様性と制限的な移民・難民政策 ………………………… 14
4　アメリカとヨーロッパとの間で …………………………… 18
5　EU離脱 ……………………………………………………… 21
6　イギリスはどこに向かっているのか ……………………… 23

第2章　アイルランド共和国と北アイルランド ………………… 27
1　曖昧な国境と2つの政治制度 ……………………………… 29
2　「ケルトの虎」と社会の近代化 …………………………… 36
3　「グローバル・アイリッシュ」をキーワードに目指すソフトパワー … 40
4　外交を通じた独自のアイデンティティの模索 …………… 42
5　南北に生じる新たな亀裂——急進主義か保守主義か …… 44
6　西ヨーロッパの異端児からの脱却を目指して …………… 45
Column①　スポーツを通して見るナショナル・アイデンティティ ……… 30
Column②　アイルランド島の言語 …………………………………… 42

第3章　フランス……………………………………………………… 49
1　強力な大統領と政治勢力の左右二極化 …………………… 50
2　大きな福祉国家の経済・福祉政策 ………………………… 54
3　ヨーロッパの一大移民・難民受け入れ国 ………………… 58
4　欧州統合の推進 ……………………………………………… 62
5　マクロン政権の誕生 ………………………………………… 65
6　マクロン政権の位置づけと展望 …………………………… 68

iv

Column ③　ムスリムとの共生――イスラム・スカーフ事件とは何か……………… 60

第4章　ドイツ…………………………………………………………………… 71
　　1　政治の仕組み……………………………………………………………… 72
　　2　変容する福祉国家………………………………………………………… 79
　　3　「移民国」への道のり…………………………………………………… 83
　　4　外交・安全保障政策の連続性と変化…………………………………… 86
　　5　脱原発政策………………………………………………………………… 89
　　6　右翼ポピュリズム政党の台頭…………………………………………… 91

第5章　スイス…………………………………………………………………… 93
　　1　多文化・多言語国家を可能とする政治………………………………… 95
　　2　小さな政府の経済・福祉政策…………………………………………… 104
　　3　武装中立とヨーロッパ統合……………………………………………… 106
　　4　外国人問題と移民・難民政策…………………………………………… 110
　　5　展　望――外国人問題とEUとの協調………………………………… 112

第6章　オーストリア…………………………………………………………… 115
　　1　オーストリア政治の伝統と変化………………………………………… 116
　　2　転換期の社会パートナーシップ………………………………………… 121
　　3　移民・外国人の社会統合と政治参加問題……………………………… 123
　　4　岐路に立つ中立政策……………………………………………………… 127
　　5　オーストリアのナショナル・アイデンティティ……………………… 129
　　6　2017年総選挙――右派ブロックの躍進と多数派民主主義…………… 130

第7章　ベネルクス……………………………………………………………… 133
　　1　1つのベネルクス………………………………………………………… 134
　　2　ソブリン危機からの回復を目指して…………………………………… 143
　　3　「テロの温床」とよばれて……………………………………………… 144
　　4　欧州統合の中心として…………………………………………………… 145
　　5　ベルギーの国家改革の是非……………………………………………… 145

6　自治と共存の矜恃 146
  Essay ① ルクセンブルク 146

第8章　バチカン市国 151
  1　最古にして最小 153
  2　資金と国際 NGO 158
  3　人の移動への関与 159
  4　軍隊なき最強の外交 159
  5　注目の政策 168
  6　宗教国家と科学 169
  Column ④　先進国の途上国への「過重債務帳消し」で U2・ボノとの協力 170

第Ⅱ部　南欧・北欧

第9章　イタリア 175
  1　2つの共和制と政治 176
  2　家族を軸とする福祉 182
  3　後発移民受入国としてのイタリア 184
  4　大西洋主義とヨーロッパ主義からなる外交・安全保障政策 187
  5　5つ星運動の台頭と変わりゆく第2共和制 190
  6　展　　望──政治不信と欧州統合 191

第10章　スペイン 193
  1　地方分権と中央集権 194
  2　独裁の「遺産」と欧州モデル 198
  3　移民の送り出しと受け入れ 200
  4　欧州のなかのミドルパワーか 201
  5　カタルーニャ州の独立問題 203
  6　多様性，マルチガバナンス 205

第11章　ポルトガル ………………………………………………………… 209

1. 植民地帝国の崩壊と民主化 …………………………………………… 210
2. 民主化後の政治経済 …………………………………………………… 214
3. 外交・安全保障——旧植民地諸国および欧米諸国との関係を中心に ……… 217
4. 移民政策——投資ビザ制度の導入 …………………………………… 219

Essay ②　ギリシャ ……………………………………………………… 221

第12章　北　欧 …………………………………………………………… 229

1. 北欧諸国の概要 ………………………………………………………… 230
2. 北欧モデルの福祉国家 ………………………………………………… 241
3. 移民・難民政策 ………………………………………………………… 244
4. 外交・安全保障 ………………………………………………………… 247
5. ジェンダー平等から子どもの権利へ ………………………………… 249

第Ⅲ部　中・東欧

第13章　ブルガリア・ルーマニア …………………………………… 255

1. 「ポスト共産主義」の政治 …………………………………………… 256
2. 「ヨーロッパへの回帰」を目指して ………………………………… 262
3. 政治腐敗との闘い ……………………………………………………… 265
4. 「実質なき形式」？ …………………………………………………… 267

Essay ③　モルドヴァ共和国 …………………………………………… 268

第14章　旧ユーゴスラヴィア ………………………………………… 273

1. 繰り返される統合と分裂 ……………………………………………… 275
2. 外交政策と移行期正義 ………………………………………………… 291
3. 持続的な政治的安定に向けて ………………………………………… 295

第15章　ハンガリー …………………………………………………… 297

1. 体制転換への歩み ……………………………………………………… 298

2　体制転換後の政治 …………………………………………………… 301
  3　経済・福祉政策 ……………………………………………………… 304
  4　国境における人の移動 ……………………………………………… 306
  5　体制転換後の外交・安全保障政策 ………………………………… 309
  6　難民問題と2018年総選挙 …………………………………………… 314
  7　今後の展望 …………………………………………………………… 315

第16章　チェコとスロヴァキア ………………………………………… 317

  1　似ているけれど違う？──2つの国の比較 ……………………… 318
  2　対照的な「近代化」 ………………………………………………… 319
  3　民主化とEU加盟のリアリティ …………………………………… 323
  4　EU加盟後の変化と政党の変質 …………………………………… 326
  5　欧州の「危機」と小国の戦略 ……………………………………… 329
  6　1989年の遺産と民主主義 …………………………………………… 333

第17章　ポーランド ………………………………………………………… 337

  1　体制転換後の選挙の動向 …………………………………………… 338
  2　「法と正義」政権の経済・福祉政策 ……………………………… 344
  3　移民の2つの流れと消極的な難民政策 …………………………… 347
  4　重層的でバランスのとれた外交・安全保障政策を目指して …… 349
  5　ポーランドの地政学──MD配備問題 …………………………… 352
  6　EUの内のポーランド ……………………………………………… 358

第Ⅳ部　旧ソ連地域

第18章　ロシア ……………………………………………………………… 363

  1　混乱から安定へ ……………………………………………………… 364
  2　資源に依存した経済 ………………………………………………… 369
  3　「大国」の復活を目指して ………………………………………… 373
  4　移民大国ロシア ……………………………………………………… 377
  5　愛国主義による統合は持続可能か ………………………………… 378

第19章 ウクライナ………………………………………………381
1 政治制度と政治史……………………………………………382
2 移民の送り出し，通路，避難民……………………………390
3 「狭間」の外交・安全保障政策……………………………394
4 産業構造の転換？……………………………………………396
5 忘れられた紛争？……………………………………………398
6 持続可能な国民国家に向けて………………………………399

第20章 バルト諸国（エストニア・ラトヴィア・リトアニア）……401
1 ３カ国の歴史的背景…………………………………………402
2 異なる民主制の様相…………………………………………404
3 経済・福祉政策………………………………………………407
4 移民・難民政策………………………………………………410
5 足並みを揃える外交・安全保障……………………………413
6 政治化される各国の歴史認識問題…………………………415
7 今後の展望……………………………………………………418

第Ⅴ部　EUとトルコ

第21章 ＥＵ………………………………………………………423
1 欧州統合の歴史………………………………………………424
2 EUの政治制度………………………………………………429
3 ギリシャのツケを誰が払う？………………………………431
4 EUは移民・難民とどう向き合うか…………………………434
5 テロとの戦い…………………………………………………438
6 ポピュリズムとEUの将来……………………………………439

第22章 トルコ……………………………………………………443
1 「民主化」の道のり…………………………………………444
2 新自由主義と「公正」のあいだ……………………………452

目 次 ix

3	変化する人の流れ………………………………………………	454
4	対外関係の「多角化」……………………………………………	455
5	体制変革か権威主義か…………………………………………	457
6	個人への権力集中………………………………………………	459

現代ヨーロッパ政治略年表……461

人名・事項索引……469

序
ヨーロッパの新しい時代の入り口に

混迷のヨーロッパ

何がヨーロッパで起きているのだろうか。

この10年で，ヨーロッパは大きく動揺した。リーマン・ショックを機に広がった一連のユーロ危機とギリシャの財政危機。シリアを中心に避難してくる大量の数の難民。草の根の「反イスラム」運動の興隆。パリやブリュッセルなどで発生したテロ。そのなかでイギリスは2016年に欧州連合（EU）からの離脱を国民投票で決定したが，執筆時点でその先行きは不透明である。

イギリスだけではなく，南欧でも「ポピュリズム」「欧州懐疑派」といわれる政党が各国で台頭し，連立政権に参入している。また中東欧でも権威主義的な政権が成立し，EU（欧州委員会）と対立している。福祉国家の代名詞であった北欧でも，排外主義的なポピュリズムが急速に台頭している。市民の政治不信はうっ積しており，ドイツやオランダでは政府の難民政策に反対する「反イスラム」運動が盛り上がりを見せたし，フランスやベルギーでは「黄色いベスト」による反政府運動・暴動が多発している。

確かに，ヨーロッパは混迷しているように映る。そうした論調のニュースや新聞記事を目にした人も多いだろう。かつては人権，民主主義，福祉，環境の大陸と謳われたヨーロッパの将来を危惧する声が大きくなっているように思われる。

とはいえ，悲観論で塗りつくされるほどにヨーロッパの姿が変わったともいえない。民主主義的な統治機構は健在で，基本的人権が保障されていることに変わりない。既存の政党は，ポピュリストの台頭を指をくわえて眺めているわけではない。難民の受け入れを支持する市民運動は拡大しており，反イスラム運動を凌駕している。ヨーロッパ市民の多くは依然としてEUの将来を楽観視しているし，日EUの戦略的パートナーシップ協定（SPA）が結ばれることで，反グローバリズムの姿勢を見せるアメリカと対比してEUの国際的地位はいよいよ重要性を増していくようにも映る。

ともあれ，ヨーロッパを理解するのはますます困難になっているのは間違いない。新しい現象が見られるようになったし，政治，経済，社会の動きがこれまでにないスピードで展開している。

では，何が変わり，何が変わらないのか。激動の時代だからこそ，これらをしっかりと見据えなければならない。本書は，いまのヨーロッパの姿を読み解くために作られている。

本書の特徴

では，何を手がかりにヨーロッパ政治を読み解けばいいのか。本書にはいくつかの仕掛けが施してある。

トピック志向

本書の各章では，それぞれの執筆者が「今，この国や地域を知るために，最適だろう」と判断して選んだトピックから始まる。しばしばこうしたテキストは理論志向だが，本書はトピック志向である。これは，あまりに多くの重要なトピックに溢れているという，近年のヨーロッパの事情を反映したものだ。

これらのトピックは少し政治とは離れた歴史物語から，先に挙げたような近年の時事ニュースまで多岐に及ぶ。そして，そうしたトピックがなぜその国や地域と関連し，何が問題かを各章の中身で読み解けるよう工夫がされている。つまり，各筆者が今一番読者に提起したい問題を最初に挙げている。換言すれば，これが本書のいう「教養」である。

加えて，こうした重要なトピックやイシューとは「事件」であることも多い。つまり，その国，地域にとっての「例外状況」を取り上げることになる。その重要性は，いまさら論じる必要もないであろう。大嶽秀夫がかつて述べたように，「大きな論争を巻き起こす例外的事態は，まず，直接観察することができない潜在的影響力を，観察しうる行動として表出させるという意味で……『基底構造（underlying structure）』が表面化すると言ってもよい」（大嶽 1990：120-121）のであり，実はその国や地域の抱える本質をえぐりだす可能性もあるからだ。

本書が取り上げる国や地域は多岐に及ぶため半期の授業では全てを取り上げることは無理だろう（どこを取り上げるかは各教室の先生方や受講生に委ねたい）が，この扉に書かれたトピックに目を通していくだけでも，ヨーロッパ政治が抱える問題が「教養として」把握できるように構成されている。

歴史と政治制度

どれだけ「現在」のヨーロッパを把握したとしても，それが歴史や制度を十分に知らない知識や考察であれば，単なる「知ったかぶり」「上っ面」の解説になってしまうだろう。時事的なものを本質から理解するために，まずはオーソドックスに各国の歴史や主要な政治制度を知らなければならない。各章では，議会，選挙，執政制度や政党システム，それが構築されてきた歴史的背景が示されている。特に，公務員試験に最低限必須の重要な概念を理解できるような内容になるよう留意している。

主要政策——福祉，移民，外交

各章の構成の統一性である。おおむねどの章でも，福祉，移民，外交という主要政策

が論じられている。各国の政策を横並びで比較できるような構成になっている。ヨーロッパと一口にいっても，それぞれ国で政策が違っていることもわかるだろうし，ある国の間に共通性が見出されることもあるだろう。ある特定の国を学ぶことから一歩進んで，各国を比較の観点から眺めてみることもできる。

　これら3つの政策領域の後に，各国の注目動向が取り上げられている。政策や政党など内容はさまざまである。それぞれの執筆者がこれまでの研究を活かしつつ，今後を展望する視点を提供している。

　なお，本書の執筆者の多くは，ヨーロッパ政治，各国政治の研究者，教育者としてベテランというよりも，勢いのある「若手」である（本人の「自己申告」を含む）。近年のグローバル化など国際状況の変化を考慮し，必ずしも地域研究を専門とせず，むしろ国際関係や比較政治に強い執筆者もいる。それぞれの執筆者が教室での講義，ゼミでの経験を踏まえて生まれた関心，それに基づいた勢いのある文体を味わってほしい。

読書案内

　さらに興味を持った読者のために「読書案内」を設けている。比較的入手しやすく，初学者が発展的な内容を学ぶのに最適な文献をのせている。ほとんどは日本語文献なので，とっつきやすいだろう。もちろん，参照文献を見てさらに学びを深めるのもよいが，ハードルが高いようなら，「読書案内」を活用してもらいたいと思う。

　おそらく半期や一年の講義の終わりで受講者が相互にヨーロッパ政治の印象を語り合う時，教室として一つのヨーロッパ像が浮かび上がるだろう。単に「混乱している」だけではない，ヨーロッパ政治の奥深さ，その普遍的な面白さを見出すことができれば，と願っている。

　本書は2016年の初夏，編者たちが，難民問題，頻発するテロ，そしてイギリスのEU離脱というショッキングな出来事について話し合っていた時，「自分たちが教室で使うなら，どのような教科書が使いやすいだろうか」と話しあったところから始まった。同年秋にはミネルヴァ書房の担当者を交えた企画会議がなされ，めまぐるしく変化するヨーロッパの現状に対する読者の「トピック志向」が高まっていることを確認し，「現状を把握するテキスト」を作ろうという話が進んだ。同年12月には構成が決まり，執筆予定者が集まって一度勉強会を行った。

　その後，おおよそ1年かけて詳細を議論したのち，2017年の冬にある程度フォーマットを定めて各自が執筆に入った。もう少し早くフォーマットなどを確定しておけばよかったのだが，ヨーロッパの状況が目まぐるしく変化して決められず，結果的に執筆期間が短くなり執筆者には負担をかけたと思う。それだけ丁寧な議論が必要だった。困難な時代だということだと感じている。まだヨーロッパの大きな変化は続いており，その「うねり」のなかに私たちはいる。本書で十分に「現状」を把握しようとしても，また「現状」がすぐに変わってしまうから，いたちごっこになるかもしれないが，それでも

現時点の「教養レベル」の情報が記されるように留意した。

これを書いているさなかでも，各国の動向からは目が離せない。というより情報を収集するだけで手いっぱいである。本書を手にしてくださった方にとって，本書が，氾濫する情報に流されない，学問的な体幹を作り上げるトレーニングの機会を提供できれば幸いである。

なお，本書の部構成は地理的な区分に従っているが，この区分自体が，論争的な場合もある。本書の区分も出版上の便宜的なものであることをご了承いただきたい。

参考文献
大嶽秀夫『政策過程』東京大学出版会，1990年。

（近藤正基・近藤康史・松尾秀哉・溝口修平）

第Ⅰ部
西　欧

第1章
イギリス

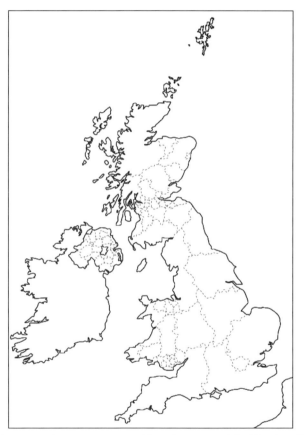

正式国名：グレート・ブリテンおよび北アイルランド連合王国，面 積：24万3,000 km^2，人 口：6,565万人（2016年），首 都：ロンドン（人口約879万人），公用語：英語，宗 教：英国国教他，通 貨：ポンド，GDP（名目）：2兆6,284億米ドル（2017年），1人あたり GDP：3万9,800米ドル（2017年）

---- **イギリスのEU離脱** ----

　近年の出来事で，最もイギリス政治が話題になったのは，2016年6月に行われた国民投票でのEU離脱と思われる。日本のメディアでも大きく報じられたので，記憶している人も多いだろう。もともとEU残留という結果が有力視されていたのに，結果はそれを裏切ったことや，経済的な観点からすればEU離脱は，今後の成長を阻害しかねないような非合理的決定のように見えたことなどが，世界の人々を驚かせた主な理由である。

　しかし政治の観点からすれば，このEU離脱という決定は，より大きなイギリス政治の構造変容を示すものでもあった。選挙区別に見た場合，7割以上の選挙区で離脱票が上回った。しかし，選挙区から当選している議員のうち，離脱を支持しているのは3割に満たなかった。つまりEUという争点に関しては，有権者の選択と，有権者を代表しているはずの議員の選択とは，完全に食い違ったのである。

　さらにこのEUという争点に関する限り，その選択は政党支持とも一致しなかった。保守党支持者は残留42％，離脱58％と割れた。二大政党のもう片方である労働党の支持者の間でも，残留が63％，離脱は37％であった。EUをめぐる対立は，二大政党間の対立に全く沿っていなかったのである。イギリスは「議会制の母国」とよばれ，「二大政党制」を特徴としてきたと言われる。しかしEU離脱という選択に示される状況は，議会が有権者の意思を反映していないこと，また，もはや政治的対立が二大政党制には沿っていないことを，明るみに出してしまった。

　なぜこうなったのだろうか。本章では，イギリス政治のさまざまなトピックを扱った後，この問題にまた戻ってくることにしたい。

1　変わりゆく政党政治と議会

二大政党制

　イギリスのアカデミー賞で「英国作品賞」（2000年）に選ばれ，日本でも公開された『リトル・ダンサー』という映画がある。炭鉱で働く労働者の息子が，バレエ・ダンサーを目指すというストーリーである。この映画に登場する父親は，2つの点で苦悩する。1つは，父親は息子に，より勇ましいスポーツであるボクシングを習わせており，息子が「バレエが好き」ということをなかなか認められない点。もう1つは，バレエは富裕層に好まれる上にバレエ学校の学費も高いことである。労働者である父親にとって，息子の希望を叶えることは，経済的にも文化的にもハードルがある。この映画では，イギリスの，特に労働者の生活や文化をうかがい知ることができる。そこに現れるのは，イギリスの階級社会が，単に経済だけでなく，文化や政治の面にも反映されていることである。

　イギリスの階級社会が政治に反映されている側面を見つけようとすれば，それは保守

党と労働党からなる二大政党制に行き着く。保守党は主に富裕層から，労働党は主に貧困な労働者層から支持を集めてきた。二大政党制へとつながる有権者の投票行動は「階級投票」とよばれる。階級投票の全盛期であった1960年代においては，中間層を含む裕福な層のうち，79％が保守党に投票する一方，労働者の91％は労働党に投票していたというデータもある（Butler and Stokes 1969）。

　この保守党と労働党という二大政党は，戦後直後のピーク時には，議席率においても得票率においても，あわせてほぼ100％を占めていた。逆にいえば，保守党と労働党以外の政党は，ほとんど議席を持たない状態であり，そのためイギリスは「二大政党制」の典型とされてきたのである。大きな政党が2つしかないのであるから，選挙においても，どちらの政党が単独で過半数の議席を占めるかに主眼が置かれる。政権交代も常態化し，戦後においても両党の政権担当期間はほぼ拮抗している。このような「二大政党による競争的な民主主義」がイギリス政治の最大の特徴とされてきたものであり，日本においても，特に1990年の政治改革期以降には，盛んに理想視されてきた。

イギリスの議会

　イギリスでは，二大政党制がその政治システムの根幹をなす要素となってきたが，その背景には，イギリスの政治制度における議会の役割の重みがある。イギリスには日本のような成文の憲法が存在せず，議会における決定が何に対しても優越する。逆にいえば，議会の決定については，イギリス国内の他のどの機関も，覆すことができないのである。このような議会の優越性のため，イギリスは「議会主権」であるとされてきた。

　イギリスにおける議会の歴史は古い。その起源は中世にまで遡り，課税などに関して国王と貴族とが対立した際に，貴族からの同意を得る場として発展したのであった。その後，貴族以外の人々からも同意を集める場として庶民院が形成され，イギリスの議会は貴族院（上院）と庶民院（下院）との二院制となった。このうち庶民院では，代表を選挙で選ぶこととなり，現代の形へと近づいていく。

　イギリスの議会では18世紀頃から，王権を支持するトーリー党と，王権の制限を主張するホイッグ党との対立が生じていた。これらの2党派はその後，保守党と自由党へとつながっていき，これが現代に至る二大政党制の原型となる。その後，3度の選挙法改正で労働者階級にも選挙権が与えられた結果，労働組合によって設立された労働党が勢力を伸ばし，20世紀に入ると自由党に取って代わるようになる。保守党と労働党という，階級対立に基づく二大政党制が成立したのである。

　この保守党と労働党との二大政党制を支えたのが，1つは前述の階級投票であった。しかしもう1つの要素として，小選挙区制という選挙制度が重要な効果を持った。小選挙区制では，1つの選挙区から1人しか当選しない。したがって1つの選挙区において，有力候補とそれに対抗しうる候補の2人に投票が集中する傾向が生まれ，二党制に有利に働くのである（デュヴェルジェの法則）。もちろんこの傾向は，選挙区ごとのもので

あって，全国レベルでの二大政党制の形成を保証するものではないが，イギリスでは全国レベルでの二大政党制が形成された。

その理由としては主に2つのことが考えられる。1つは，先の「議会主権」にも表れているように，イギリスはもともと中央集権的な性格が強く，政党も全国レベルで組織化されていたことである。したがって，選挙区ごと（地域ごと）の政党間競争が，全国レベルのそれを反映して編成される傾向が強くなった。もう1つは，保守党と労働党との間の政党競争が，階級対立という一元的な社会的亀裂に基づいて形成されていたことが挙げられる。他のヨーロッパ諸国に見られるように，例えば宗教や言語，地域間対立など，多元的に社会的亀裂が走っている国家であれば，選挙区ごとの対立もさまざまとなり，それが必ずしも全国レベルに反映するとは限らなくなる。しかしイギリスにおいては，それらの社会的亀裂は，大陸ヨーロッパ諸国と比べれば，強くはなかった。

政党政治の変化

しかし，現在これらの傾向は崩れつつあり，二大政党制は揺らいでいる。二大政党で占める議席率や得票率は長期的に見ればじわじわと低下しており，議席率では80％台が常態化し，得票率では70％を割り込むこともある。その結果，議会に議席を持つ政党も，二大政党以外に，自由民主党やスコットランド国民党（SNP），北アイルランドの民主統一党（DUP）など多岐にわたり，多党化の傾向が見られるようになった。

その要因としてはいくつかのことが指摘できる。1つは，保守党と労働党という二大政党間の競争の基礎となってきた階級投票が弱まっている点である。中間層の増加など，イギリスの階級社会自体が流動化してきたこともあるが，それ以上に有権者が，階級に沿った投票をしなくなったのである。この傾向は1970年代頃から指摘されているが，現在ではより顕著となっている。

もう1つは，特に1999年の分権化以降，やはりイギリスの二大政党制の基礎となってきた中央集権的性格に変化が見られることである。例えば多党化の要因となっているSNPはスコットランドの地域政党である。1999年に行われた分権改革でスコットランド議会が開設され，その選挙制度として「追加議員制」が採用された。この制度は，一言でいえば，日本と同様の小選挙区比例代表並立制であるが，日本よりも比例代表制的性格が強い仕組みになっている。スコットランド議会選挙においてSNPは，二大政党に埋没することなく勢力を伸ばし，2007年以降は第一党の座を獲得している。分権化の結果，地域レベルで勢力を伸ばした政党が，国政選挙でも次第に台頭することになったのである。

このように多党化が進んだことは，イギリスの政党政治に対してどのような影響を与えただろうか。1つは，議席率よりも得票率において多党化の進展が著しい点が生む問題である。これは，人々の投票先は多党化しているものの，小選挙区制の効果もあって，議席率では比較的まだ二大政党に有利な形へと，変換されていることを意味する。この

ことは，得票率と議席率との間の乖離を生んでいるが，それは，有権者の投票が議席に反映される程度が，減少しているということでもある。

　また小選挙区制下における多党化によって，第一党は，低い得票率であっても過半数の議席を占めることが可能となっている。2015年総選挙においては保守党の得票率は40％にも満たないが，議席数では過半数を確保し，単独政権を形成している。第一党が少ない得票率でも過半数を獲得できるようになった背景には，多党化に伴って，第一党への批判票が複数政党に分散するようになったことが指摘されている（Quinn 2013）。二大政党制下においては，例えば政権政党への批判票は1つの野党に集中するため，それが増えれば政権交代につながるであろう。しかし小選挙区制下で多党化が進むと，政権政党への批判票が複数の野党に分散し，相対的に政権政党に有利になる。近年のイギリスでは政権交代が起こりにくくなっているが，その背景にはこのような状況がある。

　このように，二大政党制を中心とするイギリスの政治システムも，現在では変化の波にさらされているのである。

2　小さな福祉国家

イギリス福祉国家の形成

　再び映画の話題から始めよう。イギリスのアカデミー賞で1997年に作品賞に選ばれ，日本でも公開された『フル・モンティ』という映画がある。これは，衰退の著しい町で失業中の男たちが，お金に困って「男性ストリップ・ショー」を始め，そのなかで自尊心も取り戻していく過程をコメディ・タッチで描いた映画である。失業すれば生活に困窮し，自尊心も失っていくとともに，それを自力で取り戻さなければならないという，イギリスの福祉の貧困さもまた印象に残る。

　このような福祉の貧困さと，それによって人々の自尊心もまた侵食されていく様は，近年のイギリス映画においてもテーマとなり続けている。2017年に英国作品賞に輝き，日本でも公開された『わたしは，ダニエル・ブレイク』は，病気で働けなくなった主人公と，シングル・マザーの女性との物語である。そこには，貧困の中で絶望に陥っていく人々と，それでも簡単には福祉を受給させてもらえないという，イギリスの福祉の現状を見ることができる。

　いずれの映画も，イギリスでは福祉国家が充実していないという現実を映し出している。このことは，数量的なデータからも裏づけることが可能である。2011年のOECDのデータによれば，GDP比で見た社会保障支出の割合は，先進33カ国中15位，またそのなかに含まれるEU加盟21カ国のうちでも14位である。量的に比較した場合，イギリスの福祉国家は中位から下位に位置づけられる。

　しかしこのようなイギリスの小さな福祉国家の現実は，やや意外なものに思えるかもしれない。なぜならイギリスは，「ゆりかごから墓場まで」という言葉を生み出した国

であることもわかるように，福祉国家の母国として捉えられてきた面もあるからである。福祉国家の母国は，どのようにして小さな福祉国家に至ったのだろうか。

現在に至るイギリス福祉国家の基礎となっているのは，1942年にウィリアム・ベヴァリッジ（William Beveridge）が提出したいわゆる『ベヴァリッジ報告』である（ベヴァリッジ 2014）。ベヴァリッジはそのなかで，欠乏・疾病・無知・不潔・無為の5つを対処すべき「5つの巨人」としてあげ，それらからの解放を国家が保障することを説いた。加えてベヴァリッジは，普遍性，包括性，十分性を原則として掲げ，それまで一部の貧困層に限られていた福祉を，普遍的な位置まで高めることを提言した。その報告書を受け，戦後直後の労働党政権は，年金や失業給付，国民保健サービス（NHS）に加え，教育や住宅などに関しても立法を進めていった。「ゆりかごから墓場まで」は，当時の労働党のスローガンである。

しかしその後の展開は，イギリスを「小さな福祉国家」へと導くものとなった。多くの先進国は，1950年代から60年代にかけての高度経済成長期に福祉国家の拡大を果す。その一方でイギリスは，1960年代にはすでに経済の停滞期に入っていたため，税収など福祉国家に充てる資源も限られ，量的な面で福祉国家の拡大が制約されていく。

ただしイギリスの福祉国家が拡大しなかったのは，経済的理由だけによるものではない。1950年代から60年代初頭にかけて政権を担った保守党は，有権者の支持を得るために福祉国家を受け入れはするものの，あくまで支出が一定程度に抑えられることを前提とした。労働党政権が形成した福祉国家を否定しないが，それを拡大したり，新たな方向へと充実したりする志向は持たなかった。また労働党の側でも，特にその支持基盤である労働組合は，職場レベルでの賃上げを，国家レベルでの福祉充実より優先させる傾向があった。

さらに，そもそも福祉国家の形成期から，『ベヴァリッジ報告』の理想は完全には実現されていなかった。当初から「十分性」は損なわれ，ナショナル・ミニマム（最低限の生活保障）にとどまる性格は強かった。またベヴァリッジ自身は，福祉給付の条件としての資力調査に否定的であったにもかかわらず，一部の福祉政策にそれは残された。「普遍性」は損なわれ，福祉を貧困層に限定する「選別性」が，イギリス福祉国家の特徴となったのである。

このようにイギリス福祉国家は，「福祉国家の母国」でもありながら，質量とも充実しない方向で進んだ。ただし，1つの例外として医療制度がある。イギリスの国民保健サービス（NHS）は，税金を資源とし，全ての国民が無料で医療を受けられるという点で，最も「普遍性」を保った形で形成され，その後も維持された。とはいえ財政的には不十分であり，必要な時に医療を受けられない「診療待ち」などの問題点を付随させることになった。

サッチャー改革以後の展開

イギリスではただでさえ福祉国家の充実度は低かったといわざるをえないが，1980年代に入ると，その福祉国家をさらに縮小しようとする試みが展開される。1979年に成立した，マーガレット・サッチャー（Margaret Thatcher）を首相とする保守党政権である。

当時のイギリスで大きな問題となっていたのは，インフレであった。サッチャー政権はインフレから脱却するために，マネタリズムとよばれる経済政策をとった。福祉を含む財政支出を抑えることで，市場に出回る通貨量を絞り，インフレの抑制と通貨価値の安定化を狙ったのである。しかしその副作用として企業の倒産や失業率の増加を招き，貧困層は拡大した。

しかしこの状況下においてもサッチャー政権は，福祉の削減を行った。例えば年金に関しては，その一部を民営化しようとした。これには失敗したものの，民間年金への移行を奨励するという形で，縮小することには成功した。医療（NHS）に関してもサッチャーは民営化を目指した。やはり民営化は実現しなかったが，NHSに擬似市場的な競争原理を導入することになった。失業給付に関しても，給付のための条件を厳格化するなどした。

その結果，インフレの抑制など経済は上向いたが，貧困層は増加し，経済的格差は拡大した。経済的格差を見る指標である「ジニ係数」は，確かにこの時期に拡大している（小堀 2005：77）。「3つの福祉レジーム」論でいえば，最も労働の商品化が進み階層化も大きい「自由主義レジーム」としての性格を確立した時期だといえよう（エスピン・アンデルセン 1990=2001）。本章で取り上げた『リトル・ダンサー』や『フル・モンティ』といった映画も，主にこの時期を背景としている。

1990年にサッチャーが首相を辞めた後も保守党政権は続いたが，1997年にトニー・ブレア（Tony Blair）を首相とする労働党政権へと政権交代した。ブレア政権は，「小さな政府」を一定程度踏襲しつつ，しかしさまざまな形で福祉国家の再編を試みた（近藤 2008）。失業者に職業訓練などの就労支援を行うワークフェア政策や，働く貧困層に対する再分配の効果を狙った，就労世帯税額控除の導入などが注目を集めた。これらの政策はワーキング・プアの底上げに一定の効果を持ったが，その一方で，就労への強制性を持つ点や，スウェーデンらの国に比べると公的支出が少ない点なども指摘されており，評価は分かれている。少なくとも自由主義レジームの枠内での再編であったことは確かであろう。

その後もこの方向性に基づいて福祉国家の再編が進められていくが，それを一変させたのが，2010年からの緊縮財政であった。2008年にアメリカで起きたリーマン・ショックはイギリスにも波及し，当時のゴードン・ブラウン（Gordon Brown）首相下の労働党政権は，財政拡大をもって対処した。危機は去ったものの，巨額の財政赤字が残ったため，それを縮小させるべく，緊縮財政が課題となったのである。最も厳しい緊縮計画

を掲げた保守党が2010年総選挙では第一党となり，自由民主党との連立政権において緊縮財政を進めた。

　この緊縮財政においては，福祉を中心とした公共サービスが，主な削減のターゲットとなった。特に貧困層に対する再分配効果を持っていた税額控除や，住宅手当のような貧困層にとってより恩恵の大きい福祉給付が，削減の対象となったのである。そのため，最も負の影響を受けたのは貧困層であり，特にワーキング・プアとよばれる層は，「プレカリアート（不安定な労働者階級）」化が進んだといわれている（Dean 2012）。格差拡大と雇用の不安定化のため，サッチャー期に続く「2度目の悲劇」とよぶ論者もいる（Mabbett 2013）。

　本節で見てきたように，イギリスの福祉国家はもともと「小さな福祉国家」であった。しかし1980年代のサッチャー改革や2010年以降の緊縮財政はさらにそれを削減していく志向を持った。特に，製造業などの産業が衰退した地域においては，「置き去りにされた」貧困な労働者層を生み出していくことになる。

3　多様性と制限的な移民・難民政策

イギリスへの移民・難民

　イギリスの大都市，特にロンドンに行くと，その人種的・民族的多様性に驚くだろう。レストランなども多様で，中国料理やインド料理はもちろんのこと，タイ料理なども目立つ。（パブ以外には）イギリス料理の店を見つけることの方が難しいかもしれない。また，2016年に EU 加盟国の首都で初めてイスラム教徒の市長が誕生したことで話題となったサディク・カーン（Sadiq Khan）ロンドン市長は，パキスタン系イギリス人であり，政治の世界での多様性も著しい。

　しかし，このように人種的・民族的多様性にあふれるイギリスであるが，移民・難民という観点から見ると，実はそれほど寛容な政策をとってきたわけではなかった。その背景には，いくつかの事情がある。1つは，イギリスはもともと移民流入国というより移民を送り出す側の国であり，19世紀まで，最も多い移民もアイルランド人であった。そのため，そもそも「移民政策」が存在しなかった（樽本 2012：78）。

　また，イギリスはかつて大英帝国を形成していたという歴史もある。この大英帝国に住む人々は外国人としては扱われず，そこからイギリスへと移住したとしても，「移民」とはみなされなかった。この原則は，大英帝国を形成した旧植民地が独立し，帝国がコモンウェルス（英連邦）へと移行するなかで，少しずつ変化していく。つまり，これらのコモンウェルスからの移住者への対応が，移民政策の1つの大きな課題となったのである。それに加え1970年代頃からは，イギリスへの移住を望む難民（庇護請求者）も増加していく。特に内戦が生じたり政情不安を抱えたりしていたイランやイラク，スリランカ，ソマリアといった国々から，イギリスへの難民が増加していったのである。

表1-1 1800～2000年頃の移民の推定数　　（単位：人）

移民集団	1945年以前の移民	1945年以降の移民	合 計
アフリカ人	10,000	1,000,000	1,010,000
アメリカ人	70,000	250,000	320,000
アラブ人	10,000	290,000	300,000
ベルギー人	240,000	40,000	280,000
中国人	20,000	320,000	340,000
キプロス人	2,000	80,000	82,000
フランス人	40,000	100,000	140,000
ドイツ人	100,000	300,000	400,000
ハンガリー人	2,000	38,000	40,000
アイルランド人	1,500,000	700,000	2,200,000
イタリア人	40,000	160,000	200,000
ユダヤ人	220,000	80,000	300,000
ポーランド人	5,000	500,000	505,000
南アジア人	20,000	1,000,000	1,020,000
西インド諸島人	10,000	400,000	410,000
その他	50,000	1,000,000	1,050,000
総 計	2,339,000	6,258,000	8,597,000

出典：パナイー（2010=2016：77）。

　イギリスにおける1800年頃から2000年頃までの移民の数は，表1-1のようになる（パナイー 2010=2016：77）。ここで注目すべきは，1945年までと1945年以降との間の違いである。移民の絶対数が増加しているだけでなく，移民の出身地域にも大きな変化が見られる。かつてはアイルランドが圧倒的であり，その他にもドイツなどヨーロッパ諸国が中心だったが，1945年以降はアフリカや南アジア，アラブからの移民が急増している。またヨーロッパに限定しても，ポーランドからの移民の増加は目を引くだろう。

制限的な移民・難民政策
　このようにイギリスでは，特に戦後において，「移民」「難民」は徐々に政策対応を要する問題となっていった。しかしその過程においても，イギリスの移民・難民政策は，基本的には制限的であり，しかも制限性の度合いを次第に強めていくという経緯をたどった。その理由の1つとして，イギリスの政治システムの影響が指摘される。他のヨーロッパ諸国では，移民の市民権などが，裁判所の判決など司法の判断によって保護され，それが寛容な移民政策につながっていく場合も多い。しかしイギリスは，第1節でも述べたように，「議会主権」を政治システムの根幹としているため，司法の影響力が弱く，移民政策ももっぱら議会の決定，また議会で活動する政党の政治的判断に委ねられたのである（Joppke 1999）。
　しかも後にも述べるように，イギリスでは反移民的な世論が高まる時期がしばしば

あった。その場合，二大政党のどちらが政権にある時にも，有権者からの非難を回避し，自らの支持率を低下させないために，厳格で制限的な移民政策が提示されたのである。また，反移民的な世論が高まっていない時も，移民政策を争点化することを避けるために，寛容な移民政策へと舵を切ることができなかった。このようにして，イギリスの移民政策は厳格化の一途をたどった。とりわけ有色人種に対してはイギリスの世論も厳しく，それらの移民が増加していくにつれて，制限性の度合いは強まっていったのである（Joppke 1999：108）。

　ではイギリスの移民政策はどのような点で制限的だったのだろうか。もともとイギリスでは，大英帝国，そしてその後のコモンウェルス出身者は「外国人」ではなく，「移民」としての扱いを受けていなかった。しかし戦後，主にこのコモンウェルス出身者の移住が制限されていくのである。1962年移民法では，コモンウェルスのなかでも，ジャマイカやインドなど，第2次世界大戦後に独立した国々からなる「新コモンウェルス」出身者が，新たに出入国管理の対象となった。さらに1968年には，南アジア系移民の増加を受けた反移民的な世論の高まりもあり，いっそう制限的なコモンウェルス移民法が制定された。その結果，イギリスの旅券を持っていたとしても，本人が英国市民であるか，あるいは英国市民の子か孫でなければ，コモンウェルス出身者といえども，自由に出入国はできなくなったのである（樽本 2012：83）。そして1971年には，コモンウェルス出身者とその他の外国人の入国管理は一本化された（柄谷 2003：184）。1962年と1971年の移民法は保守党政権期，1968年移民法は労働党政権期に制定されたことを考えれば，この時期においては二大政党のいずれもが，移民に対しては制限的な姿勢を示していたことがわかるだろう。

　1979年に，ナショナリズム的傾向の強いサッチャー保守党政権になると，移民政策はさらに厳格さを増していく。1981年制定の国籍法では，イギリス居住権は英国市民だけに限定された。これは，たとえイギリス国内で出生した親を持つコモンウェルス市民であっても，英国市民となるためには帰化が求められるようになったことを意味する（樽本 2012：90）。

　また1980年代からは，難民問題もしばしば政治争点化されるようになるが，サッチャー政権は移民政策を厳格化することで，それに対応していくようになる。しかし90年代に入っても難民（庇護希望者）の数は増加していったため，難民固有の政策的対応が求められる状況となった。その中でも，制限的な方向性では一貫していた。1993年の法律では，移民に見られる「制限」を難民にも適用すると同時に，在留を認めるか否かの判断を行政に委ねた。それは結果的に難民に対して制限的に働くこととなった（柄谷 2003：187-191）。

　このようにイギリスは，主に入国や居住権などに関しては，制限的で非寛容な移民・難民政策をとり続けてきた。ただしその一方で，いったん入国や居住を認められた移民に関しては，差別の禁止や社会的排除に対する取り組みという形で，包摂的な政策を推

進してきたと評価されている（Joppke 1999）。1965年に，パブやホテルなどにおける人種差別を禁じる人種法が制定されると，その後，雇用や住居などに関しても差別を禁止する方向へと，移民の人権保護が拡大されていき，最終的には，人種を理由として何らかの条件の違いを設けることが，全面的に禁止された。

移民・難民政策の変化とヨーロッパ

さて21世紀に入ると，移民の入国や居住に関して，基本的にはそれまでと同様な制限的な方向性が維持されつつも，政策的変化も見られるようになった。1997年に，ブレア労働党政権へと政権交代が起こった後も，基本的には制限的な移民政策のままであったが，一定の変化も生じた。例えば，イギリスに対して経済的利益をもたらすと考えられる移民に対しては，より寛容に入国や居住を認める形へと舵を切ったのである。これは，移民労働者が生む経済的利益を求める企業などによるロビイングの成果でもあり，主に高技能労働者が念頭に置かれていた。経済的利益をもたらす移民に対しては，イギリスの世論もより寛容であったこともその背景にはある（Ford et al. 2015：1404）。

また，EU域内，とりわけ2000年代に新しくEUに加盟した国々からの移民の増加が見られた。2004年のEU拡大に伴い，ポーランドなどがEUに新しく加盟したが，イギリスは，こういった新加盟国からの移民に対して制限を課さない方針を掲げたのである。この方針は，ポーランドなどからの移民の増加を，予想を超える形でもたらした。この時期に前後してイギリスの世論では，移民に対する否定的な見方が広がるとともに，その争点としての重要性も増していった（Ford et al. 2015：1404）。

また難民に関しては制限的な方針が続いた。難民に対する社会保障給付額が実質的に削減されたり，ロンドンやイギリスの南東部に難民が集中している状況を緩和するため，難民を各都市に強制的に分散したりといった措置がとられた。その結果，これまで難民のいなかった地域に送り込まれることとなり，地域住民との間に軋轢が生まれた（柄谷 2003：194）。

しかしこの時期，難民政策の一方的な厳格化に対する新たな制約として，EUが影響力を増しつつあった。1997年に取り交わされたアムステルダム条約で，EU加盟国は共通の移民・難民政策を目指すことを約束しており，特に難民政策に関してEUは重要なアクターとなった。イギリスも含めたEU加盟国は，それぞれ個別の難民政策を行うことはできるものの，あまりに制限的・厳格で人権を損ないかねない難民政策に関しては，EUからストップをかけられるような状況となったのである。

このように21世紀に入ると，移民・難民政策は世論のなかでも争点として重要性を増してくとともに，その争点がEUとの関係のなかで議論される傾向が生み出されていくのである。

4　アメリカとヨーロッパとの間で

アメリカとの密接な関係

　本書のタイトルは『教養としてのヨーロッパ政治』であり，その第1章として「イギリス」が収められているということには，イギリスもヨーロッパの一部であるという前提がある。しかし，「アングロ・サクソン諸国」とよばれるように，イギリスをむしろアメリカと同類に位置づけるような見方もある。さらには，イギリスはかつて大英帝国を形成し，オーストラリアやカナダといった国々はもちろん，インドや南アフリカといった旧植民地との関わりも深い。この多面的な国家間関係が，国際関係におけるイギリスの微妙な立ち位置を形成してきた。

　1948年，元首相で当時の野党・保守党の党首であったウィンストン・チャーチル（Winston Churchill）は「3つの輪」として有名な演説を行った。これこそがまさに，このヨーロッパ，アメリカ，コモンウェルス（旧大英帝国）という3つの輪の中心に，イギリスを位置づけようとするものであった。このうち，旧植民地の独立とともにコモンウェルスとの関係は次第に希薄化していくが，ヨーロッパ，そしてアメリカとの関係は，戦後イギリスの外交・安全保障政策の軸になっていく。

　もともとアメリカはイギリスの植民地であり，独立戦争を戦った歴史などからも，英米間の関係は緊張をはらんでいた。しかし，第2次世界大戦での協力をもとに，イギリスとアメリカとの間では「特別な関係」「大西洋同盟」とよばれる緊密な関係が形成された（細谷 2016）。その後の冷戦期にも，ソ連など東側諸国に共同して対抗するために，ヨーロッパ西側諸国とアメリカとの間でのNATO（北大西洋条約機構）形成に，イギリスは尽力した。また，アメリカが戦った朝鮮戦争（1950～1953年）にはイギリスも参加する一方，イギリスがアルゼンチンとの間でフォークランド諸島の領有をめぐって戦ったフォークランド紛争（1982年）にはアメリカも貢献するなど，軍事的な協力関係が見られる場面は幾度もあった。

　その一方で，英米が緊張関係に陥ったこともあった。1956年のスエズ危機において，エジプトがスエズ運河の国有化を宣言すると，イギリスはそれを軍事介入によって取り戻そうとした。しかしアメリカの反対と圧力により，イギリスの作戦は中止を余儀なくされるのである。逆に，アメリカがベトナム戦争を戦った際には，イギリスは派兵を断っている。ただし，このような緊張関係はたびたび見られたものの，基本的には英米の「特別な関係」は持続した。1990年のイラクのクウェート侵攻を受け，その翌年に勃発した湾岸戦争では，アメリカのイラク攻撃にイギリスは協力している。

　近年において，イギリスとアメリカとの関係が最も問われたのは，2003年のイラク戦争であろう。2001年9月11日に起きた同時多発テロを受け，アメリカ・ブッシュ政権は，首謀者であるテロ組織・アルカイダをかくまうタリバーン支配下のアフガニスタンへの

攻撃を2002年に行うが，イギリス・ブレア政権は積極的にそれに協力していく。その後ブッシュ政権は，対テロ戦争の第2段階として，イラクへの武力行使を決断する。表向きの理由としては，イラクのフセイン政権が大量破壊兵器を保有しているからというものであった。イギリスのブレア政権も，それへの協力姿勢を鮮明に打ち出した。

しかしイラク戦争には国際的批判も大きかった。国連の査察では，武力行使の理由とされた大量破壊兵器の存在は確認されなかったからである。そうした理由もあって特にフランスやドイツなどからの批判が強く，武力行使のための国連安保理決議も取れない状況であった。にもかかわらずブッシュ政権はイラクへの武力行使に前のめりになっており，ブレア政権がそれに協力することには，イギリス国内でも大きな批判があった（梅川・阪野 2004）。

イギリスのブレア首相は，「アメリカとヨーロッパとの架橋」になるべく，イラク戦争へ向けてヨーロッパ諸国の賛成を取りつけようとするが，フランスやドイツの反対姿勢は変わらず，それに失敗する。その結果アメリカは，新たな国連安保理決議のない形でイラク戦争へと独走し，イギリスもそれに協力していくことになった。結局，フセイン政権を打倒しイラク戦争は終焉するが，その後も大量破壊兵器は見つからなかった。この戦争の正当性は問われ続け，ブレア首相の支持率は低落，最終的には首相辞任へと至る。イラク戦争は，イギリスにとってのアメリカの存在の大きさを物語るとともに，その「特別な関係」の問題性をも提起する出来事となった。

ヨーロッパとの「厄介な」関係

他方，イギリスとヨーロッパとの関係は，EUの展開と切り離して考えることはできないが，イギリスはそのなかで「厄介なパートナー」とよばれ続けた。一貫しているのは，イギリスに経済的利益をもたらすと考えられる市場統合には積極的に参加するが，主権の一部をEUへと移譲するような，政治統合や連邦化の試みに対しては極めて否定的な態度を示す点である。EUは特に1990年代以降，市場統合から通貨統合，そして政治統合へと深化していくが，それに伴いイギリス国内には，これ以上のEU統合に反対し，EUからの離脱すら主張する，欧州懐疑主義が伸長していった。

EUの発端は，1951年にドイツやフランスなど6カ国によって設立された欧州石炭鉄鋼共同体（ECSC）であり，その後，欧州経済共同体（EEC），欧州共同体（EC）という形で，加盟国間の結びつきを強める形で発展していくとともに，加盟国も増えていった。発足当初にはイギリスは加盟しておらず，最初に加盟申請を行ったのは1961年である。当時のEECは経済統合に踏み出した頃であったが，イギリスはそこに経済的利益を見出したのであった。またスエズ危機などの影響もありアメリカとの関係は安定的ではないとともに，コモンウェルスへの影響力も低下するなかで，ヨーロッパとの関係を重視するようになっていた。

しかしこの時にはフランスの反対があり，加盟できなかった。その理由は，イギリス

とアメリカとの関係が深いために、イギリスが加盟すると、ヨーロッパにもアメリカの影響力が及ぶことが懸念されたためである。イギリスは1967年にも加盟申請を行うが再び拒否され、1973年にようやく加盟がかなったのであった。

このように苦労して加盟したにもかかわらず、イギリス国内ではその後、反EC (EU) の潮流が渦巻く。加盟直後の1975年には、ECの市場統合は企業経営者に有利であるとして、労働党の左派を中心に反対が巻き起こり、同年には残留・離脱を問う国民投票が行われた（結果は残留）。また1980年代のサッチャー政権以降の保守党では、反ECの立場をとる欧州懐疑派が徐々に伸長した。それらが問題視したのは、ECがイギリスの国家主権を制限しようとしているように見える点であった。「ヨーロッパは、フランスがフランスであり、スペインがスペインであり、イギリスがイギリスであるからこそ強くなるのだ」というサッチャー首相の言葉（ブリュージュ演説）は、それを物語っている。

1992年のマーストリヒト条約においてECは、通貨統合や共通外交・安全保障へと統合を進め、EU（欧州連合）を創設することを決めた。これまでの経済統合から政治統合へと踏み出すものであり、加盟各国の主権にかかわる性格を強めた。当時のイギリスは保守党政権であったが、上述のように主権の問題に敏感なヨーロッパ懐疑主義の潮流を党内に抱えるため、このマーストリヒト条約の批准は難航を極めた。党内の反発を緩和するために、いくつかの条項について適用除外を受けることで、ようやく批准にこぎつけたのであった。

1990年代末から2000年代前半においては、ブレア労働党政権がそれまで適用除外を受けていた社会憲章を批准するなど、EUに対して積極的かつ好意的な立場をとった。しかしそのことで保守党内には、労働党に対抗するという点からも欧州懐疑派がますます伸長していく。またブレア政権も、積極的とはいえども主権を損なうような統合には踏み込まなかった。ブレア首相が当初は積極的であったユーロ参加も、後の首相となるブラウン財務相ら、党内での反対が強かったため、最終的には見送っている。

主権の問題には敏感であったブレア政権だが、ヨーロッパ諸国との軍事的協力の面では進展もあった。ブレア政権は「倫理外交」の観点から、他国での迫害や虐殺を止めるための「人道的介入」には積極的で、その点でヨーロッパ諸国との間で協調行動を取る場合もあった。例えば、セルビア共和国のコソヴォ自治州においてセルビア軍による民族虐殺が疑われたことを受け、1999年にNATO軍としてコソヴォ空爆が行われたが、それを主導したのはイギリスであった。

しかし先述したように、2003年に生じたイラク戦争をめぐってヨーロッパ諸国との関係は冷え込んだ。さらにEUは2000年代に入ると、EU憲法の制定など、よりいっそうの政治統合に動いた上に、2010年代にはユーロ危機が起こった。これらの状況によって、イギリス国内では欧州懐疑派が勢力を増していく。その1つの現れが、イギリス独立党 (UKIP) というEU離脱を求める政党の伸長であり、それはイギリスの二大政党制にも

影響を与えることになった。

5　EU 離脱

EU 離脱の背景

　ここで，現在のイギリスにおける「注目の動向」として，EU 離脱の話に戻ろう。2016年6月の国民投票でイギリスが EU 離脱という決定を下したことは確かに驚きではあったが，それに繋がっていく諸条件は生まれつつあったことが，これまでの議論から明らかとなる。

　第4節において外交・安全保障の観点から触れたように，イギリス国内では欧州懐疑主義が高まりつつあった。それは，イギリスの政党政治にも大きな影響を与え，不安定化させていった。1つは，EU をめぐる争点が，政党内での対立を引き起こした点である。保守党・労働党それぞれの党内に残留派も離脱派も存在したため，EU をめぐる争点は，二大政党間の競争や対立によっては決着のつけられない問題となった。とりわけ保守党内ではヨーロッパ懐疑派の伸長が著しかった上に，その懐疑派のなかでも，離脱派と，離脱までは求めない残留派が存在した。保守党党首でもあるキャメロン首相は，その対立を抑えきれず，国民投票実施へと追い込まれていったのである。

　もう1つは，イギリス独立党（UKIP）という，EU 離脱を掲げた新政党の台頭である。小選挙区制の影響もあり，2015年総選挙でも獲得議席はわずか1議席にとどまったが，得票率では10％を超えるなど，議会には反映されない形で民意を吸収しつつあった。またそのことは，この UKIP に票を奪われないようにするために，保守党がますますヨーロッパ懐疑主義の方向へとシフトする原因も作り出した。

　この UKIP の台頭の1つの要因は，従来からの「反 EU」という争点を，「反移民」という争点と接合した点にある。UKIP は，移民に関しても強硬な態度をアピールし，2013年の調査では，UKIP への支持理由の第1位が「移民問題」となっていた。その背景には，移民問題が EU の問題との関わりで議論されるようになった状況がある。第3節で移民・難民政策の観点から触れたように，2000年代以降，特にポーランドを中心とする EU 新加盟国からの移民が増大していた。また，イギリスの移民・難民政策に関して，人の自由移動を重視する EU からの制約も大きくなってきていた。有権者の反移民的な感情は，反 EU に結びつきやすい状況となっていたのである。

　このような反移民・反 EU の主張に対する重要な共鳴盤となったのが，貧困な労働者層であった。第2節において経済・福祉政策の観点から，1980年代のサッチャー政権期以降の新自由主義的改革や，2010年以降のキャメロン政権下における緊縮財政に触れたが，それらの改革は「置き去りにされた労働者」とよばれる層を生み出した。グローバル化の生み出す果実を得られず，それに対応するための緊縮財政などの改革の負の部分ばかりを被ってきた層である。これらの層が，国民投票で離脱をもたらした主な担い

表1-2 階層別の投票行動 EU国民投票の賛否 (単位:％)

	残留	離脱
全体	48	52
男性	48	52
女性	48	52
18～24歳	73	27
25～34歳	62	38
35～44歳	52	48
45～54歳	44	56
55～64歳	43	57
65歳以上	40	60
管理職・行政職・専門職	57	43
事務職・下層管理職	49	51
熟練肉体労働者	36	64
非熟練労働者・非正規労働者，その他貧困層	36	64
保守党支持者	42	58
労働党支持者	63	37
自由民主党支持者	70	30
UKIP支持者	4	96

出典：Ashcroft（2016）。

表1-3 投票の理由

残留に投票した理由 (単位:％)

第1位	離脱がもたらす，経済や雇用に対する悪影響への懸念	43
第2位	単一市場へのアクセスの重視	31
第3位	離脱による孤立化への懸念	17

離脱に投票した理由

第1位	イギリスに関する決定はイギリスがすべき（主権）	49
第2位	移民や国境のコントロール	33
第3位	EU拡大への懸念	13

出典：Ashcroft（2016）。

手の1つとなった。

EU国民投票

これらのことは，EU離脱を決めた国民投票における投票行動に表れている。選挙区ごとに離脱票の割合を見た場合，離脱票の割合が多かった地域は，貧困層が多く，学歴も低い地域と重なる。まさに「置き去りにされた労働者」が，離脱の支持者であった。

また表1-2の調査結果からは，残留か離脱かという投票が政党支持とは一致しないことが見て取れる。保守党支持者の間では残留42％・離脱58％とほぼ真っ二つに割れ，労働党支持者の間でも残留63％・離脱37％と，その判断は分かれた。EUという争点が，いかに従来の二大政党間の対立を横断したものであったかがわかる。さらに，表1-3が示すように，離脱に投票した理由として一番多いものが「主権」，そしてそれに次ぐのが「移民」であったことからは，従来の主権の問題に加えて，移民問題がこの争点に接合されていたことを示している。

以上のようにEU離脱という現象は，本章で述べてきたような，イギリスの二大政党制の動揺，EUとの関係を中心とした外交・安全保障政策，移民・難民政策，そして経済・福祉政策の展開が全て組み合わさって起きたものだったのである。

6 イギリスはどこに向かっているのか

EU 離脱の不透明性

イギリス政治は，二大政党制を中心とする政治システムの面からも，またさまざまな政策の面からも変化の途上にあったが，そこに「EU 離脱」という決定が加わったことで，その将来像はますます不透明になっている。

2017年3月，保守党のテリーザ・メイ（Theresa May）首相は EU 離脱の通知に署名し，離脱への手続きが正式に始まった。しかし，離脱の方向性をめぐっては対立もある。EU 離脱には主に2つの方向性が提起された。1つは「強硬な離脱」とよばれるものであり，EU の単一市場へのアクセスを失ってでも，移民の流入制限を優先しようとする。もう1つは，「柔軟な離脱」であり，EU 単一市場へのアクセスは維持するが，移民の流入には妥協するというものである。

メイ首相は，EU 離脱に向けて自らの基盤を強化するために，2017年5月に議会の解散に踏み切った。当時の保守党は過半数をわずかに超える議席数であったため，好調な支持率を背景に，さらなる議席増を狙ったのである。しかしこの賭けは完全に裏目に出た。翌月の総選挙で保守党の議席数は過半数に及ばず，北アイルランドの地域政党である DUP（民主統一党）の閣外協力を得て辛うじて政権を維持したのである。

この結果によって，ただでさえ不透明であった EU 離脱は，ますます困難な局面に陥った。メイ首相は，単一市場へのアクセスは一定程度維持しながらも，人の移動には制限をかける方針で離脱交渉を進めようとしたが，EU 側からはその条件での離脱は撥ねつけられた一方，妥協案では「強硬な離脱」を求める保守党議員からの反発を招き，議会で否決が繰り返された。EU 離脱の方向性は不透明度を増し，「合意なしの離脱」や再国民投票の可能性が現実味を増していくようなプロセスであった。

政党政治の展望

またこの2017年総選挙は，EU 離脱だけでなく，政治システムや諸政策の展望に関し，さまざまな示唆を与えるものでもあった。この選挙では，これまで多党化の要因となってきた UKIP など小政党の低迷もあり，二大政党を合わせた得票率が久しぶりに80％を超えた。そのため，二大政党制の復活といった展望も出始めている。ただし，保守党も労働党も過半数の議席は獲得できておらず，その結果，保守党は北アイルランドの地域政党である DUP との閣外協力を選択せざるを得なかった。その背景には，SNP や DUP などの地域政党が一定の議席数を獲得するようになり，二大政党で占めうる議席数が減少していることがある。依然として多党化はイギリス政治に対して影響を及ぼしている。

この選挙のもう1つの特徴は，労働党が得票率・議席数ともに復調した点である。労

働党は、2010年に野党になって以降、緊縮財政路線に対して明確なスタンスをとれず、支持率も低迷していた。しかし2017年の総選挙では、緊縮財政を否定し、「大きな政府」へと舵を切る政策を提示した結果、それが有権者の支持を獲得し、予想外の善戦となったのである。もちろん労働党は選挙で勝利したわけではなく、緊縮財政路線がすぐに切り替わることはないが、この善戦を受け、保守党政権もその緊縮財政路線に一定の軌道修正を加えようとしている。少なくとも、ここ10年近くのイギリスの経済・福祉政策の前提となってきた緊縮財政に対し、一定のオルタナティブが登場しつつあることは確かである。

　ただし、これは従来の階級対立や階級投票の復活を意味するものではない。2017年総選挙の投票行動についての分析では、労働者階級のうち労働党に投票した者は半分にも満たなかった。むしろ労働党に投票した率が高いのは、若年層である。このことは、一方では、若年層を主な担い手としてイギリス政治に新たな方向性が生まれる可能性を示唆しているが、他方で、かつての階級対立のような安定的な構造はもはやイギリス政治には存在せず、長期的に見れば、依然として大きな流動化のなかにあるということも示している。

参考文献

梅川正美・阪野智一編著『ブレアのイラク戦争――イギリスの世界戦略』朝日新聞社、2004年。

エスピン＝アンデルセン、G., 岡沢憲芙・宮本太郎監訳『福祉資本主義の三つの世界』ミネルヴァ書房、2001年。

柄谷利恵子「英国の移民政策と庇護政策の交錯」駒井洋監修・小井土彰宏編著『移民政策の国際比較』明石書店、2003年。

小堀眞裕『サッチャリズムとブレア政治――コンセンサスの変容、規制国家の強まり、そして新しい左右軸』晃洋書房、2005年。

近藤康史『個人の連帯――「第三の道」以後の社会民主主義』勁草書房、2008年。

樽本英樹『国際移民と市民権ガバナンス――日英比較の国際社会学』ミネルヴァ書房、2012年。

パナイー、パニコス、浜井祐三子・溝上宏美訳『近現代イギリス移民の歴史――寛容と排除に揺れた二〇〇年の歩み』人文書院、2016年。

ベヴァリッジ、ウィリアム、一圓光彌監訳『ベヴァリッジ報告――社会保険および関連サービス』法律文化社、2014年。

細谷雄一「『特別な関係』の誕生――第二次世界大戦期」君塚直隆・細谷雄一・永野隆行編『イギリスとアメリカ――世界秩序を築いた四百年』勁草書房、2016年。

Ashcroft, Michael, "How the United Kingdom Voted on Thursday…and why", 2016 (https://lordashcroftpolls.com/2016/06/how-the-united-kingdom-voted-and-why/).

Butler, David and Donald E. Stokes *Political Change in Britain : Forces Shaping*

Electoral Choice, St Martin's Press, 1969.

Dean, Hartley, "The Ethical Deficit of the United Kingdom's Proposed Universal Credit: Pimping the Precariat?" *Political Quarterly*, vol. 83, no. 2, 2012.

Ford, Robert, Will Jennings and Will Somerville, "Public Opinion, Responsiveness and Constraint: Britain's Three Immigration Policy Regimes," *Journal of Ethnic and Migration Studies*, vol. 41, no. 9, 2015.

Joppke, Christian, *Immigration and the Nation-State: The United States, Germany, and Great Britain*, Oxford University Press, 1999.

Mabbett, Deborah, "The Second Time as Tragedy? Welfare Reform under Thatcher and the Coalition," *Political Quarterly*, vol. 84, no. 1, 2013.

Quinn, Thomas, "From Two-Partism to Alternating Predominance: The Changing UK Party System, 1950-2010", *Political Studies*, vol. 61, 2013.

読書案内

近藤康史『分解するイギリス──民主主義モデルの漂流』ちくま新書、2017年。
　＊「イギリス政治はモデルになるか？」をテーマに、EU離脱へと至るイギリス政治の変容を、二大政党制や議会主権といった民主主義制度の分解という観点から読み解いている。

梅川正美・阪野智一・力久昌幸編著『現代イギリス政治（第2版）』成文堂、2014年。
　＊イギリスの議会や行政のあり方、保守党や労働党といった政党、経済や教育といった政策について、それがどのように変化してきているかにも注目しながら概説している。

梅川正美・阪野智一・力久昌幸編著『イギリス現代政治史（第2版）』ミネルヴァ書房、2016年。
　＊第2次世界大戦以後のイギリス政治の展開について、アトリー政権（1945～1951年）からキャメロン政権（2010～2016年）まで、政権ごとの特徴を捉えながら論じている。

（近藤康史）

第2章

アイルランド共和国と北アイルランド

正式国名:アイルランド共和国(愛)Éire/Republic of Ireland,面　積:7万300km^2,人　口:476万人(2016年国勢調査),首　都:ダブリン(117万人)(2016年国勢調査,Dublin city and suburbs),主要構成民族:アイルランド(88.4%),ポーランド(2.6%),イギリス(2.1%),その他(リトアニア,ルーマニア,ラトヴィア,ブラジルなど),公用語:アイルランド(ゲール)語・英語,宗　教:カトリック(78.3%),プロテスタント(2.7%),イスラム教(1.3%)(2016年国勢調査),通　貨:ユーロ,名目GDP(米ドル):3,372億7,600万ドル(2016年,OECD),1人あたりGDP(米ドル):7万1,020ドル(2016年,OECD)

正式名称:北アイルランド(北)Northern Ireland(グレートブリテン及び北アイルランド連合王国(UK)の一部を構成),面　積:1万3,483km^2,人　口:187万人(2019年,NISRA),首　都:ベルファスト(34万人)(2019年,NISRA,Belfast),主要構成民族:白人(98.2%——ポーランド1%,リトアニア0.4%,その他の民族を含む),中国(0.4%),インド(0.3%),その他,公用語:英語(一部でアイルランド(ゲール)語や,アルスター・スコッツ語を公用語化を目指す動きもある),宗　教:カトリック(45%),プロテスタント・その他のキリスト教宗派(48%)(2019年,NISRA),通　貨:ポンド,名目GDP:617億米ドル(2015年,NISRA),1人あたりGDP:3万3,300米ドル(2015年,NISRA)

ブレグジットと国境問題

　アイルランド島には国境が引かれている。本章では，その分断された島に存在している2つの「国」（イギリスの一部を構成する北アイルランドと，南部に位置するアイルランド共和国）を扱うことを最初に断っておきたい。この特徴ゆえに，アイルランドは，政治，経済，社会，国際関係など多方面で，他のヨーロッパ諸国とは異なる歴史を歩んできた。そして現在，国内的にも国際的にも，大きな変化のうねりのなかにある。

　国内の変化は，2017年6月に第20代首相（フィネ・ゲール党代表）に38歳で就任し，2020年6月まで務めたレオ・ヴァラッカ（Leo Varadkar）が体現している。ヴァラッカ前首相は，医師であるインド出身の父とアイルランド人の母を持つ珍しい「アイルランド人」だ。というのも，21世紀に入るまで，アイルランドで「移民」といえば圧倒的に送り出すほうが多かったからである。ヴァラッカは移民のルーツを持っているばかりでなく，首相就任前には同性愛者であることも公言し，2015年の同性婚の是非を問う国民投票ではキャンペーンを先導して，賛成票多数による合法化に導いた。ここにも国内の変化を読み取ることができる。アイルランド社会では，歴史を通じてカトリック教会が絶大な影響をおよぼしてきたのだが，近年，世界でも目を見張るほどの社会改革や多様化の様相を呈している。1990年代半ばから2008年にバブルが崩壊するまで続いた著しい経済発展が，アイルランドにグローバル化の波をもたらし，社会や文化の大変容につながったのだ。

　こうして世界に対して国が開かれ，劇的な社会的発展・革新を経験しているアイルランドとは対照的に，隣国のイギリスでは，欧州懐疑派やEU離脱を訴えるイギリス独立党（UK Independence Party：UKIP）が登場し，2016年6月にはEU残留の是非を問う国民投票で，離脱派が多数派を占めるという出来事があった（→第1章）。このイギリスのEU離脱（ブレグジット，Brexit）の動向は，現在アイルランドの周辺環境で起こっている大きな国際的変化を象徴している。そして，イギリスとEUの交渉結果次第では，北アイルランド（これ以後「北」と省略する）とアイルランド共和国（これ以後「愛」と省略する）との間に，厳格に管理された国境（Hard Border）が生まれるのではと懸念された。

　すでにある国境がなぜ問題になるのか，と疑問に思うかもしれない。アイルランドが分断されているのは既述の通りだが，その背景には，島全体がイギリスに併合されていた時期（1801～1921年）を経て，領土の一部を残して独立したという経緯がある。アイルランド国民の一部がイギリス側に住むという事態が生まれたのだが，この歴史から伺えるのは，南北分割によって引かれたのは政治的に極めて繊細な国境であったということだ。その後，自由国成立まもなくして共通通行地域（Common Travel Area）が導入され，北アイルランド紛争の時期など一部を除いて，この国境は実態を伴わないものとなった。それが今回のブレグジットにより，物理的で本格的な「国境」がはじめて建設されるかもしれないという事態になった。これはヨーロッパの西端にある小さな島国にとって大事件である。また，そうした独特な政治的事情に加えて，愛はイギリスとの貿

易依存率が非常に高いという側面もあり，実際に通商も，単一欧州市場の成立によって，1993年以降は自由な移動が行われてきた。つまり，両国間における人・資本・物品・サービスの自由な行き来は，これまでずっと当然視されてきた「資源」といっても過言ではない。特に，そうした自由移動は愛と北の間において盛んに見られてきたといえる。人の移動を例に挙げると，通勤・通学などで日常的に南北アイルランドの国境を越えている人は最大3万人ともいわれている。さらにイギリスと愛は多言語のヨーロッパにあって英語を使っている共通点もあり，マスメディアや大衆文化の垣根も低い。すなわちこの国境問題は，貿易・通商だけの話ではなく，極めて複雑かつデリケートな問題であるといえる。実際に，ヴァラッカ首相（当時）は独自にEUとの交渉を行い，ハードブレグジット（Hard Brexit）とよばれるイギリスによる強硬な（つまり，今後の英・EUの関係性について具体的な合意がないままの）EU離脱を可能な限りにおいて回避することを強く要求したのだが，その背景には，国境管理の厳格化を危惧する愛の姿がある。当時のEU理事会議長／大統領ドナルド・トゥスク（Donald Tusk）やミシェル・バルニエ（Michel Barnier，イギリスの欧州連合からの脱退に関するEU側の首席交渉官）は，交渉開始時より一貫して愛政府の立場に賛同を示した。その結果，北アイルランドでは，物品貿易においてEU規則を適用し，実質的にEU単一市場に残留することとなった。

1　曖昧な国境と2つの政治制度

アイルランド共和国の政治制度

北・愛の複雑な歴史は，19世紀にはじまったものではない。1690年，ボイン川の戦いで，ウィリアム3世が勝利してイングランド王位の保持を決定的なものにした。現在も毎年7月12日になると，北のイギリス系住民はこの勝利を祝ってパレードを行っている。1782年には，愛の自治議会（創始者の名前をとってグラタン議会とよばれる）が設置されるものの，1800年には併合法が成立し，翌年，アイルランド自治議会はイギリスに吸収されて解散となる。19世紀半ばの「ジャガイモ飢饉」はよく知られているが，19世紀後半にかけて独立運動が盛んになった。1914年に第3次自治法案によってようやく自治議会の設置が決まったが，第1次世界大戦勃発によってそれが延期となり，1916年のイースター蜂起へとつながっていく（上野 1992）。

1919年には独立を目指すナショナリスト政党が「国民議会」を創設し，翌年には，イギリスがアイルランド統治法を制定した。1921年には，イギリス・アイルランド条約（英愛条約）が締結されたことで，全32県のうち26県がアイルランド自由国（Irish Free State）として英連邦の自治領となることが決まった。同時に，北東部6県は，英連合王国内で自治権を持つ「北アイルランド」を構成することになった。1922年には，北のストーモントにて，北アイルランド自治政府および議会が設置されるとともに，南では，

立法府のウラクタス（Oireachtas）が創設された。その後、1937年に憲法が制定されると、イギリス議会をモデルにした二院制の国民議会（レンスター議会とよばれる）が設立された。自由国が完全な独立を果したのは1949年のことであり、立憲共和制の国家となって現在に至っている。議会の上院（シャナッド・エアラン、Seanad Éireann）は60名（首相任命が11名、職能代表が43名で、大学選挙区は6名）から成るが、下院（ドイル・エアラン、Dáil Éireann）は158名で、全国40の選挙区から選ばれる。下院は、任期は5年で、解散もあり、下院解散後90日以内には上院も改選される。

　下院で選出される首相（ティーシャック、Taoiseach）を中心とする行政府には、首相官邸を含めて、財務、外務貿易、社会保障など17の省がある。首相に加えて、国民が直接投票によって選ぶ大統領（任期は7年）もおり、この「半大統領制」とも称される制度は、イギリス君主制と一線を画する点で重要である。大統領は、実質的権限は持たないものの、共和国憲法の擁護者として高い権威を持ち、議会で成立した法案の違憲審査を最高裁判所に委託する権限を有する。1990～2011年の20年以上にわたって、愛の大統領は、メアリー・ロビンソン（Mary Robinson）とメアリー・マカリース（Mary McAleese）という2人の女性が務めた。ちなみにマカリースは北の出身であり、共和国の外で育った人が直接選挙で大統領に選ばれたことになる。現在の大統領は、マイケル・D・ヒギンズ（Michael D. Higgins）で、2018年10月26日、7年ぶりの選挙で再選された。

―― ***Column*** ① 　スポーツを通して見るナショナル・アイデンティティ ――
　アイルランドのスポーツや国技といったら何だろう？　アイルランド固有のゲーリックスポーツを挙げる人が圧倒的に多いのではないだろうか。確かに、ゲーリックフットボールはもちろん、ハーリング（男子）やカモーギー（女子）の人気も健在で、こうした競技の存在はアイルランド人の誇りとなっている。アイリッシュダンスも、今や世界中で知られており、日本でも公演が行われている。一方で、イギリス発のスポーツも盛り上がりを見せている。サッカーのW杯予選には、愛・北がそれぞれナショナルチームを送り出している他、ラグビーにおいては南北アイルランド合同チームがW杯やシックス・ネイションズに出場している。さらに、個人競技であるゴルフも盛んで、アイルランドは世界で活躍するゴルフプレーヤーを何人も輩出してきた。例えば、北出身のローリー・マキロイという選手は、2011年に22歳の若さで全米オープンを制して一躍有名になった。彼はベルファスト郊外のプロテスタントの街でカトリックの中流家庭に生まれ、地元のカトリックの小学校とプロテスタントの中・高等学校に通った。
　2016年のリオデジャネイロ五輪においてゴルフが五輪正式種目として復活するニュースが報道された時、当然ながらマキロイ選手にメダルを期待する声は大きかった。さらには、彼がイギリスの選手として五輪に出場するのか、それとも愛の選手としてなのかにも世間の関心が集まった。そんな選択肢があること自体、日本人にとっては不思議なことであるが、北の住民には英愛両方の市民権が認められており、マキロイ選手はどち

らの国から出場するかを決めることができた。別のいい方をすれば，彼は母国を選ばなくてはならない状況に直面したのだ。そして彼の出した結論はというと，五輪には出場しないというものだった。公式には当時ブラジルで流行していたジカ熱の懸念を理由として挙げていたが，リオ五輪の翌年，マキロイ選手はこう振り返っている，「突然，自分が何者であるのかを考えることになった。僕は誰なのか？　僕はどこの出身なのか？　僕の忠誠心はどこにあるのか？　僕はどの国のためにプレーしたらよいのか？　(中略) 表彰台に立って，アイルランド国旗が上るのを見ながらアイルランド国歌を聞いても僕は居心地が悪いだろうし，それがイギリス国旗とイギリス国歌だったとしても同じだろう。どちらの国歌も歌詞を知らないし，どちらの国旗にもつながりを感じないんだ。国旗と結びつけられたくないんだ。」(The Telegraph 紙，2017年1月9日付)。

　政治的二項対立が支配的な北の社会では，スポーツは伝統的にアイデンティティと結びついてきた。カトリックの子どもたちはゲーリックスポーツに打ち込み，プロテスタントの子どもたちはサッカーやラグビーを楽しむ，といった具合に。だが今日の若者に目を向けると，英・愛の両方に帰属意識があったり，「北アイルランド人」や「ヨーロッパ人」というアイデンティティを持っていたりすることも珍しくない。その背景にあるのは，民主化移行やEU統合の深化といった国内外の変化であろう。マキロイ選手が見せた葛藤は，北の多くの若者が抱えているものなのかもしれない。

(千葉優子・小舘尚文)

アイルランドの政党政治

　愛の政党政治の基盤は，イギリスの植民地支配に抵抗するなかで起こった，国の「かたち」をめぐる議論の過程で形成された。アイルランドの独立を目指して1905年に結成された政治グループ，シン・フェイン (Sinn Féin，アイルランド語で「我々自身」という意味) が，1921年の英愛条約の締結による南北分割や，イギリス国王への宣誓規定をめぐって対立し，分裂した。英愛条約に賛成する穏健派グループの流れが，フィネ・ゲール (Fine Gael，アイルランド語で「アイルランド人の家族」) となり，強硬派・反対派のうち，シン・フェイン (SF) と袂をわかってエイモン・デ・ヴァレラ (Éamon de Valera) が設立したのが，フィアナ・フォイル (Fianna Fáil，アイルランド語で「運命の戦士」) である。こうして誕生したフィネ・ゲール (FG) とフィアナ・フォイル (FF) が，二大政党として議会制民主主義の確立に貢献し，愛の政治を動かしてきた。このため政党システムは，西欧諸国でみられるような資本家と労働者の対立や，保守主義と革新主義の対立といった社会的諸集団の亀裂に対応していない (池田 2010, Mair & Bartolini 1990)。第三政党として労働党 (L) が存在するものの，労働組合 (農業労働者と分裂化傾向にある) の基盤は弱く，社会民主主義系の政党が脆弱という特徴がある (図2-1)。愛にはキリスト教民主主義政党は存在しないが，FGがEU議会ではその一翼を担い，欧州人民党グループ (European People's Party：EPP) に参加している。

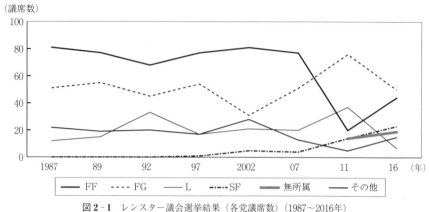

図2-1 レンスター議会選挙結果（各党議席数）（1987～2016年）
出所：選挙ごとに出版される How Ireland Voted をもとに筆者作成。

一方，FFは，イギリスの自由民主党が参加している会派，欧州自由民主同盟（Alliance of Liberals and Democrats for Europe Party：ALDE）に加盟している（小舘・千葉 2019）。

選挙制度は，単記移譲式投票（Single Transferable Vote：STV）とよばれ，やや複雑なクォータ計算式（＝全有効投票数／議席数＋1，それに1をプラス）が用いられている。この制度は，愛・北の両方で使用されており，愛では，下院選挙，上院選挙の大半（間接選挙），欧州議会選挙，地方選挙で用いられている。イギリスの小選挙区多数代表制とは異なり，票割れによる無駄が少なく，国民の声を平等に反映する制度であるといわれている。

また，このSTVの比例代表制は，政党よりも人物本位の選挙になりやすいという特徴も持っている。ヨーロッパ15カ国において，選挙区における国会議員の活動を示したデータがこれを裏づけている（図2-2）。この図は，選挙戦が行われていない時期において，支持者の冠婚葬祭や自宅訪問，相談所の開設，選挙区有権者向けのPRという4つの活動のうち，2週間に最低1回は行うと答えた政治家の割合を示している（André, Gallagher and Sandri 2014：174）。

4つの活動のうちどれかは行っていると回答した政治家の割合では，愛が1位（93.7％）になっており，次いで，ポーランド（88.8％），イギリス（80.7％）であった。ポーランドもイギリスも，選挙区相談所を開いている政治家が多かったが，愛では，冠婚葬祭に従事したと答えた政治家が，7割以上もいた。選挙区における活動に国会議員がいかに密接しているかがわかる。どこか中選挙区時代の日本の選挙を彷彿させる。

愛の政治は，2011年の選挙でFFが歴史的大敗を喫すまで，概してFFが一党優位体制を築いてきたことも大きな特徴である。実際には，政権交代は結構な頻度で起こっ

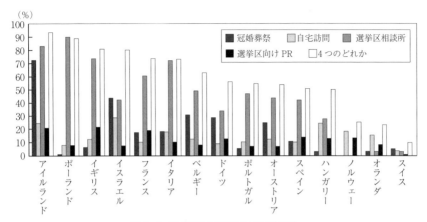

図2-2 国会議員と選挙区における活動

出典：André, Gallagher and Sandri 2014：174。筆者作成。

ていたが，下野していた期間にもミクロレベルではFFの候補者が高い支持を得ていた場合も多かった。そのため2011年の下院選挙でFFの支持が17.5％（20議席）まで下がった時は，国中に激震が走った。2016年においてもFFの支持は24.3％（44議席）であり，さらに2020年には22.2％（38議席）となり，依然として回復したとは言い難い。一方，2011年に36.1％（76議席）の支持を得て躍進したFGは，労働党と組んで連立政権を立てた。2016年の選挙では，緊縮財政政策他への不評からFGは失速したが（50議席），FFの閣外協力を得ることにより辛うじて政権を維持した。2020年2月の総選挙では，FG・FF両党が議席を減らした一方で，SFが躍進した。4か月半の交渉を経て，FF・FGに緑の党を加えた三党連立政権が成立した（Farrell and Hardiman, 2021）。

戦後60年以上にわたって台頭したFFは親EUのスタンスをとってきたことから，愛はユーロ参加国の1つであり，さらに1990年代後半には高度経済成長を達成して，（北を含む）イギリスとは一線を画した政治経済体制を敷いた。ヨーロッパ統合の枠組みのなかに身を置きながら，愛は国家としても独自のアイデンティティを築いてきたといえる。しかしいま，ブレグジットが起こったことによって，現在のゆるやかな国境やイギリスとの関係性が今後大きく揺さぶられる可能性がある。また，愛では保守対革新という対立軸で政党が競い合ってこなかったため，再分配型社会政策が発達しなかったのだが，これは，社会福祉の充実よりも経済成長が重視されてきたことを暗示している。そのイデオロギー的空白を埋めるがごとく，ソリダリティ（連帯，Solidarity）やピープル・ビフォア・プロフィット（利潤より人，People Before Profit：PBP）といった急進的左派の政党が結成され，これらの政党は議会でも議席を確保するに至っている（なお，後者は全島政党である）。また愛には，1985年から2009年まで，急進民主党（Progressive Democrats）とよばれるネオリベラルな経済政策を信奉する小政党が存在し，連立内閣

に参画したこともあったが，急進左派政党が票を伸ばすのは近年の傾向である。

北アイルランドの政治制度

アイルランド自由国が成立した時，国境の北側に残ったイギリス領は「北アイルランド」となったが，人口の9割以上がカトリック教徒であった自由国とは異なり，北の多数派（約3分の2）は，イングランドやスコットランドからの入植者を先祖に持つプロテスタント教徒であった。彼らの多くはイギリスとのユニオン（union）を支持するユニオニストであり，自分たちがイギリス人であることを疑わなかった。一方で，人口の3割強を占めるカトリック教徒の多くは，アイルランドというネイション（nation）の一部であると自認するナショナリストであり，自分たちはアイルランド人であると理解していた。ユニオニストが権力を握っていた自治政府は，ナショナリスト政党に不利な選挙区分けを行ったり（ゲリマンダリングとよばれる），会社経営者（その多くは英国系）に最大6票の企業票を与えたりして自分たちに有利な選挙制度を作り，常に議席7割を確保していた。また，住宅や雇用など，カトリック住民をあらゆる面で不遇する社会制度を設けた。そのためカトリック住民の不満は蓄積され続けたが，イギリス政府は関与に消極的であった。変化が訪れたのは1960年代後半で，アメリカの公民権運動に感化されたカトリックの若者たちが，第2の都市デリー／ロンドンデリーで市民運動を展開すると国際社会からの注目と支持を集めた。これに対して地元警察は強硬鎮圧に出たが失敗，カトリックとプロテスタントの住民間衝突も激化した。そして1972年1月にイギリス軍がデモ中の市民13名（後に1名死亡して計14名）を射殺する事件が起こると（血の日曜日事件），同年3月にイギリス政府は北の自治政府を停止し，直接統治体制を敷いた。西ヨーロッパでは極めて珍しく，北はその後30年近くにわたって暴力的な紛争を経験し，3,500人以上の犠牲者を出した。

1973年のサニングデール協定や1985年の英愛協定といった試みを経て，北の自治政府が再生したのは1998年のことである。英・愛両政府はもちろんのこと，アメリカ政府の要人も巻き込んだ和平交渉の成果であるベルファスト合意（聖金曜日協定）により，将来的に北の政治的帰属は住民の意志決定に委ねられることが明言され，ユニオニスト・ナショナリスト陣営による権力分有政府が設立された。この形態は，ベルギーなどでも見られるが，多極共存型民主主義（→第7章）とよばれ，各陣営の最大政党から選出された首席大臣と副首席大臣は対等関係にある（実質的に「首相」が2人存在する）。彼らは官邸を通して行政府を牽引し，政策指針を作成する他，対外交渉，法案作成といった任務を共同で果す。行政府には官邸を除いて8つの省があり，大臣のポストは，首席大臣・副首席大臣による任命制ではなく，議会での議席数に応じて政党間で分配される。議会（通称，ストーモント議会）は一院制で，定員は90名だが，各議員は自らを「ナショナリスト」「ユニオニスト」「その他」のなかから指定する。これは重要な決議において両陣営の支持があるかどうかを判断する際の指標となる。議員は主に議会において

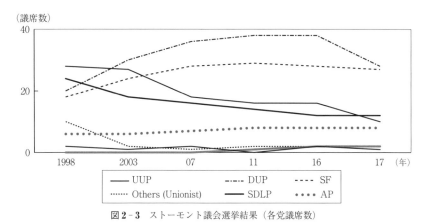

図2-3 ストーモント議会選挙結果（各党議席数）

出典：Northern Ireland Elections（http://www.ark.ac.uk/elections/）ウェブサイトをもとに筆者作成。

法案の審議・修正案の要求・可決を行うが、個人として法案を出すこともできる。前述の通りストーモント議会の選挙（地方選挙）制度は愛と同じ比例代表制（STV）で、18ある選挙区から5名ずつ議員が選出される（図2-3）。加えて、北にある11の地域から合計462名の地域議員を選出する地域議会選挙、および3名の議員を選出する欧州議会選挙も同様の選挙方式で実施される。一方、イギリスの下院選挙が実施される場合には単純小選挙区制が採られ、北に割り当てられた18議席の議員を選出する。なお SF 所属の下院議員はこれまで登院したことはないが、これはイギリス女王への宣誓を拒否しているためである（小舘・千葉 2019）。

北アイルランド政党政治

現在の北アイルランドは民主化移行期にあるといわれ、自治政府の存在そのものが、暴力的紛争から政治的対話への転換を果した和平の象徴であり、大きな意味を持つともいわれる。しかし、機能不全があまりにも露呈しているという批判・不満の声も大きい。実際、2002年10月～2007年5月、2017年1月～2020年1月までは、政党間の足並みが揃わずに、自治政府は凍結状態にあった。2003年頃までは、ユニオニスト・ナショナリスト陣営ともに穏健派のアルスター統一党（UUP）と社会民主労働党（SDLP）が台頭していたのだが、その後、民主統一党（Democratic Unionist Party：DUP）と SF という2つの強硬派政党が支持を伸ばし、それぞれ第一党、第二党に躍り出た。近年、第3極である同盟党（Alliance Party：AP）や緑の党（Green Party）がベルファストでゆるやかに支持を伸ばしていることも見落とせない。特に AP は、2019年の欧州議会選挙および英総選挙にて存在感を強め、初めて議席を獲得するに至っている。

1998年の和平合意により、ユニオニストとナショナリストの政治的権力は原則平等となった。そして、愛政府が北の領有権を正式に放棄するとともに、将来的な住民投票が

南北アイルランド統一に結びつく可能性が明確化された。こうした和平・民主化の動きが，かつて特権階級にあったプロテスタント住民の敗北感や危機感を刺激してきたことは想像に難くない。さらに人口動態の変化を見ると，これまで多数派であったプロテスタント人口が，近い将来にカトリック人口より少数派になることが確実視されており，これはイギリス系住民へのさらなる脅威となっている。2017年6月～2019年12月までメイ政権と閣外協力にあったDUPは，その立場を最大限に活かし，ブレグジットによって北がイギリス本土から切り離されてしまう事態を何としても避けるべく主張を続けた。他方，近年のイメージ刷新が印象的なSFの躍進は南北で顕著である。2017年3月には元IRAの司令官で副首席大臣を務めたマーティン・マクギネス（Martin McGuiness）が死去し，さらに翌年2月には34年間党首を務めたジェリー・アダムズ（Gerry Adams）が引退するなど，かつての中心人物が次々と表舞台から去り，SFは全島政党として新しいステージを迎えた。新しい党首（愛）と副党首（北）がともに女性（メアリー・ルー・マクドナルド（Mary Lou McDonald）とミシェル・オニール（Michelle O'Neill））であることも注目を引く（DUP党首も2015年末よりアーリーン・フォスター（Arlene Foster）という女性である）。北がブリテン島から切り離される選択肢がDUPにないのと同じように，アイルランド島を1つの国家として捉えるSFにとって，物理的な国境建設は到底受け入れられないものである。ブレグジットが起こった2020年1月，アイルランド島の国境建設は回避された。DUPは英EU間で結ばれた協定に不満を示し，一方のSFは将来的な南北統一への追い風と捉えている。両党の溝は埋まらないまま，北は，愛と英の間でさまよい続けている。

2 「ケルトの虎」と社会の近代化

遅咲きの経済成長と多国籍企業に依存したオープン・エコノミー

　イギリスではじまった産業革命はやがて西ヨーロッパ全土に拡大したが，アイルランドは産業革命を経験することがなく，農業に比べて製造業が発展しなかった。そのため産業基盤が育たず，愛が小さな独立国となった後も，安定した経済基盤の構築は常に課題であった。こうした経済構造に大きな変化をもたらしたのが，1973年の欧州共同体（European Community：EC）への加盟であった。これにより愛は，イギリスやデンマークとともに，欧州の共同市場に仲間入りを果した形となり，ヨーロッパの共通農業政策の恩恵や，1980年代後半からは，欧州内の地域格差を是正するための構造基金からの補助金を受けることができた。しかし，ECに加盟してすぐに経済発展を果したわけではない。国内の財政拡大の失敗から，1980年代は緊縮財政を余儀なくされ，1986年に欧州単一市場が成立した時点では，ポルトガルより少しだけ豊かという程度であり，裕福な北部欧州諸国よりも，地中海諸国との類似性を見せていた。1人当たりの国民総生産（GDP）でみると，当時はイギリス人の6割程度しかなかった。

こうした経済状況が一転して、東・東南アジア諸国の経済発展にも匹敵するスピードでGDPが伸びていったのが、1990年代半ばである。2000年代半ばまで続いたこの急激な経済成長は「ケルトの虎（Celtic Tiger）」とよばれ、外資系企業の愛への進出や、資本集約型で生産性の高い（外資系、主に米国系）企業への投資が行われたことなどが要因として考えられる。とりわけIT企業の進出が目覚ましく、実際、ヨーロッパで販売されるパソコンの3割近くが愛で製造されていた時期もあった。また、教育と職業訓練システムの改革、労働力となる若手人口の多さ、EUからの補助金、政労使三者の安定的関係の維持、賃金抑制政策といった諸要因も指摘されており、これらが複雑に絡み合って、愛の経済戦略は功を奏したといわれる。この経済成長期には、1987年時点で18％であった失業率が4％にまで下がった他、2007年には1人当たりのGDPが世界でもトップレベルに到達した。平均所得も、1995年までにEUに加盟していた15カ国の平均を上回り、ルクセンブルクに次いで2位という地位まで上り詰めた。欧州でもずば抜けた裕福国となったのである。また、現在の貿易を見てみると、イギリスとの依存率が高く、例えば愛の牛肉の全輸出のうち半分がイギリスに輸送されている。ただし、ブレグジット後の両国の貿易関係には不確定要素が多い。愛の日本への輸出品としては、光学機器や医薬品が主となっており、逆に日本からの輸入品は、医薬品および自動車である。ちなみに日本にとって愛はEU 28カ国中、第11位の輸出相手、および第4位の輸入相手であり、日本の輸入超過となっている。

「ケルトの虎」の後期には住宅バブルとなり、それが弾けると、世界的なリーマン・ショックとも重なり、2008年以降は大不況が再び訪れた。しかしながら、愛国民の生活水準は「ケルトの虎」以前の経済停滞期のレベルにまで落ちることはなかった。政府の緊縮政策に対して多くの反発やデモが行われたものの、2014年には不況脱出宣言を行い、再び好景気（再び住宅バブル）となっている。現在も多国籍企業の誘致という基本方針は変わらないが、この背景には12.5％という低い法人税率がある。実は、これは折々で問題視されてきており、例えば2014年には、Apple社が子会社をアイルランドに複数設立し、知的財産にかかるコストをシェアする契約を結んでいたことなどによって税回避を行っていたのではないか、と欧州委員会より指摘された（髙久 2017）。さらに、Appleに加えて、Google, Facebook, LinkedIn, Dropboxといった米国系企業がダブリンに拠点を置いていることもあり、国民1人当たりのGDPが7万ドル（2016年）と非常に高くなっているのだが、市民社会では貧富の差が拡大している現実もある。これは、多国籍企業が大きな収益をあげていても、必ずしも国民1人1人に還元されているわけではないことを示唆しており、したがってGDPを経済指標として使うのは適切ではないという議論もある。実際、近年の住宅不足問題もあり、経済格差と貧困の構造化という社会問題は、他の多くの国々と同様に、今日の愛でも深刻化している。また近年は、Huawei社が、研究開発を中心に投資を増やしており、中国との経済関係にも注目が集まっている。

福祉政策とカトリック教会の影響

　愛の福祉政策を考える上で，教会の存在は無視できない。これは，カトリック教会が愛の国家形成に重要な役割を果してきたことに由来する。アイルランドによるイギリスへの抵抗は，カトリック教徒によるプロテスタント支配への抵抗という側面も大きかった。またカトリック教会は，人々の信仰心を育てるのみならず，社会規範や道徳を定めるなど，社会に大きな影響を及ぼしていた。そして1922年に誕生した自由国にとってもまた，カトリック教会の政治への関わりは，政府に信頼性を与える存在として歓迎すべきものだった。政府とカトリック教会の相互依存関係は続き，1937年に施行された現行憲法は，カトリック教会に他の宗派とは異なる特別な地位を与えると同時に，カトリック教会の教えに忠実な社会条項を含んでいた。第2次大戦後の荒廃したアイルランドに経済復興の兆しはなく，多くの若者は仕事を求めて国を離れていった。そのようななか，資源の乏しい国家に代わって，カトリック教会は社会福祉の担い手となった。具体的には，医療従事者の雇用や病院運営，障がい者支援等を行い，教義に基づいたサービスの提供を行った。また，初等・中等教育の機会も拡大させることにも尽力した。このように，カトリック教会の社会政策へのかかわりには長い歴史がある。一方で，福祉サービスの提供者としての地方自治体の役割は小さい（キャラナン 2020）。

　カトリック教会の影響は政策に留まらず，国民に対しても厳格な倫理観や道徳的規範を示し，教会を中心とする家父長的コミュニティを各地で形成した。1961年の国勢調査によると，愛国民の94.9%がカトリック信者で，その90〜95%が最低でも週1回は教会へ通っていた。欧州のなかで見ても，他のカトリック諸国と比べて，アイルランド人の信仰心の高さは群を抜いていたといえる。こうしたカトリック教会の強大な権力は，長い間，議論されることなく維持された。この状況に変化が起こり始めたのは1970年代である。教育水準の向上や近代化により，個人主義的・世俗的な考え方が社会に普及するようになると，教会と国家の間に存在する緊張が徐々に表面化した。1985年には官僚として初めて，当時のピーター・バリー（Peter Barry）外務大臣が国家と教会の関係に言及し，両者の対等な関係性を強調した。1990年代，そして，先述の「ケルトの虎」の時期には，道徳的模範者であるはずの聖職者によるスキャンダルが芋づる式に報道され，教会不信が急速に広まった。すでに1940年代から，高位聖職者が性的児童虐待を行い，またカトリック系の福祉施設においても多様な虐待が大規模かつ日常的に行われていた事実は，社会に大きな衝撃を与えた。一例として，2005年の調査報告書では，1962年からの40年間に，島の南東部で100件を超える性的児童虐待事件があったことが確認されている。同時に暴かれた教会の隠蔽体質は国民の嫌悪感を助長し，カトリック教会は危機的状況に陥ったが，それは2011年11月にバチカン市国にあるアイルランド大使館が一時閉鎖されたことにも見て取ることができる。

北の経済状況

　かつてアイルランド島がイギリスの植民地であった頃，産業革命の波が到達しなかったことは先述の通りだが，島の北東部だけはその例外であった。つまり現在の北アイルランドである。19世紀には造船業や工業，リネン産業がベルファストを中心に発達し，20世紀初頭にはイギリス・アイルランドのなかで最も経済的に繁栄した地域となった。かの有名な客船「タイタニック号」の建造には，1万5,000人もの労働者（主に労働者階級のプロテスタント住民）が従事したという。しかし，第1次大戦後には深刻な不況に陥り，その後は新たな産業も芽生えなかった。そして1960年代後半に始まった紛争は，経済不況と負の連鎖を生み出した。現在も北はイギリスのなかで最貧地域の1つであり，自治政府予算のほとんどをイギリス政府のブロックファンドに依存している。さらに，平和基金をはじめとするEUの補助金も北の経済を支える基盤となっている。和平合意後，2000年代に入ってからは，外資や多国籍企業の誘致の方針を掲げており，法人税率も，将来的に自治政府の管轄となった場合には，愛に倣って12.5%に下げる可能性がある。2012年11月には，当時の首席大臣（ピーター・ロビンソン（Peter Robinson），DUP）と副首席大臣（マクギネス，SF）が，主要企業35社とともに，上海，香港を訪れ，政府や産業界へのアピールを行った。翌年12月には，訪日も行っている。また，地元経済の活性化のために観光産業に注力する姿勢も見せており，世界遺産であるジャイアンツコーズウェイをはじめ，ベルファストのウォーターフロント地区のタイタニック博物館や，紛争の歴史をテーマにしたガイドツアーなど，多様な観光促進アプローチが図られている。実際，北を訪れる観光客数は近年，増加傾向にあるのだが，それでもなお，経済的自立の展望をもたらすには至ってはいない。失業率を見るとイギリスの他地域より低い傾向もあるが，公的セクターに雇用を依存しているのが現状である。そして，自治政府が暗礁に乗り上げていることは，経済を含めたあらゆる政策決定の停滞を意味し，北の経済発展にも負の影響を及ぼすものと考えられている。

　また，愛との経済的結びつきも強い。北にとって，愛は輸出・輸入ともに最大の貿易相手であり，特に食肉や牛乳などの農産物は日々国境を越えて輸送され，加工・消費されている。また，物資だけでなく，サービスや人材の行き来も南北で盛んである。そのためバブル崩壊は，当然のことながら北にも大きな影響を及ぼした。さらに，北・愛のつながりはこれまで医療・福祉分野においても見られた。特に，国境地域では急性医療サービスにおける南北の協力体制がEUからの越境地域協力スキームによってサポートされてきた。しかし，ブレグジットによって，EUからの支援は受けられなくなったため，愛との接点や，経済・社会のあらゆる面での愛との強い結びつきは見直されなくてはならない。イギリスがEUを離れ，英愛条約締結100周年も近づく今，北・愛関係の今後が注目される。

3　「グローバル・アイリッシュ」をキーワードに目指すソフトパワー

　今日の欧州で移民といえばもっぱらその受容が焦点となっているが，アイルランド史においては，18世紀前半から20世紀後半に至るまで，祖国を離れていく移住者の方が圧倒的に多かった。過去150年の間に500万人が国を出たといわれている。特筆すべきは1840年代の「ジャガイモ飢饉」で，国内で100万人以上の飢餓者が出たといわれ，これを機に多くのアイルランド人がイギリス本土や北米，オーストラリアなどに移住した。当時800万人を超えていたアイルランド島の人口は，10年後には650万人を割ったという。また，共和国成立後の1950年代には，アイルランド西部の小農家を中心に人口の約1.5割が出国するという「ジャガイモ飢饉」以来の人口流出期となった。1960年代になると，経済成長とともに流入移民の方が増えたものの，1980年代に訪れた不況で再び移民の送り出し国となった。「ヨーロッパ諸国で，過去2世紀の歴史のなかで，アイルランドほど移民の流出によって影響を受けた国はない」(Glynn, Kelly and Mac Éinrí 2015：1) といわれる所以だ。

　1995年に始まった高度経済成長期には，政府が第3セクターなどと協働し，ビジネスのスタートアップのために帰国する若者のサポートや，安価な住宅を出身地に近い地域で提供するなどのプログラムを展開したことで，流入人口が逆転した。バブルの崩壊で，2009年以降に再び移民流出国となったが，不況を脱した近年では，海外移住を経て戻ってくるアイルランド人も増加している。このようにアイルランドという小さな島は，古くから現在に至るまで，移民を通じて欧州大陸や北米大陸，世界とつながってきた。祖国を離れていったアイルランド移民の子孫は今日，世界各地でアイリッシュ・ディアスポラ (Irish Diaspora) を形成し，愛政府はこのつながりを大いに活用した外交を「グローバル・アイリッシュ」のスローガンのもとに展開することによって，国の規模をはるかに超えたソフトパワーを発揮しているともいわれる (Inglis 2007)。

　2016年の国勢調査によると，愛の人口に対する移民の割合は11.2%で，出身国はポーランド (2.6%) とイギリス (2.1%) が群を抜いて多い。そしてリトアニア，ルーマニア，ラトヴィア，ブラジル，スペインと続く。1990年代後半から移民人口の増加を見ると，アジア系では，インドと中国からの移民が多く，日本人はフィリピン人に次いで1,000人程度となっている。2004年には国民投票による法改正を行い，愛の国籍取得の方針を新規移民に対して制限する方向に転換した。愛では反移民を唱える政党はまだ出現していないが，この背景には，近年の景気回復によって不況期を脱していることがある。しかし，近年の欧州各国の情勢を見て，愛でも急速な移民受け入れへの警鐘をならす声も上がり始めている。

　愛政府は，1956年に難民条約（1951年採択），1968年に同議定書（1967年）を締約し，難民保護の原則を遵守，履行することとなった。1956年に生じたハンガリー動乱に際し

ては，政治難民として539人のハンガリー移民を受け入れ，中立主義や国際人道主義を実践した。その後も，ボスニアやコソヴォ，ベトナムなどからの難民を受け入れ，難民保護の国際的な基準は達成するものの，近年の欧州難民危機に瀕した際に，他の欧州諸国から大きく遅れを取り，直接措置（Direct Provision）は人権侵害であるという批判を浴びてきた。愛・北の両方でいえることだが，ボランティア団体が，移民・難民に対する人道的支援の主要な担い手となっている。

北に関しては，移民の入国管理や難民の受け入れは自治政府への委譲事項ではなく，イギリス政府の管轄である（→第1章参照）。エスニック・マイノリティの比率は2％未満と低いものの（2011年国勢調査），北アイルランドの外で出生した人の割合でみると，人口のおよそ11％を占める。愛と同様に，2000年代以降に見られてきたEU域内からの移民の増加は目覚ましい。実際，2004年のEU拡大までは香港やインドといった旧植民地からの定住移民が多かったが，現在ではポーランドやリトアニアから来る若い移民労働者の方が多い。こうした東欧からの移民の波は2008年頃にピークを迎えたが，その後のリーマンショックに続く経済不況，そしてEU離脱をめぐる国民投票の結果を受けて，愛へ移住したり帰国したりするケースが増加している。紛争解決が最優先事項であった北においては，移民受容の法整備がはじまったのは1990年代後半のことであり，イングランドより20年以上も遅れて制定された人種差別禁止条例や，北アイルランド法（第75項）によって，市民の平等，差別の禁止，人権の保障などが明確化された。2007年の地方選挙では，第3極の同盟党（AP）から香港出身の候補者（アンナ・ロー（Anna Lo））が出馬して当選したことにより，ヨーロッパで初めて中国系議員が誕生した。移民のもたらす多様性の受容という課題が，対立するコミュニティの和解という旧来の課題と重ねられた形で，2000年代には包摂社会の構築が謳われてきた。実際には，社会統合にかかる具体的な施策をめぐってナショナリスト・ユニオニスト政党間で意見が割れ，それが政治対立のさらなる火種となってきた傾向がある。

愛・北ともに，グローバル化による人の移動や，社会発展といった国内外の変化が相乗効果を生み出して，宗教，言語，文化の多様化が進んでいる。ダブリンやベルファストにはモスクやシナゴーグがあり，若者の足は日々教会から遠のいている。また，ジェンダー平等や，個人のSOGI（Sexual Orientation & Gender Identity）の尊重といった認識も高まりつつあり，特に愛社会は，急速に他の西欧諸国との類似性をみせている。他方で北においては，政治的利益に絡んだカトリック・プロテスタント宗派のせめぎ合いが続き，教会のなかでも特に保守派の影響力が維持されている。世俗化の進む愛社会と比較すると，近年，北の社会の保守性が顕著になってきている。

── **Column ②　アイルランド島の言語** ──

　愛で見かける全ての道路標識は，公用語であるアイルランド語（と英語）で記載されている。しかし日常生活でアイルランド語を第1言語として話す人の数は減少傾向にある。愛国民の約4割がアイルランド語を話せるとしているが，そのうちの2割は，普段の生活で全く使っていないという。母語として話されているのは，西部沿岸を中心とするゲールタハト（Gaeltacht）とよばれる地域であり，それ以外の地域でも獲得言語として自発的に使用する人はいるものの，数としては少数派だ。しかし，アイルランド語の存在は，実用性の有無とは関係なく，国家の独立やアイデンティティの形成や確立といった過程で重要な意味を持ってきた。そのため，初等・中等教育の主要科目になっている他，それが教授言語になっている学校もある（生徒の大学進学率や学術成績も良好で人気がある）。政府には芸術・文化遺産・ゲールタハト省（Department of Arts, Heritage and the Gaeltacht）があり，アイルランド語地区の文化的・社会的・経済的な繁栄を担っている。またアイルランド語庁（Foras na Gaeilge）は，1999年以降，南北でアイルランド語の普及を推進する役割を果している。こうした政府の努力もあり，2007年にはEUの公用語の1つとなった。その10年後には，アイルランド手話が国内で公式言語と認められ，国会の手話通訳などが始まった。娯楽でも，アイルランド語の全国ラジオ放送（ラディオー・ナ・ゲールタハタ，Raidió na Gaeltachta）やアイルランド語専門テレビ局（ティージーキャハル，TG Ceathair）がある。アイルランド語は，アイルランドの文化に独自性を与える重要なものであり，それゆえ積極的に維持されているのだ。そしてこの文化的共同体には北のナショナリストも含まれる。では，ユニオニストの文化的特性は何だろうか。実は近年，アイルランド語の興隆に対抗する存在として，アルスター・スコッツ語がある。これはスコットランド（低地部）で話されている英語の方言だという主張もあるのだが，独特の言語として熱心に促進する運動が起こっている。こうした動向を反映して，近年，北の公共空間での案内表示は3つの言語（英語，アイルランド語，アルスター・スコッツ語）でなされている場合も多い。

　2017年12月，愛の教育技能省（Department of Education and Skills）は'Languages Connect'という政策戦略ペーパーを発表した。国内で増加する移民人口に対応するため，言語教育の包括的な見直しがなされたのである。中国語はもちろんのこと，韓国語や，これまで重視されてこなかったポーランド語，リトアニア語も含んだ教育に力を注ぐことが打ち出された。新たな言語政策に続いて，2018年6月には，'Global Ireland – Ireland's Global Footprint to 2025'を首相官邸が発表した。国内外で多様化・国際化を強力に推進しようという政策方針である。

（小舘尚文・千葉優子）

4　外交を通じた独自のアイデンティティの模索

　1949年に共和国となったことでイギリス連邦からも脱退し，完全な独立国となった愛は，1955年12月14日には国際連合に加盟した。これをきっかけとして，アジア諸国との

国交も正式に樹立を目指すこととなり，その最初の国は日本（1957年）であった。対外的には，第２次世界大戦前から中立政策を掲げ，冷戦中もその政策を貫き，現在も北大西洋条約機構（NATO）非加盟であるが，NATO平和のためのパートナーシップ（Partnership for Peace：PfP）には1999年に参加している。国連平和維持活動（Peace Keeping Operation：PKO）に積極的に参加しており，2016月5月時点において，国連レバノン暫定隊（UNIFIL）を含む9ミッションに約400名を派遣している（アイルランド外務貿易省）。

　EECには1961年に加盟を申請し，1973年に正式にEC加盟国となった。イギリスやデンマークとは異なり，愛では政党政治において，欧州懐疑派の存在や活動は目立ったものにはならなかった。しかし，2001年6月のニース条約をめぐる国民投票と，2008年6月のリスボン条約をめぐる国民投票の両方において，反対派が批准派を上回った。ニース条約をめぐっては，愛が守ってきた中立性が失われるとの懸念が第1回投票での否決につながったといわれている。その後，中立政策の維持がEUから認められたものの，フィンランドの首相マッティ・ヴァンハネン（Matti Vanhanen，2006年当時欧州理事会議長）は愛への特別待遇への懸念を示した。結果的には，税制，生存権，教育，家族に関する国民の懸念事項や，愛の軍事的中立という伝統的な政策について，必要な法的保障によって，愛およびその他の加盟国の相互満足が得られるよう取り組むことで合意に至り，2度目の国民投票では賛成が上回って，条約批准に至っている。ユーロにも加盟してEUに好意的であり続けた国民も，EUの政治的深化が進むなかで態度を変化させていったと考えることができる。

　またEUの存在は英愛関係にも大きな変化をもたらしてきた。1973年以降，それまで積極的に外交関係を築いてこなかった愛英両国にヨーロッパという共通基盤が生まれたばかりでなく，2国が対等なパートナーとなり，「北アイルランド問題」にかかる政府間協力が大きく前進した。1985年の英愛協定は，愛が北の統治に関する発言権を得ることを明言化し，ナショナリストの和平交渉参加を後押しした。そして1998年の和平合意が実現したのが，今回のようなEU離脱が起こることは，当時は想定外であったといえる。今後，北の和平はバランスの基軸を大きく失う可能性がある。南北の住民にとっても，島全体がEUという超国家組織に所属したことで，これまで国境の意味合いは薄められてきた節がある。特に北においては，イギリスか愛かという二択から人々を解放し，「欧州のなかの北アイルランド」という感覚を補完してきた。2016年の国民投票では北において多数派（55.7％）がEU残留を支持した事実も，EU加盟のもたらす恩恵が認識されていることを示している。

　英語圏の国々との関係も依然として強い。愛の失業問題を緩和する労働力の移出を見ると，移民の行き先はイギリスの他にもオーストラリアやカナダがある。また，数千万人規模のアイリッシュ・ディアスポラを持つアメリカとも，愛は独特の強い絆を維持している。

表 2-1　離婚・同性婚・妊娠中絶をめぐる国民投票と法改正

1986年	離婚の合法化をめぐる国民投票（反対63.48%，賛成36.3%で否決）
1992年	妊娠中絶の合法化をめぐる国民投票（反対65.35%，賛成35.65%で否決）
1995年	離婚の合法化をめぐる国民投票（賛成50.23%の僅差で可決）
2010年	同性パートナーシップ（civil partnership）を容認する法律の制定
2015年	同性婚の合法化をめぐる国民投票（賛成62.1%，反対37.9%で可決）
2018年	妊娠中絶の合法化をめぐる国民投票（賛成66.4%，反対33.6%で可決）

出典：筆者作成。

5　南北に生じる新たな亀裂——急進主義か保守主義か

　カトリック教会の影響力の陰りは，さまざまな形で社会変化をもたらしている。家族・教会を重んじる保守主義の国としても知られる愛だったが，1990年代半ばから，そうしたイメージを覆す法改正がいくつも見られてきた（表2-1）。2015年5月22日に行われた国民投票では，同性婚を認める憲法改正への賛成派が6割上回り，可決された。国民投票によって同性婚が認められたのは，世界で初めてであった。また，1992年の国民投票を通じて妊娠中絶が禁止されていたものが，2013年になって母体の生命が危ぶまれる場合のみ合法となった。さらに，中絶容認の是非は，長い間，国民を二分する議題であったが，2018年5月の国民投票で，ついに妊娠中絶を支持する票が3分の2近くで圧倒的多数を占めた。

　しかし，社会サービスの一端を担っていた教会や家族のあり方が変わっていく一方で，福祉サービスへの国家の介入には大きな転換は起きていない。これまで通り，公的扶助は資力調査を伴う条件つきの現金給付が多い。「ケルトの虎」の時代には，社会投資論に基づいて，教育・医療という社会政策基盤だけではなく，再雇用のための職能訓練やセーフティネットとしての社会保障といったことが謳われたが，バブル経済の崩壊とともに経済危機，そして緊縮財政の時期に突中してしまった（O'Donnell & Thomas 2017）。

　2018年8月，ローマ法王が39年ぶりに訪愛し，長年にわたって全国各地で起こった高位聖職者による児童虐待を謝罪したことは大きな話題となった。法王フランシスコのスピーチに先立ってヴァラッカ首相は，愛社会におけるカトリック教会のこれまでの貢献を称えつつ，教会と国家がともに犯した失敗に言及し，信仰も多様化していく21世紀には両者が新しい関係を築いていく必要があることを強調した。法王の訪愛は大きく報道されたが，愛最大のスタジアムであるクローク・パークには当初予想されていた30万人を大きく下回る8万2,000人が集まり，ダブリン市街では市民によるデモも目立ち，愛国民の教会離れの傾向を改めて示すこととなった。一方，愛のこうした世俗化の動きとは対照的に，北では，依然として宗教対立が構造化・政治化し，イギリス・アイルランドのなかで最も保守的といわれる地域になっている。2020年1月，同性婚と妊娠中絶

がともに合法化されたのだが，これは英議会のイニシアチブによるものであった。従来より，DUPをはじめとするプロテスタント系政党で特に保守的見解が強く，逆にカトリック系政党（SF, SDLP）は社会政策面で急進的姿勢をとる。そのため，敬虔なカトリック信者がプロテスタント系政党を支持する現象も見られており，宗教と絡み合った政治分断が，複雑な社会的影響を及ぼすに至っている。保守的な社会からの移行は，全島において均一に進んでいるわけではないことがわかる（千葉・小舘 2019）。

6　西ヨーロッパの異端児からの脱却を目指して

　以上，アイルランドというヨーロッパ西端の島について，政治，経済，社会，国際関係といった見地から概観してきた。愛は，欧州統合への参加や海外投資を起爆剤として，安定した経済基盤を構築し，1990年代以降の急激な経済発展を遂げた。そのため，政治経済面では，比較的最近になって，裕福な西ヨーロッパ諸国の仲間入りを果たしたといえる。社会福祉の面では，いまなお国家・教会間関係の清算も伴いながらの改革であり，経済発展と比べると進度はゆるやかである。一方，北は，目覚ましい経済発展を経験することなく政治の停滞も常態化し，愛にとり残されてしまった印象が強い。社会面でも，各宗派の教会がもたらしてきた保守的風土が根強く残ったままであり，社会変容の進む愛との差が大きく開きつつある。

　歴史を通じて西ヨーロッパの例外的存在であったアイルランドだが，そこにあるのは，相互依存と共通性を維持・発展させつつも，異なる経験も重ねてきた2つの「国」である。今後，この2つの「国」がどのように成長し，どのような「かたち」を求めていくのかを注視していかなくてはならない。愛は，これまで顕著だった教会と国家の関係にも終止符を打ち，保守的な社会から大きく脱皮しようとしていることは間違いない。だが，ここ数年の愛国民の選択は，国際的にみても急進的なものばかりであり，政治文化や歴史的遺産も含めてまだまだ残存する保守主義と，これからどのように折り合いをつけていくのかは非常に興味深い。北は，まず経済面で，公的セクターや政府の補助金からの脱却が図れるのか，不安が残るところである。そして社会においても，政治と教会の結びつきが硬直性を見せており，社会改革のハードルは決して低くないだろう。また，こうした経済・社会の行き詰まりの根底にあるのが，いまなお解決の兆しが見えてこないナショナリストとユニオニストの対立であることはいうまでもない。このように，見えない国境によって徐々に異質性も目立ってきた愛と北であるが，ブレグジットという風も吹くなかで，今後これら2つの「国」がどのように絆を維持していくのかを見守っていく必要があるだろう。

　さらに，国際社会におけるアイルランドという視点も重要である。まず，ヨーロッパの西端から欧州大陸にどう働きかけていくのか，そしてブリテン島との関係をどう成熟させていくのか，注意深く考察していかねばならない。また，歴史的なつながりを持つ

アメリカとの関係性も，アイルランドの発展に影響を及ぼし続けるだろう。移民として移り住んだアメリカで何人もの大統領を生み，2021年1月20日に大統領に就任したジョー・バイデン大統領は，ジョン・F・ケネディ以来2人目のアイルランド系カトリックの米大統領となった。外交や草の根の人的交流，そして投資を含む経済活動でも，アイルランドとアメリカは密接につながってきた。アジアを含む世界においてアイルランドが存在感をどのように増していくのか，さらには，国民国家体制が世界中で揺らぎつつあるなか，グローバルな舞台でアイルランドがどう変容していくのか，政治・国際関係の観点から，大いに注目に値する島であるといえよう。

参考文献

池田真紀「アイルランド・北アイルランド」馬場康雄・平島健司編『ヨーロッパ政治ハンドブック（第2版）』東京大学出版会，2010年。

上野格「アイルランド」『イギリス現代史』山川出版社，1992年。

小舘尚文・千葉優子「国の『かたち』をめぐる対立と協調——南北の政治体制」海老島均・山下理恵子編『アイルランドを知るための70章（第3版）』明石書店，2019年。

髙久隆太『アイルランドとEUの租税紛争——背景にある企業誘致と優遇税制』泉文堂，2017年。

千葉優子・小舘尚文「教会の影響力と宗教の遺産」海老島均・山下理恵子編『アイルランドを知るための70章（第3版）』明石書店，2019年。

マーク・キャラナン，藤井誠一郎（訳），小舘尚文（監訳）『アイルランドの地方政府：自治体ガバナンスの基本体系』明石書店，2020年。

André, Audrey, Michael Gallagher and Giulia Sandri "Legislators' Constituency Orientation." In *Representing the People : A Survey Among Members of Statewide and Substate Parliaments.* Edited by Kris Deschouwer, 166-187, Oxford : Oxford University Press, 2014.

Farrell, David and Niamh Hardiman (Eds.) *The Oxford Handbook of Irish Politics,* Oxford : Oxford University Press, 2021.

Glynn Irial, Kelly, Tomás, Mac Éinrí, Piaras, *The Re-emergence of Emigration of from Ireland. New Trends in an Old Story,* Migration Policy Institute, 2015.

Inglis, Tom, *Global Ireland : Same Difference,* London. Routledge, 2007.

Mair, Peter, Stefano Bartolini, *"Identity, Competition, and Electoral Availability : the stabilisation of European electorates 1885-1985,* Cambridge : Cambridge University Press, 2008.

O'Donnell, Rory, Damian Thomas, "Ireland : The Evolving Tensions Between Austerity, Welfare Expansion and Targeted Social Investment." In *The Uses of Social Investment.* Edited by Anton Hemerijck, Oxford : Oxford University Press, 244-253, 2017.

読書案内

林景一『アイルランドを知れば日本がわかる』角川グループパブリッシング，2009年。
　＊資源小国であるアイルランドが，意外にも世界とつながっていることを数多くの例を通じて示した本。歴史・宗教・慣習についてもわかりやすく解説してある。

山本正『図説アイルランドの歴史』河出書房新社，2017年。
　＊写真や図表も多くあり，読んでいて楽しい1冊。歴史が網羅されている他，文化や政治にも触れられていて，アイルランド社会の全体像を掴むのによい。

映画案内

『あなたを抱きしめる日まで』（スティーブン・フリアーズ監督，2013年公開）。
　＊カトリック教会の暗い過去（組織的な虐待や隠蔽など）を映し出した映画。実話に基づいており，アイルランド社会でも大きな話題を呼んだ。

（小舘尚文・千葉優子）

第3章
フランス

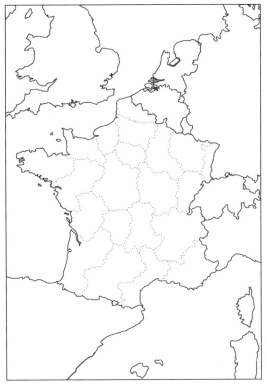

正式国名：フランス共和国，面　積：海外領土含め63万3,000 km^2，本土のみ54万4,000 km^2（国立統計経済研究所 INSEE），人　口：およそ海外領土含め6,720万人，本土のみ6,500万人（2018年，国立統計経済研究所 INSEE），首　都：パリ，221万人（2015年，国立統計経済研究所 INSEE），主要構成民族：フランス人93％，外国人7％（2015年，海外領土含む，国立統計経済研究所 INSEE）（国籍が出生地主義に基づいており，民族は問われない），公用語：フランス語，宗　教：カトリック61％，イスラム教7％，プロテスタント4％，ユダヤ教1％など（2011年，フランス世論研究所 IFOP），通　貨：ユーロ，名目 GDP：2兆5,880億米ドル（2017年，IMF），1人当たり GDP：3万9,933米ドル（2017年，IMF）

―― 2010年代の政界大再編 ――

　2010年代に入り，フランス政界には大きな変化が生じている。1958年に始まった現在の第5共和制では，政治勢力の左右2極化が進み，今世紀に入ってからは，左右の二大政党のいずれかが政権を担ってきた。ところが，2014年の欧州議会選挙では，移民受け入れ反対・欧州統合反対を唱えて1980年代以降台頭してきた国民戦線がついに第一党となった。翌年の県議会・地域圏（経済政策や医療政策などを担う広域自治体）議会選挙では国民戦線は敗北したものの，左派・右派・国民戦線という3つの勢力が得票を競い合う状況が見られた。

　2極化構造の変化の背景には，移民・難民の受け入れに対する国民の不安・不満や左右の大政党に対する飽きがある。フランス革命以来，この国には多くの移民・難民を受け入れてきた歴史があるが，それだけにさまざまな軋轢も経験している。移民労働者に対するネガティブな見方は最近になって生じたものではないが，2010年代にはパリ同時多発テロ（2015年11月）のようなテロの頻発，欧州難民危機の発生によって，あらためて国境を越えてやって来る人々とどう向き合っていくのかが大きなテーマとなっている。1980年代以降，左右の大政党が欧州統合を推進するなかで，国民戦線は外国人の受け入れ反対とフランス人の優遇を主張して，既存政党に対する不満を吸収してきた。

　さらに，2017年の大統領選挙では，左右の二大政党の候補者がどちらも決選投票に残れないというかつてない事態が生じた。この決選投票では，大統領選挙を睨んで社会党政権を離れ，独自の政治運動を開始していたエマニュエル・マクロン（Emmanuel Macron）と，国民戦線の2代目党首であるマリーヌ・ルペン（Marine Le Pen）の一騎打ちとなり，前者が勝利を収めたのである。数年前までは無名だった30代の若き大統領が誕生し，大統領選挙後の下院総選挙では，マクロン率いる新党が第一党に躍り出た。一方，マクロンが見限った社会党は小勢力に転落し，シャルル・ドゴール（Charles de Gaulle）元大統領の流れを汲む右派の大政党である共和派も議席を減らした。このように，長きにわたり左右2極化がキーワードだったフランス政治の風景は大きく変化している。本章では，フランス政治の概説から始め，政策の展開について整理し，最後に最近の動向について見ていこう。

1　強力な大統領と政治勢力の左右二極化

歴史――大革命後の政治変動

　現在のフランスは大統領を国家元首とする共和国であり，その原点は1789年に始まったフランス革命に遡る。フランス革命は王政と身分秩序の廃止，人権宣言の採択などで名高いが，国王や皇帝を戴かない共和制が定着するには100年にもおよぶ長い時間がかかっている。革命を終結へと導いたナポレオンが皇帝となることで1804年には帝政が始まり，そのナポレオンが失脚した後には元のブルボン朝が復活している（1815～1830年

の王政復古)。その後, 7月王政 (1830〜1848年), 第2共和制 (1848〜1852年), 第2帝政 (1852〜1870年) と政治体制が目まぐるしく変化した。革命後に一貫して共和制が続いたわけではなく,議会を中心とした政治が定着したのは19世紀末のことである。

　大革命勃発後のフランスでは,政治体制が議会中心の体制と強力なリーダーを頂点とする体制との間を復往してきた。例えば,ナポレオンの第1帝政や彼の甥であるナポレオン3世の第2帝政は後者に属するし,反対にナポレオン3世がプロイセンとの戦争に敗れた後に成立した第3共和制 (1870〜1940年) は前者の例である。

　第3共和制では,大統領の権力が制限され,議会こそが政治の中心となった。ところが,議会には規律の弱い政党が乱立し,内閣は非常に不安定で70年間に100回以上交代した。第2次世界大戦後に発足した第4共和制 (1946〜1958年) では,議会に対する行政府 (内閣) の権力をやや強化したものの,連立内閣が生まれては瓦解するという事態を防ぐには至らなかった。このように,20世紀に入り政党政治が本格化してから20世紀半ばにかけてのフランス政治の特徴は規律の弱い多党制と不安定な政権であった。

　これに対して,強力な大統領を頂点として,それを支持する大政党が成立するようになったのが現在の第5共和制発足 (1958年) 後の重要な変化である。

政治システム——強力な大統領

　現代フランスの政治 (家) の主役はなんといっても大統領である。ドイツやイタリアでは大統領の権限が限定されているのに対して,フランスの大統領は法的にも実際上も強大な権力を有している。第5共和制憲法によって認められている大統領固有の権限には,首相の任命権 (その他の閣僚は首相の提案に基づき大統領が任命) (第8条),下院 (国民議会) の解散権 (第12条),法案の国民投票への付託権 (第11条) などがある。また,大統領は「国の独立,領土の一体性,条約の尊重の保障者である」(第5条),「軍隊の長である」(第15条),「条約について交渉し,批准する」(第52条) といった条文もあり,国防と外交は「大統領に留保された領域」とみなされてきた。歴代大統領はいずれも自党のトップリーダーであり,行政府・与党の双方に対してリーダーシップを発揮してきた。現在の大統領任期は5年であり,国民の直接選挙によって選ばれている。強大な権力を有する国家元首を選ぶ機会だけに,国民の関心は非常に高く,大統領選挙の投票率は80%前後となっている。

　かつてはフランスの大統領の権限は大きなものではなく,19世紀後半に共和制が定着して以降,政治の中心は議会であった。しかし,第2次大戦後の植民地独立戦争,とりわけアルジェリア独立戦争 (1954〜1962年) が泥沼化するなかで成立した第5共和制憲法は,大統領を頂点とした行政府を強化し,議会の権限を縮小した点に大きな特徴がある。この憲法は1958年に国民投票によって承認され,初代大統領には首相として新憲法の作成をリードしていたドゴールが選出された。ドゴールは第2次大戦中に軍人として亡命先のロンドンから対独徹底抗戦をよびかけ,やがて対独レジスタンスのリーダーと

表3-1　第5共和制の歴代大統領

在任期間	大統領名	出身政党
1958〜1969年	シャルル・ドゴール	ドゴール派（右派）
1969〜1974年	ジョルジュ・ポンピドゥー	ドゴール派（右派）
1974〜1981年	ヴァレリー・ジスカール＝デスタン	独立共和派（右派）
1981〜1995年	フランソワ・ミッテラン	社会党（左派）
1995〜2007年	ジャック・シラク	ドゴール派→UMP（右派）
2007〜2012年	ニコラ・サルコジ	UMP（右派）
2012〜2017年	フランソワ・オランド	社会党（左派）
2017年〜	エマニュエル・マクロン	共和国前進（中道派？）

出典：筆者作成。

して祖国解放の英雄・戦後最初の首相となった人物である。1969年にドゴールが引退してからも，歴代大統領は政権のトップとして重要政策に関する最高意思決定を担っている。

　一方，日常的な政策形成や行政府内部での調整に際しては首相の役割が大きく，大統領が強いリーダーシップを発揮できるか否かは，首相との関係によって大きく左右されてきた。現在のフランスの政治体制には，強力な大統領が存在する一方で，内閣が議会の多数派によって生み出されるという議院内閣制の仕組みもあり，フランスの政治学者モーリス・デュヴェルジェ（Maurice Duverger）はこれを「半大統領制」とよんだ。国民に直接選ばれた大統領と議会（下院・国民議会）多数派の支持を受けた首相という2人のリーダーが存在するのである。

　大統領が自分の側近や協力者を首相に任命できた場合，強力なリーダーシップをふるうことができたが，大統領任期途中に下院選挙が行われ大統領を支持する勢力が敗北した場合，対立陣営のリーダーを首相に任命せざるを得ず，大統領の権限は外交・安全保障分野に限定されることになった。1986年に社会党のフランソワ・ミッテラン（François Mitterrand）大統領がドゴール派のジャック・シラク（Jacques Chirac）を首相に任命したのが最初の例であり，こうした政権の状況はコアビタシオン（保革共存）として知られる。コアビタシオンは大統領任期が7年，下院・国民議会議員の任期が5年であることに起因していたが，2000年の憲法改正によって大統領任期が5年に短縮されたことで，コアビタシオンは生じにくくなった。いいかえれば，大統領権限の安定性が強化されたことになる。

　また，大統領は行政府のトップであるだけでなく，与党のリーダーでもある。ドゴール派政党を自分の政党に作り変えたシラクも，社会党のミッテランも党執行部への権力の集中を進めていた。強力な大統領を有する政治体制において，政党内では大統領候補者たるリーダーへの権力の集中が進んだのである。ドゴールからマクロンに至るまで大統領には各政治勢力のリーダーが就任しており，政権内の権力は与党組織ではなく，大

統領と彼（まだ女性大統領は誕生していない）が首相を通じて指揮する政府（内閣）に集中してきた。

第5共和制の大統領が政策を迅速に実現していく上で重要な要因として，行政府が強く議会が弱いという権限配分が憲法上保障されていることが挙げられる。政府（内閣）は法案審議の優先順位を決めることができ，ある法案全体の採否について一括投票を議会に求めることができるなど，議会審議の展開をリードすることができる。議会審議を制約する憲法条項の最たるものは第49条第3項であり，法案について内閣が議会に対して責任をかけた場合，内閣不信任案が可決されなければ，その法案は議会審議なしで成立すると規定している（実際に度々行使されている）。また，議会の授権によって政府が委任立法を行うこともできるし，そもそも法律事項の範囲が制限され，政令事項の範囲が広いというように，さまざまな形で行政府の優位と議会の権限の制限が制度化されている。ただし，国会議員60名以上の請求があれば，議会を通過した法案の違憲審査が憲法院によって行われ，野党が政権に抵抗する機会となっている。

今世紀に入ってからは，2008年に大規模な憲法改正が行われ，議会の役割を強化する方向でのバランス調整が図られたが，全体としては行政府優位の政治システムのなかで大統領は首相やその他の閣僚を指揮しつつ強大な権力を行使し続けている。

なお，これまで下院にしか触れてこなかったが，国会は二院制であり，上院議員は下院議員と地方議員による間接選挙によって選ばれている。上院選挙の選挙人の大半は市町村議会議員であり，小規模市町村（農村）ほど選挙人が多く割り当てられる。このため，上院は伝統的に農村部の代表という性格が強く，2011年の選挙まで保守支配が続いた。上下院で意見が食い違い，両院協議会でも合意が得られない場合，最終的には下院の判断が優先されることになっている（憲法第45条）。また，下院は内閣の不信任決議を採択できるため（第49条，第50条），首相と内閣は下院の多数派の支持に依存してきた。そこで次に第5共和制の下院における勢力配分の推移を見ていこう。

政党システム——左右二極化の進展

歴史的にフランスは多党制が続いてきた国であり，英米などに見られる二大政党制が定着したことはない。さまざまな政治勢力をグループに分ける上では，左翼と右翼の二分法が用いられ，あるいはこれに中道として位置づけられる勢力が加えられる。左翼と右翼という用語法は，フランス革命期の議会において，議長席から見て左手に急進派，中央に中間派，右手に穏健派が陣取ったことに由来するとされる。本書の他の章でも見られるように，左翼・中道・右翼といった政治勢力の分類法は諸外国にも広まっている。第2次大戦後のフランスの議会では，左翼の共産党，右翼のドゴール派が多くの場合野党となり，両者の間に位置していた社会党，急進党やその他の中道政党が主に政権を担っていた。このように，20世紀半ばまでのフランスでは，左翼・中道・右翼の多数の政党が併存していた。

ところが，1958年に第5共和制が始まってから，政治勢力の左右2極化が進み，1980年代以降，右翼勢力と左翼勢力の間で政権交代が繰り返されるようになった（表3-1）。こうした政党システムの変容は選挙制度に即して説明されてきた。第4共和制のフランスでは，下院・国民議会の選挙において比例代表制が用いられていたが，現在の第5共和制の下院選挙では，小選挙区2回投票制という仕組みが採用されている。第1回投票では，各党が独自の候補を立てて競争し，一定以上の票を得た候補者たちが第2回投票に進出する。ここで，例えば左翼の共産党と社会党の候補者がどちらも第2回投票に進出してしまうと，左翼を支持する票が分散してしまい，結果的に右翼陣営の候補者に敗れる可能性が高くなる。右翼陣営の側でも事情は同じである。こうして左右それぞれの陣営内において選挙協力（候補者調整）が行われるようになった。他方，中道派の政治家の多くは左右いずれかの陣営に吸収されていった。1970年代後半には，左翼の共産党，社会党，右翼のドゴール派政党，非ドゴール派政党連合の4大勢力が下院議席を分け合う「2極4党体制」が成立している。
　さらに，左右両陣営の内部で他を圧倒する大勢力が誕生していった。左翼では共産党が1980年代に社会党のジュニア・パートナーに転落し，社会党は左翼を代表する政党としての地位を確立していった。右翼ではドゴール派が非ドゴール派の諸勢力の大部分を吸収することで2002年に人民運動連合（UMP）を結成し，単独で下院議席の過半数を得る大政党となった。他方，1980年代後半から，国民戦線や緑の党といった新勢力が下院選挙で5～10％前後の票を獲得するようになったが，大政党との選挙協力なしでは議席獲得が困難な状況下において，ほとんど議席を得ることができなかった（緑の党は1990年代に社会党との協力に転じたが，なお小勢力にとどまった）。以上の結果として，21世紀初頭の段階で，フランスの政党システムは左翼の社会党，右翼のUMPを二大政党として，その他の小規模政党が多数存続するというものとなった。
　要約すると，20世紀半ばまでフランスでは中小の政党が乱立していたが，第5共和制に入り左右二極化が進み，さらには左派の社会党，右派のUMPが圧倒的な大政党となるに至った。第5共和制下の政党システム再編のメカニズムは終着点に至ったかのようにも見えたが，本章冒頭で述べたように2010年代に入りフランス政界は大きな変化を迎えることになった。これについては章の後半で詳しく見ていこう。

2　大きな福祉国家の経済・福祉政策

国家主導の戦後復興・経済発展
　第2次大戦後にフランスでは，石炭・電力・ガス・銀行・航空機・自動車などの分野で国有化が進められ，資本主義と社会主義の混合経済の下で戦後復興と経済開発が進められた。政府が広く産業政策や金融政策を通じて経済システムに介入する「ディリジスム（dirigisme）」といわれる経済政策がとられたのが特徴である。いわば，国家主導の

経済発展が目指されたのだった。実際に，1960年代まで高率の経済成長が実現し，失業率は低水準に止められた。

また，戦後の経済高成長期には社会保障制度の拡充も進められた。1960年代までに労働者，農民，自営業者などの職業別の社会保険制度（年金・医療保険など）が設立され，ほぼ全ての国民が社会保障制度の恩恵を受けるようになっていった。他の西欧諸国と同様に，戦後のフランスは完全雇用と発達した社会保障制度を特徴とする福祉国家となったのである。

このように，戦後から1960年代にかけて国家主導の戦後復興・経済発展が推進され，公共支出の規模も増大していった。ところが，1973年の第1次石油危機以降，経済の停滞，失業率の上昇，社会保障の赤字といった問題が生じ，左右両翼の政権がそれぞれ解決を模索することになる。

石油危機後の経済・社会政策

第1次石油危機発生後の1974年5月には大統領選挙が行われ，非ドゴール派右翼のリーダーであるヴァレリー・ジスカール＝デスタン（Valéry Giscard d'Estaing）が当選した。一方，首相には下院の最大勢力であったドゴール派からシラクが任命された。シラク内閣の経済・社会政策はケインズ主義的なものであり，公共支出増大による経済回復を目指したものであった。これに対して，1976年に経済学者でもあったレイモン・バール（Raymond Barre）が首相となると，政府は緊縮政策をとり，賃金・物価の抑制と企業の競争力回復によって経済・財政を立て直そうとした。確かに，政府財政は健全化に向かったが，失業問題は解決せず，労働組合による激しい抗議運動も生じた。

経済が行き詰まりを見せるなかで，1981年5月には社会党のミッテランが新たな大統領として選ばれた。翌月の総選挙では社会党が単独で過半数の議席を獲得している。第5共和制初の左翼への政権交代が生じたのである（新政権には共産党も入閣）。左翼政権は「社会主義の実験」ともいわれる一連の経済・社会政策を実施した。大企業の国有化，公務員の増員，最低賃金の引き上げ，社会保障給付の充実などである。こうして1980年代にフランスはますます大きな福祉国家となっていく。ところが，これらの政策は経常収支の悪化，財政赤字の拡大などの結果をもたらし，失業率も上昇を続けた。

左翼政権内では，上記の路線を支持する一国社会主義的な立場と，他方で欧州通貨統合に備えて物価と通貨の安定を優先し，欧州統合のなかでの企業の国際競争力強化を目指す立場とがあったが，後者が勝利して1983年には社会主義路線は放棄されてしまった（ミッテランの転回）。結局，左翼政権もケインズ主義的な公共支出拡大政策から緊縮政策へと舵を切り，これ以降左右の諸政権は欧州統合推進，企業の国際競争力強化，重い社会保障負担（特に企業による社会保険料負担）の抑制といった経済・社会政策の大きな枠組みを共有していくことになる。なお，1986年に行われた総選挙で左翼は敗北し，新たに発足したシラク保守内閣は国有化企業の民営化と減税に取り組んだ。

左翼政権が社会主義路線を放棄して以降，左右の大政党にとっての経済・社会政策の課題は欧州単一市場や通貨統合を見据えた国内の改革に取り組んでいくことであった。1980年代末から，福祉国家フランスの再編が進められていく。

欧州統合と福祉国家の再編
　石油危機以降，フランスでは社会保障費の拡大が続いたが，1990年代に入ると支出抑制の取り組みが本格化するようになった。政府は通貨統合参加国に求められる財政赤字の削減を遵守しなければならず，人口の高齢化などによって増加が予想される社会保障費の伸びをコントロールする必要に迫られた。
　年金制度については，ミッテラン政権は1980年代初頭に支給開始年齢を65歳から60歳に引き下げるという給付拡大策をとったが，1993年にエドゥアール・バラデュール（Édouard Balladur）率いる保守内閣は民間部門労働者の年金の給付水準を引き下げる改革を行った。さらに，1995年にはシラク大統領と腹心のアラン・ジュペ（Alain Juppé）首相が欧州通貨統合を見据えた緊縮政策を決断し，公務員の給与凍結・公共部門年金改革・医療費の総枠予算制・国鉄改革などを実行しようとしたが，大規模な反対運動を招き，冬にはパリの公共交通機関がストで1カ月にわたり麻痺した。このため年金削減や国鉄のリストラなどの一部の改革は挫折したが，その後政府の財政収支は改善に向かい，フランスは1999年に通貨統合に参加することができた。
　他方，社会保障制度の改良も進められた。フランスの生活保障システムは，戦後から経済の高成長期にかけては完全雇用政策を主軸とし，失業保険がこれを補完する形であったが，石油危機以降，失業の増加・長期化が進んだことで，雇用やそれと結びついた社会保障から排除される人々が増加していった。生活保障システムの機能不全を前にして，政府は低所得者支援のための制度を相次いで導入した。1988年末に創設された参入最低所得（RMI）は社会（再）参入の準備期間の生活費を補助するものとして一定額の現金給付を行うものであった。また，1999年には普遍的医療保障（CMU）制度も導入され，医療保険の無保険者対策がとられた。このように，セーフティネットの強化が図られた。なお，雇用の増加を目指す政策としては，1997年に成立した左翼政権の目玉政策の1つとして週35時間労働制が導入され，ワークシェアリングが図られたが，高失業の解決には至らなかった。
　他にも，1990年代には国際的に見て重い企業の社会保障負担を抑制し，新たな社会保障財源を確保する取り組みも進められた。戦後フランスの社会保障制度は企業と労働者の社会保険料負担の引き上げによって拡大し，企業側の負担が重い構造が続いていた。欧州市場統合の進展によって国際経済競争がより厳しくなるという見通しのなか，重い企業負担が競争力を阻害することが懸念されていた。そこで，1991年から稼働所得・資産所得・投資所得・年金・失業手当などの幅広い収入に課税される一般社会拠出金（CSG）という新たな社会保障目的所得税が実施された。これによって，社会保障費の

財源が確保されるとともに、企業の社会保障負担の引き上げが抑制された。
　以上のような経済・社会政策により、フランスはヨーロッパ経済統合が進展するなかで、財政再建、社会保障制度のオーバーホール、企業の国際競争力強化に取り組んできた。

21世紀の動向

　21世紀の動向を簡単に見ておこう。2002年に行われた今世紀最初のフランス大統領選挙では、シラクが再選され、続く2007年の大統領選挙では彼の政党 UMP を乗っ取ったニコラ・サルコジ（Nicolas Sarkozy）が当選した。サルコジは選挙キャンペーン中に過去との「決別（rupture）」を強調し、経済・社会政策面では減税・社会保険料負担の軽減による経済活性化を狙った。しかし、2007年以降の世界金融危機の影響によってフランス経済は低迷し、雇用環境も悪化してしまった。年金・医療とも給付削減による財政維持が目指され、前者では支給開始年齢の60歳から62歳への引き上げが決められた。一方、購買力増加を公約していたサルコジは RMI の再編版である積極的連帯所得（RSA）を導入し、勤労収入と RSA の合計額が漸増していく仕組みとすることで就労促進・脱貧困を図ったが、経済危機の影響もあり、顕著な効果は見られなかった。政府の補助金付き雇用や雇用拡大を目指した社会保険料負担の免除も行われてきたが、失業率は2010年代に入ってからも10％弱に高止まりしている。
　2012年の大統領選挙では、社会党のフランソワ・オランド（François Hollande）がサルコジの再選を阻み、ミッテラン以来の社会党出身の大統領となった。オランド社会党政権にはさまざまな意味でサルコジ政権からの方向転換が期待されたが、新政権の政策は歳出削減や労働の規制緩和といった右翼政権的なものであった。オランド政権はサルコジ政権を下回る低支持率に悩まされ、上記の政策に反発する社会党内の左派が政府に対して反乱を起こすに至った。
　一方、オランド政権の経済産業デジタル大臣として日曜労働やバス事業の規制緩和などの経済改革を担っていたマクロンは社会党政権を見限って辞任し、2017年にはルペンを破って大統領となる。オランド政権は一時的に超高所得者に対して所得税の最高税率を75％に引き上げるという左翼政権らしい政策をとったが、マクロン政権は反対に金融資産を富裕税の対象から外すという高所得者寄りの政策をとっている。マクロン政権の経済・社会政策を総括するには時期尚早だが、新大統領は選挙公約以来、減税・社会保障負担削減による経済活性化を追求している。また、欧州統合支持者として財政赤字削減、そのための歳出削減を重視しており、新自由主義的な欧州統合支持者とでもいうべきスタンスが見られる。なお、2017年にフランスは財政赤字を GDP の3％以下に抑えるという EU のルールを10年ぶりに達成しており、社会保障制度の赤字も解消に向かっている。

3　ヨーロッパの一大移民・難民受け入れ国

移民受け入れの歴史

　フランスには外国にルーツを持つ著名人が少なくない。例えば，2007〜2012年に大統領を務めたサルコジはハンガリー移民の父を持ち（本人はパリ生まれ），アンヌ・イダルゴ（Anne Hidalgo）現パリ市長はスペイン出身である。あるいは2018年にサッカー・ワールドカップで優勝したフランス・チームのメンバーを思い浮かべてもらってもよい。

　歴史を振り返れば，フランスは1789年に始まった大革命以来，共和国の理念に同意する者であれば民族や宗教などを問わずに受け入れることを基本原則としてきたため，紆余曲折を経ながらも，移民・難民の受け入れに関して大きな実績を有している。第2次大戦中にナチ・ドイツによる侵攻に敗れ，その後ユダヤ人の迫害に手を貸していたのも事実だが，それ以前はむしろヨーロッパにおける移民・難民の一大受け入れ国であった。19世紀後半という早い時期から人口の高齢化が始まったため，労働者や兵士を増やすために外国人を受け入れる必要があったという事情もあるが，人権の国・庇護の国としての理想もまた，長きにわたるこの国の移民・難民受け入れの歴史の背景にある。

　19世紀にはベルギーやイタリアなどヨーロッパの隣国からの移民が中心であったが，第1次大戦後にはポーランド移民が増え，1930年代にはナチスによる迫害を避けるためにユダヤ人が，またスペインからは内戦を逃れた人々がフランスを目指した。第2次大戦後には，建設や製鉄部門などの労働者不足を補うために地中海を挟んで接する植民地，特にアルジェリアからの移民が急増した（表3-2）。ところが，アルジェリア独立戦争が長期化するなかで，アフリカ人に対する差別意識が生まれていった。アルジェリアの独立後にフランスに帰国した元入植者はその後もアルジェリア人に対する激しい嫌悪感を抱いていたという。アルジェリアやモロッコが独立して以降も移民の流入は続き，北アフリカ系の人々に対する暴力事件が相次いだ。1972年に人種差別を犯罪とする反人種差別法が成立してからも襲撃事件はなくならなかった。また，1960年代から失業が増加したことも移民労働者の立場を困難なものにした。1974年にフランス政府は移民労働者の受け入れ政策を一時停止するに至る。その後の諸政権は移民の受け入れには慎重になり，すでにフランスに住んでいる移民やその子どもたちのフランス社会への統合を重視するようになった。

　とはいえ，1970年代以降も移民人口は増えている（表3-3）。北アフリカ移民へのインタビュー映画であるヤミナ・ベンギギ監督の『移民の記憶』（1997年）にも見られるように，出身国への帰国奨励策がとられたものの，すでにフランスに長く住み家庭もあるなかで，多くの移民たちがフランスにとどまった。むしろ，家族の呼び寄せを中心として移民は増加した。また，欧州統合の進展は国境を越えた人の移動が容易になることを意味していた。移民の受け入れに慎重な政府の姿勢とは裏腹に，今世紀に入ってから

表3-2 フランス在住の主な外国人 (単位:1,000人)

	1954年	1968年	1975年	1982年	1990年
ベルギー人	107	65	56	53	56
イタリア人	508	572	463	340	253
ポーランド人	269	132	94	65	47
スペイン人	289	607	497	327	216
ポルトガル人	20	296	759	767	650
ヨーロッパ人の合計と外国人に占める割合	1,397 79.1%	1,876 71.6%	2,090 60.7%	1,768 47.6%	1,459 40.6%
アルジェリア人	212	474	711	805	614
モロッコ人	11	84	260	441	573
チュニジア人	5	61	140	191	206
アフリカ人の合計と外国人に占める割合	230 13.0%	652 24.8%	1,192 34.6%	1,595 43.0%	1,633 45.4%
アジア人の合計と外国人に占める割合	41 2.3%	45 1.7%	104 3.0%	290 7.8%	425 11.8%
外国人総計	1,765	2,621	3,442	3,714	3,597
総人口	42,781	49,655	52,599	54,296	56,652
外国人/総人口	4.1%	5.3%	6.5%	6.8%	6.3%

出典:渡辺和行『エトランジェのフランス史』山川出版社, 2007年, 160頁, 178頁より作成(出典である Janine Ponty, *L'immigration dans les textes : France, 1789-2002*, Paris : Belin, 2003, 363-364 を参照して一部の数値を修正・補足した)。合計には表に掲載していない国の国籍者も含まれる。

表3-3 フランスの移民人口と総人口の推移 (単位:1,000人)

	1931年	1954年	1968年	1975年	1982年	1990年	1999年	2010年	2015年
移民人口	2,729	2,293	3,281	3,887	4,037	4,166	4,387	5,514	6,169
総人口	41,228	42,781	49,655	52,599	54,296	56,652	60,187	64,613	66,423
移民人口/総人口	6.6%	5.4%	6.6%	7.4%	7.4%	7.4%	7.3%	8.5%	9.3%

注:外国出身者である「移民」と外国籍者である「外国人」の人数は一致しない。例えば, フランス国籍を取得する移民も多い。
出典:INSEE, «Population étrangère et immigrée en France en 2015», juillet 2018〈http://www.insee.fr/〉2019年3月26日閲覧。

も移民人口は増加している。

移民の社会統合政策

　移民労働者の受け入れ停止が決められた1974年はフランス経済の低迷が鮮明化した年でもあった。石油危機の影響で経済成長率はマイナスに陥り, 失業率が上昇していった。雇用環境の悪化は移民やその子どもたちにとりわけ打撃を与えた。また, 移民の子ども

たちの教育達成の困難といった問題も生じていた。フランス政府がとってきた対策を見てみよう。

1970年代には未だ移民労働者家族の劣悪な住環境が目立ち，ジスカール゠デスタン政権は移民のための住宅建設を進めた。ただし，こうした政策はともすると都市郊外に移民家族の多い低家賃住宅群を生み出すことになり，空間的な隔離が問題となった。また，国民戦線は公共住宅入居に関してフランス人の優先を主張していく。ともあれ，合法的に国内に居住する移民への支援はさまざまな形で強化されていった。

続く社会党政権も新規の移民受け入れには慎重姿勢をとったものの，国内に居住する移民の社会統合には熱心な立場をとった。移民・難民への寛容な姿勢は社会党が右翼政党との違いをアピールする点の1つであった。1981年の政権発足後すぐに移民にも結社の権利が認められ，また教育優先地域（ZEP）を設定することで，移民の子どもの多い地域での教育の重点化が図られた。また，移民（2世）は経済状況の悪化により雇用や社会保障から排除されやすかったが，1980年代末以降，参入最低所得（RMI）のような社会的排除対策が打ち出されるようになった。リオネル・ジョスパン（Lionel Jospin）率いる左翼連立政権による1998年のシュヴェーヌマン法では，最低所得保障給付から国籍要件が除去されている。また，左翼政権はフランスに定住している非正規滞在者の正規化（滞在許可証の発行）にも取り組んできた。

一方，右翼政権はより厳格な移民政策をとることで左翼との差異化を図った。すでにジスカール゠デスタン政権下の1980年に成立したボネ法により不法移民の強制送還が開始されていたが，その後も右翼政権はこうした方針を追求し，不法移民に対する厳格な政策をとった。シラク内閣（1986〜1988年），バラデュール内閣（1993〜1995年）とも，外国人の入国の困難化（滞在条件の引き上げ）と不法移民の送還の強化を目的とした立法を行っている。とはいえ，右翼政権といえども合法的に滞在している移民を差別的に取り扱うことは法的に困難であり，国民戦線が主張してきたような極端な外国人差別政策（移民への家族手当や最低所得保障給付の支給停止）は実現していない。2007年に右翼政権の大統領となったサルコジは移民や治安の問題について強硬姿勢をとることで国民戦線から票を奪うことを選挙戦略としていたが，実際には移民流入をくいとめるには至らなかった。

1980年代以降，政権交代が起こる度に左翼はより寛大な，右翼はより厳格な移民・難民政策をとってきた。しかし，長期的に見れば，とりわけ左翼政権期の政策を通じて，さまざまな移民の社会統合政策が積み重ねられてきた。教育・労働・社会保障・住宅などの政策を通じて，出自によらず活躍できる社会が目指されている。ただし，経済や教育面での格差や居住空間の分離などの課題の解決は必ずしもうまくいっていない。

── *Column* ③　ムスリムとの共生──イスラム・スカーフ事件とは何か ──

移民と一口にいってもフランスにはヨーロッパ出身の移民もいればアフリカやアジア

出身の移民もいる。パリに行けば多くの中華料理や日本料理のレストランを目にする。とはいえ，過去数十年間にフランスで移民が問題にされる時にたいてい念頭に置かれているのはイスラム教圏からの移民であるといってよいだろう。単に実数として多いというだけではなく，本文でも述べたように歴史的な経緯（植民地独立戦争）もあり，さらに宗教・文化面での受け入れ側社会との差異が軋轢の原因となっている。

　象徴的な出来事がイスラム・スカーフ事件である。1989年にパリの北に位置するクレイユ市の中学校でスカーフ（ヒジャブ）を着用した女子生徒が入構を拒否された。フランスの公立学校はライシテ（laïcité：非宗教性）を原則としており，スカーフの着用がこの原則に抵触するとみなされたのである。事件は大きく報道され，論争は過熱していった。同様の事件がその後も続き，この件に関する政府の対応は揺れたが，最終的には2004年に国会で「公立学校における宗教的シンボルに関する法律」が成立するに至る。これによって公立学校におけるヒジャブの着用は禁じられ，生徒たちはヒジャブを脱ぐか，退学するかを迫られることになった。この法律はムスリム女性のヒジャブのみを対象としたものではないが，宗教的なマイノリティを狙い撃ちにした法律であると感じたムスリムがいたであろうことは想像に難くない。

　近年のフランスでは，疎外感を強めたムスリムによるテロ事件とムスリムに対する差別意識が負のスパイラルを形成しているように見える。政党政治のレベルでは，国民戦線のマリーヌ・ルペン現党首はライシテの原則に言及しながら，攻撃の矛先を移民一般ではなくムスリムへと向けている。長い移民受け入れの実績のあるフランスだが，ムスリムとの共生が大きな課題となっている。本文で触れた映画『移民の記憶』では，フランスで生まれ育ち，フランス語を母語とするのに，ムスリムとして差別されることへの移民2世の苛立ちや彼ら・彼女らのイスラム教に対するさまざまな想いが語られている。また，入手困難となっているが，スカーフ禁止法に関するフランス在住のムスリム女性の声を収めた映画としてジェローム・オスト監督の『スカーフ論争』（2004年）がある。この映画からもわかるが，フランスにもスカーフ禁止法に批判的な学校教師や知識人がいたことを指摘しておきたい。

（尾玉剛士）

難民とフランス

　フランスは大革命以来長い難民受け入れの歴史を有している。第2次大戦後の第4共和制憲法前文（1946年）でも難民に「庇護を受ける権利（droit d'asile）」が認められ，現在の第5共和制下においても受け入れが続けられてきた。冷戦期には，ハンガリーなどの東欧の社会主義圏やチリ・アルゼンチンなどの南米からの難民，そしてベトナム・カンボジア・ラオスからのいわゆるインドシナ難民を受け入れてきた。

　今世紀に入ってからも，フランスは西欧を代表する難民受け入れ国の1つであり続けている。アフガニスタンやシリアからトルコ・ギリシャ経由で，あるいは北アフリカから地中海を越えて難民たちがヨーロッパの地を踏み，英独仏といった国々を目指してき

た（イギリスを最終的な目的地としながらも，渡航がうまくいかずフランスにとどまる人々も多い）。フランスでは，正式な滞在許可証を持たない外国人（サン・パピエとよばれる）であっても，18歳未満の子どもであれば保護され教育を受ける権利が認められている。フランス語教育と職業教育を通じて，子どもたちのフランス社会への適応が図られる。公的な施策に加えて，滞在許可証の取得支援や生活面での援助など非正規滞在の外国人の支援を目的とした民間団体も多い。

　2011年にシリア内戦が始まり，2014年にイスラム国の樹立が宣言されるといった中近東情勢の緊迫化に伴い，大量の難民が発生してフランスを含むヨーロッパ諸国を目指すようになった。2015年にトルコやリビアからの難民の海難事故が報道されると，オランド大統領はドイツのメルケル首相とともに受け入れ強化を表明したが，EU 諸国による受け入れの分担は順調には進まなかった。当初は人道主義の理想から積極的な受け入れを表明していた国々も，難民の多さや難民による暴力事件の報道により態度を変えざるを得なくなっていった。2015年11月にパリで起きた同時多発テロは100人を超す犠牲者を出す大惨事であったが，後に容疑者の一部がシリア難民を装いギリシャ経由で入国していたことがわかり，国境管理の難しさがあらためて浮き彫りになった。2017年の大統領選挙では，移民・難民に対してルペンよりも寛大と見られるマクロンが選ばれたが，新大統領はこの問題に関する EU レベルでの新たな枠組みの構築という難しい課題に取り組むことになった。

4　欧州統合の推進

戦後復興と欧州統合

　第 2 次大戦後のフランス外交の目標は，復興を進め国際社会におけるフランスの没落を防ぐこと，ヨーロッパで戦争を繰り返さないこと，アメリカとソ連という超大国の狭間で独自の立場を保持することなどであり，これらは互いに関連していた。一言でいうならば，戦後フランスは欧州統合を進めることで復興・平和・自立という目標を達成しようとしたのである。

　フランス政府はマーシャル・プラン（1948〜1951年）によるアメリカからの経済援助を受けつつ，経済計画を立案して戦後の復興を進めた（経済・社会政策の項目で触れた混合経済がこうして始まる）。第 1 次経済計画は計画庁長官であったジャン・モネ（Jean Monnet）の名前をとってモネ・プランとよばれ，モネは欧州統合の推進者としても活躍していく。1950年にはロベール・シューマン（Robert Schuman）外相によりフランスとドイツにおける石炭・鉄鋼の国際的な共同管理が提唱された（このシューマン・プランはモネが構想）。これが仏・西独・伊・ベネルクス 3 国からなる ECSC（欧州石炭鉄鋼共同体）の発足につながる（1952年）。こうして，かねて仏独間の争いの種になっていた石炭・鉄鋼が ECSC という国際機関の管理下に置かれることになった。さらに，1958

年にはEEC（欧州経済共同体）が発足し，経済面を中心に欧州統合が進展していく。同年にはEURATOM（欧州原子力共同体）も誕生し，1967年にはECSC, EEC, EURATOMはEC（欧州共同体）へと統合・再編された。

　仏独を中心とした西欧における経済的な結びつきの強化はフランスにとっては自国の経済発展を助けるのみならず，西欧に外交的な安定性をもたらすものでもあった。戦後フランスは第1次石油危機までに英米を上回る経済成長率を記録している。また，第2次大戦以降，今日に至るまで西欧の国家間では戦争が起きていない。戦後フランスの欧州統合推進の立役者であったモネとシューマンは後に欧州統合の父のなかに数えられている。

　戦後復興，高度経済成長を経て1970年代に経済停滞に直面したフランスは，欧州統合をさらに進めながら，そのなかでリーダーシップを発揮することで，国際政治・経済における存在感を強めるという道を選んでいく。その点に触れる前に，冷戦下におけるフランスの独自外交志向について見ておこう。

独自外交を追求するドゴールと後継者たち

　第2次大戦中の対独レジスタンスのリーダー，戦後最初の首相，そして1958〜1969年まで第5共和制初代大統領を務めたドゴールはゴーリスム（ドゴール主義）ともよばれる米ソ双方から距離をとる独自外交のスタンスをとった。米ソを中心とした冷戦構造のなかで，フランスは西側・資本主義陣営に属していたが，ドゴールはアメリカに従属することをよしとせず，独自の外交戦略をとろうとした。ドゴールのアメリカに対するライバル意識は，例えば1960年代にイギリスがEECに加盟しようとした際に，英米の結びつきから「トロイの木馬」としてこれを拒絶したことに現れている。他にも，ドゴールはベトナムへの米軍の介入を批判し，中華人民共和国の承認（1964年）やNATOの軍事部門からの撤退（1966年）を決めてもいる。

　ドゴールは「フランスの偉大さ」に対する強烈な信念を持っていたことで知られるが，超大国からの自律を重視する外交方針は必ずしもドゴール個人の外交スタンスとはいえず，戦後フランス外交の重要な特徴といえる。21世紀に入ってからも，フランスはアメリカによるイラク戦争開始（2003年）を批判し，ドイツとともに対米追随を拒否している。この時の大統領であったシラク，外相であったドミニク・ドヴィルパン（Dominique de Villepin）もドゴール派の系譜に位置づけられる政治家である。

　また，ゴーリスムの傾向はドゴール派以外の政治家にも見られる。1981年に大統領となった社会党のミッテランはドゴール同様に米ソ間での独自路線（そしてそのための核戦力の維持）を追求していた。無論，ドゴールやフランス政府がいつもアメリカの主張に反対してきたわけではないが（反対する時でも，安易に単なる反米主義と決めつけるべきではないだろう），独自外交の重視はフランスの外交上の特徴として挙げることができる。

なお，ドゴール本人に限らず，ドゴールの支持者あるいはドゴール派の政治家のなかには国家主権を重視し，欧州統合の進展（超国家的な統合）に慎重な人々が少なくなかった。1950年代には欧州防衛共同体（EDC）構想に対して議会のドゴール派が反対し，結局この構想は挫折している。他方，ドゴール派以外の右翼や左翼陣営の内部では欧州統合推進派と反対派の双方が見られた。しかしながら，第2節で見たように，社会党政権は1980年代に欧州統合のなかでのフランスの発展を選択し，1970年代から2000年代にかけてドゴール派のリーダーであったシラクが自身の大統領任期中に欧州通貨統合に参加したように，結局のところ左右の大政党は欧州統合支持の立場をとるに至った。

欧州統合の追求と反対運動
　1981年にミッテラン社会党政権が誕生した時，すでにヨーロッパはさらなる経済統合へと向かっていた。1979年には域内での為替の安定化を図る新制度としてEMS（欧州通貨制度）が導入され，通貨統合が実現へと一歩近づいた。ミッテラン政権内では，通貨統合の枠内にとどまり欧州統合のなかでの経済成長を目指すのか，そこから離脱して独自の通貨金融政策を実施する一国社会主義路線を目指すのかが争われたが，ミッテラン政権は前者の道を選択した。
　その後，ミッテランの任期中には，1986年の単一欧州議定書調印により1992年までの欧州市場統合の完成（域内の人・モノ・資本・サービスの自由移動）が決められ，その1992年には通貨統合の実現に関する規定を含むマーストリヒト条約が調印される。同年，条約批准のためにフランスで行われた国民投票では，賛成が51％という僅差で反対を上回った。翌年にはEU（欧州連合）が誕生している。ミッテランは1995年に2期目の大統領任期を終えて引退し，欧州統合を推進した大統領として名を残すことになる。
　1995年春に大統領となったシラクは欧州通貨統合実現を決意し，同年12月のEU首脳会議で単一通貨「ユーロ」の創設が決められた。通貨統合に参加するには，毎年の財政赤字と過去の累積債務を一定水準以下に抑えるといった基準をクリアする必要があり，シラク政権は1990年代の不況によって悪化していた財政収支の改善に取り組んでいった。1990年代後半には財政赤字は縮小に向かい，フランスは1999年に共通通貨ユーロの誕生に立ち会うことになった。
　このように，1993年の欧州単一市場，1999年の単一通貨のスタートに参加してきたフランスだが，欧州統合推進に向かうフランスの道のりは平坦なものではなかった。マーストリヒト条約批准に関する国民投票は僅差での賛成多数にとどまっており，1995年にシラク政権が欧州統合を引き合いに出しつつ進めようとした社会保障改革などの緊縮政策は政権と欧州統合に対する大きな反発を招いた。フランス政府としては，欧州統合はフランス経済を守るものであるとして推進してきたのだが（マクロン現大統領もこの立場である），正反対の見方として国際的な自由競争によってフランス経済を破壊するものだという反発も根強い。EU（ブリュッセル）のエリートによってフランス人の生活が

脅かされているという不満は，国民戦線のような反欧州統合政党を勢いづかせたであろう。2005年には，オランダとともにフランスでも欧州憲法条約の批准が国民投票で否決されてしまった。欧州統合に反対してきたのは右翼（極右）の国民戦線だけではなく，左翼の政治家にも反対派がおり，欧州統合は伝統的な左右対立とは交差する対立軸をなしている（あるいは，欧州統合には賛成だが，市場競争を中心に進められる欧州統合には反対といった立場もある）。

最近の動向

2017年の大統領選挙で決選投票に残った2人の候補はいずれも既存の左右勢力を否定しており，その意味では欧州統合に対する立場の相違が主たる対立軸であったといえるかもしれない。英国でブレグジットが決められた翌年の選挙ということもあり注目を集めたが，欧州統合推進派のマクロンがEU離脱の国民投票実施を主張するルペンに勝利した（得票は66％対34％）。1977年生まれのマクロンは財務官僚としてまさしく欧州化したフランスの政治・経済のなかで活躍してきた人物であり，ルペンやその支持者から見れば典型的なEUのなかのエリートである。マクロンには，これまでエリート主義的・自由競争中心と批判されてきた欧州統合を単に継続していくのではなく，統合反対派を納得させられる新たなロジックと制度を構築していくことが求められている。

マクロン外交の基本路線は欧州統合のさらなる推進および多国間主義による国際的問題への対応である。ブレグジットや難民危機に揺れる欧州において，親EUのマクロンの当選には，欧州統合の維持・推進へと風向きを変えることが期待された。大統領選挙公約にユーロ圏予算の導入を掲げたように，マクロンは経済政策をヨーロッパ・レベルで考える傾向が顕著である。また，2018年の国連総会などで多国間主義の重要性を強調している。つまり，平和の実現や地球環境問題などの国際的な課題に対して，諸外国と協調しながら解決に向かうことを重視しており，今日先進諸国にしばしば見られる内向きの傾向には批判的である。とりわけ，マクロンは地球温暖化対策に関するパリ協定へのアメリカの復帰をよびかけたり，同様にアメリカが離脱したイラン核合意（核開発の制限と引き換えに経済制裁を緩和）の重要性を訴えたりと，アメリカの単独行動主義を批判している（パリ協定とイラン核合意はどちらも2015年に合意された国際的枠組みであり，オランド政権が参加した）。中近東・アフリカなどの地域情勢の安定化も含め，多国間主義による国際的な問題の解決に，フランスがどれだけ貢献していけるのかが注目される。

5　マクロン政権の誕生

フランス政治全般に関わる近年の注目の動向といえば，2017年のマクロン政権の誕生であろう。前年に結成された政治勢力が大統領選挙・下院総選挙の双方で突如勝利を収めたのである。また，フランスで親EUの新大統領が登場したことはヨーロッパの将

来を考える上で国際的にも注目を集めた。以下では，新政権発足に先立つ既存の大政党への不満の高まりから説き起こしていこう。

左右の大政党の政策接近

1980年代からフランスでは左右の政権交代が繰り返されるようになったが，与党となった社会党が一国社会主義路線を断念して以降は，左右両翼の大政党はいずれも欧州統合の推進とそれに合わせた福祉国家の改革を基本政策とするようになった。今世紀に入ってからも，右翼のサルコジ政権が大統領の新自由主義的なイメージに反して年金・医療保険の維持と貧困対策の強化に努めており，反対に左翼のオランド政権が歳出削減や規制緩和といった新自由主義的な政策に取り組んだことで，経済・社会政策面での左右対立は曖昧化している。

左翼政権では社会党が，右翼政権では UMP がそれぞれ圧倒的な議席を有してはいたが，欧州統合や移民の流入に反対の有権者は両政権の政策に不満を強め（右翼政権も移民の増加をくい止めるには至っていない），左右の大政党の政治家による金銭スキャンダルは新たな政治運動への期待を高めた。下院議席の配分に注目する限りは，21世紀に入り，左右の二大政党を中心とした多党制という構造が定着したかに見えたフランス政界であったが，そうした枠組みに対する不満も蓄積されていたことに注意する必要がある。

国民戦線のさらなる伸長

2010年代に入りフランス政界は大きな変化に見舞われた。第1は，国民戦線のさらなる伸長である。すでに1980年代には一部の地方自治体で与党となり，2002年には大統領選挙の決選投票に進出するなどして，一定の支持を維持してきたが，2014年の欧州議会選挙ではついにフランス第一党となった。大統領選挙や下院選挙は2回投票制となっており，仮に第1回投票で国民戦線の候補が1位となっても，第2回投票でその他の政治勢力が反国民戦線で協力すれば当選を阻止できる。ところが，欧州議会選挙では第2回投票なしの比例代表制が採用されており，得票第1位となった国民戦線が最多議席を得たのである。

左右の大政党が欧州統合を推進するなかで，国民戦線は自分たちこそがフランス国民の利益を代表しているとして，欧州統合やグローバル化に不安・不満を感じる人々の受け皿となってきた。左右の対立軸でいえば国民戦線は極右に位置づけられてきたが，労働者や失業者といったかつてであれば左翼政党が利益を代表してきたはずの人々から強い支持を得ることに成功している（反対に，1980年代以降，共産党は衰退していった）。左翼を代表する社会党，右翼を代表するドゴール派やその後継政党がいずれも欧州統合を追求してきたのに対して，国民戦線は欧州統合反対の政党として第3極を形成するようになった。

確かに，左右の二大政党が国民戦線との選挙協力を行わず，むしろその勢力伸長の妨

害を重視してきたため，国会でも地方議会でも国民戦線の勢力は限られている。しかし，得票率に注目すれば，社会党を中心とする左翼勢力，UMP（2015年に共和派に改称）を中心とする右翼勢力，国民戦線の3極構造が2015年までに見られるようになった。

2017年の政界再編

第2は，2017年の政界再編である。第5共和制における大統領選挙の決選投票はドゴール派（またはその後継政党）の候補者と社会党の候補者の対決となったことが最も多く，1980年代以降は社会党の候補者（ミッテラン，オランド）とドゴール派の流れを汲む候補者（シラク，サルコジ）が大統領職を独占してきた。ところが，2017年4月の大統領選挙の第1回投票では，右翼の最大政党である共和派のフランソワ・フィヨン（François Fillon）は得票3位にとどまり，2012年以来与党であった社会党から出馬したブノワ・アモン（Benoît Hamon）は惨敗した（表3-4）。トップに立ったのは2016年に社会党政権の閣僚を辞して独自の政治運動を開始していたマクロンであり，5月の決選投票で国民戦線のルペンを破って新大統領となった。

この大統領選挙で注目されるのは以下の点である。第1に，上記のように左右の大政党の候補者が第1回投票で敗北し，左右の大政党を中心としたそれまでの政治を批判する2人の候補者同士の争いとなった。左右の政権交代では捉えきれない選挙結果となったのである。それどころか，第1回投票で4位となったジャン＝リュック・メランション（Jean-Luc Mélenchon）（大統領選挙に先立ち，「服従しないフランス」という左翼の政治運動を立ち上げた）などの得票を合計すれば，左右の既成政党の候補よりもそれ以外の候補が得た票の方がはるかに多いという結果であった。ここには，有権者の左右の大政党に対する不満や飽き，そしてマクロンやメランションによる新たな政治運動に対する期待が見られる。

第2に，国民戦線の候補が過去最多の票を得た。過去には2002年の大統領選挙でもジャン＝マリ・ルペン（Jean-Marie Le Pen）が決選投票に進出して有効投票の18％，550万票を得ていたが，今回は娘のマリーヌ・ルペンがさらに多くの票を得た（同34％，1,060万票）。2011年に国民戦線の新党首となったマリーヌは父に比べ主張を穏健化させることでより広い支持を得ようとしてきた。他のヨーロッパ諸国同様，フランスでも反EU・反移民の政党が無視できない支持を集めている。

同年6月に行われた下院選挙では，マクロン大統領の率いる共和国前進！が単独で過半数の議席をおさえる圧勝となった（大統領選挙後に前進！から改名）。右翼・共和派は議席を減らし，前与党であった左翼・社会党は5％程度の議席しか持たない小勢力へと一挙に転落してしまった。左右の大政党の合計得票率の低下は1990年代以来見られる現象ではあったが，小選挙区2回投票制の仕組みに支えられて，いわば左右の大政党が他勢力を封じ込めて議席を占有するような状態が続いていた。今回の選挙では，こうしたパターンがついに打ち破られたのである。

表 3-4　2017年大統領選挙第1回投票（4月23日）

得票上位5名の氏名	政　党	有効投票に占める得票率
エマニュエル・マクロン	前進！	24.0%
マリーヌ・ルペン	国民戦線	21.3%
フランソワ・フィヨン	共和派	20.0%
ジャン＝リュック・メランション	服従しないフランス	19.6%
ブノワ・アモン	社会党	6.4%

出典：Ministère de l'Intérieur, «Résultats de l'élection présidentielle 2017», mai 2017〈https://www.interieur.gouv.fr/〉2019年3月26日閲覧。

　ただし，投票率が過去最低を記録したことにも注意が必要である。大統領選挙の投票率は前回より低下しつつも第1回・第2回投票とも70％台の水準を維持することができたが，下院選挙の投票率は第1回・第2回投票とも40％台という低水準であった。1990年代，2000年代の下院選挙の投票率はそれぞれ約70％，60％であり，低落傾向に歯止めがかかっていない。共和国前進！は下院選挙の第1回・第2回投票の双方で得票2位の共和派を大きく引き離して第一党となっており，新大統領は下院に十分な議席を有する形で政権運営をスタートすることになった。しかしながら，下院選挙の投票率の低さを考慮すれば，マクロンの与党は必ずしも多くの国民に支持されたわけではなく，新政権は実績を示して支持を広げていく必要性に迫られた。なお，国民戦線の獲得議席は過去最高とはいえ8議席にとどまった。

　フランスの政党システムは20世紀半ばまで多くの中小の政党が併存する多党制であったが，世紀後半には政治勢力の左右2極化が進み，政治家が左右の大政党へと集まるようになった。今世紀初めには左に社会党，右に UMP という二大政党が位置する多党制が成立した。ところが，第3勢力として国民戦線が台頭し，さらにはマクロン新党が登場し大統領職と下院多数派を突如として奪ったことで，フランス政治の風景は大幅に塗り替えられることになった。フランス政治といえば左右対立，左右2極化という状況が長らく続いてきたが，少なくともその構図は小休止を迎えたということになろう。

6　マクロン政権の位置づけと展望

　本章の締め括りとして，マクロン政権の位置づけとフランス政治の今後について述べてみたい。

フランスの政党政治史と現在の政党システムにおけるマクロン新党の位置づけ

　2017年の大統領選挙に際して，マクロンは左右の二大政党の候補ではなく，かつ極右・極左の候補でもない候補として勝利を収めるに至った。いいかえれば，マクロンは，左右の二大政党には失望しているが，極右・極左を支持するつもりもない有権者の受け

皿となったのである。実はこうした候補が人気を博すのはこれが初めてではなく，2007年の大統領選挙では，中道候補のフランソワ・バイルー（François Bayrou）が第1回投票で得票3位と健闘していた。同年結成されたバイルーの政党・民主運動（Mouvement démocrate）は左右2極化構造のなかで勢力の拡大には至らなかったが，2012年以降，左翼ではオランド社会党政権が有権者の幻滅を招き，右翼ではUMPが共和派への改称に伴うイメージの刷新に必ずしも成功せず，スキャンダルによるフィヨンの支持低下もあり，2017年大統領選挙では右でも左でもないマクロンが当選を勝ち取った。マクロンの勝利は既存の二大政党が信頼を失っていくなかで，新たな政治運動に期待をかけるものの，極右・極左は支持しないという有権者によってもたらされたのである。

　それでは，マクロン政権誕生後のフランスの政党システムはどのように整理されるのであろうか。マクロン本人は自らの政治運動を右でも左でもなく「進歩主義（progressiste）」と位置づけている。ところが，マクロン政権はバイルーが率いる中道政党・民主運動との連立政権として出発していることもあり，マクロン新党はしばしば中道とみなされている。左から右へという一次元的な位置づけにこだわるならば，現在のフランスにおける主な政治勢力としては左から極左・服従しないフランス，社会党・共産党といった危機に瀕する旧来の左翼政党，中道に共和国前進！と民主運動，右翼には中道右派の共和派，極右・国民戦線（2018年に国民連合に改称）が位置するということになろう。

マクロン政権の行方，フランス政治の行方

　最後に，若干の問題提起をしておきたい。すでに述べたように，マクロンは欧州単一市場・単一通貨が完成した後で，エリート経済官僚として出世してきた人物である。マクロン政権の誕生は，すでに左右の政権の政策が接近し，いわば中道化してきたなかで，新たな装いを伴った親EU・エリート主義の中道政権が登場しただけのことなのだろうか。マクロン新党の勝利によって国会では新人議員が多数誕生したが，新政権の閣僚の顔ぶれを見ると首相のエドゥアール・フィリップ（Édouard Philippe，元・共和派）をはじめ，左右の二大政党出身者が少なくない。マクロン政権が政治と政策の刷新に成功しなければ，極右・極左の候補者がさらに支持を広げるかもしれない。その時，有権者はどのようにして新たな政権を構想することになるのだろうか（なお，2017年秋の上院選挙では地方に基盤を築けていない共和国前進！は議席を減らし，共和派の勝利に終わった）。

　2018年に第5共和制は60周年を迎えた。その前年にフランス政界は大再編を経験することになった。その政界再編の主役であるマクロン大統領がフランス政治，さらには欧州統合の停滞を打破し，次のステップへと導くリーダーとなれるのか，注意して見守ってほしい。

参考文献

大山礼子『フランスの政治制度（改訂版）』東信堂，2013年．
小田中直樹『フランス7つの謎』文春新書，2005年．
川嶋周一「フランス」網谷龍介・伊藤武・成廣孝編『ヨーロッパのデモクラシー（改訂第2版）』ナカニシヤ出版，2014年．
中山洋平「フランス」馬場康雄・平島健司編『ヨーロッパ政治ハンドブック（第2版）』東京大学出版会，2010年．
畑山敏夫『現代フランスの新しい右翼——ルペンの見果てぬ夢』法律文化社，2007年．
増田ユリヤ『揺れる移民大国フランス——難民政策と欧州の未来』ポプラ新書，2016年．
吉田徹『ミッテラン社会党の転換——社会主義から欧州統合へ』法政大学出版局，2008年．
渡辺和行『エトランジェのフランス史——国民・移民・外国人』山川出版社，2007年．
渡邊啓貴『フランス現代史——英雄の時代から保革共存へ』中公新書，1998年．
山田文比古『フランスの外交力——自主独立の伝統と戦略』集英社新書，2005年．

読書案内

小田中直樹『フランス7つの謎』文春新書，2005年．
　＊政教分離，頻発するストライキ，アメリカに対する複雑な感情など，現代フランスの重要テーマを歴史を遡ることでわかりやすく解説．
小田中直樹『フランス現代史』岩波新書，2018年．
　＊1944年からマクロン政権誕生までを扱った最新の手頃な通史．
尾上修悟『「社会分裂」に向かうフランス——政権交代と階層対立』明石書店，2018年．
　＊オランド政権，2017年大統領選挙，マクロン政権を社会分裂・階層対立という視点から分析した近著．
伊達聖伸『ライシテから読む現代フランス——政治と宗教の今』岩波新書，2018年．
　＊歴史を振り返りながらライシテをめぐる複雑な議論を整理．
渡辺和行『エトランジェのフランス史——国民・移民・外国人』山川出版社，2007年．
　＊外国人（エトランジェ）を切り口としてフランス史を捉え直そうとした1冊．フランス（の理解）にとって外国人が重要であることがよくわかる．

映画案内

『移民の記憶——マグレブの遺産』（ヤミナ・ベンギギ監督，1997年公開）．
　＊移民労働者の男たち，妻たち，子どもたち，そして移民政策担当者たちそれぞれの声が収められている．
『スカーフ論争——隠れたレイシズム』（ジェローム・オスト監督，2004年公開）．
　＊本章コラム参照．

（尾玉剛士）

第4章
ドイツ

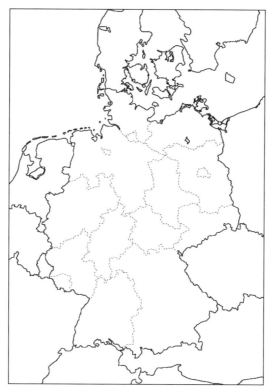

正式国名：ドイツ連邦共和国，**面 積**：35万7,137 km² (ユーロスタット)，**人口**：8,285万人 (2018年)，**首 都**：ベルリン，372万3,914人 (2017年6月30日)，**主要構成民族**：移民の背景を持つ人々 (23.6％)。トルコ (3.3％)，ポーランド (2.6％)，ロシア (1.7％)，イタリア，ルーマニア (ともに1.1％) (2017年，連邦統計局)，**公用語**：ドイツ語。公認言語として，デンマーク語，ソルブ語等6言語，**宗 教**：無宗教 (33％)，ローマ・カトリック (30.2％)，プロテスタント (29.2％)，イスラム教 (4.9％)，正教会 (1.6％) (2010年，連邦政治教育センター)，**通 貨**：ユーロ，**名目GDP (米ドル)**：3兆6,770億ドル (2017年，世銀)，**1人当たりGDP (米ドル)**：4万4,467ドル (2017年，世銀)。

―――「ヨーロッパの病人」だったドイツ―――

　近年，日本ではドイツについて報じられることが多くなった。好調な経済，健全な財政，毎年のように新記録を更新する貿易黒字。欧州債務危機や難民危機への対応を通じて，EUでの存在感も増している。脱原発や寛大な難民受け入れでも関心を集めた。もちろん立場によって見方は違うが，ドイツへの注目度は上がってきているように思われる。

　このようなかたちで関心の目がドイツに向けられるのは久しぶりである。戦後の「経済の奇跡」を経て，西ドイツは日本と並んで「世界経済のエンジン」とよばれるようになり，その一方で東ドイツは社会主義国の優等生とみなされたこともあった。しかし，1990年の再統一後にさまざまな問題が噴出した。旧東ドイツ地域の経済復興は遅々として進まなかった。景気は失速し，失業者が増え，財政赤字は膨らんだ。難民収容施設への襲撃事件が多発し，ヨーロッパのなかでも特に少子高齢化が深刻であった。いつしかドイツは「ヨーロッパの病人（Sick man of Europe）」とよばれるようになっていた。

　当時，ドイツ国内の言論にも変化があった。マスコミでは「八方塞がりの社会（Die blockierte Gesellschaft）」が頻繁に使われるようになり，1997年には「改革渋滞（Reformstau）」が年の言葉となった。問題が多くあるにもかかわらず，なかなか変わらない政治への不満がうっ積していた。時のコール（Helmut Kohl）首相は「産業立地・ドイツ（Standort Deutschland）」の再構築をスローガンに国際的競争力を失ったドイツ経済を復活させようとしたが，うまくいかなかった。ドイツ人は勤労意欲に乏しいとして，「日本人を見習え」という発言も飛び出した。自信を失ったドイツ人の声がそこかしこで聞かれるようになっていた。

　いまではそうした論調は見かけなくなり，自信を取り戻しているように映る。しかし，いまドイツに向けられている関心もいつまで続くかわからない。ここで重要なのは，実際にドイツでどのような変化が起こったのか，ということだろう。

　比較政治学では，現代ドイツの政治は安定している，あるいは，変化に乏しいと考えられてきた。確かにいまでも変わらない面もあるが，新しい動きも見受けられる。以下で見ていこう。

1　政治の仕組み

辞めさせにくい連邦首相

　日本のメディアがドイツについて報道する時，連邦首相の動向が注目されることが多い。脱原発や難民受け入れの際，メルケル（Angela Merkel）首相の判断や行動が詳しく報じられたことを覚えている人もいるだろう。

　議院内閣制のドイツにおいて，連邦首相は，連邦議会議員の過半数の賛成でもって選出される。目を引くのは，やはり連邦首相の在任期間の長さだろう。敗戦から現在

表 4-1 ドイツ連邦共和国の歴代首相

首相名	所属政党	在任期間
コンラート・アデナウアー	CDU	1949〜1963
ルートヴィヒ・エアハルト	CDU	1963〜1966
クルト・ゲオルク・キージンガー	CDU	1966〜1969
ヴィリー・ブラント	SPD	1969〜1974
ヘルムート・シュミット	SPD	1974〜1982
ヘルムート・コール	CDU	1982〜1998
ゲアハルト・シュレーダー	SPD	1998〜2005
アンゲラ・メルケル	CDU	2005〜現在(2018)

出典:筆者作成。

(2018年)まで,ドイツにはわずか8名の連邦首相しかいない(表4-1。なお,現在のドイツの政治システムは西ドイツのそれを継承しているので,再統一以前は西ドイツ首相のみを挙げている。また,以下で再統一以前についてドイツという場合は西ドイツを指している)。連邦首相が長くその職に就いていられるので,政治は安定しやすい。

なぜ在任期間が長いのか。連邦首相の座は,建設的不信任制度によって守られている。ドイツでは,連邦議会が不信任決議を可決しても,直ちに連邦首相が退陣するわけではない。不信任決議とあわせて,次の連邦首相を誰にするかについて議員の過半数から賛成を得なければならない。次の連邦首相が決まっていなければ,そのまま現職の連邦首相が続投することになる。この制度があるために,連邦首相を辞職に追い込むのは非常に難しい(森井 2008)。戦後を通じて見ても,1982年にシュミット(Helmut Schmidt)政権が倒されたただ1度だけである。

他方で,連邦議会議員の地位も守られている。連邦首相は議会解散権を持っていない。連邦大統領がこの権限を持っているが,権限行使の条件は極めて限られている。首相は自ら提出した内閣信任案を与党に否決させることで連邦議会を解散できるが,これについては憲法上の問題が指摘されている。そのためにこれまで3回しか行われていない。

こうした制度は,ワイマール共和国の民主主義が不安定だったことへの反省に立って設計されている。戦後ドイツでは政治を安定させることが主たる課題となっていた。

では,どのような人が連邦首相の座に就くのだろうか。ドイツでの首相へのキャリアは日本と異なっている。州首相など州政府の要職を務めた経験を持ち,そこで成果を上げた人物が連邦首相の候補者となることが多い。例外的にメルケルはそうした経験を持たないが,例えば,彼女の前任者のシュレーダー(Gerhard Schröder)首相はニーダーザクセン州首相,その前のコール首相はラインラント=プファルツ州首相であった。

将来の連邦首相の座を争う州首相たちは,自身の政党所属の連邦首相に対しても反抗したり,競争するあまり互いに反目しあったりする。政策決定プロセスにおいて,連邦と州,あるいは州の間での合意形成は簡単ではない。時間もかかる。連邦首相には,決

定のスピードよりも粘り強く交渉する能力が求められている。

流動化する政党システム
　戦後ドイツは「政党国家」とよばれるほどに，政治において政党が重要な役割を果している。政党は，民主主義の担い手として，確たる法的地位を与えられている。その役割は基本法（憲法）第21条に明記されており，「政党は，国民の政治的意思形成に協力する」とされている。
　一方で，ドイツは「戦う民主主義」の国でもある。基本法（憲法）が定める「自由で民主的な秩序」を破壊する目的を持った政党には，政治的自由が認められない。これまで，ドイツ共産党やナチスの政策・理念を継承するドイツ社会主義帝国党が解散・禁止させられてきた。ワイマール共和国では，議会主義を否定するナチスが憲法の保障する政治的自由を利用して，合法的に権力を掌握した。こうしたことを繰り返さないためにも，民主主義を否定したり人種差別をする政党に対しては厳しい措置がとられている。
　戦後史をさかのぼると，1970年代までのドイツの政党システムは三党制だった。二大政党としては，右にキリスト教民主・社会同盟（CDU/CSU），左に社会民主党（SPD）が位置し，その間に自由民主党（FDP）が存在していた。原則的に CDU/CSU と SPD のいずれかが FDP と連立を組み，政権を担当してきた。
　1980年代に環境保護などを掲げる緑の党が連邦議会に議席を持つようになる。こうしてドイツの政党制は四党制へと変化した。再統一後には，東ドイツで事実上の一党独裁制をしいていた社会主義統一党（SED）の流れをくむ民主社会党（PDS）が加わる。さらに，2017年連邦議会選挙には「ドイツのための選択肢（AfD）」が議会参入を果して，現在は6党が議席を持っている。州議会レベルではさらに小さい政党も存在するが，連邦議会で代表されている政党はこれで全てである（図4-1）。
　では，個々の政党はどういう政治的立場をとっているのだろうか。
　ドイツの二大政党は CDU/CSU と SPD である。ドイツでは二大政党ではなく，2つの「国民政党（Volkspartei）」とよばれることが多い。さまざまな社会層から支持を受ける大政党という意味である。日本では，CDU/CSU が中道右派，SPD が中道左派といわれることが多いが，両政党の選好は戦後史のなかで変化し続けてきたため，そうした分類は意味をなさなくなってきている。
　CDU/CSU は，ワイマール期に存在した中央党のカトリックの人々を中心に，ドイツ各地の農民運動や労働運動を取り込んで作られた（野田 1999）。現在では，キリスト教を熱心に信じる人だけでなく，市場原理を重視する人，ジェンダー平等を重視する人，労働運動に参加する人など多様な有権者から支持を受けている。党名にキリスト教とあるが，必ずしも議員や党員の宗教色が強いわけではない。教会の方針に反対する人々，例えば，同性婚を支持する議員・党員もいる。外交では EU 統合推進や対米関係の重視を基本方針としている。なお，CDU と CSU は姉妹政党という関係にある。CSU は

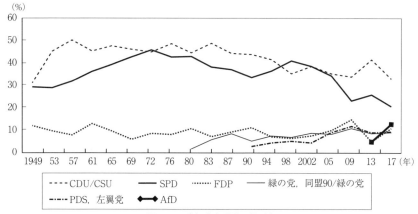

図4-1 連邦議会選挙の得票率

出典：筆者作成。

南部バイエルン州のみで活動し，それ以外の州ではCDUが活動している。共同して選挙公約を作り，首相候補を立てるなど，原則的に政治活動をともにしている。

SPDは，戦後直後は計画経済を志向していたが，1959年のゴーデスベルク綱領で市場経済を容認するようになった。労働組合を支持母体としてきたが，いまでは高学歴の人やホワイトカラーからも多くの支持を得ている。もともとは福祉政策を看板として，その充実を目指していたが，2000年代以降は望ましい福祉のあり方をめぐって意見が割れている。その他には，脱原発，ジェンダー平等，移民の社会統合推進を掲げる政党でもある。CDU/CSUと同様に親EUの立場をとっている。2017年連邦議会選挙で歴史的な大敗を喫して，20％近くまで支持率を落としたこともあり，もはや国民政党ではないという声も聞かれる。

小政党としては，FDP，緑の党，左翼党，AfDがある。

戦後，ほとんど全ての連邦議会選挙で議席を得てきたFDPは，所得の高い人や企業経営者を中心に支持を集めてきた。1990年代半ばからは，減税，福祉カット，労働市場の規制緩和を重視する立場を前面に押し出している。

1968年前後に大学で学生運動に身を投じた人々，いわゆる「68年世代」が結成したのが，緑の党である。環境保護，ジェンダー平等，非暴力主義を掲げていた。現在は，脱原発からさらに進んで脱石炭を主張し，その他にも動物愛護やガソリン車の廃止を求めている。

左翼党は，ドイツ民主共和国（旧東ドイツ）の独裁政党であった社会主義統一党のメンバーにSPDの一部議員が加わって結成された。主に旧東ドイツ地域で支持を集める政党である。福祉の拡大，反戦，人権擁護を打ち出している。

AfDは，もともとは反ユーロを掲げる人々が中心となって結成された。結党は2013

年であり，党の歴史は短い。いまは移民・難民に敵対的で反イスラムを掲げる人々が党を動かしている。2017年連邦議会選挙で初めて連邦レベルで議席を得るだけでなく，94議席を得て，第3党に躍進した。支持は全国的に広がっているが，特に旧東ドイツ地域で強い。草の根の反イスラーム運動（ペギーダ）が盛んなザクセン州では第一党に躍り出た。

　ドイツの政党システムは流動化する傾向にある（平島 2017）。大政党は衰退している。CDU/CSU と SPD の得票率は1970年代をピークに漸減傾向にあり，再統一時に最多を記録した党員は急速に減少している。特に SPD の低落傾向は著しい。また，多党化が進み，政党間のイデオロギー的な距離が拡大している。二大政党の政策は接近しているが，その反面で，EU，ユーロ，移民・難民政策，原発政策，福祉国家政策などで大きく選好が異なる政党が議席を持つようになった。政党間で幅広い合意を作り上げていくのは，ますます困難になっている。

連邦議会議員の選び方

　ドイツは二院制を採用しており，連邦議会と連邦参議院がある。両院は異なる原理で構成されている。連邦参議院は州の利益が代表される場であり，各州政府の構成員（州首相や州閣僚など）が議席を持つ。連邦参議院を通じて，州は直接的に連邦レベルの政治に影響力を及ぼすことができる。その一方で，連邦議会の議員は国民の直接投票によって選ばれる。

　連邦議会の選挙制度を見てみよう。小選挙区比例代表併用制が用いられており，定数は全598で，そのうち299が小選挙区に割り当てられている。日本の小選挙区比例代表並立制とは異なり，ドイツの小選挙区比例代表併用制は基本的に比例代表制をベースとしている。比例代表において各政党が獲得した票数に基づいて，議席が配分される。

　議席を配分する際に，阻止条項が働く。ドイツ全体で5％以上の票を獲得していない場合は，議席配分計算から外される。例えば，ある政党が比例代表で4.9％の票を得ていても，5％をクリアできていないので議席数はゼロになる。小選挙区3つ以上で勝利した場合に5％を下回っていても議席配分計算に入るが，小政党が小選挙区で勝利することは難しい。

　一般的に比例代表制は小政党が議席を得るのに適しているが，この5％条項があるために小政党が連邦議会で議席を得ることは簡単ではない。ワイマール共和国では小政党が乱立し，多数の政党による連立政権は機能不全に陥り，民主制の不安定化を招いたという教訓を踏まえて選挙制度が設計されている。

　阻止条項を考慮し，連邦全体の比例票数に基づいて各政党の議席数が決まった後，各政党の州ごとの票数に応じて州ごとに当選者が決まっていく。まずは，小選挙区で得票率1位になった者が当選となる。次に，比例で獲得した議席数から小選挙区当選者数を引いた数が，各党の比例名簿（州ごとに提出）の上位から順に選出される。小選挙区当

選者数が比例で獲得した議席数を上回ることがあるが、それでも小選挙区での当選は無効にはならない。これは超過議席として認められ、その政党は比例で獲得した議席数を上回る議席を得ることになる。

2013年連邦議会選挙からは、ある政党が超過議席を得た場合、超過議席を含めて再びその州の比例得票数に応じた各政党の獲得議席数が再計算され、超過議席が発生しなかった政党にも追加議席が配分されている。

多様な州

連邦制はドイツにとって非常に重要な原理である。ドイツの基本法（憲法）では変更不可能な基本原理として連邦制が明記されている。

歴史をさかのぼれば、神聖ローマ帝国の時代までのドイツは領邦の集まりであった。第2帝政やナチ体制といった中央集権体制を経たものの、いまでも地域ごとに特徴ある文化が残っている。ただ、戦後に政治制度として連邦制が採用されたのは、各地域の多様性を守るためというよりは、占領軍がドイツに中央集権的な国家ができることを警戒したからであった。

東西統一以降は16の州が存在している。西ドイツ時代には州は9つであった。基本的に戦勝国の占領地区に基づいて州境が決められたという事情もあって、面積、人口、経済力などで多様な州が存在している。

16のうち3つは都市がそのまま州になっているため（ベルリン、ハンブルク、ブレーメン）、他の州に比べて面積が小さい。ハンブルクとブレーメンはもともとハンザ都市であり、市民の自立性が高かった。

人口規模にもばらつきがある。そもそもドイツでは日本ほどには都市化が進んでいないため、一部の都市に人口が集中しているわけではない。ドイツの人口はおよそ8,285万人（2018年）だが、100万を超える都市はベルリン、ハンブルク、ミュンヘン、ケルンの4つに過ぎない。州ごとに見ると、全人口の20％以上が住むノルトライン＝ヴェストファーレン州から1％に満たないブレーメン州までさまざまである。

経済力にも大きな差がある。旧西ドイツ州は旧東ドイツ州に比べてはるかに豊かである。平均賃金の下位5州は全て旧東ドイツ州であり、失業率も相対的貧困率も旧東ドイツ州のほうが高い。旧西ドイツでも経済格差はあり、南部の州が北部の州より豊かである。ドイツの州のあいだでは水平的な財政調整制度が働いており、豊かな州から貧しい州に財が配分されている。例えば南部のバイエルン州は、再統一後は毎年のように多額の調整金を拠出しており、これは旧東ドイツ州、北部の州、都市州など財政が逼迫している州にわたされている。こうした事情から、南部の州では水平的財政調整制度の縮小を求める声があがっている。

連邦制であるので、基本的に州の権限が大きく、連邦の権限は限定されている。例えば、教育政策や文化政策の具体的な内容を決めるのは州であり、行政権は原則的に州に

表4-2 連邦参議院の構成 (2018年11月時点)

州	州与党	票数
シュレスヴィヒ＝ホルシュタイン	CDU, 緑の党, FDP	4
ハンブルク	SPD, 緑の党	3
ニーダーザクセン	SPD, CDU	6
ブレーメン	SPD, 緑の党	3
ノルトライン＝ヴェストファーレン	CDU, FDP	6
ヘッセン	CDU, 緑の党	5
ラインラント＝プファルツ	SPD, FDP, 緑の党	4
バーデンヴュルテンベルク	緑の党, CDU	6
バイエルン	CSU, 自由有権者	6
ザールラント	CDU, SPD	3
ベルリン	SPD, 左翼党, 緑の党	4
ブランデンブルク	SPD, 左翼党	4
メクレンブルク＝フォアポンメルン	SPD, CDU	3
ザクセン	CDU, SPD	4
ザクセン＝アンハルト	CDU, SPD, 緑の党	4
テューリンゲン	左翼党, SPD, 緑の党	4
合　計		69

出典：連邦参議院ウェブサイト（https://www.bundesrat.de/DE/bundesrat/verteilung/verteilung-node.html, 2018年11月23日最終閲覧日）より作成。

属する。一方，連邦の専属的立法権は外交や安全保障に限られている。州は財政的にも大きく，総税収の約41％をとるため（2017年），連邦が州の意向を無視して政策を決めることは難しい。

　州は，直接的に連邦レベルの政治に影響力を行使することもできる。各州は，連邦参議院で人口に応じた票を持っている。連邦参議院の票の総数は69であり，例えば，人口の多いバーデン＝ヴュルテンベルク州には6票，人口の少ないザールラント州には3票が配分されている（表4-2）。

　立法にあたって連邦参議院での過半数の賛成が必要になるものを同意法という。同意法では，連邦議会と連邦参議院で意見が割れている場合，両院協議会を開いて州の要望を取り込みながら法案を修正するのが一般的である。

　近年では，連邦参議院の影響力があまりに大きすぎるという意見があったために，同意法を削減する改革が行われた。その結果，その数は減少傾向にある。第3次メルケル政権では全法案のおよそ38％が同意法であったが，改革以前は50％以上だったことを考えると，連邦参議院の影響力は以前よりは低下したといえるだろう。

2 変容する福祉国家

中世からナチまで

いまでは寛大な福祉国家として名高いドイツだが、その仕組みはどのように成立したのだろうか。

ドイツでは国家が福祉を行うことは稀だった。都市では、職人の互助的な福祉制度が発展してきた。つまり、病気になったり、怪我をして働くことができなくなった時のために、同業の職人たちがお金をプールしておくという仕組みである。労働者は、労働組合活動を通じて同業者をカバーする福祉制度を作り上げてきた。他のヨーロッパ諸国と同様に、教会も救貧事業を行っていた。現在のドイツにはカトリック系のカリタスや、プロテスタント系のディアコニーという巨大な福祉団体があるが、これらは教会福祉の遺産である。

これらの福祉事業を統括・管理しようとしたのがビスマルク（Otto von Bismarck）である。1880年代、ビスマルクは次々と福祉制度を設置していく。だが、それは彼が一から作ったのではなく、多くの場合、職人組織、労働組合、教会が構築してきた制度を追認し、国家の統制下においたのだった。ドイツでは、疾病、労災、年金制度が19世紀後半にはそろうのだが、これは他のヨーロッパ諸国に比べてもかなり早かった。そして、もともと存在した制度を追認した結果、職域別に別個の福祉制度が存在することになり、その業種で働く人が保険料を支払って、受給権を得るという社会保険方式となった。国家は福祉団体を破壊することなく、むしろ制度に組み込んだ。これらは、現在でも福祉制度の骨格であり続けている。いまでもドイツだけでなく大陸ヨーロッパの福祉国家が「ビスマルク型福祉国家（Bismarckian Welfare State）」とよばれることがあるが、それほどにビスマルクが与えた影響は大きかった。

しかし、ビスマルクが、今日のドイツ福祉国家そのものを築いたのかといえば、そうではない。彼の主眼は、新しく誕生したドイツ帝国を安定化させることにあった。そのためには、反体制的な労働運動の力をそぐ必要がある。また、国家が福祉政策を実施することによってドイツ帝国への忠誠心を育むというメリットもある。そうした狙いがあったために、ビスマルクは福祉政策と同時に反体制的・社会主義的な労働運動を弾圧する政策も行った。福祉政策の実施と社会主義労働運動の弾圧はセットであり、そこでは、福祉を受けることが権利としてみなされていたわけではなかった。つまり、社会権に基づいて、福祉を受けることが権利として認められている現在の福祉国家とは根本的に原理が異なっていたのである（リッター 1993）。

なお、一般的に、現在のドイツにある福祉の総体について「Wohlfahrtsstaat（福祉国家）」という表現は用いられない。「Wohlfahrtsstaat」はビスマルクの福祉を連想させるからである。戦後の社会権に基づく福祉については「Sozialstaat（社会国家）」とよぶ

のが正しいが，本章では他の国と統一した呼称を用いるために，あえて現在のドイツを福祉国家とよんでいる。

ワイマール共和国は，当時では世界で類を見ないほどの先進的な憲法を持っていた。福祉との関連でいえば，世界に先駆けて社会権を措定したことが重要である。ここからさまざまな福祉制度が整えられることになった。日本でいう生活保護にあたる社会扶助はもちろん，失業保険も整備されることになった。こうして，今日みられるような基本的な福祉制度がほぼ全て出そろった。しかし，これらの福祉制度は時を経るにしたがって無意味化していった。世界恐慌や金融恐慌による国民生活の不安定化を押しとどめることができず，福祉給付はハイパーインフレとともにその価値を失っていったからである。

ナチス体制の下でこうした制度は停止あるいは廃止されるか大幅に組み替えられていくことになる。ナチスが力を入れたのは，公共事業だった。アウトバーン建設や軍需施設での雇用を拡大し，これを福祉政策にとってかえたのだった。ユダヤ人の財産没収などによって原資を得て，これを公共事業に投じたり，隣国への侵略行為を進めることで軍需産業を振興した。そして，ナチスは人種主義と優生思想を福祉政策に注入していった。特に公衆衛生と人口政策は「劣等人間」の一掃のために用いられたのだった。

戦後の発展と変容

戦後になると，再び社会権に基づいて福祉国家が建設されていくことになる。戦後直後に基本的な福祉国家の枠組みが整えられていく。当時のアデナウアー（Konrad Adenauer, CDU）政権はドイツで社会平和が保たれることを重視した。生活が不安定だったり，貧困のリスクにさらされているような人々を減らす。労使の対立を緩和する。そのためには，再分配政策が不可欠なものだとの認識があった。福祉はまた，西ドイツが東ドイツに対して優位性を保つための重要な手段として位置づけられた。東ドイツは建国直後から福祉制度の構築を進めていた。

こうしてアデナウアー政権は福祉国家の建設に乗り出すことになる。特に重要だったのが，1957年年金改革である。この改革を通じて年金の大幅な拡充を行い，マクロ賃金スライドの導入を通じて高度経済成長の恩恵を高齢者にも供することになった。1960年代に入ると，社会扶助が改革される。社会扶助を受給する際に，資産調査が課されなくなった。医療保険や失業保険は原則的にワイマール期にあったものが復活したのだが，これらは当時から先進的なプログラムであった。家族政策の歩みは遅かったが，それでも児童手当など現金給付の仕組みが整えられていった。

1966年からSPDが政権に参加することによって，福祉国家はさらに急速に発展していく。年金は量的に拡大しただけでなく，国庫負担が増額されたり，最低保証額が設けられたり，社会保険の特徴であった職域の間の壁が部分的に取り払われることになった。医療保険や失業保険も拡充の一途をたどり，さらなる税が投入されることになった。一

時的ではあったが、経済運営の装置として、政府、労組、使用者団体が話し合う枠組みも設けられた。税の投入、職域の撤廃、政労使協議体の設置。これらはスウェーデンにあるような社会民主主義型福祉国家の基本的特徴である。SPDが政権参加することで、ドイツ福祉国家は社会民主主義に傾斜していったのである。

オイルショックが起こってからは次第に縮減政策が増えていった。1982年にCDU/CSUが政権を奪還し、コール政権が誕生すると、福祉縮減が主流化していった。これは1980年代半ばまで続くが、そこからは再び福祉の拡充が行われるようになる。

ドイツ再統一により、上述したドイツの福祉制度が東ドイツ地域にも適用されることになった。東ドイツ地域の経済再建は遅々として進まなかったため、福祉制度には大きな負担がかかることになる。財政赤字は膨らみ、社会保険料率は上昇していった。そうしたなかにあっても福祉削減は部分的なものにとどまり、1995年には介護保険が創設されることになった。しかし、福祉削減の試みがなかったわけではない。時の首相であるコールは年金カットや労働市場の規制緩和を打ち出した。確かに一部は実施されたものの、政権の弱体化が著しかったために手詰まり状態に陥ってしまった。

2000年代に入ると、ドイツの福祉国家は大きく変化していく。SPDのシュレーダー首相はハルツ改革を実行に移した。最もインパクトが大きかったのはハルツ第4法であり、失業手当Ⅱが創設され、これによって失業時の所得保障が大きく削減されることになった。個人年金が導入され、公的年金も大きくカットされた（近藤 2009）。その一方で、家族政策は拡充されるようになる。特に力を入れたのは、保育施設の建設であった。この政策はメルケル政権にも引き継がれている。メルケル政権は年金をカットする改革とあわせて、最低賃金を導入したり、医療保険の捕捉率を高めるなどの福祉拡充政策も行っている。

比較のなかのドイツ福祉国家

ドイツ福祉国家を国際比較の観点から捉えてみよう。福祉国家の類型論において、ドイツは保守主義型福祉国家の代表国と位置づけられている（図4-2）。

福祉国家は、脱商品化と脱家族化の2つの基準で区別される。脱商品化とは仕事を辞めた時（労働市場から退出した時）にどれくらい生計を維持できるのかについての指標である。例えば、年金支給が多く、失業保険の支給期間が長ければ高くなり、年金支給が少なく、失業保険支給期間が短ければ低くなる。脱家族化は、福祉国家がどれくらい男性稼ぎ手モデル（男女の性別役割分業に基づく家族のあり方）を再生産しているのかについて表したものである。脱家族化が高ければ男性稼ぎ手モデルは再生産されにくく、これが低ければ再生産されやすいということである。

この観点から見ると、ドイツを含む大陸ヨーロッパ諸国は、脱商品化が高い一方、脱家族化は低いとされる。つまり、福祉給付は寛大で、男性稼ぎ手モデルを優遇しているということである。まずはこの点を確認した上で、その他の特徴についても概観してお

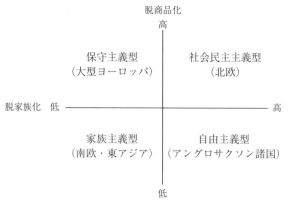

図 4-2 福祉国家の4類型
出典：新川（2011）より作成。

きたい。

　保守主義型福祉国家では，福祉の提供にあたっては団体が重要な役割を担っている。例えば，カリタス，ディアコニー，労働者福祉団などの半公共的団体が，国家からの補助金を受け取りながら，障がい者施設の運営，介護人員の派遣，移民のドイツ語教育までさまざまな業務を請け負っている。これはスウェーデンのように国家が中心となって福祉を提供する社会民主主義型福祉国家とも，アメリカのように市場が福祉を提供する自由主義型福祉国家とも違っている。

　保守主義型福祉国家のもう1つの特徴は，現金給付の偏重である。シュレーダー政権が大きくカットしたとはいえ，依然として福祉に多くのお金を使うので社会支出／GDP比は先進諸国のなかでも高いグループに入っている（2018年の社会支出／GDP比は25.1％で，スウェーデン（26.1％）やデンマーク（28％）を下回っているが，OECD平均（20.1％）を大きく上回っている）。しかし，他方で，現物給付や人的サービスは乏しい。家族政策がよい例だろう。児童手当，両親手当，育児手当などの現金給付のプログラムは確かに充実しているが，育児施設の整備の面ではスウェーデンなど北欧諸国に比べると遅れをとっていた。2000年代にようやく本格的に増設されるようになり，現在に至っている。

　職域別の社会保険制度も保守主義型福祉国家の重要な構成要素である。これは少しずつ変化してきた。年金や医療などでは次第に職域の壁が取り払われていき，一部の被保険者は職域をまたいで保険間を移動できるようになっている。国庫負担は増えて福祉財源の35％（2017年）は税金であるので，社会保険料は以前ほど重要な財源ではなくなりつつある。

3 「移民国」への道のり

ドイツへの移動，ドイツからの移動

現在のドイツには多くの移民が暮らしている。全人口のおよそ23％は「移民を背景に持つ人々」，つまり，1955年以降に現在のドイツの領土にやってきた人々とその子孫たちである（図4-3）。ドイツは間違いなく移民大国といえる。では，その歩みはどのようなものだったのだろうか。

歴史的に見ると，ドイツの国境線は幾度となく変更されてきた。また，ドイツで統一国家が誕生したのは19世紀後半になってからであった。国家の輪郭が不明瞭であったため，人の移動が活発だったのはいわば自明であった。

30年戦争によって人口の激減を経験したのち，神聖ローマ帝国の諸邦は荒廃した土地への入植を進めたために，フランス，スイス，ボヘミアなどから多くの人々が移住してきた。その後，重商主義を進めるプロイセンがフランスから手工業者をよび寄せた。

ドイツから外へと流出する人々も多かった。すでに15世紀からロシアから移住の勧誘があり，エカチェリーナ2世の治世下で移住者へのさまざまな特典が設けられたためにドイツからロシアに移住する者が増えていった。18世紀初めの飢饉をきっかけにアメリカへと渡る人々も急増し，19世紀になって本格化していった。ドイツ帝国の建国からまもない1880年代には合計約130万人がアメリカで新しい生活を始めることになった。国内移動も活発だった。産業化の進展は地域ごとにばらつきがあったため，19世紀になるとルール工業地帯の発展に伴って多くの人々が東から西へと向かった。

国家の輪郭が固まってからも，人々は移動し続けた。ヴァイマル共和国は外国人労働者に対する法制度を設けて，受け入れを活発化させようとした。しかし，世界恐慌のために外国人労働者は取るに足らない数に減少していった。ヴァイマル期の深刻な不況はドイツからの人口流出を招いた。20世紀初頭にはアメリカへの移住はいったん下火になっていたが，1920年代になると再びピークを迎えることになる。経済の悪化がプッシュ要因だったことは明白であった。

ナチス政権下では，外国からの労働者の募集が盛んに行われた。4カ年計画によってドイツ経済が本格的な回復軌道に乗ると人手不足が生じたために，ナチスはポーランド，イタリア，ユーゴスラヴィア，ハンガリーと二国間協定を次々と結び，外国人労働者を勧誘した。オーストリア併合やボヘミアとモラヴィアの保護領化に伴って，この地域からも多くの労働者が流入することになる。占領国からも労働力が徴収され，外国人労働者は増えていった。外国人労働者はドイツ人労働者の下位に位置づけられ，場合によっては軍需産業などで強制労働に従事させられたのであった。

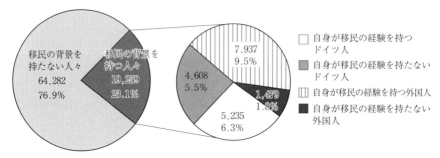

図4-3 ドイツにおける移民の背景を持つ人々（2017年）
単位：千人。
出典：Statistisches Bundesamt, *Bevölkerung und Erwerbstätigkeit*, 2018. より作成。

戦後の移民・難民政策

　第2次世界大戦の敗戦からすぐに，西ドイツは急激な人口流入を経験した。ナチ・ドイツの東部領土から多くの被追放民が生じたからである。敗戦から建国まで，西ドイツにやってきた被追放民は800万人に達した。ベルリンの壁が建設されるまで，東ドイツから西ドイツを目指してやってくるドイツ人難民（ユーバージードラー）は300万人以上もいた。

　1950年代に好景気が訪れると，西ドイツには労働力不足の懸念が広がっていった。徴兵制の導入によって労働市場から若者が引き抜かれており，1961年のベルリンの壁の建設によってユーバージードラーが減少したことも懸念材料となった。西ドイツ政府は，イタリア，スペイン，ポルトガル，ユーゴスラヴィア，チュニジア，モロッコ，トルコなどと二国間協定を締結し，本格的に外国人労働者（ガストアルバイター）を導入していく。西ドイツにやってきた労働者は数年間滞在し，労働契約が切れたら帰国するという取り決めがあった。しかし，再募集や再訓練にコストがかかるため，使用者からの要望もあって，契約更新を続けることが認められるようになった。結果として，外国人労働者の滞在期間は延びる傾向にあった。外国人労働者の受け入れは，1970年代初頭まで続いた。1961年には西ドイツで暮らす外国人の数は69万人だったが，外国人労働者の新規受け入れがストップする1973年には399万人に達していた。この時期，外国人労働者は経済の発展に寄与する人々として好意的に見られており，到着時には歓迎式典が催されることすらあった。

　一方，東ドイツでも外国人労働者の受け入れが行われた。西ドイツとは違って，社会主義国出身の労働者がほとんどを占めた。東欧の国々に加えて，ベトナム，キューバ，モザンビークなどである。東ドイツは社会主義国の優等生といわれており，技術習得も目的とされていた。その数は西ドイツに比べてとるに足らないものだった（1989年時点でも9万4,000人，外国人居住数は19万1,000人）。

西ドイツでは，オイルショックによって低成長の時代に入ると，外国人労働者の新規受け入れは停止することになる。政府は外国人労働者が帰国すると予想していたが，そうはならなかった。人権侵害にあたるために強制帰国が困難であることを踏まえて，西ドイツ政府は社会保険料の還付や帰国ボーナスをつけて，外国人労働者の帰国を促進しようとした。しかしどの策も功を奏することはなかった。新規受け入れを停止してから西ドイツで働く外国人労働者は減少傾向にあったが，1970年代後半になると次第に西ドイツにおける外国人居住者の比率は上昇していく。これは，単身で西ドイツに渡ってきた外国人労働者が本国から家族をよび寄せたことに起因している。
　こうして外国人労働者とその家族が定住する傾向にあったにもかかわらず，政府は一貫して「ドイツは移民国ではない」という公式見解を崩すことはなかった。
　再統一後，「平行社会（Parallelgesellschaft）」をめぐる問題が注目を集めることになった。移民とホスト社会の人々が交わることなく暮らし，社会の分断が進むなかで新しい社会問題が登場しつつあった。例えば，スカーフ着用をめぐる論争，外国人への暴力，難民収容施設の襲撃，移民集住地区の学校崩壊，モスク建設をめぐる対立・紛争などである。移民の受け入れだけを進めて，社会統合政策を実施してこなかったことが問題視されるようになった。
　転機となったのは，シュレーダー政権である。同政権は，国籍法を改正し，新移住法を制定した。血統主義から出生地主義にかわったことでドイツ国籍が取得しやすくなり，グリーンカードの導入によって高度技能を持った外国人労働者の受け入れが始まった。統合コース，すなわち，定住外国人向けのドイツの歴史，文化，憲法，言語を学ぶクラスも設けられた。
　メルケル政権はシュレーダー政権の方針を引き継ぎ，これを加速させた。統合サミットを開催し，国民統合計画を策定し，統合法を施行した。統合サミットは移民団体の代表らと首相や閣僚がじかに話し合い，社会統合政策の内容を詰めていくという斬新な政策決定様式だった。批判の声もあったが，メルケル政権下ですでに9回開催されており，同政権で定着した感がある。ここでの決定によって，統合コースにさらに大規模な予算が配分されることになり，移民の人々とホスト社会の人々が交流する場・機会を設けるための予算も増額された。社会統合政策がより積極的に進められたといえるだろう（佐藤 2014）。

変化する難民政策

　2015年9月にメルケル首相が難民の上限なき受け入れを打ち出し，多くのシリア難民がヨーロッパを目指したことを記憶している人もいるだろう。いわゆる「難民危機（Flüchtlingskrise）」であるが，難民の流れは当初の予想よりはるかに大規模で，結局，2015年だけで約110万人がドイツ国境を越えた。
　確かに，メルケル首相の決定はドイツの難民政策の大きな転換点だった。ドイツの憲

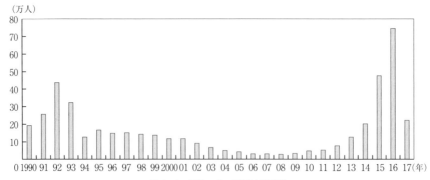

図 4 - 4 再統一後の難民申請者数
出典：Bundesamt für Migration und Flüchtlinge, *Das Bundesamt in Zahlen 2017*, 2018. より作成。

法にあたる基本法の第16条 a では庇護権が認められており，戦後当初から難民の受け入れに寛大な国ではあった。1970年代半ばまでは社会主義圏からの難民が年に1万人ほどやってくる程度であった。しかし，それ以降は中近東などからの難民が急増し，1990年代にはユーゴからの多くの難民が押し寄せることになった。1992年には約44万人が難民申請を行った（図 4 - 4）。難民が押し寄せるなか，CDU/CSU を中心に庇護権に制約をかけるべきだとの意見が相次ぐようになる。基本法第16条は，戦後ドイツが開かれた国家に生まれ変わったことを体現する条文だったために改正過程は紛糾した。しかし，最終的に二大政党が合意して，基本法改正によって庇護権が制約されることになった（昔農 2014）。結果として，1993年以降，難民数は減少していった。このようにドイツは難民数を抑制する方向に動いていたため，メルケルの難民受け入れ方針は大きな驚きをもって迎えられたのだった。

メルケルの寛大な難民政策はドイツの世論を2分する結果となった。難民危機の頃から，ドイツでは市民運動レベルでも政党レベルでも排外主義勢力が台頭している。映画『帰ってきたヒトラー』は，そうしたムードに警鐘を鳴らしている。ヒトラーが現代にタイムスリップして，テレビタレントになり，人気を集めていく姿がユーモアたっぷりに描かれている（章末の映画案内参照）。

4　外交・安全保障政策の連続性と変化

3つの基本方針

ヨーロッパの国際関係には長らく「ドイツ問題」が存在していた。1871年に統一してからドイツは強国ではあったものの，単独でヨーロッパを支配するほどの覇権国にはなりえず，ヨーロッパの勢力均衡を不安定化させる要因となっていた。ナチスが台頭して第2次世界大戦を引き起こした後，まずもって「ドイツ問題」の解決が課題となった。

戦後，ドイツは分断国家として出発したが，西ドイツの経済力は強く，東西冷戦の最前線に位置していることから安全保障上の要衝であった。

こうした状況を踏まえた上で，まずは西ドイツ時代の外交・安全保障政策を見てみよう。そこには3つの基本方針があった（葛谷 2014）。

第1は，西側統合路線である。ドイツは，経済においてはEC（欧州共同体），安全保障においてはNATO（北大西洋条約機構）に自らを組み込んでいくという姿勢を打ち出した。ECにおいてドイツはフランスと緊密な関係を結び，他の西側諸国と対等な立場を得ることになった。そして，NATOに加盟することで，アメリカの核の傘に入り，自国の安全保障を確保したのだった。分断国家だったドイツにとって特に重要なのは対米関係だった。ベトナム戦争などで世論がどれだけ反米に振れても，政権は対米関係を良好に保つことに執心してきた。

第2は，多国間主義である。ECやNATOといった多国間の枠組みに組み込まれることは主権が制限されることも意味するが，ドイツはこれを厭わなかった。もともとは旧連合国により強いられた面があったが，積極的にそうした多国間の枠組みに参加していくことで「自己抑制を通じた自己主張」という戦略に転化させられていった。ドイツが第2次世界大戦を引き起こしたという過去への反省が大きく作用したのであった。

第3は，シビリアン・パワーである。過去への反省から，戦後ドイツは，軍事力を自制し，紛争の平和的解決を目指すという外交方針をとった。基本法で侵略戦争が禁止されており，国際法を守ることや，NATO域外への派兵を禁止するというルールを重んじてきた。ドイツは徴兵制と軍隊を持つ平和主義であり，これを「自制の文化」によって達成しようとするものだった。また，これは周辺国の市民との交流を通じて平和を確固たるものにしていくという方針でもあった。

戦後ドイツは自ら独り歩きを戒め，多国間枠組みに身を預け，平和主義を掲げて，周辺国の警戒心を和らげようと心を砕いたのであった。ドイツ外交の基本路線は，初代首相・アデナウアーの時代にほぼでき上がり（板橋 2014），政権交代があっても継続していった。

再統一後の連続性と変化

再統一後，ドイツの外交方針は変化していく。変化の契機の1つは，1990年の湾岸戦争であった。NATO域外への派兵禁止を守り，湾岸戦争に参戦しないことを決めたコール首相だったが，国際社会から十分な国際的責任を果たしていないという厳しい批判を浴びた。域外派兵の禁止は，多国間枠組みを重視するという基本方針にとって障害となりつつあった。こうして，ユーゴ紛争の際に，コール首相は連邦軍の域外派兵に踏み切る。1994年，NATOの空爆作戦にドイツも参加することになった。これは平和的解決を目指すという基本方針からの逸脱だったといえる。

その一方で，コール政権期のEU政策は継続性が濃厚であった。一貫して，ヨー

ロッパにおける多国間枠組みを重視し，これを発展させようとした。再統一によってドイツがさらに強力になっても，自らを多国間枠組みにさらに深く組み込み，主権の一部をこれに譲渡していくことが近隣諸国の警戒心を解くためにも必要だという認識があった。1992年に締結されたマーストリヒト条約は，ECをEUへと発展させ，超国家的な組織としての性格を強めるものだった。この条約に対してはドイツ国内でも反対の声があがったが，政府は強く推進したのだった。

シュレーダー首相は当初はドイツ外交の基本方針を堅持していたが，次第に逸脱傾向を見せるようになった。例えば，イラク戦争に反対して，対米関係が急速に冷え込んだことが挙げられる。同時多発テロ後のアフガンへの軍事展開の際にはアメリカとの連帯を表明していたシュレーダー首相であったが，2002年連邦議会選挙での劣勢を挽回しようとしたこともあり，これまでの対米関係の重視という路線を踏み外したのだった。

シュレーダーの決断は，ドイツの安全保障環境が劇的に改善したことと無関係ではない。ソ連の解体は，ドイツがアメリカの軍事力に依存する必要性を大きく減じさせた。アメリカは冷戦期ほどにはドイツにとって重要ではなくなっていた。あわせて，シュレーダーが戦争を経験していない世代だったことも重要である。シュレーダーはドイツがイギリスやフランスと同様の普通の大国であることを強調し，コールとは違って，過去の歴史にとらわれずにドイツの国益を前面に出すことを厭わなかった。

ただ，シュレーダー政権期にも従来のドイツ外交の基本方針は見て取れる。それは，EU政策である。フィッシャー（Joschka Fischer）外相はヨーロッパレベルでの民主主義を定立し，さらに政治統合を進める方針を打ち出して，大きな注目を集めた。彼はヨーロッパ連邦制を目標として，大統領や二院制の導入を考える必要を説いたのだった。

2005年に発足したメルケル政権はどうだったか。同政権は，まずはシュレーダー政権で冷え切った対米関係の修復に取り組んだ。政権奪取直後の2006年1月にアメリカを訪問し，ブッシュ大統領と個人的にも良好な関係を築くことに成功した。また，メルケルは，ヨーロッパ政策においては，独仏を基軸にヨーロッパ統合を推進する姿勢を示した。憲法条約の批准失敗によって停滞していたEU改革を進め，フランスのサルコジ大統領と提携して，憲法条約を継承したリスボン条約の調印にこぎつけた。シュレーダー政権は時として外交の基本方針から逸脱することもあったが，メルケル政権がこれを常道に回帰させたといえよう。

ユーロ危機において見せた債務国支援への消極的な態度も，これまでの外交政策の継続といえる。ドイツがリーダーシップをとりたがらないことに不満の声も聞かれたが，メルケルはあえてヨーロッパの国々の前面に立つことを避けた。ドイツは依然として「意欲なき覇権国（Reluctant Hegemon）」であることと見なされた。しかし，2011年のリビアへの軍事介入については，アメリカ，フランス，イギリスなど主だった同盟国とは異なり，国連安保理で中国とロシアと並んで棄権することになった。西側諸国から離れてドイツが単独行動をとったことは戦後ドイツの基本方針とは異なるものであった

(葛谷 2014)。

　第 3 次政権期（2013年～）以降は，クリミア併合の際に他の EU 諸国の前面に出てロシアを批判したり，「難民危機」の際にリーダーシップをとる姿も見られるようになり，次第に「意欲なき覇権国」から変化する動きも見られる。オバマとの蜜月の後，トランプ政権に対してはことあるごとに苦言を呈するなど，対米関係の冷え込みもやむを得ないとする態度も見られる。NATO 域外派兵は常態化していることも踏まえるなら，西ドイツ時代の外交方針からますます変化しているといえるだろう。

5　脱原発政策

原発推進と反対運動

　2011年，ドイツが脱原発にかじを切ったことは日本でも注目を集めた。その歴史的経緯はどのようなものだったのだろうか。

　戦後，ドイツ政府は原発を活用する方針を立てた。1960年代になると，政府主導で原発が開発されていった。当初，反原発運動は見られず，世論の関心も高くはなかった。政党を見ると，CDU/CSU だけでなく，SPD も原子力の活用に積極的であった。反対する政党はほとんど見当たらなかった。

　1970年代に入ると，反原発運動が急速に盛り上がりを見せる。ドイツのエコロジー運動は戦前から右翼ないし保守勢力によって主導されてきたが，この時期になると新左翼も反原発運動に参加していった。いくつもの闘争が見られたが，なかでも1973年のヴィールの反原発闘争は激しく，メディアでも注目された。こうした反発を受けて，政府は，事実上，新規の原発開発を停止することになった。

　しかし，1982年にコール政権が誕生すると，再び原発推進の姿勢が示され，新規原発の設置が許可された。再び反原発運動が活性化するなか，SPD は反原発に転換することになった。もともと党内左派は反原発の姿勢をとっていたが，決定打になったのはチェルノブイリ原発事故であった。この事故を通じて原発のリスクが明らかになると，SPD は党として10年以内の段階的廃炉を求めることを決めた。一方，もう 1 つの大政党である CDU/CSU は依然として原発推進の立場をとり続けた。CDU 所属のコール首相は連邦環境省を設置し，原発の安全性の監視を強化するにとどまった。

脱原発へ

　政策転換のきっかけとなったのは，1998年の政権交代であった。この年，SPD と緑の党が連立を組み，シュレーダー政権が誕生したのである。SPD は段階的廃炉，緑の党は即時廃炉を訴えていたので，脱原発が進められたのは当然といえる。シュレーダー政権は2022年までに原発を段階的に廃炉にすることで電力会社と合意した。この方針にしたがって，2002年には原子力法が改正された。

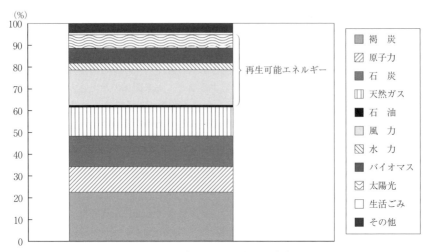

図4-5 エネルギー源別発電量の割合

出典：Arbeitsgemeinschaft Energiebilanzen, *Auswertungstabellen zur Energiebilanz Deutschland 1990-2017*, 2018. より作成。

2005年にメルケル政権が誕生すると，一転して原発の活用が打ち出されることになる。シュレーダー政権の脱原発計画は白紙撤回され，2010年にメルケル政権は原発の稼働期間を平均で12年間延長した。与党になったCDU/CSUとFDPはともに原発活用を主張する政党であった。

しかし，2011年，福島原発事故が起こったことで，事態は大きく変化していく。反原発運動が3度活性化し，世論は脱原発に大きく傾いた。メディアは大々的に福島の事故について報じていた。そして，事故から1カ月経たないうちに行われたバーデン＝ヴュルテンベルク州議会選挙で緑の党が大勝した。州議会選挙では，原発政策が争点になり，長年，CDUが州首相を輩出してきた同州で，脱原発を掲げる緑の党とSPDの連立政権が誕生した。緑の党が州首相を輩出することになったが，これは史上初めての出来事だった。

こうしてメルケル首相は脱原発を決断する。当時，与党野党を問わず，全ての政党が脱原発で足並みをそろえていた。原発のストレステストや倫理委員会の報告を経て，2022年までの原発停止が決定された。ここで作成された脱原発計画は，SPDと緑の党が2002年に決定した内容をほぼ踏襲するものであった（西田 2014）。

現在，段階的に廃炉が行われている。同時並行で，再生可能エネルギー（風力，水力，バイオマス，太陽光，生活ごみ）の拡大も進められており，総発電量に占める割合は急速に上昇している。2018年には33.3％に達した（図4-5）。脱原発計画には，2030年までに総発電量に占める再生可能エネルギー発電量の割合を35％まで高めることになって

いるが，これは早々に達成されるかもしれない。

6 右翼ポピュリズム政党の台頭

最後に，注目すべき動向として AfD の台頭について触れたい。

他のヨーロッパ諸国に遅れて，ドイツでも右翼ポピュリズム政党が支持を集めるようになった。これまでもドイツには共和党や国家民主党などの右翼政党はあった。これらの政党は，学歴が低く，不安定な雇用についている人々を中心に支持を集めており，それ以外の社会層からの支持を集められていなかった。州議会選挙で議席を得るところまではいくが，5％条項のハードルを突破できず，連邦議会で議席を獲得したことはなかった。

2017年連邦議会選挙では AfD が躍進した。同党は第三党に躍り出た。AfD は，これまでの右翼政党とは異なる面を持っている。党の幹部はエリートである。教育水準が比較的高く，所得の面でも中間層とよばれる人々の間でも支持を伸ばしている。AfD は，従来の右翼政党のように単にドイツ人の優越性を主張するだけの政党ではない。移民・難民を敵視している点だけ見ると，AfD は共和党や国家民主党と変わりがないように映るだろう。しかし，AfD は，ムスリムは民主主義を理解しておらず，人権を尊重していない，それは，西洋的価値にそぐわないだけではなく，戦後ドイツの憲法的価値を脅かすものだと主張する。人権や民主主義の防衛を掲げて，そこからイスラム批判を展開するところに，中間層を納得・安心させて，支持を集めた一因がある。

AfD が広範な支持を集めたことは，既成政党への不信，特に二大政党の衰退なしには考えられない。社会に存在するさまざまな利益を集約し，代表してきた2つの国民政党（CDU/CSU，SPD）は支持を失いつつある。大政党に幻滅した人々の一部は，AfD支持へと向かった。既成政党を支持してきた団体，例えば労働組合なども組織的に衰退している。緑の党や左翼党が議会参入を果して，多党化の傾向も顕著である。全体としてみれば，戦後ドイツ政治の安定性をもたらしてきた，二大政党を中心とした政党システムが揺らいでいる。

AfD については，移民・難民の受け入れ反対が注目されがちだが，同時に同党は女性の労働市場参加に否定的で，原発推進を掲げており，ユーロの解体を訴えている。つまり，近年の政府が推し進めてきた方針にことごとく反対しているのである。ドイツでは2000年代から広範な政策変容が進んだことはすでに述べたが，AfD の台頭を通じて，変化への反発が確かに存在していることが明らかになった。党内紛争が絶えない政党であるため，AfD がいつまで支持者を惹きつけていられるかは定かではないが，もし仮に AfD が消滅したとしても，同様のタイプの政党が登場する余地は残り続ける可能性がある。

ドイツでは，これまで以上に政権のかじ取りが難しくなっている。2000年代に入って

から，女性の労働市場参加の支援，移民の社会統合の推進，難民の受け入れ，脱原発などの政策転換を次々と行ってきたドイツ。不安定化する政治のなかで，今後，こうした政策方針をどこまで貫くことができるのだろうか。

参考文献
板橋拓己『アデナウアー』中公新書，2014年。
葛谷彩「外交政策」西田慎・近藤正基編著『現代ドイツ政治——統一後の20年』ミネルヴァ書房，2014年，200〜224頁。
近藤正基『現代ドイツ福祉国家の政治経済学』ミネルヴァ書房，2009年。
佐藤成基「移民政策」西田慎・近藤正基編著『現代ドイツ政治——統一後の20年』ミネルヴァ書房，2014年，293〜320頁。
昔農英明『「移民国家ドイツ」の難民庇護政策』慶應義塾大学出版会，2014年。
西田慎「脱原子力政策」西田慎・近藤正基編著『現代ドイツ政治——統一後の20年』ミネルヴァ書房，2014年，269〜292頁。
野田昌吾『ドイツ戦後政治経済秩序の形成』有斐閣，1999年。
平島健司『ドイツの政治』東京大学出版会，2017年。
森井裕一『現代ドイツの外交と政治』信山社，2008年。
リッター，ゲアハルト／木谷勤・北住炯一・後藤俊明・竹中亨・若尾祐司訳『社会国家——その成立と発展』晃洋書房，1993年。

読書案内
田野大輔・柳原伸洋編著『教養のドイツ現代史』ミネルヴァ書房，2016年。
　＊ドイツ帝国から再統一後までの歴史がわかりやすくまとめられている。文化の話題が多く，映画も多数紹介されているので，楽しく学べるだろう。
西田慎・近藤正基編著『現代ドイツ政治——統一後の20年』ミネルヴァ書房，2014年。
　＊再統一後の政治・政策の変化が詳しく論じられている。政党，労使関係，対EU関係，脱原発，福祉政策，移民政策など幅広く学ぶことができる。
ルップ，ハンス＝カール／深谷満雄・山本淳訳『現代ドイツ政治史——ドイツ連邦共和国の成立と発展（第3版）』渓流社，2002年。
　＊敗戦から1990年代までの政治史の全体像をつかむのに有用。国際関係と国内政治がバランスよく記述されている。

映画案内
『帰ってきたヒトラー』（デヴィット・ヴェント監督，2015年公開）。
　＊2014年にタイムスリップしたヒトラーがテレビタレントになり，人気を集めていく姿がユーモアたっぷりに描かれている。

　　　　　　　　　　　　　　　　　　　　　　　　　　　　　　　　　（近藤正基）

第5章
スイス

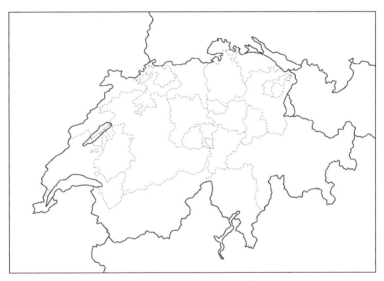

正式国名：スイス連邦，国土面積：4万1,285 km²，人　口：約848万人，首都：ベルン（約14万人），主要構成民族：ゲルマン民族，ロマンス民族（外国人は人口全体の約25%），公用語：ドイツ語，フランス語，イタリア語，レート・ロマンス語，宗　教：カトリック（38%），プロテスタント（26%），無宗教（23%），イスラム教（5%），その他キリスト教諸派（5%），通　貨：スイス・フラン（CHF），名目 GDP：5,604億米ドル（OECD），1人当たり GDP：6万6,300米ドル（OECD），（出典は連邦統計局）

多言語国家スイスと外国人問題

　スイスの多言語性は，1798年にヘルヴェティア共和国が成立した時に実質的に認められ，1848年に連邦国家が設立された時に制度的に定められた。現在スイスの国家語／公用語はドイツ語（62.8％），フランス語（22.9％），イタリア語（8.2％），レート・ロマンス語（0.5％）である（2016年，連邦統計局，図5-1）。スイスの言語政策は属地主義で，各カントン（州に相当する行政単位）や市町村が国家語のうちどの言語を採用するかを決定している（表5-1）。それぞれ，ドイツ，フランス，イタリアに隣接する地域がその言語圏になるが，ドイツ語圏が最大で，26カントン中19カントンでドイツ語が使用されている。しかし，標準ドイツ語は書き言葉として使用される場合がほとんどで，話し言葉は地域によって異なる多様なスイスドイツ語が使用されている。フランスに隣接する，ジュネーブ，ヴォー，ヌシャテル，ジュラの4カントンが純粋なフランス語圏で，ベルン，フリブール，ヴァレーの3カントンではドイツ語とフランス語の2言語が使用されている。ティチーノとグラウビュンデンの南の一部がイタリア語圏，グラウビュンデンの一部が人口の0.5％にしか使用されていないレート・ロマンス語の地域である。レート・ロマンス語は5つの異なった言語に分類され，さらに1982年にはこの言語の保護のため，人口的に作られたロマンシュ・グリシュン語が加わった。

　このような多言語性とそれに基づく多文化主義や経済的発展と政治的安定性を背景に，スイスは19世紀後半以降，多くの外国人労働者と移民を魅了してきた。現在，人口の約25％が外国人で占められているが，これは全国平均で，多くの国際機関があるジュネーヴではその割合は47.8％，チューリヒなどの大都市の平均は35％にのぼる。これらの外国人の60％以上はEU（欧州連合）／EFTA（欧州自由貿易連合）加盟国の出身者で，次にその他のヨーロッパ諸国の出身者が続く。この外国人や移民の増加の大きな要因の1つがシェンゲン協定の締結である。このような外国人の増加に反対し，外国人の流入や移民を制限する政策を掲げて2000年代以降躍進したのが，右派保守政党の国民党（SVP）である。

　このように近年，多文化主義を標榜するスイスでもグローバル化の流れに反し，国民国家と自国民の利益優先の論理に収斂する傾向がみられる。本章では，ヨーロッパの中央に位置し，歴史的に交通の要衝としての機能を果しながら，中立国としての道を歩んできたスイスの歴史的，政治的，社会的特徴を解説しつつ，現代スイスの抱える問題を取り上げる。

図5-1　スイスの言語分布

1 多文化・多言語国家を可能とする政治

政治・社会体制の歴史的背景

　スイスの政治的特徴である，小さな政府，強い地方分権，多言語主義，直接民主主義などは，スイス建国から近代国家設立までの歴史的経緯と密接な関係がある。1200年頃，アルプス山脈越えのためにゴッタルド峠が開通したことが，スイス建国に黎明をもたらした。ゴッタルド峠の北の入口はカントン・ウーリで，南の入口はカントン・ティチーノ（当時ミラノ公国）にある。アルプスを横断する峠は，ブレンナー峠やグラン・サン・ベルナール峠など，当時商業的により重要な峠はいくつかあったが，ゴッタルド峠は南北ヨーロッパを最短で結ぶルートだった。峠の北側のウーリの住民は交通管理（税関）や荷役に従事し，この地域は交易路の管理を行う重要な地域となった。また，この峠は政治的にも重要な意味を持っていた。当時の神聖ローマ帝国シュタウフェン朝はイタリア政策を積極的に行っていたため，イタリアへの最短ルートであるゴッタルド峠とその周辺地域（ウーリ）を重要視し，帝国直轄地とした。

　しかし，ウーリの住民は，当時勢力を拡大していたハプスブルク家がこの地域にも支配を広げるかもしれないと考えた。そこでウーリは，隣接するシュヴィーツおよびウンターヴァルデン（現在のニートヴァルデンとオプヴァルデンのうち前者のみ）と自由と自治を守るための相互援助の同盟を結んだ。つまり，神聖ローマ帝国下に留まりつつも，在地の領主の支配下には入らず，ある程度の自由と自治の獲得とその維持のために相互援助の同盟を結んだのである。この同盟締結（原初三邦の盟約，スイス盟約者団）がスイス建国の起源とされている（1291年）。

　その後，モルガルテンの戦い（1315年）で原初三邦がハプスブルク家に勝利すると，このような自由と自治は近隣の地域を魅了し，徐々に同盟関係が拡大した。しかし，これらの同盟は各地域の緩い紐帯関係に過ぎず国家とよべるものではなかった。同盟は16世紀初頭に13邦まで拡大し，ほぼ現代スイスの領域が成立した。

　フランス革命の影響下のスイス革命により，1798年，スイス史上初で唯一の中央集権国家であるヘルヴェティア共和国が成立した。その後，ナポレオンの「調停法」による「小復古」（1803年）とナポレオン敗退後の「大復古」（1815年）によりスイスは旧体制を復活させた。しかし，全てが旧体制に戻ったのではない。ヘルヴェティア共和国で地域間の不平等が撤廃され，従属邦や共同支配地は新しいカントンに昇格したが，これらのカントンの平等の立場は維持された。スイスでも自由主義者らが国家統一を求め，内戦である分離同盟戦争で旧体制を維持したいカトリック保守派を破り，1848年，近代国家である連邦国家を成立させた。

「意志の国家（Willensnation）」

1848年に成立した連邦国家は，ドイツ，フランス，イタリアのように単一の言語あるいは共通の歴史や文化を基礎とする伝統的な考え方による国民国家ではない。2つの対立する宗教，4つの言語とその文化，都市と農村の対立意識とそれらに基づく社会的差異を内部に抱える多様な国家だった。したがって，このような差異をいかに1つのネイションにまとめ上げるかが，建国者たちの課題であった。そこで彼らは差異や分裂を前面に出すのではなく，多様性をスイスのポジティブな政治的特徴として認識し，それらの結束を強調しようとする「意志」によってスイスを特徴づけようとしたのである。それ以来，スイスでは「多様性における統一」という理念のもと，国民意識の醸成と国民統合が20世紀に至るまで推進された。

しかし，これまでの歴史でこの多様性や差異による国家崩壊の危機がなかったわけではない。言語圏の対立が最も顕著に現れたのが，第1次世界大戦中である。ドイツ語圏はドイツをフランス語圏はフランスの味方をしたため，言語圏の間に塹壕があると揶揄された。第1次世界大戦後の経済危機を背景に労働者運動が活発化するとゼネストがスイスでも行われた（1918年）。市民と労働者の対立が先鋭化し，さらなる社会的分断が出現した。こうした社会的分断を解消するため，1930年代からスイスの内部結束を推進する「精神的国土防衛」が官民挙げて行われた。精神的国土防衛では，特にスイスの独自性やスイス的な価値が強調された。これらの努力により第2次世界大戦時には言語圏で対立することなく，スイスは結束して国土防衛に注力した。

戦後においてもドイツ語圏とフランス語圏の間の政治的，社会的，経済的な意見の相違は，たびたび国民投票の結果に現れ，それは「レシュティの溝」とよばれている（レシュティとは細切りのジャガイモをパンケーキのように焼く料理で，ドイツ語圏の代表料理。フランス語圏ではあまり食べられないことからこうよばれる）。しかし，それは単に言語による考え方や文化の違いではなく，経済構造の違いとそれに基づく考え方の違いも大きく影響している。

政治体制

スイスは近代国家成立以来，連邦制を敷いており，26のカントンおよび2,222の基礎自治体（市町村）より構成されている（2017年末現在）（表5-1参照）。カントンは州に相当する行政単位であるが他の連邦国家のそれよりかなり大きな権限を持っている。26あるカントンのうち6カントンは代表権などが半分に制限されている準（半）カントンである。権限は連邦，カントン，市町村に分割され，カントンと市町村はそれぞれの担当分野において大きな政治的権限と裁量を有している。この強い連邦制が，4つの国家語による多文化性や異なる地域的特色にも関わらず，スイスが統一体として存在することを可能にしているのである。

カントンの人口や面積の規模はさまざまで，例えば，一番人口の多いチューリヒでは

表5-1 スイスの26カントン

カントン	盟約者団加盟年	人口（人）	面積（km²）	使用言語	国民議会議員数（人）
チューリヒ(ZH)	1351	1,504,346	1,729	独	35
ベルン(BE)	1353	1,031,126	5,959	独・仏	25
ルツェルン(LU)	1332	406,506	1,493	独	10
ウーリ(UR)	1291	36,299	1,077	独	1
シュヴィーツ(S)	1291	157,301	908	独	4
オプヴァルデン(OW)*	1291	37,575	491	独	1
ニートヴァルデン(NW)*	1291	42,969	276	独	1
グラールス(GL)	1352	40,349	685	独	1
ツーク(ZG)	1352	125,421	239	独	3
フリブール(FR)	1481	315,074	1,671	仏・独	7
ゾロトゥルン(SO)	1481	271,432	791	独	6
バーゼル・シュタット(BS)*	1501	193,908	37	独	5
バーゼル・ラント(BL)*	1501	287,023	518	独	7
シャフハウゼン(SH)	1501	81,351	298	独	2
アッペンツェル・アウサーローデン(AR)*	1513	55,178	243	独	1
アッペンツェル・インナーローデン(AI)*	1513	16,105	173	独	1
ザンクト・ガレン(SG)	1803	504,686	2,026	独	12
グラウビュンデン(GR)	1803	197,888	7,105	独・伊・レ	5
アールガウ(AG)	1803	670,988	1,404	独	16
トゥールガウ(TG)	1803	273,801	991	独	6
ティチーノ(TI)	1803	353,709	2,812	伊	8
ヴォー(VD)	1803	793,129	3,212	仏	18
ヴァレー／ヴァリス(VS)	1815	341,463	5,224	仏・独	8
ヌシャテル(NE)	1815	177,964	803	仏	4
ジュネーヴ(GE)	1815	495,249	282	仏	11
ジュラ(JU)	1979	73,290	838	仏	2

注：＊準（半）カントン，2017年12月31日現在。
出典：連邦統計局。

約150万人であるのに対し，最小のアッペンツェル・インナーローデンでは約1万6,000人である。さらに市町村の人口を見てみると，最小の自治体は13人のコリッポ村（ティチーノ）で，最大が約40万人のチューリヒ市である。人口減少と自治体の行政運営の厳しさから自治体が合併し毎年平均30の自治体が減少している。

　連邦の権限は，連邦憲法に規定されており，代表権，外交，防衛，安全保障，金融政策，国家レベルの道路建設，核エネルギーなどである。カントンが権限を有するのは，教育，医療・保健，文化，税務などである。これらの管轄はそれぞれカントンと市町村で分担して定められるが，市町村の管轄は，主に学校運営，社会福祉事業，消防などである。

連邦議会

　スイスの連邦レベルの政治は連邦議会によって行われ，その政治的権限は，連邦憲法第148条に「連邦議会は，国民およびカントンの権利を留保の上で，連邦における最高権力を行使する」と規定されている。条文の前半の「国民およびカントンの権利」とは具体的に後述する「国民投票」によって国民とカントンが連邦の政治の賛否を決定する権利を意味している（森田　1994：112）。

　スイスは直接民主制で有名だが，連邦レベルでは「半」直接民主制で，代議制民主制の制度も持っている。連邦議会は二院制で，下院の国民議会と上院の全州議会により構成され，両議会は同等の地位を有し，同等の権限が与えられている。日本のようにどちらかの議会に優位性はない。

　国民議会は国民を代表する議会で，定員200名の議員が人口比例に基づき各カントンから選出される。ただし，人口の少ないカントンに配慮して，各カントンが最低1名の議員を選出できる（表5−1）。つまり人口840万人を単純に200で割ると約4万2,000人に1人の議員が選出されることになるが，これに満たないカントン（アッペンツェル・インナーローデンなど農村部の6つのカントン）も1人の議員を国民議会に選出することが保障されている。選挙は4年ごとに主に比例代表制で行われ，任期途中の解散は行われない（次回の選挙は2019年）。

　一方，上院にあたる全州議会は人口にかかわらず各カントンから2名，準カントンから1名が選出され，合計46名で構成される。全州議会は地域の代表の性格が極めて強く，かつてのカントン小国家の伝統を受けて，カントンは対等であるという意識に支えられている（森田　1994：113）。全州議員の選出方法は各カントンに委ねられているが，多くの場合カントン市民の直接選挙による多数決制で行われる（カントン・ジュラとヌシャテルでは比例代表制で行われている）。投票を通じて議会で承認される場合もあるが，スイスの直接民主主義の原点である後述の「ランツゲマンデ」とよばれる青空議会で選出され，その場で決定される場合もある。カントンの代表である全州議員は，議員任期も各カントンによって定められている（最近は4年任期とし，国民議会選挙と同時に行うカントンが多数である）。議員報酬も，国民議会議員に対しては連邦が，全州議会議員にはカントンが負担する。

　連邦議会は首都ベルンで開催され，国民議会と全州議会は通常分かれて議会を開く。会期は年に4回（春，夏，秋，冬）あり各々3週間の日程である。議会の主な任務は，法律の制定，国家レベルの案件の決定，予算の決定，内閣・行政・裁判所の監督や，閣僚・連邦内閣事務総長・連邦裁判官の選出，内閣に権限がない国際法の締結である。

　議会では議員は同じ理念や政治方針を持つ最低5名の議員で構成される会派単位で政治活動を行う。つまり会派は常に政党と一致するとは限らないのである。全州議会議員は非公式に会派に属している。会派では個々の議案を事前に審議し，統一的な見解を決定し，誰が議会で発言するかを決める。国民議会では会派に属さなければ議会での発言

表 5-2　連邦議会に議席を保有する政党

政党	連邦議会の割合（％）	全州議会議員数（女性）	国民議会議員数（女性）	設立年	政治的立場
国民党（SVP）	29	5(0)	65(13)	1971（前身政党1917）	右派
社会民主党（SP）	22	12(4)	43(25)	1888	左派
急進民主党（FDP）	19	13(1)	33(7)	1894（2009年合併）	中道右派
キリスト教民主党（CVP）	16	13(2)	27(9)	1912	中道
緑の党（Grüne）	4.8	1(0)	11(5)	1983	左派
人民民主党（BDP）	3.3	1(0)	7(1)	2008	中道
緑の自由党（glp）	2.8		7(3)	2007	中道
福音国民党（EVP）	0.8		2(1)	2007	中道左派
ティチーノ連盟（LdT）	0.8		2(1)	1991	右派

注：1　その他国民議会に1議席を獲得している政党・団体は，キリスト教社会党オプヴァルデン（CSP OW），ジュネーヴ市民運動（MCG），スイス労働党（PdA）である。
　　2　全州議会議員の合計が46ではなく45なのは，1人政党に所属していない議員がいるため。
出典：Schweizerische Bundeskanzlei (Hrsg.), *Der Bund kurz erklärt 2018* より作成。

権は得られず，各種委員会の構成員にもなれない。2015〜2019年の議会では7つの会派があり，最大74名から最小7名で構成されている。

主要政党

国民議会に議席があるのは12の政党・団体で，そのうち6政党が全州議会でも議席を持っている。連邦議会で10％以上の議席を占める4つの政党が連邦内閣を構成している（表5-2）。

連邦内閣

スイスの最高行政執行機関である連邦内閣は，全州議会と国民議会が合同で開く合同連邦会議で，国民議会議員の被選挙権を持つスイス市民のなかから4年任期で選出される。閣僚を第一党ではなく246名の両議会議員が選出することがスイスの政治的特徴の1つである。連邦内閣は7名の閣僚から構成され，各閣僚は7つの省（外務省，内務省，司法・警察省，国防・国民保護・スポーツ省，財務省，経済・教育・研究省，環境・交通・エネルギー・通信省）の大臣を務める。

閣僚の配分に関して，連邦憲法第175条で「その際，国内の地域および言語圏が適切に代表されるよう配慮されなければならない」と規定されている。これを含めて，以下の4つの不文律が存在する（森田 1994：117）。①人口の多いチューリヒ，ベルン，ヴォーの3つのカントンからは必ず1名選出する。②フランス語，イタリア語圏から2〜3名の閣僚を選出する。③宗教人口の劣勢なカトリックにも適正な人数配分をする。④議会を構成する主な政党を公平に配分する。2018年現在の連邦内閣の構成は，急進民主党（FDP）2名，社会民主党（SP）2名，国民党（SVP）2名，キリスト教民主党

(CVP) 1名で，ドイツ語圏の閣僚が4名，フランス語圏2名，イタリア語圏1名，男性5名，女性2名である。

内閣には属さないが8番目と閣僚と目されているのが，連邦内閣事務総長である。このポストは連邦内閣の重要な調整役で，政府の仕事を計画，調整し，連邦内閣決定の発表が主な仕事である。

「魔法の公式」の崩壊

2003年に「魔法の公式」の崩壊とよばれる，スイスの政治体制を揺るがす事態が生じた。魔法の公式とは，1959年から44年間変わることがなかった閣僚の政党配分（FDP 2名，CVP 2名，SP 2名，SVP 1名）を指す。2003年に右派政党であるSVPが国民議会の第一党に躍進したことで，CVPから1つポストを奪ったのである。SVPの政策は，イスラム教のミナレット（尖塔）建設禁止，重犯罪を行った外国人の国外追放の要求や，移民の受け入れ制限を設けることなどで，排他主義で保守主義的である。2007年の選挙でSVPが第一党を維持するも，閣僚選出選挙で現職のSVPの大臣が落選した。その結果，党内分裂し，閣僚ポストの数を減らした。しかし，2015年の国民議会選挙で，シリア難民の流入反対をスローガンに，国民の支持を獲得し，議席数を増やし，再び閣僚ポストが2つになった。

合議制民主主義

スイスの政治制度では権力集中という概念はなく，連邦内閣においても合議制民主主義が採用されている。合議制民主主義では，あらゆる傾向の政党が政府として協力し，政治決定を下し，その責任を負う。つまり連邦内閣は協議を通じで合意形成していく機関であり，全ての閣僚は政党あるいは個人的に別の意見があったとしても，合議の立場を表明する。これは「合議制（同僚制）の原則（Kollegialitätsprinzip）」とよばれている。諸外国と異なりスイスでは政府と野党の明確な区別がない。

また，政府代表として連邦大統領のポストが設置されているが，連邦大統領にも特別な権限は一切与えられず，その他の閣僚と同様に平等の立場に置かれている。連邦大統領は，合同連邦会議で連邦閣僚のなかから1年任期で選出される。連邦大統領の主な職務は連邦内閣の議長と対外的な政府代表としての役割である。

ミリッツシステム（Milizsystem）

ミリッツシステムはスイス社会全体を特徴づける制度で，市民が公共の任務や官職を自発的，副業的，名誉職的に担う制度である。ミリッツシステムは軍隊，政治，行政，市民社会の組織形態としてスイス社会に広く普及している。スイスでは，他国でもよく見られるような地方自治体の名誉職議員だけではなく，このような制度が首長やカントン議員，国民議会や全州議会の議員にも見られる。プロの政治家でないことが，一般市

民により近い立場に立ち，一般市民の感覚を理解できると考えられているのである。また，この制度によって，より多くの人に広範な政治活動への民主的な参加の可能性が開かれている。その結果，特定の政治的特権階級が形成されるのを阻止してきた歴史がある。

しかし，20世紀中頃からこの制度は衰退傾向にある。これまで市民によって担われてきた国家的組織が専門化され，ボランティア不足のため公的な役割を担ってきた市民協会の活動が低下し，多くのカントンでカントン議員，判事や司法機関に従事する人が専業となった。

連邦議会議員についても年々増大する職務の負担から，専従職にすべきだという声が上がっている。実際，年4回開催される議会に加えて，委員会などの職務で国民議会議員は年30〜50日，全州議会議員は年40〜70日首都ベルンに滞在しなければならず，副業としてはかなりの負担がある。しかし一方で，副業として議員を務めることで国民により近くなり，職業上の経験から得た貴重な見識を国会の議論に反映させることが可能になるという意見も根強くある。現在，国民議会議員の約18％，全州議会議員の約40％が専従議員となったが，非専従議員の職業は，医師，弁護士から手工業者，企業家，諸団体・連合の代表，銀行家から農業従事者までと幅広い。

直接民主主義の原点
スイスの直接民主主義の原点は，中世から実施されてきたあらゆる議題に住民が直接投票を行う青空会議ランツゲマインデである。町の広場に全有権者を集め，中央の台の上で議長が読み上げる議題に対して挙手によって票決を取る。

近年，ほとんどのカントンがこの選挙法を廃止したが，アッペンツェル・インナーローデン（4月の最終日曜日に実施）とグラールス（5月の第1日曜日に実施）のみいまだにこの伝統を維持している。アッペンツェル・インナーローデンでは，投票権の証として投票用紙の他，男性に対しては伝統的に銃剣も認められている。そのため，銃剣を携えて投票に来る男性も多くみられる。ちなみにアッペンツェル・インナーローデンは女性参政権を最も遅く認めたカントンである（1990年）。スイスには女性を政治から排除してきた長い歴史があるが，このような伝統の維持が一方で女性の政治参加を阻んできたのである。

直接民主主義の制度
スイスの直接民主主義の制度として，レファレンダム（国民投票権）とイニシアティブ（国民発議権）がある。レファレンダムには義務的と任意的の2つがある。義務的レファレンダム，つまり必ず国民投票を行わなければならないのは，①連邦憲法の改正，②集団的安全保障のための組織または超国家的共同体への加盟，③憲法に基づかず，かつその効力が1年を超える緊急と宣言された連邦法の施行の場合である。これらの場合，

国民（投票者）の過半数とカントンの過半数の賛成が必要とされる（カントン票の場合，26カントンの内6つが0.5票の代表権しか持たない準カントンであるため23票の過半数が必要）。

　例えば，②に関しては国連やEUや経済共同体などへの加盟である。スイスは，2002年の国民投票で国連加盟を決定した。EUに関してはこれまで2度国民投票にかけられたがいずれも否決されている（第3節を参照）。

　一方，任意的レファレンダムは，政府が新法制定や法改正を行う場合，あるいは国際条約を締結する場合，その是非を国民投票にかけることができる制度である。この場合，有権者5万人の署名あるいは8カントンの要求が成立要件で，国民の過半数以上の賛成のみで可否が下される。レファレンダム制度は1874年に導入され，2017年末までに185件の任意的レファレンダムが成立し，そのうち80件が国民によって否決されている。

　直接民主制のもう1つの柱がイニシアティブである。国民は18カ月に集められた有権者10万人の署名を要件に，連邦憲法の部分改正を提案することができる。連邦内閣と連邦議会は国民に対して，イニシアティブの受け入れあるいは拒否を勧める。採択には国民とカントン双方の賛成が必要である（二重の賛成）。連邦レベルのイニシアティブ制度は1891年に導入され，2017年末までに209件のイニシアティブが成立し，そのうち22件が採択されている。

　連邦レベル以外にも，カントンレベル，自治体レベルでもさまざまな事柄に関して国民投票が行われ，国民はかなりの頻度で投票所に足を運ばなければならない。1848年から2018年まで連邦レベルで国民投票にかけられた案件は620以上にのぼる。

国民投票（直接民主主義）の短所

　民意を直接反映させることができる国民投票ではあるがその短所も指摘されている。賛成派反対派双方による激しい国民投票キャンペーンのなかで，国民は熟考せずに感覚的に反応してしまう場合がある。そのため，提起された全ての事案に関して国民が決定に加わることが本当に理に適っているのかという指摘がある。

　また，自分に直接関係する年金，税金，社会保障などには積極的だが，直接的な利害関係のない事案には関心を示さない傾向や，自己（自国）中心的に考えるあまり，事案を大局的に見ない傾向も指摘されている。その結果，スイスの対外的な立場を脅かすような決断が下される場合や，さらには他者，特に宗教的マイノリティに対して不寛容な結果となる傾向が見られる。

　例えば，1893年にユダヤ教の屠殺方法（シェヒター）の間接的な禁止を求めたイニシアティブが可決されている。また，2009年にはイスラム教寺院のミナレットの建設禁止を求めたイニシアティブが可決された（国民の57.5％と22のカントンの賛成）。連邦憲法には信教の自由が規定されているが，これらの禁止を要求した人々は，ユダヤ教の屠殺方法の場合は動物虐待，ミナレットの場合は政治的脅威がその根拠とされ，信教の自由

は侵していないと主張されたのである。

女性参政権と男女同権

　長い民主主義の伝統に反して，スイスはヨーロッパ諸国のなかで最も遅く女性参政権を認めた国の1つである。女性解放運動は19世紀後半から活発になり，1868年にカントン・チューリヒの女性グループが初めてカントンレベルの女性参政権を求めたが実現しなかった。その後，多くの団体や組織が男女同権と女性参政権を求めたが失敗に終わった。その背景には，スイスでは憲法改正（連邦，カントンを問わず）には国民（住民）投票が必須であるため，有権者である男性の賛成がなければ実現は不可能であったからだ。

　連邦政府の提案のもと，1959年に最初の女性参政権の是非を問う国民投票が実施されたが，66.9％の反対で否決された（投票率66.7％）。特に農村部のカントンの反対が根強く，賛成したのはヴォー，ヌシャテル，ジュネーブのフランス語圏の3つのカントンだけであった。政党別では，SPは賛成，農工市民党（SVPの前身）は反対，FDPとCVPでは意見が割れていた。

　1968年に連邦政府が女性差別を認めない欧州人権条約に条件つきで調印を試みると，国内で差別反対運動が激化したため，連邦政府は1971年に再び女性参政権の是非を問う国民投票を実施した。その結果65.7％の賛成を得て，連邦レベルの女性参政権が認められた（投票率57.7％）。しかし，中央スイスと東部スイスの8カントンがこれに反対した。

　カントンレベルを見てみると，フランス語圏のヴォーとヌシャテルが1959年から最も早く女性参政権を認めている。一方，最も遅かったのは前述したアッペンツェル・インナーローデンの1990年である。しかも，カントンでは女性参政権を認めない決議をしたが，それに対し連邦裁判所が女性参政権の不承認は連邦憲法に規定されている男女同権に違反するとの判断によって，アッペンツェル・インナーローデンは女性参政権を認めざるを得なかったのである。

　しかし，連邦レベルで女性参政権が認められてからの女性の政界進出は目覚ましい。1971年に連邦議会の女性の割合は5％であったが，2018年現在約30％まで増加した。1984年に，初の女性閣僚としてエリザベス・コップ（Elisabeth Kopp）が入閣を果し，1999年には大統領にルース・ドライフス（Ruth Dreifuss）が就任し，初の女性大統領が誕生した。2010年には半数以上を女性閣僚が占めるまでに至った（4名）。これまで7名の女性閣僚が誕生し，2018年現在2名の女性閣僚がその職務についている。

　参政権以外にもスイスでは女性解放は遅れていた。長い間女性は家庭における立場，教育の機会，さらには職場や労働賃金においても男性と同等ではなかった。1981年に連邦憲法に男女同権が規定されたが，関連する法律はすぐに施行されなかった。1991年に女性のストライキが宣言され，これが連邦憲法に規定された男女同権を法律として運用させる圧力となり，1996年にようやく男女同権に関する連邦法が施行された。また，女

性には婚姻上の差別があり、スイス人女性が外国人と結婚するとスイス市民権が自動的に剝奪されたが、市民権（国籍）法（BüG）の改正により1992年にその規定が廃止された。

2　小さな政府の経済・福祉政策

近年のスイスの経済成長は安定しており、世界で最も豊かな国の1つに数えられている。スイスは財政規模が小さくいわゆる小さな政府である（対GDPの歳出額の割合は32.5％、2015、EU統計局）。強い地方分権、官僚制度の未発達、自由貿易を前提とした経済構造などから、連邦政府による経済活動への介入は限定的である。

スイスは、2017年の国家の歳入約711億フランに対し、歳出が約683億フランで約30億フランの黒字という健全な財政運営を行っている（1スイス・フラン：約115円、2018年12月）。失業率は3.19％で、国家債務は2005年の約1300億フランから約300億フラン削減された（2017年）。国家の債務にカントン・市町村と社会保障の債務を加えた債務総額のGDPに対する割合は30％弱で、国際的に見ても債務の割合はかなり低い（連邦統計局）。加えてスイスの付加価値税は標準税率7.7％（食料品、医療品、書籍等2.5％）で他のヨーロッパ諸国より低く設定されている。

また、自助と共同体的な互助の伝統が強いスイスでは公的な福祉政策も限定的だった。しかし、1948年に老齢・遺族年金保険法（AHV）が施行され、福祉に国が関与する一歩を踏み出し、1960年には障がい者年金保険（IV）が制度、義務化された。さらに、AHVとIVからの給付では最低限の生活が賄えない場合の補塡給付（EL）が1965年に導入された。労働者保護に関しては、なかなか法整備が進まず、1970年代の経済危機を背景に1977年に失業保険（ALV）が実質的に義務化された（法律化は1982年、施行は1983年）。1985年には企業年金基金が義務化され、現行の年金制度（「3つの柱」）が完成した。1940年から兵役や社会奉仕時に給付される所得補塡規定があったが、2004年からはこれが出産・育児休暇時にも適用されることになった。このようにスイスの福祉政策は20世紀後半以降に整備されたもので、他のヨーロッパ諸国の後塵を拝している。基本的に、社会福祉事業は連邦が調整し、その詳細は各カントンで定められ、カントン、市町村によって運営されている。

経済構造

スイス経済は革新的で競争力が高いと評価されている。スイスの企業は、99％以上が従業員250名以下の中小企業で構成されている。この大きな組織を嫌う体質がスイス企業の特徴の1つである。しかし一方で、国際的な大企業もスイスに本社を置いている（食品会社のネスレ、製薬会社のノバルティスやロッシュ、メガバンクのUBSやクレディ・スイス）。

スイスの経済構造は、第1次産業が約3％、第2次産業が約22％、第3次産業が約

75％で，サービス部門に大きく依存している。そのなかでも重要な分野は，金融，原料取引，観光である。スイス国内には約250の銀行があり最も重要な金融地の1つとなっている。また，スイスは原料取引，特に原油，石炭，綿，穀物の取引においては世界市場を牽引している。スイスには約570社の原料商社がある。また，観光業には就業者の約4.3％が従事している。

製造業には就業者の約22％が従事しており，特に重要なのは化学・医薬品製造業，機械・電子機器製造業，金属加工業，時計産業である。スイスの産業の特徴は産業分野ごとに一定の地域に集中していることである。例えば製薬・医薬品メーカは主にバーゼル，ツーク，ジュネーブ湖近郊に所在し，時計産業はジュラ地方に集中している。原料商社はジュネーブ，ローザンヌ，ツーク，ルガノに集中して所在している。

健康保険・年金制度

健康保険は基本健康保険と追加保険があり，基本健康保険への加入が義務づけられている。より手厚い保障が必要であると感じれば追加保険に加入する。スイスには公的な健康保険制度がなく，国が指定した民間の保険会社がその役割を担っている。つまり，スイスに住む人々は各保険会社の保障内容や保険金額を検討して，自分で保険会社を選択しなければならない。保険料の他に年間一定の免責金額（300～2,500フラン）と医療費の自己負担分（10％）も支払わなければならない。経済的な困窮者には基本健康保険料に対する公的な給付制度（保険料減額制度）がある。

しかし，毎年上がる保険料，所得と資産に関係ない一律の保険料設定や高齢者の増加による医療費負担に対する不満や不安の声は大きい。公的な健康保険制度を求める声もあるが，2007年の国民投票（イニシアティブ）では，それを含めた医療保険制度改革は，反対多数で否決されている。

一方，老後や死亡・障がいなどに関する保障は「3つの柱」とよばれる，①国家（基礎年金），②年金共済金庫（企業年金），③個人（個人年金）の制度がある。第1の柱は，国家による老齢・遺族年金保険（AHV）と障がい者年金保険（IV）である。AHVは全てのスイス在住者に義務づけられており，年金の支給開始は男性65歳，女性64歳である。AHVの財源は保険料であるが，給付額が保険料収入を上回るため，連邦とカントンがその一部を負担している。連邦の2017年の国家歳出を見ても，社会保障費が全体の約34％を占め，そのうちの約半分がAHVの支出である。IVも強制保険であるが，これも保険料だけでは賄えず，社会保障費の支出の5分の1を占めている。

年金支出の削減を目的に，政府から女性の年金受給開始年齢を段階的に65歳へ引き上げることなどを盛り込んだ年金改革案が提示されたが，2017年の国民投票で，反対多数で否決されている。高齢化社会を迎え，今後増え続ける年金給付の財源問題や，国民の大きな負担となっている健康保険料の問題は対応が求められている福祉政策である。

3　武装中立とヨーロッパ統合

中立国の歴史とナチズム

　スイスはマリニャーノの戦いに敗れた後の1515年から実質的に中立政策をとっているが，国際的に中立が認められたのは1815年のウィーン会議である。この時スイスの恒常的な中立性，不可侵性，あらゆる外的干渉からの独立はヨーロッパの政治全体の利益になると認識された。つまりスイスの立場からだけでなく，ヨーロッパの安寧にとってもスイスの中立は重要だと考えられたのである。

　スイスは1907年のハーグ条約で規定された戦時下における中立国の義務と権利に従っている。自国領土の不可侵を権利として与えられる一方，戦争不参加，国境の不可侵の固守，交戦国への傭兵の投入および自国領土への進入による支援を行わないことが義務づけられている。

　第1次世界大戦後，ヴェルサイユ条約で中立国の再承認を受けた。スイスは西側諸国との連携を進めるなかで，1920年に国際連盟に加盟した。その前年に国際連盟の本拠地としてジュネーブが選ばれていた。加盟の際，軍事制裁への不参加は認められたが，経済制裁は義務づけられ，それは従来の「絶対中立」政策の転換を意味し，新しい政策は「制限中立」とよばれた。しかし，国際情勢が悪化するなかで，スイスは1938年に「絶対中立」に回帰する決断を下し，国際連盟はそれを認めた。

　第2次世界大戦後，スイスは国連に加盟しなかった。しかし，国連ヨーロッパ本部をジュネーブに招致し，ニューヨークの国連本部へオブザーバーを派遣し，国際社会から孤立するのではなく中立を保ちながら国際連携を進める方針をとった。

　スイスの戦時下における中立性の解釈については，これまでさまざまな議論や批判があった。ハーグ条約で定められた戦時下における中立国の義務には経済取引の制限はない。つまり，中立国があらゆる国と経済取引することは国際法上問題がなかった。第2次世界大戦中にはスイスは連合国だけではなく，ナチ・ドイツとも経済取引を行った。戦中からスイスのナチ・ドイツに対する経済協力は指摘され批判されていたが，スイスは「通常営業」であるという姿勢を崩さなかった。1990年代半ば，スイスの銀行に残されたホロコースト被害者の消息不明口座問題を発端に，第2次世界大戦中のスイスの中立性についてアメリカ合衆国を中心に国際社会から激しく批判された。スイス政府が設置した独立専門家委員会はスイスのナチ・ドイツに対する経済協力を認めた。

　第2次世界大戦の経験を踏まえて冷戦中は厳密な意味で中立を保つようにスイスは努力した。また，戦後は国際的な平和維持活動との連帯と協力を積極的に行うようになった。スイス軍による最初の国際貢献は，1953年から中立国監視委員会の枠組みでスウェーデン軍とともに現在も行っている韓国・北朝鮮の休戦協定の遵守の監視である。

　冷戦後，スイスは中立のあり方を調整し，中立の立場でさらなる国際貢献を行う政策

をとっている。1991年の第1次湾岸戦争ではイラクへの経済制裁措置に参加し，1996年にはNATOの「平和のためのパートナーシップ」に参加，さらに1999年にはコソヴォの平和維持活動支援のために任意の非武装部隊を派遣した。これらの活動を踏まえ，2001年に平和維持を目的とした武装スイス軍の派遣の是非（軍事法の改正）が国民投票にかけられ，僅差ではあったが国民とカントンの過半数の賛成を得た。

中立国であることに誇りを持つスイス国民にとって国際機関への加盟は常に議論をよんできた。スイス政府は1986年に国連加盟の是非を国民投票にかけたが，75.7%という圧倒的反対によって否決された。その後の国際情勢の変化や，スイスの国際的な平和維持活動の貢献を背景に，国民の考え方にも変化が見られ，2002年の国連加盟の是非を問う国民投票では，国民の54.6%，カントンの12票（11カントンと2準カントン）の賛成を得て，スイスは国連の190番目の加盟国（ヨーロッパでは最後の国）となった。この際，国連に加盟するが，永世中立国としての立場を維持することがことさら強調された。

スイスにとって中立は外交政策の目的ではなく，政治目的であるスイスの自律性の固守と自由の堅持を達成するための手段である（Ebnöther 2017：176）。そのため，スイスの中立政策はスイスに交戦国間の仲介役としての積極的な役割や少なくとも交渉の場としての役割を可能にしているのである。

兵役義務と軍隊

永世中立国であるスイスには自国防衛のための軍隊がある。つまりスイスは高い軍事力に守られた武装中立国である。スイスの軍隊にも前述したミリッツシステムが採用され，スイス軍は市民の兵役（国民皆兵）によって組織される民兵軍である。政治と同様に軍隊において民兵制が有効であると考えられているのは，市民がそれぞれの職業的あるいは個人的な見識を軍隊に取り込むことができ，軍隊をスイス社会に深く根づかせることができるからである。

兵役が導入されたのは1848年で，基本的に全ての男性スイス市民は兵役の義務がある。1996年からは代替役務を行うことで兵役免除も可能になった。代替役務は社会福祉の分野，環境や自然保護の分野で行われる。例えば，夏季に牛を山に放牧する風習がスイスにはあるが，この仕事が代替役務として行われる場合もある。年々代替役務を希望する若者が増え，軍隊の存続が将来的に危ぶまれるため，政府は2018年1月よりその条件を，任務期間を兵役の1.5倍から最低150日に延長するなど厳格化した。兵役も代替役務もしないスイス人男性には税金が課せられる。1995年からスイス人女性の任意の兵役が可能となっている。現在では女性は軍の全ての任務に就くことができる。

冷戦中は国家予算の約3分の1を軍事費が占め，国民全体の10%にあたる約70万人の兵士を擁する軍隊をスイスは持っていた。しかし，冷戦終結後スイス軍は縮小の一途をたどっている。2017年の兵士数は約15万8,000人（うち予備兵は約3万8,000人），うち女性兵は1,152人（うち予備兵は223人）である（スイス軍人事部）。

軍廃止の議論

武装中立を堅持するために不可欠な軍隊であるが，平和運動の影響と冷戦終結によって軍廃止を求める声が市民団体からあがった。「軍隊なきスイスを目指す会（GSoA）」（1982年設立）は軍隊の廃止を求めるイニシアティブを提起し，それは1989年に国民投票にかけられた。これに対し64.4%の国民が反対したが，自明視されていた軍隊の存在をスイス国民が改めて考えるきっかけとなった。同団体は2001年に再び軍隊の廃止を求めるイニシアティブを提起したが，9.11の同時多発テロの衝撃が収まらない12月初頭に実施された国民投票では78.1%という大多数の国民がこれに反対した。さらに同団体は兵役廃止を求めるイニシアティブを提起するも，2013年の国民投票で73.2%の国民の反対により却下されている。

GSoAは，現在のスイスの民兵制度は時代遅れであり，ヨーロッパにスイスの脅威となるものはもはや存在しないと主張している。さらに，同団体は軍需品の輸出禁止や軍需産業への研究支援・投資の禁止の要求に加え，一般家庭での武器保管の危険性の問題も指摘している。スイスの兵役期間中の兵士や予備役兵士の家庭には銃が装備されているため，これによる銃の乱射事件や自殺が問題視されている（現在，実弾は別保管）。

しかし，軍隊廃止については，武装中立というスイスの政治スタンスや，第1次，第2次世界大戦で中立の堅持と国土防衛を可能にしたのはスイス軍であると多くの国民が考えていることも考慮に入れなければならない。また，多言語国家スイスにおいて，自国防衛という目的のもと国民が結束する軍隊は国民統合の役割も担ってきた。つまり，ほとんどのスイス人男性が経験する軍隊は多様なスイスを認識させると同時に，国防のもとにその多様な国民を結束させる場でもある。これらを踏まえると，スイス軍は単なる防衛手段だけではなく，ナショナル・アイデンティティの1つともいえるのである。

スイスとEU

スイスはヨーロッパの中央に位置し古くから南北ヨーロッパを結ぶ要衝として機能してきたが，中立国としてヨーロッパ統合の動きからは距離を取ってきた。そのため，スイスは政治統合も視野に入れたEEC（欧州経済共同体）に対抗し，1960年に原加盟国としてEFTA（欧州自由貿易連合）に参加した。現在でもEFTAはスイスの対外的経済政策の要となっている。

ヨーロッパ統合が加速するなかで，スイス政府はEU加盟を視野に入れ，1992年，EEA（欧州経済領域）の協定に署名した。EEAはEC 12カ国とEFTA 7カ国のあいだでカネ，モノ，サービス，人の自由な往来を実現し，自由貿易領域を創設するものの，政治的にはスイスの中立を維持できるものだった。義務的レファレンダムの対象だったこの協定は国民投票にかけられた。投票率78.73%という国民の関心が高かった投票結果は，国民の賛成49.7%，反対50.3%で僅差だったが，カントンでは16票（14カントンと4準カントン）の圧倒的な反対だった。この投票では，全てのフランス語圏が賛成し

た一方で、バーゼル・シュタットとバーゼル・ラント以外のドイツ語圏とイタリア語圏が反対という言語圏の対立が浮き彫りになった。この結果を受けて、スイス政府は当面の EU 加盟は断念するも、将来の EU 加盟を視野に入れつつ EU と個別に協定を結んでいく道を選択した。

表5-3 スイスの主な貿易相手国（2017年）
（単位：%）

	輸 出	輸 入
EU 全体	53.1	71.2
ドイツ	18.9	28.2
イタリア	6.2	9.7
フランス	6.4	7.9
中 国	5.2	7.0
アメリカ合衆国	15.3	6.8
日 本	3.3	1.9

出典：連邦税関局（2017）。

1999年、スイスは EU と第1次2国間協定（人の移動の自由、技術的障害の排除、政府調達、農産品市場へのアクセス自由化など7分野）を締結し、それは翌年国民とカントンの二重の賛成を得て2002年に発効された。さらに2004年には、EU と第2次2国間協定（シェンゲン・ダブリン協定を含む詐欺対策、加工農産品など9分野）が締結され、そのうちシェンゲン・ダブリン協定のみ2005年に国民投票にかけられた。その結果、国民の54.6％が賛成した。カントン票は僅差で反対（12対11）であったが、この国民投票はカントンの賛成は必要ではなかった。シェンゲン・ダブリン協定が施行されたのは2008年である。

スイスは、この2つの2国間協定によって EU と経済的に深く結びついた結果、EU の重要な貿易相手国（表5-3参照）となったが、EU 加盟の魅力は半減した。2016年にスイスは EU 加盟交渉申請を完全に取り下げた。しかし、現在スイスと EU との関係は安泰というわけではない。EU 加盟国の増加に伴い EU の経済的、法的条件が変わるなか、EU は非加盟国に対する市場参入の条件も随時変更している。スイスと EU は2014年から2国間協定の制度的枠組み条約の締結を協議している。EU はスイスに対して EU の新しい規定や法律を即時かつ一律に関連するスイスの規定や法律に適用させることを要求しているが、スイス側ではそれらの無条件の受け入れは国内の業界団体の反発もあり難しい状況である。2018年12月、スイス政府は EU との交渉状況を発表し、制度的枠組み条約案を公表した。国内の関係機関に対してこの政策の是非を問う協議が行われているが、合意を取りつけるには困難が予想されている。

その一方でスイス国民は EU との二国間協定の合意を遵守しない決定を下している。例えば、大量移民反対を掲げたイニシアティブが国民とカントンの過半数の賛成を得たことは、人の自由な移動を保障する規定に反すると EU から批判されている（第4節を参照）。

4　外国人問題と移民・難民政策

　スイスには宗教的，政治的に迫害された人々に庇護を与えてきた歴史がある。スイスの多様性，地理的条件，中立性あるいは人道主義という伝統が彼らに避難場所を提供してきたのである。一方で20世紀以降のスイスは増加する外国人に対し常に懸念を抱いてきた。スイスの政治文化を長期にわたり規定してきた「外国人過多（Überfremdung）」という概念の広まりがそれを表している。

　19世紀後半以降，スイスの経済発展や人の移動の自由などによってスイスで外国人が急増し，その存在が問題視されるようになった。しかし，19世紀後半から20世紀初頭までは外国人の数が問題とされ，帰化条件の緩和を通じてスイス市民権を付与し，いかに外国人の数を減らすが議論の中心であった。

　しかし，第1次世界大戦以降，移民・難民の流入の問題がスイス社会で顕在化すると，外国人問題の論点は次第に数から質の問題へと移行した。スイス市民として適切かどうかやスイス社会に同化できるかどうかが問題となった。つまり外国人を政治的ネイションとして統合しようとする流れは，エスニック・文化的ネイションの登場によって途絶えたのである。

　このような背景のなか，それまでカントンの管轄であった外国人問題は連邦レベルで取り組む課題であると認識されるようになった。1917年に総合的な国境警察の管理および外国人の管理を目的とした外国人警察連邦統括局が創設され，戦後はそれが連邦外国人警察（連邦司法・警察省の下部組織）に改組され，外国人の管理に連邦が積極的に関与するようになった。この頃には「外国人過多」が外国人政策の支配的な概念となった。また，1925年に外国人の入出国，滞在，定住に関する法律を公布する権限が連邦に与えられ，さらに外国人に関するカントンの決定に連邦が介入することが可能になった。1931年に「外国人の滞在と定住に関する連邦法（ANAG）」が制定された（2005年に「外国人に関する連邦法（AuG）」という新法に改正された）。当時，スイスには移民・難民に関する法律が別途制定されなかったため，この連邦法により移民・難民を含む全ての外国人が取り扱われた。これに基づいて20世紀前半，特に第2次世界大戦中は，スイスは「経由国」という立場を維持し，制限的な移民・難民政策を行った。特に，ユダヤ人に対しては厳しい政策を行い，スイスはユダヤ人を終戦間近まで「政治亡命者」とは認めず，彼らの入国を拒否したのである。

　1955年，スイスは国連の難民条約を批准し，それ以降，国連の割り当てに従って，多くの難民を受け入れてきた。それと並行して，1960年代，1970年代には直接スイスに難民申請をする難民（特に東ヨーロッパや南米）を受け入れ，その数は年々増加した。このような状況下で，ようやく1979年に難民（庇護）法が制定された（施行は1981年）。その後，難民法は部分改正が頻繁に行われ，そのたびに難民受け入れに厳格な規定が加え

られ，それに国民は賛成してきた。その背景には難民申請者の急増があった。1998年に難民法が全面改訂され，難民認定の厳格化を目的とした新しい「難民（庇護）法（AsylG）」が制定され（施行は1999年），難民認定はますます厳しくなっていった。

　1990年代後半以降，SVPによって難民流入や外国人の割合に制限を設けるためのイニシアティブが頻繁に起こされるようになった。1996年には「不法移民に反対するイニシアティブ」によって不法入国した移民・難民申請者に対して厳しい措置を規定する連邦憲法改正の是非が問われた。これは53.7％の国民が反対して否決されたが，反対と賛成の票差がそれほど大きくないことは注目に値する。2002年にSVPは「難民の権利の不正行使に反対するイニシアティブ」を提起した。このイニシアティブは安全な第3国を経由してスイスに入国する難民の申請の受付拒否を要求したものだった。このイニシアティブは否決されたものの，49.9％の賛成という僅差であった。

　近年中東やアフリカの政治不安を背景に，スイスへの難民申請件数が増加している。特に2015年は前年の約1.7倍の3万9,523件であった。このような状況の下，スイスでは難民申請の審議を迅速に行いそれにかかる費用を抑えることが喫緊の課題となっている。そのため，難民申請手続きの迅速化と経費削減を主目的とした難民法の改正案が提示され，2016年の国民投票で66.8％の賛成によって可決された。これはこれまで厳格化の一途を辿っていたスイスの難民政策が難民申請の簡素化へ舵を切った画期的な改正といえるだろう。新たな難民制度では，全国5カ所に設置された政府直轄の難民センター（EVZ）で難民申請をし，ここで申請内容の簡単な審査が行われる。スイスでの難民申請が可能かそれともダブリン規定（難民申請は最初に到着したダブリン協定加盟国でのみ可能）に違反していないかなどについて判断が下される。難民申請を許可された申請者は各カントンに振り分けられ，難民申請の可否を待つことになる。難民申請が認定されれば，割り当てられたカントンで統合プログラムを受け，求職活動などを始めることができる。2019年には，さらなる難民認定の迅速化を目的に難民申請制度の変更が予定されている。

　それでは難民以外の移民に対して，第2次世界大戦後のスイスはどのように対応してきたか見てみたい。当初，スイスの移民政策は外国人労働者政策だった。外国人労働者は労働力として一時的な滞在は歓迎されたが，定住は望まれなかった。労働契約が改定され長期滞在や家族のよび寄せが可能になると，スイス社会は外国人の増加によって「スイス的価値や独自性」が失われることを危惧し，移民の制限を求める「外国人過多＝イニシアティブ」が複数提起された。特に，1970年のスイス民主主義者（SD）の前身組織である「ナショナルな行動（NA）」のジェームス・シュヴァルツェンバッハ（James Schwarzenbach）が提起したいわゆる「シュヴァルツェンバッハ＝イニシアティブ」は外国人の割合を10％に抑えることを要求し，これに従えば30万人以上の外国人がスイスを去らなければならなかった。投票の結果，カントン票は7票（6カントンと2準カントン）だったが国民の賛成は46％に達した。イニシアティブは否決されたものの，

この結果を受け，政府は経済界の要求である労働力の確保と「スイスの独自性が失われる」という社会不安とを調和させるという難題に取り組む必要に迫られた。そこで政府は外国人労働者を短期的な滞在者ではなく，スイス社会の構成員であると認識を改め，政府による移民の統合と帰化の促進のための外国人問題協議委員会を設立した。

その後も，1974年，1977年，1988年に移民制限を求めるイニシアティブが提起されているが，いずれも賛成率35％以下で否決されている。1965年から1990年までに移民制限を求めるイニシアティブが否決されたものの8回も提起された。つまりスイスの社会全体ではないが，一部に移民の存在を快く思わない集団が常に存在していたことになる。

EU との間で締結した2国間協定により EU 出身の外国人のうちスイス企業と有効な雇用契約を結んだ者，自営業者，生活費を賄える資産がある者がスイスに居住することが可能になった。これによりスイスに EU 出身の外国人が急増し，2001年スイスに住む外国人は約145万人だったが，2017年末には210万人を超え，人口の約25％を占めるようになった。EU 加盟国のイタリア（14.9％），ドイツ（14.3％），ポルトガル（12.5％），フランス（6.2％）が4大出身国で，全体の8割強がヨーロッパの出身者である（連邦統計局）。また，地域によって外国人の割合に大きな差があり，スイス西部のフランス語圏で外国人の比率が最も高く，中央スイスではその割合は格段に低くなっている。

このような外国人の増加による住宅不足や住宅価格の高騰，交通機関の混雑や交通渋滞が問題視されるようになった。2012年，SVP はこれらの問題に加えて，外国人犯罪の増加も理由の1つとして，外国人の移民を制限するための「大量移民反対イニシアティブ」を提起した。具体的には，年間の労働許可や滞在許可件数に制限を設け，外国人の移住制限を目的にしたものであった。外国人の移住制限は，EU との協定に反するため，賢明な有権者は提案を否決するだろうと考えていた政府の予想に反して，2014年の国民投票で50.3％の賛成という僅差（カントン票は14.5票）ではあったが可決された。

5　展　望——外国人問題と EU との協調

スイスの外国人の割合が高い理由の1つが，帰化申請の手続きが複雑で時間がかかることがあげられる。通常スイスで帰化申請をする場合，スイス滞在年数が10年を超えていなければならない（スイス人と婚姻関係がある場合と20歳以下を除く）。最初に，申請は連邦移民局によって形式的審査が行われ，その後，居住しているカントンや市町村が詳細な審査を行う。カントンや市町村によって手数料や帰化条件も異なっている。最終的な決定は居住する市町村が行うが，帰化を管轄する委員会が判断する場合もあれば，住民投票にかける場合もある。ある自治体では申請が滞りなく進み短期間で認可されるが，一方で数年かかっても審議が終わらないケースもある。このように，スイス市民権（国籍）が国，カントン，市町村の3層構造になって，帰化のプロセスが非常に複雑でわかりにくくなっている。これを反映しているのが帰化認可の件数である。2015年の統

計によると外国人の62％（約130万人）が帰化申請に必要な年数を超えてスイスに滞在している。これに対して，2017年の帰化件数は約4万5,000件である。

　スイスの有権者はスイス市民権を持つ18歳以上の男女と定められていて，外国人には連邦レベルと一部を除きカントンおよび自治体レベルの投票・選挙権がない。長期にわたりスイスに滞在する外国人がスイス市民権を持たないことの一番の問題は，彼らが一部の自治体を除いて政治参加の機会がないことである。人口の4分の1を占めるスイス住民が直接民主主義のスイスにおいて自分たちの政治的意向を反映させる場がないことは大きな問題である。

　中立国スイスにとって，今後EUの要求にどのように答えていくのか，EUとの関係をどのように築いてゆくのか，また外国人の参政権の問題，経済界からの要求である外国人の人材確保と国内の外国人増加に対する不満をどのように解決するのかが大きな政治課題となっている。つまりグローバル化と国民国家の枠組みの維持の問題にスイスがどのように取り組んでいくか今後も注目する必要がある。

参考文献

踊共二『図説スイスの歴史』河出書房新社，2011年。

クリストフ・ビュヒ／片山淳子訳『もう一つのスイス史──独語圏・仏語圏の間の深い溝』刀水書房，2012年。

黒澤隆文編訳『中立国スイスとナチズム──第二次大戦と歴史認識』京都大学学術出版会，2010年。

スイス文学研究会編『スイスを知るための60章』明石書店，2014年。

森田安一『スイス──歴史から現代へ（三補版）』刀水書房，1994年。

森田安一・踊共二編『ヨーロッパ読本──スイス』河出書房新書，2007年。

Blaser, Andreas, Kernen, Urs, Moser-Léchot, Daniel V., *Die Schweiz verstehen*, Bern, Hep Verlag, 2017.

Ebnöther, Christoph, *Leitfaden durch das politische System der Schweiz*, Zürich, Örell Füssli, 2017.

Golay, Vincent, *Schweiz in Sicht : Demokratie-Politik-Institutionen*, Zürich, Lehrmittelverlag Zürich, 2006.

Schweizerische Bundeskanzlei (Hrsg.), *Der Bund kurz erklärt 2018*, 2018.

Vuilleumier, Marc, „Schweiz", Bade, Klaus J., Emmer Pieter C., Lucassen, Leo/Oltmer, Jochen (Hrsg.), *Enzyklopädie Migration in Europa vom 17. Jahrhundert bis zur Gegenwart*, München, Wilhelm Fink, 2007, S. 189-204.

Geschichte der Sozialen Sicherheit (https://www.geschichtedersozialensicherheit.ch).

Historisches Lexikon der Schweiz (HLS) (www.hls-dhs-dss.ch).

読書案内

スイス文学研究会編『スイスを知るための60章』明石書店，2014年。
　＊スイスの政治・社会・文化について最新の情報をもとに網羅的にわかりやすく書かれた良書。本書では取り扱わない文化的側面の知識も得ることができる。
國松孝次『スイス探訪――したたかなスイス人のしなやかな生き方』角川書店　2003年。
　＊強固な共同体意識を根底に持つスイスの学術書では知りえない実体，特徴，精神をスイス大使の経験から明快な文章で紹介するエッセイ集。

映画案内

『ハイジ――アルプスの物語』（アラン・グスポーナ監督，2017年）。
　＊スイスの児童文学作家ヨハンナ・シュピーリ原作。19世紀後半スイスのアルプスの麓での生活と都会の生活および生活に密着した自然観と宗教観を知ることができる。

（穐山洋子）

第6章
オーストリア

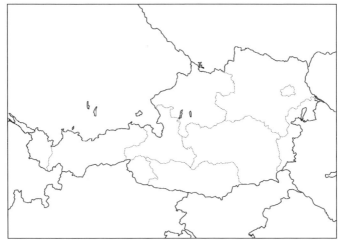

正式国名：オーストリア共和国，面 積：8万2,409km^2，人 口：880万人（Statistik Austria 2017），首 都：ウィーン，188万人（Statistik Austria 2017），主要構成民族：ドイツ語系（95％），少数民族（クロアチア人，ハンガリー人，スロヴェニア人，チェコ人，スロヴァキア人，ロマ）（1％）（Statistik Austria 2001），公用語：ドイツ語，宗 教：カトリック64％，プロテスタント5％，正教5％，イスラーム教8％，その他2％，無宗教17％（Österreichischer Integrationsfonds（ÖIF）2016），通 貨：ユーロ，名目GDP：4,173億米ドル（IMF World Economic Outlook Database 2017），1人当たりGDP：4万7,347米ドル（IMF World Economic Outlook Database 2017）

───── まぎらわしい名前の「ドイツ的」起源 ─────

　「オーストリア」と思っていても，知らず知らずのうちに「オーストラリア」と書いたり，思わず「オーストラリア」といってしまったり，という経験をお持ちの方も多いのではないだろうか。ウィーンやザルツブルクなどの都市の存在もあり，風光明媚な観光国としての知名度も高いと思われる，にもかかわらず，である。両国の名前の混同を避けるため，2006年には在日オーストリア大使館が同国の日本語表記を「オーストリー」と変更する案を出したこともあった。両国の名前を取り違えるといった事態はおそらく日本以外でもあると思われ，当のオーストリアでもこの状況は認識されている。オーストリアの観光客向けの店では，「No Kangaroos in Austria」との文字とともに，カンガルーの飛び出しに注意を喚起する黄色い菱形の道路標識のプリントが施されたTシャツやマグカップなどが土産物として販売されており，この状況をあえて「ネタ」にしている様子が窺える。

　もっともオーストリア国内で両国が混同されることはなく，それというのもオーストリアの公用語は「ドイツ語」であり，「ドイツ語」での正式名称は Republik Österreich（レプブリーク・エスターライヒ）であって，Australien（アウストラーリエン）との違いがはっきりしているからである。この「エスターライヒ」という呼称は，現在のオーストリアの一部を占めるオスタリキ（Ostarrichi）という辺境伯領の名称に由来し，文書で確認できる最古の記録である996年はオーストリア建国の年ともなっている。そしてラテン語および英語のオーストリア（Austria）という呼称も，このオスタリキにもある「東の」という古高ドイツ語の ostar から作られたラテン語の austar に由来し，国名・地名を表す語尾 -ia を合わせたものという。

　オーストリアというカタカナでの名称は，確かにオーストラリアとの関係で「紛らわしさ」があるけれども，その名称にも同国がヨーロッパの「東」に位置し，さらに「ドイツ語圏」の国であるルーツが窺える。そしてこのルーツはオーストリアの特性を形作る上でも大きく関わっている。そこで，以下ではまず歴史的経緯から政治の概要に話を進めたい。

1　オーストリア政治の伝統と変化

バーベンベルク家の支配からハプスブルク家の支配へ

　オーストリアの歴史としてどの時点を起点とするかは歴史観によると思われるが，「エスターライヒ」という国名との関連からすれば，8世紀末にカロリング朝が東方辺境伯領を設置した時代に遡ることができるだろう。現在オストマルクと呼称される東方辺境伯領は，やがてオーストリア辺境伯領となり，バーベンベルク家支配のもと勢力を拡張しながらオーストリア公国の時代を経て，13世紀半ばからはハプスブルク家の支配下に置かれた。ハプスブルク家のルドルフ4世は14世紀半ばには「オーストリア大公」

を名乗り，オーストリアは大公国となった。オーストリアはバイエルンやチェコ（ボヘミア），そしてハンガリーとの軍事・外交関係のなかでその歴史を刻む一方，ハプスブルク家が15世紀半ばより神聖ローマ帝国の皇帝位を世襲としたことにより「ドイツ」全体に，そしてハンガリーなど神聖ローマ帝国外の領域を継承することでヨーロッパ大の問題に関わっていくこととなった。

16世紀，カール5世のもとでハプスブルク家の統治する領域は世界大となるも，その統治領域はスペイン系とオーストリア系に分けられ，後者は中欧の大国として，フランスとオスマン帝国双方との角逐を繰り返し，18世紀以降はプロイセンの台頭とともに「ドイツ圏」の覇権を争うことになる。このなかで，ハプスブルク家の家領の統合も進められていき，18世紀初頭にはカール6世によって国事詔書（プラグマティッシェ・ザンクチオーン）が発せられ，ハプスブルク家の家領の一体性が確認され，その後マリア＝テレジア，ヨーゼフ2世の時代にも中央集権化が進められた。

神聖ローマ帝国の消滅とオーストリア

しかしその後，ナポレオン戦争における敗北と神聖ローマ帝国の終焉により，ハプスブルク家はオーストリア皇帝を名乗るようになり，オーストリア帝国が成立することになった。また神聖ローマ帝国の崩壊は「ドイツ圏」の他の領邦に対しても影響を与え，聖俗の夥しい領邦と都市群は約40の領邦と自由都市に整理され，これらの領邦によって「ドイツ連邦（Deutscher Bund）」が形成された。オーストリアとプロイセンの二元主義を特徴とする「ドイツ圏」のあり方は，1866年の普墺戦争での敗北によってオーストリアが「ドイツ問題」から排除されたことにより，やがてプロイセンによるドイツ統一に帰着した。一方で，オーストリアは1867年にハンガリーとの和解（アウスグライヒ）を通じて，オーストリア＝ハンガリー二重帝国となり，軍事・外交・財政を共通とする以外はそれぞれの自治に委ねられるという国制へと変化した。また「ドイツ圏」から排除されたオーストリアは，中欧の多民族国家としての道を歩むことになった。しかし諸民族の間では対立が生じ，自治・独立志向を抱く者が生じる一方，ドイツ語系住民の間にも他の民族を脅威と感じ，帝国を解体しドイツとの統合を主張する民族主義派が誕生した。こうした背景には，ライタ川以西の地域を中心とするオーストリアがその正式名称を「帝国議会において代表される諸王国および諸邦」としていたように，諸領邦の集合体に過ぎなかったという点もある。もっとも，諸君主の連邦であったドイツ帝国と比べた場合，同君連合である「オーストリア」のほうが集権度は高く，全体的な意識を育む契機もあったといえる。実際，帝国の存続のために，さまざまな改編案が保守主義者からも社会主義者からも提示されており，この点で多民族国家オーストリアというアイデンティティも存在していたといえる。

第1次世界大戦と帝国の消滅

ボスニア=ヘルツェゴヴィナでのオーストリア皇位継承者夫妻暗殺を発端とするオーストリアとセルビアとの局地戦は、すぐさまヨーロッパに広がり、やがて世界を巻き込み、第1次世界大戦となった。ドイツなどと異なり、オーストリアでは「城内平和はなかった」とされ、国内のスラヴ系住民などの処遇をめぐる不信など、総力戦のなかで「共通の敵」を見出す難しさがあった。戦争末期、帝国からの離反を求める動きが、民族自決というスローガンと結びつき、1918年10月に相次ぐ独立宣言を受けてオーストリアは事実上解体することになった。

多民族国家から「ドイツ人」の国家へ

この各民族の独立宣言に対して、ドイツ語系民族も自決権の行使として旧帝国のドイツ語系住民が居住している地域を束ね「ドイツ系オーストリア」の独立を宣言し、さらにドイツとの「合邦」へ向けた動きを加速させた。国内にはかつての諸民族との「ドナウ連邦」形成を望む声もあったが、大勢としてはドイツとの合邦が支持されていた。その背景には民族上のシンパシーだけでなく、大国から小国へと国家が激変したことへの衝撃があった。しかしこのプランは連合国の反対に遭い、ヴェルサイユ条約ならびにサンジェルマン条約で禁止されることになった。さらに条約の結果、オーストリアはズデーテン地方や南ティロール地方などを割譲することになり、その国名も「オーストリア共和国」となった（第1共和国）。大戦間期のオーストリアは、その成立経緯から旧帝国のドイツ語系住民を代表する「ドイツ人の国家」として出発したが、合邦が禁止されることで、ドイツとは別個の国としても道を歩むことになった。この「ドイツ人の国でありながらドイツとは別個の存在である」という点は、大戦間期から第2次大戦以後に至るまで、オーストリアにアイデンティティをめぐる問題を提起し続けることになる。

オーストリアの政体

オーストリアの国民意識問題と同様に、その政治体制・システムにも歴史的経緯が影響を与えている。それは行政府と立法府の建物にも窺えるものであり、帝政期に王宮と帝国議事堂が直線して300mほどの距離で向かい合って建っていた往時と変わっていない。現在でも、かつての王宮（ホーフブルク）の一部が大統領府の建物として使用され、向かい側に首相官邸が位置し、双方の建物はバルハウス広場（プラッツ）を挟んで最短では50mもない程の近距離にある。この「バルハウスプラッツ」という名称はオーストリア政府や官邸の比喩ともなっており、行政府の象徴である。ここから西に300m程度ほどのところに立法府である国会議事堂がある。19世紀末に建築されたこの議事堂は、環状通り（リンクシュトラーセ）に面しており、民主主義のルーツとして古代ギリシャの神殿を模した外観でウィーンの見どころの1つとなっている。

帝政期にもルーツを持つオーストリアの政治システムであるが、現在のそれは基本的

に，共和制となった以降の1920年の憲法ならびにこれを改正した1929年憲法に基づいている。1929年憲法は，権威主義体制下の1934年には廃止され，1938年以降はナチ・ドイツの一部となっていたので，第2次大戦後に第1共和国の憲法を復活させて現在に至っている。

この憲法に基づいて，オーストリアは9つの州からなる連邦共和国であり，政体は半大統領制となっている。大統領には連邦政府の任命・罷免など強大な権限が与えられているが，これは戦前の第1共和国期のイデオロギー対立を背景とした議会運営の難しさに対して，強大な執行権力を持った元首を創出しようとしたという経緯を有している。しかし現行憲法下で大統領が実際にこうした権限を行使することはなく，「制度化された慣習」として大統領は権限を抑制し，名誉職のような存在となっている。その結果，政治上の権限は連邦首相がこれを担うこととなっており，実質上は「議院内閣制」のようになっている。

立法府の構成は二院制となっており，国民議会に183議席，州の代表から形成される連邦参議院に61議席が割り当てられている。国民議会には立法権に関して大きな権限が与えられており，日本の衆議院のように優位が認められる。

選挙制度についてみると，国民議会は比例代表制による直接選挙で，選挙権は16歳から付与され，議員の任期は5年となっており，一方の連邦参議院は州議会ならびにウィーン市議会から選出されている。ちなみに地方政治では，これらの州議会の他に市町村議会(ゲマインデ)もあり，その議員総数は日本の国と地方の議員総数と拮抗するほどであり，人口約880万人のオーストリアがいかに多くの議員を抱えているかを示している。

政党と「陣営」構造

比例代表制は非拘束名簿方式で行われ，国民は政党を選ぶことになる。オーストリアの政治地図を語る際に，しばしば使われてきた用語が「陣営(ラーガー)」である。軍事的な色彩を帯びるこの用語は，戦前の第1共和国の様子を描くために用いられたものであり，政治的イデオロギーだけでなく世界観の違いによって，オーストリアの住民が3つのグループに分かれて対峙したことを示した。第1共和国では，保守派はキリスト教社会党，社会主義派は社会党，そしてドイツ民族主義諸派は大ドイツ民族党や農村同盟，とそれぞれが帝政期にルーツを有する政党を中心に3つの陣営を形成した。これらの陣営は，第2共和国においても存続し，戦後まもない時期において，保守派は旧キリスト教社会党を中心としたオーストリア人民党（Österreichische Volkspartei）を，社会主義派はオーストリア社会民主党を支持政党とした。民族主義派はかつてのドイツ民族主義派や旧ナチスを含む「独立者同盟（VdU）」を形成したが，そこからオーストリア自由党（Freiheitliche Partei Österreichs）が成立した。

連合政治とコンセンサス型民主主義

第1共和国下では陣営対立の激しさが議会運営の停滞はおろか，2度の内戦をも引き

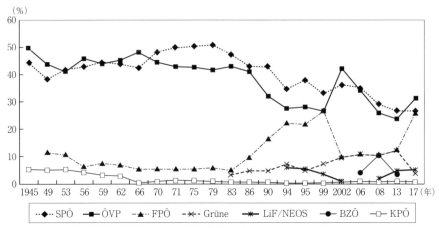

図 6-1　国民議会選挙得票率の推移

起こすほどであった。戦後はこの左右対立への反省から，人民党と社会党の両陣営間の協調と和解が模索され，そのあり方は「協調民主主義」や「コンセンサス型民主主義」などとよばれた。民主主義がその政治的あり方として，少数者ではなく多数者の意見に従うのは必然であるが，どのようにして多数派を形成するのか，また少数者の意見をどのように取り扱うのかという点は民主主義が実践される文脈によって異なっている。この点について，戦後のオーストリアでは，政権運営としては左右両陣営（第一党と第二党）からなる「大連立政府」の樹立や，政治や社会におけるポスト（パイ）の配分に関する得票に応じた比例配分（プロポルツ）という形に現れた。

　こうした特徴を歴史的に振り返ると，戦後まもない時期には人民党，社会党，共産党の連立政権がつくられ，1949年から1966年までは人民党と社会党の大連立政府が形成された。1960年代末には人民党の，1970年代には社会党の単独政権時代，1983年から1986年までは社会党と自由党（第三党）の小連立時代があったが，1986年から1999年までは再び人民党と社民党（1990年代に社会党から名称変更）の大連立政権時代であった。こうして戦後から1990年代に至るまでの大半は，人民党と社民党の大連立政権による統治であり，2006年から2017年までも両政党による大連立が組まれており，連合政治はオーストリア政治の特徴を成しているともいえる。

陣営構造の揺らぎ

　しかしこうした議会政治の「伝統」にも，変化の姿を見て取ることができる。1980年代以降になると，社会・産業構造やイデオロギーの変化を背景に，新たな都市中間層の増大や，「緑の党」といった新たな政党の登場などもあり，政治地図をかつての3陣営で語りつくすことが難しくなった。さらには1990年代末より，「浮動票」の存在が選挙

においてますます大きな意味合いを占めるようになっている。これは人民党と社民党，双方における固定支持層の減少とも軌を一にしており，その結果，選挙ごとに大きな票の移動による得票率の変化が生じたり，既成政党以外の新党による議席獲得に通じたり，といった現象が生じている。戦後長らく人民党と社民党は両党合わせて8割以上の得票率を有しており，これは組織票によるところが大きかった。

しかし近年になると，両党合わせての得票率は5割程度と，「既成政党」離れが確認できる。また連立の形成パターンにも変化が生じている。1999年から2006年まで，そして2017年からの人民党と自由党の「右派ブロック」による連立内閣は，第二党と第三党（1999～2006年），第一党と第三党（2017年以降）による連立であり，第一党と第二党ではない政党間の連立形成も，左右の陣営ではなく，右派のみによる合意形成という点でも，オーストリア政治の「伝統」とは異なっている。左右両「陣営」の「コンセンサス」を特徴とした政治という「伝統」だけでなく，浮動票の獲得によって党勢を伸張させ，イデオロギー的な近さによって「多数派」を形成する政治が2000年代に現れており，この意味において，オーストリア政治も日本の政治のあり方と類似する点があるといえるかもしれない。

2　転換期の社会パートナーシップ

オーストリアらしさ

かつてオーストリアでの接客を揶揄して「東欧諸国以上に東欧的」とするような言い方があった。これは西側の一員であったオーストリアが，地理的にむしろ東欧に近いだけでなく，その経済姿勢も国営企業が多く，社会主義のようなサービス概念の欠如している様子を指摘したものだった。現在のオーストリアでは，民営化も進み，また営業に関する規制も緩和されている。オーストリアの店舗は年々「便利」になり，営業時間も拡大し，大型店舗やファストフード店が増え，ショッピングモールができるなど日本と変わらなくなってきているところもある。その意味でオーストリアは「普通」になってきているが，店員の対応には「相変わらず」なところもある。

オーストリアでは入店する際に基本的に客側が挨拶をし，レジなどで「つっけんどん」な応対をされることもある。日本では「お客様は神様」という三波春夫の言葉よろしく，例えばコンビニエンスストアに入店する際に店員からの挨拶はあるが客がこれに応じることはほとんどないだろう。オーストリアでは平日は20時まで，土曜日は夕方まで，日曜日は休みということが多いが，日本ではスーパーマーケットが土日や深夜の営業をすることも珍しくない。またスーパーマーケットの商品搬入1つをとっても，オーストリアでは昼間や夕刻など来店者の多い時間帯でも行われているのに対して，日本の場合，開店時を避けるか，夜間などの来客ピークを避けた時間帯に行われる向きがある。

社会パートナーシップ

　日墺の間には接客など日常的に触れる部分でも違いがあるが，そもそも両国間には人口や国土による市場規模の差だけでなく，経済システム上の相違が存在している。オーストリアの経済システム上の特徴としては，しばしば「社会パートナーシップ」として知られる労使協調路線が指摘される。これは1957年に「賃金・物価問題同権委員会」が設置されたことに始まり，雇用者側の利益団体，被雇用者側の利益団体，そして国家という3者間の協議・交渉を通じて経済の安定を図る仕組みである。雇用者側の利益団体として，労働者会議所，経済会議所，農業会議所があり，これらは加盟が義務づけられている。これらの会議所にはそれぞれに主要政党に対応した会派(フラクチオン)があるが，わけても「二大」政党は圧倒的優位を占める会議所を有し，労働会議所では社民党の社会民主労働組合員会派が，経済会議所では人民党の経済同盟が，農業会議所では人民党の農民同盟が優位を占めている。一方，被雇用者の利益団体には，任意加盟である「オーストリア労働組合総同盟」があり，民間企業被雇用者組合や公務員労働組合など7つの労働組合支部から構成されている。この労働組合総同盟でも社民党の社会民主労働組合員会派が伝統的に優位であり，1945年の創設以来，会長は一貫して同会派から選出されている。

　こうした利益団体と国家とのパートナーシップは，1980年代まで所得政策や経済政策，そしてとりわけ福祉政策において成果を残してきた。例えば1970年代半ばから1980年までは，他のOECD加盟国における失業率が徐々に上昇し，1980年には平均6％となったのに対して，オーストリアでは2％と「完全雇用」を実現し，労働市場をコントロールしていた。しかしながらこうした状況も終焉を迎え，このことは社会保障上の問題を生み出す一方で，社会パートナーシップの仕組みそれ自体は存続していることで，その制度への批判も生み出している。

福祉政策

　ところでオーストリアの福祉政策は，エスピン＝アンデルセンの類型によれば保守主義レジームに該当し，社会保険への入り口は就業と婚姻であり，正規雇用の男性とその扶養家族が基本単位となっている。1980年代に至るまでは経済成長や「完全雇用」の実現によって福祉政策が抱える貧困化や性差の問題といったそのシステムが抱える構造的問題は覆い隠されていた。

　しかし1980年代になると，経済成長率が鈍化する一方で，高齢化が進行するとともに失業率は常時5％から7％にまで拡大することになった。また労働市場も変化しており，フルタイムでパーマネントの就労形態の割合が漸減する一方，これとは異なる，パートタイム労働や代理・契約社員といった就労形態が増大することになった。女性の労働者のかなりの数がパートタイム労働に従事していることに鑑みれば，従来の男性正規雇用者を中心とした社会保険のあり方にも変更が求められるところである。だが2000年代初頭に人民党と自由党によって進められた福祉改革により，国家による社会保障というあ

り方から個人原理への転換を通じて，結果，伝統的な家族像に基づく社会政策が強化されているという指摘がある。国家が手を引くことで，例えば女性たちによる世話などが増えるということである。また社会保障の給付についても，自らの分担給付金と給付水準の等価原則のため，貧しい者は窮乏化していくリスクを抱えることになる。低水準で非継続的な所得しかないような者はこうした危険にさらされており，年金受給者のうちとりわけ長期の失業中の扶養者を抱える世帯や，パートタイム労働に従事しつつ単身で子どもを養育する女性，そして非パーマネントな就労者などは，高齢化と就労形態の変化が進むなかで，困窮していくリスクを背負うことが懸念される。

　社会パートナーシップは雇用されている者の利害を代表するため，利益団体に組み込まれない人々をなおざりにする傾向がある，との指摘もある。そうした人々には，前述のような「非勤労者」だけでなく，会議所を代表できない「二大」政党の会派以外の者も含まれよう。国政選挙で人民党と社民党の得票率が低下するなか，この仕組みでは両既成政党が「過剰に」特定の利益団体の利害を代表することになる。社会パートナーシップにおける「排除」の問題はすでに1980年代から指摘されてきた。人民党と社民党の党員数が減少を続けるにもかかわらず，こうした利益団体での優位性は継続している一方で，かつてのような経済的安定を提供することは確実ではない。また会派はかつてのイデオロギー的な左右軸だけでなく，さまざまな利益を含んでおり，利益集団内の調整も困難となる。さらには政党間競争が激しくなれば，利益集団間の調整が従来のようにいくとは考えにくい。こうしたなかでオーストリアの政治経済を特徴づける社会パートナーシップはどのようになるのだろうか。この点は政治システムの変化と併せて注目すべき問題となっている。

3　移民・外国人の社会統合と政治参加問題

オーストリアと非ドイツ語系住民

　オーストリアが観光地として人気を博している理由には自然や建築物の美しさ，クラシック音楽や絵画などの文化の高さがあると思われるが，これらが「ヨーロッパらしい」空間を演出していることが観光客を魅了していることは間違いない。しかし実際にオーストリアを訪れてみると，とりわけウィーンにおいては，働く人々や食事に見られるように，多くのエスニック的要素があふれている。ケバブの軽食スタンドはすでに「市民権」を得て久しく，ピザやソーセージだけでなく，中華風の焼きそばや寿司のスタンドもしばしば目にする販売風景である。

　オーストリアがドイツ語圏の国であることは冒頭で触れたが，ヨーロッパの「東」に位置することで，同国は同時にさまざまな非ドイツ語系民族が住む国でもある。これには多民族国家であった帝政期から領域内に住んでいた人々や，第1次大戦後に割譲やロシア革命といった政治的混乱から領域内に移住した者，さらには第2次大戦後にも東欧

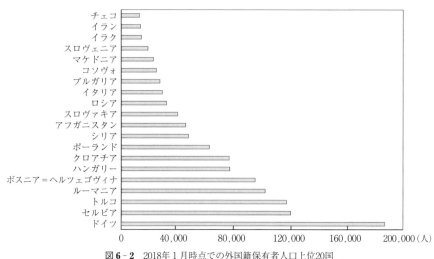

図 6-2 2018年1月時点での外国籍保有者人口上位20国

出典：Migration und Integration 2018 (Statistik Austria).

からの政治難民が含まれる。このうち，ケルンテン州南部のスロヴェニア系住民などは少数民族としての権利が保障され，例えば地名道路標示についてドイツ語と併せてスロヴェニア語での二言語表記が実施されている。その他，オーストリア内における「土着の」少数民族（Volksgruppen）として法的に承認されているのは，クロアチア人，ハンガリー人，チェコ人，スロヴァキア人，ロマであるが，全人口に占める割合は2001年の段階では1％と非常に少ない。

移民・外国人の存在

こうした少数民族とは別に，オーストリアで生活する者も外国人も存在し，そのなかには移民や外国人労働者，庇護申請者として暮らす者もいる。また移民の背景を持つオーストリア人もまた生活している。オーストリアでは1960年代にスペイン，トルコ，ユーゴスラヴィアと外国人労働力の協定（ガストアルバイター）を結んでおり，そうした経緯もあってかトルコ系の移民が多い。オーストリアは帝政期にボスニア＝ヘルツェゴヴィナを併合し，その時よりイスラーム系住民との関係が始まっているが，多くのイスラーム系住民を抱えるようになったのは第2次大戦後にトルコ系移民が移り住むようになってからである。2018年現在，オーストリアにおいてトルコ系住民以上に大きなグループは旧ユーゴスラヴィアから移住した人々であり，これは1990年代の内戦時に避難した人々をも含んでいるが，現在の国籍でみるとセルビア系が最大のグループを形成している。これらの人々に次ぐのが中東・アジアの移民であり，1980年代末以降に中東欧からやってきた移民らとともに「ニューカマー」のグループを形成しており，例えばフィリピンやアジア諸国

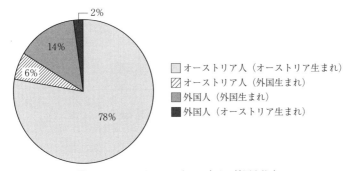

図 6 - 3 オーストリアの人口に占める外国人比率
出典：Statistik Austria（2018）．

から看護師として技能を持ち移住した者もいる。これらのニューカマーはトルコ系や旧ユーゴスラヴィア系といった「オールドカマー」よりも同じ職種を低賃金で請け負うことが多く，そのため競合する「オールドカマー」の貧窮化を指摘する声もある。

移民の社会統合問題

現在のオーストリアの人口約880万人のうち，2018年1月の状態で外国籍保有者の割合はおよそ16％にのぼり，そのおよそ半数がEU以外の出身者となっている。

また最も非オーストリア国籍者を抱えるウィーンの場合，総人口約188万人のうち，実に3人に1人は外国籍保有者であり，6割以上はEU以外の出身者である。こうした多くの移民・外国人を「社会統合」することは，移民・外国人にとっても，また受け入れ側にとっても，円滑な社会生活を送る上で非常に重要になってくる。オーストリアでは2003年から「同化協定」が実施されており，滞在ビザを取得するために，移民に対してドイツ語講習と統合コースの履修，さらには欧州共通語学レベルで「A2レベル」のドイツ語検定資格に合格することが求められるようになっている。またこれによって滞在ビザを取得し，さらに永住という場合には帰化という選択肢がある。オーストリアの国籍法は基本的に血統主義であるが，移民の第2世代，第3世代の帰化を容易にするような出生地主義的要素も1990年代末に取り入れられるようになった。とはいえ，オーストリアの帰化基準は国際的に見て厳しいとされ，6年，10年，15年，30年と申請者の資格に応じた滞在期間や，生計証明，またオーストリア人としての「素養」に関する試験を受けなければならないなど，クリアすべきハードルは多く，国際的に見て帰化する人も少ないとみなされている。

移民・外国人と政治参加

このように非オーストリア国籍者が社会のなかに多数存在することは，さらに政治参

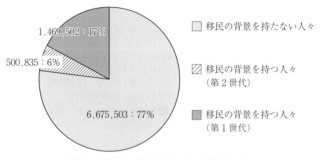

図 6-4 移民の背景を持つ人々（単位：人）
出所：Migration und Integration 2018 (Statistik Austria).

加の観点でも問題を提起している。移民問題を考える際には，総人口に占める割合や絶対数も重要であるが，どの地域に集住しているか，という点もまた重要である。この観点は〈ゲットー化〉といった居住環境にまつわる問題だけではなく，住民自治にも関わる問題ともなる。オーストリアでは外国人の国政参政権は認められていないが，地方参政権はEU市民については相互主義に基づき市町村(ゲマインデ)レベルで認められている（ただしウィーンについては同時に州の機能を有しており，州議会から連邦参議院への議員が選出されることが国政参与となるため，区(ベツィルク)レベルのみとなっている）。しかし非EU圏の住民についてはこうした地方参政権が認められていないため，政治的決定からは排除されることになる。参政権を得るためには帰化する必要があるが，これには時間を要するため多くの非EU圏出身者は長らく政治的意思決定プロセスから遠ざけられたままとなる可能性がある。ウィーン全23区ではおしなべて区住民の20％以上が外国生まれの住民であり，その数が4割以上になる区も7つあり，さらに非EU圏出身者の割合が4割以上となっている区も存在している。こうした点に鑑みれば，ウィーンの各区の政治について「民主主義の赤字」が指摘されるかもしれない。

　一方で，帰化が困難とはいえ，帰化した市民の数は着実に増えており（図6-4），2014年時点で「移民の背景を持つ市民」約163万人のうち，オーストリア国籍取得者は67万人，そのうち国政選挙権のある16歳以上の数は54万人となり，有権者に占める割合も非常に高くなってきている。ウィーンの有権者が約115万であることを思えば，こうした「移民の背景を持つ市民」が選挙戦上に占める重要性はいや増してこよう。現在のところ，こうした有権者の多くは社民党を支持する傾向が強いことが知られているが，セルビア系の背景を有する有権者は自由党を支持する傾向も有し，自由党でもこうした住民を意識した選挙運動を展開している。自由党といえば移民排斥というイメージがつきまとうけれども，こうした動きには「移民と国民」という単純な二分法ではなく，移民が社会の一部となっているオーストリア社会の様子がうかがい知れる。移民をめぐる政治では，外国人参政権と「民主主義の赤字」というテーマに加え，今後，移民の背景

を持つ人々の政治行動についてもオーストリアの動向が注目されるだろう。

4　岐路に立つ中立政策

オーストリア外交と地政学

　核兵器廃絶へ向けた核兵器禁止条約の問題は日本においてさまざまな議論を巻き起こしたが，この条約を主導した国の1つがオーストリアである。オーストリアは小国でありながら高い国際的プレゼンスを誇っている。その一端を担っているのが外交であり，これは戦後長らく中立政策によって特徴づけられてきた。しかしこれについても変化の様子が窺える。社会保障の領域における変化は財政上の問題をも背景にしていたが，これには国内経済上の要素だけでなく，欧州連合加盟に伴う財政規律強化の結果でもあった。そしてこの欧州連合への加盟は，こうした経済面での影響だけでなく，オーストリアの外交指針にも大きな変更を迫るものであった。

　オーストリアは地政学上の位置から，東欧やバルカン半島との関係を歴史的に築いており，自国を「東西の架け橋」として見ることはオーストリア史における常套句(クリシェ)となっている。ただしその役割をどのようにして果すのかという点は，その時々の国力や国際環境によって異なっている。帝政期にあっては大国として中欧における広域秩序を形成したことでこの役割を主張したものだが，第1次大戦後に小国となってからは，外交上のイニシアティブをとることは困難になり，大戦間期には国際機関，後継諸国家，そしてドイツやイタリアなどの列強に翻弄されることになった。

中立政策と「東西の架け橋」

　第2次大戦終了後，オーストリアはアメリカ，イギリス，フランス，ソ連の占領下に置かれたが，冷戦が本格化するなか永世中立宣言を約言することで再独立を果した。この永世中立は，オーストリアのアイデンティティ形成にも与って力があった。実際，ハンガリー動乱やプラハの春に際して社会主義圏からの亡命者や難民を迎えたり，1961年にはケネディとフルシチョフによるウィーン会談を開催したりと，文字通り架け橋の役割を果すことになった。こうしたオーストリア側の動きに加えて，中立政策と相まって国際的な仲立ちとしての同国のイメージは，ウィーンが国連都市や他の国際機関の中心地として機能していることにも支えられている。ウィーンの北部，地下鉄U1のカイザーミューレン駅に隣接する「ウィーン国際センター（VIC）」はニューヨークやジュネーブと並ぶ国連都市を形成し，国際原子力機関（IAEA）の本部も置かれている。また欧州安全保障協力機構（OSCE）や石油輸出国機構（OPEC）の本部もウィーンに設置されている。

EU加盟と中立の見直し

　こうして中立政策は戦後のオーストリア外交の基軸であったが，これに「転換」を迫

る形になったのが1995年の欧州連合（EU）加盟であった。EU に加盟したことにより，安全保障上も EU 全体の安全保障との関連が発生する。とりわけ近年，EU と北大西洋条約機構（NATO）との緊密な協力関係が発達しつつあり，これはオーストリアにとって大きな問題となる可能性がある。現在のところ，中立政策との関連からオーストリアは NATO に加盟してはいないが，今後，NATO 加盟推進派の動きが伸張する可能性もあるだろう。

　近隣諸国および EU との関係においては，オーストリアは東方拡大，とりわけ西バルカン諸国の加盟へ向けて積極的なコミットをしており，欧州の統合へ向けた旗振り役を演じてもいる。もとよりオーストリアは EC や EU の拡大以前からこれらの地域とは協力関係を発達させている。1978年には「アルペン・アドリア協力」としてオーストリア，ハンガリー，イタリア，旧ユーゴスラヴィアの隣接する諸州の地方レベルでの協力体制が構築され，これはやがて国レベルでの地方機構の色彩を強め，チェコスロヴァキア（1990年），ポーランド（1991年），旧ユーゴスラヴィアのスロヴェニア，クロアチア，ボスニア＝ヘルツェゴヴィナ（1992年）をそれぞれ加えることで，「中欧イニシアチブ」との名称の下，現在は18カ国に及ぶ地域協力を形成している。オーストリアは OSCE の加盟国でもあり，こうした複数の安全保障の枠組みのなかで地域の問題解決と発展を図っているといえる。

近隣諸国および EU との関係

　しかしオーストリアと近隣諸国および EU の関係は常に順風満帆というわけではない。例えば，第 1 次大戦後にイタリアへ割譲された南ティロールの問題は，同地のドイツ語系住民の処遇をめぐって大戦間期から続くオーストリアとイタリアの懸案事項であった。1950年代や1960年代にはイタリアからの分離・独立運動が生じ，テロ行為も行われるほどであったが，1971年に両国でのあいだで同地に大幅な自治権を与え，紛争解決を国際裁判所に委ねることが確認され，沈静化の方向へ向かった。1992年には両国ともにこの問題の解決を確認し，また EU 統合のなかで国境の意味合いも相対的に低下した。したがって実質的にこの問題が両国間でかつてのような紛争になることはないのかもしれないが，2015年以降の難民危機に端を発して両国の国境をオーストリアが再びコントロールするようになったことや，現政権が「南ティロールのドイツ系住民への国籍付与」に言及するなど，新たな火種となる可能性はある。

　また EU との関係で見ると，1999年に人民党と自由党の連立政府が樹立された際には，当時の EU 加盟国14カ国から制裁を受けたこともあった。また自由党はしばしば欧州連合に対して懐疑的な姿勢を示しており，2017年以降の人民党と自由党との連立内閣も，移民・難民の EU 圏外からの流入に対する域外コントロールの強化を訴えるなど，EU の路線以上に強硬な措置を求めている。反移民感情の盛り上がりがイギリスの EU 離脱劇のような状態へと至るのかはわからないが，EU のなかで反 EU 的な国との

協力や同調ということはあり得る。もとよりオーストリアの中立は，文字通りの「中立」という形ではなかったが，積極的にヨーロッパを分断するイシューにおいて一方に与するとすれば，オーストリア外交にも「転換」が指摘できるのかもしれない。

5　オーストリアのナショナル・アイデンティティ

オーストリア人意識とドイツ人意識

　自分のことを「日本人」と意識する人々は，どのような基準でそう感じるのだろうか。容姿，風習，振る舞い，いろいろな基準があるだろうが，その1つに「日本語」もあるだろう。もちろん「外国人」でも流暢な日本語を話す人もいるけれども，「日本語」が流通する範囲を「民族」と「国家」の範囲であると漠然と捉えている日本人も多いのではないだろうか。日本人の多くの人々にとって「ことばと民族」は1対1の対応関係と意識されていると思われる。

　これに対し，オーストリアの歴史において「ことばと民族」との関係は，厄介な問題を突きつけてきた。多民族国家の帝国時代にも言語と民族をめぐる紛争があったが，それ以上に，第1次世界大戦終了後，ドイツ語系住民の国家として誕生したオーストリア共和国には一層深刻なアイデンティティの危機をもたらした。ドイツ語系住民の国でありながら，ドイツとは別に独立している理由は何か，こうしたナショナル・アイデンティティをめぐる問題は，かねてよりオーストリアの「併合」を主張していたアドルフ・ヒトラーがドイツの首相に就任して以後，先鋭化することになった。大戦間期のオーストリアは左右のイデオロギー対立が非常に激しく，内戦に至ったこともあったが，ドイツとの合邦は左右対立を超えた「コンセンサス」といってよいものであった。ナチ・ドイツの台頭は，こうした合邦一辺倒であったオーストリア社会にドイツとの関係を再考させる契機となった。ナチ・ドイツへと傾倒しこれまで以上に合邦の実現に邁進するものが生じる一方で，社会主義政党（オーストリア社会民主党）や保守政党（キリスト教社会党）の間にはナチ・ドイツへの反発と合邦への反対を生み出した。また1933年以降に権威主義体制（ドルフース＝シュシュニック体制）となったのちは，オーストリアは「より善き，第2のドイツ国家」と位置づけられ，オーストリアへの国家的帰属と「ドイツ人」への民族的帰属とを総合すべく，オーストリア国民意識の涵養が図られた。

　しかし1938年3月にナチ・ドイツとオーストリアは合邦／併合し，オーストリアは消滅し，オーストリア人は国家帰属の上でも「ドイツ人」となった。このナチ・ドイツ時代をして，その支配を通じて「ドイツ人とは異なる独自の民族」というオーストリア人意識に目覚めたとする見方もあるが，体制に順応したり，積極的にコミットしたりしたオーストリア人が多かったことも知られている。そしてこのナチ・ドイツへの関与という過去は，ドイツとの合邦それ自体をも含めて，オーストリアは「ナチ・ドイツの被害者」だったのか，それとも「ナチ・ドイツの犯罪への加担者」だったのか，という歴史

第 2 共和国における国民意識形成

　ナチ・ドイツからの「解放」後，英米仏ソの 4 カ国占領期を経て，1955年にオーストリアは連合国と「オーストリア国家条約」を結び，再独立を果すことになった（第 2 共和国）。この国家条約のもととなった1943年の「モスクワ宣言」では，オーストリアとドイツとの合邦が無効とされるとともに，〈オーストリアはナチスの最初の犠牲者である〉が〈ナチスへ積極的に協力した〉ということが記されていた。第 2 次大戦後のオーストリアではこの〈犠牲者〉としての側面が強調され，「ドイツとは異なる我々」としてのオーストリア国民意識が定着するようになった。また国家条約締結の経緯からオーストリアは永世中立宣言を行ったが，東西冷戦が厳しい時代にあって，「東西の架け橋」として国際場裏で高い役割を果したことは，ウィーンがジュネーブ，ニューヨークに次ぐ国連都市となったことと相まって，国民的な誇りの拠り所ともなった。第 2 次世界大戦終了直後の世論調査で「自分はオーストリア人である」と考える人と「自分はドイツ人である」と考える人の割合はおよそ半数ずつであったが，その後着実にオーストリア国民意識は広がっていき，1980年代には 9 割以上の国民が自らをオーストリア人と認識するようになった。

　もっとも1980年代には，元国連事務総長であったクルト・ワルトハイム大統領のナチス関与の過去や，ドイツ民族主義派にルーツを持つ右派政党（自由党）の躍進，とりわけ党首ヨルク・ハイダーのナチス擁護と捉えられかねない発言など，「ナチスの犠牲者」としてのオーストリア・アイデンティティは再考を迫られることとなった。ドイツとの違いをナチスの被害者としてのみ位置づけることは困難になったといえよう。また冷戦終結と欧州連合への加盟により，中立政策は揺らぎを見せている。加えて，近年に至るまでオーストリアへの移民・難民の流入が続いており，このことは「ドイツ語系」を中心としたオーストリア人像に——従来の少数民族と合わせて——転換を促すかもしれない。オーストリアのナショナル・アイデンティティが今後どのような形になるのかは現在進行形の問題となっている。

6　2017年総選挙——右派ブロックの躍進と多数派民主主義

　近年のオーストリアはさまざまな変化を閲しており，政治・経済・社会のそれぞれにおいて従来の枠組みとは異なる動きが散見される。とりわけ日本の新聞でも取り上げられているのは，政治の領域における動きである。

　2017年の国民議会選挙で長らく凋落傾向にあった人民党は第一党に返り咲き，極右とされる自由党が社民党に得票率で大きく迫り，第三党の地位に躍り出た。この選挙結果からいくつかの興味深い点が指摘できる。まず既成政党である人民党の変化である。人

民党は1960年代には単独政権を担うほどの党勢を誇ったが，1970年代には社会党単独政権の成立により万年野党となり，1980年代に大連立に復帰するもジュニアパートナーとしての参加であり，1990年代に至ってもその衰退には歯止めがかからなかった。1999年の国民議会選挙で大敗して第三党になり，党首シュッセルが選んだのは第二党に躍進した自由党との連立であった。その後2002年の選挙で結党以来の勝利を収め第一党になったけれども，2006年の選挙では再び敗北し，その後，再び第二党となり選挙を繰り返すごとに得票率が低下する有様だった。

　2017年総選挙における人民党の復活にはさまざまな要素があるが，セバスチャン・クルツを史上最年少（当時31歳）の党首に据え，党のロゴを変えたり，イメージカラーを黒からターコイズブルーにしたりといった刷新イメージがまず功を奏した。また難民政策の厳格化を求める声をうまく得票に結びつけたこと，とりわけ浮動票を自らに引き付けることができたことが結果に結びついたと考えられる。

　一方，自由党が堅調な得票率を維持したことは，とかく「ポピュリズム」という言葉で際物扱いされる同党が，オーストリアでは「ふつうの」政党となっている様子を見て取れる。25.97％という得票率は，ヨーロッパにおける他の「極右ポピュリズム」政党とは異なる安定性を示している。2016年の大統領選挙でも自由党と「緑の党」の候補者が決選投票に進み，人民党と社民党の候補者が決戦選挙の前に敗れるという戦後初めての事態が生じ，決選投票において自由党の候補者が非常に僅差で敗れた（のち選挙に瑕疵があったということで2度目の選挙が行われ，その際にはある程度の差がついて敗れた）ことにも，自由党が「れっきとした」政党であることを証明した。この大統領選挙における自由党への得票について，政権与党の難民政策への批判は「既成政党への批判」としても語られたけれども，実のところ自由党も政党アカデミーの運営をはじめとする政党助成金を受けている「立派な」既成政党であることに注意する必要がある。同党は，極右ポピュリズムのレッテルを貼られつつも，すでに2度目の政権政党となっている。ポピュリズムの定石である「既成政党批判」は野党の際には有効であり，与党化すればポピュリスト政党もろとも意味を喪失する，といったポピュリズム政党の自壊作用は自由党については該当していない。

　さらにこうした人民党と自由党の連立からなる政治は，「議会内の多数派」による政治であり，1980年代まで大勢を占めた社会パートナーシップによる議会外での決定による政治とは異なっている。利益団体の構成員数がその最盛期程ではないにせよ，社会パートナーシップの仕組みが存続しているが，政治の領域におけるこうした新しい動きはこのオーストリアを特徴づけた「伝統の」政治経済システムにどのような影響を与えるのだろうか。近年のオーストリア政治の動向には大きな変革の要素が含まれていると思われる。

参考文献
梶原克彦『オーストリア国民意識の国制構造』晃洋書房，2013年。

梶原克彦「固定支持層か浮動票か——シュッセル内閣時代のÖVPと保守『復権』の実相」阪野智一・近藤正基編『刷新する保守——保守政党の国際比較』弘文堂，2017年。
古賀光生「西欧保守における政権枠組みの変容」水島治郎編『保守の比較政治学』岩波書店，2016年。
近藤孝弘『自国史の行方——オーストリアの歴史政策』名古屋大学出版会，2001年。
大黒太郎「2000年政権交代とオーストリア・デモクラシー——「連合形式」転換の政治過程」『レヴァイアサン』32, 2003年。
馬場優「オーストリアの移民政策——最終目標としての国籍取得」高橋進・石田徹編『「再国民化」に揺らぐヨーロッパ——新たなナショナリズムの隆盛と移民排斥のゆくえ』法律文化社, 2016年。
東原正明「極右政党としてのオーストリア自由党——ハイダー指導下の台頭期を中心に（1）〜（7・完）」『北海学園大学法学研究』41 (2) 〜43 (1), 2005〜2007年。
東原正明「連邦国家オーストリアにおける州政府の形成——プロポルツの原理から多数派の原理へ」『福岡大学法学論叢』57 (4), 2013年。
東原正明「2016年大統領選挙とオーストリアの極右政党——難民危機が与えた影響」『福岡大学法学論叢』62 (4), 2018年。
ラウバー，フォルクマール編／須藤博忠訳『現代オーストリアの政治』信山社，1997年。

読書案内

大津留厚『ハプスブルクの実験——多文化共存を目指して（増補改訂版）』春風社，2007年。
　＊帝政期のオーストリアが多民族国家として向き合ったさまざまな問題を取り上げている。100年前の事象だが，その試行錯誤は多文化状況の現代にも貴重な示唆を投げかける。
高橋進「大連合体制とデモクラシー——オーストリアの経験」篠原一編『連合政治Ⅱ』岩波現代選書，1984年。
　＊オーストリアの戦後政治システムの特徴とされた「連合政治」についてコンパクトにまとめられている。現代における変化を知る上でも必読文献である。
矢田俊隆『オーストリア現代の教訓』刀水書房，1995年。
　＊ハプスブルク史・オーストリア近代史の泰斗による大戦間期政治史に関する論考集。帝国崩壊後から第2次世界大戦終了までの状況について，バランスよく知ることができる。

映画案内

『黄金のアデーレ 名画の帰還』（サイモン・カーティス監督，2015年公開）。
　＊ナチスに略奪されたクリムトの絵画がその被害者遺族へ返還されるまでのドラマを描き，オーストリアのナチスへの関与についても触れている。本作品のテーマは第2次世界大戦中の「過去」との向き合い方を考える一助にもなる。

（梶原克彦）

第7章
ベネルクス

正式国名：ベルギー王国，面　積：3万528km^2，人　口：1,120万人，首　都：ブリュッセル（100万人），公用語：オランダ語（60％），フランス語（40％），ドイツ語（1％），主要民族：フランデレン（60％），ワロン（33％），モロッコ他（7％），宗　教：伝統的にはカトリックだが，近年はムスリム移民が増加（外務省データ），通　貨：ユーロ，名目GDP：4,701.79億米ドル，1人当たりGDP：4万1,491.12米ドル（2017年）

正式国名：オランダ王国，面　積：4万1,864km^2，人　口：1,680万人，首都：アムステルダム（700万人）49.5％がオランダ人，公用語：オランダ語，主要民族：オランダ人（80％），宗　教：キリスト教（カトリック24.4％，プロテスタント15.8％），イスラーム教（4.9％）（外務省データ），通　貨：ユーロ，名目GDP：8,245億米ドル，1人当たりGDP：4万8,272米ドル（2017年）

正式国名：ルクセンブルク大公国，面　積：2,586km^2，人　口：60万人，首都：ルクセンブルク（12万人），公用語：ルクセンブルク語（70％），フランス語（55％），ドイツ語（30％），主要民族：ルクセンブルク人（52％），その他（48％），宗　教：カトリック（外務省データ），通　貨：ユーロ，名目GDP：623億米ドル，1人当たりGDP：10.5万米ドル（2017年）

───── EUの条約がベルギーの地方議会の「反抗」で締結できない？ ─────

　欧州連合（EU）とカナダが27日に予定している自由貿易協定の正式署名に暗雲が広がってきた。ベルギーの国内調整が失敗し，EU側の署名の準備が整わないためだ。
　同協定は「包括的経済・貿易協定（CETA）」とよばれ，EUが主要7カ国（G7）と結ぶ初めてのFTA。2013年にカナダと原則合意したが，EU側の調整難航で署名が遅れている。……EU側が27日に署名するには，全28加盟国の承認が必要だが，ベルギーの国内調整が難航している。同国南部のワロン地域が反対を表明。ベルギー連邦政府は署名に賛成だが，ワロンなど地域政府の同意なしに承認できない仕組みとなっている。
　ワロン地域を説得する「最終期限」とされていた24日，ベルギーのミシェル首相はワロン地域政府トップらと会談したが説得に失敗。ミシェル氏はCETAを「署名できる状況にない」と険しい表情で語った。
　トゥスク氏はミシェル氏から説得失敗の報告を受けた後，24日夜にカナダのトルドー首相と電話で対応を協議。27日の首脳会談で署名する方針を変えないことにした。「まだ時間はある」として，ベルギー政府や欧州委員会に事態打開を探り続けるよう求めた（『日本経済新聞』2016年10月25日付抜粋）。

　EUが7年越しで交渉を進めてきた貿易協定が，ベルギーの地方政府にすぎないワロン政府が反対したことによって締結できなくなった。結局ベルギー連邦政府首相の説得でワロン議会も合意し，予定より3日遅れて10月30日に締結することで落ち着いた。しかしこの3日間は，イギリス離脱後ということもあり，「EUの求心力が低下した」など，ヨーロッパの世論は一時騒然となった。なおもワロン議会の一部にはこの条約に反対する議員がおり，人々の反対デモも市街で見られる。ここでの問題は，たかだか地方議会の「異議あり」という声が欧州全体の国際関係を左右したことだ。果してこのような事態を許したベルギーの政治体制とはどのようなものか。それを理解するために，「ベネルクス」諸国の歴史的背景と，ベルギーとオランダに顕著な「多極共存型民主主義」を学ぶことが本章の最大の課題だ。
　本章では主にベルギーとオランダの歴史，争点を軸に解説し，ルクセンブルクについては最後に補足的に記すこととする。

1　1つのベネルクス

　ベルギー，オランダ，ルクセンブルクはかつて同一の国家であった時期も長く，さらに第2次世界大戦末期の1944年9月5日，亡命中の3国政府がロンドンで関税同盟を締結し，それを3国の頭文字をとって「ベネルクス（BeNeLux）関税同盟」とよぶことにも由来して，この3国を合わせて「ベネルクス」諸国とよぶ。このベネルクス3国は歴

史的に対立した時期はあったものの，第2次世界大戦以降は強力な経済統合を進めて共通市場を形成して，資本，商品，労働力，サービスの移動を自由化し，欧州の特に市場統合を推進し続けてきた。

　この3国の政治史を理解するために，キリスト教の対立を一因としたオランダの独立（1648年），そしてフランス革命の影響を受けたベルギーの独立（1830年）を解説しよう。

オランダとベルギーの離別（わかれ）

ローマとゲルマンの間に　オランダとベルギー，ルクセンブルクの地はおおよそ同じ歴史を辿る。紀元前50年頃，ローマのカエサル（後のシーザー）が，ガリアとよばれていた，現在のフランス，ベルギーあたりの一帯を攻め込み征服した。先進国ローマから見れば，寒冷な辺境地ガリアに住む人々は「野蛮人（バルバロイ）」であり，ローマの治安のためにも制圧されねばならなかった。それからゲルマン民族の大移動期（紀元後400年前後）に至るまでこの地はローマの統治下にあり，ローマの慣習が定着していった（松尾 2010）。

　ローマ帝国内に侵入したゲルマン民族がローマ軍と一進一退の攻防を繰り返し，やがてローマ帝国が敷いた軍用道路を境に南（後退したローマ軍）と北（侵入したゲルマン）に分かれて双方は落ち着いた。この北部が現在ベルギーのフランデレン地方になる。この人々はゲルマン系の言語であるオランダ語を話す。南はワロン地方で，ラテン系の言語であるフランス語を話す。ベルギーを苛ませている言語問題の起源である。

　ローマ帝国内に侵入し定着したゲルマン民族のうち，やがてフランク族がフランク王国をつくった。3代でシャルルマーニュの栄華の時期を迎えるが，その後分割相続され，おおよそ15世紀までこの地はブルゴーニュ（フランス）やハプスブルク家の統治下におかれた。ローマ時代に開拓されたかつてのガリアの地は，この頃になると辺境の地ではなく，西欧の重要な交易や軍事の拠点として発展し，時の大国がこの地を欲したのだ。

　特に1477年にブルゴーニュ家のマリーがハプスブルク家（神聖ローマ帝国）のマクシミリアンと結婚し，その子カール5世（現在のベルギーのヘント生まれ）が，1516年にこの地を含む，現在のスペインからドイツに至る広大な領地を相続した。この頃からオランダ，ベルギー，ルクセンブルクあたりの地域は海抜が低く，ひと括りで「低地地方（ネーデルラント）」とよばれるようになった。この時期，貿易港としてアントワープが栄え，画家ルーベンスや地図で著名なメルカトル，人文主義者のエラスムスなどが育った。しかし，やがてヨーロッパは長く暗い宗教戦争の時代に入っていく。それとともにベルギーとオランダの運命も大きく変わっていく。

宗教戦争の時代　1517年にドイツで宗教改革が始まると，ネーデルラント北部ではカルヴァン派を中心にしたプロテスタントが広がっていった。カール5世の子，フェリペ2世はスペインでカトリック教育を受けた厳格なカトリック信者でありプロテスタントを抑圧した。特にカルヴァン派の強い北部7州は1579年に「ユトレ

ヒト同盟」を結成し徹底抗戦して，最終的にネーデルラント連邦共和国（現オランダ）が独立する。

　しかし南部ネーデルラント（現在のベルギー）は元来カトリックが強い。当初はユトレヒト同盟と共闘していたが，スペインの攻撃と和解工作によってスペイン領に留まった。これによって両国は別々の運命をしばらく辿ることになった。

　オランダは17世紀に繁栄したが，南部（ベルギー）はスペイン継承戦争でオーストリアの領地となり，その後，1795年にフランス革命後の，フランスの支配下におかれるようになる。フランス革命後のフランスは強力な国家を創出するために，ベルギーの公用語をフランス語とした。前述のように，ベルギーの地は先の軍用道路を境に言語状況が分かれており，北はオランダ語を話す人たちが暮らし，南はフランス語を話す人たちが暮らしていたが，革命後のフランスはフランス語の公用化を徹底した。「強い国家は共通の言語から生まれる」という考えから言語政策が進められた。官職に就いていても，一定期間の後フランス語を話せない者は地方に飛ばされるなど，わずか20年余りでベルギーの地は「公の場ではフランス語を，オランダ語は台所（私的な領域）で」といわれるようになったのである。

　　ベルギー独立　　フランスの支配はナポレオンが敗北して終わる。ヨーロッパはフランス，プロイセン，ロシア，オーストリア，イギリスによるウィーン体制の時代に入る。フランス革命思想の拡大を恐れた各国は，ベルギーを君主制のオランダの支配下においた。オランダ国王ウィレム1世もかつてのネーデルラント連合王国時代の栄華を取り戻そうとした。

　しかし当時のオランダは度重なる戦費で財政が破綻しており，ウィレム1世は産業革命を大陸で最も早く経験して，経済的に豊かであったベルギーから多くの税金を取った。またオランダ語を教育言語とし，プロテスタント系の学校を優遇した。これらの政策に対して，古くからカトリック信仰が浸透し，さらに徹底したフランス語教育の下で育ったベルギーのエリートたちは激怒した。1830年，7月革命の影響からベルギーの人々も立ち上がり，独立戦争となった。翌1831年には，憲法が定められ，ベルギー王国が成立することとなった。

　なお，ベルギー独立戦争の時，オランダの支配下にあったルクセンブルクは，やはりオランダの支配を嫌い，ベルギーとともに独立しようとした。しかし，この神奈川県程度の面積しか持たない小国をオランダとベルギーが奪い合った。正式な独立はオランダとベルギーの国境をめぐる話し合いに決着がついた1839年のロンドン条約まで待たなければならなかった（以上は松尾 2014）。

　オランダとベルギーの政治を考える時，頭に入れておかねばならないのは，両国が「多極共存型民主主義」の代表例だということである。この点はスイス（合議制民主主義）やオーストリア（コンセンサス型民主主義）でも触れられるが，これを提唱したアレンド・レイプハルト（Arendt Lijphart）がオランダ出身であるということもあり，こ

こで詳しく説明しておこう。

多極共存型民主主義

　オランダやベルギー，オーストリア，スイスといったヨーロッパの小国は，長く大国に支配されてきた歴史を有している。そのため，それぞれに様相は異なるが，宗教や言語，イデオロギーなどによって社会が分断されているといわれている（なお，20世紀初頭の西欧各国における政党システムを形作った社会的亀裂のことを，リプセットとロッカンはクリーヴィッジとよんでいる）(S.M. リプセット他 2008)。

　柱状化社会　こうした国家においては，それぞれのイデオロギーや宗派を掲げた政党が，支持者を学校，マスコミ，組合などを通じて動員した。その結果，有権者はそれぞれの宗派，イデオロギーに，あたかも囲い込まれて人生をまっとうするようになった。例えばカトリック系の白十字病院で産まれ，カトリック系学校に進学する。地元のカトリック系サッカーチームを応援しながら思春期を過ごし，カトリック系大学に進学した後は，やはり（日本のように職能別ではなく）カトリック系組合に所属し，カトリック教会で結婚して，やがてカトリック系養護施設に入る。

　一般にそれぞれの政党を頂点とした，「人生の囲い込み」を担う組織のネットワークを「柱」といい，このような社会を「柱状化社会」という（作内 2018）。柱状化社会であることは多極共存型民主主義が成立する社会的前提であるといっていいだろう。

　第2次世界大戦後まもなく，アメリカの政治学では，こうした「柱」で分断された社会では安定した民主主義国家の維持が難しいとされていた。しかしレイプハルトは，こうした分断社会においても，それぞれの柱を代表する政治エリートたちが「協調」し妥協することで，内戦を回避し安定した民主主義体制が維持されると主張した。実際に，少なくともこれらの国家では，国家成立後は革命的，暴力的な政権交代は生じておらず，また立憲体制も維持されている (Lijphart 1968)。こうして分断社会であるにもかかわらず，単純に多数決で決定する方式を採らず，交渉による妥協と合意で決定して維持されていく民主主義体制を，レイプハルトは「多極共存型民主主義 (consociational democracy)」とよんだ。

　レイプハルトによれば，その鍵は以下のような点にある。①主要な区画の代表（政党）が「大連立」を組んで政治を運営する，②重要な問題については単純な多数決で決定するのではなく，相互に「拒否権」を認め，妥協と合意を重視する，③政治的な資源（ポストや資金）を各集団規模に従って「比例配分」する，④それぞれの区画にかかわることについては，それぞれの「自治」を認める (Lijphart 1977)。

　合意型民主主義　レイプハルトは，当初自らの祖国オランダを例に「協調 (accommodation) の政治」(1968年) を，やがてベルギーやスイスなど西欧小国にその傾向を見出して「多極共存型 (consociational) 民主主義」モデルを提唱したが，その後研究対象を広げ，民主主義体制を，英米を例とする二大政党制と小選挙区

制を特徴とする「多数決型民主主義」と，西欧大陸に典型的な，比例代表制と多党制，連立政権を特徴とする「合意型民主主義」とに大きく類型化した。

その後，このモデルはレイプハルト自身によって「権力分有（power-sharing）モデル」とも読み替えられた。そして，これがアパルトヘイト後の人種差別から立ち直ろうとする南アフリカの新体制にふさわしいと考え，積極的に憲法起草委員会に参加した。現在も紛争後の社会においてしばしばこのモデルに基づいた国家形成がなされ，その影響力は学界を超えて，現実の政治に及んでいる（Lijphart 1985, 2004；峯 2000）。

オランダ王国の政治体制

立憲君主制　オランダは1815年以降，君主制を採用している。オランダ国王は，海外領土を含む王国の一体性を象徴しており，王位はウィレム1世の嫡出の子孫による世襲である（第24条）。現行憲法に女王という言葉は用いられていないが，王位に就く女性は慣例で「女王」とよばれている（図7-1）。

オランダでは，個人としての国王が，政府を構成する不可侵の君主として，大臣と共同で政府を構成するという公的な役割を認めている。実際に国政における国王の権限は，1848年の憲法改正以降形式的なものとなっているが，総選挙後の組閣過程に国王は一定の政治的影響力を及ぼしてきた。国王は，両議院議長や国務院副議長から成る助言者との事前協議を経た後，政党間の連立合意を調停する情報提供者（informateur）および組閣を担当する組閣担当者（formateur）を任命する。組閣の手続きに関する詳細は憲法に定められておらず，ほぼ1世紀の間，政治的慣行として存続してきた。

しかし，近年になって国王の権限を形式的なものにするため，2012年には，議会の主導の下に組閣を進め，国王の関与を排除することを目的として議院規則が修正された。また，2010年の国務院法改正による組織改編に伴い，国王は政府部局の構成員から除外された（『オランダ憲法』2013年）。

議会　議会は二院制（上院75名，下院150名）で，下院は直接選挙，上院は州議会議員による間接選挙で選ばれる。任期は4年。上院は下院が可決した法案を可決ないし否決する権限を有するが，修正する権限を持たない。実質的には下院が重要である。

選挙　選挙は1917年以来ドント式による完全比例代表制が採用されている。最低得票率は定められておらず，小党分裂状態を生み出しやすい。

内閣　小党分裂で連立形成の交渉が必要となる。先述の通り国王による情報提供者，組閣担当者の指名があり，時間を要する。成立した内閣は議員との兼職が禁止され，政府と議会は形式的には相互に独立している（二元主義）。交渉の結果取り決められた「連立協定」が，その後の内閣の行動をかなり拘束している。

地方自治　12の州知事，400を超える首長は，中央政府による任命制を形式的に採る。ただし任命に際しては，自治体議会の意向が尊重される。2002年以来，首長を支える助役についても議員との兼職が禁止されて2元主義が導入された。

> ウィレム1世（在位1815～1840年）──ウィレム2世（1840～1849年）──ウィレム3世（1849～1890年）──ウィルヘルミナ女王（1890～1948年）──ユリアナ女王（1948～1980年）──ベアトリクス女王（1980～2013年）──ウィレム＝アレクサンダー（2013年4月30日～現在）

図7-1　オランダ王室の系譜

出典：水島（2018）をもとに筆者作成。

外交　ベルギー，ルクセンブルクとともに「ベネルクス3国」を形成して，親欧州統合路線を歩む。ただし，欧州憲法条約の批准の際は，憲法条約に対する情報が十分に説明されておらず，「わかりにくい」という理由や，EUの拡大による移民増加が引き起こす雇用や社会不安などが引き金になって，2005年に国民投票で否決している。2008年に修正されたリスボン条約を（国民投票ではなく）議会で可決して批准した。

また「国際法の父」グロチウスを輩出したこともあり，国際法秩序の遵守の伝統が強いとされる。国として「国際法秩序の促進」を謳い，国連や国際機関を重視し，仲裁裁判所，国際刑事裁判所などの国際機関が設置されている（以上は水島（2010）を参照）。

柱状化社会の成立と合意型民主主義の成立　オランダはベルギー独立までの経緯を見ても明らかな通り，キリスト教（プロテスタント）が多勢を占める国である（19世紀の段階で全人口の60％程度。カトリックは35％強）。しかし19世紀にフランス革命の影響を受けた自由主義勢力が台頭し，宗教教育の影響を排除し公教育を拡充しようとすると，プロテスタント勢力はカイペルのリーダーシップの下で1879年に「反革命党（ARP）」を結成した。カイペルはその翌年にはオランダ最初の私立大学であるアムステルダム自由大学を設立した。

その後，19世紀末には労働運動が台頭し，『先駆け』という新聞や独自のラジオ局を設立した。社会民主労働党が結成されたのは1894年のことであった。社会主義勢力はオランダ労働組合連合を支持母体として戦間期に支持層を広げ，1939年には大臣を輩出するようになる。

他方で，自由主義勢力やカトリックは長い間政党組織化することなく，それでも存在感を示した。自由主義者はそもそもエリート層に多い。桜田美津夫（2017）によれば，自由主義勢力は，カトリック，プロテスタント，社会主義以外の「一般的，国民的なものを強く志向すること」で影響を及ぼし得た。小政党だった「自由連盟」や「自由民主連合」が「自由民主国民党（VVD）」に結集したのは1949年である。

また，実はオランダのなかでもベルギー国境近くのリンブルフ州などはカトリック人口が多く，その組織化が進んだ。カトリックは，プロテスタント同様に新聞媒体やラジオなどを用いて，特に社会主義や自由主義は神の摂理に逆らうとしてメッセージを発し続けた。政治的な影響力も強く，1918年に初のカトリック首相が誕生して以来，カトリックの閣僚が常に政権の一角を占めている。ローマ・カトリック党が結成されたのは1926年のことである。

オランダではこうして社会の組織化が進み，プロテスタント，カトリック，自由主義，社会主義の4つの「柱」による「柱状化社会」ができあがってきた。第2次世界大戦を経て福祉国家の時代になると，頂上で政党が合意と妥協を進めて，その結果として国家資源（福祉サービス）の配分はそれぞれの「柱」のネットワークを通じてなされ，結果的に「多極共存型民主主義」はオランダで十分に機能してきたといえる。この利益配分を支えてきたのが，政労使協調体制であるネオ・コーポラティズムである（以上は日野（2014）；桜田（2017）を主に参照した）。

オランダモデル　オランダでは第2次石油ショックの後，急激なインフレと失業の増大に苛まされ「オランダ病」とよばれた。この克服のために当時のルベルス中道右派政権は労使双方の代表を説得し，1982年秋の「ワセナール合意」を結ぶことに成功した。これによって，経営者側は雇用を保障しつつ時短を進める。1人当たりの労働時間を短縮する代わりに，幅広い雇用を可能とし，その後フルタイム労働者とパートタイム労働者の間に待遇や社会保険に格差がないように法整備した「ワークシェアリング」を進めた。また，労働者側も賃金抑制に協力し，国も企業に対する減税を進めた。賃金コストを抑えた企業は国際競争力を回復した。結果，労働人口の4割がパートタイムとなった（契約は常勤契約）。労働者は自らのライフスタイルに合わせてフルタイムかパートタイムかを選択できる（オランダの経済福祉政策については，長坂（2001）；日野（2014）；権丈（2018）を参照）。これを一般に「オランダモデル」とよぶ。

エリート主義への反発とポピュリストの台頭　しかし，1990年代にオランダ政治も大きく変化の時期を迎える。発端は既成政党の利益独占に反対し首相公選等を訴えた新政党，民主66の台頭にある。これに対抗して，キリスト教民主主義系3派（プロテスタント2＋カトリック1）は合同して1980年に「キリスト教民主アピール」を結成し優位を保ち続けた。

しかし長く政権を維持したことで既得権益を維持するエリート主義への反発が高まり，1994年の総選挙で，キリスト教民主アピールは1917年以来の歴史的大敗を喫し下野する。先のコーポラティズム体制も，そこから排除された団体からすれば，既得権益の塊にしか映らなかったのだ。この時誕生した赤（労働党）と青（自由民主人民党）を中心とする「紫連合」は1998年選挙でも勝利して，売春，同性婚，安楽死など，新しい政策を合法化していった。

しかしながら，「紫連合」は，イデオロギーを考慮すれば本来ありえない。有権者にはイデオロギーを捨てた「談合」政権にも映った。それを批判し支持されたのがフォルタイン党で，既成政党を批判し，かつ「寛容」な社会であったオランダにおけるイスラム移民増加に反対して，その排斥を訴え支持を集めたが，党首ピム・フォルタインが動物愛護団体の白人オランダ人により射殺されるなど，社会と政治に不穏な空気が漂い始めた（日野 2014）。近年ではオランダでもポピュリスト政党が台頭しつつある。

ベルギー王国の政治体制

立憲君主制　ベルギーもオランダ同様に民族，階級，宗教による社会的亀裂を有し，圧倒的な与党が誕生しないため，選挙後，第一党から選ばれた人物が組閣担当者として国王から指名され，各政党との連合交渉や組閣の任にあたる（以下は主に松尾（2015））。これが事実上の首相（候補）である。主要政党間で施政方針案の合意形成が困難な場合などは，有力者が「誰が組閣担当者［首相候補者］にふさわしいか」を国王にアドバイスする役割を担う。これを「情報提供者」とよぶ。近年は交渉が長引く傾向にあり，次々と新しい役職（調停者，準組閣担当者など）が指名される場合もある。これらは交渉アクターの間を仲介し合意形成を促す。名称は異なるが，なすべき仕事は実質的に情報提供者と同じである。このプロセスの節目々々で，国王は報告，相談され，そして新しい調停役を任命する。

近年のベルギーでは，ポピュリストが台頭してますますフランス語勢力とオランダ語勢力の対立が激しくなる傾向にあり，国王の役割が注目されると同時に，オランダほどではないにせよ，その政治的介入の是非が議論されることもある。

連邦制　ベルギーは，フランス語とオランダ語の対立（言語問題）に苛まれてきた。独立当初はフランス語のみを公用語としたが，オランダ語を公用化しようとするフランデレン運動が台頭した。特に第2次世界大戦後，政府との合意なくナチスに降伏した国王レオポルド3世の処遇をめぐる国民投票をきっかけに，フランデレン（国王の復位を支持）とワロン（復位に反対）の意識の相違が明らかになった。さらにフランデレン経済が順調に復興した一方で石炭業に依存していたワロン経済は凋落し，双方の経済的地位が逆転した。これらを要因として双方の対立が激しくなり，1960年代のベルギー政治は言語問題で危機的な状況に陥った。その結果，1970年から分権改革に着手し，計4回の憲法改正を経て1993年に「連邦国家」となることを宣言するに至った。

1993年に導入した連邦制は，地理的単位である「地域」と別に「（言語）共同体」という属人的単位によって構成されている（図7-3）。まずベルギー（中央）連邦政府，そしてフランデレン，ワロン，ブリュッセルという3つの「地域」という構成体，さらに属人的なオランダ語，フランス語，ドイツ語（人口の約0.5％といわれる）という言語によって区分された「共同体」という構成体が設定されている（近年フランデレン地域とオランダ語共同体の政府・議会は統合された）。

連邦政府，共同体政府，地域政府のあいだに明確な上下関係の規定はないが，連邦（中央）政府，地域政府，共同体政府はそれぞれ担当する政策領域が異なり，連邦制が導入された1993年時点では，連邦政府は主に安全保障や外交，社会保障権限を有する。安全保障（軍）と外交を担当する点でベルギー連邦政府は，対外的に「ベルギー」を代表する。他方で共同体政府は教育，文化，言語にかかわる政策を担当し，地域政府は管轄域内の公共事業など経済政策を担当する。それ以降も分権化が進められ，農業政策や社会保障の運用，課税権などが徐々に地域政府に移譲されつつある。

```
┌ レオポルド1世 ┬ レオポルド2世
│               └ (フィリップ) ─ アルベール1世 ─ レオポルド3世 ┬ ボードゥアン1世
│                                                              └ アルベール2世 ─ フィリップ1世
```

図 7-2　ベルギー国王の系譜

出典：松尾（2014）より。

　また連邦での閣僚ポスト配分を言語別に同数とすること，アラーム・ベルとよばれる，少数者の一定の拒否権を認めるなど，ベルギーは民族間の対立を解決するために徐々に分権化を進め，独自の「多極共存型連邦制」とよばれる連邦制度を作り出した。

議会　連邦議会は二院制を採用する。政権形成，法案審議は，事実上下院が優先する。下院は2014年現在，150名を定員とする。上院は主に共同体議会から選出される。

選挙　選挙権は18歳以上，被選挙権は21歳以上の市民に与えられている。罰金などを科す義務投票制である。またベルギーでは，1899年以来，非拘束名簿式比例代表制を採用する。2002年以降の選挙改革で，全国は11の選挙区に分かれ，選挙区ごとにドント式で計算される。同時期の改革で，得票率5％の阻止条項が定められており，小政党の乱立を防ぐ仕組みがある。

　連邦制導入の過程で独自の地域議会ないし共同体議会選挙が1974年から徐々に導入されていった。異なる任期の場合もあって，選挙が毎年のように行われる煩雑さを回避するため，2011〜2012年の国家改革で連邦議会選挙と地域議会選挙は同日となり，議員任期も5年に揃えられた。

内閣　組閣の経緯はオランダと同様だ。しかし長い言語対立を経て，例えば首相を除く閣僚の数はフランス語，オランダ語系が同数であることが定められており，余計に交渉が難しくなる傾向がある。交渉の結果できあがった政権（候補）は，下院での施政方針演説を経て議会に信任される必要がある。

分裂危機　ベルギーでは言語問題によって，1960年代以降，カトリック政党，社会党，自由党という主要政党が，それぞれフランデレン，ワロンの地域政党に分裂した。またフランデレン，ワロン，ブリュッセルの利益を主張する地域主義政党が台頭した。さらに1980年代以降，環境政党（フランデレン，ワロン），特にフランデレンの極右政党も支持を得て政党システムは小党分裂状態に陥った。

　2000年代になると，フランデレンとワロンの間の経済格差が大きな政治課題となった。「豊かなフランデレン経済の税収に依存するワロン経済」という言葉を用いてワロンに対する敵意を煽り，フランデレン主義政党は効果的に集票した。2007年の選挙では，フランデレン主義政党の一派であった新フランデレン同盟（Nieuw-Vlaamse Alliantie. N-VA）が，フランデレンの将来的な独立も視野に入れた自治の拡大を主張し，当時最大野党であったCD&V（フランデレン・カトリック党）と選挙カルテルを結成して，あ

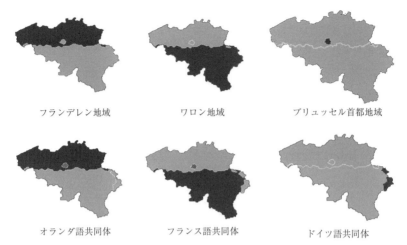

図7-3 ベルギーの連邦制度（地理的）
出典：ベルギー連邦政府ホームページ（http://www.belgium.be/ 2012年6月30日最終閲覧日）

わせて30議席を獲得して第一党となった。さらに2010年6月の選挙では，単独で27議席を獲得し第一党となった。自治拡大を目指すN-VAを中心とするフランデレン諸政党と，それに反対するワロン諸政党との連立合意はなかなか結ばれず，その後約1年半も新政権は誕生しなかった。約1年半後，2011年12月にN-VAが連邦政府に加わらないことで，他の政党による大連合内閣がようやく成立した。N-VAは2012年の地方統一選でも躍進し，党首バルト・デ・ウェヴェールは，ベルギー第2の大都市アントウェルペン市の市長に当選した。

他方で，N-VAを含まない大連立内閣は，ワロン社会党のエリオ・ディ・ルポを首班として，2014年5月までの任期中に，社会保障財源の運用権限を地域政府に分権化し，また，従来別々に行われていた地域議会選挙と連邦議会選挙を同日に行うこととして議員任期を改革するなど，積極的に国家改革を進めた（以上は松尾（2015））。

2 ソブリン危機からの回復を目指して

オランダは，かつての「オランダ病」から「オランダモデル」の優等生へと成長し，その後もユーロ危機以降，2014年には内需拡大が進んだ。ドイツに向けた機械業の輸出が好調で経済成長率はプラスに転じ（2012，2013年はマイナス），失業率も改善し，堅調な経済成長を維持できている。2015年の経済成長率は1.5%，財政赤字のGDP比は3%以内と優等生である。

ベルギーでは2014年以降，ユーロ危機による大幅な財政赤字からの回復が優先され，

第7章 ベネルクス　143

自己規律型の政策が支持されて，約4半世紀ぶりに社会党を含まない右派連立政権が誕生した。この政権はワロン自由党のシャルル・ミシェルを首班とする。失業手当や年金などの縮減を強行し，フランス語圏の政党出身の政権に対して，多くの失業者を抱えるフランス語圏（含ブリュッセル）で反対デモが生じている一方で，オランダ語圏（フランデレン）で支持を集めるという皮肉な現象が生じている。

現在，ベルギー経済もオランダにはかなわないが，ドイツ経済との関係により緩やかに回復傾向にある。ただしワロン圏，若年層，高齢者，移民の失業率が高く，また財政赤字も（3％以内に収まってはいるが）解消されず，累積債務も多いままで，問題となっている（以上は JETRO のウェブサイトを参照）。

3 「テロの温床」とよばれて

オランダは伝統的に「寛容の国」として知られてきたが，フォルタイン党の台頭後，ウィルデルスが率いる自由党が移民排斥を掲げて台頭した。2015年からヨーロッパでイスラーム過激派が犯人とされる大規模なテロが続くと，2017年3月の総選挙ではウィルデルスが勝利するとの見込みもあったが，自由民主国民党のルッテが33議席を獲得して勝利し，イギリスのEU離脱，トランプ大統領の誕生と続いたポピュリズムによる既成政党の「ドミノ現象」に歯止めをかけた。しかし，自由党は20議席を獲得し第二党に位置している。しかも移民排斥という自由党の主張をルッテが一部受け入れている。寛容の国は岐路に立たされている（Times 紙の報道などによる）。

他方でベルギーでは，1990年代に極右政党フラームス・ブロック（Vlaams Blok. 以下VB）が移民排斥を訴えて台頭した。1994年には他の政党が一切 VB とは連携しないとする「防疫線協定（cordon sanitaire）」を結び排除しようとした。これに対抗して，VBは党の名称を Vlaams Blok から Vlaams Belamg（フラームス・ベラング「フランデレンの利益」の意）へと変更し，さらにあからさまな人権侵害を前面には出さず，それでも移民排斥とフランデレン独立を訴え，2003年には18％（18議席）を獲得し，さらに2004年（地域議会選挙）にはフランデレン選挙区で24％を獲得する。しかし防疫線協定のため VB が政権に加わることはなかった。

ベルギーにおける移民問題は，2015年11月に生じたパリ同時多発テロ以降，国際的に注目されている。というのも，その主犯格がベルギーの首都ブリュッセルの移民街，モレンベーク地区を拠点としていることが明らかになったからだ。その後ベルギー政府は「テロの温床」とよばれたモレンベーク地区を中心に徹底して対テロ・オペレーションを遂行し，翌年3月18日に主犯格を逮捕した矢先の3月22日に，今度はまさにブリュッセルで連続テロが生じた。

ベルギーでは連邦制導入の過程で，移民を統合するための雇用や福祉政策は主に地域政府が担うように分権化された。財源は限られる。移民の子弟が直面している貧困や社

会的差別を解消することは非常に難しい。他方で治安政策について，捜査は市町村をベースとする全国195の管轄に分かれる警察が担う。ここに言語の相違やさらに党派の利益，対立が絡んでくると，ベルギーでは統一的な捜査はなかなか難しい。「テロの温床」という汚名を返上できるだろうか。

4　欧州統合の中心として

　オランダ，ベルギーともに欧州共同体（EC）の原加盟国の1つであり，基本的に欧州統合の推進役であり続けている（繰り返すが，オランダは，2005年に欧州連合憲法条約の批准には，主権譲渡の点や条約の複雑さから国民投票で否決している）。またNATOの一員として，アメリカを支持している。ベルギーは旧植民地のコンゴ，ブルンジ，ルワンダとの経済関係を重視しているのも特徴だ。

　欧州統合について，ローマ条約ではベルギーのスパークが，マーストリヒト条約の際にはオランダのファン・デン・ブルークが中心的な役割を果したといわれている。また，リスボン条約以降に設置された（一時EU大統領とよばれたこともあった）欧州理事会常任議長の初代はベルギーのファン・ロンパイであった。

　先のオランダの自由党，ベルギーのVBは「EU離脱」を掲げている。両党とも一定の支持を得ているが，それは移民排斥など他の主張によるもので，執筆時現在，「EU離脱」でポピュリストが支持されているとは考えられていない。

5　ベルギーの国家改革の是非

　1993年にベルギーは連邦制を導入し，連邦政府（ベルギー）以外に，一定の領域においてフランデレン地域，ブリュッセル地域各政府などが自律して政策を決定することが可能となった。その後もフランデレンとオランダ語政府が合同したり，ワロンとフランス語政府が連携したりするなど，権限や形はまだ流動的であるが，構成体の権限が拡大し，自治は高まっている。「地方分権は良いことだ」と考えれば，良い傾向だ。しかし，このことで各議会・政府の意思が食い違うトラブルも生じている。

　条約締結の際には，各地域議会がベルギーに条約を結ぶ権限を委ねてよいかを判断することになっており，よってEUが条約を結ぶ際に全加盟国の批准が必要なら，ワロンやフランデレンがベルギー（連邦政府）の意思に対して「否」と声を挙げることもできるのだ。そこで生じたのが，冒頭の事件である。ワロン議会の意向で，EU全体の外交政策が揺るがされることになった。

　連邦国家では，一般的に連邦構成体間の意思の齟齬が生じた時にその是非について法的判断を下す「仲裁裁判所」が設置されるが，ベルギーの仲裁裁判所は，これを受けて，地域議会の判断に一定の制約を設けた。しかし，どれだけ効果的かは未知数だ。という

のも，今回ワロン議会が否決したのは，ISDS条項に関して紛争解決の部分の記述が曖昧というのが主な理由だが，その後特に修正なく3日後に「熟慮した上で批准を認めた」と態度を変えた。そのため一部には，本来ワロンの政党に属するにも関わらず，対立するフランデレン側の要求を呑んで社会保障費の縮減を進めるミシェル政権への嫌がらせだという話も流れている。各地域が独自の決定をできることが連邦制の利点であったが，地域間の対立が激しくなれば，地域と国家，地域と地域の意思の間に齟齬が生じることを，この事件は明らかにしている。否，今やそれがEU，国際社会全体に影響を及ぼしかねないことをこの事件は明らかにしたのだ。

6　自治と共存の矜恃

　ベルギーとオランダは歴史的に欧州統合の推進国であり続けてきたが，繰り返すように，2005年にはオランダが欧州憲法条約の批准を国民投票で否決した。現在そうした「反EU」の動きがベルギーで国中に広がっているようには見えないが，そうした旗印を掲げる勢力が，「EUの首都ブリュッセル」を抱えるベルギーでさえ，存在していないわけではない。こうした勢力が支持を集めるほど，テロの脅威やソブリン危機は暗い影をこの国に落としたのだ。

　しかし，ベネルクス諸国はいずれも小国で国内市場が小さい。落ち着いて考えれば経済が立ち行かないので容易に「反EU」には傾かないはずだ。むしろ問題は，地域・地方の「自治」と多文化の「共存」を矜恃としてきた「多極共存型民主主義」の国であることに起因するかもしれない。自治の伝統が根づくがゆえに，「地域」が国のあり方に異議を唱えることができ，それによって国が右往左往しやすいのだ。しかし，その右往左往のなかで，ベネルクスはそれでも前進していくだろう。

***Essay*①　ルクセンブルク**

　この小国もまたフランス語とドイツ語の境界線上にある多文化国家である。もともと貴族の所有地（領）であったが，1354年にルクセンブルク公国に昇格した。1815年のウィーン会議で「大公国」に格上げされてオランダのウィレム1世の所有地となった。

　1839年に独立が認められた際，ルクセンブルクの公用語はフランス語とドイツ語だった。しかし領土のおよそ半分にあたるフランス語圏をベルギーに奪われ（現在のワロン地域の「リュクサンブール州」），ゲルマン系の人々が残り，彼らが話すドイツ語方言が，1984年には「ルクセンブルク語」として公用語に加わった。ただし大半はドイツ語かフランス語のどちらかを用いている。

　その後，この国はドイツ関税同盟（1842年）に加入していたが，独自の道を歩み出したのは第2次世界大戦後のことである。第1次世界大戦後の1921年には一時解放され，欧州統合の嚆矢とよぶ人もいる「ベルギー・ルクセンブルク経済同盟」を結んだり，ナ

チスの支配下にある時には1941年に「無言の抵抗」，翌年にはゼネストで闘い，弾圧されたりするなど独自の路線を歩もうとした。特に小国のため経済統合はルクセンブルク経済の生命線だった。

経済では，20世紀以降，製鉄業がこの地の経済を潤した。鉄鋼労働者の組織化も進み，しばしばゼネストが生じた。その結果，「ルクセンブルク・モデル」とよばれる，キリスト教社会党（カトリック）と社会労働者党を軸にしたネオ・コーポラティズム体制を維持してきた。現在は金融の中心地として，国民1人当たりのGDPが世界一を維持してきた。しかし，ユーロ危機はこの国の経済を直撃して，EUに対する支持率は急激に低下している。

同時に2013年には当時のジャン＝クロード・ユンカー首相（キリスト教社会党）が不祥事により辞任すると，民主党，社会労働党，緑の党が3党連立を組み，34年ぶりにキリスト教社会党を除くベッテル政権が発足した。

近年の動向では，欧州委員会委員長としてユンカーのリーダーシップが注目された。彼は長くルクセンブルクの首相として，さらに加盟国財務大臣級の会合「ユーログループ」のリーダーとして1980年代からEUで活躍し，その人的コネクションなどを活かし，強力なリーダーシップを発揮している。なお，外国人（西欧が中心）が国民の30％を占めるにもかかわらず，IS（イスラーム国）によるテロはルクセンブルクで生じていない。

(松尾秀哉)

参考文献（主要なもの）

門愛子「ルクセンブルク」網谷龍介・成廣孝・伊藤武編『ヨーロッパのデモクラシー（改訂第2版）』ナカニシヤ出版，2014年。

権丈英子「オランダの労働市場」日本労働研修・研究機構『日本労働研究雑誌』2018年。

作内由子「柱状化社会」津田由美子・松尾秀哉・正躰朝香・日野愛郎編著『現代ベルギー政治』ミネルヴァ書房，2018年。

桜田美津夫『物語オランダの歴史——大航海時代から「寛容」国家の現代まで』中公新書，2017年。

日野愛郎「オランダ・ベルギー」網谷龍介・成廣孝・伊藤武編『ヨーロッパのデモクラシー（改訂第2版）』ナカニシヤ出版，2014年。

松尾秀哉『ベルギー分裂危機』明石書店，2010年。

松尾秀哉『物語ベルギーの歴史』中公新書，2014年。

水島治郎「オランダ」馬場康雄・平島健司編『ヨーロッパ政治ハンドブック（第2版）』東京大学出版会，2010年。

水島治郎「オランダにおける王室の展開——時代の流れにそって」水島治郎・君塚直隆編『現代世界の陛下たち——デモクラシーと王室・皇室』ミネルヴァ書房，2018年。

峯陽一「紛争処理における多極共存型モデルの可能性——南アフリカ共和国の事例から」峯陽一・畑中幸子編『憎悪から和解へ——地域紛争を考える』明石書店，2000年。

リプセット, S.M.・ロッカン, S.／加藤秀治郎・岩渕美克編『政治社会学——クリヴィジ構造, 政党制, 有権者の連携関係』, 一藝社, 2008年.

Lijphart, Arend, *Democracy in plural society: a comparative exploration*, New Haven : Yale University Press, 1977.

Lijphart, Arend, "Power Sharing in South Africa", *Policy Papers in International Affairs*, No. 24, Institute of International Studies. Berkeley : University of California : 137-171, 1985.

Lijphart, Arend, "Constitutional design for divided societies", *Journal of democracy*, Vol. 15, No 2, (April 2004) : 96-109, 2004.

国立国会図書館調査及び立法考査局『各国憲法集（7）オランダ憲法』, 2013年.（http://dl.ndl.go.jp/view/download/digidepo_8186538_po_201203c.pdf?contentNo=1, 2018年11月21日最終閲覧日）

長坂利寿「オランダ」財務総合政策研究所『「経済の発展・衰退・再生に関する研究会」報告書』2001年（https://www.mof.go.jp/pri/research/conference/zk051/zk051a.htm, 2018年11月22日最終閲覧日）

JETRO ウェブサイト（2019年3月25日最終閲覧日）
　ベルギー（https://www.jetro.go.jp/world/europe/be）
　オランダ（https://www.jetro.go.jp/world/europe/nl）

読書案内

松尾秀哉『連邦国家ベルギー——繰り返される分裂危機』吉田書店, 2015年.
　＊ベルギーの近年の言語問題の状況とその要因を連邦制度の効果に注目して論じたもの。また1990年代以降のベルギーの状況についても論じている。

水島治郎『反転する福祉国家——オランダモデルの光と影』岩波書店, 2012年.
　＊本章でも紹介したオランダモデルの背景と、それにもかかわらず、移民排斥主義者などが台頭する要因を関連づけながら解説した良書。

トラウシュ, G.／岩崎允彦訳『ルクセンブルクの歴史——小さな国の大きな歴史』刀水書房, 1999年.
　＊現在邦語で読める、最も簡易なルクセンブルクの歴史書。近代以降の近隣諸国との関係に特に詳しい。

映画案内

『神様メール』（ジャコ・ヴァン・ドルマル監督, 2016年公開）
　＊ベルギー人の監督による、日本・ベルギー修交150周年を記念して公開されたコメディ。ブリュッセルに住んでいるという「神様」の娘が人々に余命宣告をメールしたことで起こる騒動を笑いとともに描く。DVD 化されている。ちなみにこれが公開される前なら、修道院や植民地問題が絡んだ、オードリー・ヘップバーン主演の『尼僧物語』を挙げていた。

◾本章は科学研究費補助金　基盤研究（C）「なぜブリュッセルはテロの巣窟と化したか——もう一つの「連邦制の逆説」？」（課題番号 18K01441）（研究代表者　松尾秀哉）による現地調査の成果の一部である。

(松尾秀哉)

第8章
バチカン市国

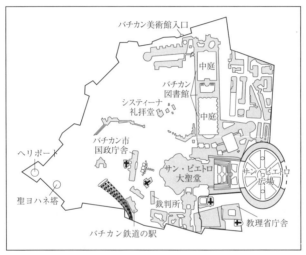

出典:松本(2013)。

正式国名:バチカン市国,ただし国連の成員としては「聖座(Holy See)」,**面積**:0.44km^2,**人 口**:850人程度,**民 族**:イタリア人,スイス人およびその他世界中の民族,**公用語**:ラテン語,イタリア語,スペイン語,英語およびその他の言語,**宗 教**:100%カトリック,**通 貨**:ユーロ,**GDPなど**:2011年以降国家予算にあたる歳入と歳出は公開されるようになったが,GDPなどは非公開。CIAによる概算ではGDPは3億800万米ドル,1人当たりは36万5,796米ドルとされる

バチカン市国はなぜ東京ディズニーランドより狭いのか

　バチカンには，1年を通じて多くの観光客が訪れる。ミケランジェロが設計したといわれるサン・ピエトロ寺院や，その同じミケランジェロが描いた聖書の「最後の審判」の壁画があるシスティーナ礼拝堂，またルネサンス時代を代表する画家ラファエロが壁に直接描いたフレスコ画などがあるバチカン美術館，長蛇の列に並んでも一度は見たい芸術作品の宝庫である。そんな観光の名所と知られるバチカンは，中世までは絶大な権力を誇っていたが21世紀では単なる美術館としての存在であろうか。

　大聖堂の広場の左手には，これまたミケランジェロがデザインしたオレンジと青の縦縞のおしゃれな制服を着けたスイス傭兵が仁王立ちになっている門がある。そこに観光客が入って行こうとすると「バチカン市国内への入国には特別許可が必要」と追い返される。ここはイタリアの首都ローマの一角ではあるが，別の国への入り口なのである。

　「え！　バチカン市国？　イタリアじゃあないの？」

　そうバチカンはイタリアからは独立した，れっきとした独立国家，バチカン市国である。その面積，東京ディズニーランドの敷地より狭い$0.44 km^2$しかないが，世界中に多くのカトリック信者を持ち，多大な影響力をおよぼしているカトリック教会の総本山である。現在その人口僅か1,000人以下であるが，この「国」のトップであるローマ教皇は，世界の12億人のカトリック信者を束ね，その国際的な影響力は計り知れない。

　そのため，国際政治でも体制の異なる国同士の仲介役なども積極的な役割を果たしてきた。しかし日本はキリスト教国でないため，その影響力といわれてもピンとこないであろう。小説が映画化された『ダヴィンチ・コード』で描かれるような謎につつまれた世界という認識はあるかもしれない。世界最小で最古の国家の1つのバチカンは，宗教国家ではあるものの，神秘的な世界ではなく現実の政治を動かしている組織である。インターネットには多くの陰謀論も溢れているので，本章では正確な情報を提供することを意図する。

　この世界最小国が誕生したのは，意外と最近のことで20世紀になってからである。

　1929年にバチカン市国が誕生したのであるが，その歴史的な経緯，そしてその後のバチカンの外交や世界との関わりなどについて明らかにしていく。

　教皇の選出はコンクラーベという教皇の選挙によって決まり，完全密室の秘密選挙がシスティーナ礼拝堂で始まった。秘密でミステリアスなイメージがあるが，この選挙は11世紀ぐらいに枢機卿団という教皇の候補者たちの投票制度が確立，貴族などの世俗の権力者の利害を排除するために外部から遮断されたという理由による。現在もこの枢機卿団の互選によって教皇が選出される。このコンクラーベでは新教皇が決まると白い煙，決まらないと黒い煙が煙突から排出されて，サン・ピエトロ広場で待機している信者たちに知らせる。最近だとフランシスコ教皇が2013年3月に選出され，夕方であったことからバルコニーから現れて，「ボナセーラ（こんばんは）」と挨拶し，信者たちの声援に

応えた。

　このフランシスコ教皇は，ラテン・アメリカのアルゼンチン出身で，ヨーロッパだけでなく，アジアやラテン・アメリカを含むアメリカ大陸での外交にも熱心である。アジアについては韓国やフィリピン，スリランカ訪問に加えて2015年1月にタイやベトナム，ミャンマー人の枢機卿を指名し，125人いる枢機卿の中ヨーロッパ国籍は57人の半数以下になった。中国とは，一説によると隠れキリシタンが1億人弱いると噂されるなか，国交回復を目指して交渉が本格化し，2018年9月下旬に暫定合意に至ったニュースが世界をかけめぐった。

　こうした国際政治の重要なアクターとしてのバチカンについては，外交の項目で詳しく見ていく。

1　最古にして最小

　バチカンの政治の概要を理解するために，バチカン市国が成立するまでの歴史を述べる必要がある。

歴史——古代〜中世〜近代

　ローマ教皇は神の代理人であり，現教皇は第266代目で，第1代は聖ペテロである。ペテロはキリストの12使徒（弟子）の1人で，教会を建てるように命じられた。教会こそ基礎であり礎ペテロは岩を意味する名前で，古代ローマ時代コンスタンティヌス帝が，ミラノ勅令によりキリスト教を認可する以前に，逮捕され処刑されて殉教した。

　1054年ローマ帝国が東西に分かれたのに伴い，東方教会と西方教会に分裂，東方教会は正教会としてギリシャ，アルメニア，シリア，ロシア正教会となり，西方教会は対抗してその正当性を主張するために普遍的を意味するカトリックを名乗るようになる。東方教会にはこれら正教会以外に，エジプトを中心とするコプト正教会，エチオピア正教会，レバノンを中心としたマロン典礼カトリック教会（東方典礼カトリック教会）などがあり，彼らの存在は21世紀のバチカンの対中東やロシア外交を理解する上で重要である。

カノッサの屈辱から大分裂へ

　司教などの聖職者の叙任権をめぐって教皇グレゴリオ7世と，皇帝ハイリヒ4世が対立し（叙任権闘争），絶大な権力を誇っていた教皇は，皇帝を破門し，これに対して皇帝は1077年1月25日から3日間，カノッサの城門で素足と断食で教皇への破門の解除を嘆願，教皇から赦しを乞いた，屈辱的な事件である。教皇権が皇帝権を凌いだ全盛期であったが，その後14〜15世紀に徐々に衰退していった教皇権は，フランス国王のいいなりとなりアヴィニオンに教皇庁が移転され，教皇はこの地に幽閉される。アヴィニオン幽閉が終了した後も，ローマの教皇とフランス王が任命した教皇と2人以上の教皇が存在するシマス（大分裂）時代に突入し，教皇権

はさらに没落，後に宗教改革を招いた。

宗教改革　権威の低下や教会内の腐敗に対して，これに抗議したドイツのルター，スイスのカルバン，そして前後して，英国のヘンリー8世による英国国教会の設立などによってプロテスタント諸教会が設立する。これらに対してトリエント公会議を開いたバチカンは，対抗宗教改革を行い，その布教先を欧米だけでなく，アジアやアフリカにまで拡大した。

その後欧州ではウエストファリア体制が形成されたが，カトリックとプロテスタント陣営の欧州諸国が分かれて30年戦争を経て，後者の勝利により前者とバチカンの権威が低下し，後者と前者が同等になり，近代的な世俗国家同士の国際法や条約の締結が開始されたことによる。

フランス革命，リソルジメント，ローマ問題
フランス革命は，近代の教皇権に対する大きな挑戦であった。革命勢力の司令官として頭角を現したナポレオンは，教皇ピウス6世を拉致，フランスの地で失意のうちに死去した。後任はオーストリア・ハプスブルク支配下のヴェネツィアでのコンクラーベで，新教皇ピウス7世が誕生し，ナポレオンに対して巻き返しを図った。ウィーン会議では国務長官コンサルビが外交術によって教皇領を取り戻した。その後，イタリアでは民族運動が起こり，独立・統一国家が形成されるにあたり，教皇ピウス9世と新イタリア王国国王は激しく対立，教皇は自らを囚人としてバチカン内に引きこもり，イタリア王国と国交を断絶した。これをローマ問題とよび，王国成立後も，イタリア国民のほとんどがカトリック教徒であることから教育や婚姻，政治の場に混乱を引き起こした。

バチカン市国の成立　その後ファシズム期に両者は和解し，1929年2月にラテラノ条約をイタリア王国と締結し，ピウス9世以来のイタリア王国と断絶状態，「ローマ問題」を約60年ぶりに解決した。バチカンがイタリア王国を承認，同時にイタリア政府もバチカンを独立国，主権国家として承認し，ここに世界最小国家バチカン市国が成立した。バチカンは返還を求めていた広大な教皇領を諦め，代償として7億リラを受け取り，以後のバチカンの財源となった。ムッソリーニは，バチカン（カトリック教会）のバックアップを受け，そのファシズム政権の基盤を固める意図があったからである。

戦後から冷戦期にかけてもバチカンは，イタリア国内の最大の与党だったキリスト教民主党と，その保守政治に関わって繋っており，特に冷戦期一定の支持を得ていた共産党が政権を取らないよう抑え込むために，米国とともに協力を惜しまなかった。また一方で両者の関係はいつも良好ではなく，社会の変革とともにバチカンはイタリア社会と対立する場面もあった。そういう意味でその外交はイタリアを頭越しに行われることも多々ある。

ナチ・ドイツとの条約およびホロコーストをめぐる論争

　ナチス台頭後，ナチ党とドイツのカトリック教会は対立していたが，ドイツ中央党党首フランツ・フォン・パーペンがナチスに接近，1933年にナチスが政権を握った後，同氏は副首相に就任して，ドイツ中央党（カトリック）はいわゆる全権委任法（反共産主義）に賛成し，ナチスとカトリックの協力関係が築かれた。同年7月にはドイツとピウス11世の間に政教条約が結ばれ，ナチス政権はカトリックの保護を約束し，教会は司教・信者のナチスへの忠誠を誓った。カトリック教会がナチスを容認した理由は反共産主義で一致したこと，ドイツ領内のカトリック教徒の保護とバチカンの保護のためであった。

　一方，ラテラノ条約締結後のイタリア王国とバチカンの関係は悪化し，カトリック活動団をファシスト政権が弾圧したためである。ピウス11世は1931年には回勅「ノン・アビアモ・ビゾーニョ（我々は必要としない）」で公式にファシスト党を非難した。ナチスは1936年頃から政教条約を無視，カトリック教会の青年運動などを弾圧し，カトリック教会との対決姿勢を見せた。教皇は1937年の回勅「ミット・ブレンデル・ソルゲ（深い不安とともに）」で，ナチスが人種・民族・国家を神格化していると非難，その非人道的行動を非難し，ナチスのユダヤ人の取り扱いについても，改宗する限りキリスト教徒と同じであると主張，糾弾している。1937年の回勅「ディヴィニ・レデンプトーリス（聖なるあがない主）」では共産主義を糾弾。ピウス12世はバチカン銀行であったローマ銀行頭取の家柄の，パチェッリ家出身であった。ドイツのバイエルンやワイマール共和国の教皇使節を務めた後，1917年にピウス11世によって枢機卿になり，バチカンの国務長官となる。そのためピウス11世時代に締結された，プロイセンやオーストリア，ドイツとの政教条約締結に大きな貢献をし，ヨーロッパやアメリカを頻繁に訪問した。特に1933年7月20日にパチェッリ枢機卿の主導で教皇庁がヒトラー総統率いるナチス党政権下のドイツと結んだ政教条約は，ナチス党政権下のドイツにお墨付きを与えたものとして後に大きな非難を招くことになる。第2次大戦目前1939年3月2日，パチェッリ枢機卿は教皇ピウス12世として選出される。戦争が始まると，第1次世界大戦時のバチカンは「不偏」の立場に倣った。しかしピウス12世がナチス政権下のドイツのユダヤ人虐殺に対して明確に非難しなかったとして，戦後激しく糾弾される。

　バチカンの戦争中のユダヤ人への対応については現在も大論争が展開されている。1943年ドイツ軍がローマを占領すると，多くのユダヤ人がバチカンでかくまわれ，バチカンの市民権を得たにもかかわらず，批判者によれば，バチカンがはっきりとユダヤ人迫害を非難すれば，ドイツ軍も決して思い通りにはできなかったと主張している。ナチス党政権下のドイツに対しても単にいいなりになっていたわけでなく，政教条約を結んだ立場として，さまざまな苦言を呈し，前述の回勅は，ラテン語でなくドイツ語で正式版が書かれた珍しい文書で，ナチス党政権下のドイツに対する憂慮を公式に表明している。宗教を否定する共産主義に対する防壁としてのナチス党政権下のドイツへの期待，

同じ理由で満州国への承認や日本との公式外交関係を1942年に樹立した。ナチス党政権下のドイツの暴力から無防備なカトリック教会を守ることも意図していたからである。他方で，第2次世界大戦中のローマでバチカンが，ユダヤ人をナチ・ドイツに引き渡したという批判もある。

これは1943年8月イタリアが枢軸国側の北部と連合国側の南部に分裂した時に，無防備都市となったローマにドイツ軍が侵攻し，ナチス親衛隊がユダヤ人ゲットーに踏み込み，1万2,000人のユダヤ人を検挙・連行したことからいわれるものであり，R. ロッセリーニの映画『無防備都市』のオープニングに描かれるこの残忍なシーンは有名である。

だが実際は，ナチス親衛隊がユダヤ人ゲットーに踏み込んだという一報を聞くとピウス12世は，すぐにマリヨーネ国務長官に電話してドイツ大使を呼び，ユダヤ人逮捕の中止を要請している。これに対してドイツ大使は，本国政府に直接抗議するように求めたという。

ピウス12世は，本国政府に直接の抗議を行わず，バチカン市国内とカトリック施設にユダヤ人をかくまう行動をとる。ナチス占領下のローマにあってバチカン市国は主権を維持しており，バチカン市国内に477人，女子修道院を含むさまざまなカトリック教会施設に4,000人余り，近郊の教皇の別荘には3,000人を避難させた。この対応に，建国後のイスラエル政府は「諸国民のなかの正義の人」賞をピウス12世に贈って感謝の意を表してはいる。だが，本国政府に直接抗議をしなかった点が批判対象になっているようだ。

最後にホロコーストに対して不作為であったという批判である。

バチカンに批判的な立場からナチス党政権下のドイツと教皇庁の関係を描いた作品に，ロルフ・ホーホフートの戯曲『神の代理人』（1963年）がある。2002年に社会派映画監督コスタ・ガブラスによって『ホロコースト――アドルフ・ヒトラーの洗礼（原題 Amen）』と改題，映画化され，欧米では大きなセンセーションを巻き起こした。

ホロコーストについては，1942年6月頃になるとワシントンやロンドンでも，ポーランド経由でユダヤ人に対する絶滅収容所や虐殺の情報は流れていた。これに対して，ルーズベルト米大統領とチャーチル英首相は，教皇がヒトラーの残虐行為を非難するのが有効と考えていた。そのためイギリス在バチカン公使を介して絶滅収容所の資料をタルディーニ国務次官に渡して，教皇によるナチ批判を要請した。

ピウス12世は，これに応えて1942年のクリスマス・イヴ・ラジオメッセージで「何百，何千という人々の命が，国籍や人種という理由だけで，奪われ，絶滅の危機に直面していることへの懸念」と表現し，ナチスによるホロコーストについて一定の抗議は行っていた。ただし生ぬるいとの批判はついて回っているようである。

いずれにせよ，第2次世界大戦中のピウス12世，ひいてはバチカンに対する批判的な論調が大きくなるのは，冷戦終結後の1990年以降である点が興味深い。バチカンは冷戦中，西側勢力の反共産主義の牙城であり，そのイデオロギーの拠り所として重視されていた。しかし冷戦が終結すると，封印されていたものが表面に噴き出すように批判が始

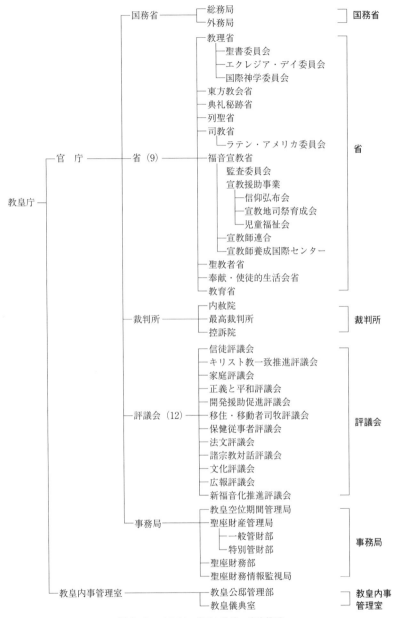

図 8-1 バチカン市国の政治・省庁構造
出典：カトリック中央協議会のウェブサイト。

まった。

国家体制全貌

基本的に終身制　2013年2月に教皇の歴史的退位と新教皇の選出劇が起こった。教皇は本来終身制なのでこの前教皇ベネディクト16世の退位は，自らすすんで正座を下りたケレスティヌス5世以来，実に1,300年ぶりといわれる。そしてその翌月3月13日にコンクラーベを経て，新教皇フランシスコが誕生した。その後も「定年」したベネディクト16世はバチカン内に留まり，保守的な立場で，現教皇のリベラルな立場と対立しているのではないかと，イタリアのメディアなどでは報道されている。

回勅とは　教皇が定期的に発布する世界中の司教などの聖職者および信者にむけた言葉で，大きな影響力があるといわれる。信者でない者に対しても国際秩序の規範，国連が提唱する多国間・多文化・多宗教の協調（多元主義）などとも親和性もあり，国際政治に一定の役割があるとされる。

政治・権力構造　図8-1にあるように，各省庁，裁判所，評議会，事務局，教皇内事管理室などに分かれているが，いわゆる三権分立の体は成していない。また議会制でもないことから，行政権，立法権，司法権を持つ教皇による神権的な絶対君主制に近い。世界中のカトリック司教団を代表する司教代表会議が，教皇に対する諮問機関の役割を果す。また省のなかでも，国務省は米国のそれ（外務省的役割）とは大きく異なり，教皇から行政権を委託されている最高機関で国務長官とは，首相のような役割を担う。国務省内の外務局が外務省的な外交を担う役割にある。

メディア　プロパガンダという言葉は，カトリック布教省の名前に起源があることから，広報活動は中世から存在し広報評議会は現存する。近代以降『オッセルバトーレ・ロマーノ』という公式新聞，バチカン・ラジオ局が世界へのマルチ言語の報道手段であったが，21世紀以降はインターネット発信，特にツィッターやインスタグラムなどにも力を入れている。フランシスコ教皇のアカウントのフォロワーは，米大統領トランプをはるかに上回る。

2　資金と国際NGO

経済（財政・金融・郵政）職員数とこれにかかる人件費は，2,880人の1億2,660万ユーロ，教皇庁純資産は9億3,900万ユーロである。国家予算にあたる歳入は約5億ユーロ程度で，歳出は4億ユーロほどといわれるが年によって変動が激しく，「聖ペテロの献金」とよばれる世界中の信者から集められた歳入の額は公開されていない。美術館の入場料，切手，そして世界中の信者からの献金や教区税の一部などが歳入である。1980年代にバチカン銀行が，各国の民間の投資銀行を通じて投資運用し資金を調達していたが，その主力であったアンブロジアーノ銀行が，マフィアなどの反社会的集団とと

もにマネー・ロンダリングに関与し，関係者が暗殺されるなどのスキャンダルで破綻し，それ以降はロスチャイルド銀行などがその役割を担っている。その後もマネー・ロンダリング疑惑が浮上し，フランシスコ教皇就任以降は，この問題に厳しく対処する方針が取られている。通貨はイタリアのユーロ通貨，デザインの異なる等価値通貨が流通し，ユーロ圏では使用可能であるが，切手は等価値であってもバチカン発行のものは，バチカン内のみでしか使用できない。

福祉政策 　世界中に展開する多くのカトリック系団体や NGO などを通じて密接に福祉と関わっている。なかでも規模が大きく世界中に展開するのが「カリタス・インターナショナル」がある。その起源は1897年11月にドイツのフライブルグの大司教ロレンツォ・ヴェルトマン（Lorenz Werthmann）によって設立され，戦後1950年に「カリタス」は，世界中のカトリック系福祉団体を組織する権限をバチカンの国務省から正式に与えられたことから，国連の活動とも連動するようになり現在に至る。日本で展開する「カリタス・ジャパン」の活動は，途上国や諸外国での難民への救援活動以外に，地震や水害など自然災害への支援活動については日本国内も対象とする。

3　人の移動への関与

国連や国連専門機関である ILO（国際労働機関）などを通じて，移民・難民問題に密接にコミットしてきた。例えば第2次世界大戦による大量難民問題に対応するために「国際難民機関 IRO（敗戦国の植民地領土からの入植者撤退など）」が1946年4月に設立され，この IRO は1951年設立の「国連難民高等弁務官事務所（UNHCR）」にとって代わられるが，これらの活動とパートナーシップを形成しているカトリック系 NGO などを通じて関わっている。直接的な関与としては，ブリュッセルに本部を置く COMECE（欧州カトリック司教団）は，バチカンの国務省の直轄下にあり，欧州における移民・難民問題に対応している。

4　軍隊なき最強の外交

軍事・安全保障 　冒頭で述べたように，永世中立国スイスからの傭兵が110人ほどいるが，近衛兵という護衛的な役割だけであり，軍隊ではない。所有する武器も槍などの非近代兵器のみである。これ以外に小銃を携帯した警備員は存在するが，軍隊は存在しない。

外交 　国籍に関しては基本的に二重国籍が期間限定で付与される。例えばバチカン大使としてアメリカ国籍の枢機卿がハンガリーに派遣される場合，大使はバチカンと米国との二重国籍である。

バチカン外交の地図を見てみると，

第8章　バチカン市国　159

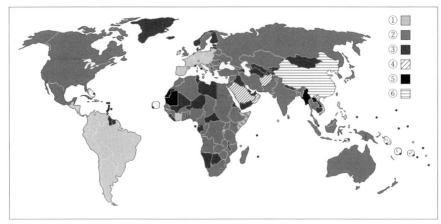

図8-2 バチカン外交の世界地図
出典：バチカン公式サイト（http://www.vatican.va/roman_curia の情報から作成）。

① ヌンティオ（Nunzio）という最高ランクの教皇大使が派遣され，特権的な外交関係にある諸国。一時的な期間を除いて，1939年のバチカン市国設立前から外交関係が存在した諸国で，イギリスを除く大陸ヨーロッパ諸国とラテン・アメリカ諸国など。アジアではフィリピンのみ。
② イギリスやアメリカ，あるいは英連邦諸国や，旧英領を含む旧欧州植民地の諸国，また中東やアフリカ諸国，日本や韓国，台湾を含むアジアの非キリスト教国であるが，現在大使レベルでの国交があるものの，国交成立は1939年のバチカン市国成立後であることを示す。冷戦期に共産主義国であった諸国，ロシアも現在はこのカテゴリーに入る。
③ 大使は常駐していないが，定期的な外交的交流がある地域。イラクやリビアなど政情が不安的な地域や，中央アジア諸国の一部やモンゴルなど。また北欧の一部やグリーンランド，東南アジアではカンボジアやネパールである。
④ 宗教的活動が困難なため国交がない，サウジアラビア，オマーン，ベトナム，ソマリア，ブルネイなどである。
⑤ カトリック教会の活動は可能だが，外交関係はない地域で，西サハラ，モーリタニア，ミャンマーなどである。
⑥ 宗教および外交どちらも交流がない。北朝鮮と中華人民共和国で，ただし後者とは2018年9月下旬に暫定的な外交交流が開始された。

バチカン市国は，1929年のファシスト政権下イタリアのムッソリーニとの間にラテラノ条約を締結し，主権を回復して国家となり，これに伴いバチカンの外交使節が各国に

派遣された。しかし近代の国民国家形成以前中世や近世から，バチカンの外交は，カトリック諸国には教皇大使（Nunzio）が存在し，この存在は世俗国家から送られた大使より地位が高い位置づけであった。例えば在スペインのアメリカ大使より，教皇大使の地位が高く，その逆も然りで在バチカンのスペイン大使が，アメリカの外交使節より地位が上で，そのため外交儀礼では，スペイン国王の謁見の順番，また教皇への謁見の順序などではそのヒエラルキーが反映された。19世紀になってもその状況は続き，特にプロテスタント諸国である英米など英語圏諸国とは，大使級（外交使節のヒエラルキーは上から大使，公使，領事や使節の順番）での公式な外交関係は戦後まで存在しなかった。

現在2010年以降の外交関係が，上記の②で，バチカンが外交関係を締結しているのが世界174カ国である。このなかには常駐の大使および大使館が存在するのは日本を含む80カ国ほどであり，それ以外は公使級やあるいは兼官が存在する。カトリック国を中心にプロテスタントや正教会などのキリスト教国はもちろんであるが，アジアや中東，アフリカなどイスラーム教や仏教，ヒンドゥー教などの諸国ともほとんど国交があり，中東ではサウジアラビアとオマーン，アフリカでは西サハラとモーリタニア，ソマリアとは外交関係はないが，交流が全くないわけではない。

共産党諸国とは国交がないのが特徴で，ソ連とは冷戦時代国交がなかったが，冷戦終結後に交渉を経てロシアとは2009年にメドヴェージェフ時代に1917年のロシア革命以降断絶していた国交が再樹立，翌年2010年には正式に大使が交換され，プーチンはロシア正教会との関係が密接なこともあり，バチカンとは良好な関係を持っている。

キューバは，革命勃発以降国交断絶しなかった唯一の共産主義国であり，1935年に国交樹立以降現在に至るまで，脈々と国交が存在し，そのためキューバ・ミサイル危機の時にソ連とアメリカの仲介役，また近年だと2015年にアメリカのキューバとの国交回復にバチカンが関与したことはよく知られている。

中国，中華人民共和国とは1949年以降，国交がない。共産主義国である上にキリスト教徒（共産党政権に服従しない）に対する激しい弾圧があることで国交回復は難しいと考えられてきたが，司教の任命権をめぐって交渉が2000年代後半に開始され，フランシスコ教皇就任以来，彼の右腕パロリン国務長官による継続的な努力の結果，2018年9月下旬に暫定合意が成されたと発表で，世界に衝撃が走った。日本を含む欧米メディアは，バチカン側の中国への妥協として否定的な評価が目立つ。また外交関係がある中華民国（台湾）や香港の司教が反対を唱えるなど懸念が表明されている。

他の共産主義や社会主義国で国交がないのは，北朝鮮，ベトナム，ミャンマー，ラオスなどだが，ベトナムとは外交交渉が進行し国交樹立の可能性が示唆されている。ミャンマーとラオスとは国交がないものの，教皇使節は存在し，特に前者にはロヒンギャ難民問題で教皇フラススコが2017年末にバングラディシュとともに緊急訪問し，仏教対イスラーム教の宗教対立の仲介役を果そうとしたこともあり，交流は存在する。

韓国との外交関係は人口の30〜40％近いキリスト教徒が存在することから重要で，多

数派はプロテスタントであるが，カトリックも10％以上存在することから，韓国のカトリック教会と北朝鮮の地下教会を通じての南北交渉にも一部関与している。バチカンは非核化や核の平和利用には特に高い関心があり，IAEA（国際原子力機関）の投票権を持つ正式なメンバーである。

多くのイスラーム諸国とも国交があり，北アフリカや中東については東方教会や正教会系のキリスト教徒が少数派ながら存在する国々との外交関係は，彼らの命を守るという，バチカンの国益ゆえである。ただしすでに述べたように，サウジアラビア，オマーン，アフガニスタン，ソマリア，モーリタニア，ブルネイとは国交がない。

日本との正式な外交関係は1942年に「公使」レベルで確立し，終戦までビシー政権フランスの公使兼任であった原田公使がバチカンにも派遣され，バチカン内のアメリカ特使と終戦工作の話し合いが持たれたが実現しなかった。敗戦後日本がアメリカ占領政策を経て主権を回復した1952年にバチカンとの間に正式な外交関係の交渉が再開し，日本は1958年にバチカン市国日本公使館を大使館に格上げし，バチカン側は1966年に東京のローマ法王庁公使館を大使館に格上げし現在に至る。

特殊外交関係　英米などの主な英語圏の諸国はプロテスタントであり，非カトリック諸国であったことから，19〜20世紀前半までその正式な国交がなく，「特殊外交関係」とよばれた。バチカンが英米と国交を樹立すると，冷戦時代は共産圏の諸国と「特殊外交関係」を結んで，非公式な外交交渉が行われた。戦前から戦後冷戦期のアメリカとの関係の様に非公式でありながら，重要な外交交渉が行われる場合もあり（詳細は後述），軽視できない関係であった。

以上が二国間の外交関係の概要であるが，バチカンは多国間外交も重視していることから，国連をはじめとする国際機関やEU（欧州連合）のような地域（統合）共同体にも，別途教皇大使などの外交使節を派遣している。

国連ではバチカンではなく Holy See（教皇聖座：日本外務省による呼び名）として，中立性維持のために投票権は持たない選択をしながら，「恒久的オブザーバント」の地位を保持，国連本部のあるニューヨークと，国連人権理事会があるジュネーブにはそれぞれ，教皇大使（ヌンツィオ）が駐在（常駐）しており，アメリカ合衆国（ワシントン）やスイス連邦（ベルン）に派遣されている教皇大使とは別途に存在する。またEUでも類似の地位だが，成員ではない。その本部のあるベルギーのブリュッセルには，EUへの教皇使節とベルギー王国への教皇大使は別々に存在する。

アメリカとの特別な関係

第2次世界大戦後，連合国としてともに戦ったアメリカとソ連は，国際社会の主導権をめぐり徐々に対立を深め，世界は米ソ2つの陣営に分かれ，冷戦期になると，バチカンは，反共産主義の立場から，アメリカに接近していく。

バチカンとアメリカは歴史的に決して友好的な関係ではなかった。アメリカは，そも

そもピューリタンによって建国された国である。多数派のプロテスタント教徒は，国内のカトリック教徒が，大統領の命令よりも国外の教皇の命令を優先するのではないかという懸念を根強く持っていた。そのため，反カトリックや反教皇意識が強く，特にカトリック教徒が多いアイルランド系は教皇の手先とさえみなされていた。

ルーズベルト大統領はニューディール政策の一環として，当時労働者階級であったアイルランド系やイタリア系のカトリックに対するボトム・アップ政策を行い，また外交では大戦勃発前夜に欧州情勢の情報収集にバチカンに外交特使を送ることが有益であると考えた。マイロン・テイラーは，アメリカ鉄鋼業界の富豪で，大統領が行った経済政策を支える重要な資本家の1人であり，大統領の個人特使となった。

個人特使マイロン・テイラーの派遣

またバチカン側も，1939年9月にドイツがポーランドに侵攻し，第2次世界大戦が始まると，戦争の拡大を危惧し，アメリカに外交特使のバチカンへの派遣を要請した。そして同年12月大統領の個人特使としてマイロン・テイラーが派遣される。テイラーの派遣は，非公式の水面下の外交交渉のためで，表向きには，イタリアの赤十字を支援するなどチャリティー活動であった。しかしテイラーはアメリカが提案した1938年のユダヤ人難民問題を話し合うエビアン国際会議に代表として派遣された経験もあり，実際にはユダヤ人難民救済活動や戦争捕虜問題など，バチカンや赤十字と協力しての外交活動であった。この後も第2次世界大戦中，バチカンとアメリカの関係はテイラーが担うことになる。

イタリアの参戦に伴って，そのファシスト政権およびナチ・ドイツから支持を得ていたスペインのフランコ政権の，枢軸国側への参戦の可能性が増大した。これに対してもバチカンとアメリカは協力して，スペインの参戦阻止を図った。

同様にカトリック国であったポルトガルは，1932年からのサラザール政権が独裁的体制下にあり，スペインのフランコ政権を支持していたので，ポルトガルに対してもバチカンとアメリカは協力して，中立状態にとどまらせた。さらにポルトガルは中立国であったにもかかわらず，テイラーの説得もあり連合国の空軍基地使用を認めさせることにもなった。

イタリアやドイツと政教条約を結んでいたバチカンであったが，テイラーとのやり取りの過程でアメリカの国力に徐々に取り込まれていく。テイラーは非公式な外交代表であるからこそ可能だった大胆な外交政策もあり，着実に両者の距離は縮まっていった。そして両者の関係がさらに接近するのは，戦争末期から戦後の冷戦時代である。

1945年5月にドイツの降伏でヨーロッパの第2次大戦は終結，8月には日本の無条件降伏で太平洋戦争が終結する。ドイツ降伏の数週間前にルーズベルトは脳卒中で急死し，副大統領のハーリー・トルーマンが後任となったが，テイラーは大統領個人特使であったことからも，ルーズベルトの死去に伴ってその任務を終えてアメリカに帰国し，バチ

カンには戻らないはずであった。しかしヨーロッパに再び共産主義が拡大する脅威が迫ると，テイラーは，トルーマン大統領の下，再びバチカンとの外交交渉を担うためにトルーマンの個人特使としてバチカンに再派遣されることになる。

第2バチカン公会議とエキュメニカル

1958年10月ピウス12世が死去すると，その後任となったヨハネ23世の就任と翌1959年から開始された第2バチカン公会議の準備が開始された。それでもバチカン内の保守主義者は，世紀の大改革第2バチカン公会議の実現など無理だと抵抗し続けたが，ついに1962年2月に公会議開幕にこぎつけた。そしてこの公会議開幕から約10カ月後，同会議の真っ只中でキューバ・ミサイル危機が発生する。その危機の回避のための交渉の背後で展開したヨハネ23世のバチカン外交力の重要さが強調される。彼こそがキューバ・ミサイル危機をめぐる交渉の仲介的な役割に大きく貢献し，そしてこの危機が去った直後，公会議の時に出した有名な回勅「パチェム・イン・テリス（Pacem in Terris）」は世界中のカトリック，非カトリックに関わらず，大きなインパクトを与え，以後リベラルな国際秩序の規範となり，少なくとも国連や国際機関との協力によるバチカンの国際協調外交の基盤となった。実際バチカンは，第2バチカン公会議の閉会式をニューヨークの国連本部で行い，ここで正教会のトップと1,000年ぶりの和解とともに国連への正式加盟を表明した。

公会議をめぐってはエキュメニカル（キリスト教一致）推進のリベラル派の教皇本人，国務長官のタルディーニ枢機卿，またWCC（世界プロテスタント教会協議会）とのリエゾン役にあったオーガスティン・ベア枢機卿など一連の新トマス主義者と，これに対する保守派は検邪聖省長官代理アルフレド・オッタヴィアーニ枢機卿，後に教皇ベネディクト16世となるラッツィンガーを含む「ローマ派」とよばれる聖職者たちであった。この2派はすでに準備段階で激しい論争と対立のうちにあったが，結局教皇ヨハネ23世の意思が通り，「エキュメニカル促進事務局」が立ち上がり，「ローマ派」の枢機卿たちはこれを無視したが，7回にわたる準備委員会総会を経て，1962年10月11日の開会式に至った。

この会議は約100年ぶりに開催されたバチカンと世界のカトリック教会の現代化を掲げた，構造的・神学的・社会的な刷新を図るものであり，公会議以後もこれに賛成するリベラル派と反対する保守派に2分されたという見方もある。またプロテスタント教会や正教会など他のキリスト教会との一致（エキュメニカル），正式に和解し教義の摺り合わせなどの努力なども進行し，21世紀の現在でもその社会と政治への影響力がある。

冷戦期の共産圏諸国との関係

第2バチカン公会議後，パウロ6世は，ソ連をはじめとする東ヨーロッパ諸国との関係改善を推し進めた。この背景にはキューバ・ミサイル危機後，東西首脳の緊張緩和

（デタント）を求める動きがあった。1962年のキューバ危機は当時の教皇ヨハネ23世の仲介であり、米ソの核戦争を寸前で回避したからである。さらにこれは数年後、西ドイツのヴィリー・ブラント首相が進めた東方政策によって具体化し、バチカンも結果的にこれと連動することになる。

　パウロ6世は就任直後の1963年から、共産主義政権下で信仰の自由を主張したために軟禁状態から裁判にかけられ収監されていたチェコスロヴァキアのジョゼフ・ベラン大司教の釈放を求めていた。この時交渉に当たったのが外務評議会委員長だったアゴスティーノ・カサロリである。カサロリは当時、「特殊外交関係」担当の国務次官補佐だった。以後、パウロ6世の右腕として、特にソ連や東ヨーロッパ諸国との交渉に奔走することになる。「特殊外交関係」とは正式な外交関係のない国との外交交渉を指し、プロテスタント国であるアメリカやイギリスも該当するが、カサロリは共産主義国との交渉を専門とした。

　カサロリは、ヨハネ23世の時代にすでにバチカンの特使として、1963年4月ウィーンで行われた国連主催の外交会議に出向き、初めて共産圏の代表者と接触していた。彼は東西の地政学と現実主義的な国際関係を十分に理解し、その国務長官補佐という地位を最大限に利用して、バチカン外交に尽くしていく。現実主義的な国際関係とは、軍事的なものを含む安全保障政策であると考えていた。

バチカンが主導したヘルシンキ会議

　バチカンの国連などの国際機構との協力についてはすでに述べたが、1975年に開催されたヘルシンキ会議は、バチカンが中心になって行った国際的な安全保障会議である。1975年7月から1カ月間行われたこの会議の正式名は、「全欧安全保障協力会議」で、会議にはアルバニアを除くソ連を含めたヨーロッパ33カ国、アメリカ、カナダの計35カ国の首脳が参加した。

　もともとヘルシンキ会議は、ヨハネ23世の遺志を継いで、ソ連や東ヨーロッパ諸国との外交を担当していたカサロリが提案したものであり、彼自身が本会議の議長を務めた。ヨハネ23世は教皇大使時代の1945年時点ですでにソ連代表の外交官たちと交流があり、その人脈を維持し続けており、その関係をカサロリが引き継いでいたからである。

　ヘルシンキ会議開催に向けては、ソ連との間でソ連領内のウクライナやリトアニアなどカトリックと正教会の和解、カトリック信者の扱いが懸案となっていた。1974年グロムイコ外相がバチカンを訪ね教皇と謁見し、ヘルシンキで話し合う問題について調整して、ソ連政府もまたリトアニアのカトリック信者にバチカンへの巡礼を許可するなど、ソ連側も積極的な態度であった。

　バチカンはまた、会議開催に向けて、相互バランス軍縮会議などを援助し、1974年にヘルシンキで開かれたヨーロッパ安全保障共同会議にも正式に参加していた。この会議への参加は、バチカン代表が1814年のウィーン会議に参加して以来、実に160年ぶりに

国際的政治・外交会議への直接参加といわれた。

　ヘルシンキ会議は「デタントから安定へ，そして恒久的平和」を目指して，最終的にはヘルシンキ宣言を出す。このヘルシンキ宣言では，国家主権の尊重，武力不行使，国境の不可侵，領土保全，紛争の平和的解決，内政不干渉，人権と自由の尊重などの原則，信頼醸成措置の促進など安全保障や技術協力などの推進を掲げて，冷戦時代の東西対話に大きな役割を果した。

　バチカンがヘルシンキ会議で強調した人権尊重は，1978年にアメリカでジミー・カーター大統領政権が成立すると，対ソ連外交戦略のために利用しようとした，いわゆる人権外交であった。カーターは，バチカンの連絡役にモンデール副大統領を任命し，新しい東方政策の1つに人権問題を据え，ソ連・東欧諸国の国内に対して揺さぶりをかけようとした。

　これに呼応して東ヨーロッパ諸国の反体制派も攻勢に転じ，会議が開かれた翌1976年5月，ヘルシンキ宣言の履行を監視する「ヘルシンキ・グループ」がモスクワなどにつくられ，アムネスティ・インターナショナルもモスクワ支部を開設した。アムネスティ・インターナショナルは1961年にロンドンで設立され，世界に拡大した人権擁護を目的に活動するNGOであり，バチカンもこのNGOと協力関係を開始した。

ヨハネ・パウロ2世と冷戦の終焉，その評価
　1989年末の東西冷戦終結に至る過程では，東側のポーランド出身であるヨハネ・パウロ2世が東西対話と和解に大きく貢献した。彼とキューバ・ミサイル危機を止めたヨハネ23世の2人の教皇が，2014年に聖人となる列聖式には世界中から80万人が集結した。ヨハネ・パウロ2世は冷戦下で共産主義政権下の母国ポーランドの民主化運動には大きな影響を与えた。ポーランドは当時国民の98％がカトリック信者であり，教皇が1979年の着任8カ月後に初めての母国を訪問したが，熱狂的歓迎をもって迎えられた。教皇はワルシャワのピウスツキ広場に集まった人々に「（共産主義政権を）恐れるな」と訴えた。その4カ月後のストライキなどを経て政権は妥協路線を取り始め，1980年代後半には民意に押されて政権が民主路線へ転換している。このような民主化運動への後援の姿勢がソ連をはじめとする東側諸国の政府に脅威を感じさせ，後の教皇の暗殺事件につながったとされている。

　1981年5月13日，ヨハネ・パウロ2世はサン・ピエトロ広場にて，トルコ人のメフメト・アリ・アジャに銃撃された。銃弾は2発命中，重傷を負ったが，奇跡的に一命を取り留めた。2005年2月，教皇自身が著書で犯行は共産党員によると発表した。2005年3月，証拠書類が東ドイツで発見されていたとバチカン公式紙が報道し，それによると，事件はKGBが計画し，ブルガリアや東ドイツなどが協力していたという。動機は，当時の共産・社会主義圏における反体制運動，民主化運動を精神的に支えたローマ教皇の絶大な影響力を取り除くためであったとされる。

教皇はカトリック教会を基盤として，連帯の民主化路線推進を熱烈に奨励し，これを急速に進めようとした。そのためソ連の反感を買い，暗殺未遂などで自らの命を危険にさらし，ポーランドへのソ連の軍事介入の危険性を招いた。そのためカサロリのような慎重な路線は，民主化の急展開を望んでいた教皇のスピード感を調整しようとしていた。

　カサロリの最大の功績は，東方政策によるデタントと，その象徴となったヘルシンキ会議開催への具体的提案，そして本会議の議長を務めアメリカとソ連を33ヵ国によるヘルシンキ宣言への調印に導いたことである。デタントと「東方政策」の先にあるもの，民主化運動の推進と共産主義体制の崩壊である。宗教家やカトリック教会関係者以外の者たちによるヨハネ・パウロ2世の評価も大変高いが，カサロリの30年間にわたる地道な「東方政策」の努力なくしては，ポーランド人の教皇が誕生することもなかったし，その下地があってこそ教皇が活躍する場があった。

　もちろん教皇庁だけの力で，冷戦が終焉したわけではない。レーガン米大統領やゴルバチョフソ連書記長，サッチャー英首相などの著名な世界の政治的リーダーたちの力によるところが大きいだろう。しかしそのリーダーたちの1人に教皇を加えて，その宗教的・精神的影響力に注目する必要がある。米国の有名な冷戦史家のジョン・ルイス・ギャディスもヨハネ・パウロ2世を世界を変えた1人としている。レーガン大統領が「ちょうどソ連が経済力の低下でその軍事力，諜報力，プロパガンダ力を失いつつあった時に，ヨハネ・パウロはその勇気，雄弁さ，想像力，信念と信仰でもって共産主義を切り崩し，やがて冷戦を終結されるパワーを持って登場したのである」と述べている。大統領は「ポーランドの勇気」に感化され，教皇と同じゴールである共産主義を敗北させるという共通の目標にむかって，手段は異なったが，ともに協力し努力したと語っている。この教皇もこの大統領も反動保守だという批判もあろう。たが，デタントや冷戦均衡による「安定」に甘んじず，民主主義と信仰の自由にむけて人々を解放したことは事実である。ゴルバチョフへの評価も過少されてはならないが，このソ連のリーダーは，あくまで共産主義の枠組みのなかでの改革路線を唱えたのであって，決して共産主義やその体制そのものの終焉を望んだわけではなかった。

　バチカンや教皇という宗教の力が冷戦を終焉させたというのは誇張かもしれないが，冷戦という大規模で長く冷たい戦争状態が，ほぼ無血で終焉したことをどう説明するかである。1979年の教皇のポーランド訪問の9日間なくしては，おそらく冷戦の熱き戦争なしの終焉はあり得なかったのではないだろうか。

イスラーム教とユダヤ教との関係

　冷戦時代はイスラームより，無神論を唱え信仰の自由を認めない共産主義がバチカンの最大の敵だった。冷戦時代，ソ連寄りの政策を行うイスラーム教諸国のイスラーム教団とさえコンタクトを取っていた。そうしたことから，9・11が起こり，「文明の衝突」としてキリスト教 vs. イスラーム教の構図が唱えられると，これに猛反対する態度を表

明した。またヨハネ・パウロ2世は，パレスチナ暫定政府，PLO指導者アラファト議長と会談した初めての教皇でもある。シリアやレバノンには，古代から存在する無視できない数の少数派キリスト教徒が居住しており，彼らの安全を確保するためにも，また聖地エルサレム問題でも，イスラーム教徒とキリスト教徒の共存を唱えることが重要であった。特にレバノン内戦の和平交渉には，レーガン米大統領との協力関係のもとに仲介的役割を果す。イスラーム教諸国と良好な関係を維持するために，イスラエルとの国交回復には慎重で，結果1997年以降と大変遅く，批判を浴びた。ただイスラーム教諸国との必要以上の接近は，イスラエルだけでなくその後ろにいるアメリカとの関係を損ねるので配慮しつつ，バランスを取ることがバチカン外交の主眼にあった。キリスト教とユダヤ教とイスラーム教と互いに親戚宗教という見方を打ち出した。しかしピウス12世のナチスとの条約から，バチカンは反ユダヤ主義であるという強い批判があることから，ヨハネ23世以降，ユダヤ教徒との和解に本格的に取り組むことにも力を注いできた。ヨハネ・パウロ2世はポーランドのクラクフ出身で，その近郊にユダヤ人絶滅収容所として有名なアウシュビッツがあることから，また彼自身はナチス支配のクラクフで，反ナチスの地下演劇運動に関わっていたこともあり，ユダヤ・ロビーとの和解が進行したとされる。

5　注目の政策

解放の神学・貧困問題，グローバル・サウスへの眼差し

　1968年の「メデジン会議」の開催は，ラテン・アメリカの第2バチカン公会議といわれたが，「解放」という言葉はキイワードとなり，その後多くの議論が交わされる。つまり経済的発展が貧困問題を解決するわけではなく，従属的な社会・経済構造からの「解放」なくしては実現しないことが打ち出された。ボリビアの120人の司教団が「我々は民衆の間に解放への望みと正義のための闘いを見出す。それはただ，生活水準の向上を達成するためだけでなく，社会・経済資源の国政レベルの意思決定過程に参与するためのものである」と述べた。こうして生まれた「解放の神学」は，カトリシズムとマルクス主義が結びついたもので，バチカンから長らく「異端」とされてきた。しかし現教皇フランシスコは，ラテン・アメリカのアルゼンチン出身であることから，「解放の神学」に理解を示し，グローバル・サウス（南北問題をよりグローバルな枠組みで捉える）への眼差しによって貧困や格差問題に取り組もうとしている。

　現教皇は就任当初，アッシジの聖フランチェスコという13世紀に「清貧」をかかげ，当時汚職などで傾いていた教会を救った有名な聖人名にちなんで自らの教皇名を決め，貧しい人のために尽くすことの意思表明をした。南米では貧富の格差が深刻であり，教皇就任前はブエノスアイレスのスラムでの救貧活動の実績を持つ。イースター（復活祭）という，キリスト教徒にとってはクリスマスより大切なキリストの復活を祝うお祭りで，少年院の少年と少女の足を洗って接吻したとして話題になった。キリストは聖金

曜日に十字架にかかるのだが、その前日である木曜日に「最後の晩餐」で12人の弟子の足を洗ったという聖書の言い伝えにならった儀式である。従来教皇が聖職者の足を洗うのだが、ローマ郊外の少年院の12人、うち2人が女の子（聖職者は男性のみなのでかつて女性が含まれたことはなかった）で、さらにイスラーム教徒が含まれていたのは前代未聞であった。そのため保守派が一部反発しているようだが、民衆の反応は大変肯定的で「貧者のための教会」「謙虚な教皇」という評価を得ていた。

　2013年3月に教皇の座に就いて多くの改革を行ってきた教皇フランシスコである。教皇フランシスコは就任以来、システィーナ礼拝堂での伝統儀式などカトリック教会2,000年の歴史を背負うと同時に、贅沢を排し、貧困、労働、環境、難民、離婚、中絶、同性愛などの社会問題や国際問題に関与してきた。貧困・格差問題についてはとりわけ熱心に取り組んでおり、教会の枠を超えた人気を誇り、すっかり国際政治に不可欠なプレーヤーとなった。

6　宗教国家と科学

現教皇と21世紀の諸問題

　南北アメリカ大陸については2015年の9月下旬にキューバとアメリカを訪問して大歓待を受け、その後キューバでローマ教皇が1,000年ぶりにロシア正教のキリル総主教と会談した。こうしてアメリカとキューバの国交回復に仲介的な役割を担い、その後メキシコ訪問中は、メキシコからのアメリカへの移民問題をめぐりアメリカ大統領選挙の共和党の候補であったトランプと口論、またその後はサンダース民主党候補とはローマでの学会に招待した折に会見し、翌日はギリシャにシリア難民に会いに行き数人をバチカンに連れて帰った。

　環境問題については2015年の6月に約200頁以上にわたる地球温暖化についての回勅を出し、2016年には再生医療学会を開催、倫理的な問題があるといわれていた胚幹細胞（ステムセル）培養による癌治療への道を開くなど科学や医学の進歩にも積極的な姿勢を見せている。アマゾンの自然破壊に対してラテン・アメリカの地域単位で、またグローバルな規模での取り組みが始まり、パリ協定（第21回気候変動枠組み条約締約国会議）など環境問題に関する国際的な規範形成に、2015年6月の回勅が規範形成に貢献したともいわれている。2018年3月に公開されたヴィム・ヴェンダース監督制作の現教皇のドキュメンタリー映画にも、水中のプラスティックの廃棄物を痛烈に批判した場面があり、アメリカはトランプ政権下、パリ協定を離脱したにもかかわらず、カリフォルニア州では州単位での CO_2 問題への取り組みや、スターバックスのプラスティック・ストロー使用禁止、海岸の浄化運動など、規範的な影響が指摘される。地球温暖化問題は日本を含む政界中で海面上昇による水害の増大など深刻な自然災害を引き起こしていることから、キリスト教徒か否かにかかわらず、世界中の関心が高い問題でもあり、教皇

の発言に期待が集まる可能性もある。

　一方でイタリア内やバチカン内ではこうした画期的な教皇の改革に反対し，バチカンは「舵のない船」になっているという声もある。特に未婚の母子家庭や，離婚歴のある男女，再婚の夫婦，同性愛者を含む性的マイノリティなどに対する寛大な発言や態度は，カトリック教会の伝統を突き崩すとして，批判の声がある。これらをめぐって，すでに述べたように前任者の教皇が現在もバチカン内に存在して，保守派に影響を及ぼしているのではないかという憶測もある。

　また2018年9月のアイルランド訪問以来，カトリック聖職者による子どもへの性的な虐待問題についてフランシスコ教皇はメディアの非難を浴びている。しかしこの問題は，ヨハネ・パウロ2世時代から存在し，それがベネディクト16世教皇の下で表面化し，大きな問題となり，映画『スポットライト』にも描かれた。この問題に対処しきれなくなったベネディクトの，その生前退位の1つの原因ともいわれている。フランシスコ教皇は，訪米の時にこの性的な虐待の被害者に直接面会して謝罪するなど，真摯に対応してきたが，最近ではドイツやチリでもこの問題が次々に表面化するなど，試練に晒されている。

Column ④　先進国の途上国への「過重債務帳消し」でU2・ボノとの協力

　1999年にはインドやルーマニアの初訪問も果し，キリスト教離れの傾向が強いスカンジナビア諸国の，ノルウェー，アイスランド，デンマーク，フィンランド，スウェーデンも訪問している。ルワンダの虐殺については2000年に開催された人権にかかわる国際会議に関与し，2000年のミレニウムの儀式でも「人権」や「人道」の問題について象徴的な発言を行っている。先進国では特に受刑者の恩赦，死刑制度の廃止を訴え，また最も有名なものとしては先進国の途上国への「過重債務帳消し」である。これは世界が富める北半球と貧しい南半球に分断された，いわゆる南北問題，今風の表現だと「グローバル格差問題」，貧困問題解決に意欲を見せた。これは私有財産には社会的側面があり，物品は万人に属すという，私有財産制を認めながらも社会主義に近い概念とも解釈され，共有財産を前提とする共産主義思想に近い点が興味深い。この「過重債務帳消し」運動は，1985年から始まったライブ・エイド，著名なロック・ミュージシャンたちによるアフリカの貧困撲滅のための一連のチャリティー・コンサートの宣伝効果もあり成果をあげた。またこのライブ・エイドを組織した1人，アイルランドの国民的バンドU2のリーダー，ボノは敬虔なカトリック信者でもあることから，世界的に認知されるものとなった。ヨハネ・パウロ2世はスタジオでレコーディング中のU2に電話をかけ，ボノと緊急に話したいといったというエピソードの持ち主である。ボノは2002年の5月にジョージ・W. ブッシュ米大統領に会見，その時に500万ドルのアメリカの途上国への債務帳消しを引き出した。2005年の教皇の死去の翌日，ヨハネ・パウロ2世についてボノは「偉大なショーマンで，偉大な伝達者であり，世界の貧しい人々の友人だった」との追悼のメッセージのなかで，ボノと教皇は途上国の「過重債務帳消し」に向けてとも

に活動していたことを明らかにした。また2012年のアメリカ西海岸でのコンサートでも教皇への追悼の念を表し，亡き教皇から以前に授かったロザリオを聴衆に見せたという。

（松本佐保）

参考文献

ギャディス，ジョン・ルイス／河合秀和・鈴木健人訳『冷戦——その歴史と問題点』彩流社，2007年。
グディエレス，グスタボ／関望・山田経三訳『解放の神学』岩波書店，2000年。
郷富佐子『バチカン』岩波新書，2007年。
塩崎弘明「バチカン外交と現代の国際政治——東方政策と冷戦の終焉」『国際政治——宗教と国際政治』121号，1999年，33〜53頁。
鈴木宣明『ローマ教皇史』教育社，1980年。
トレバー，メリオル／菊池雄二・小坂井澄訳『教皇ヨハネ23世』女子パウロ会，1976年。
秦野るり子『バチカン』中公新書ラクレ，2009年。
バレリー，ポール／南篠俊二訳『教皇フランシスコの挑戦』春秋社，2014年。
フィステル，パウロ／中村友太郎訳『第二バチカン公会議』南窓社，1967年。
松本佐保『バチカン近現代史』中公新書，2013年。
松本佐保「カトリック教会と国際政治」『国際問題』No. 675, 2018年，6〜17頁。
松本佐保『バチカンと国際政治——宗教と国際機構の交錯』2019年，千倉書房。
宮平宏・藤谷健『ローマ法王——世界を駆けるヨハネ・パウロ2世』岩波ブックレット，2001年。
乗浩子『教皇フランシスコ』平凡社新書，2019年。
ルコント，ベルナール／吉田春美訳『バチカン・シークレット——教皇庁の秘められた2世紀史』河出書房新社，2010年。
Weigel, George, *The end and the beginning, Pope John Paul II- the Victory of Freedom, the Last year, the legacy*, New York, 2010.
Archivio Segreto Vaticano (Archivio segre tovaticano.va).

読書案内

松本佐保『バチカン近現代史』中公新書，2013年。
　＊フランス革命から2013年までのバチカンの歴史を，歴代の教皇の沿ってその外交政策を中心に，国際政治との関わりを概観した新書。年表も付いておりわかりやすい。
松本佐保「カトリック教会と国際政治」『国際問題』No. 675, 2018年，6〜17頁。
　＊現教皇フランシスコが，2013年の就任以降2018年までの外交政策を論じている。2016年以降大統領をなったトランプや欧州の右派政権によるポピュリズムに対抗して，教皇がリベラルな政治秩序主導できるかどうかを問う論考。
Weigel, George, *The end and the beginning, Pope John Paul II- the Victory of Freedom,*

the Last year, the legacy, New York, 2010.
　＊教皇ヨハネ・パウロ２世の詳細な評伝であるが，特に冷戦崩壊の文脈で，バチカンの外交が教皇の冷戦時代の祖国ポーランドでの民主化運動とどう連動し，冷戦の終結に繋がったかがよくわかる良書。

映画案内
『ローマ法王になる日まで』（ダニエル・ルケッティ監督，2015年公開）。
　＊現教皇フランシスコの知られざる激動の半生を，事実に基づいて描いている。母国アルゼンチンの首都ブエノスアイレスの教区の管区長だった時代の，軍政による独裁政権下で行われた「汚い戦争」との闘いを描いている。そしてその後に教皇に選出されるまでのエピソードである。

（松本佐保）

第Ⅱ部
南欧・北欧

第❾章
イタリア

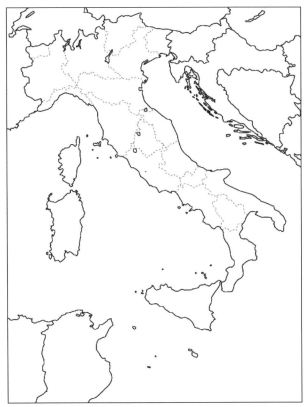

国　名：イタリア共和国，面　積：30万1,000km² (外務省ホームページ)，人口：6,040万人 (OECD ホームページ)，首　都：ローマ (人口286万人)，主要構成民族：イタリア人，公用語：イタリア語 (地域によりドイツ語，フランス語圏が存在) (外務省ホームページ)，宗　教：カトリック (80%) (外務省ホームページ)，通　貨：ユーロ，名目 GDP：1兆9,386億米ドル (IMF World Economic Outlook Database, October 2018)，1人当たり GDP：3万1,996米ドル (IMF World Economic Outlook Database, October 2018)

---- **日本と似た戦後政治の歩み** ----

　イタリアは，観光，グルメ，芸術，ファッションを中心に，日本でも馴染み深い国である。コロッセオやアマルフィ海岸といった世界遺産，パスタやワインをはじめとする食文化，グッチやプラダに代表される高級ファッションブランドなどはよく知られている。対して，政治について具体的なイメージを思い浮かべることのできる人は少ないだろう。新聞やテレビで報道されることはほとんどないし，イタリア政治に関する専門書も不足している。日本におけるイタリア政治への注目度は，それほど高くないように思われる。

　しかし実は，第2次世界大戦後のイタリア政治は，日本政治と多くの共通点を持つといわれている。例えば，日本では自由民主党（自民党）が，イタリアではキリスト教民主党（DC）が1990年代前半まで一貫して政権の座についたことにより，政権交代が起こらなかったことである。長期政権が続いたことで政治腐敗が深刻化した結果，1990年代前半に政治改革が行われたことも共通している。イタリアは1993年に，日本は1994年に，それぞれ小選挙区をベースとする新たな選挙制度を導入した。また，首相交代がドイツやイギリスなどの同じ議院内閣制の国と比べて頻繁に起こっており，政治改革以降も安定した政治にはほど遠い状況が続いている点も同じである。さらに，イタリアと日本はともに，比較福祉国家論において家族主義レジームに分類される。両国では，男性の稼ぎ主に対する手厚い社会保障制度が築かれた一方，育児や介護においては家族（特に女性）の役割が強調される。少子高齢化に伴う家族の縮小や女性の労働市場参加の要請から，家族を軸とする福祉のあり方が今日問われていることも類似している。

　このようにイタリアと日本の政治には多くの共通する点がある。そのため，戦後のイタリア政治を振り返ることは，日本政治を考える際の手助けにもなるだろう。本章では，イタリアの戦後政治の展開を政治体制，制度，政策の観点から掘り下げていこうと思う。

1　2つの共和制と政治

第1共和制の成立とその展開

　1943年9月に連合国と休戦協定を結んだ時，イタリアは南北に分断された。南部は，連合国軍の支配下に置かれた。一方，ドイツ軍に占領された北部には，ドイツの傀儡政権であるサロ共和国が生まれた。その北部では，イタリア共産党（PCI），社会党（PSI），行動党（PdA），自由党（PLI），労働民主党，キリスト教民主党など左右の政党勢力が，反ファシスト勢力として国民解放委員会（CLN）を結成し，対独抵抗運動（レジスタンス）を展開した。これにより政治的正統性を獲得した政党勢力は，戦後の政治運営において重大な役割を果たしていくことになる。

　第2次世界大戦後，イタリアは新たな政治体制として共和制を選択した。1946年6月2日，憲法制定議会選挙と国民投票が同時に行われた。国民投票の結果，共和制支持が

反対をわずかに上回り，共和制が採用されることになった。一方，憲法制定議会は1947年12月22日に憲法案を可決した。新憲法では，権力分散的な制度設計が施された。議会は権限がほぼ対等な上下両院からなる二院制となり，首相や大統領の権限も限定された。選挙制度は，阻止条項のない比例代表制が採用された。このような憲法になったのは，キリスト教民主党や共産党などさまざまな政党勢力の利害が反映されたからであった。こうして新憲法が1948年1月1日から施行され，共和制が成立した。これ以降1994年までの時期を「第1共和制」とよぶ。それでは，第1共和制におけるイタリア政治の特徴を見ていこう。

　1つ目の特徴は，1948年総選挙を除いて，どの政党も単独過半数を獲得できなかったため，連立政権による統治が行われたことである。戦後一貫して政権与党の座についていたキリスト教民主党も議会の過半数を獲得できなかった。

　連立政権の構成は，キリスト教民主党を中心としながらも，時とともに変化した。キリスト教民主党は1945年に共産党の支持によって首相の座を獲得し，1946年の憲法制定議会選挙で第一党となった。さらに，冷戦の影響がイタリアにも及ぶなかで，1947年に社会党と共産党を閣外に追いやった。そして，1948年の第1回総選挙で単独過半数（573議席中304議席）を獲得し，ヘゲモニーを確立した。だが，デ・ガスペリ（Alcide De Gasperi）は，キリスト教民主党の単独政権をつくらず，中道政党の社会民主党（PSDI），共和党，自由党と中道連立政権を組むことを選択した。これは，教会に対する自律性を確保し，より大きな合意に向けた基礎を築くためであった。

　1950年代半ばに支持率を落としたキリスト教民主党は，新たな連立形成の可能性を模索した。まず1950年代末に，右翼の王党派（PNM）とイタリア社会運動（MSI）に議会での協力を求めた。しかし，これには全国的な反対運動が起こったため，右翼との連立路線の可能性は潰えた。続いて，社会党との連立が検討された。この連立形成にはイデオロギー的にも政治的にも強い抵抗があったものの，1963年に社会党を加えた中道左派政権が誕生した。この中道左派路線は，1974年に社会党が政権を離脱するまで続いた。

　1970年代後半には，キリスト教民主党と共産党による協力の可能性が現れた。共産党は1973年に，ベルリングェル（Enrico Berlinguer）書記長のもと，キリスト教民主党との「歴史的妥協路線」を発表した。また，共産党は1976年総選挙で34.4％を獲得し，キリスト教民主党に比肩する政党へと躍進を遂げた。さらに，この選挙では共産党とキリスト教民主党で全議席の4分の3を占めた。その結果，両党の接近がみられた。まず同年7月に両党は，共産党に下院議長と6つの常任委員長ポストを与える代わりに，共産党が政権信任投票を棄権することに合意した。これにより，第3次アンドレオッティ（Giulio Andreotti）政権が成立した。次に，1978年3月の第4次アンドレオッティ政権の組閣に際しては，共産党が閣外与党となり，キリスト教民主党に初めて信任票を投じた。しかし，共産党内部でキリスト教民主党との提携が不人気であったことや，キリスト教民主党が共産党の完全入閣を認めなかったことで，共産党は1979年に閣外与党を離

脱し，両党による協力の道は閉ざされた。

　1980年代以降は，社会党が連立に復帰し，左右の両極に位置する共産党とイタリア社会運動を除く5党による政権（5党政権）が組まれた。この時の社会党はクラクシ（Bettino Craxi）書記長のもと，マルクス主義を捨て市場経済と効率を唱えるようになっていた。また，この時期には連立政権内部の力関係にも変化が生まれ，1946年以来キリスト教民主党が独占してきた首相職が，まず1981年に共和党に，次いで1983年に社会党へと移った。とりわけ社会党のクラクシは，第1共和制において最長（3年7カ月）の政権を組織したのであった（村上 1988：65-68）。

　戦後イタリア政治のもう1つの特色は，「政党支配体制（パルティートクラツィア）」と呼ばれるほどに政党の影響力が大きかったことである。すでに述べたように，ドイツ軍に占領された北部において諸政党はレジスタンスを展開し，これが政党勢力に対して政治的正統性を与えた。新憲法の制定においても，その主体となったのは政党であった。その一方，イタリアでは伝統的に国家の威信が低く，国家官僚制も未発達であった。加えて，ファシスト体制の崩壊に伴い，王室や軍部の権威も失われていた。その結果として，政党の果す役割が著しく大きくなったのである。

　政党の影響力はさらに，社会，経済，文化などあらゆる領域に及んだ。戦後のイタリアには，国民生活のほぼ全ての領域において国営事業，公社，公団，半官半民会社など広範な公共・半公共セクターが築かれた。このなかには，銀行やテレビ・ラジオなども含まれた。これらの団体の運営には国家（政府）が関与していたため，結果的に政権政党，特にキリスト教民主党の強い影響下に置かれることになった。すなわち，キリスト教民主党は，これらの団体の有する役職などを分配することにより，その権力基盤を確保していったのである（村上 1988：42）。

第1共和制の終焉と第2共和制への移行

　1990年代前半，第2次世界大戦後からほとんど変化のなかったイタリア政治は急速に流動化した。1つ目の変化は，キリスト教民主党や社会党をはじめとする既成政党が消滅ないし分裂したことにより，戦後の政党システムが崩壊したことである。存続できた既成政党は，左右の両極に位置する共産党とイタリア社会運動だけであった。ただし，両党もそれぞれ左翼民主党（PDS）と国民同盟（AN）に党名を変更するなど改革を行った。一方で，北部同盟（LN）やフォルツァ・イタリア（FI）など新興政党が台頭したのも，1990年代前半であった。

　2つ目の変化は，比例代表制の改革である。比例代表制は，第1共和制における制度的根幹を果してきた。しかし，政党支配体制における利益誘導政治あるいは政治腐敗の元凶として次第にみなされるようになった。そして，1991年と1993年の国民投票を通じて選挙制度改革が行われた後，上下両院の議席の4分の3を小選挙区制，残りの4分の1を比例代表制とする新選挙法が1993年に成立した。

このような劇的な変化の流れが始まるのは，1991年のことである。まず，同年6月の国民投票は，派閥政治と腐敗の温床とされた下院の選好投票の制限を決定し，それまで3から4票を投じることのできた選好投票を1票に削減した。
　続いて，1992年総選挙で戦後の政党システムに変化の兆候が現れた。すなわち，キリスト教民主党の得票率が初めて30％を割り，左翼民主党も20％を切った一方，北部地域の権利擁護のために連邦制の導入を主張し，既成政党批判を展開した北部同盟が8.7％の得票と下院55議席を獲得し大躍進を遂げたのである。
　こうした状況で既成政党にさらなる衝撃を与えたのが，1992年に始まる検察の汚職捜査（清い手作戦）であった。これにより，アンドレオッティ，フォルラーニ（Arnaldo Forlani），デ・ミータ（Ciriaco De Mita），クラクシら4人の首相経験者をはじめ多くの政治家が捜査対象となった。さらに，産業復興公社や炭化水素公社などの国家持株会社だけでなく，フィアットやオリヴェッティといった民間大企業の幹部にも検察による捜査の手が伸びた。こうして，イタリアの政治と経済が腐敗に満ちていること，すなわち「汚職都市（タンジェントポリ）」と化していることが暴きだされ，イタリアは政治的にも経済的にも大混乱に陥った。
　1993年4月には再び国民投票が実施され，「65％以上の票を獲得しなければならない」と規定する上院の小選挙区における当選要件が廃止されることになった。この結果を受けて，同年8月4日に新選挙法が成立し，翌年3月には繰り上げ総選挙が実施されることになった。この選挙では，多くの議員が捜査通告を受け立候補を断念したため，キリスト教民主党を含めた既成政党のほとんどは解党を余儀なくされた。さらに，多数決型選挙制度による選挙を勝ち抜くために政党間の選挙連合が構築され，各政党は左翼連合，中道連合，右翼連合の3陣営に分かれた。左翼連合には，左翼民主党，共産党のイデオロギーと伝統を受け継いだ共産主義再建党（RC），緑の党，レーテ，社会党が参加した。中道連合では，キリスト教民主党を前身とする人民党（PPI）とセーニ派などが連携した。一方，右翼連合の形成は複雑であった。1993年末時点で，有力な右翼政党は北部同盟と国民同盟であったが，両党は伝統的な保守とは異なる勢力であったため，中道よりも右に位置する有権者は行き場を失っていた。ところが，1994年2月に突如ベルルスコーニ（Silvio Berlusconi）がフォルツァ・イタリアを結党し，保守票の受け皿を提供したことで，連合形成の可能性が生まれた。そして，フォルツァ・イタリアは北部同盟と国民同盟の間で媒介役を果すことで，右翼連合を築いたのである（伊藤 2008：92-94）。こうして，1994年総選挙では第1共和制の主役であった諸政党と選挙制度に大きな変化が起こった結果，第1共和制が終焉し第2共和制に移行したといわれている。

第2共和制におけるイタリア政治の展開

　1994年総選挙の結果，右翼連合が勝利を収め，フォルツァ・イタリアを率いるベルルスコーニが首相に就いた。しかし，第1次ベルルスコーニ政権は北部同盟の離脱によっ

て1年ももたずに崩壊し，1995年1月に経済専門家のディーニ（Lamberto Dini）を首相とするテクノクラート政権（閣僚に政党政治家が1人もいない政権）が暫定的に成立した。1996年4月の総選挙では，中道勢力の分解が進み，左右の選挙連合に分かれた選挙戦が展開された。フォルツァ・イタリアと国民同盟を中心とする中道右派では，北部同盟が離脱したものの，新たに統一キリスト教民主主義者（CDU）が加わった。対して，中道左派は，キリスト教民主党左派出身のプローディ（Romano Prodi）をリーダーとする「オリーヴの木」連合を形成し，左翼民主党，人民党，プローディを中心とするグループ，緑の党などが参加した。

プローディ，ダレーマ（Massimo D'Alema），アマート（Giuliano Amato）と中道左派政権が続いた後に行われた2001年総選挙も，中道右派と中道左派の2大陣営の対決となった。中道右派では，北部同盟との連携が復活し，新たに「自由の家」連合が形成された。一方，中道左派は，プローディ派や人民党などで構成されるマルゲリータ出身のルテッリ（Francesco Rutelli）を首相候補に連合を形成した。また，共産主義再建党は中道左派連合に加わらず，独自の選挙戦を戦った。その結果，中道右派連合が勝利し，第2次ベルルスコーニ政権が誕生した。同政権は戦後最長の政権となった。

2006年総選挙は，前年に導入された「多数派プレミアム付き比例代表制」のもと実施された。この選挙制度は，議席を得票率に応じて比例配分する一方で，最も多くの票を獲得した政党連合（あるいは政党）に対し過半数の議席を保障するものであった。選挙の結果，中道左派連合の「同盟」が勝利し，第2次プローディ政権が成立した。

2008年1月にプローディが上院での信任投票に敗れ，政権の座を追われたことを受けて，同年4月に繰り上げ総選挙が行われた。選挙は，二大政党化が進むなかで行われた。中道左派は前年に，左翼民主党から党名を変更した左翼民主主義者（DS）とマルゲリータが合同して，民主党（PD）を結成した。対して，中道右派では，フォルツァ・イタリアと国民同盟などが政党連合「自由国民（PdL）」を結成し，さらに北部同盟などと連結選挙名簿を作成した。選挙の結果，自由国民と北部同盟からなる中道右派連合が勝利を収め，第4次ベルルスコーニ政権が成立した。その一方で，選挙連合「虹の左翼」を結成し，独自の連合で戦った左翼諸政党は議席を獲得できず，キリスト教民主中道などの中道政党からなる「中道同盟」は議席を確保したものの，勢力を減退させた。その結果，ほとんどの議席が2大勢力（自由国民と民主党）に集中することになり，二大政党化が進んだといわれている（伊藤 2008：104-105）。

第4次ベルルスコーニ政権はその圧倒的多数を背景に，順調な滑り出しを見せたかのように思われた。しかし，司法制度改革をめぐる政権と司法の対立や閣僚の汚職スキャンダルによって，政権への批判が強まった。さらに，2011年6月，同政権の目玉政策の1つであった原発再稼働が国民投票によって拒否された。2008年5月に発表された原発政策は，2013年の議会会期終了までにエネルギーの4分の1を原子力で賄うという目標を掲げた。2009年2月には，フランスとの間でイタリアに4基の原発を新設することが

合意され，同年7月に原子力政策に関する新たな法律が成立していた。しかし，2011年3月に起こった東日本大震災と福島第一原発事故により，多くの国民は原発再開に反発するようになった。そして，ベルルスコーニ政権が投票のボイコットをよびかけたものの，国民投票が成立したため，原発推進は否定された。また，連立内では，連邦制導入や移民排斥を訴える北部同盟に譲歩するベルルスコーニと，下院議長のフィーニ（Gianfranco Fini）との間で摩擦が生まれていた。結局両者の関係は修復されず，フィーニは自由国民を離脱し，新たに「イタリアの未来と自由」を結党した（伊藤 2016：236-245）。

このようにベルルスコーニ政権の基盤が不安定化するなか，ユーロ危機の影響がイタリアにも波及してきた。しかし，ベルルスコーニ政権はこれに有効な対応策を打ち出すことができず，国内外からの批判にさらされた。そして，2011年11月12日，下院が財政再建関連法を可決すると，ベルルスコーニは首相を辞職した。こうして第4次ベルルスコーニ政権が終焉するとともに，第2共和制の象徴でもある「ベルルスコーニ時代」もまた終わりを告げたのであった。

財政への懸念が高まるなか，イタリア政治は再び変動期に入った。2011年11月，元欧州委員会委員のモンティ（Mario Monti）を首相とするテクノクラート政権が成立した。モンティ政権はイタリアの国際的信任を回復させるべく経済改革を実施し，当面の財政破綻は回避されることになった。しかし，厳しい縮減策に対する世論の反発が強まり，政権への支持は弱まった。そして，自由国民が2012年12月にモンティ政権への信任を撤回したことを受け，モンティ首相が辞任し，翌年2月に総選挙が実施されることになった。選挙では，初めて国政選挙に臨んだ5つ星運動が下院で最多得票を獲得し，衝撃を与えた（上院では，得票率24％を獲得）。ただし，多数派プレミアム付き比例代表制により，中道左派連合が下院で最大の多数派となった。一方，対等な権限を有する上院には明確な多数派が存在しなかった。そのため連立政権の成立は困難な作業となった。結局は民主党のレッタ（Enrico Letta）を首班に，中道と中道右派（自由国民）を加える大連立政権が誕生した。このような大連立政権の枠組みは，次のレンツィ（Matteo Renzi）政権にも基本的に引き継がれた。

2018年3月4日に総選挙が行われ，前回（2013年）と同様，5つ星運動，中道右派，中道左派の三つ巴の戦いとなった。この選挙では，上院315議席，下院630議席のうち約4割を小選挙区，残りの6割を比例区に振り分ける小選挙区比例代表並立制が新たに採用された。選挙の結果をみると，中道右派連合が下院で合計265議席を獲得し最大勢力となったものの，過半数には至らなかった。また，単独政党として下院得票率で第一党となった5つ星運動も過半数に届かなかった。一方，中道左派連合では，民主党が前回から180議席を失う歴史的敗北を喫し，全体としても122議席しか獲得できなかった。こうして，どの政党・政党連合も過半数に達することができずハング・パーラメント状態に陥った。そのため組閣交渉は長引き，6月にようやく5つ星運動と同盟（旧北部同

盟）を軸とするコンテ（Giuseppe Conte）政権が成立した。世界のメディアは，新政権を欧州懐疑派とみなし，とりわけ難民問題や財政問題をめぐって EU との摩擦が強まるのではないかと危惧している。

2　家族を軸とする福祉

福祉政策の特徴

　2013年の OECD（経済協力開発機構）のデータによれば，公的社会支出と義務的私的社会支出を含むイタリアの社会保障支出の規模は，過去数十年にわたって拡大してきた。GDP 比でみると，1980年に18.2％であった社会保障支出は2013年に29.3％に到達した。これは，フランス，デンマーク，フィンランドに次ぐ規模であり，大陸ヨーロッパでもその水準が高いとされるベルギーと同じレベルである。量的にみた場合，イタリアの福祉国家は上位に位置づけられるだろう。また，社会保障支出のほとんどが高齢者のリスク保障に向けられており，家族向けの社会保障支出は低水準（2013年に GDP 比で1.4％）にとどまることも，イタリアの福祉レジームの特徴といえる。

　このような特徴は，具体的な政策にも表れている。まず，年金・医療・社会扶助のなかで，公的年金の割合と規模が大きい。この点は，公的年金の比率が高い大陸ヨーロッパの保守主義レジーム諸国と共通している。他方で，フランスをはじめとする保守主義レジーム諸国において，女性の就労を促進するために必要なケア・サービスの提供や家族手当の拡充が実現されてきたのに対し，イタリアなどの家族主義レジーム諸国における同様の政策の展開は限定的である（伊藤 2011：244-245）。以上のことを踏まえると，正規雇用男性の社会保障・雇用保障が手厚い一方，女性や若者などに対する保障が脆弱であることが，イタリアの特徴といえるだろう。

　それでは，このような福祉政策はどのように形成されてきたのだろうか。上述したように，公的年金が社会保障支出において圧倒的な比重を占めている。イタリアにおいて強制加入の公的年金制度が整備されたのは，第 1 次世界大戦後の1919年であった。この制度では，月額350リラ以下の被用者に対して，老齢年金，障害年金および遺族年金が支給された。第 2 次世界大戦後は，被保険者の範囲が拡大された。まず1950年に所得の上限が廃止され，基本的に全ての被用者が公的年金制度の対象となった。さらに，1950年代後半からは被用者以外の職種に拡大され，農民（1957年），手工業者（1959年），自営業者（1966年）に対する制度が順次創設されていった。また，1960年代後半に給付要件の寛大化が進んだ。この時，給付原則が退職直前の 5 年間の平均報酬に基づき年金額を算定する報酬方式に変わった他，退職の事実と就労期間（15〜35年）を要件とする年功年金が導入された（中益 2016：143）。以上のような対象者の拡大と給付要件の緩和によって，イタリアの年金支出は，ヨーロッパ諸国のなかで屈指の規模となったのである。

　次に，労働市場についてみると，イタリアのそれは正規雇用が強固に保護される硬直

的なものであった。1970年5月に定められた労働者憲章（法律第300号）第18条では，正当な事由のない解雇が厳格に禁じられ，正規雇用労働者は手厚く保護されることになった。これは，1960年代後半の労働運動（1969年に最高潮に達した労働運動を「熱い秋」とよぶ）の成果であった。他方で，若者の就労促進のために導入された見習い就労制度（1955年）は，本来の趣旨と異なり，使用者の都合に合わせた一時的労働のために利用されてしまった。1970年代に導入された若年労働者の雇用促進や職業訓練の充実に向けた措置も，十分な効果を発揮しなかった（伊藤 2015：53）。正規雇用労働者は保護される一方，十分な法的保護の及ばない労働者が存在するという点で，イタリアの労働市場は極めて不均衡であった。

また，ケア・サービスが社会保障支出に占める割合は極めて小さい。育児や介護といったケアの提供はもっぱら家族，特に女性が担っている。公的サービスや市場のサービスは乏しく，現金給付も限定的である。そのため，社会民主主義レジームのように公的サービスを拡充したり，自由主義レジームのように市場によるサービス供給を促進したり，保守主義レジームのように財政支援で補塡したりするといった対応策はとられていない。その結果，女性の就労促進に向けた政策を実現させようとしても，家族が福祉供給の主体となっているため，女性の就労率は伸び悩んだ。

1990年代以降の福祉改革

1990年代前半の政治体制の再編という国内の変化と，EUの経済通貨同盟（EMU）参加という外圧は，イタリアが肥大化した財政赤字削減に取り組む契機となった。なかでも，福祉改革は最も重要な社会経済改革として取り組まれていった。

まず行われたのは，社会保障支出のおよそ3分の2を占めていた年金改革であった。1990年代以降の諸改革では，給付抑制や収入基盤の強化を通じたコストの抑制，団体年金や個人年金の発展を通じた制度の多柱化，分立した制度間の格差縮小が目指された（伊藤 2011：251）。主な改革は，アマート改革（1992～1993年），ディーニ改革（1995年），ベルルスコーニ改革（2004年），モンティ改革（2011～2012年）である。アマート改革は，財政再建に向けた年金財政の健全化に重点を置き，年功年金の一時的抑制，受給年齢の段階的引き上げ，拠出算定期間の延長，算定指標の変更などの修正を図った。ディーニ改革はより大規模な制度変更を伴った。そこでは，制度間の条件の統一，社会年金の創設に基づく連帯の確保，補足年金や民間年金を促進するための租税優遇措置を通じた制度改革が進められた。ベルルスコーニ改革は，これまでの年金財政の健全化に加え，退職手当（TFR）を活用した制度の多柱化を促進した（伊藤 2011：251）。モンティ改革では，ユーロ危機に対応するための歳出削減策として，老齢年金の受給開始年齢の段階的引き上げや，早期年金の受給要件である拠出期間の延長などが行われた。これらの改革を通じて，当初の目標であった，制度的統一，多柱化，コスト抑制は達成された。ただし，年金改革の主眼は財政破綻回避のためのコスト引き締めに偏っており，福祉制度全

体の再編にはつながっていないのが実情である（伊藤 2015：55）。

次に，正規雇用が強く守られている労働市場の改革は，1990年代末以降に進展を見せた。そこでは，格差のある雇用保障をいかに労働者の間で調整するかが課題とされ，労働市場の柔軟化（規制緩和），格差是正，積極的労働市場政策を通じた改革が求められた。これらの課題のなかで進展したのは，労働市場の柔軟化であった。トレウ法（1997年），「イタリアのための協定」（2002年），ビアージ法（2003年）などの改革が相次いで行われ，パートタイム労働の促進，一時雇用など新たな形態の労働契約の導入，職業紹介の規制緩和が施された（伊藤 2011：249）。2010年代には，モンティ政権が労働者憲章第18条の改正に着手し，経済的理由による解雇を可能にする道を開いた。しかし，これらの労働市場改革は「失敗」とみなされている。改革によって規制緩和はかなり進んだものの，十分な雇用保障を持たない非正規雇用が拡大したため，格差と貧困の問題はかえって深刻になってしまった。女性の就労率も低いままである。若年失業率は40％前後を記録しており，職業訓練など積極的労働市場政策はあまり進展を見せていない（伊藤 2015：54-55）。

最後に，社会サービスについてみると，この分野が社会保障支出に占める割合は依然として小さい。高齢者ケアについては，介護手当の拡充や非営利団体の参入機会の拡大，バウチャー制度の導入がなされているが，子育て支援は遅れをとっている。そのため，女性の就業率は低下している。こうした状況のなか，移民家事・介護労働者を雇用するケースが増えている。高齢者とその家族は，社会サービスの供給が不足しているなかで，年金や各種手当など現金給付を利用しながら，非正規雇用を含めた外国人労働者を雇うようになっているのである（伊藤 2015：56）。

3　後発移民受入国としてのイタリア

イタリアにおける移民問題の変容

イタリアは，1861年の国家統一以来，多くの自国民を国外に送り出してきた。公式の統計が取られ始めた1876年から第1次世界大戦が勃発する1914年までに，およそ1,400万人がフランス，スイス，オーストリア＝ハンガリーなどのヨーロッパ諸国や，アメリカ，ブラジル，アルゼンチンなどの南北アメリカ大陸諸国へと移動した。当時のイタリア人移民の特徴として，まず農民や農業従事者が全体の6割を占めていたことが挙げられる。次に，その大多数（80％）が20・30代の単身男性であった。そして，ヨーロッパに向かった場合であれアメリカ大陸に向かった場合であれ，一定期間働いたのちに帰国する比率が高く，出稼ぎ移民の傾向が強かった。このような移民は「一時移民」とよばれ，「永住移民」と区別された（北村 1990：144-147）。

第1次世界大戦終結から第2次世界大戦が始まるまでの間，イタリアからの移民は減少した。これには，2つの理由が考えられる。1つは，ファシスト政権が永住目的の移

住を全面的に禁止したことである。もう1つは，イタリア人の主な移住先であったアメリカで移民制限が強化されたことである。1924年に成立した移民法（ジョンソン・リード法）では，国別の移民受入割当の基準が1890年の国勢調査に変更された。これにより，1890年代以降にアメリカへの大規模な移動を始めた東欧・南欧諸国出身者に対する割当は大幅に削減されることになった。

　第2次世界大戦が終わると，イタリアからの移民が復活した。だが，戦後のイタリア人移民は，以前とは異なる特徴を持っていた。まず，主な移住先がヨーロッパ諸国に変わった。とりわけ西ドイツとは1955年に2国間協定を締結し，1970年代まで定期的に労働者を送り出した。また，以前の一時移民と異なり，移住期間が長期化し，家族を同伴する傾向が強まった。さらに，戦後のイタリア人移民の多くは南部出身者であった。これは，ヨーロッパ諸国との2国間協定を通じた移民の募集が主に南部地域で行われたからであった。

　この時期には，南部地域から北部地域に向かう国内移民も顕著になった。「イタリアの奇跡」ともよばれる経済成長が起こった1958年から1963年にかけて，130万人以上が南部地域から他の地域に移動した。

　以上のような人口動態に変化の兆候が現れたのは，1970年代前半であった。戦後復興と経済成長のために外国人労働者を受け入れてきた西欧諸国は，この時期までに新たな労働者の受け入れを停止するようになっていた。さらに，1973年の石油危機に伴う経済の悪化の影響により，これらの国々は受入停止を解除せず，むしろ帰国奨励策をとるなど，外国人労働者の削減を目指した。その結果，ヨーロッパへの移住を希望する人々は，国境管理の弱かったイタリアを選択するようになったのである。そして，1981年の国勢調査で多くの外国人の居住が判明すると，イタリアにおいても移民をめぐる政治的議論が始まり，1986年12月30日に初めての移民法が成立したのであった。

イタリアにおける移民政策の展開

　1990年，新たな移民法（マルテッリ法）が制定された。同法には，EC（欧州共同体）域外出身者の政治的庇護，入国および滞在，入国拒否，国外退去などの規定が盛り込まれ，他の西欧諸国の移民政策との調和が目指された。さらに，移民政策の管轄が労働省から内務省へと移され，非正規移民対策が強化された。これらの措置は，1985年に締結されたシェンゲン協定への参加を目指すためのものであった。しかし，こうした努力にもかかわらず，1990年代を通じて，多くの非正規移民がイタリアに流入した。これは，冷戦終結とともに不安定化した東欧諸国，特にアルバニアからの難民が急増したからである。加えて，1990年代前半に国内政治状況が流動化したことにより，イタリアは難民の増加という事態にうまく対応できなかった。その結果，イタリアは1990年にシェンゲン実施協定に署名し，1993年にこれを批准したものの，1998年まで正式加盟を果せなかった。

1996年に誕生した中道左派政権は，シェンゲン協定参加を果すために，マルテッリ法の改正に取りかかった。およそ1年間の議会での審議を経て，1998年3月6日に新たな移民法（トゥルコ・ナポリターノ法）が成立した。同法は，イタリアにおいて初めての包括的な移民法であった。正規移民にはイタリア人と同等の社会的権利（例えば年金）が付与され，未成年者はその法的身分にかかわらず義務教育を受けることが認められた。同時に，非正規移民への取り締まりが強化され，国境における入国拒否および国外退去に関する規定が盛り込まれた。加えて，受け入れを制限するための措置として，国別・職種別の入国割当制度が新たに導入された。

　2000年代の移民政策は，規制強化の傾向を強めている。2001年総選挙では，反移民政党である北部同盟を含む中道右派連合が移民規制の厳格化を掲げ勝利した。翌年，中道右派政権はボッシ・フィーニ法を新たに制定した。この新移民法によって，移民の入国および滞在は一層規制されるようになった。労働目的で滞在する場合には，イタリアに入国する前に雇用契約を結ぶことが義務づけられた。外国人労働者の雇用は，当該ポストにイタリア人あるいはEU加盟国出身者からの応募がない場合に限り認められた。さらに，滞在許可証の取得のために指紋の押捺が義務化された。

　2009年の移民法（治安関連法）には，新たな統合政策として「統合契約」なるものが導入された（統合契約に関する規則は，2012年5月10日に発効）。これは，1年以上の滞在許可を申請するEU域外出身者に対し適用される。契約に署名した移民には，滞在許可の有効期限内に言語，憲法，行政機関，市民生活（福祉，教育，社会保障，労働など）に関する知識を習得することが求められる。また，同法は不法移民罪を導入し，違法な入国あるいは滞在を刑法上の犯罪と定めた。これにより，違反者には罰金刑が科せられ，庇護希望者でない限り，国外退去措置が適用されることになった。

　このように，2000年代以降，イタリアへの入国および滞在は漸進的に困難になっていった。ところが，北部同盟が与党であった2001年から2006年にかけて，イタリアに滞在する正規移民は2倍に増えた。その要因の1つとして，2002年に行われた一連の正規化措置により，およそ64万人に対し滞在許可が付与されたことが挙げられる。イタリアに滞在する非正規移民は，有効な滞在許可で入国し，その期限が満了した後も出国せず滞在を続けた超過滞在者の場合が多い。また，イタリアは，他の南欧諸国と同様に，正規の雇用手続きを踏まないヤミ労働が蔓延している国でもある。超過滞在の場合が多い外国人労働者にとって，ヤミ労働は必ずしも滞在許可の提示を求められない，都合の良い環境といえる。その結果，イタリアには多くの非正規移民が滞在し，この状況に対処するための施策として正規化措置が行われている。イタリアではこれまでに7回の正規化措置が実施され，イタリアの移民政策の特徴の1つとなっている。

アラブの春とイタリアの難民政策

　2010年末にチュニジアで始まり，北アフリカ・中東諸国に広まった民主化運動「アラ

ブの春」は，地中海の対岸に位置するイタリアの難民政策に対し大きな影響を及ぼした。イタリア最南端に位置するランペドゥーサ島の沖合では，地中海を横断する難民を乗せた船が転覆し，多くの命が犠牲となる悲劇が繰り返されており，国際的な関心を集めている。ドキュメンタリー映画『海は燃えている』（2016年公開）では，地中海における難民救助の様子が描かれている。

2013年10月に360名以上が亡くなる事故が起こったことをきっかけに，イタリアは同月18日から「マーレ・ノストルム（我々の海）」作戦とよばれる難民探索・救助活動を単独で開始した。これは，難民船の多いリビア沖を中心に，主にイタリア海軍によって実施された作戦である。ところが，作戦が極めて高額であったことや，作戦自体に対する国内外の否定的な見解により，マーレ・ノストルム作戦は翌年10月31日に終了し，EU機関のフロンテクスによる「トリトン」作戦へと引き継がれることになった。しかし，トリトン作戦の予算や活動範囲はマーレ・ノストルム作戦と比べ小規模で，その目的も国境警備へと移っていた。

2015年にシリアからヨーロッパに向かう難民が急増すると，EU加盟国間に再び亀裂が生まれた。EUの共通難民政策であるダブリンⅡ規則は，難民が最初に到着したEU加盟国に対し庇護申請の審査を義務づけている。そのため，イタリア，ギリシャ，ハンガリーなど大量難民の玄関口となった加盟国は対応に苦慮した。こうした事態を受けて，EUは，他の加盟国がこれらの国々に滞在する16万人の難民を受け入れることを決定した。しかし，対象国の1つであるハンガリーが割当政策に反対しただけでなく，割当対象になることも拒否したため，イタリアとギリシャに滞在する12万人を移送することが最終的に合意された。

難民の受け入れをめぐるEU内部の対立は，2018年に入っても続いている。イタリアで6月1日に発足したコンテ政権の内相は，難民受け入れに反対する同盟のサルヴィーニ（Matteo Salvini）書記長である。サルヴィーニは，リビア沖で難民を救助したフランス籍の船舶の入港を認めない強硬姿勢をとった。これに対しフランスが非難すると，イタリアが反発するという事態となった。難民受け入れ問題は，EUにおける「連帯」の難しさを改めて浮き彫りにしたといえる。

4　大西洋主義とヨーロッパ主義からなる外交・安全保障政策

戦後イタリア外交における大西洋主義とヨーロッパ主義

戦後イタリアの外交・安全保障政策は，大西洋同盟の強化（大西洋主義）および欧州統合の積極的推進（ヨーロッパ主義）を基調としてきた。大西洋主義については，西側同盟国の一員としてNATO（北大西洋条約機構）に加盟し，アメリカと受動的な関係を築いた。一方ヨーロッパ主義についてみると，イタリアはEEC（欧州経済共同体）の原加盟国であり，常に欧州統合を支持してきた。さらに，イタリアは地中海のほぼ中央に

位置していることから，地中海・中東諸国との関係にも注視している。そこでは，エネルギーの確保および国際関係における自立性の確保という観点から汎アラブ主義的立場がとられている（鈴木 2013：24）。

　第2次世界大戦後，首相のデ・ガスペリと外相のスフォルツァ（Carlo Sforza）らは，イタリア外交が伝統的に重視してきたヨーロッパ大陸と地中海地域におけるプレゼンスの回復を目標に掲げ，その最初のステップとして，イギリスやフランスとの「対等な関係」を再び獲得することを目指した。そして，この目標を達成するためにはアメリカとの緊密な関係を構築することが不可欠であると，彼らは認識した。こうした状況でアメリカが発表した欧州復興計画（マーシャル・プラン）は，絶好の機会として歓迎されたのであった。また，デ・ガスペリ首相とスフォルツァ外相は，アメリカがヨーロッパに対し経済協力を望んでおり，それを進めることがアメリカとの関係強化に役立つと考えたため，欧州統合を強く支持することになった（Croci 2008：138-139）。

　安全保障についても，イタリアはアメリカとの同盟が決定的であると考えた。イタリアは，その地政学的環境から，アルプスにおいてはヨーロッパ大陸国と，地中海においては海洋国と軍事的同盟を結ぶことが避けられない。そして，1940年代後半の時点で，アルプス国境において覇権を握るヨーロッパ大陸国は存在せず，NATO が防衛力強化の役割を果していた。他方，地中海地域では，アメリカがイギリスに取って代わっていた。それゆえに，デ・ガスペリ首相は自党（キリスト教民主党）内において反対にあったものの，アメリカがメンバーである NATO に加盟することを選択したのであった（Croci 2008：140）。

　こうして冷戦期のイタリアは，大西洋同盟およびアメリカの国際的な利益にとって重要な問題については順応しようとし，安全保障や防衛に関するアメリカの決定を受け入れたのであった。例えば，1958年7月，イタリアは NATO 加盟国として初めて準中距離弾道ミサイル（ジュピター）を配備した。また，1983年には，社会党のクラクシ率いる中道左派政権がシチリア島のシゴネッラに巡航ミサイルを配備することを承諾した。その一方で，イタリア国内において重要であるものの大西洋同盟やアメリカの利害が薄い問題については，イタリアは一定の自由を獲得した。その結果，イタリアは社会主義諸国と外交・通商関係を築いたり，パレスチナ解放機構（PLO）代表部の設置を認めたりするなど，独自外交を展開したのであった（Croci 2008：143）。

　もう1つの外交指針であるヨーロッパ主義については，フランスと西ドイツの間にある石炭鉄鋼産業を管理する超国家的共同体の創設計画（シューマン・プラン）が1950年に発表されると，イタリアはすぐさま参加の意思を表明した。加えて，イタリアは，欧州経済共同体と欧州原子力共同体（EURATOM）の設立条約からなるローマ条約の署名交渉にも参加した。このようなイタリアの積極的な姿勢は，欧州統合が南部における大量の余剰労働力問題といった伝統的な社会問題に対する最も効果的な解決策として考えられた結果であった。

第2共和制のイタリア外交

　第2共和制に入り，イタリア外交はどのような展開を見せたのだろうか。第1次ベルルスコーニ政権崩壊後に成立したディーニ率いるテクノクラート政権は，経済通貨同盟の開始を支持するなど，ヨーロッパ主義へのコミットメントを示し，この統合主義路線はその後の中道左派政権にも受け継がれた。中道左派の第1次プローディ政権は，マーストリヒト条約の収斂基準を満たし経済通貨同盟に参加することを目標に掲げ，「ユーロ税」などの緊急財政措置を施した。その結果，イタリアは収斂基準で定められた財政赤字をGDP比3％以下に抑えるという課題をクリアし，共通通貨「ユーロ」の第一陣に参加することが可能となった。また，プローディ政権は安全保障面においても，アルバニアにおける軍事的人道主義的ミッション（1998年）やコソヴォ紛争への介入（1999年）といったEUの行動を支持した。つまり，多国間枠組みを重視し，ヨーロッパ主義に傾倒した外交・安全保障政策を展開したことが，第1次プローディ政権の特徴であったといえる。

　2001年総選挙では中道右派連合が勝利し，第2次ベルルスコーニ政権が成立したが，同政権に対する他のヨーロッパ諸国の反応は冷ややかであった。そのため，首相のベルルスコーニは，元外交官で世界貿易機関（WTO）の事務局長を務めた経歴を持つルッジェーロ（Renato Ruggiero）を外相に据え，「ヨーロッパ派」の自己演出を行った。しかし，エアバス共同開発や域内共通逮捕状などをめぐり閣内の欧州懐疑派と対立したルッジェーロは，外相を辞任した。また，ベルルスコーニの度重なる問題発言もヨーロッパにおけるイタリアの評判を落とした。そして，2003年のイラク戦争でアメリカ主導の介入を支持したことで，ドイツやフランスなど軍事的なオプションに反対したEU加盟国との関係を悪化させた。したがって，第2次ベルルスコーニ政権は二国間関係，とりわけアメリカとの関係を重視したといえる。

　ただし，同政権がイタリアの伝統的な外交方針から逸脱したというわけではなかった。というのも，もし武力行使が必要となれば，イタリア政府は国連安全保障理事会の承認を受けなければならないと考えていたし，ドイツやフランスが武力行使から距離を置くと，イタリアはまず両陣営（アメリカとドイツ・フランス）の仲介に努めようとした。しかし，その努力が失敗し，アメリカが国連の委任のないなかで軍事介入を決定すると，イタリアはアメリカへの連帯の表明にその役割を限定した（Croci 2008：148）。

　また，リスボン条約の批准についても，第4次ベルルスコーニ政権下で迅速に取り組まれ，連立パートナーの北部同盟からの留保があったものの，同条約は上下両院において全会一致で可決された。したがって，表面的には，中道右派と中道左派の両連合は共通の目標を追求し，両者の間には連続性が見られたのである。ただし，第2次プローディ政権がEUの制度改革を優先し，議長国とも緊密な作業を進めたのに対し，第4次ベルルスコーニ政権はあまり積極的な姿勢をみせなかった。この点で，左右の政権がとった戦略には相違があった（鈴木 2013：16）。

5　5つ星運動の台頭と変わりゆく第2共和制

　近年のイタリア政治で注目を集めていることといえば，5つ星運動の台頭であろう。5つ星運動は，2009年10月4日に誕生した政党である。しかし，設立者のグリッロ（Beppe Grillo）は，この運動を政党とはよんでいない。規則や組織の原則は，伝統的な政党と異なり，党規約ではなく「非・規約」によって定められた。自らを伝統的な政党と徹底的に区別したことが，5つ星運動の特徴の1つといえる。

　グリッロは，もともとテレビ番組で政治風刺をして人気を博したコメディアンであったが，その後テレビ業界を離れ，環境破壊や政治腐敗，言論の自由などをテーマに講演を行うようになった。グリッロの活動が注目を集めるようになるのは，システム・エンジニアのカザレッジョ（Gianroberto Casaleggio）と出会い，ブログを始めたことである。このブログを通じて閲覧者のアイデアに触れたグリッロは，それ以降多くの政治運動に関与するようになっていった。そして，2007年と2008年に，SNSのミートアップを利用した抗議運動「Vデー」が組織された（「V」は，イタリア語で「くそったれ」を意味するVaffanculoの頭文字）。このようにインターネットを通じて政治に直接関わる機会を市民にもたらしたことが，5つ星運動が組織される契機となった。

　5つ星運動は2010年地方選挙で初めて選挙に参戦し，2012年地方選挙で飛躍を遂げた。特にパルマ市長選挙で民主党候補に勝利したあと，5つ星運動の支持率は全国レベルで高まった。その勢いはシチリア州議会選挙でさらに加速し，同党の支持率はおよそ20％に達した。このような支持拡大には，2つの要因があった。すなわち，既成政党が関与した政治スキャンダルの発覚と，モンティ率いるテクノクラート政権の縮減策に対する不満の増大である。5つ星運動は，汚職体質に染まった政治体制の改革を進められない既成政党を批判し，また経済の悪化に対処できない経済・財政エリートを非難することにより，唯一のオルタナティブとして見られるようになったのである（Natale 2014：24-25）。

　こうして迎えた2013年総選挙で，5つ星運動は25.5％の得票を獲得し，民主党を抑え下院第一党となった。この異例ともいうべき勝利は，5つ星運動の支持層が変化した結果でもあった。5つ星運動はもともと，若者，特に左派を自認し学歴の高い男性に支持されていた（Natale 2014：19）。けれども，2013年総選挙では，あらゆる階級，年齢層，学歴層から支持される政党へと変貌を遂げていた（Natale 2014：28）。その結果，従来の中道左派と中道右派の2大陣営に5つ星運動が加わった新たな状況が生まれたのであった。

　3勢力間の競争は，2018年総選挙でも続いた。5つ星運動は前回からさらに勢力を拡大し，上下両院ともに単独政党として第一党となった。特に南部では，前回の26.6％から47.3％へと大幅に支持率を伸ばした（下院）。ただし，政党連合でみた場合，最大の

多数派は中道右派であった。その中道右派では，サルヴィーニの同盟が前回の4％から17.4％へと大幅に得票を伸ばし，ベルルスコーニのフォルツァ・イタリアを追い越し，主導権を握ることになった。他方で，政権与党であった民主党は惨敗を喫し，長年の基盤であった中部でも中道右派（特に同盟）に票を奪われた。こうして中道右派が北中部を，5つ星運動が南部を支配する状況が生まれているのである（村上 2018：172-174）。

6 展　望——政治不信と欧州統合

　以上で見てきたように，戦後に築かれた政治体制，制度，政策は1990年代以降大きく変化した。これらの変化には，既存の政治に対する不信と欧州統合が深く関係していた。政治不信は，新興政党の登場や選挙制度改革を導き，欧州統合は，イタリアがさまざまな政策転換を実現する原動力となった。

　そして，これらは現在のイタリア政治を見る上でも欠かせない要素である。第2共和制になり，中道左派と中道右派の2大陣営を基盤とする政党政治が定着した。選挙ごとに起こる政権交代は，小選挙区制の導入による政権交代の可能な二大政党制という政治改革の目標を実現したかのように思われた。しかし，政党間の激しい対立は，安定した政治をもたらさなかった。その結果，既成政党に対する有権者の不信は解消されず，5つ星運動の台頭を導いた。いい換えれば，5つ星運動の命運は，どれほど安定した政治を築くことができるかにかかっているのである。

　他方で，欧州統合がイタリア政治において果す役割は，大きく変化している。1990年代のイタリアは欧州統合に適応しながら，年金政策や移民政策など多くの政策を転換させてきた。2010年代には，ユーロ危機に対応するために経済改革を実行した。しかし，イタリアにおけるEUへの信頼はいまや低下し，EU平均を大きく下回っている。同盟と5つ星運動を軸とする連立政権は，欧州懐疑主義政権とみなされている。とりわけ反移民政党である同盟の躍進は，欧州難民危機におけるEUの対応に対する世論の不満を示している。EU全体としての歩調が合わない限り，移民・難民やEUとの関係はヨーロッパの玄関口であるイタリアにおいて今後も重要な争点となるだろう。

参考文献

伊藤武「政党競合の2ブロック化論をめぐる考察——イタリア第2共和制における政党政治の変化」『専修法学論集』第104号，2008年，85〜128頁。

伊藤武「イタリア福祉レジームの変容——『雇用も福祉もない』福祉国家における適応戦略」新川敏光編著『福祉レジームの収斂と分岐——脱商品化と脱家族化の多様性』ミネルヴァ書房，2011年，238〜259頁。

伊藤武「イタリアの家族主義的福祉レジームの揺らぎ」新川敏光編著『福祉レジーム』ミネルヴァ書房，2015年，49〜57頁。

伊藤武『イタリア現代史——第二次世界大戦からベルルスコーニ後まで』中公新書，2016年。
北村暁夫「イタリア自由主義期における移民と植民」『歴史学研究』第613号，1990年，143〜154頁。
鈴木桂樹「イタリア外交安全保障政策ノート——政権交代による継続と変化に関する三つの論文」『熊本法学』（熊本大学）第127号，2013年，1〜29頁。
中益陽子「イタリアの年金制度（各国の年金制度）」『年金と経済』第35巻第1号，2016年，143〜146頁。
村上信一郎「保守党のジレンマ——80年代のイタリア政治とキリスト教民主党」『国際研究』第5号，1988年，25〜97頁。
村上信一郎「『五つ星運動』の勝利は何を意味するのか——イタリア政治に地殻変動をもたらした二〇十八年三月四日総選挙」『世界』第909号，2018年，168〜174頁。
Croci, Osvaldo, "Not a Zero-Sum Game: Atlanticism and Europeanism in Italian Foreign Policy," *The International Spectator* 43 (4), 2008, 137-155.
Natale, Paolo, "The Birth, Early History and Explosive Growth of the Five Star Movement," *Contemporary Italian Politics* 6 (1), 2014, 16-36.

読書案内

伊藤武『イタリア現代史——第二次世界大戦からベルルスコーニ後まで』中公新書，2016年。
　＊戦後のイタリア現代史を第1共和制と第2共和制に分けながら，政治を中心に，経済，文化，社会の動きについても触れている。
パットナム，ロバート・D.／河田潤一訳『哲学する民主主義——伝統と改革の市民的構造』NTT出版，2001年。
　＊イタリアにおける地方政府の行政パフォーマンスの違いを，社会関係資本（ソーシャル・キャピタル）の概念を用いて説明したもの。
馬場康雄・岡崎憲芙編『イタリアの政治——「普通でない民主主義国」の終わり？』早稲田大学出版部，1999年。
　＊政党制や選挙制度のみならず，行政，司法，国家と教会などイタリア政治に関わる幅広い問題を扱っている基本書。第1共和制を中心に書かれている。

映画案内

『海は燃えている——イタリア最南端の小さな島』（ジャンフランコ・ロージ監督，2016年公開）。
　＊イタリア最南端にあるランペドゥーサ島の人々の日常と，ヨーロッパを目指して過酷な旅をする難民たちの困難を映しながら，島の本当の姿を描いている。

（佐藤良輔）

第10章
スペイン

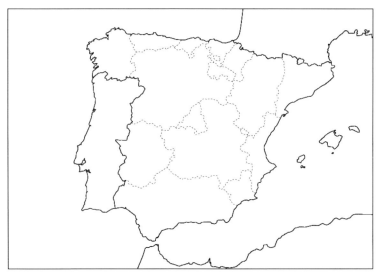

正式国名：スペイン王国，**面　積**：50万6,000km²，**人　口**：約4,600万人，**首都**：マドリード，**人　口**：約322万人，**主要構成民族**：民族の定義に議論あり（カタルーニャやバスクは「民族体」とされる），**公用語**：スペイン（カスティーリャ）語（ただし，バスク語，カタルーニャ語，ガリシア語，バレンシア語，アラン語なども，それぞれの自治州内で自治憲章の規定により公用語となると，憲法第3条に規定されている），**宗　教**：約66%がカトリック，約29%は自称無宗教・無神論者，他の宗教は2.5%（社会学研究センターアンケート，2018年7月），**通　貨**：ユーロ，**名目 GDP**：1兆3,072億米ドル（IMF，2017年），**1人当たり GDP**：3万6,742米ドル（OECD，2016年）

---- サッカーとスペイン政治 ----

　スペイン国外で報道されるニュースのうち，スペインに関連するものは，スポーツ関係が多い。2015年下半期，スペインに関して言及のある英語，仏語，中国語，アラビア語，スペイン語など海外報道20万記事を分析した結果，40％がサッカー・バスケットなどスポーツに関するものであった（Sotos Olmo, Sanchéz Giménez 2016）。

　日本代表で活躍した柴崎岳・乾貴士両選手は，現在それぞれヘタフェ（マドリード），ベティス（スペイン南部のセビーリャ）のチームでプレーしている。また，バルセロナのチーム（バルサ）出身のイニエスタ（Andrés Iniesta，ヴィッセル神戸）らは，Jリーグで活躍している。

　昔からマドリードを拠点とするレアル・マドリードとバルサのサッカーの試合は，白熱する。バルセロナにある約10万人を収容可能なバルサのサッカースタジアム，カンプ・ノウでは，スタジアムの座席を遠くから見ると「(単なる) クラブ以上」というカタルーニャ語が浮き出る。バルセロナを含むカタルーニャ州は，今までになく独立機運が高まっているが，これとは何か関係があるのだろうか。

1　地方分権と中央集権

スペイン史概要

　中世，イベリア半島中心のマドリードの周辺地域（カスティーリャ王国）とイベリア半島北東部のバルセロナ周辺はそれぞれ別の国に属し，法制度も言葉も異なった。フランク王国を宗主国とするカタルーニャ君主国（伯爵領の連合）は，8世紀末から，イスラーム教徒に対する緩衝地帯として「ヒスパニア辺境領」となった。その後結婚政策により隣接するアラゴン連合王国と同君連合を結び，15世紀末には，アラゴン連合王国（フェルナンド2世，Fernando II）とカスティーリャ王国（イサベル1世，Isabel I）との政治的結合が実現した。これは，統一国家というより，緩やかな複合王政であった。のちにはカトリック両王とよばれるように，彼らはカトリック王国スペインの礎となった。しかし各国が固有の法制度・統治機構等を維持し，多元性を容認したために，そののち問題点が噴出することになる。

　その後18世紀スペイン継承戦争の勃発時，カタルーニャ地方は地方特権（地域固有の伝統的法制度）を守るべく，フランスのブルボン朝出身でスペイン王となったフェリペ5世（Felipe V）と敵対し，ハプスブルク朝のカルロス3世（Carlos III）を支持した。しかしフェリペ5世が勝利したため，カタルーニャの地方諸特権は廃止され，中央集権的政治制度がしかれた。バルセロナはカタルーニャ語を剥奪され，城壁で囲まれた。

　19世紀，欧州では，ベルギー，イタリア，ドイツなどで国王が国民統合・祖国の象徴となっていった。逆にスペインは19世紀前半までにはラテンアメリカの大半の植民地を失い，内乱も経験した。そして中央からの動きに対抗するように，カタルーニャやバス

クで，地域ナショナリズムが主張されるようになり，革命と反革命が繰り返された。

その後スペインは，1898年米西戦争で敗北し，帝国の座を追われた。哲学者ホセ・オルテガ・イ・ガセー（José Ortega y Gasset）の言葉，「スペインが問題，欧州が解決策」が表すように，スペインは欧州と比較した経済的後進性を意識せねばならなかった。

政治体制

19〜20世紀，スペインでは，王政，共和制，王政復古，20世紀初めにプリモ・デ・リベーラ（Miguel Primo de Rivera）独裁と政体が変化した。独裁政権は公式の場所でのカタルーニャ語・旗の使用を禁止した。1931年，アルフォンソ13世（Alfonso XIII）国王が亡命し共和国が誕生して，カタルーニャの自治も大幅に進展すると見られた。しかし，やはり王室は国をまとめる象徴とならなかった。

これに代わるものとして登場した第2共和制は，左右に振れ，政治は一層混乱した。スペイン内戦で共和国政府を倒したフランコ（Francisco Franco）政権は中央集権化を目指し，再び公の場でのカタルーニャ語使用を禁止した。そのなかでも当時，冒頭のサッカースタジアムのカンプ・ノウでは，カタルーニャ語の使用が許されていたのである。

1975年のフランコの死後，フアン・カルロス1世（Juan Carlos I）を君主とする議会君主制が施行されることになった。1978年憲法では，バスクやカタルーニャなどの地域は，複数の「民族体（nacionalidades）」と記された。憲法第137条では，スペインの地方は，自治州，県，市町村の3層からなるとされ，自治州の設置方法について定められたが，中央・地域間の立法権限の配分方法は曖昧なままにされた。こうした妥協の産物ではあったが，フランコ体制末期に活動が盛んとなったカタルーニャおよびバスク地方の地域ナショナリズムは，民主化という大目標のもといったんは封印された。1990年代からは，教育や医療を含む，さまざまな分野で中央政府から自治州への権限移譲が行われてきた。

21世紀の現在，スペインの州は，ほぼ連邦制国家の州に相当する幅広い権限を有している。スペインは17州およびアフリカ大陸のセウタ・メリーリャ自治都市から構成される。EU平均のGDPを90％より上回る州は，マドリード，カタルーニャ，バスク州を含む12州およびセウタである（東欧諸国の加盟に伴い，現在75％以下の州は，エクストレマドゥーラ州のみとなった）。ただし，スペインでは小規模市町村が多く州内での経済力・規模格差も存在する上，二重行政や行政運営の非効率性も指摘されている。そのなかでも現在独立運動が盛んなカタルーニャ州は，人口的にも経済的にも規模が大きい豊かな州である。カタルーニャ問題に関しては後述する。

また，第2共和制時代（1936〜1939年）には憲法保障裁判所が設置されたが，その後フランコによる独裁政治を経験し，民主化後には議会など他の国家権力から独立した憲法裁判所が設置されることになった。ここでは，法律および法律の効力を有する規範に対する違憲の訴えや，国と自治州との間の権限争議などを審査できる。1981〜1991年に

かけては，中央政府は自治州の全法律の約1割，自治州政府は国の全法律の約2割を提訴した（スウェンデン 2010：120）。

政　党

　フランコ独裁政権時，国民運動が唯一の政党的なものであった。共産党は地下で活動し，社会労働党（PSOE）などは主に国外で活動した。共産党も PSOE も，労働組合を支持基盤としていた。民主化後初の選挙は1977年に開催され，合法化されたばかりの共産党を含む全ての政党が参加した。党への参加・政治活動も生命のリスクを伴うものではなくなり，PSOE はマルクス主義を捨てある種の社会民主主義へと移行したため，次第に左右の政党とも穏健化していった（ペレス＝ディアス 2013：236-237）。共産党も，独裁かデモクラシーかの選択を至上命題とし，共和制・連邦制か君主制かには拘泥しなかった。むしろ PSOE より早期から，連邦制ではなく君主制を支持したのである。非合法時代にはその組織力，影響力が未知数で恐れられていた共産党であるが，民主化後は得票率が低迷している。

　PSOE は1982年，政権の座についた。しかし長期にわたった政権は1996年には汚職問題などで下野し，フランコ時代の政治家から代替わりしイメージを刷新した民衆党（国民党，PP）に政権交代した。以降，英国的な二大政党，議会君主制が機能してきた。党の中央が権限を握って集権化された構造を持つ PSOE，PP の二大政党時代となったのである。

　しかし21世紀に入り経済危機，汚職事件などが続発したため，国民は2011年以降，PP の緊縮政策そして政治制度に対し，不満・怒りを抱いた。2014年のユーロバロメーターの調査では，91％のスペイン人が政党を信用せず，69％が民主主義システムに不満であることが明らかになった（González Enríquez 2017：9-10）。

　そもそも憲法に県単位の選挙区についての記載があるために，二大政党制が固定化し，農村部の過大代表制の是正のためには法律ではなく憲法改正が必要になるため，新規に少数政党が参入しにくい仕組みなのであった（野上 2015：207）。しかしイギリスやアメリカと同様，スペインでも二大政党が既得権益層のみを利しているという不満から，これらへの不支持が広まったのである。

　さらには冷戦の終了，グローバル化の進展，EU の権限拡大により，フランコ時代のようなイデオロギーや政策の明確な二項対立にはならず，国というアクター間の国益追求のみを考慮した政策実行では不十分な時代となったことも，二大政党への不満増大の理由の1つであろう。加えて既得権益を得ている政党や労働組合など団体への新規加盟者は，増加していない。

　スペインでは2014年の欧州議会選挙で，後述する左派のポデモス（Podemos,「我々はできる」，という意味のスペイン語）や中道右派のシウダダノス（Civdadanos,「市民たち」）といった新党が躍進する。これも政治参加を希望する国民が，自分たちの代表

と感じられなくなった二大政党を見限った表れであろう（Castellà Andreu 2014b：235）。2015年12月の総選挙では，いずれの政党も過半数の得票を得られず，連立協議も不成功に終わり，2016年6月再選挙が行われた。こうして多様な政党・意見が乱立し，政局は混迷した。2018年5月の世論調査では，1982年以来の二大政党制が崩れ，PPの票が流れたシウダダノスへの支持が抜きん出て，以下ポデモス，PP，PSOEと並んだ。2018年末には，アフリカ系移民が多くたどり着く南部のアンダルシア州の州議会選挙において，極右政党ボックス（Vox）が約1割の議席を得るなど，新たな動きもみられる。

スペインのポピュリズムとポデモス

2014年，前述のようにポデモスが結党されると，PSOEの党首はこれを「ポピュリズム」政党と非難したが，それはかえってポデモスの人気をあおることとなった。ポデモスは最初の攻撃対象を「閉塞感」とし，市民が無力感を克服して政党名の通り変えられるイメージを打ち出した。スペインでは，さまざまなデモが日常的に見られるが，大規模な動員力は，階級横断的「新社会運動」である。ポデモスは政治的空間の真空地帯において支持を拡大し，PSOEや統一左翼（IU, 1986年共産党を中心に誕生）の票を侵食していった。しかし右派の票は取り込めず，左右二極の対立構造を超えた広がりは持てないままであった（野上 2015：221）。なお，イグレシアス（Pablo Iglesias）代表はもともとPSOE支持であり，ポデモスは2016年の総選挙時よりIUなど左派と提携している（Unidos Podemos）。

さらにポデモスは欧州統合やユーロ圏における民主主義の赤字を批判するも，彼らにとっても，欧州とは民主主義，基本的人権，平等，福祉などのモデルでもあった（野上 2015：224）。つまりポデモスは，他の欧州のポピュリズム政党とは異なり，反欧州ではなく（リスボン条約などには反対するが，EU脱退は主張しない），反グローバリズムであっても反外国人でも，反移民でもない（González Enríquez 2017：36）。

またポデモスは，カタルーニャの独立は認めていない。さらには，リーダーのほとんどがインテリ層であるために，単純なメッセージ（スローガン）を繰り返すわけではない（野上 2015：220）。

一方，それまでのカタルーニャの地域政党の連合CiU（集中と統一）は，二大政党の首相指名にも賛成票を投じ協力的な姿勢を貫いてきた。しかし21世紀金融危機以後には，「中央が我々を代表していない」として，中央政府と対立する姿勢を見せるなど，後述する最近のカタルーニャの独立運動にはポピュリスト的傾向も見られるようになった（Castellà Andreu 2014b：235）。スペインのポピュリストやナショナリスト（地方主義者）たちは，すでに民主的に見えないEUの支配から国家主権を取り戻す，との言説を用い，民主主義のパワー再起をよびかけるように見える。

スペインの総選挙の投票率は，1977年から2016年の間に約68～80％と，日本と比すると高水準で推移している。街に繰り出す人々も多い。2017年10月のカタルーニャ独立反

対のデモの際は数十万人が参加した。今後は労組・政党といった組織に属しない無組織層による要求をどう吸い上げて，社会をまとめていくのか，特にスペインの場合はどのように政治への参加を感じさせるかが問題となろう。

2 独裁の「遺産」と欧州モデル

欧州での孤立から EC 加盟へ

スペインは内戦後，フランコ時代初期のアウタルキー政策によって，経済発展が低迷し欧州では後進地域であった。フランコ体制下では，コーポラティズムによって，ファランヘ党も参加する上から組織された労働組合を有していた。経営者団体は，産業・地域別に組織されていた。失業率は低くほとんど終身雇用ともいえる体制であった（横田 2007）。

1959年 OECD（経済開発協力機構）などの国際経済システムへの加入，1960年代には経済に明るいテクノクラートの活躍もあり，年平均7％の GDP 成長率を達成した。ただしその数値も，外資誘致，欧州を中心とするスペイン人出稼ぎの送金・観光で達成されたもので，国内の基幹産業の発展は遅れており，21世紀でも労働集約的な産業の比重が大きい。

フランコ政権下のスペインも EC（欧州共同体）加盟申請を行い，欧州への復帰を目指したが，EC は「人権の擁護」を加盟の基準としており，加盟は叶わなかった。ひるがえって，民主化したスペインは，欧州＝民主主義の感を一層強くし，EC 加盟を切望した。民主化後の UCD 政権は，1970年代の石油危機・世界不況で影響を受け失業問題が深刻化するなか，野党，経営者，労働組合も協力した中期的な構造改革，「モンクロア協定」などにおいて経済・社会的規範を設定した。政権交代後，マルクス主義を捨てて中道左派を自負した PSOE も，緊縮政策，労働市場改革など，どちらかといえば新自由主義的改革を実行した。多少の不利益は，EC 加盟のための緊縮政策，構造改革ということで国民を納得させたのである。

1986年の EC 加盟後，スペインでは外資による直接投資が活性化した。しかし構造調整を行う PSOE 政権に対し，支持母体の労働組合は反旗を翻しゼネストなどを行うようになる。一方，EC 加盟国のなかでは当時大部分が後進地域のスペインは，共通農業政策（CAP）により，農業指導保証基金や地域政策から大いに恩恵を受けた。それゆえ，国内でも共産党を含め EC に対する否定的な見方は少なかった。1990年代後半にはスペイン経済も高成長を遂げ，PP 政権は財政健全化，経済自由化政策を行った。のちに経済通貨統合の際も，独仏などがインフレ，金利，財政赤字，為替レートなどの収斂基準を達成できないなか，スペインは基準を達成し，参加することになった。

しかし21世紀に入り，「欧州が解決」とはいい難くなった。中・東欧諸国の加盟により，スペインは，経済状況も EU 域内では相対的に上位となり補助金が減額される一

方，通貨統合により新たな課題も生まれた。統一通貨ユーロの誕生によって，スペインは金融政策の裁量権を欧州中央銀行へ委譲せねばならなくなり，国家主権が制限されるようになったのである。加えてリーマンショック後の欧州金融危機もあり，スペインの発展に対するEU，特に共通通貨の必要性も疑問視されるようになり，スペインでも欧州懐疑主義が頭をもたげてきた。

失業問題と社会保障

民主化後，失業率を低下させることは常に最重要課題の1つであった。1980年代後半以降2000年まで，失業率は15〜25％で高止まりしていた。2005〜2008年には1桁に低下するものの，2010年には20％台，2013年には26％を記録した。OECDの統計では2017年の失業率は17.3％と南アフリカとギリシャに次いで高い。

スペインの失業問題，そして福祉を理解するには，第1にフランコ時代に由来する労働市場の硬直性——労働組合の強さ（労使関係）を考慮しなければならない。前述のように労働集約的な産業の比重が高い上，解雇費用というフランコ体制からの労使関係の「遺産」を受け継ぎ，実質賃金が上昇して雇用状況が悪化し，民主化後は前述のように失業率が高止まりしている。

労働組合は，正規雇用者の利益擁護の戦略を取った。解雇金が高く失業保険・年金も十分ということは，逆に見れば企業は容易に解雇できず雇用の流動性が低く，非正規雇用の増加につながり，若年労働者の失業率の高騰を招く。若年労働者の失業率は50％近く（2013〜2015年がピークで50％を超えた）あるが，高失業率でも大きな混乱が起こらない理由は，失業保険や失業者家族への支援，学校教育など福祉国家の拡大が補償・予防機能を果していたためである。これらの国家支援の他にも，労働組合の交渉や，家族・家族ネットワークが失業の影響を緩和してきた（ペレス＝ディアス 2013：235, 240-241）。スペインは，対GDP比による失業対策費の支出が，OECD加盟国のなかでもベルギーの2.9およびフィンランドの2.4に次いで2.0と高い（2015年，OECD統計）。

第2にフランコ政権下のスペインが，カトリックを国教としていたことも特記すべきである。第1の背景とも関連するが，離婚，避妊は禁じられ「権威主義的福祉国家」といえる公的「福祉」とは，男性優位の，家父長制家族をモデルとする，男性被用者の雇用保険と老齢年金が中心のシステムであった。これは民主化後も急激に廃れたわけではなく，前述のように，むしろ現在まで継続する福祉システムの基本となっている。一方左派勢力は，民主化過程において，「欧州化」とは福祉国家化であると考えていた（中島 2012：257, 261-267）。

しかしながら，現在離婚や避妊の自由化・女性の社会進出・若年層の失業率の増加などにより，家族構成が変容している。また欧州のなかでも平均寿命が高く，高齢化が進むスペインでは，それまでの福祉国家の機能を家族が代替していたシステムを，どのように変化させていくかが課題となろう。

3　移民の送り出しと受け入れ

移民送り出し国から受入国へ，また受け入れつつも送り出し国へ

　スペインは19世紀の窮乏した時代，アルゼンチンやキューバなどラテン・アメリカへ移民を送り出した。またフランコ独裁期の1960年代には，欧州への出稼ぎ移民による送金が，主要な外貨獲得手段の1つであった。こうした欧州への出稼ぎ移民が，欧州で民主主義や労働組合運動などを学んで帰国したため，ドイツやベルギーなどの政党・労働組合からの支援で民主化はスムーズに行われた。他方でイギリスをはじめとする欧州諸国の富裕層のシニア層，ラテン・アメリカ諸国からの移住者もスペインに定住した。EC加盟直前の1985年，その厳格さが批判されのちに改定される，外国人の入国管理に関する「外国人法」が制定された。

　共通の言語・宗教を持つラテン・アメリカの移民は，先祖にスペイン人を持つものも多く，法的に優遇された。共通の宗教・言語を有したラテン・アメリカの移民を受け入れの歴史，移民送り出しの歴史がある。さらに民主主義国家スペインは，フランコ体制へのアンチテーゼとしての人権擁護を掲げてきた。また，教会もNGOなどを通じ協力してきた。PPなどの右派も，支持母体に教会が含まれるため，教会が移民政策に対して一定の影響力を及ぼしていると考えられる（González Enriquez 2017：22）。スペイン社会はこれらの理由により，移民・難民受け入れにも，労働組合も含め，他国と比すると比較的寛容であった。

　離婚や避妊を禁じたカトリックを国教としたフランコ政権後，スペインでも，出生率の低下で少子高齢化の波が押し寄せ，労働力確保のためにも移民を必要とするようになった。ECに加盟し，1991年シェンゲン協定署名後，漸次欧州諸国との国境管理が廃止されると，スペインは1990年代以降地中海諸国からの移民を引きつけるようになった。彼らは特に急激に拡大した観光，農業，建設業などのセクターにおいて，単純労働の季節労働者として雇われた。つまり，移民はインフォーマル経済での労働力として補塡され，正規の労働力市場でスペイン人と競合しなかった（深澤 2015：48）。

　2006年にはスペインの外国人人口は1割を超え，以後微増を続け10～12％の間を推移している。また，「外国人」が多様化して，共通の宗教・言語を有するラテン・アメリカ人に限られなくなったため，社会生活において新たな問題を引き起こしつつある。2007年EUに加盟したルーマニアからの移民も多いが，彼らはスペイン語と同様のロマンス語をルーツとするルーマニア語を話す。スペイン国内での外国籍の割合を見ると，2015年にはEU加盟国が44％，ラテン・アメリカおよびアフリカはそれぞれ21％である。2016年，スペイン在住の外国人の国別の内訳の上位は，ルーマニア人（約70万人），モロッコ人（約68万人），イギリス人（約30万人），イタリア人（約19万人），中国人（約17万人）であった（国家統計局 2017）。

21世紀，経済危機や若年失業率の高止まりもあり，特に熟練者の職が多く給与も高いアメリカなどへスペイン人の高学歴者が移民するという頭脳流出もおきている。2012年より人口減少傾向にあったスペインでも，2016年は，出生数と死亡数がほぼ拮抗し（後者のほうが259名多い），移民の出入国者の差し引きで，人口は約8万9,000人の増加となった（国家統計局 2017）。

スペインの飛び地と移民
　スペインは，アフリカ大陸にセウタ（面積19km^2），メリーリャ（12.3km^2）などの飛び地を有し，イベリア半島内には1713年以来イギリスとの係争地となっているジブラルタルがある。
　現在は，スペイン人の約3分の2がカトリック信者だと認識している。無宗教・無神論者も3割近くいる。そのなかで，人口8.6万人程度のメリーリャ市では，イスラーム教徒が人口の半数を越し，社会の様相を変化させている。
　スペインは2005年には，70万人の非合法移民を特別に正規滞在者として合法化した。しかしこれは逆に呼び水効果を生み，同年セウタ，メリーリャ国境の3mのフェンスに数百万人もの移民集団がおしよせた。同事件は，国内でセンセーショナルに報じられた。その後フェンスは6mに強化されてモロッコ側のフェンスとその間のフェンスの間にも有刺鉄線がはりめぐらされ，レーダーや監視カメラ，マイク，センサーが，EUとスペインの負担で設置された。いったんはこうした越境が減少し，移民はアフリカ大陸に近いスペインのカナリアス諸島，イタリアのランペドゥーザ島を目指すようになった。しかし2013年からは再びフェンスを乗り越える移民が増加し，2014年3月18日には，500人近い移民が乗り越えに成功した。スペインは，EUにフェンスの強化のための支援を要請し，いたちごっこが繰り返されている。
　一方でセウタおよびメリーリャには，移民一時滞在センターがそれぞれ2000年，1999年より設立された。移民送り出し国であったモロッコなどのマグレブ諸国は，21世紀，特に「アラブの春」以降，サハラ以南のアフリカ人移民の欧州への流入の拠点となっている。彼らは，高失業率のスペインを最終目的地とせず，シェンゲン圏への入り口としてスペインを選定し，そこからさらに欧州を北上するのである。

4　欧州のなかのミドルパワーか

欧州主義を中心に
　第1次世界大戦，第2次世界大戦を経て，戦場となった西欧では，超国家的な統合への求心力が起こっていた。一方で長い間欧州の発展の枠組みの外側で，内戦，第2次世界大戦を経て独裁国家スペインは欧州のなかで孤立していた。そうしたスペインでは，左派・右派ほとんど全ての国民にとって，まずこうした欧州の枠組みに「戻る」ことが

目標であった。そのため，前述のように欧州が課した「人権擁護」の要件を民主化によって達成し，その後社会労働党政権下でさえ緊縮財政をすすめて EC 加盟を目指した。

冷戦が深化すると，アメリカは中東へのルート確保のためジブラルタル海峡を望み，中東への空軍の補給基地になりうるスペインへ基地を設置することを決め，1953年米西協定を結んで，他の加盟国の反対のため NATO（北大西洋条約機構）加盟の不可能なスペインを西側陣営へ組み込もうとした。

フランコの死後，ようやく欧州諸国に認められ1982年スペインは NATO に加盟し，1986年にはイスラエルと国交を結び，EC に加盟した。フランコ独裁時代の国際的孤立を教訓に，民主主義国家スペインは，多国間協議の場——国際機関，地域機構——への加盟を目指したのである。また経済協力など二国間の外交関係においても，国力に応じた貢献を行いつつ，国際的な影響力を高めようとしてきた。そして地域でのミドルパワーとなることを目指してきた（細田 2016）。

スペインでは，バスクにおいて分離独立を要求する ETA（バスク祖国と自由）によるテロ活動が1960年代より盛んになった（2011年停戦宣言，2018年解散宣言）。彼らはフランスのバスク地方，北アフリカや北アイルランドなどとのネットワークも有した。スペインでは EC のなかでもテロに対しては毅然とした態度をとり，テロ対策に取り組んだ。独裁を経験したスペインは，自由，民主主義，人権の擁護，法の支配が確立した場所——EC 加盟——を目標にしてきたためである。

地中海諸国との関係では，飛び地・領土問題，漁業問題，移民問題を有するモロッコとの関係が特に重要である。そのなかでも，移民問題は，政治問題に転化する危険をはらんでいる。スペインは，EC 加盟後，モロッコとの二国間問題も欧州のフレームワーク内で解決策を探ってきた。移民問題に関しては，モロッコからアフリカ大陸のスペインの飛び地セウタ，メリーリャへ不法入国しようとするサハラ以南出身の移民（モロッコ内に1万2,000〜1万5,000人滞在するといわれる）をそこに滞留させようとした。モロッコはそれを EU やスペインと交渉のための圧力として利用した。

一方旧植民地のラテン・アメリカ諸国に関しては，スペインはポルトガルとともに1991年からイベロアメリカ会議を開催し，対等なパートナーとしてのイメージを打ち出している。また，EC（EU）のなかで，特別な関係，紐帯を強調している。

スペイン人は EC に加盟後，バルセロナ五輪開催，セビーリャ万博開催，好況期を経て，自信をつけてきた。ところが金融危機後，2015年のユーロバロメーターの調査では，スペイン人は自己肯定感を下げている。また「国」に対する愛着は，2002年より減少傾向にある（González Enriquez 2017：10-16）。全てにおいて欧州化を目指していたスペインでは，国民国家とは何かという疑問が内部で再度問われるようになったのではないか。

5　カタルーニャ州の独立問題

　EUという多国間機構が機能不全に陥り，地域ナショナリズムが勢力を増し，近代主権国家が終焉を迎えつつある現在，カタルーニャが急激に独立意識を高めて，中央政府と対立するようになった。

　冒頭で引用した海外の報道の分析によると，スポーツの次に多かったスペイン関係の報道は国内政治に関するものであった。これは2015年12月の総選挙開催，カタルーニャの独立問題により，関心が集まったことにも関係があろう。カタルーニャの独立機運の高まりは，社会の亀裂を生み，カタルーニャ経済にもマイナスの影響を与えている。例えば外国投資が停滞し，すでに3,000社以上がカタルーニャ州外へ本社を移転している。

　カタルーニャ独立問題は，スペインを連邦制とする改憲問題の議論も引き起こしている。前述のように1978年憲法発布以来，歴史的背景に鑑みた，より拡大された自治権が認められてきた。フランコ時代末期から民主化移行期に，過激な独立運動を展開したのは，カタルーニャよりもむしろバスクのほうであった。バスクの民族主義は，農民的な伝統主義者，保守的なカトリック，下層階級と結びつくものであったのに対し，カタルーニャの民族主義は，主に成功した地方ブルジョアジーと結びついていた。カタルーニャ人はバスク人ほど排他的，内向的ではなく，スペイン国家と折り合いをつけようとしていた（スウェンデン 2010：44-45）。

　カタルーニャの地方政党の連合，CiUは，多数派確保を必要とするPPとPSOEの二大政党の議会において，時には連立を組むなどして，与党との連携関係を図りながら，州の税制に組み込める所得税率を引き上げてきた。また2006年PSOE政権下で，カタルーニャの自治憲章が改正された。フランコ政権の流れを組むPP（当時野党）はこれを違憲だとして異議を申し立て，憲法裁判所に違憲立法審査を請求した。なお，翌年にはバスク州が自治憲章の改正案を提出するも，否決されている。

　スペインのGDPの2割を占め，ポルトガルと同程度のGDPを持つカタルーニャ州は，中央政府からの交付金が州内で徴税した税金の約6割のみであり，公的財源配分が十分でないとの不満が高まっていた。2010年には，憲法裁判所から同憲章の14カ所（カタルーニャ語を公用語にし，スペイン語を準公用語にするとした点，財政に関する自治州の自由裁量，国税収益における同自治州の負担分は，他州との均等かつ連帯のメカニズムに基づくとした点など）が違憲であるとの判決が下された。これがカタルーニャの，中央政府への不信感を募らせた（Castellà Andreu 2014b：234-235）。

　2011年選挙の際は，PPが中央政府で多数を得たのみならず13の州で権力を掌握したために，全国的にPPへの権力集中が見られた。スペインは同年，財政債務に関する憲法を改正して，自治州の財政健全化を規定した（「予算の安定性の原則」）。スペインでは医療福祉，教育などのサービスに関する自治州の財政規模が大きいため，地域政党は自

治州の権限縮小を懸念して反対にまわっていた。さらには，二大政党主導で憲法改正が行われたため，地域政党は関与できなかったという不満もくすぶった（三輪 2012：30）。カタルーニャ州政府は，2014年には独立をめぐる非公式住民投票を実施した。こうしたなか，CiU は，汚職，EU の補助金の不正使用問題，連合の内部のカタルーニャ独立の国民投票に関する意見の違いのため2015年に解体された。

2016年イギリスが国民投票で EU 離脱を決めたが，カタルーニャ州政府は2014年の非公式国民投票に続き，2017年10月1日，独立に関する国民（カタルーニャ州内）投票を行った。これを違法とする中央政府の妨害にもかかわらず約229万人が投票し（投票率43%），9割が独立に賛成した。ただし独立反対派は棄権している。カタルーニャ州は一方的に独立宣言を行った。

一方で中央政府は，州首相職を解任されブリュッセルに移ったプッチダモン（Carles Puigdemont）州首相を，反逆罪，扇動罪などにより起訴しようとした。中央政府は，憲法などを遵守しない自治州に，一定の手続きを経れば必要な措置をとることができる（自治権の停止）という憲法第155条に則り行動を起こした。憲法の秩序再興のためにカタルーニャの自治権の一時停止の措置の決議が，10月末に上院で可決された。

12月21日には，州の権限を掌握していた中央政府のラホイ（Mariano Rajoy）首相により，カタルーニャ州議会選挙が開催された。しかし中央政府の思惑は外れ，カタルーニャを敵視して他の地方で得票数を伸ばそうとする PP の戦術は，保守票を，反独立を訴えるシウダダノスに向かわせた。しかしシウダダノスが最多数の得票数を得たものの，議席数からみると独立賛成派を合計すると半数を超すことになった。こうして PP 内部でもラホイ首相の（首相としての）「延命策」に対する批判も生まれた。

フェリペ6世（Felipe VI）国王も，こうしたカタルーニャ問題に心を痛めている。12月25日のクリスマスメッセージ（首相府ではなく主に王宮府で草案が作成される）では，カタルーニャ問題が中心であった。国王は，新しく選出された議員に対して，多様性を認めつつも全てのカタルーニャ人に関連する問題に対処してほしいこと，憲法の枠組みのなかでの共生が必要なことを訴えた。

2018年6月にはラホイ政権に対する内閣不信任決議が可決され，2日にはカタルーニャ独立派やポデモス，バスク国民党の支持を得た PSOE のサンチェス（Pedro Sánchez）が首相に就任した。ただし議席数350のうち PSOE は84議席を占めるのみであるので，安定した内閣ではない。

一方，前述のように近年のカタルーニャ独立運動は，ポピュリストの様相を呈するようになった。加えて，スペインにおける根強いアナーキズムの歴史も看過できない。歴史的経緯からの国への反発，および EU，既存の二大政党や労働組合が自分たちを代弁していないとする政治への不満は，カタルーニャでは国民投票を求める独立運動と，市民運動「怒れる者運動（15M運動，ポデモスの源流）」「ローン被害者団体（PAH：経済危機後，住宅ローンを支払えない人，立ち退き命令を受けた人を救済する運動）」へと結実し

ていったのである。

　2015年当選した現在のバルセロナ市長，アダ・クラウ（Ada Colau）は，PAHを立ち上げた１人であった。ただしクラウは，この運動（PAH）を非政党的運動だと宣言している。クラウは，カタルーニャ独立には反対であり，市長指名投票では賛成・反対両派の票を獲得している。クラウの政治団体「共同バルセロナ」は，Procés Constituent という，反資本主義でカタルーニャの独立を目指す社会運動（2013年設立）と協力体制を敷き，ここからも2015年の市議会選挙で議員を出している。

6　多様性，マルチガバナンス

　カトリックで統一されたスペインであったが，宗教も政治思想も共同体を形成し得ない現在，20世紀の外交官・歴史家のマダリアーガ（Salvador de Madariaga）が，軍隊か教会でなければ統一が困難（無政府状態）だといったスペインはどこへ向かうのか。

　スペインでは，EU，国，自治州，市町村レベルで，利害が複雑に絡み合っている。EC加盟当時のPSOEのゴンサレス首相（Felipe González，任期1982～1996年）は，地域・国・欧州レベルのアイデンティティを重層的に，補完性原理に基づいて形成することにより，カタルーニャのアイデンティティも，国家としてのスペインと矛盾させぬようにしようとした。

　このように見てくると，多様な価値観を持つ国民で形成されたスペインでは，現在人民の政治参加が上手く機能しなくなり，長期にわたり権力を掌握して汚職を繰り返す既存の政党・組織に対する不信感が噴出している。さらに，すでにEUはスペインの利益のために動いているようにはみえず，今までスペインが理想とみていた，欧州化＝福祉化ともいえない状況になりつつある。実際，欧州議会選挙の投票率もEU平均よりは若干高いものの，50％以下である。

　こうしたなかカタルーニャの国民投票は現状に対する不満を表明する機会として利用されているのであろう。カタルーニャ問題に典型的に現れているが，スペイン人は自分たちの「決定権」を大切にしているということである。デモが普通に行われているスペインでは，政治参加できているかどうかが重要なのである。さらに日本では独立派の意見・イメージ写真が大きく報道されるが，カタルーニャ人のなかにも独立反対派も多く存在するのである。

　政府は連邦制の問題につながるので憲法改正には適切な時期ではないとするが，自治を研究する法学者のカステリャは，改正は三権分立のもと国民の代表機関の強化によってなされるべきとする。国民は，パフォーマンス・わかりやすさ重視で無責任なポピュリスト的政治扇動による国民投票ではなく，法治国家ならば代表民主主義が重要ではないかと主張する（Castellà 2014a）。特にスペインのような多様性がみられるところでは，二択ではなく議会での実のある議論がいっそう必要とされている。連邦制をつきつめて

いくと，他の州への優越を主張するとバスクやカタルーニャを前に，国のなかでは平等な政策が取れず，統一国家としての地位が危うくなる。EU内でも，加盟国間の平等を主張するために，1国のなかの格差は放置されていく。スペインでは，連邦制国家とは異なり上院が州のために機能していないのも問題である。

2018年6月の政権交代直後，サンチェス首相は，イタリアが受け入れを拒否した難民船（約630名）の受け入れを行った。難民問題にもマクロン（Emmanuel Macron）仏大統領と協力し，積極的に取り組む姿勢を見せた。一方で人気取りのための政策だとの批判もある。ところが少数与党のため，1年もたたないうちに政権運営が困難になり，2019年4月に総選挙が行われる。

スペイン人とは何者なのか，スペイン人は常にアイデンティティを自問してきた。一方で，スペイン人は多様性や欧州との「違い」を上手く利用して，欧州では中東・地中海諸国やラテンアメリカへの懸け橋としての独自性を打ち出そうとしてきた。内部を見れば「多様性」の集合体，欧州のなかでは「特異」な存在であるスペイン。スペインを理解するには，巨視的に横糸として欧州のなか，地中海のなか，南北アメリカとのつながりのなかで理解していかなければならぬ一方，縦糸として歴史的な自治州の問題という視点も考慮し，重層的なガバナンスの視点で政治を見ていかなければならない。

ここで述べてきた種々のテーマ（政治体制，移民，社会福祉，外交問題など）は，「多様性の集合体」としてのスペイン，「欧州への劣等感」を感じるスペインを軸に考えると理解が容易になろう。さらに今後，経済・法制度・政治に対する不信が高まるスペインでは，改めてスペイン人とは誰か，が問われることとなろう。

参考文献

中島晶子『南欧福祉国家スペインの形成と変容——家族主義という福祉レジーム』ミネルヴァ書房，2012年。

野上和裕「ポデモス擡頭のスペイン政治における意味」『法学会雑誌』56（1），2015年，193～227頁。

深澤晴奈「新しい移民流入国としてのスペイン——社会統合政策の形成と市民社会の反応」『東京大学アメリカ太平洋研究』15（3），2015年，47～57頁。

ペレス＝ディアス，ヴィクトル「スペイン——内戦から市民社会へ」ロバート・D・パットナム編著，猪口孝訳『流動化する民主主義——先進8カ国におけるソーシャル・キャピタル』ミネルヴァ書房，2013年。

細田晴子「スペイン外交問題の変遷」坂東省次・牛島万編『現代スペインの諸相——多民族国家への射程と相克』明石書店，2016年，101～113頁。

三輪和宏「2011年におけるスペイン憲法改正および政党間合意の成立——財政健全化に向けた欧州連合加盟国の一つの試み」『国立国会図書館調査及び立法考査局レファレンス』736，2012年。

横田正顕「体制移行後のスペインにおける労働政治の変容：社会的協調とフレキシキュリティ」『生活経済政策』129, 2007年（http://www.seikatsuken.or.jp/monthly/hikaku/pdf/200710.pdf）。

Josep Maria Castellà Andreu, "Crisis económica y reformas políticas e institucionales en España", *Nueva Época*, núm.1 enero-diciembre, 2014a.

Josep Maria Castellà Andreu, "La secesión catalana, entre la política y el derecho", *Anuario Facultad de Derecho-Universidad de Alcalá* VII, 2014b, 229-240.

Carmen González Enríquez, "La excepción española: el fracaso de los grupos de derecha populista pese al paro, la desigualdad y la inmigración." *Documento de trabajo* 7/2017 Real Instituto Elcano, 2017.

Elena Sotos Olmo y Juan Antonio Sánchez Giménez, "La imagen de España en la prensa internacional: segundo semestre de 2015." *Documento de trabajo* 8/2016 Real Instituto Elcano, 2016.

読書案内

スウェンデン, ウィルフリード／山田徹訳『西ヨーロッパにおける連邦主義と地域主義』公人社, 2010年。
　＊バスクやカタルーニャなどの地域主義についての起源, 権限配分, 中央政府との関係などを他の西欧諸国と比較研究している。

田澤耕『レアルとバルサ——怨念と確執のルーツ』中公新書ラクレ, 2013年。
　＊マドリードとバルセロナの確執を, サッカーを通じて明らかにする。

細田晴子「スペイン政治と王室——安定装置としての君主制」水島治郎・君塚直隆編著『現代世界の陛下たち——デモクラシーと王室・皇室』ミネルヴァ書房, 2018年, 64〜96頁。
　＊20〜21世紀のスペインの王室の動向を中心に, 歴史的背景・政治情勢を加味して分析している。

（細田晴子）

第11章

ポルトガル

正式国名：ポルトガル共和国，面　積：9万1,985 km^2，人　口：1,050万人，首　都：リスボン（人口50万人），公用語：ポルトガル語，宗　教：主にカトリック，民　族：主にポルトガル人，名目GDP：2,180億米ドル（2017年），1人当たりGDP：2万1,161米ドル（2017年）

―――― ポルトガルにおいて導入された投資ビザ制度 ――――

　大陸欧州の最西端に位置する国ポルトガルは長らく移民送り出し国として知られてきたが，今日では他の欧州諸国と同様，多数の外国人が滞在するようになっている。大規模な移民の受け入れが確認されはじめた1980年代以降，出身国別の統計において上位を占めてきたのは，ブラジル，カボヴェルデ，アンゴラなど，かつてポルトガルの植民地であった国々の出身者であった。加えて，ポルトガルは1980年代中盤に欧州統合に参加していることから，EU（欧州連合）の域内自由移動制度のもと，今日までにポルトガルと他の加盟国との間の人の国際移動が盛んに行われている。

　伝統的にポルトガル人は，しばしば自国を「大西洋」と「欧州」の狭間の国と表現してきた。ここでいう大西洋とは，南米やアフリカにおける自国の（旧）植民地（諸国）との関係を意味する。他方，欧州とは主として大陸欧州諸国との関係を指す。人の国際移動の分野においても長らく重要な存在となってきたのは，この大西洋と欧州，すなわち旧植民地諸国と欧州諸国であった。

　ところが，2012年，ポルトガル政府は主に海外投資家を対象に滞在許可証を発給する制度，通称「黄金ビザ」制度を採用した。この投資ビザ制度は2009年に発生したユーロ危機により深刻化した財政赤字を軽減すべく，外国人富裕層が同国に多額の資本を投入することを狙い制定されたものであった。これを機に，中国人を主とした新たな国々からの移民が急増している。以上のような投資ビザ制度の導入は大西洋と欧州の狭間の国と定義されてきたポルトガルの国内社会にいかなる影響を及ぼしているのであろうか。本章では，ポルトガルの政治・外交について概観したのち，歴史的な観点から投資ビザ制度の制定を含む同国の移民政策について考察することでこの点を明らかにする。

1　植民地帝国の崩壊と民主化

海洋帝国の繁栄と衰退

　12世紀前半にレコンキスタの過程のなかで成立したポルトガルは，喜望峰に到達したバルトロメウ・ディアス（Bartolomeu Dias）やインド航路を発見したヴァスコ・ダ・ガマ（Vasco da Gama）などの活躍により大航海時代を切り開いた。15世紀後半から16世紀中盤までの間，香辛料貿易や植民地を獲得することにより，同国は「海洋帝国」として繁栄を極めた。

　しかし，16世紀後半以降，スペインをはじめとする他の欧州諸国に海洋上の覇権を奪われると，その後，同国は長らく衰退の道をたどった。特に19世紀に入ると，ナポレオン（Napoleão Bonaparte）軍によるポルトガル征服は免れたものの，最大の植民地であったブラジルの独立や長期にわたり続いた内戦の影響もあり，国内経済は危機的な状況に陥った。そうした長期的な経済の停滞は，政治の近代化に遅れを生じさせた。ポルトガル最初の憲法は1820年に制定された。それ以来，同国は立憲君主制の国家となり，

王族をはじめとする特権階級の権限に制約が課せられることとなった。また、同世紀の中盤には、他の西欧諸国に倣い、国政において選挙制度が導入された。しかし、市民の政治参加は限定的な形でしか保障されず、また、地方有力者が実質的に支配する前近代的な「非公式」の制度が存続していた。

20世紀に入ると、大きな政治改革が試みられた。19世紀後半に欧州諸国間で展開されたアフリカ植民地の獲得競争において、ポルトガルは期待していた程の成果を得ることができなかったことから、国内では政治支配層に対する不満が次第に高まった。その結果、1910年に共和主義者によりクーデタが決行され、王制が廃止されることとなった。

代わって成立した新たな体制（第1共和制）では、国政選挙における普通選挙制の導入や政教分離政策に代表されるように、近代民主主義国家の建設が推し進められた。ところが、憲法制定から1926年までの間に8回の大統領の交代や45回の首相の交代が生じたことからも理解されるように、同体制の安定化には大きな困難を伴った。とりわけ、発足から数年後に第1次世界大戦が勃発すると、自国がいかなる立場をとるべきかについて国内政治勢力の間で対立が生じ、大きな政治的混乱が見られた。さらに、第1次世界大戦が終焉を迎えると、戦後不況の波が同国にも到来し、そのことが政治の混迷に拍車をかけた。結局のところ、1926年に植民地帝国の維持に不安を抱いていた軍部による反乱が発生し、同体制は16年という短期間のうちに倒壊した。

独裁体制の成立と崩壊

第1共和制の崩壊からしばらくの間、同国の政治は暫定的に軍部により運営された。同体制の最大の課題は停滞局面に入った経済を回復させることにあった。そのようななか、元コインブラ大学教授で財務大臣であったサラザール（António de Oliveira Salazar）が緊縮政策により財政赤字を削減し、経済を不況から脱出させることに成功した。自らの経済政策により国内社会において高評価を獲得し、影響力を強めたサラザールは、1932年に首相に就任すると、翌1933年に新憲法を制定し、「新国家（Estado Novo）」体制と称する独裁体制を確立した。のちに「権威主義体制」として分類されることになるこのサラザール体制は、イタリアのファシズム体制を部分的に模倣したものであった。だが、直接選挙による大統領選が実施されたことや、限定的ながらも反体制組織の活動を容認していた点など、いくつかの側面において性格を異にしていた。

サラザール体制は第2次世界大戦において中立を保ったため、隣国スペインのフランコ（Francisco Franco）体制と同様、大戦後の世界においても延命した。しかし、ファシズム体制の残滓とみなされたことから、国内外における同体制に対する批判が徐々に高まった。さらに、1961年、アフリカ植民地において独立戦争が開始されると、サラザール体制はさらなる危機に直面した。イギリスをはじめとした他の欧州諸国が植民地の独立を相次いで認めていくなかで、ポルトガルは支配の継続に固執したため、諸外国より非難を浴びるようになったのである。

1968年，サラザールは老齢により引退し，リスボン大学の政治学者であったカエタノ（Marcello Caetano）が新たに首相に任命された。首相の交替により，抜本的な政治改革が行われることが期待されたが，前任者と同様，非民主的な体制や植民地帝国の維持を主張するなど，カエタノの政治改革は極めて限定的なものに留まった。植民地戦争が長期化し，多くの戦死者を出していたことや，軍事費が財政を圧迫していたことなどから，そうしたカエタノ政権の姿勢は国内世論の反発を招いた。その結果，1974年に植民地戦争の継続に不満を持つ軍部将校のクーデタが決行され，40年以上にわたり続けられた独裁体制に終止符が打たれた。

　独裁体制の崩壊後，同国は再び暫定体制へと移行し，クーデタを実行した軍部が中心となり政治を運営した。ヴァスコ・ゴンサルヴェス（Vasco Gonçalves）大佐が首相となり，アフリカ植民地の独立を相次いで承認した。これにより，アンゴラ，カボヴェルデ，ギニアビサウ，サントメプリンシペ，モザンビークという5つの国家がアフリカに誕生するとともに，15世紀以来続けられたポルトガルの植民地支配の歴史が実質的に幕を降ろすこととなった。前体制に対する反動もあり，ゴンサルヴェス政権は基幹産業の国有化をはじめとした社会主義的な施策を次々に打ち出した。しかし，前年より生じていた石油危機の影響とともに，そうした基本経済政策の大幅な変更は同国の経済を深刻な状況に導いた。

　上記のようなポルトガル政治の左傾化は，やがて西ドイツをはじめとした西欧諸国政府により不安視されるようになった。それら諸国政府は，「革命」路線の放棄と議会制民主主義体制の導入を条件として財政支援を行うことを表明し，ポルトガル政府に対し民主化圧力をかけた。その結果，ゴンサルヴェス政権は退陣し，あらたに権力を掌握した穏健派による主導のもと，1976年に議会制民主主義を謳う新憲法が制定された。これにより，ポルトガルは民主主義体制への移行を果した。

民主主義体制の導入

　第1共和制が成立した20世紀の初頭以来，ポルトガルではいわゆる「半大統領制」が採用されてきたが，この点については1976年の新憲法制定以後も踏襲された。新憲法体制下では，議員内閣制を基本制度としつつも，大統領は首相の任命や罷免，国会の解散など，いくつかの点において強大な権限を有することとなった。35歳以上で7,500人以上の推薦人を有する者が立候補することが可能であり，直接選挙により選出されると定められ，また，その任期は5年とされ，3選が禁止された。これに対し，内閣を率いる首相は必ずしも国会議員である必要はないものの，大統領が国会における選挙結果を考慮に入れつつ任命する。他方，首相は大統領と議会の双方に対し責任を有すると規定された。

　また，立法府としては，一院制で定員250名の議会である共和国議会が設置された（1989年に定員230名に変更された）。議員は拘束名簿式の比例代表制に基づき選出され，任期は4年とされた。1976年，独裁体制の倒壊後に初めて実施された総選挙の際，多く

の政党の結党が見られた。そのなかでも，西ドイツの社会民主党の支援を受け，非共産党系の反体制派により結成された中道左派政党の社会党（Partido Socialista），独裁体制末期，体制内反対派を構成していた国会議員が中心となって結成された中道右派政党の社会民主党（Partido Social-Democrata）の2党が多くの票を獲得した。これら2つの政党に加え，独裁体制期には反体制組織として抑圧されていた左翼政党の共産党（Partido Comunista Português），社会民主党よりもさらに保守的な性質を有する右翼政党の民主化中央・国民党（Centro Democrático e Social-Partido Popular）を加えた4党が民主主義体制導入後のポルトガルの議会政治において中心的な役割を担うようになった。

　1976年の民主主義体制への移行直後に実施された大統領選挙では，軍部出身のエアネス（António Ramalho Eanes）が勝利した。この時期，独裁体制倒壊の直接的な担い手であった軍部に対して高い人気が集まっていた。他方，各党はまだ十分な支持基盤を築くことができておらず，政党政治は円滑に機能していなかった。それもあり，西側諸国政府は，ポルトガルでは新憲法の施行後も軍部支配が実質的に継続されるのではないかとの疑念を抱いていた。実際，エアネス大統領は国政選挙の結果にとらわれない首班指名をしばしば行っていた。また，新憲法では軍人により構成される革命評議会という機関に国政の「後見役」としての役割が付与されており，文民統制が徹底されていないとの指摘がなされていた。しかし，1986年に行われた大統領選挙の結果，社会党に所属していた弁護士出身の政治家ソアレス（Mário Soares）が大統領に就任した。また，1980年代に行われた数回の憲法改正を経て，革命評議会が廃止され，ようやく不安が払拭されることとなった。

　また，1970年代中盤の政治体制の変容は，地方行政にも変化をもたらした。新憲法制定後，地方自治は市町村（Município）および行政区（Freguesia）により担われることとなった。全国で308存在する市町村および行政区には，それぞれ行政機関である評議会と審議機関である議会が設けられた。評議会議員，議員のいずれも任期は4年と規定され，選出の際には選挙が行われることとされた。また，下位の行政単位であり，3,000以上存在する行政区にも同様に評議会，議会が創設された（選出方法については自治体の規模により異なる）。

　他方，アソーレス，マデイラという島嶼部には，自治地域（Região Autônoma）という名称の広域自治体の設置が認められた。本土においても，民主化からしばらくのち，8つの州（Província）に分割し，各州に広域自治体を創設する計画が進められたが，1998年に実施された国民投票において否決されたため，計画は消滅した。これとは別に，19世紀に設置され，独裁体制期には比較的大きな権限が与えられていた広域の地域区分である県（Distorito）も存続したが（大陸部は18県，島嶼部は4県に分割されていた），その権限は大幅に縮小された。以上からも理解できるように，民主主義体制に移行してからのポルトガルは，欧州諸国のなかでも比較的高度な中央集権性を有する国家として再

出発した。

2　民主化後の政治経済

経済政策

　独裁体制の終焉後の混乱やアフリカ植民地の喪失により，民主主義体制への移行後もポルトガル経済は景気停滞に苦しんだ。経済不況は政治の安定にも悪影響を及ぼした。1976年の憲法制定からしばらくの間，単独で過半数の議席を獲得できるような政党が共和国議会に存在しなかった。主要政党間の協力関係も概して不安定であったこともあり，短命の内閣が続いた。当時の政権にとっての最大の課題は，国外からの支援を獲得することであった。

　しかしながら，IMF（国際通貨基金）からの財政支援を受けたことで，1970年代末頃より景況が安定化すると，同国社会において政党政治は徐々に定着した。1980年代中盤以降になると，中道右派の社会民主党と中道左派の社会党が交互に安定した政権運営を行うようになった。

　1987年の総選挙では，カヴァコ・シルヴァ（Aníbal Cavaco Silva）率いる社会民主党が単独過半数の議席を獲得した。カヴァコ・シルヴァ政権は，労働法の大幅な改正を含む新自由主義的な改革を実施した。1986年に欧州統合に参加し，EC（欧州共同体）から多額の支援を受けたこともあり，この時期，ポルトガル経済は高度成長を記録した。好景気は政権に対する支持に繋がり，カヴァコ・シルヴァ政権は11年間にわたり存続した。

　しかし，1990年代中盤に差し掛かると，経済成長の速度が鈍化したことに加え，カヴァコ・シルヴァの出身政党である社会民主党の内部で汚職が相次ぎ，同党に対する支持率が低下した。その結果，1995年の総選挙では社会党が過半数近くの議席を獲得し，グテーレス（António Guterres）書記長が政権を担当した。グテーレス政権は，欧州通貨統合への参加のために必要な安定成長や財政の均衡といった条件を満たし，自国にユーロを導入することに成功した。その実績が評価され，前社会民主党政権同様，このグテーレス社会党政権も7年間に及ぶ長期政権となった。翌1996年の大統領選挙においても社会党出身のサンパイオ（Jorge Sampaio）が勝利したため，同党は民主化以降，最初の黄金期を謳歌した。

　ところが，ユーロ参加後，国内の景気が急激に悪化したことで，2001年，自国の財政赤字をGDP比3％以内に抑えることができず，ポルトガルはユーロ圏諸国のなかで初の安定成長協定（ユーロの安定化のために参加国間で締結された）の違反国となった。さらに景況が悪化していたなかで実施された同年12月の地方自治選挙において社会党が大敗を喫すると，翌2002年4月，その責任をとるべくグテーレス政権は総辞職した。

　その直後に実施された総選挙では，大敗した社会党に代わり，再び社会民主党が第一党の座に就いた。単独過半数にはわずかに及ばなかったため，民主社会中央・国民党と

の連立に基づきバローゾ（José Manuel Durão Barroso）政権が発足した。しかしながら，同政権ならびにそれを引き継いだロペス（Pedro Santana Lopes）政権にとり（バローゾ首相が欧州委員会委員長に就任したためロペスに交替），経済が極度に低迷するなかで財政赤字を削減するという課題はあまりにも困難なものであった。結局のところ，この社会民主党と民主社会中央・国民党による政権はなんら効果的な政策を打ち出すことなく，2005年3月にロペス首相がサンパイオ大統領より事実上の解任を宣告されたことで終局を迎えた。

続いて行われた総選挙において社会党が大勝したことを受け，同党党首のソクラテス（José Sócrates）が首班指名を受けた。ソクラテス政権は公共部門の合理化を推進し，懸案であった財政赤字の削減を一時的に達成した。ところが，2008年に発生した世界金融危機の影響でポルトガルの景況はさらに悪化した。また，ソクラテス自身の汚職疑惑が生じたことから（2014年に逮捕されるに至った），社会党政権は急速に支持を失った。

その結果，1987年の総選挙以降，社会民主党，社会党の2党のいずれかが過半数またはそれに近い議席を占有してきたが，2009年9月に実施された総選挙では，引き続き社会党が第一党となったものの，議席率は過半数を下回る42％に留まった。社会民主党をはじめとするその他の主要政党も議席を大幅に増加させることができなかった。また，1999年に創設された左翼の新興政党であった左翼連合（Bloco de Esquerda）が2009年の総選挙において16議席を獲得し，急激な成長を示した。これにより，長らく続いていた社会党，社会民主党，共産党，民主社会中央・人民党の4党による議席の寡占状態に終焉がもたらされた。

不安定化したポルトガルの政治経済にさらに追い討ちをかけたのが2009年のユーロ危機であった。ギリシャ発の危機がポルトガルに波及したことにより，同国の財政赤字はGDP比9％台にまで膨らんだ。多数の企業が倒産し，2008年の時点で7％台であった失業率は，2013年には16％台にまで上昇した。また，実質GDPに関しても2008年には1,646億ユーロであったが，2013年になると1,536億ユーロへと減少した。

2011年に入り，ソクラテス政権は赤字削減を達成すべく大幅な経費節減と増税に関する計画を発表したが，全ての野党が同案に反対した。共和国議会において不信任案が可決したため，ソクラテス政権は総辞職を表明したが，その後，信用不安がさらに拡大し，国内経済が危機的な状況に陥ったことから，同年4月，ソクラテス政権はEUに対して金融支援を要請した。

2011年6月の総選挙では，社会民主党が勝利し，同党と民主社会中央・国民党の連立からなるコエリョ（Pedro Passos Coelho）連立政権が発足した。金融支援の見返りとして欧州委員会，欧州中央銀行，国際通貨基金との間で交わされた「トロイカ合意」を履行すべく，付加価値税の大幅な引き上げ，国営企業の民営化，社会保険改革など，種々の財政再建策を講じた。

これらの施策により，2015年に入ると，危機的な経済状況からの回復の兆しが見られ

はじめた。同年10月，任期満了に伴う共和国議会選挙が実施され，社会民主党と民主社会中央党からなる会派が引き続き議会の第1勢力となった。しかし，その議席数は107（46％）にとどまっていた。当初，カヴァコ・シルヴァ大統領は引き続きコエリョを首班指名したが，同政権が提出した政策プログラムが野党により否決された。この事態を憂慮したカヴァコ・シルヴァ大統領は社会党のコスタ（António Costa）を首相に指名したため，同年12月，社会党による少数単独政権が発足した。コスタ政権は2016年3月に大統領に就任した社会民主党出身のソウザ大統領（Marcelo Rebelo de Sousa）との協調のもと，緊縮政策を基本的に踏襲しつつも，その結果として拡大した社会格差の是正にも一定の配慮を示している。

福祉政策

国民の大部分がカトリック教信者により占められているポルトガルでは，古くからカトリック教会が社会において極めて大きな役割を果してきた。貧困者の救済をはじめとした社会福祉活動についても主として教会に委ねられ，同分野において国家が果してきた役割は限定的であった。

同国において本格的な社会福祉制度が導入されたのは，社会福祉組織基本法が制定された1935年である。当時のサラザール政権は，表向きには職能議会の創設に代表されるように，「コルポラティヴィズモ」とよばれる協力的な国家社会関係の構築を謳っており，上記法律もその一環として制定された。だが，実際にはそうした関係は，各種経済団体の国家による統制を徹底すべく整えられたものであった。したがって，1960年代初頭でさえ，公的な社会保障の対象者が全活動人口の3分の1程度に留まるなど，上記法律が制定されたのちも，社会福祉制度の大きな発展は見られなかった。

ところが，1974年のクーデタにより独裁体制が崩壊し，暫定体制が発足すると，「革命」の名のもと，さまざまな制度改革が行われた。その1つに社会福祉制度改革があり，年金制度の充実化やキリスト教関係の慈善機関であった聖慈悲院の「国有化」といった施策が次々に打ち出された。1970年の時点では20万人以下であった年金受給者数が，1975年には80万人以上に増加した。また，1960年の時点では300万人未満であった保険サービスの受益者数も，1975年になると700万人以上に増加した。

以上のような福祉政策の拡充は，1976年の新憲法制定後も継続された。1979年には国民健康保険制度および非拠出制年金制度が導入され，1984年には社会保障枠組法が制定された。社会保障関連予算の増加は財政を圧迫したが，経済成長と EC（欧州共同体）からの支援がこれを支えた。ただし，1990年代に入ると，最低加入機関の延長などが規定された年金改革法が制定されたことからも理解されるように，拡大政策に限界が見られるようにもなった。

2000年代に入ると，ポルトガルは長期的な経済不況に陥った。財政の均衡を達成することが最優先課題となったため，福祉関連予算も主たる削減対象の1つとみなされるよ

うになった。2007年にソクラテス政権下において制定された年金改革法がその代表例である。さらにユーロ危機の発生後には，コエリョ政権により公立病院の民営化，失業給付の削減などの改革が実施された。しかし，2015年に入ると，長らく続いた不況局面からの回復の兆しが見えはじめた。これを受け，新たに発足したコスタ政権により「脱緊縮」の社会福祉政策が展開されるのではないかとの期待が抱かれている。

3　外交・安全保障——旧植民地諸国および欧米諸国との関係を中心に

旧ポルトガル領植民地諸国との関係

歴史的にポルトガルは，スペインをはじめとする他の欧州諸国から幾度も侵略を受けてきた。そうした経験から，同国では欧州以外の地域の支配やかつて植民地であった国との協力関係を強化することで，他の欧州諸国との不均衡を是正すべきとの考えが支配的であった。15世紀以降，ポルトガルはアフリカ，アジア，南米など，世界のさまざまな地域に植民地を保有するようになった。そのなかでも，ポルトガル本国政府にとりひときわ重要な役割を果していたのはブラジルであった。ブラジルはサトウキビや金の貿易などにより，本国政府に多くの富をもたらしていた。また1807年にナポレオンの軍勢がポルトガル侵略を図った際には，ブラジルはポルトガル王室の逃避先となり，一時的に首都の機能を担っていた。

1822年にブラジルが独立を果すと，植民地支配におけるポルトガル政府の主たる関心はアフリカへと移行した。しかし，ポルトガル政府は独立後もブラジルとの「特別」な関係を持続したいと考えた。1953年の「ポルトガル・ブラジル友好諮問条約」はそうしたポルトガル政府の意図が反映された二国間協力の代表例であった。

1970年代中盤にモザンビークやカボヴェルデといった旧ポルトガル領アフリカ植民地諸国が独立すると，協力対象はそれら諸国にも拡大した。そのことを象徴的に示しているのが，1996年ポルトガル，ブラジルおよび5つの旧ポルトガル領アフリカ植民地諸国の政府により創設された「ポルトガル語諸国共同体」である。のちに東チモール，赤道ギニアも加盟し，9カ国により構成される同機関は，リスボンに本部を置き，輪番による議長国制度のもと，種々の協力活動を展開してきた。

ポルトガルにとり，あとに触れるEU諸国とならび旧植民地諸国は現在もなお自国の対外関係における大きな柱の1つである。2007年，EU議長国であったポルトガルの主導のもとで「EU・ブラジル戦略的パートナーシップ協定」が締結されたことや，「第2回EU・アフリカ首脳会議」が開催されたことからも想像されるとおり，ポルトガル政府はEUと旧植民地諸国と間の架け橋としての役割を担おうとしているのである。

欧米諸国との関係

このように旧植民地諸国との関係を重視してきたポルトガルであったが，大陸欧州の

西端に位置する同国にとり，他の西欧諸国との協調も重要な戦略の1つであった。建国以来，ポルトガルはイギリスとの同盟を維持してきた。しかし，20世紀中盤に入ると，イギリスによる保護だけで自国の安全を確保することはもはや困難であると判断し，それまでは親密な関係を結ぶことを躊躇していたアメリカとの協力関係の強化に応じるようになった。第2次世界大戦中，ポルトガル政府はイギリス政府からの要請によりアメリカ軍のアソーレス諸島ラージェス基地の使用を容認した。第2次大戦終結後も引き続き基地の使用を許可するとともに，NATO（北大西洋条約機構）への参加に関するアメリカ政府からの提案を受け入れた。同機関への参加後も，ポルトガルは非民主主義国家でありながら，西側陣営の一員としてアメリカ政府に対する協力を行っていった。その見返りにポルトガル政府は，東側諸国が拒んでいたことにより実現されずにいた国際連合への参加のあと押しを受けるなど（その後，1955年に加盟），同国政府からの支援を獲得した。それ以来，アメリカとの緊密な関係は今日まで続いている。

　他方，1950年代以降，大陸欧州諸国の間でEEC（欧州経済共同体），ECといった地域統合が行われるようになったが，当時のサラザール政権およびカエタノ政権は統合に参加しようとはしなかった。ECは植民地における通商協力の対象として含めようとしていた。ゆえにポルトガル政府は，植民地帝国における宗主国と植民地の間の排他的な経済関係が脅かされる可能性があると判断し，参加には否定的な立場をとったのである。

　ところが，1960年代に入ると，上記のような姿勢を保つことに困難が生じるようになった。1955年に加盟していた国連の場裏では，アフリカ植民地戦争が泥沼化するなかでも植民地帝国を維持することに拘泥するポルトガルに対し，批判が日増しに高揚した。また，EC諸国との通商関係の深化により，ポルトガル社会において同機関に対する関心が示されるようになった。その結果，1974年の独裁体制の崩壊後，ポルトガル政府はアフリカ植民地を解放し，民主主義体制を導入すると，1977年にECに加盟申請を行った。そして1986年，ポルトガルは隣国スペインとともに参加を実現させた。

　ECへの加盟後，ポルトガル政府は同機関ならびにその後継機関であるEUの統合過程に積極的に参加し，その制度的発展を支えた。同国の議長国のもと，EUは2000年に打ち出されたリスボン戦略（経済成長と雇用に関するEUの社会経済政策），2007年にリスボン条約の調印をはじめ種々の成果を生み出した。また，EC加盟以来，共同体予算から多額の構造基金がポルトガルに支給された。例えばマーストリヒト条約が締結された1993年，ポルトガルはGDP比4％近くにも及ぶ支援を獲得している。それらがインフラの整備や人材育成のために用いられるようになると，他の加盟国の企業が相次いでポルトガルに進出した。その結果，1980年代中盤から1990年代後半に至るまで，同国は年平均4％台にも及ぶ高度経済成長を達成した。

　しかしながら，EU通貨統合が開始された1990年代末以降，同国の経済は再び停滞期に突入した。さらに，2009年にギリシャ政府の粉飾会計問題を発端として生じたユーロ危機は，ポルトガル経済にも深刻な被害をもたらした。絶望的な状況から脱出を図るべ

く，ポルトガル政府は欧州委員会，欧州中央銀行の3機関より計780億ユーロの支援を受けた。近年になり，ようやく景気回復の兆しを見せているものの，世論調査からも確認されるとおり，それまでにポルトガル社会において醸成されてきたEUに対する信頼は，共同通貨に関連して生じた長期的な不況の期間に損なわれてしまったようである。

4 移民政策——投資ビザ制度の導入

人の国際移動とポルトガル

　ポルトガルは長らく移民送り出し国として知られてきた。20世紀中盤に至るまでの最大の移住先は，かつての植民地ブラジルであった。19世紀末から20世紀中盤に至るまでの期間だけでも100万人以上のポルトガル人が同国へと移住している。1960年代に入るとブラジルへの移住が減少し，かわって欧州諸国への移住が急増した。フランスと西ドイツの2カ国だけでも，1970年代中盤までにやはり100万人近いポルトガル人が滞在するようになっていた。

　他の欧州諸国へと渡ったポルトガル人の権利を擁護すべく，ポルトガル政府は移民受入国政府との間に移住に関するさまざまな協力協定を締結した。例えば1971年にはすでに多くのポルトガル移民が滞在するブラジル政府との間に，「権利および義務の平等に関する協定」が締結された。同協定によって，両国民は移住先において社会保障を受けられる権利や一部の要職を除く公職に就任する権利が与えられることなどが規定された。

　ところが，1970年代中盤以降に生じたアフリカ植民地諸国の独立や政治体制の民主化が実現すると，多くの移民がポルトガルへと入国するようになった。その結果，1990年代にはポルトガルも他の西欧諸国と同様，移民受け入れ国の1つとして認識されるようになった。1980年代初頭に同国に合法的に滞在する外国人の総数は5万人程度であったが，2018年には約40万人に増加している。

　他の欧州諸国が多様な国々から移民を受け入れていたのに対し，ポルトガルの場合，入国を希望する移民の大部分は，かつて移住先であったブラジルを含むポルトガル語圏諸国の出身者，および他のEU諸国の出身者であった。このように移民の出身国に偏りが見られた理由の1つに，EU加盟諸国が域内の人の自由移動に関する協力を漸進的に発展させてきたため，他の加盟国からポルトガルへの入国や滞在が格段に容易になったことがあることはいうまでもない。

　もう1つの理由として，旧ポルトガル領植民地諸国出身移民に対する措置が挙げられる。先にも触れたとおり，ポルトガルからそれら諸国へは，過去（植民地帝国時代を含む）に多数の移民が渡航している。そのため，ポルトガルと旧ポルトガル領植民地諸国は，これまでにいくつもの国際移民に関する協定を結んできた。そうした特別な関係が移民受け入れ国に変容したのちも続いているのである。例えばポルトガル政府は，2000

年に「ポルトガル・ブラジル友好協力諮問条約」をブラジル政府との間に締結した。同条約により，ブラジル人は最大180日間の無査証滞在が許されるなどの恩恵を得ることとなった。

さらにそうした人の移動に関する協力は，1996年に発足したポルトガル語諸国共同体の枠組みのなかでも行われている。同機関の加盟国は，参加国間における短期滞在ビザの発給条件の統一や，外交官をはじめとする特定の職業の入国希望者に対するビザ取得義務の撤廃，入国審査時におけるポルトガル語圏諸国出身者専用の窓口の創設に関する協定など，人の移動の問題に関するいくつかの協定に調印している。

2000年代に入ると，それまで比較的安定した成長を遂げてきたポルトガル経済は不況期に入り，その結果，他国からポルトガルへの外国人の入国にはそれほど大きな変化は見られなかったものの，一度は減少していたポルトガルから外国への移住が再び増加を示した。主要な移住先はイギリスやスペインなどの欧州諸国や，アンゴラ，ブラジルを中心とした旧ポルトガル領植民地諸国であった。その結果，同国の国内人口は2010年から数年間にわたり減少を示した。

投資ビザ制度の導入

以上のように，ポルトガルは長期にわたり欧州諸国ならびに旧ポルトガル領植民地諸国との間で移民の送り出しと受け入れを交互に経験してきた。人の国際移動という領域に関し，それら諸国とポルトガルは密接な関係で結ばれてきたのである。しかしながら，2009年にユーロ危機が発生し，経済がさらに絶望的な状況を迎えると，2012年10月，ポルトガル政府は新たな移民受け入れ制度を導入した。「投資ビザ」制度である。

しばしば「黄金ビザ」制度ともよばれるこの新たな制度では，いずれの国の出身者でも一定の条件を満たせば基本的に在留資格を取得できる。その条件とは，過去5年間に100万ユーロ以上の資金移動，国内で10人以上の雇用創出，50万ユーロ以上の不動産購入など，ポルトガル国内に多額の資本をもたらすことである。

2018年3月までに約6,000人の外国人が投資ビザを取得している。ポルトガルが投資制度を開始して以降，ギリシャ，スペインなどの他の南欧諸国も類似した制度を導入したため，増加率は逓減傾向にあるものの，依然として止まることをしらない。出身国別の内訳を見ると，圧倒的大部分を占めているのが中国人であり（約3,800人），2位のブラジル人（約600人）を大きく引き離している。さらに，上記の人々が家族のよび寄せ制度を用いることにより滞在を許可された者の数も1万人以上に上るとされている。

投資ビザを取得した外国人に対しては，まず1年間の滞在許可が与えられ，その期間内に投資活動を継続し，2週間ほど同国に滞在すれば，在留資格の延長も認められる。5年後には永住権を，6年後には同国の国籍を取得することもできる。さらに在留資格の更新を繰り返すことによりポルトガル国籍を取得すれば，それらの人々にはEU市民権も同時に付与される。EU市民権を持つ者は，加盟国内であれば基本的にどこでも

自由に居住し，政治的，経済的な諸権利を享受できる。ゆえに容易に長期滞在や国籍取得が可能なポルトガルの投資ビザに注目が集まっているのである。

EU は域内における自由移動や EU 市民権といった制度をすでに確立していることから，域外からの外国人の移住に関しても規則の共通化を推し進めることが望ましいと考えられている。実際，1980年代以降，ポルトガルが移民受け入れ国に変容して以来，同国と他の EU 諸国の移民政策には一定の収斂が確認される。しかし，投資ビザに関しては，全ての加盟国が採用しているわけではなく，また，すでに採用している諸国間でも，ビザ取得に必要な要件に相違が見られる。

ポルトガル国内においても，財政危機を緩和すべく安易に移民を受け入れることは拝金主義であるとして批判が噴出している。また，他の領域と同様，人の国際移動に関しても，欧州諸国や旧植民地諸国といった地理的または言語的側面において相対的に近似性を有する旧植民地諸国や欧州諸国との関係が際立っていた。ゆえに他の EU 諸国と比較すると，これまでポルトガル国内において移民の増加が深刻な問題として議論されることは少なかった。しかし，投資ビザ制度が開始されたことで中国を中心とした新たな国々からの移民が流入しはじめたことにより，そうした同国の伝統が損なわれる可能性がある。ポルトガルは2000年までマカオを植民地として領有していたため，中国人との間に歴史的接点がないわけではない。とはいえ，言語を含むさまざまな側面において，大部分の中国人とポルトガル人の間には文化的差異が見られる。もし投資ビザ制度の継続により大規模な中国人の流入が生じた場合，ポルトガル国民の反移民感情をさらに高揚させるのではないかとの懸念が生じている。

Essay ②　ギリシャ

2009年秋，ギリシャの国家会計が粉飾されていたことが明らかになった。ギリシャは国の経済力と見合わない，とてつもない額の借金を背負っていた。この結果，通貨ユーロの信用が大きく揺らいだ。ユーロ危機のはじまりである。ギリシャは債務不履行，つまり国が破産する寸前の状況に追い込まれた。EU 加盟の先進国ではありえない出来事だった。

古代のギリシャは，ヨーロッパ文明のお手本となる偉大な文明をつくりあげた。それなのに，どうして現代のギリシャ人はこれほどまでに堕落したのか——ユーロ危機が長引くなか，欧米のみならず，日本においても，現在のギリシャを古代のギリシャと比較しつつ批判する声が聞かれた。古代のギリシャと現在のギリシャが数千年の時を超えて，あたかも一直線に続いているかのように。

私たち多くの日本人にとって，ギリシャと聞いて真っ先に思い浮かべるのは，パルテノン神殿，ペルシャ戦争，アリストテレスといった古代に関連した事物や事件，人物だろう。一方，現在のギリシャについて私たちが知っていることといえば，オリンピックのたびに聖火の採火式が行われるということぐらいなのではないだろうか。

今日世界の数ある国々のなかで，ギリシャほど古代の影につきまとわれている国家は

ないように思われる。ギリシャは古代のイメージから逃れられない運命を背負っている。しかし，古代のギリシャと今日のギリシャは同じではない。今日私たちが知っているギリシャ国家が誕生したのは19世紀はじめのことでしかない。私たちが今日のギリシャと向き合う時には，まずそのことをしっかり頭に入れておこう。東地中海一帯においてギリシャ語を話す人々が織りなしてきたギリシャ世界の歴史——古代ギリシャ，アレクサンドロス大王のマケドニア，ビザンツ帝国，オスマン帝国——はとても長いが，近代国家としてのギリシャの歴史はそれほどではない。ギリシャは古いようで，実際は新しい国なのである。

近現代ギリシャ略史

　バルカン半島南端に位置する今日のギリシャの原型となる国家が誕生したのは1830年のことである。オスマン帝国に支配されていたギリシャ語を話す正教キリスト教徒が，ナショナリズムの影響のもと，ギリシャ人意識を持つようになり，独立戦争の結果，ギリシャ王国を建設したのがそのはじまりである。

　ギリシャは独立当初からヨーロッパの大国（イギリス，フランス，ロシア，ドイツなど）に政治・経済的な介入を受け続けた。その結果，内政・外交ともに大国の利害に左右されることが少なくなかった。国の近代化が目覚しく進展したのは，20世紀のはじめ，エレフセリオス・ヴェニゼロス（Eleftherios Venizelos）首相の時代である。

　ギリシャは，第1次世界大戦で戦勝国となり，ほぼ今日の国土に相当する領土の獲得に成功した。もっとも，その直後のギリシャ・トルコ戦争で敗北し，世界史上はじめての強制的な住民移動を経験した。小アジアからの大量のギリシャ系難民の受け入れは小国ギリシャにとって大きな経済的負担となった。一方，この住民移動の結果，民族が混在するバルカン半島のなかで，比較的民族的に同質な国家となった。

　第2次世界大戦では枢軸国に占領された。ドイツはギリシャ経済を徹底的に破壊した。ドイツからの解放を目指すギリシャ人抵抗により，1944年10月にドイツ軍は撤退した。その後，共産党を中心とする抵抗勢力とギリシャ政府軍との内戦が激化した。トルーマン・ドクトリンによるアメリカの介入で，1949年，ようやく内戦が終結した。冷戦期は，地理的には東ヨーロッパにある西側の「飛び地」として，アメリカの多大な支援を受けた右派政権による抑圧的な支配があった。1967年から1974年には軍事政権が続いた。

　学生の抵抗運動とキプロスへのトルコ軍侵攻の結果，軍事政権は崩壊し，民主政に移行した。国民投票により君主政が正式に廃止され，戦後非合法化されていた共産党も合法化された。国民にようやく思想・表現の自由がもたらされた。

　戦後のアメリカ一辺倒の外交からの転換がはかられ，ヨーロッパに軸足をおいた国づくりが目指された。1981年にはヨーロッパ共同体（EC）の10番目の加盟国となった。

　民主化後の政治は，2009年まで中道右派の新民主主義党（ND）と中道左派の全ギリシャ社会主義運動（PASOK）が政権交代を繰り返す二大政党時代を迎えた。この間，ギリシャは，EC/EUの加盟国として徐々にその組織に統合されていった。EC/EUに一旦組み入れられたのちは，その規範から大きく逸脱することを回避する自己規制が働

き，ギリシャ近現代史上はじめて安定的な民主主義が実現された。
　一方，二大政党による政治は，EC/EUの加盟国としての地位を自らのポピュリズムのために利用した。EC/EUからの補助金や借款は，さまざまなかたちで恩恵として民衆に分配され，政党はその見返りとして票を獲得するという慣習が定着した。このため，国家機構の近代化や効率化が著しく遅れた。
　2009年10月，ギリシャの財政危機をきっかけに，国民からの信頼を失った二大政党による政治は終焉を迎えた。経済的混乱と中東からの難民の流入で政治が不安定化するなか，2015年に急進左派連合（SYRIZA）が政権を掌握して今日に至っている。

ユーロ危機とギリシャの経済

　2009年，ギリシャで発覚した巨額の財政赤字は，ユーロ危機の引き金となった。経済危機の勃発により，ギリシャの1人当たりのGDPは約25％落ち込み，失業率も25％を超えた（25歳未満の若年層の失業率は50％を超えた）。ギリシャは，EU，ヨーロッパ中央銀行，IMFから金融支援を受ける見返りとして，緊縮財政策と構造改革に取り組むこととなった。3回にわたる支援（2010年5月1次支援開始，2012年2月2次支援開始，2015年8月3次支援開始）が実施され，2018年8月にようやく支援の枠組みからの脱却が認められた。
　しかしながら，支援によってギリシャの経済が劇的に好転したわけではない。ギリシャはいまだ40兆円を超える負債を抱えている。このため自国で独自の経済政策を立てる立場にはなく，実質的には債権者の支配のもとにおかれているといってよい。ギリシャの経済危機は，急性期から慢性的状況に移行したとみなすべきであろう。
　ギリシャ経済の低迷の原因はさまざまに考えられる。第1に，援助資金のほとんどが債務の返済に消えてしまったという点が挙げられる。援助資金はギリシャ経済そのものの再生・活性化に振り向けられることがなかった。経済は冷え込み，その結果税収も落ち込むという悪循環に陥った。第2に，資金援助の見返りの条件とされた構造改革の遅れと緊縮財政策の失敗が挙げられる。
　緊縮策としてギリシャに求められたのは，公務員の解雇，公的セクターの雇用の縮小・民営化，年金の減額や支給年齢の引き上げ，適正な徴税，増税，新税の導入などである。ギリシャ政府はこれらのことを全く行ってこなかったわけではないが，企図された当初の計画通りには進んでいない。
　緊縮財政実施に際しては，既得権益を持つ人々による強硬な反対デモが頻発した。そのような国民の反対行動が，政府による法の制定と施行に一定の制限を与えることとなった。また，投資家の低い意欲が国営企業の民営化停滞の一因とも指摘されている。

さらに，ギリシャの有力企業と政府との癒着の問題が挙げられる。現在のSYRIZA政権は，かつての二大政党と企業の癒着を批判し，クリーンな政治を目指すと約束していた。しかし，テレビ局への認可付与のオークションに際して，SYRIZAもまた企業と裏取引していたことが明らかとなっている。このようなギリシャ社会に深く根づいたクライエンテリズムからの脱却が困難であることも，経済再生を難しくしている要因である。

　国の財政の指標となる基礎的財政収支は，2016年，2017年と2年連続で黒字を計上した。数字の上では回復傾向を示しているものの，国民はそれを実感できておらず，政治への不満が高まっている。ギリシャ経済の停滞は今後も続き，状況によっては再びユーロ圏やEUの経済に悪影響をおよぼす可能性も消えてはいない。

難民問題

　経済の落ち込みにさらに追い打ちをかけたのが，2015年春以降中東方面からギリシャに流入した難民の激増である。2014年の流入数が年間4万人だったのに対し，2015年は約86万人に達した。中東情勢の悪化を背景に，シリア，アフガニスタン，イラクからヨーロッパに大量の人々が移動したのである。彼らのほとんどは，最も近いヨーロッパであるギリシャに，トルコを経由して海路で入国した。

　EUはダブリン協定で，難民への対処について規定している。協定によると，難民は最初に入国したEU加盟国で難民申請をし，申請を受理した国は難民に対して責任を負うこととされている。ギリシャはEUや国連難民高等弁務官事務所などと協力して，エーゲ海の島々や本土に保護施設を設置するなど，難民の対応に追われた。

　難民にとってギリシャは最終目的地ではなかった。彼らはより豊かなヨーロッパの国々を目指していた。このため難民問題は，ギリシャにとどまらず，EU諸国全体の問題となった。難民の受け入れ配分をめぐる対立がEU加盟国間で表面化した。

　2016年3月，EUとトルコは，トルコからギリシャに流入する難民をトルコに強制送還することで合意した。それ以降難民の流入は減少し，2018年は約3万人の流入にとどまった。しかしこの合意には問題点も多く，完全な実施にはいたっていない。合意後，2018年11月末までにギリシャからトルコに送り返された難民は1,800人に満たない。ギリシャ国内には7万人を超える難民がいまだ留めおかれている。

正教とギリシャ人

　今日のギリシャの人口の約9割は正教徒である。歴史的に，ギリシャ人であることと正教徒であることは密接に結びつき，時に同一視されることさえあった。ギリシャは，2005年にキプロス共和国がEUに加盟するまで，EU加盟国のなかで唯一の東方正教の国家だった。

　正教を主要な柱とするギリシャ人の歴史は，西ヨーロッパのカトリックやプロテスタントの国々が織りなしてきた「ヨーロッパの歴史」とは異質であり，両者は時には敵対する歴史を刻んできた。このため，近代以降のギリシャ人は，みずからの「ヨーロッパ

性」に確信が持てずにいた。この疑念は，今日においても完全に消え去ったわけではない。正教徒ゆえに，生粋のヨーロッパ人ではないという意識は，ギリシャ人にEU加盟国のなかで疎外感をもたらした。一方，正教こそがギリシャ人のアイデンティティの核であるという考えをより強化する役割も果した。

ギリシャ人アイデンティティと正教との強いきずなが，2000年代はじめ，EU加盟国民の身分証の記載内容をめぐって1つの事件を引き起こした。2000年，EU傘下のギリシャ個人情報保護監督局は，個人情報保護の観点から，ギリシャの身分証の宗教記載は削除すべきであると判断した。これに対して，ギリシャ独立教会の大主教フリストドゥロスは，大規模な反対キャンペーンを展開した。マイノリティの非正教徒ギリシャ国民が潜在的に差別されることがないようにとの人権に配慮する措置だったにもかかわらず，大主教はギリシャ人のアイデンティティに対する攻撃であると猛反発した。首都アテネと，ギリシャ第2の都市テッサロニキでは，決定を覆すための大規模集会が複数回開かれ，数千人のギリシャ人が集った。2001年には，身分証記載の可否を問う国民投票を要求する署名活動も始められた。当時の野党NDも，この反対集会に積極的に参加して，与党PASOKにゆさぶりをかけた。

月に最低1度程度教会に足を運ぶのはギリシャ人の約5割程度である。それを上回る6割のギリシャ人が身分証の宗教記載削除に反対したという。その意味では，大主教の主張はギリシャ人に一定の理解が得られたといえる。

大主教のキャンペーンは，最終的には成果をあげることなく終わった。2006年以降，ギリシャでは，EU共通のデザインと安全基準に従った身分証の携帯が義務づけられた。その身分証には宗教項目は含まれていない。

とはいえ，ギリシャ人と正教のきずなは完全に断ち切られたわけではない。2010年代のユーロ危機時にEUから課された緊縮政策への対抗手段の1つとして，ギリシャでは同じ正教文化圏のロシアに救いを求めようとする動きもあった。宗教的・文化的なきずなは私たちが想像する以上に強く両者を結びつけている。

そしてなにより，ギリシャでは，正教会が今日においても政治に一定の影響力を持っていることを指摘しなければならない。新政権が誕生すると，ギリシャ独立教会の大主教の前で，首相をはじめ閣僚が宣誓することがギリシャでは慣習となっている。政教分離とはいいがたい状況である。

アレクサンドロス大王と対マケドニア外交

ユーゴスラヴィアの1共和国を構成していたマケドニアは，1991年9月に，「マケドニア共和国」の国名で独立を宣言した。隣国であるギリシャは，それ以降，国名変更要求を続けてきた。ギリシャ人にとって，マケドニアの歴史はギリシャの歴史の一部と考えられている。スラヴ系の人々からなる国家がマケドニアを名乗り，その象徴であるアレクサンドロス大王を自分たちの歴史の一部とすることは歴史の捏造であり，泥棒行為であるとギリシャは強く反発した。対立する両国は国連の仲介を経て，1995年に関係正常化に至った。しかし，ギリシャは憲法上の国名である「マケドニア共和国」を決して

認めようとしなかった。マケドニアが国連に加盟を認められた際の名称「旧ユーゴスラヴィア・マケドニア共和国」（略称 FYROM）もしくは，首都の名称をとって「スコピエ政府」とよび続けた。この「マケドニア問題」の解決は今日にいたるまでギリシャ外交の主要課題である。

ギリシャが主張する立場は，国際社会でも一定の支持を得ている。その1つの例は，2009年，世界中の西洋古代史研究者およそ200人が，当時のオバマ米大統領に送った公開書簡である。そのなかで，マケドニアはギリシャ固有の地名であり，アレクサンドロス大王は純粋なギリシャ人であるとされ，この歴史と無縁なスラヴ系の国家に2004年に「マケドニア共和国」という名称をアメリカが認めたことに対して異議が申し立てられた。

2018年，ギリシャとマケドニアによるアレクサンドロス大王の奪い合いにようやく終着点が見えてきた。人口わずか200万人の小国マケドニアにとって，EUとNATOへの加盟は，経済発展と安全保障の面から悲願とされていた。それを実現するには，すでにEUとNATOの加盟国となっているギリシャとの対立は是が非でも解消されなければならない問題だった。バルカン半島で中国やロシアの影響が拡大するのを危惧するEUやアメリカにとっても，この問題の解決は重要視された。7月，ギリシャとマケドニア両政府は，「北マケドニア共和国」という名前で合意に達した。9月30日に，国名変更とEUおよびNATOの加盟の賛否を問う国民投票がマケドニアで実施された。ところが，規定の投票率に達しなかったため，国民投票は不成立となった。

世論の7割は「北マケドニア共和国」という国名に反対していた。しかし，ギリシャ政府は国名変更を条件にマケドニアのNATOやEUの加盟に反対しない姿勢を示した。

最終的に2019年1月11日，マケドニア議会は国名を変更する憲法改正を承認した。ギリシャでは国名変更をめぐる2国間合意に反対する大規模なデモが起こったが，1月25日の議会で合意が賛成多数で承認された。これを受けて2月12日に「北マケドニア共和国」への国名変更が正式に発効した。

北マケドニア共和国は，2019年内にはNATOに正式加盟することが見込まれている。今後はEU加盟が目指されることになる。

両国民間に不満の声はまだくすぶりつづけている。しかし，民族のプライドが背景にある「マケドニア問題」はとりあえずの解決をみたといえるだろう。

参考文献
田中素香『ユーロ危機とギリシャ反乱』岩波書店，2016年。
村田奈々子『物語近現代ギリシャの歴史』中央公論新社，2012年。

（村田奈々子）

参考文献
西脇靖洋「ポルトガルのEEC加盟申請——民主化，脱植民地化プロセスとの交錯」『国

際政治』第168号，2012年，30〜43頁。

西脇靖洋「ポルトガルの移民政策と旧植民地諸国」納家政嗣・永野隆行編『帝国の遺産と現代国際関係』勁草書房，2017年，41〜56頁

武藤祥「ポルトガル「立憲的独裁」の成立（1926〜33年）」『日本比較政治学会年報』第19号，2016年，167〜190頁。

横田正顕「スペイン・ポルトガルにおける『遅れてきた』福祉国家の軌跡——福祉改革における合意と強制」新川敏光編著『福祉レジームの収斂と分岐——脱商品化と脱家族化の多様性』ミネルヴァ書房，2011年，260〜287頁。

横田正顕「南欧政治における代表と統合の背理——欧州債務危機とデモクラシーの縮退」『年報政治学』2015-Ⅱ号，2015年，100〜129頁。

Carreira, Henrique Medina, *As Politicas Sociais em Protugal*, Gradiva, 1996.

Ferreira-Pereira, Laura, (ed.) *Portugal in the European Union : Assessing Twenty-five Years of Integration Exprrience*, Routledge, 2015.

Gouveia, Alexundre Patrício, *A Econoia Portuguesa na Zona Euro*, Alêtheia Editores, 2016.

Jalai, Carlos, *Partidos e Democracia em Portugal 1974-2005*, Imprênsa de Ciências Sociais, 2007.

読書案内

オリヴェイラ，A.R. 他／東明彦訳『ポルトガルの歴史——小学校歴史教科書』明石書店，2016年。
　＊ポルトガルの歴史を初めて学ぶ上で有益な1冊。現代政治についても概要を知ることができる。

市之瀬敦『ポルトガル　革命のコントラスト——カーネーションとサラザール』2009年，上智大学出版。
　＊ポルトガルにおける独裁体制の崩壊プロセスを歴史的，文化的側面から説明している。

Magone, José, *Politics in Contemporary Portugal : Democracy Evolving*, Lynne Rienner Publishers, 2014.
　＊英語で現代ポルトガル政治史を分かりやすく説明している数少ない書籍の1つ。

（西脇靖洋）

第12章
北　欧

正式国名：デンマーク王国（Danmark），面　積：約4万3,000km^2（フェロー諸島およびグリーンランド除く），人　口：約578万人（2018年1月，DST），首都：コペンハーゲン，公用語：デンマーク語，宗　教：福音ルーテル派，通　貨：デンマーク・クローネ，名目GDP：3,248.7億米ドル，1人当たりGDP：5万6,307.5米ドル（2017年，世界銀行）

正式国名：スウェーデン王国（Sverige），面　積：約45万km^2，人　口：1,013万人（2018年1月，SCB），首　都：ストックホルム，公用語：スウェーデン語，宗教：福音ルーテル派，通　貨：スウェーデン・クローナ，名目GDP：5,380.4億米ドル，1人当たりGDP：5万3,442米ドル（2017年，世界銀行）

正式国名：ノルウェー王国（Norge），面　積：38万6,000km^2，人　口：529.5万人（2018年1月，SSB），首　都：オスロ，公用語：ノルウェー語，宗　教：福音ルーテル派，通　貨：ノルウェー・クローネ，名目GDP：3,988.3億米ドル，1人当たりGDP：7万5,504.6米ドル（2017年，世界銀行）

正式国名：フィンランド共和国（Suomi/Finland），面　積：33万8,000km^2，人口：約552万人（2019年1月，OSF），首　都：ヘルシンキ，公用語：フィンランド語，スウェーデン語，宗　教：キリスト教（福音ルーテル派，正教会），通貨：ユーロ，名目GDP：2518.8億米ドル，1人当たりGDP：4万5,703.3米ドル（2017年，世界銀行）

正式国名：アイスランド共和国（Ísland），面　積：10万3,000km^2，人　口：34万8,000人（2018年1月，Statistics Iceland），首　都：レイキャビク，公用語：アイスランド語，宗　教：福音ルーテル派，通　貨：アイスランド・クローナ，名目GDP：239億米ドル，1人当たりGDP：7万56.9米ドル（2017年，世界銀行）

ジェンダー平等の先進地域

表12-1　世界の女性議員の平均割合
(単位：%)

地域	下院または一院制の議会
北欧	42.3
アメリカ	29.5
ヨーロッパのOECD諸国(北欧を除く)	26.4
サハラ以南のアフリカ諸国	23.7
アジア	19.8
アラブ諸国	18.6
太平洋諸国	15.5

出典：Women in National Parliaments ウェブサイト (http://archive.ipu.org/wmn-e/world.htm) より作成。

2018年世界経済フォーラムによるジェンダーギャップ指数（The Global Gender Gap Report 2018）ランキングによると，第1位アイスランド，第2位ノルウェー，第3位スウェーデン，第4位フィンランド，第13位デンマークと，北欧5カ国は上位を占めており，男女平等が高度に達成されている地域であることが見えてくる。

ジェンダーギャップ指数とは，政治，経済，教育，健康および保健分野における，女性の参加や機会について指標化したものである。確かに，北欧は国政における女性議員比率も高く，スウェーデン43.6%（2018年選挙），フィンランド42%（2015年選挙），デンマーク37.4%（2015年選挙），ノルウェー41.1%（2017年選挙），アイスランド38.1%（2017年選挙）である。日本の衆議院における女性議員比率は10.1%（2017年）であり，世界の各地域と比較しても，北欧が高いことは明らかである。

また，北欧は政治体制においても男女平等が進んでいる。共和制であるアイスランドでは，1980年にV. フィンボガドッティルが世界ではじめて直接投票に基づく女性大統領となり，2000年にはT.K. ハロネンがフィンランドではじめての女性大統領として選出された。立憲君主制をとるスカンディナヴィア諸国においても，女性も王位継承権を持てるよう，スウェーデンでは1980年，ノルウェーでは1990年，デンマークでは1953年に，王位継承権の第1子優先（ただしデンマークでは2009年まで男子優先）へと改正がなされてきた。

北欧は，ジェンダー平等を高度に達成する国，また福祉国家，環境保護や国際貢献を推進しているといったイメージを持つことが多いだろう。本章においては，北欧がいかなる共通性を持ちながら多様な国々であるのか，また北欧という地域としてのまとまりをいかに有するのかについて検討する。

1　北欧諸国の概要

北欧における地域協力の公式な国際機関である，北欧理事会（The Nordic Council）の枠組みによると，北欧とはデンマーク，フィンランド，アイスランド，ノルウェー，スウェーデンの5カ国，さらにフェロー諸島およびグリーンランド（デンマーク自治領），

オーランド諸島（フィンランド自治領）から構成される。また、スウェーデン、デンマーク、ノルウェーの3カ国は、歴史や言語、文化の共通性から、スカンディナヴィア半島の周辺地域として、スカンディナヴィア諸国ともよばれる。

　北欧を理解するためには、各国の共通性および多様性、さらに北欧の地域連携という視点が重要である。北欧はそれぞれ独立した国家であるため、固有の制度を持つ。北欧5カ国のうち、デンマーク、スウェーデン、ノルウェーは立憲君主制であるのに対し、フィンランド、アイスランドは共和制の政治体制である。以下、地域としての北欧の共通性を見出した上で、各国の政治体制や特徴を歴史的に整理する。

北欧政治の特徴

　議会は現在共通して、北欧5カ国ともに一院制をとり、任期4年、選挙権および被選挙権は18歳以上の比例代表制の選挙制度を採用している（ただし議席配分については、フィンランドおよびアイスランドがドント方式に対し、デンマーク、スウェーデン、ノルウェーは修正サン・ラグ方式である）。フィンランドは1906年、デンマークは1953年、スウェーデンは1971年、アイスランドは1991年、ノルウェーは2009年にそれぞれ議会改革が行われ、一院制へ移行した。北欧は「北欧デモクラシー」とよばれる、合意や妥協を特徴とする「コンセンサス・ポリティクス」の政治文化と歴史を持つ。政策決定について、なぜ合意が可能であるのだろうか。その理由は、たとえ議会で多数派と形成できないハング・パーラメントであっても、伝統的に閣外協力や政策別連合という形式をとることで、議会運営を行うことができるからである。特に連立政権が多いデンマークでは、与党と議会が交渉を繰り返し、予算案や法案を可決するため、政治的妥協が戦略として行われてきた。また、社会民主党を中心としてきたスウェーデンにおいても、左翼党と協力する左派ブロックと、右派のブルジョアブロックが比較的安定して政党システムを構成していたため、戦後のブロック政治は発展した。しかし政策によっては、社会民主党が右派ブロックと協力することもしばしば見られるなど、スウェーデンにおいてもコンセンサス・ポリティクスの特徴が現れている。

北欧の政党システム

　北欧における政党システムは1920年代に安定し、男女普通選挙権の実施という新しい有権者の増大によっても、5党体制のまま1970年代まで継続した。5党体制とは左から、共産主義政党、社会民主主義政党、自由主義政党、農民政党、保守主義政党である。このうち共産主義政党および社会民主主義政党は左派ブロックを形成し、自由主義政党、農民政党、保守主義政党で右派ブロックを形成するという、安定したブロック政治が第2次世界大戦後、北欧において多く展開されていた。

　しかしながら、1973年デンマークで社会民主党が大きく得票率を減らし、10党が乱立した選挙（地すべり選挙）をはじめとし、北欧においても右翼ポピュリズム政党や環境

政党，女性政党といった新たな政党が登場している。しかしながら，北欧の政党システムは新しい価値観を持つ政党からの挑戦を受けながらも，現在まで比較的安定した穏健多党制であるといえるだろう。現在，各国の議会で議席を持つ主な政党は表12-2である。

社会民主主義政党 デンマーク，スウェーデン，ノルウェーにおいては，戦前戦後にわたり社会民主主義政党が労働者階級において最も支持され，第1党として福祉国家建設を推進してきた。しかし現代の産業構造の変化から，伝統的な工業労働者の割合は低下し，労働組合に拘束されない若年労働者の間では支持が低下している。また1932〜1976年の間，社会民主党が政権を担ってきたスウェーデンにおいても，1990年には労働組合の団体加盟が廃止されたように，労働者による政党であるはずの社会民主党の権力基盤は失われつつある。しかしながら，1990年代以降の社会民主党は，グローバル経済に対応する形で，福祉国家改革や国際競争力を高める金融政策を担うことで，責任のある政党として現在も強い存在を示している。

保守主義政党 19世紀末，北欧において保守主義は自由主義との対立関係が多くみられ，官僚的な特権階級や知識人層は保守主義の政党を結成したが，次第に経済界やブルジョア層を支持基盤とする，幅広い中道右派政党に変容していった。1980年代以降の世界的なネオリベラリズムの拡大によって，北欧においても保守主義政党が政権を多く担い，特に現在デンマークにおいては規制緩和や移民・難民の受け入れ制限なども担う存在である。

自由主義政党 北欧における自由主義は，伝統的な特権階級に反対する社会運動として，普通選挙権や個人の自由や権利を求める運動，禁酒運動を担いながら，他党との協力や分裂を繰り返し存続している。なお，デンマークの左翼・デンマーク自由党は中規模農民を主としてきたため，農民政党としての側面もある。また，フィンランドにおけるスウェーデン語使用者たちは，社会運動から1906年にスウェーデン人民党を組織し，スウェーデン系の農民や労働者を動員する独自の政党となった。

農民政党 北欧の政党システムの最も大きな特徴は，農民政党の存在だろう。北欧における伝統的な都市部と地方との対立の帰結として，農民政党は結成された。都市部における工場労働者だけでなく，特にフィンランドにおいては農村も労働運動の担い手であった。農民政党は1950年代以降，中央党（アイスランドでは進歩党）と名称が変えられ，より広範なブルジョア層を取り込みながら現在まで発展している。

急進左派政党 スカンディナヴィア諸国における共産主義政党は，19世紀末から20世紀初頭における社会民主主義政党の結成によって，急進左派政党へ移行した。フィンランドにおいてはロシア革命に刺激され1918年に結成された共産党が，内戦下で武力革命を目指して活動するなど，戦後も力を持ち続けていた。

表12-2　北欧の政党システム（議会に議席を有する主な政党）

	デンマーク	スウェーデン	ノルウェー	フィンランド	アイスランド
社会民主主義	社会民主党 Socialdemokratiet (SD)	スウェーデン社会民主労働党 Sveriges socialdemokratiska arbetareparti (SAP)	労働党 Arbeiderpartiet (Ap)	フィンランド社会民主党 Suomen sosialidemokraattinen puolue (SDP)	社会民主同盟 Samfylkingin (S)
保守主義	保守人民党 Det Konservative Folkeparti (C)	穏健党 Moderaterna (M)	保守党 Høyre (H)	国民連合党 Kansallinen Kokoomus (KOK)	独立党 Sjálfstæðisflokkurinn (D)
自由主義	自由同盟 Liberal Alliance (LA)	自由党 Liberalerna (L)	左翼党 Venstre (V)	スウェーデン人民党 Svenska folkpartiet i Finland (SFP)	
農民	急進左翼党 Radikale Venstre (B) 左翼・デンマーク自由党 Venstre (V)	中央党 Centerpartiet (C)	中央党 Senterpartiet (Sp)	フィンランド中央党 Suomen Keskusta (KESK)	進歩党 Framsóknarflokkurinn (FSF)
急進左派	社会主義人民党 Socialistisk Folkeparti (SF) 赤緑同盟 Enhedslisten-De Rød-Grønne (Ø)	左翼党 Vänsterpartiet (V)	社会主義左翼党 Sosialistisk Venstreparti (SV) 赤の党 Rødt (R)	左翼同盟 Vasemmistoliitto (VAS)	グリーンレフト Vinstrihreyfingin-grænt framboð (VG)
その他	デンマーク国民党 Dansk Folkeparti (DF) オルタナティブ Alternativet (Å)	スウェーデン民主党 Sverigedemokraterna (SD) キリスト教民主党 Kristdemokraterna (KD) 緑の党 Miljöpartiet de gröna (MP)	進歩党 Fremskrittspartiet (FrP) キリスト教民主党 Kristelig Folkeparti (KrF) 緑の党 Miljøpartiet De Grønne (MDG)	真のフィンランド人党 Perussuomalaiset (PS) 青の改革 Sininen Tulevaisuus (SIN) キリスト教民主党 Kristillisdemokraatit (KD) 緑の同盟 Vihreä liitto (Vihr)	中央党 Miðflokkurinn (M) 海賊党 Piratar (P) 人民党 Flokkur Fólksins (F) 改革党 Viðreisn (C)

注：2019年1月現在の状況。
出典：筆者作成。

その他の政党　①キリスト教政党：北欧においては伝統的なカトリック教会の力が弱く，カルヴァン主義も見られなかったため，国家と宗教の対立が他国のようにはげしく生じなかった。そのため，キリスト教政党は相対的に新しい政党となった。ノルウェーにおけるキリスト教民主党は1933年に設立され2019年には連立政権に参加しはじめたが，フィンランド，デンマーク，スウェーデンでは1970年代以降に少数の議席を獲得するにとどまっている。

②環境政党／女性政党：環境問題は1970年代半ば以降，ヨーロッパの有権者の関心も高いイシューであり，伝統的な政党や政治闘争では対応できなかった結果，環境政党が既存の5党システムを瓦解させる形で大きく顕在化することとなった。また女性政党は，1983年アイスランドで女性リストが結成され，議席を得たが，同時に環境問題や平和も強調されていたため，グリーンレフトに再編された。スウェーデンにおいても，フェミニズム運動から2006年フェミニスト・イニシアティブが結成され，現在も議会選挙に積極的に参加している。

③右翼ポピュリズム政党：ヨーロッパに多く見られるように，移民・難民受け入れの厳格化や反EU，反エリートを訴える右翼ポピュリズム政党は北欧にも存在する。デンマークとノルウェーでは，1970年代以降，高福祉国家を批判する形で人々の不満を集めていたデンマーク国民党や進歩党が，1990年代以降移民・難民問題を扱ったため，現在まで国政に参加するなど大きな影響力を持つ。移民や難民受け入れによる，福祉国家の財政的な負担という観点から，スウェーデンにおいてもスウェーデン民主党が躍進している。また，フィンランドにおいては真のフィンランド人党が2015年よりはじめて連立政権に加わったが，2017年に青の改革と分裂し，真のフィンランド人党は再編され，過激な主張を繰り返している。

北欧各国の概要——デンマーク

デンマークはヨーロッパ大陸につながるユラン半島，シェラン島，フューン島など多数の島から成り立っている。また自治領として，大西洋のフェロー諸島，およびグリーンランドがある。国土は最高地点の標高でも173mと平坦であるため，農業や酪農が盛んに行われ，日本にも加工用の豚肉や乳製品が多く輸出されている。国土の条件および環境志向から，デンマークでは風力発電が盛んに行われ，現在国内消費電力の約20%を占めている。また，風力発電機の輸出も行い，日本の北海道にある風車の約60%がデンマーク製である。

現在，マルグレーテ2世女王（1972年即位）を国家元首とする立憲君主制の政治体制である。議会は1953年憲法以来，上院が廃止され一院制の国会（Folketinget）となり，国会の179議席のうち，4議席は自治領に（2議席ずつ）割り当てられている。デンマークの特徴は，ハング・パーラメントすなわち国会で過半数を制していなくても内閣を形成，政権運営していくことが伝統的である。歴史的には他のヨーロッパ同様，労働

運動を背景として、1871年に社会民主党が北欧のなかでいち早く結成され、1924年には国会で第一党となることができた。しかしスウェーデンとは異なり、社会民主党への得票率は30％台と弱いままであったため、政治的妥協が不可欠であった。また、北欧の政党システムの特徴である5党体制によるブロック政治についても、デンマークにおいては完全に当てはまるとはいいにくい。農業を主産業とするデンマークにおける農民政党は、1870年に結成された左翼党（現在の左翼・デンマーク自由党）であるが、これは当時の大地主や特権階級への抵抗運動としての自由主義勢力であったため、農民政党は自由主義政党の両側面を有してきたといえる。また、左翼党に対抗する形で、1876年特権階級や資本家による右翼党（1916年に保守人民党へ改称）が結成され、左翼党とともにデンマークの政治を担ってきた。その他、左翼党から分裂した急進左翼党は、中道政党として左右問わず連立政権に参加しているため、デンマークのブロック政治は固定化されてきたとはいえないだろう。デンマーク共産党は社会民主党から分裂して1920年に結党され、第2次世界大戦のドイツ占領下における対ドイツレジスタンス運動を担っていたが、戦後ソ連共産党との距離を置こうとする勢力が、1959年に社会主義人民党として分離した。1960年代までに、社会主義人民党、社会民主党、急進左翼党、左翼党、保守人民党という5党システムが安定したが、1973年選挙において10政党が議席を獲得してしまう「地すべり」が起こって以来、デンマークの政党システムは多党化し、連立政権であっても国会では少数派となる場合が多い。そのため政権運営は政策ごとに他党と調整を行うコンセンサス・ポリティクスが常態化し、一定の安定性を持つと言えるだろう。現在のデンマーク政府は2015年選挙をうけて、左翼・デンマーク自由党、自由同盟、保守人民党の3党からなる第3次ラスムセン内閣を発足させ、移民・難民政策の厳格化を打ち出している。また、デンマークの特徴として1953年憲法によって国民投票が広く導入され、憲法改正以外にも多くの国民投票が行われ、国会での法案決定を補完している。最近では、EUの司法・内務協力分野の留保撤廃に係る国民投票を2015年12月3日に実施したが、結果は否決となり、EUに対する懸念が国内外に示されることとなった。

北欧各国の概要――スウェーデン

　スウェーデンは国土の53％が森林、湖沼が10万個あり、北部のラップランド地方が不毛な高山地帯なのに対し、南部のスコーネ地方は肥沃な平野地帯と、南北約1,600kmに及ぶ地理的条件のなか、自動車産業や金属、機械産業が近代化により発展してきた。
　第2次世界大戦後スウェーデンは、「スウェーデン・モデル」とよばれる福祉国家システムを発展させてきた。その特徴としては、ミーンズテスト（資産調査）が求められない全国民を対象とした包括的な生活保障システムであり、税金と社会保険料による高福祉・高負担の財政運用を基礎としている。コンセンサス・ポリティクスによって職業訓練を含めた積極的労働市場政策が採用され、労働市場は協調的な連帯的賃金政策、すなわちレーン・ネイドネル・モデルとよばれる同一労働同一賃金および労使間の協議が

確立されてきた。また、セーフティネットが充実した福祉国家であるが、労働市場政策によって就労原則が社会規範となっているため、女性や障がい者、高齢者であっても、皆が（可能な範囲で）働くべきであるという個人の自律が求められる社会である。

　スウェーデンは現在、カール16世グスタフ国王（1973年9月即位）を国家元首とする立憲君主制の政治体制である。議会は1971年に一院制の議会（Riksdagen）に改革された。ヨーロッパのはずれに位置するスウェーデンは、1890年の農業人口も62.1％と農業国家であり、1930年までにアメリカへの移住が100万人にのぼるなど貧しい国家であった。鉄鉱石や木材といった天然資源は、遅れてきた工業化と都市化を急激に進展させ、貧しい労働者たちはデンマークやドイツ社会主義に影響を受けながら労働運動へ動員されていく。全国14地方、60の労働組合、社会民主主義協会の代表者が集結し、1889年4月スウェーデン社会民主労働党が結成され、28歳のH.ブランティングが若きリーダーとなった。彼の思想と行動が、社会民主党の基本的な性格を規定していくことになる。つまり、「党内の対立を妥協の精神でまとめあげ、民主主義―平和主義―改良主義」を目指すコンセンサス・ポリティクスを基本とし、普通選挙権の実現を党の最優先課題とすることで、労働者の支持を集めた。1920年社会民主党は初の単独政権を獲得したが、議会で過半数に届かないハング・パーラメントであったため、議会での合意形成能力が必要とされ、また国民に対しては社会主義に対する恐怖や不安を払拭する必要もあった。1921年、1924年選挙においても同様であったが、社会民主党が着実に政権担当能力のある政党であることが浸透していく時期であった。また、比例代表制の選挙システムと政権交代の繰り返しによって、穏健党（保守党）・自由党・中央党（農民同盟）という右派ブロックと、社会民主党・左翼党（共産党）の社会主義ブロックという、5党システムは戦間期に確立していく。ブランティングの死去に伴い、P.A.ハンソンが社会民主党党首となり、1932年選挙で社会民主党が勝利、そして1976年まで安定した長期政権のなかで福祉国家を築いていった。1928年ハンソンが所信表明演説で「国民の家」とスウェーデン社会の将来構想を述べたように、階級闘争ではなく協調の精神を持つ共同体として、また国家は「良き父」としての役割を果すべきであると強調した。ここで社会民主党の支持基盤である「労働者のための家」ではなく、「国民の家」としたことによって、救貧政策から社会福祉へ、普遍主義を基礎とする福祉国家への方針を見出すことができる。

　戦後、スウェーデンは「連帯・公正・平等」をキーワードに、高い生産性を維持しながら平等を達成するスウェーデン・モデルを発展させていく。ハンソン後のT.エランデル政権は1946～1969年までの長期政権となり、それを支えたのは政府・労働組合・使用者団体のコーポラティズム（協調体制）であった。しかし1970年代以降、財政赤字の拡大や、金融市場の規制緩和、反原発運動の高まりから、1979年選挙において、右派ブロックのT.フェルディンが勝利し、歴史的な政権交代が起こった。この背景には、グローバル経済への移行とスウェーデン・コーポラティズムの弱体化があげられる。さらに、1980年代以降スウェーデンの伝統的な5党システムは、1981年緑の党、1988年ス

ウェーデン民主党，2005年フェミニスト・イニシアティブといった新しい価値観（環境，移民，女性等）を持つ政党からの挑戦を受けている。特に，移民・難民の受け入れに反対する右翼ポピュリズム政党であるスウェーデン民主党は2014年選挙で第3党（49議席）まで伸長し，2018年選挙では63議席を獲得したため，K. S. ロベーン社会主義党党首が首相指名されるまで131日かかるなど，さらに影響力を増している。

北欧各国の概要——ノルウェー

ノルウェーとは「北方への道」を意味するように，国土は南北約1,700 kmにも及ぶ。西部沿岸はフィヨルドとよばれる地形を有するため，国土の66%が不毛の荒地であり，耕作地が少ないため，穀物を国外からの輸入に頼ってきた。伝統的に漁業や海運業が盛んであるが，1960年代に北海油田が発見されたため，石油・天然ガスの輸出により現在では世界第3位の石油輸出国となり，恵まれた財政状況が続いている。

ノルウェー沖を流れるメキシコ暖流は，ノルウェー，グリーンランド，アイスランドの周辺海域で良質な漁場となるだけでなく，高緯度にありながらもスカンディナヴィア半島に比較的穏やかな気候をもたらしている。ノルウェーの北部はロシアとの国境に接しており，ロシアは国境線近くのコラ半島に北洋艦隊の基地を設けている。この極北の地は暖流のおかげで海が凍結せず，ロシアが南下政策のために外洋に進出する拠点となっている。そのため冷戦期には，ノルウェーはソ連艦隊の動向を監視するため，NATO（北大西洋条約機構）の一員として重要な役割を担ってきた。

ノルウェーは1905年に独立したが，スウェーデン支配下であった1814年5月17日，アイツヴォル憲法が制定された。アイツヴォル憲法は現存する世界で2番目に古い成文法の憲法であり，自らの経済力で独立国となること，国民主権，権力分立，人権を原理とし，ノルウェー・ナショナリズムの象徴としての意味を持つため，憲法記念日は現在も盛大に祝われる。さらに，この憲法は改正を繰り返しながら現在まで続くことも特徴である。ノルウェーは現在，ハラルド5世国王（1991年即位）を国家元首とする立憲君主制の政治体制である。議会は2009年選挙以降，169議席を有する一院制の大議会（Stortinget）に改編された。ノルウェーの特徴は，1935年から1965年まで（第2次世界大戦における占領下を除く）労働党が政権党であり続けたが，北海油田の発見と世界的なネオリベラリズムの台頭から1980年代以降，右派への政権交代が定期的に起こっている。労働党は1887年に結成され，社会主義左翼党と分裂する形で，福祉国家の建設を担ってきた。左翼党は1884年に結成されたノルウェーで最も古い政党であり，戦前は保守党との二大政党制であったが，戦後は勢力を失いながらも政権党との連立パートナーとして存在を示している。保守党は1884年の結党以来，都市部エリート層を中心としたブルジョア政党として現在まで一定の支持を獲得している。また1972年に結成された進歩党は，福祉国家への懐疑や移民・難民政策の厳格化を掲げるポピュリズム政党であるが，2017年選挙によって保守党ともに中央党による連立政権に参加しはじめた。進歩党

だけでなく，2019年のキリスト教民主党による連立政権への参加によって，女性の人工妊娠中絶の権利の見直しを迫られるなど，ノルウェー政治は小政党の影響を大きく受けている。

北欧各国の概要——フィンランド

フィンランドは「森と湖の国」と称されるように，森林が国土全体の68％，湖沼は10％，あわせて約80％近くを自然が占める。このため木材やパルプ産業が主要産業であったが，近年ではノキアに代表される情報技術分野で注目を集めている。フィンランドは西側にスウェーデン，東側には約1,300 kmにもわたりロシアとの国境線を有している。この地理的な条件のため，スウェーデンおよびロシアに支配される時代が長く続いてきた。そのため公用語はフィンランド語とスウェーデン語であり，道路標識などは2カ国語表記がなされている。1917年フィンランドはロシア帝国から独立を果たしたが，1918年の内戦および第2次世界大戦におけるソ連との戦争という苦い経験を経た。それゆえフィンランド政治の特徴は，第1にロシアとの関係が重要視されてきた。第2次世界大戦後フィンランドは，3億米ドルの賠償金をソ連に支払うことで国境線を確定させた。冷戦のはじまりとともに，J. K. パーシキヴィ大統領はパーシキヴィ路線とよばれる，西側諸国から距離を置きソ連との友好外交路線をとる戦略によって，独自の中立政策を維持した。1950年パーシキヴィは農民同盟（後の中央党）の U. K. ケッコネンを首相にして組閣を行い，ヘルシンキ五輪を開催するなどの国際社会への復帰を着実に果していく。フィンランドが国際連合および北欧理事会に加盟した1955年，ケッコネンは大統領選挙に勝利し，ソ連による2度の内政干渉という危機を経ながらも，ソ連ブロックの COMECON（経済相互援助会議）および西ヨーロッパの EEC（欧州経済共同体）との貿易協定を結ぶなど，ソ連との関係を維持しながら西側諸国とのつながりを構築した。1966年フィンランド社会民主党はケッコネン路線を受け入れ，中央党，人民民主同盟（共産主義政党）とともに R. パーシオ内閣を結成し，北欧という地域協力のなかで福祉国家を拡大していく。フィンランドは冷戦期においては，中立主義の立場から東西対話の場を提供する国として，1969年米ソによる SALT（戦略兵器制限交渉）や1975年 CSCE（欧州安全保障協力会議）の開催を行った。冷戦およびソ連崩壊後の1995年，フィンランドは EU に加盟，さらに北欧のなかで唯一 EMU（欧州経済通貨統合）にも加入している。また，1994年選挙で M. アハティサーリ大統領が強調したように，国連やEU における国際協力や国際問題の調停役としての役割を積極的に果すことが，国際社会のなかでフィンランドの安全保障を高めることになるとして外交戦略を位置づけている。

フィンランドは現在，2012・2018年選挙により S. V. ニーニスト大統領を国家元首とした共和制であり，大統領は1994年より国民による直接投票で選出される。冷戦期のパーシキヴィのように，2000年の憲法改正までフィンランド大統領は強い権限を有し，

外交や議会（Eduskunta）に対し大きな影響力を与えてきた。これは戦争や冷戦期を通じてロシアとの関係を保つために，フィンランドも強いリーダーシップが求められていたと考えられる。フィンランドの政党システムは，フィンランド社会民主党および中央党（農民同盟），国民連合党を中心とする5党体制が伝統的に続いてきた。しかし1980年代以降，多様な価値観を反映した少数政党が誕生した。1987年には緑の同盟が結成され，環境問題への関心の高まりから，1995年にヨーロッパではじめて環境政党が連立政権に参加した。また，1995年に結成され移民排斥や反EUを掲げる真のフィンランド人党が2011年選挙において39議席獲得，さらに2015年選挙では第2党となり連立政権に加わった。なお，真のフィンランド人党は2017年に分裂し，青の改革が中央党および国民連合党とともに政権運営に関わっているが，右翼ポピュリズム政党の存在は今後のフィンランド政治に大きく影響を及ぼすだろう。

北欧各国の概要――アイスランド

アイスランドは「火山と氷の島」とよばれるように，活火山が多く，森林は国土の0.3％にすぎず，氷河が約10％を占めている。そのため地熱発電が盛んに行われ，国内消費電力の約20％をまかなうほか，一般家庭には温水が供給され暖房などに利用されている。1944年にデンマークから独立し，現在，G.ヨハネソン大統領（2016年8月就任）を国家元首とする共和制の政治体制である。アイスランドの国会はアルシング（Alþingi）とよばれ，930年に初めて招集され，立法だけでなく司法としても機能してきたため，「世界最古の議会制民主主義」とも称されている。アルシングは，デンマークに支配された1800年に廃止されたが，1845年に再開され，現在に至る長い歴史を持つ。現在のアルシングは1991年の憲法改正により定数63議席の一院制をとる。アイスランドの政党政治は1990年代まで，独立党，進歩党，社会民主同盟，人民党の4党体制をとってきたが，その中心は独立党であり，社会民主主義勢力は他の北欧諸国のように強い力を持つことができなかった。また，1983年選挙より女性リスト（女性政党）が女性解放，環境問題を重視していたため，アルシングに4期連続で議席を得ていた。1990年代の政党再編後は，右派と左派が協力した大連立政権もしばしばみられるが，2008年のリーマン・ショック後，金融危機による国内銀行および国家財政の破綻から，独立党と社会民主同盟の連立政権は崩壊し，非常事態宣言を発するに至った。アイスランドは，この危機への対応として2010年7月にEU加盟申請を行ったが，水産業への懸念から国内世論の反対が根強かったため，2013年10月には加盟交渉自体が停止されている。

北欧における女性の政治参加

表12-1でみたように，北欧におけるジェンダー平等は，世界的にみても高い水準で達成されているため，各国では国内外へのアピールに使用されている。また，北欧の地域連携としての北欧理議会においてもジェンダー主流化政策は，積極的に推進されてき

表12-3　女性の政治的権利の獲得年　　　　　　　　（単位：年）

	デンマーク	スウェーデン	ノルウェー	フィンランド	アイスランド
地方選挙	1908	1908	1910	1918	1909
国政選挙	1915	1921	1913	1906	1915
女性議員	1918	1921	1922	1907	1922
女性大臣	1924	1947	1945	1926	1970
女性首相	2011	―	1981	2003	2009
女性大統領	―	―	―	2000	1980

出典：筆者作成。

た。北欧における女性の政治的権利の獲得年を表12-3に示したが，政治参画におけるジェンダー平等はいかにして可能なのだろうか。

　フィンランドは世界ではじめて女性の国政選挙への参政権（選挙権および被選挙権）を与えた国として知られる。北欧において女性の政治参画が進んだ理由としては，1960年代の世界的なフェミニズム運動の影響もあるが，比例代表制の選挙システム，そして政党におけるクオータ（男女割当制）導入といった制度による影響が大きい。

　そのための具体的な戦略としては，各党の候補者名簿を男女交互にすることであった。スウェーデンにおいては，1993年より社会民主党の候補者名簿は男女交互とされ，2018年選挙では48％の女性が当選している。スウェーデンにおける女性の政治参加の拡大の要因は，伝統的に政党内に女性部局が存在していたことや，社会民主党においては1978年に政党内クオータも導入され女性が一定の地位を得ていたため，現在も「フェミニスト政府」と自らを位置づけている。穏健党は2009年欧州議会選挙からクオータの候補者名簿を導入し，女性が先行するリストのために女性が男性を議席で上回る結果となる。左翼党は1978年に政党内クオータを導入，1993年より少なくとも50％は女性を候補者名簿に載せている。緑の党も1978年に政党内クオータを導入し，1997年より50％のジェンダークオータを達成している。また，2005年よりフェミニスト・イニシアティブは女性政党として，女性の候補者以外をたてない戦略を持つ。ノルウェーにおいては，1971年選挙における「男を消せ！」運動に影響された，候補者名簿の男性を女性候補者に変える「女の選挙キャンペーン」が展開されたように，政党によるクオータが社会運動として展開されてきた。1975年社会主義左翼党が男女ともに40％クオータの候補者名簿の導入をさきがけとして，1983年には労働党が男女ともに50％クオータを党規約とした。また，中央党は1989年，キリスト教民主党においても1993年に男女ともに40％のクオータを実施している。

　しかしながら，フィンランドおよびデンマークにおいては，政党クオータは現在存在していない。フィンランドも伝統的に政党内に独立した女性部門が設置されてきたが，1995年の平等法により，ジェンダークオータは制限され，男女平等より広範な「平等」を目指している。しかし，フィンランドは戦後女性議員比率が飛躍的に伸びるなど，歴

史的に男女平等が根付き，ジェンダー平等の視点が社会の各分野で取り組むことが重視されてきた。デンマークにおいても男女平等は2000年ジェンダー平等法によって制度化されたが，政党内に伝統的な女性部門は存在していなかった。社会主義人民党は1977年に40％クオータを導入したが，1996年には停止された。社会民主党は1983年に40％の党員クオータ，1988年地方選挙で男女ともに40％クオータとしたが，1996年にそれらは放棄されている。

　以上のように，北欧における男女平等は制度によって実現されたものではあるが，19世紀からのフェミニズム運動の影響も無視することはできない。例えばスウェーデンにおける伝統的なリベラル・フェミニズム運動であるフレードリカ・ブレーメル連盟や，ラディカル・フェミニズム運動として有名なグループ8は，北欧においてフェミニズム・ネットワークを形成し，合同でアクション（例えば男性向けポルノ広告を攻撃するなど）を行うこともあった。また，ジェンダー平等は政治分野だけでなく，経済分野においても拡大が見られる例えばノルウェーにおいては2003年に企業の女性取締役を40％と定めている。また，男女の賃金格差は北欧諸国においても問題視されてきたが，アイスランドにおいては，1995年に男女間の権利平等に関する憲法規定が設けられたことや，2018年男女平等法の改正によって，男女平等賃金が実施されはじめている。

2　北欧モデルの福祉国家

社会民主主義レジーム

　福祉国家の比較研究の基礎を築いたデンマーク出身のG. エスピン＝アンデルセンは，福祉を生産・提供する国家，市場，家族といった社会制度がどのように編成されているかを捉えるために，「福祉レジーム（体制）」という概念を用いて，福祉国家を類型化した。福祉レジームを捉えるための指標は，脱商品化と社会的階層化である。アメリカ，カナダ，オーストラリアといったアングロ・サクソン諸国は「自由主義レジーム」と位置づけられた。自由主義的な福祉国家とはミーンズテスト付きの扶助，最低限の所得移転，あるいは最低限の社会保険が特徴として見られる。そのため，対象は低所得者に限定される。次に，オーストリア，フランス，ドイツといったヨーロッパの大陸諸国は「保守主義レジーム」と位置づけられた。職域的な社会保険を中心とした，労働者のための制度が設計され，教会や家族といった伝統的なつながりによって，育児・介護といった福祉が供給される。最後に，スウェーデンをはじめとする北欧諸国は「社会民主主義レジーム」と位置づけられ，「普遍主義の原理と社会権の脱商品化が新中間階級にまでその効果を及ぼしているような国」とされた。より高水準での平等を国家によって実現することで，労働者階級だけなくブルジョア階級の要求を満たすことが可能となり，全ての市民が恩恵を受けられるシステムである。また，社会民主主義レジームでは伝統的家族からの解放が目指される。すなわち子育てやケアの社会化を実現することで，家

族への依存から個人の自律を促す政策がとられてきた。国家が社会サービスに対し責任を負う体制であるため，ケアの担い手とされた女性の就労を妨げないという，ジェンダー平等の側面もあるだろう。このような北欧福祉国家の特徴は，いかにして形成されたのだろうか。

北欧モデルの福祉国家とは

「北欧のデンマーク，フィンランド，アイスランド，ノルウェー，スウェーデンは，5カ国それぞれが独立した国家である。この5カ国はいかなる政治的または経済的連合も形成していないが，多くの場合において，共同体とみなされている。……特に，社会的な分野において，その違いは他領域より本質的ではない。市民生活における重要ないくつかの問題に対する5カ国のアプローチは，基本的な類似性を示すと同時に，この地域の特異性を示すいくつかの側面を提示している」。

これは1953年に北欧諸国の社会大臣によって共同出版された，『自由と福祉』の一部である。北欧が5つの例外を持った単一のモデルという，統一性と多様性の共存が強調されている。北欧は福祉国家として知られているが，「北欧モデル」の特徴はどのようなものなのだろうか。

第1に，国家の役割の大きさである。国家は社会を改革することができる機関として，異なる階級の国民を包括し，指導的な役割を果たしてきた。国家の関与が大きいことは，教会や任意団体などといった中間的構造の影響力が小さいことを意味し，社会福祉サービスは地方自治体の管轄であり，1990年代以降サービス事業者は民間企業が担う場合も多い。

第2に，普遍主義的な社会権の原理は，全ての国民を対象とするものである。エスピン＝アンデルセンが「すべてのものが利益を得て，すべての者が頼り，そしておそらく，すべての者が支払わないといけないと感じるだろう」というように，福祉サービスや現金給付は困窮者だけではなく，ブルジョア階級も対象とされる。北欧における普遍主義の起源は，19世紀における初等義務教育制度の導入，および貧困者に対する無料または安価な医療サービスの提供からはじまり，地方自治体による保健衛生の規制と管理を定めた保健法への制度化から見出すことができる。戦後の福祉国家の発展において，国民年金，疾病保険，全ての被用者への労災保険は整備され，1960年代からは定額給付ではなく，収入に連関した給付が導入されることで，ブルジョア階級の包摂と普遍主義の達成に成功した。

第3に，北欧諸国が歴史的に階級，収入，男女間の格差が比較的小さい，平等な社会であったことが挙げられる。北欧の近代化は，イギリスやフランスのように市民革命や，ドイツのようにファシズムを頂点とした運動によって築かれたものでもなく，ロシアのように農民の運動によって拓かれたものでもない。北欧における近代化は，産業革命以前からの小作農が継続的に強化されたこと，また地主や貴族階級が弱体化したこと，拡

大する資本主義経済のなかで、地理的に北欧は「周辺」に位置づけられたことがあげられる。このため、労働者階級に対する議会改革と労働市場における交渉への参加が、平和的に実現することが可能であった。

地域協力の発展

社会政策分野における北欧地域連携の発展、そして北欧アイデンティティの確立は、1907年における国会議員間での北欧諸国間協力（北欧議員連盟）が公式的なはじまりであった。デンマークは1912年、スウェーデンは1920年、ノルウェーは1913年、フィンランドは1917年、アイスランドは1939年に社会政策を所管する社会省が設置され、1919年から1953年まで、北欧社会政策会議が定期開催（15回実施）された。この会議では、国別の報告（社会計画）、ILO（国際労働機関）会議への対応、および北欧モデルの模索がなされ、各国の状況を共有することで、競争を促す側面も見受けられた。また、1932年より社会民主党会議（SAMAK）が設置され、北欧における労働運動のネットワーク化も図られている。国境を越えた社会保障協定は、デンマーク・スウェーデン間において1911年に互換可能な疾病保険基金を設立し、1915年には北欧貧困条約によって貧困者の送還を禁止した。1955年9月に北欧社会保障条約により、全ての社会政策分野（老齢、労働、疾病、妊娠や出産など）をカバーした社会保障の連携がはじまり、北欧諸国内の労働者の移動を可能にした。

1946年には北欧社会統計が開始され、第2次世界大戦後、北欧は地域協力をいち早く再開させた。1952年に現在の地域協力の主体である北欧理事会が設置されたため、北欧社会政策会議は吸収される形となったが、北欧という地域アイデンティティを形成し、多くの政策領域を横断した取り組みを継続してきたことも、北欧モデルの概念の定着に寄与しているだろう。

福祉国家の形成と展開

北欧における福祉国家のはじまりは19世紀末の工業化と都市化を背景としたものであったが、北欧における社会保険法制（老齢年金、疾病、労働災害）は、近代化とほぼ同時期（1890～1895年）に導入されたという特徴がある。これはドイツにおける社会保険の制度化に影響を受けたといわれる。デンマークとスウェーデンは早くから普遍主義を取り入れたため、スウェーデンにおいては1913年、デンマークにおいては1891年、1922年、1933年の改革によって、国家による基金補助のある国民年金が成立したが、ノルウェー、フィンランドは導入の時期が遅く1930年代であった。また、児童手当はデンマークは1952年、スウェーデンは1948年、ノルウェーは1946年、フィンランドは1948年と戦後すぐに給付がはじまった（デンマークは税額控除という形であった）ことは、北欧における普遍主義の躍進を意味するだろう。

1960年代から1980年代まで、北欧福祉国家は黄金時代をむかえたといえる。1950年代、

ノルウェー，フィンランド，アイスランドにおける社会保障費の対 GDP 支出の割合が，デンマークやスウェーデンに並ぶようになり，北欧モデルの福祉国家としての特徴が現れていく。公的部門の雇用が拡大し（スウェーデンでは全雇用の30％超），福祉国家は全ての国民を対象とする包括的な制度に転換しはじめたのもこの時期である。例えば，公立学校における高水準の教育，無料あるいは安価な医療サービス，貧しい多子家族だけでなく全ての子育て家族への児童手当，主婦や失業者でも受給権を持つ老齢年金，労働者のための住宅政策などが発展していった。

1990年代以降，北欧福祉国家を取り巻く状況は大きく変わり，グローバル経済の進展，地域統合（EU）の影響，移民・難民の増加といった危機に直面している。1990年代の金融危機に対して，例えばスウェーデンにおいては，それまで福祉国家の拡大を担ってきた社会民主党への批判から，中道右派への政権交代が起こった。1991～1994年穏健党の C. ビルト政権において，新自由主義的な改革として「自由選択」の推進が目指され，スウェーデン・クローナの20％切り下げ，所得税および法人税の引き下げ，付加価値税の引き上げ，環境税の導入が行われ，さらに社会保障分野においても家族関連給付などの社会保険給付額の引き下げが行われた。しかしながら，スウェーデンにおける福祉国家改革は，中道右派のビルト政権ではなく，その後の社会民主党の I. カールソンおよび G. ペーション政権によって行われた。社会民主党は「責任ある戦略」として，財政赤字削減およびインフレ抑制政策として，法人税の引き下げ，相続税，贈与税の廃止，社会福祉サービスの民営化，社会保険給付のさらなる削減を実施した。また，同時期の地方分権改革によって，コミューン（地方自治体）への補助金削減や公的ケア部門の人員削減といった，新自由主義的な改革を推し進めていく。つまり，スウェーデンにおいては，他のヨーロッパ諸国のように左派が福祉国家拡大路線，右派が福祉国家改革を行うという構図が当てはまらず，党派性の逆転が起きたことは注目される。

3　移民・難民政策

移民・難民に寛容な国？

移民統合政策指標（MIPEX）によると，2015年の移民統合政策について世界38カ国を比較するとスウェーデンが第1位，フィンランドとノルウェーは第4位，デンマークは第13位，アイスランドは第23位である。これは労働，教育，政治参加，保健，市民権へのアクセス，家族のよび寄せといった指標からランキングされている。北欧における移民・難民の受け入れ政策は，国際貢献や人道的な配慮が共通して見出せるが，各国で対応や方針は実際には異なっている。1972年スウェーデン，1973年デンマーク，1975年ノルウェーにおいて，労働移民の受け入れは公式には停止されている。フィンランドについては，最近まで移民や難民を積極的に受け入れてこなかったことや，海外移住，特にスウェーデンとの関係に終始してきた。またアイスランドは，1995年まで移民送り出

し国であり，移民政策や多文化主義についてはほとんど議論されておらず，移民・難民は新しい争点である。

人の移動の自由が認められ，難民も多く流入する現在，移民・難民政策のあり方が改めて問われている。本章では，北欧のなかでも寛容な移民・難民政策を行ってきたスウェーデン，および近年受け入れの厳格化に転換したデンマークを紹介したい。

スウェーデンは，19世紀に困窮を理由として移民が増加し，1850年から100万人以上が国外に流出する，移民送り出し国であった。1914年までスウェーデンは入国に制限もなく，移入も自由であったため，工業化を背景に1930年代には，初めて移入民が移出民を上回った。1927年外国人法によって，スウェーデン人労働者の保護のため，政府による国外退去措置，また労働・居住に関する規定などの法規制が行われた。スウェーデンは第2次世界大戦中のユダヤ難民をはじめとする，北欧やバルト諸国からの難民受け入れとともに，戦後はイタリア，西ドイツ，ハンガリー，オーストリアなどから，労働移民を受け入れていた。1954年に北欧共同労働市場構想がはじまると，1960年代はフィンランド，南欧，ユーゴスラヴィアなどから労働移民を受け入れ，さらに在住外国人の家族呼び寄せや国際養子縁組の実施により労働者以外の移民も増大した。1972年スウェーデン労働組合全国組織（LO）は，労働力不足に伴う労働力の確保は国内の女性および高齢者を優先するとして，北欧以外の労働移民の受け入れ停止へと方針転換を行ったため，スウェーデンの移民政策は変更されていく。1980年代以降，国際状況を背景にイラン，イラク，トルコといった紛争地からの難民受け入れは継続された。1976年外国人法改正により，スウェーデンは国連難民条約に合わない場合でも，スウェーデン国内にとどまる権利を認める「B級難民」もしくは「事実上の難民」を規定したことにより，1988年までに14万人の難民を受け入れ，年間庇護申請者は2万人以上に及んだ。しかし，スウェーデン市民に対する社会保障負担や水準低下への懸念から，1989年12月にはスウェーデン独自の受け入れ基準を撤廃し，国連の定義に基づく難民のみの受け入れへと制限を行うことになった。

スウェーデンにおける移民に対する法制は，1968年「移民政策に関するガイドライン」が基礎となり，入国制限および在住者の平等原則が定められたが，それはあくまでスウェーデン社会に適応することを前提とした同化政策であった。1944年に設置された外国人庁が1969年に移民庁として再編され，1975年「在住外国人およびマイノリティ政策ガイドライン」により，スウェーデンは多文化主義を採用しはじめた。このガイドラインでは，スウェーデン国民と同じ生活水準を提供される「平等原則」，文化的アイデンティティを保障される「選択の自由」の原則，マイノリティ集団は社会を発展させるパートナーでありスウェーデン政治や組合への積極的参加を促す「協同の原則」，という3原則が提示された。さらにマイノリティに対するスウェーデン語学習，母国語教育，3年以上在住でコミューンへの参政権を認め（1976年），文化政策による包括的な支援が行われることとなる。社会民主党は「他国からこの国に来た市民は，国民と同じ条件

で生活できる。平等とは，国籍や民族，階級に関係ない」として，難民の積極的受け入れを継続してきた。スウェーデンでは現在，人口の5％が外国市民となっているため，移民・難民を排斥する動きも拡大している。例えば1987年スウェーデン南部のシェーボ自治体で，中央政府から割り当てられた年間30人の難民を受け入れに対し，住宅などの自治体サービス提供を承認するかどうか住民投票が行われ，67.5％が反対した「シェーボの反乱」など，在住外国人政策が寛大すぎるという批判も高まっている。また2011年以降のシリア難民問題に対し，スウェーデン政府は2013年9月，亡命を希望するシリア難民全員を受け入れる方針を打ち出したため，2014年の庇護申請者は8万1,301人（シリア，ソマリアなど）と，人口比に対する難民受け入れはOECD（経済協力開発機構）諸国においてトップであった。このような政府の寛大な方針に対し，2018年選挙では第3党まで議席を増やし，影響力を強めるのはスウェーデン民主党である。1988年に設立されたスウェーデン民主党は，移民・難民受け入れに反対するだけでなく，ナショナル・マイノリティであるサーミの権利の拡大にも反対している。

　デンマークにおいても，これまで人道主義の観点から毎年数千人の難民を受け入れてきたが，2015年からのL. L. ラスムセン内閣によって，移民・難民政策が厳格化されている。具体的にはシリア難民危機をうけ，難民の家族呼び寄せ開始時期の延期や，永住権取得条件の厳格化などを含んだ難民政策を実行する一方で，難民申請を棄却された者の出身国への送還を促してきた。また，移民についても移住の動機によって居住資格を細分化，階層化することで，移民の流入をさらにコントロールしている。デンマークにおいては，労働所得より社会福祉関連給付が高くないよう配慮され，社会給付算出の基礎に在住期間を使用する不平等処遇の原則を導入し，国家市民権法により，9年の在住およびデンマーク語およびデンマーク文化・歴史・政治システムに関するテストを課し，さらに二重国籍を認めず単一国籍を選択する要件を設けている。しかしながら，移民や難民として入国してしまえば，保護すべきであるという人権的な規範も根強い。

ナショナル・マイノリティ

　北欧における外国人問題，社会統合の問題は，移民・難民だけではない。ナショナル・マイノリティ（少数民族）は，ヨーロッパの他の地域と同様，ロマやユダヤ人など存在するが，北欧特有なものとしては，フィンランドにおけるスウェーデン語系フィンランド人，およびスカンディナヴィア半島の北部に住む先住民族サーミである。

　フィンランドは1809年にロシア帝国に割譲される以前の約600年間，スウェーデンの支配下にあった。13世紀以来スウェーデン人はバルト海沿岸地域の交易のため，フィンランドに移住したが，今日のフィンランドにおいてスウェーデン語系フィンランド人が多数を占めるのは，オーランド諸島およびボスニア湾沿岸のウステルボッテンのみである。19世紀後半にフィンランドの国民国家形成のナショナリズムが高揚すると，スウェーデン語系の人々は，自らを「フィンランド・スウェーデン人」と位置づけ対抗運

動を行い，フィンランドが独立するとスウェーデン人民党を結成し，オーランド諸島は自治権を獲得するまで至った。フィンランド憲法で言語の権利が保障され，スウェーデン語が公用語となったことで運動は衰退し，彼らはフィンランド・アイデンティティと調和した，ナショナル・マイノリティとして統合されたという特徴を持つ。

先住民族サーミも北欧におけるマイノリティの問題として歴史的に存在してきた。かつてラップ人と呼ばれていたサーミの伝統的な居住地域は，ノルウェー，スウェーデン，フィンランドとロシアの北部地域にかけて広域である。サーミの数は7〜10万人とも概算され，そのうちノルウェーには4〜5万人，スウェーデンには2万人，フィンランドとロシアをあわせて1万人前後と推定される。ただし，サーミかどうかは自己申告であるため，正確な総人口を知ることは難しい。北欧3カ国におけるサーミ人の定義は，自己申告以外に，少なくとも祖父母のうち1人が家庭でサーミ語を使用していたことが，基準となっている。2016年の映画『サーミの血』は，スウェーデン社会におけるサーミ差別が克明に描かれており，自らの出自を消し去って生きようとする主人公の少女の葛藤が映し出されている。

現在はサーミの伝統的な居住地域を「サーミ地域 (Sápmi)」として，独自の行政区や自治体をおき，サーミ語の保護や教育といったナショナル・マイノリティの法的保護が適用されている。また，1986年第13回北欧サーミ評議会において民族旗が制定され，国境を持たないサーミのシンボルとなっている。サーミは伝統的には，トナカイの飼育や放牧，手工芸や狩猟，漁業によって近隣地域との交易を生業としてきたが，現在では都市部に移住する人も多く，観光産業，音楽（サーミの伝統歌謡であるヨイクのアレンジ）やアート，サーミのテレビ，ラジオ局といったメディア関連など，多くの業種に進出している。

4　外交・安全保障

北欧の地域協力および多様性

北欧における外交・安全保障分野における連携は，北欧理事会や北欧防衛協力 (NORDEFCO) などを通じて，政治，経済，軍事，環境，紛争予防および解決などの分野での連携が挙げられる。また，北欧は国際機関や多国間の協力枠組みを重視し，人道支援や平和活動といった国際貢献を積極的に推進する姿勢は共通している。しかしながら，歴史的あるいは地理的背景から，北欧5カ国では外交・安全保障政策に関する立場が異なっている。EU（欧州連合）に加盟しているのは，デンマーク，スウェーデン，フィンランドであり，ノルウェーおよびアイスランドは加盟しておらず，加盟交渉も現在は停止されている。

デンマークは1973年，他の北欧諸国に先駆けてEC（欧州共同体）の加盟国となり，1993年にはEU創設を定めたマーストリヒト条約をかろうじて批准したが，単一通貨

（ユーロ）の導入を国民投票で否決した。デンマークの外交政策は，ヨーロッパ地域協力とともに環大西洋協力（アメリカおよび NATO 協力）を中心としており，国際平和協力，テロとの戦い，民主主義を推進する観点から，アフガニスタンやシリア，アフリカなどにおける問題に派兵を行うなど，積極的な姿勢を持つ。

　スウェーデンは，1995年にフィンランドとともに EU に加盟した。デンマークと比較して加盟が遅れた理由は，スウェーデンが歴史的に非同盟中立政策をとっていたため，冷戦後に安全保障政策を軍事的非同盟として定義しなおす必要に迫られたからである。スウェーデンとヨーロッパ統合との関係は，1960年イギリスなどとともに EFTA（欧州自由貿易連合）を創設し，工業製品を輸出するために自由貿易を推進するゆるやかな枠組みに参加した。イギリスやデンマークが EFTA から脱退し EC に加盟する動きを見せると，1972年に EFTA は EC との自由貿易協定を結び，経済関係を維持するにとどまった。スウェーデン経済は，ヨーロッパとの貿易関係に大きく依存しているため，1991年 EC に加盟申請を行い，加盟交渉と国民投票を経て，1995年に加盟を果した。EU 加盟には，冷戦後の政治的孤立化を打開する目的も含まれ，1994年には NATO とのパートナーシップ協定も締結している。このような国際的な枠組みへの参加のために，従来の中立政策を多国間の枠組みのなかで非同盟を実現しうる軍事的非同盟と定義を改め，EU 加盟を果したのである。しかしユーロ導入については，社会保障などスウェーデンが作り上げてきた福祉国家崩壊の懸念から，2003年9月の国民投票で否決されたため，現在までスウェーデンにおいて実現されていない。スウェーデンの現在の外交方針は，EU および国際社会への積極的な貢献を中心としている。安全保障についても，2009年の国防法案によって，多国間安全保障協力を重視する連帯宣言という立場を明確化した。NATO 平和のためのパートナーシップ（PfP），欧州安全保障協力機構（OSCE），EU 欧州共通安全保障防衛政策（CSDP），北欧防衛協力（NORDEFCO）などを通じて，各国との防衛協力・交流を推進し，また国際平和協力活動（PKO など）に積極的に参加することで，軍縮・不拡散，人権，環境問題等に貢献している。

　フィンランドは，第2次世界大戦中のソ連との戦争経験から，現在までロシアとの関係を注視しながら，EU 志向の外交政策を行っている。1948年ソ連と友好協力相互援助条約を締結し，冷戦期は東西中立政策を志向してきた。冷戦終結およびソ連の崩壊後，1992年1月に同条約を廃棄，代わって基本条約をロシアと締結した。ロシアとの関係は，良好な実務関係の発展に努める必要が常にあり，EU の対ロ制裁に参加する一方で，ロシアと首脳レベルでの対話を維持し続けている。1995年に EU に加盟し，EU を軸とする外交政策をとりながら，EU とロシアの戦略的関係強化を掲げるノーザン・ダイメンション構想を提唱する，独自外交を展開している。また，NATO には非加盟であるが，1994年5月に平和のためのパートナーシップ協定を締結し，NATO 主導の国際平和協力活動にも積極的に参加している。

　ノルウェーは，1972年および1994年11月の国民投票で EU（EC）加盟を否決して以来，

加盟に関する具体的な議論は行われていない。北海油田の経済的繁栄を享受しているため，また農業および漁業への影響に対する懸念から EU 加盟には懐疑的である。他方で，EU との協力関係は緊密であり，1994年欧州経済領域（EEA）協定を通じて安定した経済関係を持ち，さらには人の移動の自由を保障するシェンゲン協定にも1999年に参加している。安全保障については，ロシアとの国境線を有するため NATO の原加盟国であり，国連や OSCE など，国際的な枠組みによる多国間協力を原則としている。

アイスランドは，北欧の地域協力を軸としながらも，2008年の金融危機後の2009年に EU への加盟申請を行ったが，産業・金融政策の自主裁量権を確保するため加盟交渉を中止し，現在まで EU 非加盟である。しかし，EEA およびシェンゲン協定に加盟することによって，欧州経済圏との一体性を確保している。安全保障については，NATO 加盟国ではあるが自国の軍備は持たないため，アメリカとの2国間防衛協定に頼っている。またアイスランドは現在，北極問題（気候変動，北極海航路，海洋資源問題など）へ積極的に関与し，北極サークルという北極関係国際会議を毎年開催している。

北欧において徴兵制を持つ国は，ノルウェー，デンマーク，フィンランドであった。しかし近年のロシア情勢の変化をうけて，2010年に徴兵制が廃止されていたスウェーデンにおいても，2018年1月より復活した。また，安全保障分野においてもジェンダー平等が進んでいるため，ノルウェーでは2015年より，またスウェーデンにおいても現在，女性に対しても徴兵制が適用されている。

5　ジェンダー平等から子どもの権利へ

本章のはじめに取り上げたように，北欧の特徴の1つとして，ジェンダー平等の達成があげられる。北欧5カ国における女性の就労率は高いが，男女の賃金格差はデンマーク5.7%（2016年），スウェーデン13.4%（2015年），フィンランド16.5%（2015年），ノルウェー7.1%（2015年），アイスランド9.9%（2015年）と現在も問題視されている。OECD 諸国の平均が13.9%（2016年）であるため，北欧は比較的低いとも，北欧でさえ未だ平等は達成されていないともいえるだろう。ただしアイスランドでは2018年1月，世界ではじめて性別による賃金格差を禁止する法律が施行されたため，今後のデータに大きな変化がみられるかもしれない。OECD によるとデンマーク，アイスランド，ノルウェー，スウェーデンにおいて，過去40〜50年にわたり女性の就労を拡大し続けたことによって，4カ国ともに GDP 経済成長が10〜20%程度増加したと分析している。しかしフィンランドについては，1970年代より女性の雇用が高いために，その影響は他と比較すると小さい。

北欧における家族政策は，労働政策と連携しながら，ジェンダー平等が目指されてきた。つまり，性別にかかわりなく皆が働く社会の実現のため，共に働き，共にケア（家事・育児）を担う家族モデルを基準とした家族政策を発展させた。表12-4に北欧各国

表12-4 ジェンダー平等の家族政策への転換

	デンマーク	スウェーデン	ノルウェー	フィンランド	アイスランド
両親休暇への転換	1984年	1974年	1978年	1978年	1981年
休暇期間	13週以上働いている場合, 52週（補償額は人による）	480日（うち390日は給与80％補償）	49週100％補償, または59週80％補償か選択	母親休暇105日後, 158日70％補償	18カ月（80％補償）
パパクオータ	1997～2002年	1994年	1993年	2003年	2000年
父母への割り当て	母親14週, 父親2週ただし, 交換可能	90日ずつ	10週ずつ	9週, うち18日までは同時取得	3カ月ずつ

出典：筆者作成。

におけるジェンダー平等の家族政策への転換年を示した。例えばスウェーデンでは，1974年に世界ではじめて男性にも育児休業を取得できる両親保険制度へ転換が行われ，1995年には「パパの月」とよばれる父親しか取得できない育児休暇のクオータを導入している。しかし，北欧5カ国の家族政策にももちろん差異があり，フィンランドおよびノルウェーでは，家庭で子どもを育てる場合に支給される，在宅育児手当も存在する。これは支給水準は高いわけではないが，子どもを持って数年間は家庭で子育てを行うため，専業主婦を推進する一面もあり，上記の共働き・共にケア家族モデルとは反する制度ともいえるだろう。またOECDは，男女の労働時間と賃金格差をなくし，ジェンダー平等を達成することで，北欧は2040年までにさらに15～30％程度経済成長を目指せると結論づけている。

北欧におけるジェンダー平等のための地域協力は，北欧理事会において，各国のジェンダー平等担当大臣による重要な協力分野として，1974年ジェンダー平等のための北欧閣僚理事会（MR-JÄM）の創設し，その後ジェンダー平等のための高等委員会（EK-JÄM）を北欧理事会内に設置した。ここでは各国の政策を比較し，よりジェンダー平等な北欧地域をつくることに協力してきた。

「子どもの権利条約」への取り組み

現在，北欧理事会が地域協力を進める新しい分野として，子どもの権利の拡大が挙げられる。1989年第44回国連総会において採択され，1990年に発効した「子どもの権利条約（CRC）」は，北欧5カ国においても順次批准（スウェーデン1990年6月，デンマーク1991年7月，ノルウェー1991年1月，フィンランド1991年6月，アイスランド1992年10月）された。国連「子どもの権利条約」とは，生命・生存および発達に対する権利，子どもの最善の利益，子どもの意見の尊重，差別の禁止という4つの一般原則に基づき，全54条を有するものである。

北欧閣僚理事会のなかの「子どもと若者のための北欧委員会（NORDBUK）」は，「北欧は，子どもや若者にとって最もよい場所でなければならない」という基本姿勢のもと，2016年2月より「北欧における子どもと若者のための分野横断的戦略」を承認し，2022年までの枠組みを設定している。この委員会の特徴は，国連「子どもの権利条約」では18歳までが対象であるが，北欧の枠組みでは25歳までに拡大し，さらにトランスジェンダーやマイノリティも明確に対象に含むものである。さらに，子どもや若者の社会経済的保護だけでなく，国連条約第12条「子どもの意見の尊重」のために積極的な社会参加の機会の保障，すなわち民主主義の拡大が重視されている。北欧では1980年代より子どもも対象としたオンブズマンが制度化されてきたが，それだけでは十分ではなく，子どもや若者自身が民主的なプロセスに参加し，影響力を持つことこそが重要だとされる。つまり，彼らは持続可能な発展のための将来の存在だけではなく，「いま」「ここ」で重要な市民であることが，北欧が目指す包括的な社会のために必要なのである。

　NORDBUK は，北欧というまとまりを地域内外にアピールするだけでなく，北欧諸国における差異を明らかにし，学びあう場でもある。事実，北欧5カ国では，国連条約への対応が各国で異なっている。ノルウェー，アイスランド，フィンランドでは，条約の国内法化がなされてきたが，スウェーデン，デンマークにおいてはなされていない。スウェーデンでは，2018年6月にようやく国連「子どもの権利条約」を国内法化する決定が議会で採択され，今後ジェンダー平等と同様に，「子ども主流化政策」がスウェーデンおよび北欧でさらに模索されていくだろう。

参考文献

網谷龍介・伊藤武・成廣孝編『ヨーロッパのデモクラシー』ナカニシヤ出版，2014年。
エスピン＝アンデルセン，G./岡沢憲芙，宮本太郎監訳『福祉資本主義の三つの世界――比較福祉国家の理論と動態』ミネルヴァ書房，2001年。
岡澤憲芙・斉藤弥生編『スウェーデン・モデル――グローバリゼーション・揺らぎ・挑戦』彩流社，2016年。
津田由美子・吉武信彦編著『北欧・南欧・ベネルクス』ミネルヴァ書房，2011年。
馬場康雄・島健司編『ヨーロッパ政治ハンドブック』東京大学出版会，2000年。
三井マリ子『ノルウェーを変えた髭のノラ――男女平等社会はこうしてできた』明石書店，2010年。
Migrant Integration Policy Index 2015 ウェブサイト（http://www.mipex.eu/ 2018年11月2日最終閲覧日）。
Norden ウェブサイト（www.norden.org 2018年11月2日最終閲覧日）。
OECD, *Gender wage gap* (indicator). doi: 10.1787/7cee77aa-en（2018年11月2日最終閲覧日）。
OECD, *Is the Last Mile the Longest? Economic Gains from Gender Equality in Nordic*

Countries, OECD Publishing, Paris, 2018.

The Committee on the Rights of the Child ウェブサイト（https://www.ohchr.org/en/hrbodies/crc/pages/crcindex.aspx，2018年11月2日最終閲覧日）。

読書案内

オロフ・ペタション／岡沢憲芙監訳『北欧の政治――デンマーク・フィンランド・アイスランド・ノルウェー・スウェーデン（新装版）』早稲田大学出版部，2003年。
　＊北欧各国の政治や行政，司法制度などが詳しく紹介されている。参考文献や附表でデータが多く載せられているため，基礎的な情報をおさえるために活用できる。

クラウス・ペーターセン，スタイン・クーンレ，パウリ・ケットネン編／大塚陽子・上子秋生監訳『北欧福祉国家は持続可能か――多元性と政策協調のゆくえ』ミネルヴァ書房，2017年。
　＊北欧各国の福祉国家の歴史と展開，また北欧全体の特徴をつかむための専門書。ジェンダーや家族政策，グローバル化といった新しいトピックも含まれている。

東海大学文学部北欧学科編『北欧学のすすめ』東海大学出版会，2010年。
　＊北欧の政治だけでなく，歴史や言語，文学，自然といった，北欧に関する幅広い分野を扱う入門書。これから北欧について学びたい人へ。

　　　　　　　　　　　　　　　　　　　　　　　　　　　　　　　　（浅井亜希）

第Ⅲ部
中・東欧

第13章
ブルガリア・ルーマニア

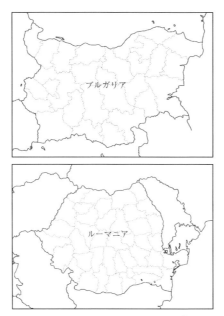

正式国名：ブルガリア共和国，面　積：11万994km²，人　口：736万人，首都：ソフィア（約120万人），主要構成民族：ブルガリア人（84.8%），トルコ人（8.8%），ロマ（4.9%）など，公用語：ブルガリア語，宗　教：ブルガリア正教，イスラム教など，通　貨：レヴァ，名目GDP：569.43億米ドル，1人当たりGDP：8,077米ドル

出典：人口，構成民族，宗教は2011年センサス（国家統計局），GDPは2017年（IMF）

正式国名：ルーマニア，面　積：23万8,391km²，人　口：2,012万人，首　都：ブカレスト（約210万人），主要構成民族：ルーマニア人（88.9%），ハンガリー人（6.5%），ロマ（3.3%）など，公用語：ルーマニア語，宗　教：ルーマニア正教，カトリック，プロテスタントなど，通　貨：レイ，名目GDP：2118.84億米ドル，1人当たりGDP：1万786米ドル

出典：人口，構成民族，宗教は2011年センサス（国家統計局），GDPは2017年（IMF）

―― 汚職と不信の悪循環 ――

「ママリガは爆発しない（Mămăliga nu explodează）」。これはルーマニア人の気質を表す慣用句としてよく用いられる。ママリガは、トウモロコシの粉を熱湯で溶いて膨らませた、フワフワした食感のルーマニア料理であるが、権力に従順で、時に不正をも許容してしまうような人々の態度を重ね合わせたのであろう。そのようなルーマニア人が、1989年の「革命」以来、最も怒りを露わにするのが政治腐敗の問題である。首都ブカレストを始めとする主要な都市の広場では、政治家の汚職に抗議する集会が頻繁に開かれており、2015年の秋には、それが政権を崩壊させるインパクトを持った。契機となったのはブカレストのクラブでの火災事故であるが（64人の若者が命を落とした）、これが政治や行政、さらには日常生活に蔓延する「腐敗」に対する大規模な抗議行動へと転化したのである。同様に、2017年初頭には、汚職対策に逆行すると見なされた政府の一連の措置に対し、体制転換以来といわれる大規模な抗議行動が行われた。

　国際社会もルーマニアの政治腐敗に厳しい目を向けている。2007年1月、ルーマニアとブルガリアは悲願であったEU加盟を果たしたが、その際これまでの新規加盟国とは異なる条件を課されることとなり、シェンゲン協定も実施されていない。加盟後も司法制度改革、汚職対策、組織犯罪対策（主にブルガリア）における継続的な取り組みを義務づけ、欧州委員会がその進捗状況をチェックし、定期的に勧告を実施する仕組み、「協力・検証メカニズム（Cooperation and Verification Mechanism：CVM）」が導入されたのである。CVMは、当初は数年程度の移行的措置と見なされていたが、10年以上も継続することになった。

　それではなぜ、ルーマニアとブルガリアでは、これほど政治腐敗が問題となるのであろうか。また、この問題に対し、近年、いかなる取り組みがなされているのであろうか。

1　「ポスト共産主義」の政治

　ルーマニアやブルガリア、コラムで取り上げるモルドヴァ共和国の政治は、他の旧ソ連・東欧諸国と一括りにされて、「ポスト共産主義」の政治として捉えられることが多い。これらの国々の現状を理解するためには、共産党の一党支配体制の時期（社会主義期）の遺産や、その後の民主化・市場経済化の過程を踏まえることが不可欠と考えられるからである。それでは、ルーマニアやブルガリアにおいては、社会主義期にどのような政治・経済体制が形成され、いかなる形で終焉、そして体制転換を迎えたのであろうか。それが現在の政治に、どのような影響を、どの程度与えているのであろうか。体制転換から30年を経た両国の政治は、いつまで「ポスト共産主義」として捉えられるべきなのであろうか。

社会主義体制期とその遺産

ソ連型社会主義の構築

ルーマニアとブルガリアは、オスマン帝国、ロシア帝国、ハプスブルク帝国の「狭間」に置かれ、国家形成が遅れていたが、19世紀後半に独立を達成した。その後、第1次世界大戦を経て――その結果は、ルーマニアが領土倍増、ブルガリアが領土喪失と対照的であったが――現在の国境がほぼ確定した。続く第2次世界大戦においては、両国は枢軸陣営に加わり、大戦末期にソ連軍に占領されることとなった。

第2次世界大戦後、ソ連の勢力圏に組み込まれたルーマニアとブルガリアでは、ソ連の影響力を梃子として、戦前には弱体であった共産党が権力の掌握を進め、冷戦が本格化した1947年の末までに一党独裁を樹立した。これ以降、両国では「小スターリン」のもと、ソ連をモデルとした社会主義体制が構築された（ソヴィエト化）。政治面では、「共産党の指導的役割」が憲法に明記され、中央・地方の政府・行政機構が、党の命令系統に服すとともに（「党＝国家体制」）、党が政府・行政機構や企業などの各種組織における幹部職の人事権を握る仕組みが整えられた（ノメンクラトゥーラ制）。経済面では、企業の全面的な国有化や貿易の国家独占が導入され、計画経済の立案・調整が行われるとともに、農民の抵抗を受けながらも、農業の集団化が進められた。さらに、共産党体制は市民社会への浸透を試みた。自立的な団体活動は攻撃され、共産党傘下の大衆組織に編入された。また、体制保持の支柱として強力な治安警察（ルーマニアではセクリターテ、ブルガリアではDSと呼ばれた）が組織され、体制の構築期においては暴力的な弾圧、安定期においても検閲・盗聴、あるいは「非公式協力者」による密告などを通じ、一般市民をも監視・威圧した。

1960年代以降、ルーマニアではチャウシェスク（N. Ceauşescu）、ブルガリアではジフコフ（T. Zhivkov）が、第一書記と国家評議会議長という党と国家の最高ポストを兼任して権力集中を図り（前者は1974年以降、大統領職にも就任）、東欧随一の長期政権を維持していくことになる。

チャウシェスク体制とジフコフ体制

2007年のカンヌ国際映画祭でパルムドールを受賞した『4ヵ月、3週と2日』（C・ムンジウ監督）、2009年のノーベル文学賞に選ばれたヘルタ・ミュラー（『狙われたキツネ』など）はともにルーマニア出身者であり、いずれの作品も女性を主人公として、チャウシェスク体制末期のルーマニアにおける生活の窮状や、中絶禁止を含む多産義務化政策の影、セクリターテによる監視、賄賂・汚職の横行などの陰鬱な雰囲気を描き出している。

他方で、両国の体制が、1980年代まである程度の安定的支配を実現したことも事実である。それでは、チャウシェスクとジフコフの体制は、どのような特徴を持ち、いかにして長期の安定を実現したのであろうか。

体制安定の第1の要因は、経済発展を通じての大衆統合の進展である。両国は、1950年代から1970年代前半にかけて著しい経済成長と都市化を経験した。戦前の貧しい農村

生活と比べれば，都市に移動して，工業労働者となり，郊外の団地に住むことは明らかに社会的上昇を意味していた。第2の要因は，両国の体制の「家産制的」性格である。体制の頂点から末端・市民生活に至るまで，「親分―子分関係」や利権のネットワーク，さまざまなコネ・特権が存在し，賄賂や汚職が蔓延していた。これらは体制の効率性にとってはマイナス面も大きいが，官僚的規制や抑圧に対する「抜け道」や便宜の提供，あるいは地下経済の発達を通じ，一種の「安全弁（網）」として機能した。第3の要因は，外交政策の成功である。ルーマニアの場合，歴史的経緯に起因する反ソ感情から，ソ連への従属が忌避されていたため，ナショナリズムに訴えかける対ソ自主外交の推進により，チャウシェスクは体制への国民の支持を高めることができた。対照的に，ブルガリアでは伝統的に国民の対ソ（対露）感情は良好で，貿易面でも相補的関係にあったため，ジフコフが採用した全面的な親ソ路線もやはり適合的であった。

　以上のように，チュウシェスク体制とジフコフ体制には共通点が多く，体制の頂上部においても，個人への権力集中が進行し，縁故主義が蔓延した。この傾向を極限まで推し進めた点に，チャウシェスク体制の特徴がある。彼は，体系的な個人崇拝を導入するとともに，党・政府の高官が「取り巻き」で占められるように，制度改革・人事操作を執拗に行った。さらに，体制末期に至るまでイデオロギー教化や動員体制の拡大が試みられた。このフィードバックの利かないシステムの下，人権や経済合理性を無視した政策が実行に移された。その最たるものが，1980年代に実行された，徹底した輸入制限とエネルギー消費の削減，農産物の「飢餓輸出」などを伴う対外債務返済計画であり，国民生活を限界まで追い詰めることになる。

体制転換から「ポスト共産主義」の政治へ

民主化と政党システムの形成　1989年東欧諸国では連鎖反応的に体制転換が生じたが，ブルガリア，とりわけルーマニアはその波に取り残された感があった。ポーランドやハンガリーの場合とは異なり，ブルガリアの場合，先行する政治・経済改革の蓄積や反体制運動の伝統は微弱であり，ルーマニアに至ってはともに皆無であったからである。したがって，ブルガリアでは，ソ連の影響を受けた党内改革派の形成と，彼らによるジフコフの排除（「宮廷クーデタ」）という形で移行が開始された。ルーマニアでは，宮廷クーデタを起こし得る人物や機会さえも巧妙に排除されており，上述した個人支配の特異な性格と相まって，治安部隊による暴力的弾圧と民衆の蜂起，逃亡したチャウシェスク夫妻の処刑という，流血の「革命」が生じることとなった。しかし，チャウシェスク体制崩壊直後の権力真空を埋めた「救国戦線（FSN）」の主要部分は，議長のイリエスク（I. Iliescu）を筆頭に旧共産党幹部が占めていた。

　この結果，1990年以降，旧体制・共産党エリートの主導下で体制改革・民主化が進められた点に，ルーマニアとブルガリアの特徴がある。両国の旧共産党系勢力（ルーマニアでは救国戦線，ブルガリアでは共産党が「ブルガリア社会党（BSP）」と改名）は，態勢

を整えた上で1990年春に新体制の「創設選挙」を実施し，勝利を収めた。農村部を中心とした強固な支持基盤に加え，野党の脆弱性や共産党から継承した全国的な組織網・事実上のメディア独占といった利点（不公平性）が，救国戦線および社会党の勝利を可能としたのである。ポーランドやハンガリーといった東中欧諸国とは異なり，旧共産党系勢力の大敗・政権交代という明確な政治的断絶は，この時点では生じなかった。

したがって，共産党の後継勢力が体制転換過程を主導し，最初の自由選挙を制した両国では，政権交代が，民主政が定着する上での試金石となった。ブルガリアでは「民主勢力同盟（SDS）」，ルーマニアでは「民主会議（CDR）」を軸に野党勢力の結集が進み，ブルガリアでは第2回（1991年），ルーマニアでは第3回総選挙（1996年）の結果，政権交代が実現した。ブルガリアでは，主要勢力間で民主政のルール・手続きが比較的順調に受容されたのに対し，ルーマニアでは，共産党後継政党が非民主的な統治手法に傾斜し（反対派／野党の威嚇・弾圧を目的とする炭鉱労働者の投入，急進民族主義政党との連立など），1990年代前半においては民主化自体が遅滞していた。その意味で，1996年の政権交代は「第2の革命」と位置づけられる。

以上の過程を経て成立した両国の政党システムには，1990年代末まで以下のような共通点が見られた。第1は，共産党の後継勢力が体制転換過程を主導し，最初の自由選挙で勝利したこと。第2は，体制転換直後から，共産党後継勢力を中心とする与党連合と野党連合（アンブレラ組織）への大まかな収斂が生じたが，強力かつ安定した前者に対し，弱体かつ分裂した後者が挑戦するという非対称的な力関係で推移したこと。第3は，1990年代半ばから，中道右派の野党勢力の組織化も一定程度進行し，2ブロック競合と交互の政権担当が生じたこと。第4は，「ハンガリー人民主連合（UDMR）」（ルーマニア）とトルコ人少数民族政党「権利と自由のための運動（DPS）」（ブルガリア）という，中道志向で安定した支持基盤を持つ少数民族政党が存在し，連立交渉の「要」の位置を占めていること。第5は，連立政権の組み合わせも，共産党の系譜を引く政党と，それ以外の（中道）右派政党の間の断層線によって大きく規定されていたことである。

2000年代以降の変化 2000年代に入ると，ブルガリアにおける「新党ブーム」のため，両国の政党システムは一時期相当に異なる様相を見せるが，それ以降は，大枠では2ブロック競合の図式が再建されつつある。

ルーマニアでは，共産党後継政党が，「救国戦線」「民主救国戦線」「民主社会党」「社会民主党（PSD）」と名称を変更し，徐々に社民政党化しつつ，第一党の座を保持し続けている。同じく救国戦線から分岐し，1990年代前半から社民政党としてのアイデンティティを主張していた「民主党（PD）」（2008年以降，民主自由党）は，党首バセスク（T. Băsescu，2004年末以降，大統領を2期務める）のもと路線変更を行い，中道右派の位置を占めるに至った。これまで中道右派の空間を占めていた「民主会議」とその中心政党「国民農民キリスト教民主党」は，2000年総選挙で瓦解し，19世紀以来の伝統を誇る「国民自由党（PNL）」が唯一勢力を保った。以上の主要3党に，ハンガリー人民主

連合と，チャウシェスクの民族共産主義の系譜を引き，急進民族主義を掲げる「大ルーマニア党（PRM）」を加えた五党体制が成立・持続したが，その後，大ルーマニア党の凋落，2014年の国民自由党と民主自由党の合同により，中道左派の社会民主党と中道右派の国民自由党を軸とした2ブロック競合が明確となった。

　ブルガリアでは，（中道）左派は，やはり次第に社民政党化した社会党によって継続的に代表されているものの，中道右派では四分五裂状態が解消されず，強力な新政党が相次いで参入し，過半数近い議席を得て政権に到達するという，流動的な状態が続いた。まず，2001年の総選挙直前に，9歳で退位・亡命を余儀なくされた元国王シメオン2世（Simeon Sakskoburggotski）の個人政党である「シメオン2世国民運動（NDSV）」が出現し，全議席の過半数を獲得，彼を首班とする内閣が誕生した。さらに2009年の議会選挙では，ソフィア市長ボリソフ（B. Borisov，元内務省官房長）が立ち上げた「ブルガリアの欧州発展のための市民（GERB）」が過半数に迫る議席を獲得し，ボリソフ内閣が成立した。その後，GERBが2013年，2014年，2017年の議会選挙で続けて第一党の座を保持したことにより，中道右派優位という形での2ブロック競合の図式が一応再生した。

ルーマニアとブルガリアの政治制度

執政制度　ルーマニアとブルガリアでは，ともに1991年に新憲法を制定し，執政制度としては，国民の直接選挙により選出される大統領（任期5年（ルーマニアの場合，2003年憲法改正までは任期4年），3選禁止）と議会に責任を負う首相・内閣が並存するシステム，いわゆる「半大統領制」が採用された。大統領は，国家元首として形式的役割を果すとともに，一定の実質的権限を付与されていたために，大統領―首相・内閣―議会の三者の間で，複雑なダイナミクスが生じることになった。

　まず，三者の関係を考える上で重要なのは，大統領に与えられた首相指名権限である。両国の大統領は，ともに首相罷免権を持たず，議会解散権についても連続して内閣形成に失敗した場合に限定されている。さらに，内閣には議会の信任が義務づけられているため，議会に明確な多数派が存在する場合には，大統領の首相指名権は実質的意味を持たない。したがって，議会に明確な多数派が存在しない場合に，大統領がどの程度裁量権を持つかが問題となる。この意味で，大統領に議会の最大党派から順番に組閣を要請することが義務づけられているブルガリアの場合，例外的事態を除き，裁量権は存在しない。これに対し，ルーマニアの場合，過半数を占める政党がある場合は当該政党と，それが存在しない場合には各政党と協議を行うと規定されている（のみの）ため，議会における政党の配置次第では，大統領が大きなイニシアティブを握ることも想定できる。実際に，「プレイヤーとしての大統領」と称したバセスクは，2004年末の大統領選・総選挙後と，2008年末の大統領選後に，自らのイニシアティブによる議会多数派の形成・大統領与党（連合）による政権の樹立に成功している。また，両国の大統領は，法案差し戻し権をしばしば行使するものの，議会の過半数の再可決で成立するため，強力な権

限とみなすことはできない。

　執政府内の権限／役割分担については，憲法上曖昧な部分も多い。内政・外交政策の策定・実施は内閣の権限に属しているが，大統領も，軍最高司令官および国防最高評議会議長として，国防政策上の重要な権限を有している。ルーマニアの場合は，さらに，外交・国防上の重要案件に関する閣議の主催や，国民投票を組織する権限も与えられている。したがって，ブルガリアの場合は議院内閣制に近く，ルーマニアの場合はより半大統領制的特徴を有すると考えられる。実際，ルーマニアでは，相互に対立する政党／連合に属する大統領と首相が並立する状態（「コアビタシオン」）が生じた場合，両者の緊張関係が昂進する傾向がある。

　議会の執政府に対する影響力を担保・象徴するのは，立法活動とならび，内閣不信任制度や大統領弾劾である。前者は，全議員の過半数の賛成で可能となるが，後者にはより高い敷居が設けられている。すなわち，大統領が重大な憲法違反を犯した（とみなされた）場合，ブルガリアでは議員の3分の2以上の賛成と憲法裁判所の判決により罷免が確定し，ルーマニアでは両院合同会議での過半数の賛成と憲法裁判所の判断により職務停止が行われ，国民投票の過半数の賛成により罷免が確定する。ブルガリアでは，2010年に，社会党出身のパルヴァノフ大統領（G. Parvanov）に対し，議会多数派のGERB・ボリソフ内閣が弾劾を試みたが失敗した。ルーマニアでは，民主党／民主自由党のバセスク大統領に対し，2007年と2012年（ともに「コアビタシオン」期）の2度にわたり，国民自由党と社会民主党を中心とする議会多数派が大統領の職務停止を可決したが，結局，国民投票によって大統領の罷免は否決された。2014年に当選した国民自由党のヨハニス大統領（K. Iohannis）も，やはり社会民主党を主体とする内閣と「コアビタシオン」状態にあり，後者からしばしば「弾劾カード」により牽制を受けている。

議会と選挙　立法府に関しては，ブルガリアでは一院制，ルーマニアでは戦間期の伝統などを理由として，二院制が導入された。ただし，上院の選出方法・任期・権限は下院とほぼ同一で（解散も同時），予算審議や内閣の信任・不信任に関する議決を含め合同会議が頻繁に開かれるなど，両院が一体として機能する局面が多い。

　議会の選挙制度としては，両国ともに基本的には比例代表制を軸とする制度を採用しているが，いくつかの修正が試みられてきた。ルーマニアでは，2004年総選挙までは3％の阻止条項を伴う拘束名簿式比例代表制を採用していたが，2008年から変則的な小選挙区比例代表併用制が導入された（ただし，比例代表制的性格が濃厚）。その後，2016年総選挙以降，元の制度に戻された。また，小政党の乱立を防ぐため，阻止条項も，2000年以降，単独で5％，2党で8％，3党で9％，4党以上は10％という形で強化された。これに対し，ブルガリアの場合は，4％の阻止条項を伴う拘束名簿式比例代表制が継続していたが（2009年総選挙のみ，1割強の議席に小選挙区制を導入），2014年総選挙から比例代表制の枠のなかで候補者への選好投票が可能になった。

　ルーマニア固有の制度としては，「寛大な」少数民族枠が存在する。下院選挙で必要

な得票数に達しなかった少数民族は，①議員1人当たりの平均得票数の5％の得票と，②当該民族を代表する最多得票の組織のみという条件のもとで，下院に1議席を与えられるが，この制度によって実に18の少数民族政党が継続して議会に代表されている。

2 「ヨーロッパへの回帰」を目指して

経済改革の動向

市場経済化の緩慢な歩み　体制転換後，ルーマニアとブルガリアにおいても，市場経済移行のために経済改革が試みられたが，中・東欧諸国と比べ緩慢な歩みをたどった。とりわけ問題となったのは，国営企業の民営化である。ルーマニアでは，経済改革の速度と内容をめぐり，救国戦線の分裂が生じ，1992年の大統領・議会選挙では，急進的改革を斥け，手厚い社会保護を伴う漸進的改革を主張するイリエスク派の「民主救国戦線」が勝利した。同政権は，株式に引き換えるクーポンを国民に無償で配布する「クーポン民営化」（大衆民営化）方式を採用，1990年代半ば以降ようやく民営化が進展したものの，戦略部門の企業は公社という形で除外され，大企業は手つかずで残された。1996年の政権交代により成立した中道右派政権は，マクロ経済安定化を最優先目標とし，国営企業の直接売却方式や外国投資家への開放を通じ，民営化の加速を試みたが，経済状況の著しい悪化を招き（「第2の移行ショック」），急速に支持を失った。その後，2000年代に入ると，中道左派の社民党政権が成立するが，同政権はEU加盟交渉を推進剤として，マクロ経済安定化と財政赤字削減に取り組むとともに，戦略部門を含む大企業・公社の民営化を進めた。この時期以降，外国直接投資（FDI）も増加し，実質GDPも5％を超える成長率を維持することになる。

　ブルガリアの市場経済移行も，同様に1990年代後半まで停滞していたが，さらなる紆余曲折をたどった。まず，1990年代初頭に成立した超党派的なポポフ政権が，価格自由化などの「ショック療法」を実施，続く民主勢力同盟・中道右派政権が，国営企業の民営化や集団農場の解体に着手したが，失業率の急激な上昇や農村の混乱など，「移行ショック」が本格化した。この結果，1994年末の総選挙では，社会党が政権に復帰した。同政権は，懸案であった国営企業の民営化を「クーポン民営化」方式で行うことを決定したが，その過程はルーマニア以上に遅延し，赤字国営企業の債務や補助金が温存されたため，財政赤字と不良債権が膨張し，対外債務の増大と相まって，極度のインフレと金融パニックが生じた。この経済失政により社会党政権は崩壊し，1997年に中道右派の民主勢力同盟が政権に返り咲いた。同政権は，IMFの提案に基づき，カレンシー・ボード制を導入，通貨供給を外貨準備高の変化と厳格に連動させ，ブルガリア通貨レヴァをドイツ・マルクに固定した。これを契機に，インフレは終息し，財政規律が強化されるとともに，1999年以降，大企業の民営化も進展することになった。2000年代前半には，ルーマニアと同様に，EU加盟交渉が進展するなか，外国直接投資（FDI）の流

入が活発化し，5％を超える実質 GDP の成長を維持していく。

ネオリベラリズムから　　2007年の EU 加盟前後の時期，ルーマニアでは中道右派，
2010年代の経済後退へ　　ブルガリアでは社会党を中心とする3党連合が政権を握っていたが，競い合うように，経済成長政策・外国投資促進政策を採用した。その中心となったのが，「フラット・タックス」であり，ルーマニアでは所得税・法人税16％，ブルガリアでは所得税・法人税10％の一律税制が導入された。2000年代を通じ比較的好調を維持していた両国経済であるが，2009年以降は世界金融危機の影響が本格化し（財政赤字，失業率上昇），とりわけギリシャ財政危機以降は，IMF から緊縮措置を求められることになった。これを受け，ルーマニアの民主自由党・中道右派政権は，公務員給与の5％削減と年金支給額15％削減（後者は憲法裁判所により違憲とされたため，付加価値税の5％引き上げに変更）を柱とする緊縮財政に踏み切った。この結果，街頭での抗議行動が頻発することとなり，2012年に退陣を余儀なくされた。ブルガリアの場合も，電気料金高騰に端を発する抗議行動により，2013年に GERB・中道右派政権が退陣を余儀なくされたが，背景には一連の緊縮措置による不満の累積が存在した。この後，両国の経済状況は，2010年代半ばから徐々に持ち直しつつあるが，財政負担や質の面で多くの課題を抱える教育や社会保障（特に保健医療）分野での改革は，あまり進んでいない。

少数民族問題

ルーマニア　　ルーマニアには，1918年以前はハプスブルク帝国領であったトランシルヴァニアを中心に多数のハンガリー人が居住している（総人口の6.5％（2011年センサス））。このため，戦間期には両国の係争地域となり，第2次世界大戦中に北部がハンガリーに併合された。戦後返還されると，ハンガリー系住民が圧倒的多数を占める地域（「セーケイ地方」）に，トゥルグ・ムレシュを州都とする自治州が設置された（1952～1968年）。しかし，チャウシェスク体制の後期には，文化・教育面での締めつけが強化され，とりわけ1988年に発表された農村改造計画は，伝統文化の破壊を危惧したハンガリー系住民から猛反発を受けた。

1989年の体制転換時に結成されたハンガリー人民主連合は，1990年の総選挙で，ハンガリー系住民の権利擁護を掲げて議会に進出（得票率7％），以後この得票率を維持していく。しかし，これに反発するルーマニア民族主義勢力の対抗動員も行われ，1990年代初頭には両勢力間の緊張の昂揚（トゥルグ・ムレシュでの衝突事件），民族統一党・大ルーマニア党といった急進民族主義政党の伸長や政権への参加も見られた。

このような状況は，1996年末の総選挙を制した民主会議が，ハンガリー人民主連合と連立を組んだことにより大きく改善する。同様に，2000年末の総選挙で勝利した民主社会党も，1990年代前半とは異なり，急進民族主義政党ではなく，ハンガリー人民主連合との連立を選択した。2000年代には，EU 加盟交渉を促進要因として，行政・司法における母語の使用の保障など少数民族の地位向上が進んだ。他方で，ハンガリー人による

領域自治の要求には，主要政治勢力・世論においても警戒感が強く，依然としてセンシティブな問題である。

ブルガリア　ブルガリアは，19世紀後半に事実上の独立を達成するまではオスマン帝国の支配下にあったため，今日においても南部と北東部にトルコ系・イスラーム系住民の集住地域が存在する（総人口の9.4％（2001年センサス））。今日の少数民族問題の直接の契機は，体制後期に民族主義色を強めたジフコフ体制の政策に遡る。まず，スラヴ系ムスリム（「ポマク」）がブルガリア式の名前への改名を強制された。1980年代半ば以降は，「民族再生プロセス」と称し，トルコ系住民に対する改名強制やトルコ語の新聞・ラジオ放送の禁止などの同化政策が導入された。反発するトルコ系住民の激しい抗議運動に対し，ジフコフは軍を投入するなど強硬姿勢で臨んだため，1989年には，30万人を超えるトルコ系住民の（一時的）流出という危機的事態を招くことになった。

体制転換時に創設された「権利と自由のための運動」は，トルコ系・イスラーム系住民の権利擁護を主張し，1990年の総選挙では23議席（比例区の得票率6％）を得た。ブルガリアでは，憲法および政党法により，特定の民族，人種，信仰に基づく政党が禁止されているため，その合憲性が争われたが，1992年に憲法裁判所が合憲であるとの判断を示した。その後，「権利と自由のための運動」は着実に勢力を伸ばすとともに，1991年に成立した民主勢力同盟政権への閣外協力を皮切りに，早期から歴代政権の形成・存続に重要な役割を果してきた。

他方で，2005年総選挙で21議席を獲得した「アタッカ（Ataka）」を典型として，ブルガリア民族主義勢力の対抗動員も進んだ。加えて，2009年以降の3度にわたるボリソフ・GERB政権は，連立相手として民族主義勢力を選好しているため，「権利と自由のための運動」の交渉力は低下した。また，隣国トルコの政治情勢とも関連し，2017年の総選挙では「権利と自由のための運動」から分裂した「DOST（エルドアン派）」が一定の支持を得るなど，トルコ系内部での票争いにも悩まされている。

外交・安全保障政策

1989年の体制転換以降の両国の外交政策の基軸は，EU・NATOへの加盟を通じた「欧州への回帰」と要約することができる。ルーマニアでは，全ての議会政党・主要政治勢力が署名した「スナゴヴ宣言」（1995年6月）に象徴されるように，欧州統合推進に対しエリート間での広範なコンセンサスが存在したのみならず，両組織への加盟に対する国民の支持は，中東欧諸国のなかで常に最高水準を維持していた。ブルガリアでは，EU加盟に関してはコンセンサスが存在したが，NATO加盟については，（伝統的な）ロシアとの友好関係への配慮もあり，社会党や世論の一部に慎重姿勢が見られた。しかし，2000年以降は社会党もより明確にNATO加盟支持を打ち出すことになった。

両国の加盟交渉は1990年代を通じて停滞していたが，2001年以降急速に進展し，2004

年3月，まずNATO加盟を果す。両国は，「9.11」後のアフガニスタン紛争やイラク戦争においてアメリカを積極的に支援する姿勢を示していたが，加盟後も，とりわけルーマニアは，ロシアに対する安全保障上の考慮もあり，基地の提供やミサイル防衛への協力などアメリカ軍との緊密化を推進している。続いて，2007年1月にはEU加盟が実現した。両国では，加盟後もEUへの支持は相対的に高く，欧州懐疑主義はほとんど見られない。

このような欧州統合の進展と並行し，以下で述べるように，実体経済や労働移動の面でのEU諸国との一体化が急速に進んだことが，エリートはもとより，一般国民レベルでの欧州統合への支持を下支えしていると考えられる。第1に，ルーマニアとブルガリアは，EU内での主要な「純受益国」の1つであり，EU基金からの収入が国家財政の重要な部分を占めている。第2に，EU諸国との貿易関係の深化・拡大である。ルーマニアの場合は，輸出入ともに，EU諸国が相手国の7割以上（ドイツ・イタリアだけで全体の約3分の1）を占めている。ブルガリアの場合は，石油・天然ガスをロシアに依存しているものの，やはり輸出入ともに，EU諸国が相手国の6割以上を占めるに至っている（以上，両国の国家統計局）。ブルガリアを通るロシアからのパイプライン計画（サウスストリーム）が2014年にキャンセルされたことは，この間の変化を象徴している。第3に，両国からEU諸国への労働移動（出稼ぎ）の急速な膨張である。労働年齢人口（20～64歳）について見ると，約236万人のルーマニア人，約53万人のブルガリア人が本国以外のEU諸国に居住しており（ルーマニアの場合はイタリア・スペイン・ドイツ，ブルガリアの場合はギリシャ・スペイン・ドイツなどが多い），これは労働年齢人口のそれぞれ約5分の1（！），約8分の1を占めている（2017年時点：Eurostat）。

3　政治腐敗との闘い

汚職蔓延の背景

本章の冒頭で述べたように，現在のルーマニアとブルガリアでは，反汚職の取り組みが国家的課題となっている。その背景としては，両国の社会主義体制の「家産制的」性格も重要であるが（オスマン帝国の支配期にまで遡る政治腐敗の「伝統」が強調されることも多い），1990年代の政治的・経済的状況が汚職の蔓延の直接的原因と考えられる。上述したように，両国では，旧共産党の系譜を引く勢力による，部分的かつ緩慢な経済改革の時期が持続した。それは，移行のショックを緩和するという側面もあったが，国家官僚・国営企業管理層などの旧ノメンクラトゥーラの利益擁護・温存という性格が強かった。この間，彼らはその有利な立場を利用し，親族（名義）の企業を介するなどして国有財産の不正取得を行い，同様な行動は反対勢力の政治家にも波及していく。こうして民営化に関連した汚職スキャンダルが頻発することになるが，1990年代後半の中道右派政権期にも，汚職対策に十分な進展は見られなかった。さらに，2000年代には，

大規模なインフラプロジェクトや公共調達に関連した汚職が次々と発覚することになった。この結果，有権者の多くは，少なからぬ政治家が，汚職事件に関与しているのみならず，不逮捕特権を濫用し（時にそれ自体を目的として議員となり），また，その有利な地位を利用して，司法機関に圧力をかけているとみなしている。これが政党・政治家，さらには司法への不信の大きな原因となっている。

このような状況に一定の変化をもたらす契機となったのは，やはりEU加盟交渉であった。EUが，両国における司法の脆弱性や汚職の蔓延を問題視し，交渉が遅延するおそれもあったため，両国政府は2000年代前半以降，汚職対策に本格的に取り組むことになった。

ルーマニア——汚職対策の本格化と政争の激化

ルーマニアで注目すべきは，2002年に創設され，2005年の改組を経て本格的な活動を開始した「国家汚職対策局 Direcția Națională Anticorupție（DNA）」である。DNAは政治家・（上級）公務員の汚職調査・摘発に特化し，強力な権限を与えられた独立の国家機関であり，2000年代後半から2010年代前半の中道右派政権期には，ナスタセ元首相（A. Năstase）や多数の元／現職の閣僚・議員を含む政府高官の汚職を摘発し，有罪判決を得るなど，着実な成果を上げた。さらに，2013年以降は，キョヴェシ局長（L. Kövesi）の下，ハイレベルの汚職対策に目覚ましい進展が見られ，欧州委員会・CVMからも高く評価されることになった。

他方で，政治家に対する汚職摘発の強化は，対象となった政党・政治家，とりわけ社会民主党から猛烈な反撃を招くことになった。2007年のEU加盟直後に，中道右派政権下で汚職対策を主導したマコヴェイ法相（M. Macovei）が交替を余儀なくされたことを皮切りに，DNAをはじめとする司法・捜査機関の人事・活動への介入は，現在に至るまで，政治闘争の（1つの）焦点であり続けている。それは，社会民主党を中心とする議会多数派による，バセスク大統領への2度にわたる弾劾の試みの重要な背景ともなった。さらに，2017年以降，社会民主党の党首ドラグニャ（L. Dragnea）を実質的指導者とする連立政権は，捜査手法などを理由としてDNAの活動に対する批判を強め，2018年7月，上述したキョヴェシ局長は解任された。

ブルガリア——GERB政権の取り組みとその限界

ブルガリアでは，汚職対策に特化し，大きな権限を持つ新組織の創設よりも，関連法の整備や既存組織間の調整に重点が置かれてきた。しかし，2000年代後半の社会党を中心とする3党連立政権期には，懸案であった組織犯罪対策に十分な進展は見られず，EU資金の管理運用の問題も指摘され，その一部が凍結された。このような状況下で台頭したのが，元警察幹部ボリソフ率いるGERBであり，何よりもまず，彼の治安分野での手腕や，EUとの関係円滑化が期待されたのである。実際，GERB政権は，汚職・

組織犯罪対策で一定の成果を上げた。しかし，2010年代を通じて，行政や公共事業・公共調達におけるクロニズム（縁故主義）の蔓延が問題視され，多くの汚職事件が発覚しているにもかかわらず，有力な政治家への汚職捜査や有罪判決といった形での大きな進展は見られなかった。

4　「実質なき形式」？

　1989年の体制転換以降のルーマニアとブルガリアの政治は，1990年代と2000年代以降に大きく分けることができる。すなわち，1990年代は，文字通りポスト共産主義の時期であり，とりわけ未だ改革不十分な（時に民主主義へのコミットメントが疑われた）共産党後継政党が広汎な支配権を握っていた前半は，旧体制との連続性が濃厚であった。続く1990年代後半は，改革の遅滞から試行錯誤の時期と位置づけることができる。また，1990年代を通じて，旧体制との関係・脱共産主義という争点が，政党の配置や連立政権の選択肢を大きく規定していた。

　これに対し，2000年以降は，EU 加盟交渉を梃子，あるいは外部制約要因として，改革が進展した時期である。この時期には，世代交代の影響もあり，共産党後継政党も社民政党へと徐々に脱皮しつつあった。2007年のEU 加盟以降は，改革の継続や実質化が期待されたが，加盟交渉中と比べると改革の梃子／外部制約要因としてのEUの機能は弱まった。これを背景として，両国における改革の取り組みは，汚職対策や司法制度改革に典型的に見られるように，一進一退，あるいは遅滞することとなった。さらに，EU 加盟というコンセンサスを失った政治エリートの間では，制度的安定を脅かすような激しい政治闘争がしばしば生じている。政争が激化するたびに，情報機関の人事や活動内容が問題となり，かつての治安警察との連続性が指摘されるなど，旧体制の負の遺産を払拭できていない領域もある。

　これは，近代国家形成以来のルーマニア政治を特徴づける，「実質なき形式（formele fără fond）」という議論を想起させる。すなわち，19世紀後半に西欧の政治的，経済的，社会的，文化的な諸制度が移植・模倣されて以来，政治・経済エリートたちは，議会，選挙，行政，さらには司法制度でさえ，（できるだけ）自らの既得権益を脅かさない範囲で運用しようと試みてきた。この制度と実態，建前と本音の乖離が，国民一般の根深い政治不信を育む土壌となり，時に暴力的な抗議行動・運動を生み出してきたのである（以上はブルガリアにもおおむね妥当する）。

　このような悪循環を回避するためには，当面はEUを梃子／外部制約要因とした改革の継続も重要であるが，市民社会の活性化，市民社会の側からの絶えざる働きかけがより重要と考えられる。その意味では，出稼ぎなどを通じ，他のEU諸国での生活を経験した／経験しつつある人々の意識の変化が，今後の1つの鍵となっていくであろう。

Essay ③　モルドヴァ共和国

独立までの歩み

　モルドヴァ共和国の前身であるモルドヴァ公国が成立したのは，14世紀後半のことである。同公国は15世紀以降，次第にオスマン帝国の属国化していくが，露土戦争を契機として，国土の東半分が1812年にロシアに併合され，以後東半分はベッサラビアとよばれることになる（これが，モルドヴァ共和国の原型となる）。その後，西半分は1859年にワラキア公国と合同して近代ルーマニア国家を形成し，ベッサラビアも，ロシア帝国崩壊後の1918年にルーマニアとの統一を実現する。しかし，第2次世界大戦中の1940年にベッサラビアはソ連に併合され，従来からソ連領であったドニエストル川東岸（沿ドニエストル／トランスニストリア）を加えて，「モルドヴィア・ソヴィエト社会主義共和国」とされた。

　ソ連末期には，モルドヴァ語の地位向上・公用語化や，キリル文字からラテン文字表記への再変更，ルーマニア語との共通性の確認などの言語問題を中心として，モルドヴァの自立性を主張する動きが強まり，ソ連崩壊の流れのなかで，1991年8月27日，モルドヴァ共和国（以下モルドヴァと略記）はソ連からの独立を宣言した。

国家の枠組みをめぐる問題

　ソ連からの独立を果たしたモルドヴァは，他の旧ソ連諸国とは異なる問題を抱えていた。国民の約3分の2がルーマニア語とほぼ同一の言語を話すことに示されているように，隣国ルーマニアと特別の歴史的・文化的紐帯を有していたからである。実際，独立前後の時期には，東西ドイツの統一を範としたルーマニアとの統一論が盛り上がるかにみえた時期が存在した。しかし，モルドヴァ人の民族主義の高揚（とりわけ統一論）は，少数民族の対抗動員を惹起し，南部に集住するトルコ系正教徒のガガウズ人（総人口の3.5%：1989年センサス）や沿ドニエストルのロシア人（同13%：同上）の分離独立運動が生じることになった。前者については，1995年にガガウズ人居住地域に大幅な自治権を保障することで，一応の妥協が成立した。後者については，1992年の前半に武力衝突へとエスカレートし，沿ドニエストルは現在に至るまで，ロシアの支援を受けつつ，モルドヴァ政府の主権が及ばない地域として機能している（「非承認国家」）。この間，2003年にロシアが提案した「コザク・メモランダム」など，紛争解決の交渉は断続的に続いているが，同地域の法的地位やロシア軍の駐留などをめぐり協議は難航している。

　以上の少数民族問題に加えて，経済関係を始めとする旧ソ連諸国との結びつき，とりわけエネルギー供給をロシアに大幅に依存していることや，（その多くがソ連時代と継続性をもつ）モルドヴァの政治エリートの現状維持への利害関心などから，1992年以降は，内政・外交において既存の枠組みを重視する勢力が政府を主導することになる。これは世論においても同様であり，1994年3月に行われた国民投票（投票率75%）では，圧倒的多数（97.9%）が，モルドヴァが独立国家として現在の国境を維持し，中立政策を追求することに賛成票を投じた。そして，同年に制定された憲法では，モルドヴァの領土保全と永世中立，外国軍の駐留禁止が規定された。

憲法体制

モルドヴァでは，1994年に憲法が制定されたが，その後も執政制度が二転三転した点に大きな特徴がある。大統領職は創設当初は議会による選出であったが，国民による直接選出に改められ，1991年12月に現職の大統領であったスネグル（M. Snegur）が当選した。その後，1994年2月の総選挙を経て，同年7月に制定された憲法では，ルーマニアと類似した半大統領制的な執政制度が導入され，大統領の権限はより抑制されたものとなった（任期4年，3選禁止）。

その後，1996年の大統領選挙で当選したルチンスキー（P. Lucinschi）は，首相罷免権を含め大統領権限の大幅な拡張を試みたが，議会は反大統領という1点において共闘し，逆に2000年7月，大統領を議会選出とする憲法改正案を圧倒的多数で可決した。この結果，大統領は総議員の5分の3の賛成によって選出されることになり，2000年代は，安定多数を握る政党（復活した共産党）が議会に存在したため，議院内閣制が定着するかにみえた。

しかし，2009年総選挙の結果，議会において共産党と親欧米派政党連合の議席数が伯仲することになり，これ以降，大統領を選出できない期間が2年半も続いた。結局，2012年3月，最高司法評議会の議長であったティモフティ（N. Timofti）が超党派の候補として大統領に選出された。しかし，同大統領が任期満了を迎える2016年3月，憲法裁判所は，2000年の憲法改正は違憲であり，無効であるとの判断を示した。この結果，国民による大統領の直接選挙が復活することになり，同年秋に行われた大統領選挙では，社会党のドドン（I. Dodon）が当選した。

これに対し，議会は定数101の一院制で，選挙制度は，阻止条項をともなった全国1区の拘束名簿式比例代表制という形で継続性が見られたが，2019年総選挙から，51議席を小選挙区制によって選出する小選挙区比例代表並立制が導入された。阻止条項は，4～6％の間で変化してきたが，選挙連合の場合は，より高い敷居が存在する（2009年総選挙では，選挙連合自体を禁止）。

政党政治の展開

モルドヴァの政党政治は，とりわけ1990年代においては，利権をめぐる競合や政治家の個人的対立を背景として政党（初期は単なる派閥）の離合集散が生じる，あるいは政局が推移することが多かった。そのようななかで，ある程度の持続性を持つ政治勢力の配置を概観すると，右にルーマニアとの即時再統一を掲げ，市場経済化にも積極的立場をとる（キリスト教民主）人民戦線，左に少数民族やロシアとの関係も重視し，経済改革により慎重な立場をとる民主農業党，最左派に旧共産党の系譜を引くモルドヴァ共産党（以下共産党と略記）が位置する。中道勢力は流動的で破片化していたが，2000年代半ば以降，徐々に親欧州的な政党連合という形で結晶化した。

1990年から2018年に至る政党政治の展開は，以下の3つの時期に分けることができる。

第1期は，1990年2～3月の共和国最高会議選挙から，2001年総選挙までの時期である。初期に主導権を握ったのは人民戦線であるが，徐々に旧共産党改革派（中心はかつ

ての国営／集団農場の経営層や党官僚）からなる民主農業党が勢力を拡大し，1992年以降，サンゲリ内閣（S. Sangheli）を支えるとともに，1994年総選挙で過半数の議席を獲得し，憲法制定も主導した。しかし，経済の破綻により支持を失い，共産党が台頭した1998年総選挙で議席を失った。

　第2期は，2001年総選挙から，2009年総選挙までの期間であり，共産党支配の時期と位置づけられる。共産党は，2001年の総選挙で，101議席中71議席を占める地滑り的勝利を収めたのに続き，2005年総選挙でも56議席を得て優位政党の地位を保った。以上の議会支配に基づき，同党書記長のヴォローニン（V. Voronin）を連続して大統領に選出するとともに，同党のタルレフ内閣（V. Tarlev）は7年におよぶ長期政権を実現した。共産党が安定した支持を保った理由としては，2000年代前半に経済の回復が見られたことや，同党が当初の明確な親ロシア路線から，徐々にEUとのバランス外交に移行したことが重要である。

　第3期は，2009年から2018年に至る時期である。まず，2009年および2010年総選挙において，共産党は第一党の地位を維持したものの，過半数を失ったため，親欧州（EU）路線を掲げる4党からなる「欧州統合同盟」が政権を握った。その後，親欧州的な政党連合は，汚職問題や深刻な内部対立を抱えつつも，その基本的枠組みを維持し，2018年に至るまで政権の座にとどまっている。この間，2014年にEUとの間で包括的自由貿易協定を含む連合協定を結ぶなど，一定の成果を上げた。他方で，2014年総選挙では，共産党の相当部分を吸収し，親ロシア路線を掲げるモルドヴァ社会党が第一党となった。さらに，2016年には，同党党首ドドンが大統領に当選したため，親欧州政権との間で「コアビタシオン」が続いている。

　モルドヴァは，独立当初の国家の存続自体が危ぶまれる状態こそ脱したものの，経済状態は極めて厳しく，貧困層の比率も高いため，多くの国民がロシアやEU諸国への出稼ぎ・移民を選んでいる。国外からの送金が市民の日常生活を支えているが（GDPの20％以上を占める：世界銀行（2016年）），深刻な人口減少に直面している。少数民族地域の分離独立問題も未解決であり，政治腐敗の蔓延により政党や政治家に対する信頼は一貫して低い水準にある。外交においても，内政においても，モルドヴァは，未だ危うい均衡の上に成り立っているのである。

（藤嶋　亮）

参考文献

伊東孝之編『東欧政治ハンドブック』日本国際問題研究所，1995年。
上垣彰『ルーマニア経済体制の研究　1944～1989』東京大学出版会，1995年。
カステラン，ジョルジュ／萩原直訳『ルーマニア史』白水社，1993年。
柴宜弘編『バルカン史』山川出版社，1998年。
チョバヌ，ダン／智片通博訳『この目で見た政権の崩壊——ルーマニア革命の7日間』NHK出版，1990年。
藤嶋亮「ルーマニア・ブルガリア」網谷龍介・伊藤武・成廣孝編『ヨーロッパのデモクラシー（改訂第2版）』ナカニシヤ出版，2014年。
藤嶋亮「半大統領制と政党間競合——ルーマニアとブルガリアの比較から」日本比較政治学会編『執政制度の比較政治学』ミネルヴァ書房，2016年。
ミュラー，ヘルタ／山本浩司訳『狙われたキツネ（新装版）』三修社，2009年。
六鹿茂夫「岐路に立つモルドヴァ中立主義」『ロシア研究』第22号，1996年。

読書案内

クラプトン，R. J.／高田有現・久原寛子訳『ブルガリアの歴史』創土社，2004年。
　＊中世ブルガリアの建国から社会主義期に至る政治史と，体制転換後の政治の動向や課題が，バランスよく叙述されている。日本語で読めるブルガリア史の文献として貴重。
六鹿茂夫編『ルーマニアを知るための60章』明石書店，2007年。
　＊ルーマニアの歴史や地理，政治，経済，宗教，文化などの幅広いテーマについて，コンパクトかつ的確に解説。
King, Charles, *The Moldovans: Romania, Russia, and the Politics of Culture*, Stanford, California: Hoover Institution Press, 1999.
　＊モルドヴァの歴史や独立前後の時期の政治力学，少数民族問題について詳述。民族やナショナリズムの問題を考える上でも有益。

映画案内

『4カ月，3週と2日』（クリスティアン・ムンジウ監督，2007年公開）。
　＊現代ルーマニア社会に生きる人々の苦闘を描いた一連の作品群を「ルーマニア・ニューウェーブ」と呼ぶ。本文でも取り上げたこの作品などが代表作。
『黄金時代の思い出』（クリスティアン・ムンジウ監督ほか，2009年公開）。
　＊当時のプロパガンダで「黄金時代」と称されたチャウシェスク体制後期を描いたオムニバス。コメディ風で味がある。

（藤嶋　亮）

第14章
旧ユーゴスラヴィア

正式国名：スロヴェニア共和国，面　積：2万273km^2，人　口：206万人（2017年），首　都：リュブリャナ（28万人，2017年），主要構成民族（2002年国勢調査）：スロヴェニア人（83.1%），セルビア人（2.0%），クロアチア人（1.9%），ハンガリー人（0.3%），イタリア人（0.1%）など，公用語：スロヴェニア語（憲法第13条により，イタリア人とハンガリー人のコミュニティがある地方自治体では，イタリア語およびハンガリー語も公用語として用いられる），宗　教：カトリック，通　貨：ユーロ，名目GDP：675億米ドル（2016年），1人当たりGDP：3万2,729米ドル（2016年）

正式国名：クロアチア共和国，面　積：5万6,594km^2，人　口：428万人（2011年国勢調査），首　都：ザグレブ（79万人，2011年），主要構成民族（2011年国勢調査）：クロアチア人（90.4%），セルビア人（4.4%），ボシュニャク人（0.7%），イタリア人（0.4%），ハンガリー人（0.3%）など，公用語：クロアチア語（憲法第12条により，地方自治体ではその他の言語も公用語として用いることを法で規定することができる），宗　教：カトリック，通　貨：クーナ，名目GDP：995億米ドル（2016年），1人当たりGDP：2万3,859米ドル（2016年）

正式国名：ボスニア＝ヘルツェゴヴィナ，面　積：51,197km^2，人　口：353万人（2013年国勢調査），首　都：サラエヴォ（27万人，2013年国勢調査），主要構成民族（2013年国勢調査）：ボシュニャク人（50.1%），セルビア人（30.8%），

クロアチア人（15.4%）など，**公用語**：なし（構成体レベルでは，ボスニア連邦でボスニア語とクロアチア語，RS でセルビア語が公用語と定められている），**宗 教**：イスラーム，カトリック，セルビア正教，**通 貨**：兌換マルク，**名目 GDP**：169億米ドル（2016年，世界銀行データ），**1人当たり GDP**：4,808米ドル（2016年，世界銀行データ）

正式国名：北マケドニア共和国，**面 積**：2万5,713km^2，**人 口**：207万人（2017年），**首 都**：スコピエ（51万人：2002年国勢調査），**主要構成民族**（2002年国勢調査）：マケドニア人（64.2%），アルバニア人（25.2%），トルコ人（3.9%），ロマ（2.7%）など，**公用語**：マケドニア語（憲法第7条により，地方自治体において人口の20%を超える規模の少数民族の言語もその自治体で公用語として用いられる），**宗 教**：マケドニア正教，イスラーム，**通 貨**：デナル，**名目 GDP**：306億米ドル（2016年），**1人当たり GDP**：1万4,793米ドル

正式国名：セルビア共和国，**面 積**：7万7,474km^2，**人 口**：718万人（2011年国勢調査），**首 都**：ベオグラード（166万人，2011年国勢調査），**主要構成民族**（2011年国勢調査）：セルビア人（83.3%），ハンガリー人（3.5%），ボシュニャク人（2%）など，**公用語**：セルビア語（憲法第10条，第79条の規定により少数民族の言語使用の権利が定められており，ヴォイヴォディナ自治州ではハンガリー語，スロヴァキア語，クロアチア語，ルーマニア語，ルシン語も公用語と定められている），**宗 教**：セルビア正教，**通 貨**：ディナール，**名目 GDP**：383億米ドル（2016年，世界銀行データ），**1人当たり GDP**：5,426米ドル（2016年，世界銀行データ）

正式国名：モンテネグロ共和国，**面 積**：1万3,812km^2，**人 口**：62万人（2011年国勢調査），**首 都**：ポドゴリツァ（18万人，2011年国勢調査），**主要構成民族**（2011年国勢調査）：モンテネグロ人（45%），セルビア人（28.7%），ボシュニャク人（8.6%），アルバニア人（4.9%），ムスリム人（3.3%），クロアチア人（1%）など，**公用語**：モンテネグロ語（憲法第13条により，セルビア語，ボスニア語，アルバニア語，クロアチア語も公的に使用される言語と定められている），**宗 教**：モンテネグロ正教，セルビア正教，イスラーム，**通 貨**：ユーロ，**名目 GDP**：43.7億米ドル（2016年，世界銀行データ），**1人当たり GDP**：7,028米ドル（2016年，世界銀行データ）

正式国名：コソヴォ共和国，**面 積**：1万908km^2，**人 口**：174万人（2011年国勢調査，ただし北部地域のセルビア人はボイコットしたため含まれていない），**首 都**：プリシュティナ（19.8万人，2011年国勢調査），**主要構成民族**（2011年国勢調査，ただし北部地域のセルビア人はボイコットしたため含まれていない）：アルバニア人（92.9%），セルビア人（1.5%），ボシュニャク人（1.6%）など，**公用語**：アルバニア語，セルビア語（憲法第5条により，トルコ語，ボスニア語，ロマ語も地方自治体では公的に使用される言語と定められている），**宗 教**：イスラーム，セルビア正教，**通 貨**：ユーロ，**名目 GDP**：67億米ドル（2016年，世界銀行データ），**1人当たり GDP**：3,697米ドル（2016年，世界銀行データ）

───── セルビアとコソヴォが領土交換か ─────

　2018年9月，セルビアとコソヴォが領土の交換を検討していることが日本のメディアでも広く報道され，注目を集めた。この領土交換案は，停滞していた両国の関係正常化を前進させ，両国の EU（欧州連合）加盟プロセスの進展を促すためのものであった。これに対し，とりわけドイツなどの西欧諸国からは，領土交換はむしろ周辺地域の不安定化をもたらしかねないとして強い懸念の声が上がった。結局，両国内で領土交換に強い反発が出たことから，予定されていた両国の大統領による首脳会談は中止され，両国政府は協議に入ることができなかったが，今後またこのような案が浮上する可能性も否定できない。

　なぜ両国の関係正常化はなかなか進まないのだろうか。なぜ両国の関係正常化は，両国の EU 加盟プロセスを進展させるために必要なのだろうか。なぜ両国の関係正常化のために，領土の交換が検討されなければならないのだろうか。なぜ領土交換案に対して両国内で強い反発の声が上がるのだろうか。なぜセルビアとコソヴォの領土交換は，周辺地域を不安定化させる危険性をはらんでいると考えられているのだろうか。

　こうした問いに答えるためには，旧ユーゴスラヴィア（以下，旧ユーゴ）地域が経験してきた紛争とそれに対する欧米諸国の介入，そして紛争後の平和構築プロセスと民主化後の政党政治について理解することが不可欠となる。本章では，これらの点を理解するために，旧ユーゴ地域の歴史と各国の政治について解説していこう。

1　繰り返される統合と分裂

　歴史上，ユーゴスラヴィアという国は3度誕生し，そのいずれも消滅して，今日では存在していない。一般に「旧ユーゴ」という場合には，そのうちの2つ目，第2次世界大戦後に成立した社会主義体制の国家を指す。今日では，そこに含まれるのは，スロヴェニア，クロアチア，ボスニア＝ヘルツェゴヴィナ（以下ボスニアと略記），北マケドニア（以下マケドニアと略記），セルビア，モンテネグロ，コソヴォの7カ国である（ただし，このうちコソヴォは，すでに日本やアメリカ合衆国，イギリス，フランス，ドイツなどを含む100カ国以上の国々から国家承認されているが，ロシアや中国が国家承認しておらず，2018年末時点で国連加盟は達成していない）。本章では，これらの7カ国の総称として旧ユーゴ諸国という言葉を用いる。

　旧ユーゴ地域では，とりわけ19世紀以降，たびたび戦争が勃発した。この地域の大部分を含むバルカン半島の分割をめぐって欧州列強が対立した19〜20世紀初頭の時代に，バルカン半島が「ヨーロッパの火薬庫」とよばれていたことは有名であろう。しかし，他方でこの地域の人々は，平和的に共存していた時期も長く，さまざまな歴史的経験，文化や生活様式を共有している人々でもある（柴 1998）。本節では，まずそうした旧ユーゴ地域において何度も繰り返されてきた統合と分裂，共存と対立の歴史を簡単に振り返り，その後，旧ユーゴ解体後の各国政治の概要を示していくことにしたい。

帝国の解体と第1次ユーゴの建国

　旧ユーゴ地域は，ローマ帝国，セルビア王国やクロアチア王国といったスラヴ系の王国などさまざまな支配者の統治を経験したが，19世紀までに北部がハプスブルク帝国，南部がオスマン帝国の支配下に組み入れられた。一時ウィーン目前に迫ったオスマン帝国は，1699年のカルロヴィッツ条約でハンガリー王国から奪った領土の大半をハプスブルク帝国に割譲したが，この時に引かれたハプスブルク帝国とオスマン帝国の境界線が，ほぼ今日のクロアチアとボスニアの境界線となっている。旧ユーゴ地域は，民族的，宗教的に極めて多様な地域であり，しかも多くの民族・宗教集団がモザイク状に分布して各地で混住しているという状況が見られるが，そうした状況は主として，この2つの帝国の支配が長く続いたことの帰結である。

　19世紀に入るとオスマン帝国が弱体化していき，バルカン諸民族が次々と独立する。諸民族の独立戦争の狼煙をあげたのがセルビアであり，2度のセルビア蜂起を経て，1817年にオスマン帝国領内でセルビア公国が誕生した。その後，モンテネグロでも軍事衝突が発生し，1878年にセルビアとモンテネグロはオスマン帝国からの完全な独立を達成した。ボスニアは，1878年のベルリン条約以降，オスマン帝国の主権下にとどまりながらもハプスブルク帝国が行政権を行使していたが，1908年にハプスブルク帝国が正式な併合を宣言した。1914年，そのボスニアを訪問していたオーストリア帝位継承者夫妻がサラエヴォで暗殺されると，ハプスブルク帝国がセルビアに対して宣戦布告し，第1次世界大戦が勃発したのであった。

　第1次世界大戦での敗北によりハプスブルク帝国とオスマン帝国は解体され，東欧には多数の新国家が誕生した。歴史上最初のユーゴもまた，帝国の解体の産物であった。ハプスブルク帝国領のうちスロヴェニア人，クロアチア人など南スラヴ人が居住する地域と，すでに独立を達成していたセルビア，モンテネグロが合併することにより，1918年12月，「セルビア人・クロアチア人・スロヴェニア人王国」の建国が宣言されたのである。この王国が，1929年にユーゴスラヴィア王国と改称される。「ユーゴ」は現地語で「南」を意味する単語であり，ユーゴスラヴィア王国とは，南スラヴ人の王国という意味である。本章ではこの王国を「第1次ユーゴ」とよぶことにしたい。

　新国家の建設は，王国内で最大規模の民族であり，戦勝国の側でもあったセルビアの主導の下に進められた。新たな王国の国王はそれまでセルビア国王であったペータル1世（Petar I）であり，首都もセルビア王国と変わらずベオグラードと定められた。クロアチア人は連邦制の導入を望んでいたが，その望みが聞き入れられることはなく，セルビア王国と同じく中央集権的な国家制度が導入された。政治体制としては一院制の議会制民主主義が採用され，男子の普通選挙権も導入されて個人の政治的平等は保障されたが，1人1票の原則は，民族という視点から考えれば，人口規模の大きい民族の発言力を高めることになる。その結果，第1次ユーゴでは，政党政治を通じてセルビア人の覇権が確立され，クロアチア人を中心とする少数民族の不満が高まった（久保 2003）。

第1次ユーゴにおける民族間対立は議会制民主主義の体制下で解決することができず，過激な言動を繰り返したクロアチア人指導者が1928年に議会内で銃撃されて死亡すると，1929年1月に国王アレクサンダル1世（Aleksandar I）が憲法を停止して議会を解散し，独裁を宣言した。国王は，行政単位の再編や教育制度の改革，新たなシンボルの導入などの政策によって，個々の民族意識を超えた王国共通の国民意識を国王主導で醸成しようとした。国名を「ユーゴスラヴィア王国」に改称したのも，そうした施策の一環であった。しかし，国王主導のいわば「上からの」国民意識の形成は進まず，むしろ住民からの反発を招き，国王は1934年，フランス訪問中にマケドニアの過激派組織「内部マケドニア革命組織」のメンバーにより暗殺されてしまった。

　その後，第1次ユーゴは，日独伊三国同盟（1940年）の成立後に同盟に加盟することを東欧諸国に求めたナチスドイツへの対応を迫られる。第1次ユーゴの政府は同盟への加盟に同意するが，それに反対する軍部によるクーデタが発生し，ソ連との間で友好不可侵条約が締結された。これに対しナチスドイツは第1次ユーゴを攻撃し，第1次ユーゴはわずか10日余りで降伏，同国の東部を中心とする地域がドイツやイタリア，ブルガリアなどに分割支配され，西部地域の大半はナチスドイツの傀儡国家であるクロアチア独立国の版図となった。このクロアチア独立国の支配下で強制収容所がつくられ，セルビア人やユダヤ人に対する虐殺が行われたことは，社会主義体制崩壊後のクロアチア人とセルビア人の民族間対立における1つの争点となった。

第2次ユーゴの発足

　第2次世界大戦後のユーゴは，大戦中の枢軸国による占領への抵抗から生まれた国家である。枢軸国への抵抗闘争を主導したのが，ユーゴ共産党の武装組織，パルチザンであった。パルチザンは枢軸国の占領軍に対してゲリラ戦を展開し，長い闘争を勝ち抜いて，国土の解放を実現していった。そのため，チトー（Josip Broz Tito）率いる共産党は，第2次世界大戦後は国民からの絶大な支持を集めていた。

　ユーゴ共産党は，1945年11月の憲法制定議会選挙に圧勝し，王制を廃止し，「ユーゴスラヴィア連邦人民共和国」を建国することを宣言した。これにより，スロヴェニア，クロアチア，ボスニア，セルビア，モンテネグロ，マケドニアという6つの共和国からなる連邦国家が発足した。コソヴォは，セルビア共和国を構成する自治区（その後自治州に格上げされた）として設置された。セルビア共和国にはこの他に，北部にヴォイヴォディナ自治州（旧ハプスブルク帝国領の地域であるため多くのハンガリー人が居住する）も設置されている。1963年には新憲法が採択され，国名が「ユーゴスラヴィア社会主義連邦共和国」に改められる。本章では，第2次世界大戦後に成立した国家を一貫して「第2次ユーゴ」とよぶことにしたい。

　第2次ユーゴは共産党主導の下で社会主義国家の建設を進めるが，建国の直後から困難に直面した。ブルガリアとのバルカン連邦構想やアルバニアに対する併合の働きかけ

などがソ連の不興を買い、1948年に第2次ユーゴはコミンフォルムから事実上の除名処分を受け、ソ連ブロックから排除されてしまったのである。この結果、第2次ユーゴは他の東欧諸国とは異なる道を歩むことになる。経済体制という点では、集権的な中央統制経済を構築したソ連陣営と異なり、分権化を進め、各企業において労働者が直接生産管理を行う「自主管理社会主義」が追求された。外交政策という点では、インドやエジプトとともに、東西陣営のいずれにも属さない非同盟運動を展開し、国際的に独自の地位を築いた。軍事的にはソ連の侵攻を警戒して巨大な軍を組織し、独自の軍事産業を発展させ、外敵がどこから侵入しても住民がゲリラ戦を展開できる体制を構築した。ソ連やそのブロックに属する東欧諸国と異なり、第2次ユーゴは西側にも開かれた社会主義国となり、国民は西欧諸国にも自由に旅行や移民ができ、西欧からも観光客が多くこの国を訪れたため、西側との結びつきは強かった。

　1970年代まで国民は自由と経済的繁栄を謳歌しているように見えたが、1980年代に入ると、経済危機に見舞われた。1970年代の繁栄は、統制を欠いた「労働者の自主管理」による各企業の過大な設備投資によって実現されたものであったが、それを支えたのは西側諸国からの融資であった。その結果、貿易収支の赤字の拡大、対外債務の累積が進み、インフレが恒常化したのである。

　この経済危機とともに1980年代に深刻化したのが民族問題である。第2次ユーゴにおいて、民族問題は、共和国や自治州への自治権付与によって処理することが試みられた。先述のように経済的にも分権が志向されたため、政治的にも分権を進めることは自然であった。最終的に1974年連邦憲法の体制下では、共和国と自治州はほとんど対等となり、共和国政府は自治州内の問題に介入できなくなった。この状況に不満を高めたのがセルビア人である。第2次ユーゴの連邦制において、共和国内に自治州が設置されたのはセルビア共和国だけであったし、自治州といってもその住民が非セルビア人の少数民族ばかりであったわけではなく、セルビア人も多数自治州内に居住していたからである。

　このセルビア人の不満を取り上げ、セルビア人が支持する指導者として台頭したのがセルビア共和国の指導者ミロシェヴィチ（Slobodan Milošević）であった。1980年代末、ユーゴの各地でセルビア人の連帯を訴える集会が行われ、大衆の運動はそこから一部の党指導部に対する批判へと発展して、最終的に、ミロシェヴィチの息のかかった党指導部がヴォイヴォディナ、コソヴォ、モンテネグロで主導権を握るに至った。1974年連邦憲法体制の下で、連邦レベルの執行府の長となる連邦幹部会は、共和国と自治州の代表、合計8名によって構成される。3つの共和国・自治州での指導部交代により、ミロシェヴィチは、自分が代表するセルビア共和国と合わせて、8票のうち4票を固めたのである。この状況に対し、特にスロヴェニアはセルビアに対する批判を強め、1989年には連邦内で両共和国が「国交断絶」をするまでに至った。

第2次ユーゴの解体とユーゴ継承戦争

　こうしたなかで第2次ユーゴをさらに揺さぶったのが国際環境の変化である。1989年に入り，ポーランドでの選挙実施と共産党の惨敗，ハンガリーにおける複数政党制の導入決定と憲法改正，ベルリンの壁の崩壊，マルタ会談における冷戦終結の宣言，ルーマニアの政変と，ユーゴを取り巻く国際環境が激変した。この変化は，第2次ユーゴにとって大きな意味を持った。まず，ユーゴでも一党独裁制の放棄と選挙の実施が決定され，1990年に入って各共和国で選挙が実施された。これにより，いくつかの国で共和国指導部の政権交代が起きた。第2に，冷戦の終焉，東西対立の解消により，旧ユーゴ地域に対する軍事的な脅威が大幅に低下した。具体的にいえば，ソ連の侵入を恐れて第2次ユーゴの諸民族が一致団結する必要はもはやなかったのである。第3に，冷戦の終焉により，非同盟運動の意義が低下した。それは，第2次ユーゴの諸民族が共通に誇ることのできる要素が1つ失われたことを意味した。第4に，西側ではEUの発足に向けた動きが進んでいき，とりわけスロヴェニアに対し，ユーゴを離脱してでも欧州統合に加わりたいという誘因を与えた。

　経済危機，民族問題，国際環境の変化が重なった結果，スロヴェニアとクロアチアの2共和国では，1990年の自由選挙によってできた政権が，第2次ユーゴからの独立に着手し始めた。2共和国は，第2次ユーゴを主権国家の連合体に改組する提案を発表するが，それが受け入れられないことを見てとると，独立の是非を問うための国民投票の実施を経て，1991年6月に独立を宣言した。

　これら2共和国の独立の動きが，ユーゴ継承戦争とよばれる一連の戦争をもたらした（月村 2006；佐原 2008；長 2009）。スロヴェニアは独立宣言とともに国境施設を接収するなど実力行使に出たため，第2次ユーゴの正規軍であるユーゴ人民軍がこれを回復しようとし，スロヴェニアの軍との間に軍事衝突が生じた。クロアチアでは，ユーゴからの独立に反対していた領内のセルビア人が武装反乱を開始し，セルビア人側にユーゴ人民軍が加勢したことから大規模な軍事衝突が各地で生じた。ボスニアでは，スロヴェニアとクロアチアにやや遅れて1992年3月に国民投票の結果に基づいて独立宣言が行われたが，独立に反対するボスニア領内のセルビア人が武装反乱を開始し，ムスリム人（南スラヴ系のイスラーム教徒，のちにボシュニャク人と改称），クロアチア人の武装勢力との間で激しい戦闘が生じた。第2次ユーゴの解体に際して，紛争を経験せずに独立を達成できたのはマケドニアだけであった。

　欧米諸国は，各共和国やその領内の少数民族の独立要求，各地での紛争を目の当たりにして，対応を迫られた。独立要求に対しては，国民投票での過半数の賛成や少数民族の保護など一定の条件を満たせば共和国の独立は認めるが，それよりも下の行政単位（すなわち自治州）や，共和国の国境線を変更するような独立要求（共和国領内の少数派セルビア人の分離独立要求）は認めないという立場をとった。各地で発生した武力紛争について，当初は交渉による紛争終結を目指したが，ボスニアでは交渉がたびたび失敗

し，欧米はついに武力紛争を終結させるための強制的な軍事行動，いわゆる「人道的介入」を行うようになり，ボスニア領内のセルビア人勢力の陣地に対するNATOの空爆などが実施されるようになった。国連安保理は，非人道的な行為が一切止む気配を見せない現状を打開するため，1993年に旧ユーゴ国際刑事裁判所（ICTY）の設置を決定した。1995年にようやく米国の仲介で和平合意が実現すると，欧米や国際機関はさまざまなミッションを派遣し，ボスニアの紛争後平和構築を積極的に支援してきている。

　スロヴェニア，クロアチア，ボスニア，マケドニアが第2次ユーゴからの独立を選んだのに対し，セルビアとモンテネグロは1992年4月にユーゴスラヴィア連邦共和国を結成した。この国家を本章では「第3次ユーゴ」と呼ぶ。しかし第3次ユーゴも安定しなかった。モンテネグロでは1997年の共和国大統領選挙で反ミロシェヴィチ派の候補が勝利し，その後第3次ユーゴから独立する姿勢を強めていった。結局第3次ユーゴは2003年に国家連合セルビア・モンテネグロに改組され，さらに2006年にはモンテネグロが独立を宣言して国家連合が解体した。

　コソヴォは1992年の第3次ユーゴ形成の時もセルビア共和国領内の自治州として位置づけられていたが，ミロシェヴィチの抑圧的な政策に対してアルバニア人が抵抗運動を展開した。その運動は，当初は非暴力運動という形をとっていたが，1996年頃から武装闘争を志向するゲリラ組織「コソヴォ解放軍」が活動を開始し，散発的な攻撃を行うようになった。これに対してセルビア当局も治安部隊を動員して組織の根拠地とみなされる地域を攻撃し，1998年頃から軍事衝突が激化していった。この状況を見て欧米がコソヴォ情勢に積極的に関与するようになり，欧米の仲介による和平交渉が不調に終わると，1999年3月からNATOが「人道的介入」としてユーゴに対する空爆を開始した。6月にミロシェヴィチが停戦を受け入れると，国連安保理が平和構築のため「コソヴォ暫定行政ミッション（UNMIK）」を派遣し，コソヴォは国連の暫定統治の下に置かれ，その下で政治制度の再構築やインフラの再建などが進められた。2005年から，国連特使の仲介の下でコソヴォの最終的地位の確定のための交渉がセルビアとコソヴォの両政府間で行われたが，交渉は不調に終わり，2008年2月にコソヴォの議会で独立宣言が行われた。本章の冒頭で述べたように，すでに100カ国を超える国々がコソヴォを国家承認しているが，セルビアがコソヴォの独立を認めていないため，コソヴォの国家承認はセルビアの主権を侵害する行為であるという声も聞かれる。セルビアの立場を支持するロシアや中国がセルビアによるコソヴォの独立承認なしにコソヴォを国家承認することはまず考えられず，コソヴォが国連加盟など国際社会の一員としての地位を確立するためには，セルビアとの関係正常化が必要不可欠なのである。

第2次ユーゴ解体後の各国政治の概要

　以上の歴史的経緯を踏まえて，ここでは，旧ユーゴ諸国の各国政治の概要を示しておこう（各国の詳細については月村（2017）を参照）。

スロヴェニア　スロヴェニアは1991年6月に独立を宣言し，同年12月には新憲法を制定した。憲法修正は何度か行われてきたが，この憲法が今日までのスロヴェニアの体制を規定するものとなっている。国家元首は大統領であり，直接選挙によって選ばれるが，現在の憲法下では大統領の権限は極めて限定的であり，首相が執政長官としての役割を担う（議院内閣制）。初代大統領に就任したのは，第2次ユーゴ時代の支配政党，スロヴェニア共産主義者同盟の指導者であったクーチャン（Milan Kučan）である。議会は一院制で定数は90であり，そのうち2議席はイタリア人とハンガリー人の少数民族代表の固定議席となっている。

　選挙制度は，少数民族代表2議席を除く88議席について，基本的には比例代表制を採用しているが，その制度はやや複雑である。具体的には，11名の定数を持つ8つの大選挙区における比例代表制で選出する制度が用いられており，大選挙区はそれぞれ11の小選挙区に分かれている。候補者が各小選挙区で立候補し集票活動を行うため小選挙区比例代表併用制に似ているが，1つの選挙区から誰も当選しなかったり，同一選挙区から複数の候補が選出されたりすることがあり得るため，一般的な併用制とは異なっている。議席配分は2段階で行われ，まず大選挙区内での議席配分をヘア方式で行い（各候補者の小選挙区における得票率が高い順に議席を配分），残った議席は全国集計に基づきドント式で配分する。2000年までは，全国集計で配分する議席について，各政党が獲得した議席のうち50%までは政党が定めた順位に従って議席を割り振ることができるという規定があったが，2000年の憲法修正により，この規定が廃止され，完全に非拘束名簿式の比例代表制となった。また大選挙区における議席の配分方式が2006年にドループ式に変更された。阻止条項については，全国集計で配分する際，理論的に大選挙区で3議席以上を獲得できる票数を得ていることを配分の条件としており，事実上3%程度の阻止条項となる規定となっていた。この規定が2000年で変更され，全国集計で4%以上の得票を得ていることが，大選挙区で議席配分を得る条件となり，阻止条項が引き上げられた形となっている。少数民族代表については，当初は多数決2回投票制が採用されていたが，2006年に変更され，1人の投票者が複数の候補者について選好の順位をポイントで示すボルダ式が導入された。

　比例代表制を採用しているため，政党システムは多党制となっており，政党の離合集散，新党の設立や既存政党の消滅がしばしば起きている。議会選挙は，憲法制定以来，2018年末までに8回実施されているが，1つの政党が単独で過半数の議席を獲得したことは1度もなく，選挙後に形成される政権は常に複数政党による連立政権である。細かい連立パートナーの組み替えはほとんどの首相交代の際に起こっている。それに加え，前政権で首相の地位を占めていた主要政党が次期政権から排除されるような大きな政権交代も2018年末までに合計7回起きている。

クロアチア　クロアチアは，1990年12月に新憲法を採択し，1991年6月に独立宣言を行った。憲法制定の方が独立宣言よりも早い点がスロヴェニアとは異

なっている。クロアチアは，1990年4月から5月にかけての自由選挙で，トゥジマン（Franjo Tudman）が結成した民族主義政党のクロアチア民主同盟（HDZ）が圧勝し，トゥジマンが大統領に就任していた。クロアチアがスロヴェニアと歩調を合わせて第2次ユーゴからの独立へと舵を切ったのは，社会主義体制を主導してきた共産主義者同盟からクロアチア人の民族主義政党への政権交代が起きたことの帰結であった。

1990年に採択された新憲法は，国民から直接選出される大統領に大きな権限を与えるもので，執政長官の役割は大統領と首相が分担する形となり，フランスの第5共和制の政治制度に近い。すなわち政治制度としては，いわゆる半大統領を取っていた。ただし，2000年の憲法修正により大統領権限が大幅に縮小され，首相・閣僚の任免権や閣議の召集・主宰権が廃止され，今日では議院内閣制により近づいている。議会は二院制をとり，下院（代議院），上院（県院）の議員はいずれも直接選挙により選出された（任期4年）。ただし，県院は代議院を通過した法案を差し戻す権限を除くと権限はもともと小さく，2001年には県院が廃止されて一院制となった。議会の定数は，少数民族議席やディアスポラ議席において選挙ごとに変化が生じているため，議会の総議席数は選挙のたびに変動している。

政治的に重要な代議院について，選挙制度の変遷を見て行こう。1992年と1995年の選挙では小選挙区・比例代表並立制が採用され，1992年の議席配分は小選挙区が60議席，比例代表が60議席であったが，1995年には小選挙区が28議席，比例区が80議席となり，比例代表の比重が高まっている。比例代表については，全国区のドント式で，阻止条項は1992年に3％だったものが1995年には単独政党に対し5％，2政党連合に対し8％，3政党以上の連合に対し11％と大幅に引き上げられている。2000年以降は，14名の定数を持つ10の大選挙区で比例代表制により議席を配分する選挙制度が採用されており，阻止条項は一律で5％が選挙区ごとに適用される制度となっている。

クロアチアの政党システムを見てみよう。憲法制定前の1990年選挙において圧勝したHDZは，1990年選挙後に単独政権を樹立した。1991年7月の紛争勃発後は他の政党を含んだ挙国一致内閣を形成した時期もあったが，1990年代を通じてHDZが与党としてクロアチアを支配していた。この時期の政党システムは一党優位システムといえるが，HDZは，単に選挙で勝利し続けていただけでなく，政府に批判的なメディアの弾圧なども行っており，トゥジマン政権期のクロアチアを，名目的には民主主義を採用しながらも，実質的には与野党間の選挙競合に著しい不公正が存在する「競争的権威主義体制」とみなす研究者も多い。

HDZに対抗する野党勢力は多数の政党に分裂していたが，1999年末にトゥジマン大統領が死去した直後に行われた2000年の大統領選挙・議会選挙において，共産主義者同盟の後継政党である社会民主党（SDP）を中心とする野党連合が勝利し，憲法制定後初の政権交代が起きた。トゥジマン政権期のクロアチアが一種の権威主義体制であったという見方からすれば，この政権交代をもってクロアチアが「民主化」したということに

なる。その後は2003年の議会選挙でHDZが政権を奪還し，2007年議会選でも勝利を収めたが，2009年大統領選，2011年議会選ではSDP主導の連合が勝利を収め，政権交代が実現した。その後，2015年大統領選，2015年・2016年議会選でいずれもHDZが勝利し，復権を果している。このように，現在のクロアチアは，SDPとHDZという左右の二大政党を中心として，小政党がこれらの政党の連立パートナーとして協力する政党システムが定着してきているといえるだろう。

ボスニア　ボスニアは，1992年から3年半にわたって激しい紛争が続き，全土を実効支配する政府は存在しなかった。1995年12月に調印された包括和平協定，通称「デイトン合意」によってようやく和平が実現し，ボスニアは政府の形成に向けた第一歩を踏み出した。この和平合意の付属文書4としてボスニアの新憲法（以下，デイトン憲法と略記）が定められており，このデイトン憲法が1995年から今日までのボスニアの政治制度を規定している。

デイトン憲法下のボスニアは，ボシュニャク人とクロアチア人が主に居住するボスニア連邦と，セルビア人が主に居住するセルビア人共和国（RS）という2つの構成体から成る国家と規定されている。デイトン憲法は，オランダやベルギーの制度をもとに理論化された多極共存型民主主義をモデルとした制度を採用している。すなわち，デイトン憲法では，ボシュニャク人，クロアチア人，セルビア人の3民族がボスニアの「構成民族」と明記され，政治的ポストの3民族への平等な配分や，民族集団の代表が立法や執行の決定において拒否権を有することが規定され，3民族間の「権力分有」が制度化されたのである。例えば，国家元首に相当する大統領評議会は3名によって構成され，各構成民族から1名ずつと規定されており，各代表は，自分が支持しない決定を阻止する手続きを発動する権限が与えられている。ボスニアの議会の上院（民族院）は，3民族の議員が5名ずつと定められ，各民族議員団は，過半数（すなわち3名）の賛成により，議会で行われた決定が民族の「死活的利益」を害すると宣言することができる。立法は全て両院の承認を必要とし，いずれかの構成体の議員の3分の2が反対票を投じている時には可決できない。このようにさまざまな形で民族集団の代表に相互に拒否権を与えることにより，3民族全ての代表が合意しなければ重要な決定を行うことができないように制度が設計されているのである。

ボスニアの選挙制度について見ていこう。下院（代議院）の定数は42議席で，ボスニア連邦から28議席，RSから14議席が直接選挙によって選出される。選挙制度は非拘束名簿式比例代表制であり，ボスニア連邦では5つの選挙区から合計21名，RSでは3つの選挙区から合計9名の議員が，サンラグ式で各政党に配分される。ボスニア連邦の残りの7議席，RSの残りの5議席は，補償議席制度によって各政党に配分される（政党内では，最も得票数の多かった候補者から順に議席が与えられる）。補償議席制度とは，各選挙区では議席配分を受けるほどの得票を獲得できなかったが全選挙区を合計すると議席配分を受けるに十分な得票を獲得した政党・政党連合を救済するための制度である。

各政党・政党連合の全選挙区の獲得票数を構成体ごとに算出し，総合得票数をもとに構成体の定数（ボスニア連邦は28，RSは14）をサンラグ方式で各政党・政党連合に配分する。ここで配分される議席数が，各政党・政党連合が各選挙区で実際に獲得した議席の合計よりも大きい場合に，その差分が補償議席として政党・政党連合に割り当てられるのである。他方，上院（民族院）は定数が15議席で，ボスニア連邦議会およびRS議会からの間接選出である。

　ボスニアの政党システムは，3つの構成民族のそれぞれの内部で複数の政党が競合しているため，政党の数が極めて多い多党制となっている。選挙が行われると閣僚評議会（内閣）を形成するために政党間で連立交渉が開始されるが，ボスニアの議会で円滑な議事運営を行うためには各民族を代表する政党が内閣に入っていることが不可欠となるため，連立交渉はしばしば難航して長期化する。例えば2010年10月の総選挙の後は，組閣のための政党間協議が難航し，新政権の発足が選挙から1年以上も経過した2012年1月までずれ込むに至ったのである。

　マケドニア　マケドニアでは，1991年1月に主権宣言が採択され，同年9月に主権と独立に関する住民投票が行われ，11月に新憲法が採択された。同国の最初の自由選挙はこれらの動きに先立つ1990年11月に実施されている。新憲法において，直接選挙によって選出される大統領はマケドニアを代表する存在と規定され，在外大使の任免，外国の大使の接受，法律公布の署名などを行い，国家元首に相当する役割が与えられている。執政長官としての権限はほとんどが首相に与えられており，政治制度としては議院内閣制に近いものになっている。なお1991年の新憲法でが国名が「マケドニア共和国」と定められていたが，ギリシャがこの国名の使用に反対して国家承認を拒否し，ギリシャとの国名争議が発生した。両国間の対立は長い間解消されなかったが，2018年6月に両国政府が合意し（プレスパ合意），2019年1月にマケドニア議会が憲法改正を可決して国名が「北マケドニア共和国」に変更され，同月末にはギリシャ議会もこの合意を承認した。

　マケドニアの議会は一院制（任期4年）で，定数は120議席とされた。ただし，2011年4月に採択された選挙法改正によって，現在は国外選出の3議席が追加され，定数が123議席となっている。選挙制度は，1990年と1994年の議会選挙では小選挙区多数決2回投票制が採用され，第1回投票で選挙区内の投票総数の過半数を獲得した候補がおり，その獲得票数が当該選挙区の有権者総数の3分の1を超えている場合にはその候補者が当選となり，当選者がいない場合には第1回投票において投票総数の7％以上の票を獲得した候補のみを対象に第2回投票が行われた（第2回投票は単純多数決）。1998年の議会選挙では小選挙区比例代表並立制が採用され，120議席のうち85議席は小選挙区における多数決2回投票制（第1回目については上記と同様だが，第2回投票は第1回投票の上位2位の候補により行われ，単純多数決により当選者が決定する）によって選出され，残る35議席は全国区の拘束名簿式比例代表制（ドント式）で配分された。比例区につい

ては5％の阻止条項が設定された。2002年から2008年までは定数20を有する6つの大選挙区において拘束名簿式比例代表制（ドント式）で議席を配分する選挙制度が採用された（阻止条項なし）。2011年以降は，これに欧州・アフリカ，北米・南米，アジア・オーストラリアの3選挙区からそれぞれ1名を選出する在外選挙区が追加された。これらの選挙区では単純多数決制を用いて議席が配分される。

　マケドニアの政党システムは，1990年の自由選挙以来，主要民族であるマケドニア人の票をめぐって旧共産主義者同盟の後継政党であるマケドニア社会民主同盟（SDSM）と民族主義政党の内部マケドニア革命組織 – マケドニア民族統一民主党（VMRO – DPMNE）の二大政党が対立し，主要な少数民族であるアルバニア人の票をめぐって複数のアルバニア人民族政党が競合するという構図が続いてきた。マケドニアについて特筆すべきは，最初の自由選挙後の組閣以降，マケドニア人政党とアルバニア人政党の間の連立が一度も途切れずに続いてきたことである。少数民族の代表を内閣に加えることやその代表に拒否権を与えることは，憲法などによって義務化されていたわけではないが，比較的穏健な民族間関係を維持するための非公式な慣習として，たび重なる政権交代を経てもなお続けられているのである。この点で，マケドニアの政治運営の慣行は，多極共存型民主主義に近いものになっている。

　このことは，マケドニア人とアルバニア人の民族間関係が常に円満であったことを意味するわけではない。アルバニア人の間では自分たちの地位が十分に保障されていないことへの不満はくすぶっており，コソヴォ紛争が終結した後の2001年前半には，コソヴォ解放軍に参加していた武装勢力の残党がマケドニアに戻って武装闘争を開始し，マケドニア当局の治安部隊との武力衝突が発生した。この紛争の悪化を防ぐために欧米が積極的に仲介を行った結果，2001年8月にマケドニア人とアルバニア人の主要4政党の間で武力衝突の停止とマケドニア共和国内のアルバニア人の地位向上に関する枠組み合意，通称「オフリド合意」が成立した。この後，オフリド合意の原則に基づいた憲法修正・制度改革が行われ，自治体の整理統合，地方自治体への権限委譲が進められただけでなく，地方自治の分野や中央政府とのやりとりにおいては自治体の人口の2割以上の住民が使用する言語も公用語として扱われることになり，アルバニア人から見れば自分たちの言語を使用する権利が拡大することになった。

第3次ユーゴ　すでに述べたように，第2次ユーゴの解体後，セルビアとモンテネグロの2共和国は第3次ユーゴを結成した。1992年4月に採択された連邦憲法下では，第3次ユーゴの連邦議会は二院制であった。連邦下院（市民院）の議員は直接選挙により選出され，定数は有権者6万5,000人につき1人，ただし各共和国で最低30名の議員定数を持つと定められた。他方，連邦上院（共和国院）は1共和国につき20名の議員によって構成され，その選出方法は各共和国の法律に委ねられた（1996年までは各共和国の議会からの間接選出であったが，2000年に連邦憲法修正が行われ，連邦上院議員も直接選挙による選出となった）。連邦大統領は当初は連邦議会からの選出とされ，

任期4年で再選が禁止されていたが、2000年の連邦憲法修正により、直接選出、3選禁止に変更され、同年に大統領選挙が実施された。

2000年までの間、第3次ユーゴは、セルビア共和国の指導者であったミロシェヴィチの実質的な支配下にあった。いい換えれば、こうした形式的な規定だけでは実際の権力の所在を読み取ることはできない。1997年まで、ミロシェヴィチは第3次ユーゴを構成するセルビア共和国の大統領という地位に就いていた。しかし、ミロシェヴィチが率いる与党・セルビア社会党（SPS）は連邦議会においても最大の勢力を形成し、モンテネグロ共和国は1997年までミロシェヴィチと蜜月の関係にあった社会主義者民主党（DPS）が支配的な地位を築いていたため、ミロシェヴィチは、これらの政党を通じて連邦議会を意のままに動かすことができた。例えば、連邦議会は第3次ユーゴの初代大統領として著名な民族主義的作家・論客であったチョシッチ（Dobrica Ćosić）を選出したが、チョシッチがミロシェヴィチと対立するようになると、1993年1月には連邦議会がチョシッチを解任した。

ミロシェヴィチは1997年、セルビア大統領を2期務めた後、ユーゴ連邦大統領に就任した。この時点で、ミロシェヴィチは名実ともに第3次ユーゴの最高権力者となった。しかし上述のようにモンテネグロでは1997年の共和国大統領選挙の結果を受けて1998年1月に反ミロシェヴィチ派の大統領が就任し、新たなモンテネグロ政府は第3次ユーゴの統治機構の正統性を否定するようになった。モンテネグロ政府は、公定通貨としてドイツ・マルクを採用するなど独自の改革を進め、ミロシェヴィチはそれを止めることができなかった。皮肉にもミロシェヴィチの公式上の地位が変化した1997年以降、彼の実効支配がおよぶのは、事実上セルビア共和国領内のみとなったのであった。

2000年にミロシェヴィチが連邦憲法を修正し、連邦大統領職を直接選出に変更した上で連邦大統領選挙の実施に踏み切ったのは、再選を禁止する憲法を修正することで、より長く公式的に権力の座にとどまろうとしたからである。セルビアの野党は分裂しており、直接選挙を実施しても野党候補が勝利する可能性など皆無であると予測したのであろう。ところがこの予測が裏目に出た。セルビアにおける反ミロシェヴィチの諸野党は統一候補を擁立して大統領選挙に臨み、ミロシェヴィチの統治下で疲弊していた国民の多数の支持を集めて優位に立ったのである。ミロシェヴィチはこの状況を選挙結果の改ざんによって乗り切ろうとしたが、野党勢力はこれに反発し、セルビアの各地でデモやストが発生した。そして2000年10月5日、首都ベオグラードで大群衆が行動を起こすと、連邦議会や国営放送ビルなどが野党勢力・群衆の手に落ち、ミロシェヴィチは翌10月6日にテレビで退陣を発表したのである。

この後、コシュトゥニツァ（Vojislav Koštunica）が連邦大統領に就任するが、モンテネグロ共和国指導部の独立志向の姿勢は続き、第3次ユーゴを存続させることは困難であった。モンテネグロの性急な独立が地域を不安定化させることを警戒したEUの仲介により第3次ユーゴを国家連合に改組する協定（通称「ベオグラード協定」）が2002年

に成立し，2003年に国家連合が発足したことで，第3次ユーゴは短い歴史に幕を下ろしたのであった。

セルビア　セルビアは，1990年の選挙実施前に新憲法を制定し，新憲法の下で最初の複数政党選挙を実施した。新憲法の下では，セルビア議会は一院制とされ，定数は250と定められた（任期4年）。大統領は直接選挙によって選出され，任期は5年，再選は1度のみ可能で3選が禁止されている。大統領は議会が採択した法案を議会に再送付する権限を有するが，議会が再度その法案を採択した場合には大統領は必ずそれを公布しなければならないと規定されるなど，大統領の形式的な権限はそれほど大きくなかった。ただし，1990年選挙でセルビア大統領に就任したミロシェヴィチは，同年の議会選で議会の圧倒的多数を掌握したSPSの党首でもあり，議会および議会が選出する内閣も意のままに支配することができたため，ミロシェヴィチがセルビア共和国において有する実質的な権力は絶大であった。

セルビア議会の議員の選挙制度は，何度も変更されている。1990年の議会選では，小選挙区・多数決2回投票制が採用され，第1回投票で過半数を獲得した候補がいない場合には上位2名の候補により第2回投票が実施された。1992〜1993年の議会選挙では，拘束名簿式の比例代表制が採用され，22〜46名の定数を持つ合計9つの大選挙区において比例代表制（ドント式）で議席が配分された。議席配分を受けるためには各選挙区で5％を超える得票を獲得しなければならないという阻止条項が設定されている。1997年の議会選では，選挙制度は同様であるが，選挙区の数が29に増加し，各選挙区の定数は6〜14名へと減少した。2000年以降は，全国区の拘束名簿式比例代表制（ドント式）へと選挙制度が変更された（5％の阻止条項は維持）。2004年以降は，少数民族を代表すると選挙委員会が認めた政党リストは阻止条項の適用を受けないとする優遇措置が導入されている。

大統領選挙の制度は，多数決2回投票制であり，第1回投票で過半数を超える票を獲得した候補がいない場合，上位2名による第2回投票（決選投票）が行われる。2002年までの選挙については，投票率の規定があり，投票率が50％を超えなければ選挙が成立せず，不成立の場合には再度選挙を実施すると規定されていた。ところが，2002〜2003年にかけて，3回連続で投票率が50％を下回って選挙が不成立となる事態が発生したため，選挙法が改正され，2004年の大統領選挙からは選挙成立のための投票率要件が廃止された。

セルビアの政党システムについて概観しよう。1990年から2000年まで，ミロシェヴィチ率いるSPSが第一党の座を維持し，セルビア政治を支配した。ミロシェヴィチの支配する体制下では，野党の指導者や支持者に対する弾圧，政府に対し批判的な独立系メディアに対する抑圧的政策がとられ，「競争的権威主義体制」の典型例とみなされている。この時期，ミロシェヴィチに対抗する有力野党はいくつか存在したが，野党間の反目・主導権争いも激しく，ミロシェヴィチに対する共同戦線を効果的に形成すること

は難しかった。

　2000年のユーゴ連邦大統領選挙におけるミロシェヴィチの敗北と退陣の後，2000年12月にはセルビア議会選挙が実施され，野党連合が圧勝して政権交代が起き，民主党（DS）のジンジッチ（Zoran Đinđić）がセルビア首相に就任した。その後，セルビア政治は多党制によって特徴づけられる時期を迎えた。2000年以降は複数の政党による連立政権の形成が常態化し，セルビア共和国の首相や大統領の座を巡って，親欧米派のリベラル政党である DS や，より民族主義的な立場をとるセルビア民主党（DSS），極右政党であるセルビア急進党（SRS），急進党からヴチッチ（Aleksandar Vučić）らが離党して結成した新党のセルビア進歩党（SNS），ミロシェヴィチ後の新たな指導者として台頭したダチッチ（Ivica Dačić）の下で復権を果した SPS などの諸政党が競合を繰り広げてきた。今日では，2012年から3回連続で議会選における勝利をおさめた SNS が政権の主軸となっており，2018年末現在では，2017年の大統領選に勝利した SNS のヴチッチが大統領，同じく SNS のブルナビッチ（Ana Brnabić）が首相を務め，SNS 主導の連立政権には SPS など5政党が参加して政権運営を行っている。

　なお，2006年に国家連合の解体が決まると，国家連合の継承国家としてセルビアが独立国家となることが確定したため，新たに憲法を制定することになった。2006年9月にセルビア議会で新憲法が採択され，10月末の国民投票を経て11月に施行されている。ただ，本節で述べたセルビアの政治制度には大きな変更は加えられていない。

　モンテネグロ　モンテネグロでは，第3次ユーゴが発足した後の1992年10月に新憲法が制定された。そこでは，一院制の議会が設置され，その定数は有権者6,000人につき1議席と定められた。そのため，議員の人数は選挙ごとに変動している。議員の任期は4年である。大統領は直接選挙によって選出され，任期5年，3選禁止と規定されている。大統領は首相候補を提案する権限を持ち，議会定数の過半数の賛成によって議会が選出する（首相候補は議会において施政方針と内閣構成案を提示する義務があり，議会がこれを承認しない場合は大統領は10日以内に新しい首相候補を提案する）。大統領の最初の首相候補提案から60日が経過しても議会が内閣を選出しない場合には議会は解散されると定められている。その他の大統領の政治的権限は大きくなく，政府は首相以下の閣僚によって構成されると定められている。内閣は議会の解散権を持ち，議会は内閣に対する不信任決議を採択することができ，採択された場合には内閣は総辞職しなければならない。政治制度は議院内閣制に近いといえるであろう。

　2006年に独立が宣言されると，2007年に新憲法が制定された。そこでは，一院制の議会の定数は81議席と定められた（任期は4年）。大統領の政治的権限に大きな変更はないが，新憲法では軍の統帥権が追加されている。その他，議会による内閣不信任決議案の審議を開始するための要件が若干厳しくなっている（決議案提出に必要な議員数は，1992年憲法では10名であったが，2007年憲法では27名とされた）など，細部に若干の変更が加えられているが，基本的な政治制度設計については大きな変更は行われていない。

選挙制度は，1992年議会選挙においては全国区の拘束名簿式比例代表制（ドント式）が採用された（4％の阻止条項）。1996年議会選挙では，1〜17の定数を持つ14の選挙区において比例代表制（ドント式）により議席を配分する方式に変更された。また，拘束名簿式から半拘束名簿式とでもよぶべき制度へと変更されており，有権者は投票に際して選挙リストを選択する点では拘束名簿式と同じだが，事前に定められた順位に従って議席が割り当てられるのは各選挙リストの獲得議席の半数までで，残りの半分については各選挙リストが任意の候補者に議席を与えることができると定められている（獲得議席が奇数の場合には名簿順に割り当てられる議席の方が1議席増やされる）。各選挙区内で議席配分を得るために4％の得票が必要であるとする阻止条項が定められている。1998年議会選挙では全国1区の比例代表制（ドント式）に戻されたが，議席配分は1996年議会選挙と同様の半拘束名簿式である。また，この選挙から，少数民族が多数居住する地域が特別選挙区とされ，議会定数のうち5議席が特別選挙区に割り当てられた。いずれの場合も3％の阻止条項が設定されている。1998年以降，2009年までこの制度が採用されていた（2002年のみ少数民族特別区への議席割り当てが4議席となっているが，その後また5議席に戻されている）。その後選挙法が改正され，2012年以降は，全国区の拘束名簿式比例代表制（ドント式）が採用され，半拘束名簿式は廃止された。また，少数民族特別区の規定も廃止され，その代わりに，一般の政党・リストが3％の阻止条項を適用されるところ，少数民族を代表する選挙リストについては阻止条項が0.7％に軽減されるという優遇措置が導入された（さらに，クロアチア人を代表するリストについては，得票率が0.7％に満たない場合でも，得票率が0.35％を満たしていれば，1議席を割り当てられる権利を有すると規定されている）。

　大統領選挙の制度は，多数決2回投票制であり，第1回投票で過半数を超える票を獲得した候補がいない場合，上位2名による第2回投票（決選投票）が行われる。2003年2月までの選挙については，投票率の規定があり，投票率が50％を超えなければ選挙が成立せず，不成立の場合には再度選挙を実施すると規定されていた。ところが，2002〜2003年にかけて，2回連続で投票率が50％を下回って選挙が不成立となる事態が発生し，選挙法が改正され，2003年5月の大統領選挙からは選挙成立のための投票率要件が廃止された。

　モンテネグロの政党システムの特徴は，第2次ユーゴにおける体制政党であった共産主義者同盟の後継政党，社会主義者民主党（DPS）が圧倒的に優位な地位を保持し続けている点である。DPSは，1992年以降の9回の議会選挙において一度も敗北を喫しておらず，首相の地位を20年以上にわたって独占し続けてきたのである。ただし，その政策志向は1998年を境に大きく変わっている。1998年までDPSを主導していたのはミロシェヴィチと蜜月の関係にあったブラトヴィチ（Momir Bulatović）であり，DPSは親セルビア的な政策を志向する政党であった。しかし，1997年の大統領選挙では同じDPSに属しそれまで首相を務めていたジュカノヴィチ（Milo Đukanović）が反旗を翻し，

ブラトヴィチの対立候補として大統領選挙に出馬した。ジュカノヴィチは親欧米・反ミロシェヴィチの政策を掲げて選挙に臨み，決選投票で逆転勝利を納めて大統領に就任した。その後ブラトヴィチはDPSから離脱し，社会主義人民党（SNP）を創設する。この時点で，政権与党という点ではDPSが立場を継続しているが，その政策志向は親セルビアから親欧米に180度転換したといえる。

DPSの親欧米政策は，モンテネグロ人だけでなく，ミロシェヴィチの政策に反発していたアルバニア人やボシュニャク人といったモンテネグロ領内の少数民族からも支持されるものであった。そのため，1998年以降のDPSは，多数派民族（モンテネグロ人）と少数民族（アルバニア人，ボシュニャク人）の双方から支持を集めており，民主化後の旧ユーゴ地域の諸政党のなかでは稀有な存在となっている。野党勢力としては，上述のSNPや，親セルビア・親ロシア的な志向を持つセルビア人政党などが挙げられる。2017年には，有力野党，新セルビア人民主主義（NSD）の指導者が，モンテネグロのNATO加盟を阻止するためにロシア国籍の協力者とともにクーデタを企図したとして逮捕され，有罪判決を受ける事件も発生している。

コソヴォ　コソヴォでは，独立宣言後の2008年4月に新憲法が議会で採択された。コソヴォの議会は一院制であり，定数は120議席で，そのうち20議席は少数民族に割り当てられている（セルビア人10議席，その他の少数民族に合計10議席）。大統領は議会による間接選出である。執政長官は首相であり，議会選挙後に大統領が主要政党への諮問を経て首相候補を提案し，議会が選出する。議会は内閣不信任決議を採択することができ，決議が採択されれば内閣は総辞職したものとみなされるが，内閣不信任決議の成立後，大統領が議会を解散することもできる。その他，大統領が首相候補を指名してから60日以内に議会が内閣を選出しない時や，大統領選出手続きの開始から60日以内に議会が大統領を選出しない時も，議会は解散される。政治制度としては議院内閣制を採用しているといえるが，大統領に中央銀行総裁や中央選挙管理委員会委員長を任命する権限が与えられており，上記のように議会解散権も有しているため，大統領権限が形式的・儀礼的なものに止まっていないことには注意が必要である。

コソヴォの議会の選挙制度は，全国区の非拘束名簿式比例代表制（サンラグ式）である。5％の阻止条項が設定されている。セルビア人，その他の少数民族については個別に集計して同様の手順でそれぞれ10議席の議席配分を行う。有権者は選挙リストのみに票を投じるか，選挙リスト内の特定の候補者に票を投じるかを選ぶことができ，選挙リストに投じられた票は，全て当該リストの第1位候補に投じられた票とみなされる。各選挙リストは，全候補者のうち少なくとも30％を異なるジェンダーの候補者にすることが義務づけられており，議席配分の結果として各リスト内で少数派ジェンダーに属する当選者が全当選者の30％を下回る時は，それを上回るまで，多数派ジェンダーの下位の当選者から当選が取り消され，少数派ジェンダーの上位の候補者に割り当てられる。このようにして，全当選議員のうち最低30％が異なるジェンダーの議員となるように制度

が設計されている。

　コソヴォの政党システムは多党制によって特徴づけられている。2008年以降の全ての内閣は連立政権によって運営されてきた。主要な政党としては，コソヴォ紛争勃発以前から存在し，1990年代前半の非暴力抵抗運動を主導した政党であるコソヴォ民主同盟（LDK），コソヴォ紛争において主導的役割を果したコソヴォ解放軍の指導者が紛争終結後に結成した政党であるコソヴォ民主党（PDK）やコソヴォ将来同盟（AAK），そしてコソヴォ紛争終結後に市民運動から発展して政党に転換した「自決」（VV）などが挙げられる。2018年末現在は，元 PDK の指導者であったサチ（Hashim Thaçi）が大統領（就任に伴い離党），AAK 党首のハラディナイ（Ramush Haradinaj）が首相を務めているが，いずれもコソヴォ解放軍において主導的役割を果していた人物である。

2　外交政策と移行期正義

　本節では，旧ユーゴ諸国の政策について，いくつかの政策領域で各国を比較してみよう。

外交政策（EU・NATO 加盟プロセス）

　旧ユーゴ諸国の政府が遂行した（している）政策のうち，最も重要なものは，EU と NATO への加盟プロセスの推進であろう（スロヴェニアを除く西バルカン諸国の加盟プロセスについて，東野（2007）を参照）。この点で，各国の歩みと到達点には違いが見られる（表14-1を参照）。それは，各国の政治史の違いや政治情勢の変化を如実に反映しているといえる。

　スロヴェニアは，独立直後から EU・NATO の加盟を目指す姿勢を打ち出した。第2次ユーゴからの独立後に大きな紛争に巻き込まれなかったことが幸いし，EU 加盟プロセスを着実に進め，バルト3国やスロヴァキア，ルーマニアなどとともに2004年3月に NATO 加盟を実現し，2004年5月には EU の東方拡大の一部として EU 加盟を実現した。

　クロアチアでは，1990年代を通じて権威主義的な支配を続けていたトゥジマン大統領が EU や NATO に関心を示さず，国際的に孤立する傾向があったため，1990年代には EU・NATO 加盟プロセスは開始されなかった。2000年の政権交代により SDP 主導の連合が政権に就くと，EU や NATO 加盟を積極的に推進する政策が採用され，2000年5月に NATO の「平和のためのパートナーシップ」（以下 PFP）に参加し，2001年10月には EU との安定・連合協定（SAA）に調印した。その後クロアチアでは政権交代が起き HDZ が復権したが，EU や NATO 加盟を求める国民の声は強く，HDZ 政権も積極的に加盟のプロセスを推進した。その後は，EU から求められた ICTY への戦犯被告人引き渡しが実現しなかったために加盟交渉開始が延期になったり，スロヴェニア

表 14-1 旧ユーゴ諸国の EU・NATO 加盟プロセスの進展状況

国名	NATO 加盟プロセス			EU 加盟プロセス					
	PfP 参加	MAP 参加	NATO 参加	AA/SAA 調印	EU 加盟申請	EU 加盟候補国認定	EU 加盟交渉開始	EU 加盟条約調印	EU 加盟
スロヴェニア	1994年3月	1994年4月	2004年3月	1996年6月	1996年6月		1998年3月	2003年4月	2004年5月
クロアチア	2000年5月	2002年5月	2009年4月	2001年10月	2003年2月	2004年6月	2006年6月	2011年12月	2013年7月
マケドニア	1994年5月	1999年4月		2001年4月	2004年3月	2005年12月			
セルビア	2006年12月			2008年4月	2009年12月	2012年3月	2015年12月		
モンテネグロ	2006年9月	2009年12月	2017年6月	2007年10月	2008年12月	2010年12月	2012年6月		
ボスニア	2006年12月	2010年4月		2008年6月	2016年2月				
コソヴォ				2015年10月					

出典:EU および NATO のウェブサイト,各国政府ウェブサイトなどをもとに筆者作成。

との国境をめぐる交渉が難航してスロヴェニアがクロアチアの EU 加盟プロセスに拒否権を発動したりしたことから遅れが何度か生じたが,全体としては EU・NATO の加盟プロセスは着実に進展し,2009年に NATO 加盟,2013年に EU 加盟を実現した。

マケドニアは,1990年代から EU・NATO の加盟に積極的な姿勢を示していたが,隣国ギリシャとの間で発生した国名争議によって加盟プロセスの進展が阻まれてきた。ギリシャは,「マケドニア」がギリシャ古来の由緒ある名称であり,この名称の使用はギリシャ北部のマケドニア地方に対する領土的野心を示していると主張してマケドニアの国家承認を拒否したのである。一時はギリシャとマケドニアの関係が改善した時期もあったが,民族主義的な VMRO-DPMNE が政権を掌握した時期は関係が悪化し続けた。そうした状況で,ギリシャは EU や NATO の加盟プロセスにおいてマケドニア共和国について拒否権を発動してきており,マケドニアにとっては,欧州委員会が交渉開始を勧告し続けているにもかかわらず EU 加盟交渉が始まらず,NATO についても加盟のための行動計画 (MAP) 参加から相当な時間が経過したにもかかわらず加盟招請が見送られる状況が続いてきた。しかし,前述のようにマケドニアの国名変更によりこの対立がついに解消し,2019年2月にはギリシャを含む NATO の全加盟国がマケドニアの加盟を承認する議定書に署名して,マケドニアの NATO 加盟が確実な情勢となった。EU との加盟交渉も条件付きで2019年6月に開始することが決まっており,加盟プロセスの進展が見込まれる。

モンテネグロは,上述のように1990年代後半から親欧米路線に転換しており,国家連合からの独立を実現した後は EU・NATO への加盟プロセスを積極的に推進する政策を開始した。2017年には NATO 加盟を実現し,EU との加盟交渉もセルビアよりも3年早い2012年に開始するに至っている。ジュカノヴィチが第3次ユーゴからの独立を志向したのは,ICTY への戦犯引き渡しの問題や反 NATO の国民感情,親ロシア志向な

どを抱えるセルビアから分離することによってEUやNATOへの加盟プロセスをより迅速に進めることができるという判断があったからだと見られているが，今日までの成果をみる限り，その判断は正しかったということができるだろう。

　セルビアは，2000年代からEU加盟を目指す政策が推進されてきたが，EU加盟プロセスの進展は遅々としたものになった。EUがその条件としてICTYへの協力（戦犯被告人の逮捕・引き渡し）をセルビア政府に対して求めたのに対し，セルビア側が必ずしもそれに積極的ではなかったためである（次項参照）。セルビアは，2008年4月にSAAに調印し，2009年12月にEU加盟申請，2015年12月にようやく加盟交渉開始に漕ぎ着けた。ICTYへの協力の問題は，ICTYに訴追された全戦犯被告人の逮捕と引き渡しが完了したことで2011年夏に解消したが，その後，EUはセルビアに対し，加盟プロセス進展の条件としてコソヴォとの関係正常化を求めており，今後も困難な道のりが予想される。またセルビアは，他の国々と異なり，NATOへの加盟に対しては積極的ではない。コソヴォ紛争時にはNATOが国連安保理の承認なしにユーゴ空爆に踏み切り，セルビア人の民間人が多数死傷したことを考えれば，当然であろう。セルビア議会は2007年に軍事的中立を宣言しており，NATOの側からは中立政策を尊重するという声が聞かれるため，NATO加盟を伴わずにEU加盟に至る中・東欧地域で初の事例となるかもしれない。この軍事的中立政策は，セルビアと親密な関係にあるロシアへの配慮の帰結であるという指摘もある。

　コソヴォは，EU加盟プロセスを積極的に推進することを目指しているが，現時点ではSAA調印・発効を実現するにとどまっており，長く困難な道のりが待ち受けている。コソヴォは，セルビアの同意なしに独立を宣言することを選んだ結果，現EU加盟国のなかにも国家承認を見送っている国がある（スペイン，スロヴァキア，ルーマニア，キプロス，ギリシャ）。最終的にEU加盟を果すためには，全EU加盟国から国家承認を受け正常な外交関係を構築することが不可欠であるため，セルビアとの関係正常化がコソヴォにとって大きな課題となっている。NATO加盟については，コソヴォは2018年末までは国軍を有しておらず，緊急事態における捜索・救出業務や危険物処理などを任務とする「コソヴォ治安部隊」が存在するのみであったため，NATO加盟は政治的なアジェンダにのぼっていなかった。しかし2018年10月にコソヴォ議会がコソヴォ治安部隊をコソヴォ軍に格上げすることを可能にする法案の審議を開始し，2018年12月にこの法案が可決された。コソヴォ議会のセルビア人議員やセルビア政府はこれに強く反発しており，コソヴォ軍が創設されてコソヴォのNATO加盟プロセスが開始されるか否か，またそれをめぐるコソヴォとセルビアの間の関係の悪化を防ぐことができるか否か，今後の進展が注目される。

「移行期正義」追求の政策

　旧ユーゴ地域の多くに関連し，国によって，また同じ国でも時期によって政策が異な

る領域の1つとして,「移行期正義」に関連する政策が挙げられる。移行期正義とは,「軍事独裁政権や紛争後の社会が,民主的な社会に『移行』する際に,過去の人権侵害行為に対処する措置,メカニズム,プロセス」(望月 2012：1) である。旧ユーゴ地域の文脈でいえば,紛争の最中に行われた虐殺や拷問,暴行などの非人道的行為について,その真相を明らかにし,訴追などの形で責任を追及することである。紛争に伴って大量の民間人が犠牲になった旧ユーゴ地域では,この問題にどう対処するかが大きな政策争点となっており,その点で,国ごとに,また政権ごとに対応が異なっている (久保 2019)。

クロアチアでは,戦争を主導したトゥジマン政権が続いていた1990年代は,ICTY に対して協力する姿勢は見られなかった。民族主義的なトゥジマンとその主導する与党・HDZ にとって,ICTY が訴追した「戦争犯罪被告人」は,祖国の防衛のために命を危険に晒して戦った「英雄」であるから,それを逮捕して引き渡すことなどあり得なかったのである。2000年に政権交代が起きると,EU 加盟プロセスを推進するため,欧米諸国が求める ICTY への協力をより積極的に行う政策への転換が起こった。ICTY への協力は政権与党内の意見の対立を引き起こし,ICTY への協力に反対して連立を離脱し下野する政党もあったが,2000年代には ICTY への協力が続けられた。同時に,戦争犯罪被告人に対する国内裁判も多数行われるようになり,また政府首脳によるクロアチアで行われた戦争犯罪に関する謝罪も行われた。

ボスニアでは,デイトン合意の成立後,治安維持のための国際部隊が駐留し,平和構築のための文民活動を統括する国際社会の代表 (上級代表) も大きな権限を付与されるようになったため,戦争犯罪被告人の拘束と引き渡しは主として国際部隊が遂行した。そのことは,現地政府が戦争犯罪被告人の逮捕・引き渡しの責任を国際社会に転嫁し,自分たちの側の被告人を逮捕し ICTY に引き渡すという政治的に困難な任務に携わらずにすむ状況を作り出した。その結果,政治指導者が戦争犯罪の責任を公然と否定するという言動が一度ならず起きている。例えば,ボスニアで起きた最も重大な戦争犯罪事件であるスレブレニツァの虐殺 (長 2009) について,RS では,犠牲者の数を過少に見積り,犠牲者の多くは軍人であったとする報告書が2002年に出された。その後国内外の激しい批判を受けて RS は2004年に再度報告書を発表して8,000人に近い死者が出たと認め,RS 政府はスレブレニツァの虐殺における戦争犯罪行為について謝罪した。ところが2018年8月には RS 議会で政府に対し2004年の報告書を取り消すよう求める議決が行われ,RS の大統領が2004年の報告書は誤りであったと発言して物議を醸している。ボスニアでは戦争犯罪被告人に対する国内裁判が進められるなど移行期正義を推進する政策が国内でも進められているが,戦争犯罪に関する認識や責任の問題は民族間の対立の火種となっており,民族主義的な政治家が争点化する余地が残っている。

セルビアでは,ミロシェヴィチが政権を掌握していた期間は ICTY への協力は起きなかったが,2000年に政権交代が起きると,欧米はユーゴ・セルビアの政府に対し

ICTY に戦争犯罪被告人を引き渡すよう強く求め，どう対応すべきかをめぐって政党間の対立が顕在化した。連邦大統領となった DSS のコシュトゥニツァは民族主義的な政策志向を有しており，ICTY への協力には反対であった。これに対し DS のジンジッチは，欧米諸国から経済支援を引き出し，セルビアを近代化するためなら ICTY への協力は厭わないという立場をとった。ジンジッチがセルビア首相として影響力を行使している間は ICTY への協力が進められた（その最たる例はミロシェヴィチ元大統領の逮捕と ICTY への引き渡しである）が，2003年にはそれを敵視する勢力によってジンジッチ首相が暗殺されてしまった。その後，コシュトゥニツァが主導する政権下では ICTY への協力はあまり進まなかったが，DS が主導する政権下では ICTY への協力がより進んだ。なお，セルビアでも戦争犯罪被告人を裁くための国内裁判が進められてきているが，その数はクロアチアやボスニアに比べるとはるかに少ない。

コソヴォでは，ICTY で訴追された戦争犯罪被告人が少数であったため，ICTY への協力は大きな政治的課題とならなかった。1999年の紛争終結後，元武装勢力の指導者が政府を主導してきたコソヴォでは，1990年代の紛争はアルバニア人を不当な抑圧から解放するための正当な闘争と位置づけられており，そこで起きたアルバニア人側による行為を戦争犯罪として裁く動きは当然起こらず，戦争犯罪に関する国内裁判もほとんど行われていない。しかし，2008年に ICTY 元検察官のデルポンテがコソヴォ紛争中の臓器違法摘出問題について自著で暴露したことが契機となってアルバニア人の武装勢力による戦争犯罪行為が注目されるようになり，欧州諸国がこれを問題視し，真相究明と責任者の処罰の必要性を強調するようになった。これを受け，2015年8月のコソヴォ議会の決定により，コソヴォにおける戦争犯罪を裁くための裁判所がオランダに設置されることになった。この裁判所はコソヴォの国内機関とされているが，EU が予算措置を講じ，裁判官や検察官は EU が提供することになっている。

3　持続的な政治的安定に向けて

旧ユーゴ諸国では，1990年代に諸民族間で数々の紛争が発生し，その影響は今なお強く残っている。スロヴェニア，クロアチアは EU 加盟・NATO 加盟を果して政治的安定を実現したといえるが，多くの国で，国家という最も基本的な政治経済の枠組みについてすら域内外でのコンセンサスが得られていない状況が続いている。ボスニアは未だに国内で主要3民族が対立する状況が続いており，デイトン憲法体制は今日まで曲がりなりにも最低限の政治的安定を保ってきたものの，今後も安定を維持できるという保証は全くない。コソヴォはセルビアの承認を得ずに独立を宣言したため，セルビアがコソヴォを国家承認しない状態が続いており，両国間の関係正常化は最も解決が困難な課題の1つである。マケドニアはギリシャとの間で国名議の問題を抱え，それを解決しなければ EU 加盟も NATO 加盟も全く見通しが立たない状況が長い間続き，2019年によ

うやく事態の打開に至った。旧ユーゴ諸国の国家の枠組みに関して域内外でコンセンサスを形成することは，この地域の持続的な政治的安定を実現するために必要不可欠である。そのために，これまで以上に EU，欧米諸国が積極的に関与していくことが求められるであろう。

参考文献
長有紀枝『スレブレニツァ——あるジェノサイドをめぐる考察』東信堂，2009年。
久保慶一『引き裂かれた国家——旧ユーゴ地域の民主化と民族問題』有信堂高文社，2003年。
久保慶一『争われる正義——旧ユーゴ地域の政党政治と移行期正義』有斐閣，2019年。
佐原徹哉『ボスニア内戦——グローバリゼーションとカオスの民族化』有志舎，2008年。
柴宜弘編『バルカン史』山川出版社，1998年。
月村太郎『ユーゴ内戦——政治リーダーと民族主義』東京大学出版会，2006年。
月村太郎編著『解体後のユーゴスラヴィア』晃洋書房，2017年。
東野篤子「西バルカン・トルコへの拡大と欧州近隣諸国政策」植田隆子編『対外関係（EU スタディーズ 1）』勁草書房，2007年，99〜121頁。
望月康恵『移行期正義——国際社会における正義の追及』法律文化社，2012年。

読書案内
月村太郎編著『解体後のユーゴスラヴィア』晃洋書房，2017年。
　＊解体後の旧ユーゴ諸国における各国の国内政治，外交，経済状況が詳しくまとめられている。旧ユーゴ地域の「今」を知るために必読の1冊。
高木徹『戦争広告代理店——情報操作とボスニア紛争』講談社文庫，2005年。
　＊旧ユーゴの一連の紛争は，欧米の介入抜きに理解することはできず，欧米の介入を理解するためには紛争報道，情報戦を抜きに理解することもできない。そのために必読の1冊。
最上敏樹『人道的介入——正義の武力行使はあるか』岩波新書，2001年。
　＊コソヴォ紛争に処するための NATO 空爆は国連安保理の承認なしに行われ，その是非をめぐって激しい論争が生じた。その論争の背景，内容を理解する上で必読の1冊。

（久保慶一）

第15章
ハンガリー

正式国名：ハンガリー（2012年1月1日付けで名称を「ハンガリー共和国」から変更），面　積：9万3,030km^2，人　口：約990万人（2017年1月現在），首都：ブダペスト（173万7,000人），民　族：ハンガリー人86％，ロマ人3.2％，ドイツ人1.9％，言　語：ハンガリー語，宗　教：カトリック39％，カルヴァン派11.6％，ルター派2.1％，東方帰一教会0.13％，ユダヤ教0.11％（2011年），通　貨：1フォリント＝約0.40円（2018年5月現在），名目 GDP：1,254億米ドル，1人当たり GDP：2万6,741米ドル（2016年）

―― 欧州難民危機とハンガリー ――――――――――――

　2015年の欧州難民危機では，ハンガリーの動きが国際社会の注目を集めた。中東からドイツなど西欧諸国を目指す難民にとって，ハンガリーはヨーロッパ連合（EU）への事実上の玄関口となった。ハンガリー政府は難民の自国への不法入国を阻止するため南部国境をフェンスと鉄条網で閉鎖した。ハンガリー政府の対応は，国境での難民と軍，警察との衝突の動画などがインターネット上で拡散したのもあって，国際社会から批判を招いた。

　2010年の総選挙後に成立したオルバーン（Orbán Viktor）首相の政権は，国会での3分の2を超える議席を背景に，2011年にカトリックの伝統的な価値観を反映した新憲法（基本法）を可決させた。また，オルバーン首相は2011年のメディア法により，マスコミによる政権への批判的な報道に規制を加えようと試みた。さらに，オルバーンは行政府による司法や中央銀行への介入を始めた。EUはオルバーンの強引な政治手法に対して批判を強めていた。オルバーン政権とEUとの対立が次第に激しくなるなかで，難民危機が発生した。

　なぜ，オルバーン首相のもとで，ハンガリーは非リベラル・デモクラシーともいうべき，制度上は民主主義であるが自由が制限をされた状態に陥ったのだろうか。オルバーンの与党フィデス-ハンガリー市民連合（Fidesz-MPSZ：以下，Fidesz）は1989年の体制転換の最中にリベラル政党として出発したにもかかわらず，その後，右傾化した。本章では，第1次世界大戦以降のハンガリー現代史，体制転換後の政治制度と政党システム，経済・福祉政策，移民・難民政策，外交・安全保障政策を概観しつつ，最後にハンガリーが非リベラル・デモクラシーに至った背景と今後の展望を考える。

　なお，本章のアルファベットによるハンガリー人名は，現地での表記に合わせて姓・名の順序で記した。

―――――――――――――――――――――――――

1　体制転換への歩み

建国から共産化まで

　ハンガリーはウラル山脈の西から移動してきて定住した騎馬民族によって896年に建国された。その後，1000年に大首長イシュトヴァーン（István）がキリスト教を受け入れて王国となった。15世紀にマーチャーシュ（Mátyás）王の下でのハンガリーは大国として繁栄したが，1526年に北上するオスマン帝国とのモハーチの戦いで大敗した。16世紀以降，ハンガリーはオスマン帝国やハプスブルク帝国に支配された。外国支配の間，ハンガリーでは，何度も反乱や独立戦争が起こった。1867年にデアーク（Deák Ferenc）などハンガリーの有力貴族たちはハプスブルク家との間で二重帝国（オーストリア＝ハンガリー帝国）を成立（アウスグライヒ）させて，帝国の東半分の自治権を獲得した。

　第1世界大戦末期に二重帝国が解体すると，カーロイ（Károlyi Mihály）を大統領と

する共和制，クン（Kun Béla）によるタナーチ（ソヴィエト）政権があいついで成立したが短命に終わった。その後，ホルティ（Horthy Miklós）提督を摂政として国王不在のまま王制が復活した。戦後処理において，ハンガリーは敗戦国となった。その結果，1920年のトリアノン条約でハンガリーは王国成立以来の歴史的領土の約3分の2を喪失した。さらに，多くのハンガリー人が本国と切り離され，近隣諸国で少数民族となった。トリアノン国境の修正願望が，戦間期のハンガリー外交を縛ることになった。

1930年代後半以降，ハンガリーはナチス・ドイツに接近し失った領土の一部を取り返した。だが，ハンガリーは第2次世界大戦末期に連合国と単独講和を進めたためドイツに占領された。まもなく，ソ連軍がハンガリーに侵攻してドイツ軍を駆逐した。

第2次世界大戦の敗戦により，ハンガリーの領土は再びトリアノン国境に戻った。戦後のハンガリーはソ連の占領下に置かれたが，1945年，1947年に自由な総選挙が実施された。にもかかわらず，1940年代の後半にハンガリーでもソ連の支援を受けたラーコシ（Rákosi Mátyás）などモスクワ帰りの共産主義者が他の党派や戦前，戦中に非合法活動に従事していた共産党幹部を排除して権力を握った。1940年代末には，ソ連型の社会主義体制が成立した。モスクワ派による急速な重工業化，農業集団化，さらに秘密警察による市民生活の監視は，国民の激しい反発を招いた。

ハンガリー事件

1956年10月23日，首都ブダペストでの学生デモをきっかけに，勤労者党（MDP）（社会民主党を吸収合併した際に共産党が党名を変更）の独裁体制に対する市民の蜂起（ハンガリー事件）が勃発した。1956年2月のソ連共産党第20回党大会秘密報告における同党第一書記フルシチョフ（Nikita S. Khrushchev）のスターリン（J. V. Stalin）批判が明らかになると，MDPの権力基盤が急速に弱まり民主化を求める動きが活発になっていった。

蜂起が勃発するとまもなく，ウクライナ西部のソ連軍が出動した（第1次介入）。当初，ソ連は改革を志向しながら1955年に失脚したナジ（Nagy Imre）を首相に復帰させて事態の収拾をはかった。だが，ナジはまもなく蜂起した市民の側に軸足を移し始め，10月30日に一党支配の放棄，11月2日にハンガリーのワルシャワ条約機構からの脱退と中立化を宣言した。最終的にフルシチョフは社会主義陣営の瓦解を阻止する意思を明確にした。10月31日にソ連共産党政局は本格的な軍事介入を決定した。ハンガリー事件は11月4日の第2次介入によって鎮圧された。

ハンガリー事件当時のブダペストの市街地での市民とソ連軍との戦闘，第2次介入による蜂起鎮圧の場面は，フィクションであるが映画『君の涙ドナウに流れ　ハンガリー1956』をご覧いただきたい。同映画は水球のメルボルン五輪代表の主人公カルチとヒロインで蜂起に身を投じた女子学生ヴィキの物語であり，最後のシーンで，秘密警察に逮捕されたヴィキの処刑，カルチの出場した「メルボルンの流血戦」とよばれたハンガリー対ソ連の水球の試合の光景が映し出されている。

実際の水球代表選手団の多くはソ連に勝って金メダルを獲得しながら，五輪後に西側に亡命した。水球と同様，1954年のスイスW杯で準優勝するなど「マジック・マジャル」とよばれ世界屈指の強豪だったサッカー代表チームでも，多くの選手がハンガリー事件後に遠征先から帰国することなく亡命した。さらに，ソ連軍の第2次介入の後，当時まだ閉鎖されていなかったオーストリア国境から，ハンガリーの人口の約2％にのぼる20万人が難民として西側に移住した。その後，難民が脱出したオーストリア国境は高圧電流の流れる鉄条網で閉鎖された。

第2次介入の後，ナジとその協力者はユーゴスラヴィア大使館に避難したが，11月22日に帰宅を許されて大使館から退去した直後にソ連軍に身柄を拘束された。ナジはルーマニアに連行された後で，1958年6月に裁判にかけられて処刑された。

カーダール時代

ハンガリー事件後に政権を握った社会主義労働者党（MSZMP）（MDPの崩壊後に再建）第1書記カーダール（Kádár János）は，当初，反体制派を激しく弾圧したが，段階的に国内統制の緩和を進めた。1960年代半ば以降，カーダールは一党支配の枠組みを堅持しながらも，社会主義経済に部分的な市場原理を導入するなどの改革に着手した。カーダールは消費生活を向上させることで国内の支持を拡大した。その結果，ハンガリーは代表的な料理グヤーシュ（グラーシュ）にたとえて「グヤーシュ・コミュニズム」と称されるような東欧で最も寛容な社会主義国となった。

しかし，その一方で，ナジ裁判の時と同様のカーダールの社会主義への忠実さ，マキャヴェリストというべき冷徹な側面は，1968年のチェコスロヴァキア，1980年から1981年のポーランドの政治危機でも発揮された。カーダールは1968年に軍事介入の回避に努めたが，最終的には東側陣営全体の安定を優先させ自発的にワルシャワ条約機構の軍事介入への参加に踏み切った。1981年にカーダールは自らの1956年の経験をもとに軍事介入という最悪の事態を防ぐため，ポーランド統一労働者党の指導者たちに自由労組「連帯」に強硬姿勢でのぞむよう迫った。

1980年代半ばになると，年率30％を超えるインフレ，累積する対外債務がハンガリーで深刻な問題となった。危機の打開には，抜本的な改革が不可欠だった。しかし，高齢のカーダールは改革を躊躇した。1985年にソ連共産党書記長に就任したゴルバチョフ（Mihail S. Gorbachev）は内政干渉を避けつつも，ハンガリーの変革を促進するため何度もカーダールに引退をすすめた。最終的に，カーダールは1988年5月のMSZMP全国会議で書記長（1985年に名称変更）辞任を余儀なくされた。翌年7月，カーダールは死去した。

体制転換

カーダール退陣後，民主化の動きが加速した。カーダールの後任には，穏健な改革を

志向するグロース（Grósz Károly）が就任する一方，急進的な改革を主張するポジュガイ（Pozsgay Imre），1968年経済改革の責任者ニェルシュ（Nyers Rezső）が政治局入りした。まもなく，国内でグロースの求心力が弱まり，ポジュガイや新たに首相に就任したネーメト（Németh Miklós）の発言力が強まった。

1989年1月にポジュガイが1956年のハンガリー事件を「人民の蜂起」と発言して以降，事件に関する歴史的評価の見直しが始まった。6月16日にナジの名誉回復がなされて，再埋葬式が開催された。24日には，1956年の再評価に反対したグロースが失脚した。

1989年に入り，複数政党制が公認された。当時，すでに民主フォーラム（MDF），自由民主連合（SZDSZ），Fidesz など在野勢力の政党としての組織化が進んでいた。6月には，MSZMP と在野勢力が今後の政治について話し合う円卓会議を開催することに合意した。9月に MSZMP と SZDSZ, Fidesz を除く在野勢力が，翌年春に自由な総選挙を実施することで合意した。10月に MSZMP は社会党（MSZP）と党名変更して再出発した。

1989年の前半にハンガリーとポーランドで始まった民主化の動きは，同年秋以降に東ドイツ，ブルガリア，チェコスロヴァキア，ルーマニアにも波及した。国際環境の激変は，これまで上からの民主化を推進してきた MSZP にブーメランのように跳ね返ってきた。民主化の過程で大規模なデモや街頭での警察や軍と市民の衝突なしにソフトランディングに成功した MSZP もまた，1990年4月の総選挙で大敗して政権の座から下りることになった。

2　体制転換後の政治

体制転換後の政治体制

体制転換後のハンガリーの政治体制は，議院内閣制となった。だが，当初，大統領と首相の権限の違いが明確ではなかった。1990年の自由な総選挙での苦戦が予想される MSZP は，1989年秋の時点で直接選挙によって知名度の高いポジュガイを大統領に選出して，首相ポストを野党に明け渡しても外交・安全保障政策で一定の発言力を確保しようとしていた。にもかかわらず，円卓会議の合意文書への署名を拒否したリベラル派の SZDSZ, Fidesz は総選挙の後での大統領選挙を主張して，署名を集めて11月に国民投票に訴えた。その結果，大統領の選出は総選挙の後で実施されることになり，ポジュガイの選出は阻止された。

1990年の総選挙の後，国会開会後100日間の閣外協力の見返りとして野党第一党 SZDSZ が推したゲンツ（Göncz Árpád）が大統領になった。1990年の秋，ゲンツは国防軍の最高指揮権をめぐって MDF のアンタル（Antall József）首相と対立した。だが，まもなく国会の間接選挙で選出される大統領の権限は制限されることになった。

ハンガリーの議会は任期4年の国民議会のみの一院制である。1990年から2010年まで

表15-1 体制転換後の歴代首相

首相名	所属政党	在任期間
アンタル	MDF	1990～1993
ボロッシュ	MDF	1993～1994
ホルン	MSZP	1994～1998
オルバーン	Fidesz	1998～2002
メジェシ	MSZP	2002～2004
ジュルチャーニ	MSZP	2004～2009
バイナイ	MSZP	2009～2010
オルバーン	Fidesz	2010～

6回の総選挙の選挙制度は，386議席で2回投票の小選挙区，比例代表である県レベルの地域リスト，死票を集計した全国リストからなっていた。地域リストが全国で5％（1990年総選挙では4％）以上の得票率を得られなかった政党は，阻止条項により議席を得られない。2014年総選挙以降の選挙制度は，199議席に削減されて，1回のみの投票の小選挙区，全国レベルの比例代表区に変更された。比例代表区には，5％の阻止条項が存在する。1990年以降，ハンガリーの国会はいずれも4年の任期を満了しており，解散されていない。

政党システムの変遷

次に，体制転換後のハンガリーの政党システムの変遷を述べる。1990年の最初の自由な総選挙は，MDF，独立小農業者党（FKGP），キリスト教民主人民党（KDNP）の中道右派，SZDSZ，Fidesz のリベラル派，MSZP の左派によるある種の三つ巴であった。MDF は農村土着型の人民作家の流れをくむ知識人を中心に結成された。FKGP は戦間期に結成されて共産化まで存在した歴史的政党である。KDNP は第2次世界大戦後の民主人民党を継承し，カトリック教会の利益を代表する。SZDSZ は都市型で西欧志向の知識人によって結成された。Fidesz はエトヴェシュ・ロラーンド大学（ブダペスト大学）法学部出身者を中心にして結成され，当初，SZDSZ の知識人の影響下にあった。結成当初の Fidesz の正式名称は青年民主連合（Fiatal Demokraták Szövetsége：FIDESZ）であった。MSZMP と対峙する在野団体としての MDF と SZDSZ は，先述のような20世紀のハンガリーの知識人を二分する対立を背景に，別々に結成された。体制転換当時のポーランド，チェコスロヴァキアで反体制派が「連帯」や市民フォーラムで大同団結した状況とは異なっていた。1990年の総選挙の後，MDF を中心に中道右派の連立政権が成立した。

1990年総選挙の結果，MDF，SZDSZ の二大政党に近い政党システムが成立するかとみられた。しかし，実務経験に乏しい MDF 中心の連立政権への幻滅が広がるなかで，当初，若手政治家主体の Fidesz に有権者の期待が集まった。まもなく Fidesz は SZDSZ のジュニア政党的なリベラル派から右へウイングを伸ばすことになった。1994年の総選挙では，MSZP が過半数の議席を獲得した。他方，MDF は大幅に議席を減らした。同時に，右派への路線転換が有権者に十分浸透しなかった Fidesz も伸び悩んだ。総選挙の後，社会党と第二党 SZDSZ の連立政権が成立した。MSZP は過半数の議席を獲得したが，旧共産党復活への国際社会の根強い懸念を払拭するため，あえて政策的に

表15-2 総選挙での政党の獲得議席（1990〜2010年）

	Fidesz	MSZP	MDF	SZDSZ	FKGP	KDNP	MIÉP	Jobbik	LMP	その他
1990年	21	34	164	92	44	21				10
1994年	20	209	38	69	26	22				2
1998年	163[1]	134	2	24	48		14			1
2002年	188	178		19						1
2006年	164[2]	186	11	18[3]						7
2010年	262	59						47	16	2

注：(1)Fidesz の獲得議席は小選挙区での MDF との共同候補50を含む。
(2)Fidesz と KDNP との選挙連合，2010年も同様。
(3)SZDSZ とリベラル党との選挙連合。
出典：全国選挙管理事務所のホームページ（http://www.valasztas.hu/）から作成。

表15-3 総選挙での政党の獲得議席（2014〜2018年）

	Fidesz-KDNP	MSZP-Együtt-DK-MLP	MSZP-Párbeszéd[1]	Jobbik	DK	LMP	Együtt	その他
2014年	133	38		23		5		
2018年	133		20	26	9	8	1	2

注：(1)MSZP と対話（Párbeszéd）との選挙連合。
出典：全国選挙管理事務所のホームページ（http://www.valasztas.hu/）から作成。

近い SZDSZ との連立を選択した。

1998年の総選挙の結果，Fidesz と MSZP を軸とする二大政党制への傾向がみられた。Fidesz は MDF と選挙連合を組んで保守票を取り込んで小選挙区で勝利して第一党となった。体制転換直後に二大政党化すると思われた MDF，SZDSZ は小党に転落した。MDF は Fidesz と小選挙区での協力でかろうじて議席を確保し連立政権に参加した。なお，1998年総選挙では，極右政党・ハンガリーの正義と生活党（MIÉP）が少数ながら議席を獲得した。2002年の総選挙では，Fidesz との接戦の末に第一党となった MSZP が SZDSZ と連立して過半数を確保した。2006年の総選挙後も，MSZP，SZDSZ の連立政権が維持された。

1998年以降に定着するかと思われた Fidesz，MSZP の二大政党とその補完勢力としての MDF，SZDSZ からなる政党システムは，2000年代末には崩壊した。2006年9月，10月のブダペストでの極右勢力による暴動と2008年のリーマン・ショックを契機とする経済危機により，西欧型の国家建設を目指した MSZP，SZDSZ の左派・リベラル派は急速に信頼を失った。反対に，ナショナリズムの色彩を強めた Fidesz が支持を伸ばした。同時に，極右政党「よりよいハンガリーのための運動（ヨビック）（Jobbik）」が台頭した。2010年総選挙の前哨戦ともいえる2009年の欧州議会（EP）選挙では，Fidesz が圧勝，MSZP が惨敗した。SZDSZ は議席を得られず，反対に Jobbik が議席を獲得した。

Fideszは2010年の総選挙で3分の2を超える議席を得て8年ぶりに政権を奪還した。逆に，MSZPは1990年に次ぐ大敗を喫した。連合を組んで選挙にのぞんだSZDSZ，MDFは議席を得られず，最初の自由な総選挙から20年を経て，Fidesz，MSZP，2006年総選挙からFideszと選挙連合・統一会派を組むKDNPを除いて，体制転換直後から国会で活動してきた政党は全て議席を失った。Jobbikは10％を超える得票率で社会党に次ぐ野党第二党となった。さらに，環境保護政党「新しい政治の形（LMP）」が初めて議席を獲得した。

　2010年総選挙後のMSZPは，元首相ジュルチャーニ（Gyurcsány Ferenc）が離党して結成した民主連合（DK），前首相バイナイ（Bajnai Gordon）が政界復帰の際に結成した「共に2014」（Együtt 2014：E2014）の3つに分裂した。2014年の選挙では，MSZP，DK，他党との協力を模索してLMPから分裂した「ハンガリーのための対話（PM）」とE2014の連合Együtt，元文化教育相フォドル（Fodor Gábor）のリベラル党（MLP）が選挙連合「団結（Összefogás）」を形成した。2006年総選挙当時の旧連立与党が「団結」の中心だった。しかし，Fideszは3分の2の議席を確保した。また，Jobbik，LMPも議席を確保した。

　2018年の総選挙でも，Fideszが3分の2の議席を確保した。前回2014年で「団結」を形成した左派の野党は選挙協力すら満足にできなかった。その結果，Jobbikが野党第一党になった。現在，MSZP，Jobbik，LMPは党内対立をかかえており，Fidesz一強の状況は揺らぎそうもない。

3　経済・福祉政策

体制転換後の経済

　ハンガリーでは，1968年に新経済メカニズムが導入されるなど，早い段階から社会主義経済の改革が試みられた。1980年代半ば以降の経済危機は抜本的な改革を迫り，1989年に民主化とともに市場経済への移行を促した。市場経済への移行は，大量の失業者の発生，貧困層の増大，貧富の差の拡大などの副作用を伴った。特に，1995年以降に社会党政権下で実施された緊縮政策「ボクロシュ・チョマグ（パッケージ）」は，国民に厳しい負担を強いる経済安定化プランであった。ボクロシュ（Bokros Lajos）とは，政策を遂行した蔵相である。1997年には，ハンガリー経済が回復軌道に乗った。2002年までハンガリーは高い経済成長を維持した。しかし，その後，ハンガリー経済は停滞期に入った。失速の要因は財政問題だった。ハンガリーは深刻な財政赤字をかかえており，EU加盟後に緊縮財政策を迫られた。

　2008年秋のリーマン・ショックに端を発した資本流出，財政危機，通貨フォリントの暴落は，住宅や自動車の購入のために外貨建てのローンを組んだ人々の家計を直撃するなど，市民生活に深刻な影響を及ぼした。ハンガリーの国内総生産（GDP）は2009年に

は前年比で6.6％も下落した。ハンガリーは危機的な財政状況の下で，EU，国際通貨基金（IMF）から金融支援を受けることになった。さらに，2009年のギリシャ発のユーロ危機は，ハンガリー経済に追い打ちをかけた。2008年以降の経済危機は，厳しい財政再建策を強いることになり，左派・リベラル派によるヨーロッパ（西欧）モデルによる国家再建，欧州統合への国民の幻滅を決定づけた。

　2010年の総選挙で圧勝して政権に返り咲いたオルバーンはいったんEU，IMFからの支援を停止したが，再度，要請しなければならなくなった。その後も財政再建をめぐってオルバーン政権とEUとの対立は続いた。オルバーン政権は国立銀行の中立性の侵害，年金基金の国有化，外資の支配的な産業部門への課税などナショナリスティックな経済政策を志向するようになった。にもかかわらず，オルバーン政権は国際金融市場で資金を調達して，2013年以降に経済を回復させた。ハンガリーは2004年にEUに加盟したが，未だユーロを導入する基準を満たしていないため，ギリシャなど南欧と比較しても，比較的自由な経済政策，金融政策を実施できた。現在，回復基調にあるハンガリー経済を支えているのは，EU基金からの公共投資である。

体制転換後の福祉政策

　旧体制下のハンガリーでは，国家による雇用の保障，国家予算による医療制度，社会保険による年金制度や家族や育児の手当など，国家主体による福祉制度が構築されていた。この福祉制度は現実のハンガリーの経済力に不相応なものであった。体制転換の後も旧体制時代の福祉制度を維持することはもはや不可能であった。1990年以降，歴代政権はテンポの差こそあれ，国家予算から社会保険への社会保障の財源の移行，年金受給年齢の段階的な引き上げなど支出の削減を実施してきた。とりわけ，先述の1995年のMSZP政権下でのボクロシュ・チョマグによる財政再建は旧体制から維持されてきた福祉政策の転換を象徴した。

　しかしながら，1996年には国民の反感をかったボクロシュは辞任に追い込まれた。旧体制以来の高水準の社会支出と寛大な福祉給付が，国民の不満を宥め社会の安定に寄与してきたことは明らかである。1998年のFideszへの政権交代は，MSZP，SZDSZのホルン（Horn Gyula）政権による緊縮政策への批判が主な要因だった。1998年以降，FideszとMSZPとの政権交代のなかで，社会保障の軸となる年金制度は政策の重要な相違点となった。MSZPの政権は従来の社会保障基金（賦課方式）に民間の個人年金（積立方式・強制加入）を加えた新システムを志向したが，Fideszは年金基金の民営化に反対していた。2010年総選挙での勝利の後，Fideszは年金基金を再国有化した。オルバーン政権は再国有化を強行することで，将来，高齢者への給付に充てられる民間の個人年金で集められた資産を政府債務やIMFの融資の返済，Fideszの求める政策の費用に流用した。

4 国境における人の移動

近隣諸国のハンガリー系少数民族

　先述のようにハンガリーがトリアノン条約で歴史的領土の3分の2を失った結果，近隣諸国に多くのハンガリー系住民が残された。第2次世界大戦の後，スロヴァキアに住むハンガリー系住民の一部は，住民交換でハンガリー本国への移住を余儀なくされた。旧体制下では，近隣諸国のハンガリー人の権利について論じることはタブーだった。

　1980年代後半，国内政治が硬直化したルーマニアから多くのハンガリー系住民が難民となってハンガリーに流入した。ルーマニアのチャウシェスク（Nicolae Ceauşescu）政権は農村改造を意図して，近代化に取り残されながらも貴重な伝統文化の残るトランシルヴァニア地方の農村の破壊を始めたのである。ルーマニアからの難民は1985年以降に年々増加の一途をたどった。難民は民族としてハンガリー人，ルーマニア人，ドイツ人に分類された。だが，難民の大多数はハンガリー人であった。

　隣国の同胞が難民となって自国へ流入するなかで，ハンガリー国内ではチャウシェスク政権への反発が強まった。1988年2月以降，国内ではルーマニアへの抗議デモが行われた。同年6月の大規模な抗議集会の後，ルーマニアは報復のためにクルージュ＝ナポカのハンガリー総領事館員を追放した。1988年8月のグロースとチャウシェスクの首脳会談が成果なく終わると，ハンガリーへの越境者が増加した。さらに，ブルガリアのハンガリー大使館に保護を求めるハンガリー系ルーマニア人も現れた。ハンガリー政府は国際赤十字の協力を得て，オーストリア経由で彼らを自国に入国させた。ハンガリーはルーマニアからの難民の問題で国連難民高等弁務官事務所（UNHCR）や国際赤十字などの国際機関の支援を得るため，1989年6月に東欧で最初に「難民の地位に関する条約（難民条約）」に加盟した。

東ドイツ人へのオーストリア国境の開放（1989年）

　難民条約加盟とほぼ同時期に，西ドイツへの亡命を希望する東ドイツ人がハンガリーに流入した。1987年にハンガリーでは，国民の国外旅行の自由が保証された。その結果，オーストリア国境の高圧電流の流れる鉄条網は存在理由を失った。1989年2月にハンガリーは鉄条網の撤去を決定した。鉄条網が撤去されると，東ドイツ人が夏季休暇を口実にハンガリーへ入国したのである。当初，東ドイツ人はブダペストの西ドイツ大使館に保護を求めたが，その後，国内の施設に収容された。

　東ドイツ政府はハンガリーに対して1969年の二国間のビザ免除協定に基づき，不法滞在を続ける自国民を送還するよう要求した。しかし，ハンガリーは難民条約を根拠に東ドイツの要求に応じなかった。1989年8月にネーメト首相，ホルン外相は東ドイツ人をオーストリアへ出国させることを決定した後で，ボンに赴いて西ドイツ政府の支持を取

り付けた。9月11日にハンガリーが東ドイツに二国間のビザ免除協定の効力の停止を通告し、東ドイツ人のオーストリア経由での西ドイツへの出国を認めた。まもなく東ドイツ国内では、大規模な反体制デモが発生して、社会主義体制が瓦解した。さらに、ハンガリーによる東ドイツ人への国境の開放から2カ月足らずで、ベルリンの壁も崩壊した。

体制転換後の人の移動

　体制転換の後、ハンガリー本国と隣国のハンガリー人との交流が活発になった。特に、ルーマニアやウクライナのハンガリー人にとって、ハンガリーへの入国が容易になった。体制転換から4半世紀以上を経た今日までに、ハンガリー本国への移住者が増加した。その結果、近隣諸国でのハンガリー系少数民族の人口は減少した。

　少子高齢化が進行するハンガリーでは、主として隣国の同胞を労働力として受け入れてきた。2007年12月のシェンゲン協定加盟により、ハンガリー人にとって西欧での就労の機会が増えることになった。多くのハンガリー人が高賃金の仕事を求めて西欧へ移動すれば、将来において、国内の労働力不足を移民によって補う必要に迫られるだろう。

欧州難民危機への対応

　2011年に始まったシリア内戦とイスラーム過激派の台頭により、多くの難民が発生した。やがて、難民の一部は地中海を渡ってヨーロッパへ向かった。難民にはシリアのみならず、過激派の活動の活発化によって治安が悪化したイラク、リビア、アフガニスタン、サハラ砂漠以南のアフリカ諸国の出身者も含まれていた。2015年には、トルコからエーゲ海を渡ってギリシャを経由して、ドイツなど難民の受け入れに積極的な西欧諸国を目指して北上するバルカン・ルートが脚光を浴びることになった。西欧から地理的に遠いギリシャを除き、難民が最初に到達するEU加盟国がハンガリーだった。2015年の春、大量の難民がセルビア国境からハンガリーに流入した。難民はハンガリーにとどまるのではなく、生活水準の高い西欧での難民申請を希望した。政治的な理由で祖国を追われた「難民」がハンガリーに着いた時点で、すでに経済的な動機で西欧を目指す「移民」としての性格を有したことは否定できない。ハンガリーに入国した難民には、中東のみならずバルカン半島出身者もまじっていた。

　ハンガリーにとって、難民の保護が経済的な負担であったことはいうまでもない。さらに、国内では治安の悪化を恐れて難民流入に対する危機感が強まった。2015年6月、オルバーン政権は違法な越境を阻止するため、セルビアとの国境に全長約175km、高さ4mのフェンスを設置することを決定した。

　ハンガリーのフェンス設置はEU加盟国、特にドイツからの激しい批判を招いた。ドイツのメルケル（Angela Merkel）首相の寛容な難民への対応は、人道的な動機からであるが従来の域外との国境管理や難民申請のあり方と違った。イギリス、アイルラン

ド，キプロス，ルーマニア，ブルガリア，クロアチアを除く EU 加盟国および EU 非加盟のノルウェー，スイス，アイスランド，リヒテンシュタインの域内では，「シェンゲン協定」により人の移動の自由が保証されていた。しかし，その一方で，同協定の加盟国には協定域外との出入国管理を厳格に行う責任があった。ハンガリーにとって，域内の治安や安全保障の観点から難民を無原則に入国させることはできなかった。

さらに，EU 加盟国はダブリン規則により，難民の申請手続きを最初に入国した国で行うよう定めていた。ダブリン規則の意図は，EU 域内での二重の難民申請を防ぐことであった。ダブリン規則が厳格に適用されれば，シリアやイラクからの難民はハンガリーで申請手続きを行わねばならなかった。ハンガリー政府には，難民申請の手続きをしないままの入国者を隣国オーストリアへ出国させるわけにはいかなかった。2015年9月以降，オルバーン政権は自国内にとどまる難民を段階的にオーストリアへ出国させながら，不法入国者の増加に歯止めをかけるためにセルビアとの国境を閉鎖した。

ハンガリーの難民対策に関して，欧米メディアでは，2010年以降のオルバーンの非民主的な政治手法と重ね合わせて，人道面での批判が目立った。だが，2015年当時のオルバーン政権の対応が「難民条約」などの国際条約に対する違反だという根拠はなかった。

2015年5月，EU は難民対策の指針として「人口移動に関するヨーロッパのアジェンダ」を発表した。EU はこの方針に基づき，加盟国に人口や経済規模に応じて一定の難民の受け入れ割り当てを決めた。当初，EU 加盟国が受け入れる難民の合計は4万人だった。まもなく難民の受け入れ枠は同年9月には16万人にまで拡大した。EU による受け入れ割り当てによれば，ハンガリーは2015年9月から2年間でギリシャ，イタリアから合計1,294人の難民を受け入れることになっていた。

ハンガリーは EU の難民の受け入れ割り当てに激しく反発した。2015年12月にハンガリーとスロヴァキアは欧州司法裁判所に受け入れ割り当ての無効を求める訴えを起こした。さらに，オルバーンは2016年10月2日に受け入れ割り当ての是非を問う国民投票を実施した。しかし，難民の受け入れ割り当ての是非をめぐる国民投票は，投票率43.9％で成立しなかった。2011年に制定された基本法（憲法）では，国民投票の成立には，有効投票率50％が必要だった。にもかかわらず，有権者の難民への反発は根強く，有効票のうち難民の受け入れ割り当てへの反対票が98％を占めた。同年11月8日には，オルバーン政権が難民受け入れ割り当てを拒否するため，EU 加盟国の国民を除く外国人の居住にハンガリー政府の承認を義務づける基本法の改正を試みた。だが，Jobbik が棄権したため，改正に必要な賛成票が3分の2に届かなかった。Fidesz は補欠選挙で敗れた結果，国会で3分の2の議席を割っていた。その後，2017年9月6日に欧州司法裁判所が難民の受け入れ割り当てを不当とするハンガリーとスロヴァキアの訴えを退けた。

ハンガリー政府による EU 加盟国への難民の受け入れ割り当てを拒否することを正当化する試みは，全て失敗した。にもかかわらず，オルバーンは依然として難民の受け

入れ割り当てを拒否する姿勢を崩していない。

5　体制転換後の外交・安全保障政策

体制転換後のハンガリー外交
体制転換後のハンガリー外交は，以下の3つの基本方針からなっていた。

①NATO，EUなどユーロアトランティック機構への早期加盟。
②近隣諸国との地域協力の推進。
③近隣諸国のハンガリー系住民の権利擁護。

①から③は，1990年の総選挙後に成立したアンタル首相の中道右派政権下で形成された。
　ハンガリーをはじめ中・東欧諸国にとって，①は東側陣営の崩壊で生じた権力の真空状態における地域の安定，ヨーロッパ経済統合への参加などの国益のみならず，共産主義から脱した後の「ヨーロッパ回帰」という理念的な意味を有していた。さらに，1991年以降に旧ユーゴスラヴィア地域で続いた民族紛争は，ハンガリーにNATOとの関係強化を促すことになった。また，経済発展のためにEU加盟が不可欠だという認識を多くの国民が共有していた。EU加盟の必要条件として，ハンガリーや他の中・東欧諸国は民主主義や人権，市場経済などのコペンハーゲン基準を受け入れなければならなかった。さらに，EUがこれまで蓄積してきた法体系である「アキ・コミュノテール」を満たすための法整備を中・東欧諸国は進めた。
　①はNATO加盟後に同盟の任務遂行を通じた国際秩序の安定への貢献，EU加盟後に域内での経済統合を進めることに転じた。現在，ハンガリーは域内の経済格差を埋めるための多額のEU基金の恩恵を受けている。
　2010年以降のオルバーン政権は法の支配や人権などEUの価値に反するような姿勢を取っている。オルバーン政権のEUに対する姿勢には，第1期政権時代（1998〜2002年）の体験が影響を及ぼしたと考えられる。アキ・コミュノテールを受け入れるための早期の改革や法整備は，現実には厳しいものだった。2004年のEU加盟以降の中・東欧諸国は「改革疲れ」といえる状態に陥った。ようやく加盟にこぎつけたにもかかわらず，新加盟国にとって，域内での労働力の移動の自由が最大7年間制限されることに不満が残った。EUはコペンハーゲン基準，アキ・コミュノテールの受け入れのみで新加盟国においてリベラル・デモクラシーを定着させることができなかった。EU内部での軋轢とは対照的に，ウクライナ情勢をめぐって欧米がロシアに経済制裁を科すなかで，オルバーン政権は原油，天然ガスの輸入，パクシュ原発の拡張への資金や技術面での支援など，エネルギー政策でロシアとの関係を強化している。

②に関しては，NATO，EU 加盟へ向けた共同歩調，地域対話の促進，国境地帯における経済，文化，情報面での交流推進が挙げられる。とりわけ，1991年2月に始まったポーランド，チェコスロヴァキア（1993年以降はチェコとスロヴァキア），ハンガリーによる地域協力であるヴィシェグラード・グループ（V4）が重要な役割を果してきた。しかし，その一方で，後述する③の原則に基づくスロヴァキアのハンガリー人の権利保護をめぐって，V4 の地域協力が停滞することもあった。また，2002年のオルバーンによる第2次世界大戦直後にドイツ系，ハンガリー系住民の処遇に関するチェコスロヴァキアでのベネシュ（Edvard Beneš）大統領令の無効発言の際には，他の3カ国の反発によってV4の首脳会談が中止となることもあった。さらに，旧体制下でチェコスロヴァキア，ハンガリー両国がドナウ川に建設予定だったガブチーコヴォ＝ナジマロシュ・ダムをめぐる問題が，体制転換後にハンガリー・スロヴァキア間の争点として残った。1989年にハンガリー政府は環境保護の観点からナジマロシュ・ダム建設に反対する地域住民に配慮して，一方的に建設中止を決定した。チェコスロヴァキアはハンガリーの決定に反発した。ダム問題は1997年にデン・ハーグの国際司法裁判所に持ち込まれたが，解決に至らなかった。

　2004年5月のEU加盟実現の後も，V4の地域協力は維持されている。現在，V4は域内での4カ国の発言力を確保するために不可欠な存在である。特に，2015年以降の欧州難民危機の際，V4 は EU による加盟国への難民の受け入れ割り当てに反発してこれまでになく結束を強めた。また，V4 は北欧理事会，ベネルクス，バルト3国など EU 内部の他の地域協力との連携，安全保障面で EU 域外の旧ソ連国や西バルカン諸国との対話，パートナーシップを模索している。現在，オルバーン政権は③に関連する問題以外では近隣諸国との良好な関係構築に積極的である。

　③の国境外に住む300万人近いハンガリー系住民の少数民族としての権利拡大へ向けた動きを支援することは，体制転換後のハンガリーにとって重要な課題だった。しかし，ハンガリー政府による国外同胞への優遇措置が隣国との軋轢を生むことがあった。2001年に第1期オルバーン政権は「国外ハンガリー人に関する法律（地位法）」を制定して，隣国のハンガリー系住民へのハンガリー人証明書の発行，季節労働のための滞在などでの優遇措置を保証した。オルバーン政権が地位法を制定した要因は，ハンガリーが EU に加盟した後に未加盟の隣国に住むハンガリー人の立場に配慮したことであった。国外のハンガリー系住民にとって，ハンガリーがシェンゲン協定の域内に入れば，これまでよりも隣国からの人の移動が困難になることが懸念された。しかし，ルーマニア，スロヴァキアは自国に対する主権侵害であると地位法に激しく反発した。

　その後，2010年に第2期オルバーン政権が近隣諸国に住むハンガリー人にハンガリー国籍を与えるために国籍法を改正した。ハンガリー人が全人口の1割近くを占めるスロヴァキアは警戒感を露わにし，二重国籍を認めない法案を可決した。その結果，スロヴァキアのハンガリー人が自発的にハンガリー国籍を取得すれば，スロヴァキア国籍を

剝奪されることになった。

　近隣諸国のハンガリー系少数民族の問題は，ハンガリー政府による本国での特別な権利授与でなく，EU の統合の深化と地理的拡大によって自由な人の移動が保証されるなかで解決すべきである。にもかかわらず，2019年の時点で，ハンガリーの隣国のなかで，ルーマニア，クロアチアがシェンゲン協定未加盟である。セルビア，ウクライナは EU 加盟国でない。特に，ウクライナは EU 加盟候補国にもなっていない。オルバーン政権はセルビアの EU 加盟への支持を表明しているが，ウクライナ情勢でロシア寄りの立場をとっている。さらに，ウクライナの新しい教育法が少数民族の母語で教育を受ける権利を侵害しているとオルバーン政権は主張する。

体制転換後の安全保障と NATO 加盟
体制転換後のハンガリーの安全保障上の選択肢として，以下の4点が考えられた。

①ワルシャワ条約機構の新たな安全保障組織への改編。
②中立。
③安全保障を含めた強力な地域協力制度の創設。
④NATO 加盟。

　まもなく④が最も多くの支持を集めた。すでに，1990年2月の時点で，ホルン外相が NATO との関係強化の必要性，将来において NATO の一員となる可能性について示唆していた。まず，①はソ連の政治的混乱と国内での反ソ感情により，当初から実現不可能だった。次に，②における中立とは，冷戦期に非武装に執着してきたわが国の一部の政治家や文化人が論じる軍事力を放棄ないし最小限にとどめる政策とは全く異なり，自主防衛を前提としている。スカンディナヴィア半島というヨーロッパ大陸の周辺部に位置するスウェーデン，アルプスの山岳地帯に位置するスイスと異なり，ヨーロッパ大陸の中央部に位置する中・東欧で中立を前提とした自主防衛は困難であった。また，中立はこれまで以上の軍事予算を必要とした。そのため，ハンガリーの主要な政治家，政党の間では，中立は非現実的としか映らなかった。ハンガリーにとって，③のような小規模な軍事力しか保持しない国家同士の同盟も適切な選択肢ではなかった。何よりもハンガリーは1990年代の自国をとりまく国際環境の変化によって，④の NATO 加盟を安全保障の軸と捉えるようになった。

　1991年のクロアチア戦争の際，ユーゴスラヴィア（セルビア），クロアチアによる領空，領土の侵犯が頻発し，ユーゴスラヴィア空軍機がハンガリー南西部バルチに誤って（?）爆弾を投下する事件が発生した。旧ユーゴスラヴィアでの民族紛争は，1992年にはボスニア＝ヘルツェゴヴィナに波及した。体制転換後に軍事予算が大幅に削減されたハンガリーでは，国防軍の能力の低下が深刻な問題であった。1993年4月の国会決議「ハ

ンガリー共和国の国防の基本原則」では「ハンガリー共和国は現存する国際的な安全保障機構であるNATO, 西欧同盟（WEU）への完全な加盟を目標とする」と述べられていた。遅くとも1996年までに国会に議席を持つ政党の間で, NATO加盟に関するコンセンサスが形成された。

ロシアは旧東側諸国のNATO加盟に強く反対した。NATOがかつてのソ連の勢力圏にまで拡大することは, ロシアにとって潜在的な脅威だった。アメリカはNATO拡大への反対姿勢を崩さないロシアの立場に配慮しながら, 中・東欧諸国をNATOに加盟させる努力を続けた。具体的には, アメリカはNATOと早期のNATO加盟が困難な中・東欧諸国との関係強化を目的として, 「平和のためのパートナーシップ（PFP）」を提唱した。アメリカはNATOへの加盟を希望する国に対して, NATO方式の訓練, 英語などの外国語の習得を通して段階的に自国の兵士をNATOとの共同任務に適応させる努力を開始した。1995年11月のデイトン合意後にNATO主導の平和履行部隊（IFOR）, 平和安定化部隊（SFOR）がボスニア＝ヘルツェゴヴィナに展開した際, ハンガリーはNATOの部隊にタサールなど南部の基地を前線基地として提供した。

ポーランド, チェコ, ハンガリーは, 1997年7月にマドリードで開催されたNATOの首脳会議に招待された。マドリードにおける首脳会談で, NATOは3カ国の加盟に合意した。1999年3月に3カ国は正式に加盟国となった。

NATOと国際任務

ポーランド, チェコ, ハンガリーが加盟を果してから2週間足らずのうちに, NATOはコソヴォ紛争に介入してユーゴスラヴィアへの空爆を始めた。ハンガリーはNATO軍機の自国領空の通過, タサール空軍基地の使用を許可することによって, NATOのユーゴスラヴィアへの武力行使に協力した。ユーゴスラヴィアと直接国境を接するハンガリーは厳しい立場にあった。ユーゴスラヴィアのヴォイヴォディナ地方には, 30万を超えるハンガリー系少数民族がいた。当初, 空爆への支持がハンガリー系住民におよぼす影響をハンガリー政府は懸念していた。ユーゴスラヴィア大統領ミロシェヴィチ（Slobodan Milošević）による和平案の受け入れの後, 1999年6月の国連安保理決議1244に基づいて, NATOが主体となってコソヴォでの治安維持にあたる国際安全保障部隊（KFOR）が創設された。ハンガリーはKFORに参加した。

2001年9月11日のイスラーム過激派組織アルカイダによるニューヨーク, ワシントンでの同時多発テロの後, NATOは史上初めてワシントン条約（北大西洋条約）第5条を発動した。アメリカやイギリスによるアフガニスタン攻撃直前の10月5日, ハンガリー国会がNATO軍機の領空通過, 空港使用を許可することを決議した。イスラム原理主義勢力タリバーンの政権の崩壊後, ハンガリーは国連安保理決議1386に基づく国際治安支援部隊（ISAF）に参加した。当初, ハンガリーは50名の国防軍の医療チームをISAFに参加させた。その後, タリバーンの攻勢が強まるなかでのNATO軍の増派に

合わせて，ハンガリーはアフガニスタンでの任務へのさらなる貢献を求められ，250名の部隊を派遣した。

2003年3月のイラク戦争では，アメリカ，イギリスによるイラクへの武力行使を認める国連安保理決議案にフランス，ドイツが反対した。その結果，イラク戦争はユーゴスラヴィア空爆やアフガニスタン戦争と異なり，アメリカを支持する有志連合によって行われた。メジェシ（Medgyessy Péter）政権は安全保障面での対米関係を優先させて，イラク戦争を支持した。アメリカ軍によるバグダッド陥落とフセイン（Saddam Hussein）大統領の政権崩壊後，1990年8月以来のイラクへの制裁解除と復興支援に関する国連安保理決議1483が採択された。同決議に基づき，ハンガリー国会はイラクの民主化，再建，安定化に貢献するために補給部隊を派遣する決議を採択した。

アメリカ，イギリスによる占領統治下のイラクでは，テロによる治安の悪化に歯止めがかからず，武力行使の根拠とされた大量破壊兵器は発見されなかった。ハンガリー国内でも，危険なイラク支援への批判が高まった。ハンガリーは安全保障や国際貢献の軸足を，アメリカを中心とする有志連合から再びNATOへと移した。その結果，イラクに派遣されたハンガリー国防軍の補給部隊300名の2004年12月末までの撤退が決まった。

NATO加盟後の課題

NATO加盟後，ハンガリーは同盟の責務を果さねばならなかった。しかし，ソ連式の教育を受けた将校中心の国防軍をNATO基準に適応させることは困難だった。また，旧ソ連製の装備は欧米の加盟国との作戦行動に不適正だった。

2002年にメジェシ政権が成立した直後，ユハース（Juhász Ferenc）国防相がブリュッセルのNATO事務総長ロバートソン（George Robertson）を表敬訪問した。その際，ロバートソンは前年のアフガニスタン戦争でのハンガリーの対応を例に挙げて，オルバーン政権下でのハンガリー国防軍の近代化の遅れを批判した。

ロバートソンの批判にもかかわらず，オルバーン政権は，2000年から2010年にかけて3段階で国防軍を改革する次のようなプログラムを作成していた。第1段階（2000～2003年）で，兵員の生活・労働条件の改善，基地・組織の統廃合，インフラの整備，志願兵比率の引き上げ，NATO方式の訓練の開始，兵員の住居の整備などを進める。第2段階（2004～2006年）で，近代的兵器の購入，兵員の生活水準，トレーニング水準の向上，相互運用能力の向上，3Dレーダー・システムの導入，下士官，志願兵の比率の上昇を進める。第3段階（2007～2010年）で，予算の大部分を装備の近代化にあてる，下士官，志願兵の比率のさらなる上昇を進める。

国防軍改革の主な目的は，兵員の規模を縮小して下士官，志願兵からなる能力の高い部隊の創設，旧式装備の近代化とNATOとの相互運用性の確保であった。オルバーン政権は2001年にソ連製のMIG-29に代わる新たな主力戦闘機をスウェーデン製のグリペンに決定した。また，国防軍はNATO加盟に伴う国外任務のため兵站部門の強化を

進めた。メジェシ政権下の2004年には，すでに期間6カ月まで短縮されていた徴兵制が廃止された。志願兵制への移行は，国防軍に人材確保のために労働市場で民間企業との競合を迫ることになった。

しかしながら，国防軍改革は財政上の理由でプログラムどおりに進まなかった。特に，2008年のリーマン・ショック後の財政危機は深刻だった。さらに，南西部の都市ペーチ近郊でのNATOの3Dレーダー基地建設は周辺住民の激しい反対運動で遅れた上，当初の計画を大幅に変更しなければならなかった。

NATO基準に適応した部隊創設の取り組みにもかかわらず，ハンガリーを含めた中・東欧諸国では，軍の「2層性（two-tier）の構造」が生まれていた。高い能力を有するショーケースとしての少数の部隊が創設される一方で，近代化の遅れた部隊，装備がその後も残ることになった。

6　難民問題と2018年総選挙

2017年9月の欧州司法裁判所での敗訴の後，総選挙を約半年後にひかえたオルバーン政権は，難民支援に積極的なハンガリー出身のアメリカ人投資家ソロス（George Soros）への批判を強めた。ソロスはハンガリー政府の難民への姿勢を批判していた。ソロスが中東やアフリカから何百万人もの難民をヨーロッパに送り込もうと計画しており，難民への生活支援のコストを加盟国に負担させるつもりであると，ハンガリー政府は有権者の不安を煽る宣伝を始めた。

2017年10月9日以降，ソロスが大量の難民のヨーロッパへの定住を計画していると，ハンガリー政府は有権者に訴えた。さらに，総選挙の期間に入ると，オルバーン政権はストップ・ソロス法の制定を公約した。同法の目的は，ソロスの財団から資金援助を受けたNGOを国内から締め出すことにあった。具体的には，同法により不法移民（難民）への支援を行った個人，団体関係者に刑事罰を科すことを可能にすることだった。

投票日が近づくと，Fideszは野党を「難民の党」，野党の候補者を「ソロスの候補者」とよび，メディアを通じて有権者に「ハンガリーを移民の国にするな！」と訴えた。さらに，ハンガリー政府は新聞（電子版）の広告を使って，国連が難民の受け入れを要求していることを取り上げて，難民流入への危機感を煽った。投票直前の数日間，新聞（電子版）の広告の動画では，難民の受け入れについて「決めるのはハンガリーだ，国連ではない！」というメッセージが発せられた。

2018年4月の総選挙で，Fideszは3分の2の133議席（66.83％）を得た。Fideszは全国リスト（比例代表）92議席のうち49.27％の得票率で42議席にとどまりながら，全国106の小選挙区で91議席を獲得した。Fideszの圧勝は野党の分裂によるところが大きい。

Fideszが2018年4月の総選挙で3分の2の議席を確保した後，ソロスの財団オープ

ン・ソサイエティはブダペストからベルリンに移転した。新しい国会が召集されると，ハンガリー政府はソロスの支援するNGOの国内での活動を妨害するためのストップ・ソロス法を提出した。6月20日には，同法が成立した。同法により，不法移民への支援を行った個人，団体関係者に1年以下の禁固刑を科すことが可能となった。

7　今後の展望

　1989年の体制転換から約30年のハンガリーの政治を振り返ると，民主化の定着とヨーロッパ統合を目指した変革と挫折，その後の非リベラル・デモクラシーの台頭が特徴として挙げられる。特に，Fideszの右傾化はハンガリーでのヨーロッパ統合に向けた政策のいきづまりと軌を一にしてきた。ハンガリーは1990年代にいち早く改革を進める中・東欧の優等生といわれた。だが，いまは見る影もない。

　オルバーンやFideszにとって，MSZP主導で進行した体制転換は不完全なものであった。結成当初は影響下にあったSZDSZが1994年にMSZPと連立したことは，Fideszのリベラル派からの決別を決定づけた。やがて，Fideszは超国家機関であるEUへの加盟を支持しながらも，ナショナリズムに傾斜していった。また，1998年から2002年の第1期オルバーン政権下でのEU加盟交渉の厳しい経験は，2010年の政権復帰後に国家主権の優位性を掲げてEUとの衝突を繰り返す伏線になった。

　リーマン・ショック後の経済・財政危機は，体制転換以降にMSZP，SZDSZが推進してきた西欧モデルを頓挫させた。Fideszにとって，ヨーロッパはもはや回帰すべき場所ではなくなった。2014年7月，オルバーンはルーマニアのトランシルヴァニア地方で毎年開催される夏期大学での講演で「自由民主主義と自由主義的ハンガリー国家は公共の財産を守らなかった。……自由主義的ハンガリー国家は国を債務から守れず，そして，ついに国の家族たちを守れなかった」と述べた。オルバーンによる西欧型の自由民主主義からの脱却の動きが顕著になるなかで，ハンガリーは欧州難民危機を迎えた。

　2018年の総選挙で，Fideszは難民の受け入れ拒否を訴えて圧勝した。総選挙後に成立したストップ・ソロス法に関して，人権や法の支配の観点から国連難民高等弁務官事務所，欧州評議会ヴェニス委員会が問題視している。さらに，EPでもストップ・ソロス法への批判が強まった。9月12日にEPは3分の2をはるかに超える賛成多数で，EU条約第2条に明記された民主主義や法の支配などの価値への重大な侵害がハンガリーで存在すると決議した。難民をめぐるハンガリーとEUとの対立は，予断を許さない状況にある。

参考文献

　荻野晃『冷戦期のハンガリー外交——ソ連・ユーゴスラヴィア間での自律性の模索』彩流社，2004年。

荻野晃『NATO の東方拡大——中・東欧の平和と民主主義』関西学院大学出版会，2012年．
荻野晃「ハンガリーにおける非リベラル・デモクラシーと外交・安全保障政策」『国際安全保障』第48巻第3号，2020年，12〜31頁．
庄司克宏『欧州ポピュリズム——EU 分断は避けられるか』筑摩書房，2018年．
セベスチェン，ヴィクター／三浦元博・山崎博康訳『東欧革命1989——ソ連帝国の崩壊』白水社，2009年．
パムレーニ，エルヴィン編／田代文雄・鹿島正裕訳『ハンガリー史』恒文社，1980年．
マイヤー，マイケル／早良哲夫訳『1989——世界を変えた年』作品社，2010年．
リトヴァーン，ジェルジュ／田代文雄訳『1956年のハンガリー革命——改革・蜂起・自由闘争・報復』現代思潮新社，2006年．
ローマックス，ビル／南塚信吾訳『終わりなき革命——ハンガリー1956』彩流社，2006年．
Furedi, Frank, *Populism and the European Culture Wars : The Conflict of Values between Hungary and the EU,* Routledge, 2018.
Lendvai, Paul, *Hungary between Democracy and Authoritarianism,* Hurst & Company, 2012.
Pap, András L., *Democratic Decline in Hungary : Law and Society in an Illiberal Democracy,* Routledge, 2018.
Rainer, János M., "The Road to Budapest, 1956 : New Documentation on the Kremlin's Decision to Intervene, Part 1." *The Hungarian Quarterly,* vol. 37, no. 142, 1996, 24-41.
Rainer, János M., "The Road to Budapest, 1956 : New Documentation on the Kremlin's Decision to Intervene, Part 2." *The Hungarian Quarterly,* vol. 37, no. 143, 1996, 16-31.

読書案内
南塚信吾編『ドナウ・ヨーロッパ史』山川出版社，1999年．
　＊ハンガリーのみならず近隣諸国も含めた中欧地域の通史である．
羽場久美子編『ハンガリーを知るための60章——ドナウの宝石』明石書店，2018年．
　＊ハンガリーの歴史，文化，政治，経済，日本との交流などを紹介した入門書（2002年刊行の改訂版）である．
盛田常夫『ハンガリー改革史』日本評論社，1990年．
　＊1989年の体制転換当時のハンガリーの政治，経済面での改革の動きを分析している．
柳原剛司「危機下における国家の再構築と社会政策の変化」福原宏幸・中村健吾・柳原剛司編『ユーロ危機と欧州福祉レジームの変容——アクティベーションと社会包摂』明石書店，2015年，227〜249頁．
　＊体制転換後のハンガリーの経済状況と福祉政策の変容を論じている．

（荻野　晃）

第16章
チェコとスロヴァキア

正式国名：チェコ共和国，面　積：7万8,866km^2，人　口：1,064万人（チェコ統計局，2018年9月），首　都：プラハ（130万人，チェコ統計局，2018年9月），主要構成民族：チェコ人（63.7%），ただし，その他・無回答（26.0%）のうち，ほとんどがチェコ人と考えられている（2011年国勢調査），公用語：チェコ語，宗　教：カトリック（10.3%），無信仰（34.2%）など（2011年国勢調査），通　貨：チェコ・コルナ，名目GDP：4,028億米ドル（2017年，OECD），1人当たりGDP：3万8,037米ドル（2017年，OECD）

正式国名：スロヴァキア共和国，面　積：4万9,037km^2，人　口：544万人（スロヴァキア統計局，2018年3月），首　都：ブラチスラヴァ（43万人，スロヴァキア統計局，2017年12月），主要構成民族：スロヴァキア人（80.7%），ハンガリー人（8.5%）など（2011年国勢調査），公用語：スロヴァキア語，宗　教：カトリック（62%），プロテスタント（ルター派）（6%）など（2011年国勢調査），通　貨：ユーロ（2008年以前はスロヴァキア・コルナ），名目GDP：1,761億米ドル（2017年，OECD），1人当たりGDP：3万2,376米ドル（2017年，OECD）

---- **日系チェコ人の政治家が政治の表舞台に** ----

　今のチェコでトミオ・オカムラの名を知らない人はいないだろう。コリア系日本人の父とチェコ人の母を持つ彼は、旅行代理店や日本食材店で成功を収めた実業家であり、有名なテレビタレントでもある。その彼が政界入りし、難民に対する排外主義的な主張で人々から支持を集め始めたのである。2017年の下院選挙では、彼の率いる政党「自由と直接民主主義——トミオ・オカムラ」（以下、オカムラ党）が全200議席中22議席を獲得し、数の上ではそれほど多くないとはいえ、別の政党と並んで第三党の地位を占めている。

　オカムラ党は、2015年に難民問題が深刻化するなかで支持を拡大してきた。オカムラはイスラム教徒とテロリストを同一視する発言を繰り返し、チェコの治安を維持するために難民の流入を阻止すべきだと主張する。信教の自由は保障すべきとしつつも、彼はイスラーム教を宗教ではなく危険なイデオロギーとみなし、禁止すべき対象と位置づけている。

　同党は EU（欧州連合）からの離脱も主張している。現在のチェコは EU が決めた法律に従うだけの存在となっており、主権を失った状態にあるという。チェコとしての主体性を取り戻し、自らの利益を確保するために、EU 脱退の是非を問う国民投票を実施すべきだ。オカムラはこのように主張し、直接民主主義的な手続きにより、国民自らの手で自由を獲得せよと訴えかけている。

　オカムラは自らのウェブサイトにて、幼少期にチェコでいじめを受けたことや、青年期に日本で暮らした際の苦労について語っている。どちらかといえばアウトサイダー的な立場にあった彼が、今ではチェコの愛国心を鼓舞し、排外主義的な言動で人気を博しているのは何とも奇妙である。だが、こうした話はチェコに限ったことではない。最近では、これまでになかったようなタイプの政治家や政党が人気を博し、無視できない勢力へと成長するケースが増えてきている。ここでは、チェコとスロヴァキアを具体的事例として取り上げ、歴史的な背景も交えつつ最近の政治的変化について考えてみることにしたい。

1　似ているけれど違う？——2つの国の比較

チェコとスロヴァキアの「微妙な」関係

　チェコスロヴァキアは1992年末まで1つの国家であった。チェコ人とスロヴァキア人は別の民族であり、チェコ語とスロヴァキア語もそれぞれ独立した言語である。だが日本語の感覚でいえば、両言語の相違は標準語と関西弁程度の違いでしかない。同じ国家であった時代には、テレビ放送でも2つの言語が平等に扱われ、国民はどちらも問題なく理解することができた。ところが、1993年初めに国が分かれてからは、チェコでスロヴァキア語を耳にすることはほとんどなくなった。分離後に育った若い世代の間では、

スロヴァキア語が理解しづらくなっているという。これに対しスロヴァキアでは，依然としてチェコ語に接する機会が多い。ハリウッドなど外国映画の吹き替えはチェコ語の方が多く，本屋においてもチェコ語の本が多数販売されている。村上春樹の小説も，チェコ語版は豊富だが，スロヴァキア語に訳されているのはわずかしかない。

その理由の1つとして挙げられるのは市場規模の違いだろう。チェコの人口1,064万に対し，スロヴァキアは544万であり，ほぼ2倍の差がある。また，経済や文化の面においてチェコが優位にあることは否めない。スロヴァキアの新聞を読むと，チェコと比べて自国の経済がどの程度伸びているかが頻繁に強調されるのに対し，チェコの新聞でスロヴァキア経済が比較の対象になることはあまりない。スロヴァキア側は中・東欧諸国のなかで比較的早期にユーロを導入することに成功し（2009年），そのことを誇りにしているが，チェコ側は依然としてユーロを導入しておらず，スロヴァキアに先を越されたことを気にしているわけでもない。スロヴァキアが常々チェコをライバル視しているのに対し，チェコはスロヴァキアよりもむしろドイツとの差を気にしているように見える。

かつてチェコとスロヴァキアが1つの国を成していた時期においては，両者の間にさまざまな確執があった。チェコ人の多くは，「後進的な」スロヴァキアに国費の多くが投入されることを腹立たしく思い，スロヴァキア人の多くは，自分たちが取り残され，首都のプラハに全てを持っていかれるような感覚を抱いていたという。逆説的ではあるが，こうした相互の反感は国が別になることで大いに緩和された。チェコとスロヴァキアの両国が，他の中・東欧諸国とともに2004年にEUに加盟したことも重要である。同じ国のなかでどちらの地域を優先するかを決めるのは難しいが，現在ではEUが所得再分配の機能を部分的に担っている。もちろん，ユーロ危機の際には，ギリシャに対する支援をめぐって大きな議論となった。依然として西欧並みの経済水準とはいえないチェコやスロヴァキアがなぜギリシャを助けなければならないのか，というわけである。だが，チェコとスロヴァキアの関係に限っていえば，所得再分配をめぐって直接いがみ合う必要はなくなった。皮肉なことだが，両者の関係は国が別になってからの方が良くなったといわれている。

2　対照的な「近代化」

政党政治の経験と民主主義の「伝統」

チェコスロヴァキアは，第1次世界大戦末期の1918年にハプスブルク帝国から独立する形で成立した。1867年以降，この帝国はオーストリア＝ハンガリー二重帝国として再編されており，外交や軍事などの共通部分を除けば，西半部のオーストリアと東半部のハンガリーがそれぞれ独自の議会と内閣を有する形となっていた。今のチェコに相当する地域は西半部のオーストリア側に属し，スロヴァキアに相当する地域は東半部のハン

ガリー側に属していた。

　オーストリア側については，立憲体制の下で選挙権が徐々に拡大されていった。特に産業の発展が著しかったチェコ地域においては，男子普通選挙が導入された1907年の段階で，チェコスロヴァキア成立後に議会の主軸となる主要政党がほぼ出揃っていた（中根 2018）。これに対しハンガリー側でも議会が設置され，政党政治が展開されるようになったものの，1914年の段階においても選挙権を有する者の割合は8％にとどまっていた。また，スロヴァキア語などのマイノリティ言語は尊重されず，ハンガリー化（マジャール化）が強力に推し進められた。議会における非ハンガリー系諸民族の議員は，最も多い1906年選挙の時ですら定数413に対して25議席であり，そのうちスロヴァキア人は7議席を占めたにすぎなかった。オーストリア側の1911年選挙にて，チェコ人議員が定数516のうち107議席を獲得したのとは対照的である。

　多民族国家であったハプスブルク帝国では，19世紀後半より各民族のナショナリズムが高まりつつあった。後にチェコスロヴァキアの初代大統領となるマサリクは，父がスロヴァキア系，母がチェコ系ということもあり，両民族の提携に積極的だった。第1次世界大戦が勃発すると，彼はいち早く亡命し，ハプスブルク帝国からの独立運動を開始した。だが，実際に独立が実現すると考えていた者はごく少数だった。ロシアとドイツという大国に挟まれた地域においては，たとえチェコ地域とスロヴァキア地域を結合させたとしても，小国の独立は非現実的だと考えられていた。マサリク自身，ハプスブルク帝国の存続を前提としつつも，戦後の改革を有利な立場で進めるために最大限の要求，すなわち独立を掲げたのである（林 1993）。独立が現実的な選択肢として認識されたのは大戦末期であった。

　1918年に成立したチェコスロヴァキアでは，議会制と比例代表制普通選挙が導入され，比較的安定した民主主義体制が確立された（中田 2012）。しかしながら，主要政党において中心的な位置を占めたのは，多くの場合チェコ人だった。旧ハプスブルク帝国における工業の重要な部分をチェコが引き継いだのに対し，スロヴァキアでは大部分が貧しい農業地帯にとどまっていた。1921年時点で，チェコにおける農林水産業人口が31.5％であったのに対し，スロヴァキアでは60.6％であった。国家を構成する国民はチェコスロヴァキア人とされ，公式統計においてはチェコ人とスロヴァキア人は区別されずに一体化した存在として扱われていた。だが，両者の「溝」は容易に解消されなかった。スロヴァキアでは依然として高等教育を受ける人口が少なく，結果としてチェコ人の官吏・教員・技術者が大量にスロヴァキアに送り込まれた。チェコ人はスロヴァキアの「近代化」を支援する立場となったわけだが，それが両者の反目を生み出す原因ともなった。

　建前の上では，チェコスロヴァキアは民族自決の結果として生まれた。だが，この国家にはチェコ人とスロヴァキア人という複数の民族が含まれていたし，総人口の約3割，実数にして300万人を超えるドイツ人，あるいは，ハンガリー人やユダヤ人，ロマ（かつてジプシーとよばれた人々）といったマイノリティもこの国に暮らしていた。もちろ

ん，マイノリティの権利は言語使用の面などにおいて保障され，いまでいう「多文化主義」が一定程度実践されていたともいえる。とはいえ，1929年の大恐慌や，隣国ドイツにおけるナチの台頭により，多民族国家チェコスロヴァキアは大きく揺さぶられた。

2つの国における「2つの全体主義」

　21世紀の現在においては，両大戦間期のチェコスロヴァキアは民主主義が花開いた「古き良き時代」として記憶されている。その傾向は，スロヴァキアよりもチェコにおいて特に強い。だが，安定していたはずの当時の体制はナチ・ドイツによって破壊され，第2次世界大戦後は，ソ連の強い影響の下で東側ブロックに組み込まれた。つまり，1938年から1989年にかけての期間，チェコスロヴァキアはナチズムと社会主義という「2つの全体主義」を経験したと解釈される。この「2つの全体主義」という見方は，ロシア（ソ連）とドイツの間に位置する中・東欧地域において広く共有されている（橋本 2017）。いうまでもなく中・東欧の人々は，第2次世界大戦期の甚大な被害も含め，ナチ・ドイツとソ連の双方から多くの犠牲を強いられた被害者としての歴史を有する。だが，被害の経験は国や地域によって異なるし，個々の事例を検討すれば，単純に被害者とは言い切れない側面も存在する。以下，チェコとスロヴァキアのケースについてもう少し詳しく見てみることにしよう。

　第2次世界大戦前夜の1938年9月，ナチ・ドイツはミュンヘン協定により，チェコスロヴァキアのズデーテン地域を獲得することに成功した。ズデーテン地域とは，ドイツ人が多数を占めるチェコの国境地帯である。だが，それだけではすまなかった。翌39年3月にはドイツの衛星国家とも評される独立国家，スロヴァキア国が誕生し，チェコの残りの地域はドイツの保護領とされた。

　興味深いのはスロヴァキア国の位置づけである。現在のスロヴァキアに相当する地域が独立した政治的単位となったのは，このスロヴァキア国が歴史上初めてである。現在の民族主義的な人々にとっては，この国はドイツの傀儡などではなく，誇るべき最初の独立近代国家ということになる。だが，スロヴァキア国を全面的に肯定することは果して適切なのだろうか。特に議論の対象となっているのはユダヤ人問題である。スロヴァキアには約9万8,000人のユダヤ人が居住していたが（1939年時点の統計値），そのうち約7万人がホロコーストの犠牲となった。国内に絶滅収容所は設けられておらず，スロヴァキア国がユダヤ人を主体的かつ組織的に虐殺したというわけではない。だが，同国がユダヤ人を社会から強制的に排除し，彼らの運命をドイツに委ねたという点は否定しようのない事実である。

　保護領とされたチェコ地域についても触れておく必要があるだろう。この地域はドイツの支配を受ける立場にあったが，チェコ社会における反ユダヤ主義やコラボレーション（対独協力）の問題が指摘されている。チェコ人のなかには，ナチ・ドイツによる強権的統治に協力する者や，ユダヤ人の迫害や移送に積極的に加担した者もいたのである。

この保護領に居住していた約11万8,000（1939年時点の統計値）のユダヤ人のうち，約7万8,000人が命を失っている。

また，現在のチェコが抱える重要な歴史問題として，戦後のドイツ人追放が挙げられる。1945年5月にドイツが敗北し，チェコスロヴァキアが復活すると，ズデーテン地域などに居住していた約300万人のドイツ人はナチに対する「報復措置」として追放された。なお，この問題については，1997年にチェコ・ドイツ両国政府による共同宣言が出され，一応の政治的決着をみた。この宣言においてチェコ側は強制的な追放に対して遺憾の意を表明し，ドイツ側はナチの行為が追放に至る原因となったことを認めたのである。同年末には「チェコ＝ドイツ未来基金」が設立され，両国政府による財政支援の下，両者の相互理解を支援するプロジェクトが実施されるようになった。いうまでもなく，両者の対立が完全に解消されたわけではないが，基金による地道な活動が現在に至るまで20年以上にわたって継続している点は大きい。

社会主義という経験

次に，2つ目の全体主義とされている社会主義について検討しよう。チェコスロヴァキアでは，戦後直後に土地改革が行われ，次いで多くの企業が国有化された。1946年5月の選挙では共産党が38％の票を獲得して第一党となり，同党主導の政権が誕生した。この国では戦後の早い段階から共産党の力が強く，同党の側も，当初は複数政党と議会制民主主義を前提とした変革を目指していた。だが，東西の対立が明確になっていくなかで，ソ連はヨーロッパ東部をよりはっきりとした形で社会主義ブロックに組み込み始めた。その意向を受けたチェコスロヴァキア共産党は，次第に強権的姿勢を強め，他の政党との対立を深めていく。1948年の2月事件（2月クーデタともよばれる）において自党の優位を決定づけた共産党は，その後，事実上の一党支配体制を確立し，ソ連型社会主義を自国に導入した。

ソ連をモデルとする中央集権的な指令経済は，戦後の荒廃した状態からの復興と経済成長をチェコスロヴァキアにもたらした。だが，重工業偏重の半ば強引な経済政策は，この国の産業構造に歪みを生み出し，消費財の不足といった形で矛盾を露呈させた。また，ソ連の独裁的指導者であり，東欧諸国の体制をも強く拘束したスターリンは1953年にこの世を去り，それまでの強権的支配は通用しなくなっていく。チェコスロヴァキアでは，1960年代前半より政治・経済両面での改革が唱えられ，「プラハの春」とよばれる社会全体に及ぶ運動が展開された。しかしながら1968年8月，一連の改革はソ連を中心とするワルシャワ条約機構の軍隊によって圧殺された。

1970年代から1980年代末にかけては「正常化」の時代とよばれる。ソ連からすれば，チェコスロヴァキアが目指した改革は，あるべき社会主義からの「逸脱」にすぎなかった。表現や結社の自由は制限され，政府に対する批判は封じられた。ただし，国民の消費生活については一定の配慮がなされた。多くの都市住民は小さいながらも郊外に別荘

を持ち，週末ごとに通うようになった。政府主導でテレビの娯楽番組が多数制作されたことも興味深い点である。いうまでもなく，政府はマスメディアを通じて公的プロパガンダを流し続けたが，それが実態とかけ離れていたことは明白だった。政府は公的世界を厳格に管理しつつ，国民が私的世界に沈静することは黙認した。

その当時においては永続的に見えた社会主義体制であったが，チェコスロヴァキアをはじめとする東欧諸国の政権は1989年に次々と崩壊した。最も重要なきっかけは，ソ連からの介入の可能性がなくなったことである。ソ連では1985年に共産党書記長となったゴルバチョフが改革を進めており，東欧諸国の「逸脱」を阻止する意図はもはやない，というメッセージを発していた。必要とあらば同盟国の主権を制限してでも社会主義を守るという制限主権論は，この時点で放棄されていたのである。チェコスロヴァキアの体制転換は，結果として大きな流血を伴わずに実現したことから，チェコにおいて「ビロード革命」，スロヴァキアでは「静かな革命」とよばれる。

3　民主化とEU加盟のリアリティ

チェコとスロヴァキアの分離

民主化と市場経済の導入は，チェコとスロヴァキアの立場の違いを露わにした。社会主義体制に異を唱えてきた人々が民主化運動の中心となり，1990年代に政党へと編成されていく過程は，2つの地域で別々に展開する形となった。社会主義時代のスロヴァキアでは重化学を中心とする工業化が優先的に進められ，チェコとの経済格差が一定程度解消されたはずだったが，体制転換時にはすでに旧式化し，時代の変化に対応できなくなっていた。チェコ側が望んだ急速な市場主義化は，スロヴァキアにとっては耐えがたい痛みをもたらすように思われた。

1992年6月の選挙において，チェコではクラウスが率いる市民民主党，スロヴァキアではメチアルを党首とする民主スロヴァキア運動が第一党となり，前者が急進的な経済改革を求めたのに対し，後者はスロヴァキアの事情を考慮した穏健な改革を望んだ。結果として両者は折り合うことができず，最終的には国家の分離へと至る。世論調査では国民の大半がチェコスロヴァキアへの愛着を示し，国を分割することに反対であった。だが，政治指導者の判断を覆すほどの反対運動は起きなかった。逆説的ではあるが，「正常化」の時代に同国がチェコ共和国とスロヴァキア共和国からなる連邦国家に再編されていたことも一定の意味を持っていたのだろう。この国家は1992年末日をもって消滅し，翌1993年1月1日，2つの新しい独立主権国家が誕生した。

政治制度の概要と政党の特質

チェコとスロヴァキアは，もともと同じ国であったがゆえに似た政治制度を有している。両国ともに議院内閣制であり，大統領を有するものの，その権限は限定的である。

第**16**章　チェコとスロヴァキア　323

表16-1　チェコとスロヴァキアにおける主な歴代首相（1993年以降）

下院選挙	チェコ	スロヴァキア	国民評議会選挙
	首相・首相の出身政党・在任期間		
1996年	クラウス（市民民主党） 1992年7月～1998年1月	メチアル（民主スロヴァキア運動） 1992年6月～1994年3月 1994年12月～1998年10月	1994年
1998年	ゼマン（社会民主党） 1998年7月～2002年7月		1998年
2002年	シュピドラ（社民）02年7月～04年8月 グロス（社民）04年8月～05年4月 パロウベク（社民）05年4月～06年8月	ズリンダ（民主キリスト教連合） 1998年10月～2006年7月	2002年
2006年	トポラーネク（市民民主党） 2006年9月～2009年5月	フィツォ（スメル） 2006年7月～2010年7月	2006年
2010年	ネチャス（市民民主党） 2010年7月～2013年7月	ラディチョヴァー（民主キリスト教連合） 2010年7月～2012年4月	2010年
2013年	ソボトカ（社会民主党） 2014年1月～2017年12月	フィツォ（スメル） 2012年4月～2018年3月	2012年
2017年			2016年
	バビシュ（ANO） 2017年12月～	ペレグリニ（スメル） 2018年3月～	

注：太字は本文中で言及した人物と政党。
出典：北海道大学スラブ・ユーラシア研究センターウェブサイト「中東欧・旧ソ連諸国の選挙データ」
http://src-h.slav.hokudai.ac.jp/election_europe/ より作成。

　チェコは二院制を採用しており，200議席からなる下院（任期4年）が全81議席の上院（任期6年，2年毎に3分の1ずつ改選）に優越する。スロヴァキアは国民評議会（任期4年，150議席）のみの一院制である。チェコの下院およびスロヴァキアの国民評議会では拘束名簿式比例代表制が採用されているが，阻止条項が設定されており，チェコでは全国で5％以上の得票，スロヴァキアでは3％以上の得票がなければ議席を与えられない（2018年現在）。これに対し，チェコの上院では小選挙区2回投票制が採用されている。大統領については両国共に任期5年であり，当初は議会による間接選挙によって選出されていたが，現在では直接選挙によって選出される。両国の大統領が有する権限として，首相任命権，弱い法案差し戻し権，限定的な議会解散権などが挙げられる。
　中・東欧諸国に共通する特徴としてよく指摘されるのは，政党における組織的基盤の弱さである（中田 2018）。その背景には，共産党による一元的な組織化が40年以上にわたって継続したことがある。同党によって構築された社会の末端に至るまでの組織は，「正常化」時代に弛緩し，1989年の体制転換とともに瓦解した。だが，その後に登場し

た政党はもはや強固な大衆組織を形成することができなかった。国庫からの政党助成が，結果として組織化を阻害しているという点も指摘されている。頑張って党員を増やして党費を集めなくとも，政党は国から一定の資金を得られるためである。ただし，チェコの共産党には注意が必要だろう。同党はボヘミア・モラヴィア共産党と名称を若干変えたものの，中・東欧諸国において依然として「共産党」を名乗り続ける例外的な存在である。規模が大幅に縮小したとはいえ，同党は固い組織を維持し，2017年の下院選挙でも15議席を獲得している。

　チェコでは1990年代より，スロヴァキアではやや遅れて1990年代末より，中道右派と中道左派それぞれの位置において政権の中軸となりうる政党が登場し，おおむね二極競合とよびうる形が定着しつつあった。だが，2010年代に入った頃から主要政党が軒並み議席を減らし，より流動的な状況が生まれつつある。政党における組織的基盤の弱さがいまに至って露わになっているとも考えられる。ただし現在においては，堅固な組織を持たない政党の方が強みを発揮できるという面もある。体制転換後に生まれた新しい政党は，議員などの幹部だけで構成される小規模集団であることが多く，組織ではなくテレビやインターネットなどのメディアを通して有権者に直接アピールするようになった。阻止条項を持つとはいえ，両国はいずれも比例代表制を軸としており，新しい政党が参入しやすい選挙制度である。西欧などの先進諸国においても既成政党が軒並み力を失っていることを考えると，中・東欧諸国においても同様の現象，場合によっては，その先を行くような現象が生じているといえる。

EU 加盟による「欧州化」？

　現在の中・東欧諸国を考える上で重要となるもう1つの点は，EU 加盟がもたらした影響の大きさである。1989年11月のチェコスロヴァキアにて社会主義政権を批判する大規模なデモが連日のように繰り返された際，同時に「ヨーロッパへの回帰」というスローガンも掲げられた。体制崩壊の直後には，新首相より欧州共同体（EC）（当時）にあてて加盟を求める書簡が出されてもいる。当時においては，西欧および EC は多分に理想化された存在だった。チェコスロヴァキアの多くの人々にとって，「鉄のカーテン」の向こう側（西側）は実際に足を踏み入れたことのない未知の世界だったからである。また，この国には戦間期における民主主義の「伝統」がある。チェコスロヴァキアは冷戦期に東側に組み込まれたものの，本来的には西側に属しているはずだ。多くの人々がそのように考え，自国の欧州統合への参加を望んだ。その意味において，同国における体制転換は，西側への「復帰」，あるいは「ヨーロッパへの回帰」に他ならなかった。

　だが，欧州統合への道はそれほど単純なものではなかった。1993年にEU 加盟の条件として提示された「コペンハーゲン基準」では，①安定した民主政治，②競争力のある市場経済，③EU 法体系（アキ・コミュノテール）の受け入れ能力，の3点が掲げられた。ところが，メチアル政権下のスロヴァキアがこの基準に引っかかってしまう。民

主化が不徹底だという理由で，この国は EU への加盟交渉の開始を認められず，さらには NATO（北大西洋条約機構）の加盟候補リストからも外されたのである。

メチアル率いる民主スロヴァキア運動は，体制転換後の民営化や地方行政組織の再編を利用して包括的な利権ネットワークを構築した。彼は「父親のような魅力」を備えたカリスマ的リーダーとして根強い人気を博していたが，その政治手法は権威主義的だった。政権批判の先頭に立っていた現役大統領の息子が諜報機関によって誘拐されるといったショッキングな事件も発生した。内外の批判が高まるなかで行われた1998年の選挙では，依然として民主スロヴァキア運動が第一党の座を占めたものの，反メチアルを掲げる勢力が立場の違いを越えて結集し，政権交代を実現した。新たに首相となった中道右派のズリンダは，EU が求める基準をクリアすべく急ピッチで作業を進め，2004年，チェコなど他の9カ国とともに EU 加盟を果たした。NATO については，チェコは1999年，スロヴァキアは2004年に加盟した。

ここで取り上げたスロヴァキアのケースは，EU が加盟候補国の改革や民主化を直接・間接に促した象徴的な事例と考えられる。その点において，EU 拡大は「ヨーロッパ・スタンダード」の拡大を意味したのであり，結果として中・東欧諸国の「EU 化」や「欧州化」をもたらしたといえる。しかしながら，加盟のプロセスにおいて実質的な中核をなしたのは8万ページにも及ぶ EU 法体系の受容だった。新規加盟国は，エスカレーターの速度（旧社会主義国のエスカレーターはスピードが速かった）といった細々とした基準に至るまで，さまざまな規則を受け入れねばならなかった。各国の議会は，考える暇もなく次から次へと新しい法律を採択するような状況となったのである。1990年代初頭には憧れの対象ですらあった欧州統合は，EU 加盟が現実のものとなるにつれ，色褪せたものとなった。

もちろん，EU 加盟が大きなメリットをもたらしたことも事実である。両国にはドイツやオーストリアなどの西欧，日本やアメリカ，韓国といった国より大量の資本が流入した。西欧に隣接していながらも，安価かつ高水準の労働力を有する両国は，外国企業にとって魅力的な投資先となった。リーマン・ショックによって欧州経済が大きな影響を被る2008年までの間，チェコの GDP 成長率は最大で6.9%（2006年），スロヴァキアに至っては最大で10.8%（2007年）を記録した。だが，EU は両国の手足を縛る存在とも受け止められた。少なからぬ人々が，EU に加盟することで自らの主体性が損なわれたと感じ，欧州統合や民主主義に対して冷めた見方をするようになった。

4　EU 加盟後の変化と政党の変質

チェコにおける政党の液状化

すでに述べたように，2010年代のある時期までは，チェコとスロヴァキアの双方において政権の中軸となりうる政党が複数形成され，数度にわたる政権交代が生じた。政党

の数自体は多いものの，大枠としては，チェコでは中道右派の市民民主党と中道左派の社会民主党，スロヴァキアでは中道右派のスロヴァキア民主キリスト教連合（以下，民主キリスト教連合）と中道左派のスメル（方向党）が主導権を握る形となった。

　体制転換後のチェコでは，市場経済化政策を唱える市民民主党と，それに対して一定の福祉と社会的連帯を掲げる社会民主党が対峙する比較的わかりやすい構図が成立した。だが，EU 加盟を目指す過程においては，どの政党が政権を担ったとしても選択できる政策の幅は限られていた。また，どちらの党も政治腐敗と無縁ではいられず，政治に対する国民の不信感を高めた。共産党が一貫して10％以上の得票率を維持し，全200議席中22〜41の議席を確保し続けたこと（ただし，2017年選挙で7.8％に低下）も，政治の安定性という観点からはマイナス要因となった。政策的に近い社会民主党を含め，共産党はどの政党からも連立のパートナーとみなされておらず，結果として多数派形成が困難となったためである。例えば2006年選挙の際には，市民民主党と中道2政党の合計が100議席，社会民主党と共産党の合計が100議席となり，半年以上にわたり連立政権が成立しない事態となった。

　こうした状況の下，2010年選挙より新しい党が次々と議席を獲得するようになる。1996年選挙以来，市民民主党と社会民主党の2党で64.5〜77.5％の議席を下院で占めていたが，2010年選挙では54.5％，13年選挙で33％，17年選挙で20％へと激減した。これに対し，13年選挙で「ANO 2011」という新党が47議席を得ていきなり第2党となり，17年選挙では78議席を獲得して第1党となった。ANO はもともと「不満を持つ市民の行動」の頭文字をとって付けられた名前であったが，現在では略号としての意味は強調されず，チェコ語で「はい」を意味する言葉 ANO（アノと発音する）に掛けて用いられている。

　ANO の党首バビシュは企業家出身の大富豪であり，「チェコのトランプ」とも評されるポピュリスト型政治家である。ANO は固定的な政策を有さず，世論調査結果を活用して社会各層に個別にアプローチするという洗練された政治的マーケティングによって支持を伸ばしてきた（中田 2018）。主な主張として，既成政党に対する批判や腐敗の一掃，反難民や EU に対する懐疑主義といった点を挙げることはできるが，同党は従来的な意味での左右軸に収まらない政党である。2017年10月の選挙後，半年以上にわたってさまざまな連立の組み合わせが模索された挙げ句，翌18年7月，ANO（78議席）は社会民主党（15議席）とともに政権を樹立することに成功した。ただし，このバビシュ新内閣は少数派政権にすぎず，共産党（15議席）の閣外協力によってかろうじて下院での支持を維持しているような状態である。現在では，同じくポピュリストと評されるゼマンが2013年より大統領を務め，他方では，本章の冒頭で紹介したオカムラ党のような政党も勢力を伸ばしてきている。既成政党の退潮および新興政党の台頭といった昨今の傾向がこのまま持続するかどうかについては，現時点では予測が難しい。

スロヴァキアのユーロ導入とポピュリズム

　スロヴァキアについては，1990年代に権威主義的政権を経験したという点でチェコの政治とは大きく様相が異なっていた。だが，国内外で批判の対象となっていたメチアルは1998年の選挙後に首相の座を追われ，同国は EU 加盟へと大きく舵を切ることになる（実際の加盟は2004年）。新たに生まれたズリンダ政権は，当初は反メチアルを掲げて集まった寄り合い所帯であったが，2002年選挙の結果，同政権は民主キリスト教連合を軸とする中道右派中心の連立へと変わった。ズリンダは市場を重視する大胆な経済改革を開始し，医療費における一部自己負担の導入や雇用保険の給付条件を厳格化するといった政策を推進した。特に注目されたのはフラット・タックスである。それまでの累進課税は廃止され，個人・法人を問わず，直接税・間接税の双方が19％に統一された。

　こうした改革が功を奏し，首都ブラチスラヴァを中心とするスロヴァキア西部には多くの外国企業が進出した。とはいえ，経済的弱者にとってのフラット・タックスは実質的に増税であったし，山間部の多い中・東部は改革の恩恵を十分に受けられなかった。2006年選挙では，フィツォ率いる中道左派のスメルが「低所得者に優しい社会福祉国家の建設」を掲げて第一党の座を獲得し，ズリンダの政策を反転させるかに見えた。しかもスメルが連立相手として選んだのは，メチアルの民主スロヴァキア運動，および極右ともみなされうる民族主義政党のスロヴァキア国民党であった。だが，フィツォ政権は前政権が採用した改革路線を大枠で踏襲し，財政赤字の削減といった基準を満たしてユーロ導入も実現させた。

　あくまで結果論であるが，スロヴァキアにおける2009年1月のユーロ導入は絶妙のタイミングだった。EU 加盟後のチェコとスロヴァキアは極めて高い経済成長率を記録し，ユーロに対する両国通貨の価値は上昇し続けていた。そのような時に自国の通貨を捨ててユーロを導入することは逆に損であるようにも思われた。スロヴァキアは新規加盟国のなかでもいち早くユーロ導入の意向を示し，厳しい基準をクリアすべく努力していたが，チェコなど隣国からの眼差しは冷ややかだった。ところが，2008年9月のリーマン・ショックによって状況は一変する。金融危機によってユーロは大きく下落したが，チェコ・コルナなどユーロ以外の通貨はそれ以上に価値を落とした。これに対し，スロヴァキア・コルナのユーロに対する最終レートは2008年7月，つまりリーマン・ショックの直前に決定されていた。いい換えれば，スロヴァキア・コルナは最も価値が高くなったタイミングでレートが固定されたことになる。もちろん，自国の通貨が実質的に高止まりしたことによって，近隣の非ユーロ圏と比べて物価や労働コストが上がったことも事実だが，全体としてはスロヴァキア経済がユーロという共通通貨によって守られる格好となった。

　以上の点を考えると，スロヴァキアでは EU に対する懐疑的な見方がチェコほど目立たなかった事情も理解しやすい。すなわち，①この国では1990年代にメチアル政権を経験したがゆえに「ヨーロッパへの回帰」を求める声がより強くなり，②EU 加盟の準

備が急ピッチで進められたがゆえに短期間で経済成長の果実を獲得することができ，③さらには，リーマン・ショックの直前にユーロ導入が決定したことで共通通貨のありがたみをいっそう強く感じることができた。そうしたことから，スロヴァキアでは親EU的な姿勢が持続しやすかったのではないかと考えられる。

スロヴァキアにおけるポピュリズムの強さについても言及しておく必要があろう(Deegan-Krause 2012)。メチアルほどではないにせよ，フィツォもポピュリストとして批判されることの多い政治家である。勤労者の味方を自任するフィツォは自国に進出した外国企業に対しても雇用環境をめぐって仮借のない批判を展開する一方，民族主義政党の国民党と連立を組むことで，国内人口の約1割を占めるハンガリー人マイノリティ，さらには隣国ハンガリーとの関係を悪化させたりもした。政権を批判するメディアに対して高圧的な態度で接することもしばしばである。また，フィツォはEU加盟後に見られた高い経済成長率とユーロ導入を自らの実績として盛んにアピールした。2010年選挙では再び民主キリスト教連合を中心とする中道右派政権が誕生したものの，内部対立や政治腐敗が表面化したことにより，同党は次の12年選挙で惨敗した。これに対してスメルは150議席中83議席を獲得し，同国としては初めての一党単独政権となった。ズリンダ政権によって導入されたフラットタックスは，2013年，部分的に累進課税が再導入されることによって事実上廃止された。

続く2016年選挙は，スロヴァキアにおける新しい動向を示すものとなった。スメルは49議席へと大きく後退したものの依然として第一党の地位を保ったのに対し，中道右派については小党分立の状態が続いている。民主キリスト教連合は議席ゼロとなった。これに対し，ネオ・ナチとも評される極右の「人民党・我らのスロヴァキア」や伝統的価値を重視する保守主義の「我らは家族」といった新しい政党が議席を得た。スメルは民族主義の国民党，およびハンガリー系マイノリティを中心とする「架け橋」などと連立を組み，2006～2010年，2012～2016年に続き，3回目となるフィツォ政権が誕生した。ただし，政党の盛衰が激しくなっている現在，今後の展開についてはチェコと同様予測が難しい状況である。

5 欧州の「危機」と小国の戦略

難民問題と排外主義の伸張

2015年夏にヨーロッパで深刻化した難民問題は，チェコとスロヴァキアにも大きな影響を与えた。ただし，両国はほとんどの難民にとって目的地ではなかったし，ハンガリーのように難民が通過する国でもなかった。同年春の段階では，チェコでは1,400名，スロヴァキアは200名の難民受け入れを表明しており，当初この問題は大きな政治課題とはみなされていなかった。

ところが，難民の急増に伴い，EUにおいて受け入れの各国割当制度が議論されるよ

うになると加盟国が反発するようになった。特に，チェコ，スロヴァキア，ポーランド，ハンガリーの4カ国は，「ヴィシェグラード・グループ（V4）」の枠組みを使って一致団結して割当制に反対した。

ヴィシェグラードはハンガリー北部の都市名である。体制転換からまだまもない1991年，チェコスロヴァキア（当時），ポーランド，ハンガリーの首脳がヴィシェグラードに集まり，文化や歴史の面で多くの共通点を持つこれら3カ国が協力することで一致した。こうした協力関係は，チェコとスロヴァキアが分離した後は4カ国として，また，最大の目標であったEU加盟を実現した後も継続した。28カ国ものメンバーを有するEUにおいて小国が自国の主張を通すためには，こうした多国間の枠組みが重要となるためである。ただし，通常は4カ国の内部で利害が対立することも多く，これらの国がV4として常に共同行動をとるわけではない。良くも悪くも，難民問題はV4の枠組みが活かされた事例の1つであったといえる。

いうまでもなく，難民を積極的に受け入れるべきだという意見も見られた。チェコとスロヴァキアはどちらかといえば移民を輩出してきた国である。19世紀後半から見られた北米への移民や社会主義時代における亡命，そして体制転換後における経済的豊かさを求めての西欧諸国への移民といった歴史を考えれば，我々も困った人々を受け入れるべきではないか。そうした観点から，実際に国内に入ってきた難民を支援する市民も少なからず見られた。だが，2015年11月のパリ同時多発テロや同年末に発生したケルンの集団暴行事件は，難民に対する反感を高め，排外主義的な主張を勢いづかせる結果となった。

対ロシア関係とウクライナ危機

中・東欧諸国においては，社会主義時代の経験からロシアに対する警戒心が概して強い。そのため，これらの国はEUの東方政策に積極的に関わり，ロシアの動向を見極めながら，次の加盟候補国となりうる国々を支援しようとしてきた。やや図式的にいえば，ポーランドとバルト諸国がウクライナを重視しているのに対し，スロヴァキアやハンガリーはセルビアやモンテネグロなどEU未加盟のバルカン諸国を向いていた。チェコは中間的な立場であり，双方の地域に等しく関わろうとしている。絶対的な額は小さいものの，スロヴァキアが政府開発援助（ODA）をバルカン半島に重点的に配分し，この地域での自国の存在感を高めようとしているのは興味深い点である。中・東欧諸国は，EUの「フロンティア」として隣接地域に関与し，そのことによってロシアを牽制してきたといえる。

だが，これらの国は対ロ強硬一辺倒というわけでもない。2014年に深刻化したウクライナ危機とEUによる対ロ経済制裁は，中・東欧諸国のロシアに対する姿勢の複雑さを露わにさせた。これらの国は，依然としてロシアとの経済的結びつきが強く，制裁が自国経済に悪影響を与えるためでもある。また，2010年代に入った頃から顕在化した民

族主義やポピュリズムのなかで，親ロ的な姿勢が強く現れるようになったことも注意すべきであろう。

2014年当時のチェコは社会民主党を第一党とする政権であり，ウクライナ支持の立場を示していたが，親ロ的な姿勢で知られるゼマン大統領は，ロシア支持の立場を明確に打ち出し，同国のクリミア編入を完全に正当なものとみなした。スメルの単独政権であったスロヴァキアにおいても，以前から親ロ的な姿勢を見せていたフィツォ首相はロシアの行動を擁護した。2017年11月には民族主義政党の国民党に所属するダンコ国会議長がロシア連邦議会下院に招かれ，「強いロシア」なくしては国際社会の安全はあり得ないと発言してスタンディング・オベーションで迎えられている。これと全く同じ日，リベラルな姿勢で知られるキスカ大統領がストラスブールの欧州議会で演説を行い，ロシアが国際社会に対する「脅威」になりつつあると警告を発したのとは対照的である。

「原発大国」としてのチェコとスロヴァキア

チェコとスロヴァキアは原子力エネルギーの利用に積極的である。絶対的な規模は小さいながらも，全発電量に占める原発のシェアは，チェコが35%（稼働中の原発は6基），スロヴァキアが54%（同4基）である（2016年）。両国を含む中・東欧諸国の多くは社会主義時代に旧ソ連より原発を導入しており，2011年の福島第一原発事故後においても，そのほとんどが原発の利用を継続している。

旧社会主義圏の原発は体制転換の際に大きな争点となった（福田 2019）。1986年のチェルノブイリ原発事故以降，西側諸国は旧ソ連製原発に対して強い不信感を抱いていたからである。だが，1992年のG7ミュンヘン・サミットでは，ロシア西部および中・東欧諸国に位置する原発を対象とした上で，改良が可能なものについては存続を容認し，先進国による支援によって当該原発の安全性を向上させる旨の宣言が採択された。これは，西側の原発関連企業によるロビー活動の成果でもあった。チェルノブイリ以降，西側での新規受注が困難になっていた企業にとって，この宣言は，ロシア・中東欧という巨大な新規市場が切り拓かれたことを意味していた。

だが，これは脱原発を国是とするオーストリアにとって大問題であった。同国はチェコとスロヴァキアに隣接しており，しかも，両国の原発が自国国境から僅か数十キロの距離に設置されていたためである。以下，この点に関してチェコの原発を例として考えてみよう。

体制転換後のチェコにおいて特に問題となったのは，当時まだ建設中であったテメリーン原発の2基である。同原発が米企業ウェスティングハウスからの技術支援を得て完成へと近づくにつれ，オーストリア側の反対運動は活発化した。同原発の1号機が試験稼働を開始した2000年10月には，オーストリアの市民団体が対チェコ国境を封鎖し，両国の対立は国際的な注目を集めるようにもなった。さらには，この年に与党入りした極右のオーストリア自由党が，テメリーン原発の閉鎖とチェコのEU加盟をリンクさ

せる戦略を採った。同党の指導者であったハイダーは、反原発の国民感情を利用する形でキャンペーンを行い、2002年1月、約91万5,000人の市民より「テメリーンに対する拒否権」への署名を獲得するに至った。だが、こうした動きによってオーストリアに対するチェコの国民感情が悪化した点も指摘されている。皮肉なことに、オーストリアにおいて原発に対する批判が高まれば高まるほど、当のチェコでは原発への支持が増えかねないという状況が生まれたのである。

　こうしたなか、チェコとオーストリアの要請を受ける形で、欧州委員会のフェアホイゲン拡大担当が両国の仲介役を務めることになった。2000年12月よりオーストリアのメルクで開始された三者協議は、翌2001年11月末になってようやく「最終宣言」を出すに至ったが、結果としてテメリーン原発にゴーサインを出す形となった。2000年に稼働を開始した同原発1号機に続き、2号機も2003年に稼働を開始している。

　その第1の理由は、EUが原発の安全性に関して統一的な基準を有していないことである。特に原発を保有する既加盟国にとっては、テメリーン原発の事例をきっかけに「パンドラの箱」を開けることは避けたい、というのが本音であった。旧ソ連製とはいえ、西側企業（この場合、ウェスティングハウス）による改良が施された原子炉を廃炉にするという判断は、そもそも「現実的な」選択肢ではなかった。EUとしては、テメリーン原発を一定の条件で認めつつ、この問題をオーストリアとチェコの二国間にとどめておきたい。それが実際の立場だっただろう。

　第2の理由は、オーストリア自身が極右政党の入閣によってEU内で孤立していた点である。当時のオーストリアでは極右の自由党が反原発運動をリードする「ねじれた」構図となっており、シュッセル首相（当時の与党第一党である国民党党首）は、同国のこれ以上の孤立を望んでいなかった。EUへの新規加盟には全ての既加盟国による承認が必要であり、制度的にはオーストリアが単独でチェコのEU加盟を阻止することは可能であった。だが、自由党の主張どおりにテメリーン原発の廃止とチェコのEU加盟をリンクさせることは、少なくとも国民党にとっては望ましい戦略ではなかったのである。

　ここではチェコの事例のみについて検討してきたが、チェコ、スロヴァキア、オーストリアという互いに隣り合う3カ国において、原発推進と脱原発という立場の違いが生じている点は注目すべき現象である。この3カ国は旧ハプスブルク帝国の「中心」と「周辺」という関係でもある。オーストリアのチェコやスロヴァキアに対する批判は、時として「上から目線」の性格を帯び、それゆえに、チェコやスロヴァキアの反発は感情的なものとなった。脱原発国のドイツと原発推進国のフランスも隣国同士であるが、この3カ国ほど対立が表面化することは少ないように思われる。原発推進国と脱原発国の双方を抱え、したがって、原発そのものの是非について統一的な見解を持たない（持てない）EUにおいて、この3カ国の関係は原子力政策の矛盾を端的に示す重要な縮図となっている。

6 1989年の遺産と民主主義

　1989年の体制転換から30年の歳月が経過した。当時の「ビロード革命／静かな革命」は劇的であったが，民主化や経済の自由化，そして EU 加盟がバラ色の未来を約束すると思われた時期はすでに昔となった。それどころか，現在では少なからぬ国でポピュリストと評される政治指導者が台頭し，政治のあり方を根本から変えようとしているように見える。ハンガリーやポーランドなどにおいては民主主義の「後退」とでもいうべき現象が生じている。チェコやスロヴァキアについても，既存の政党が相次いで力を失い，従来とは異なる政治勢力が登場した。とすれば，30年前の体制転換は何だったのだろうか。もし仮に，民主主義が「後退」してしまっているとすれば，戦間期のチェコスロヴァキアにおける民主主義の「伝統」は，そして，抑圧的体制に抵抗してきた人々の努力は，いかなる意味を持ちうるのだろうか。こうした点について最後に考えてみたい。

　2018年2月末，スロヴァキアにおいて EU の補助金不正受給について調査を行っていた27歳のジャーナリストが婚約者とともに殺害された。報道によれば，この不正にはイタリア人実業家が関わっており，さらには，フィツォ首相自身がその実業家と何らかの形でつながっている可能性が高いという。同国では事件の真相解明を求める声が高まり，1989年以来といわれる大規模なデモが発生した。与党の一角をなす「架け橋」より連立離脱の圧力を受けたこともあり，同3月，フィツォ首相は辞任し，スメルのペレグリニが後継首相となった。ただし，連立与党の枠組（スメル，国民党，「架け橋」）はそのまま維持された。

　2018年11月16日には，首都のブラチスラヴァで1989年の体制転換を記念するデモが行われた。1989年のプラハで大規模なデモが始まったのは翌17日であり，現在では両国ともにこの日を「自由と民主主義のための戦いの日」として祝日と定めている。ただし，ブラチスラヴァではその前日に学生デモが行われていたため，16日を体制転換の起点と考える人が多い。些細なことのようにも見えるが，スロヴァキアの人々にとっては重要な違いである。「革命」から29周年となるこの日のデモは，同年2月のジャーナリスト殺害に対する批判も含め，現政権に対する異議申し立ての色彩が濃いものとなった。

　チェコの29周年においても，バビシュ政権を批判する動きが見られた。バビシュは古参の政治エリートに蔓延する腐敗を一掃すると主張しているが，彼自身が EU 補助金の不正受給への関与を疑われている。彼は社会主義時代において秘密警察の協力者であったともいわれており，批判の材料には事欠かない人物である。

　とはいえ，自由と民主主義を守ると一口にいっても，それを実践することは容易なことではない。本章の冒頭で紹介したオカムラの政党名は「自由と直接民主主義」である。同氏の言うように，個々人が誇りと主体性をもって生きられる社会は大事である。だが，それが特定の個人や集団に限定されるべきではないだろう。たとえ自由と民主主義を標

榜していたとしても，多元性を否定し，一元的な世界を前提とした時点で，その社会は非常に危険なものとなる。多様な集団の共生を維持しつつ自由と民主主義を実現するためにはどうすればよいのか。これは，チェコとスロヴァキアだけが抱えている課題ではない。

参考文献

中田瑞穂『農民と労働者の民主主義――戦間期チェコスロヴァキア政治史』名古屋大学出版会，2012年。

中田瑞穂「中欧諸国」網谷龍介・伊藤武・成廣孝編『ヨーロッパのデモクラシー（改訂第2版）』ナカニシヤ出版，2014年，441～489頁。

中田瑞穂「チェコ共和国における政党間競合構造の展開――浮遊する「国民政党」チェコ社会民主党の変容と「安定」を中心に」『国際学研究』（明治学院大学）52号，2018年，1～21頁。

中根一貴『政治的一体性と政党間競合――20世紀初頭チェコ政党政治の展開と変容』吉田書店，2018年。

橋本伸也編著『せめぎあう中東欧・ロシアの歴史認識問題――ナチズムと社会主義の過去をめぐる葛藤』ミネルヴァ書房，2017年。

林忠行『中欧の分裂と統合――マサリクとチェコスロヴァキア建国』中公新書，1993年。

福田宏「原発推進国家としてのチェコとスロヴァキア――旧東欧諸国における原子力政策の事例研究」成城大学法学会編『変動する社会と法・政治・文化』信山社，2019年。

北海道大学スラブ・ユーラシア研究センターホームページ「中東欧・旧ソ連諸国の選挙データ」（http://src-h.slav.hokudai.ac.jp/election_europe/index.html）。

ユリーチェク，ヤーン／長與進訳『彗星と飛行機と幻の祖国と――ミラン・ラスチスラウ・シチェファーニクの生涯』成文社，2015年。

Deegan-Krause, Kevin, "Populism, Democracy, and Nationalism in Slovakia," in C. Mudde & C. R. Kaltwasser (eds.), *Populism in Europe and the Americas: Threat or Corrective for Democracy?*, Cambridge University Press, 2012, 182-204.

読書案内

薩摩秀登編著『チェコとスロヴァキアを知るための56章（第2版）』明石書店，2009年。
　＊2つの国について，歴史・政治・文化の幅広いトピックについて網羅的に紹介した本。気になったところから読み進めていくことをお薦めする。

仙石学・林忠行編著『ポスト社会主義期の政治と経済――旧ソ連・中東欧の比較』北海道大学出版会，2011年。
　＊1990年代以降の政治・経済の変化について主要トピック別に分析した専門書。最先端の研究については，本書の他，国立情報学研究所の論文データベース（https://ci.nii.ac.jp/）にて，中田瑞穂，林忠行，中根一貴，仙石学，平田武の各氏による論考を探

してほしい。

チャペック，カレル／石川達夫訳『マサリクとの対話——哲人大統領の生涯と思想』成文社，1993年。
　＊チェコスロヴァキアの初代大統領として民主主義体制の構築に尽力したマサリクについて，「ロボット」の造語で知られる作家のチャペックが対話形式で生み出した伝記作品の傑作。

（福田　宏）

第17章
ポーランド

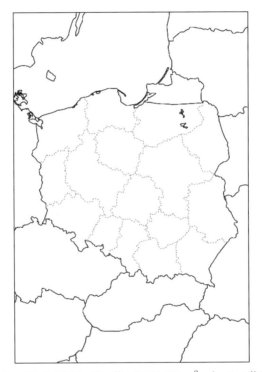

正式国名：ポーランド共和国，面　積：32万2,000km^2，人　口：約3,842万人，首　都：ワルシャワ（約176.4万人），主要構成民族：ポーランド人（約97％），公用語：ポーランド語，宗　教：カトリック（約88％），通　貨：ズウォチ，名目GDP：4,829億ドル（2017年），1人当たりGDP：1万2,721米ドル（2017年）
（日本国外務省ウェブサイト（https://www.mofa.go.jp/mofaj/area/poland/data.html）による）。

―― EU の大統領は誰か知っていますか ――

　欧州連合（以下 EU：the European Union）の顔といったら誰を思い浮かべるだろうか。アメリカであればトランプ大統領だろうし，日本であれば安倍晋三首相だろう。EU は既存の国際機関とも国家とも違う「一種独特の政体」であるがゆえに，その統治のスタイルは複雑を極める。しかし2007年10月に合意され，2009年12月に発効したリスボン条約によって，任期は1期2年半，再選は1回まで可能となる欧州首脳理事会常任議長（通称：EU 大統領）の役職が明確に規定された。そして，初代には元ベルギー首相のファン・ロンパイ（Herman Van Rompuy）が就任した。彼は2期5年の任期を務め，次に同職に抜擢されたのが，ポーランド出身のトゥスク（Donald Tusk）であった。

　彼の略歴を紹介しておこう。1957年4月22日，ポーランド北部の大都市グダンスクで，生まれた。1976年，名門グダンスク大学に入学し歴史学を専攻。ここで，のちにワレサ（Lech Wałęsa）率いる独立自主管理労組「連帯」のもととなる，ポーランド統一労働者党に対する反体制派組織の一員となった。1981年12月，ヤルゼルスキ（Wojciech Jaruzelski）将軍により戒厳令が出されると，彼は身を隠し，パンの販売員や登山用グッズ販売，さらには高所作業員などで生計を立てた。

　ポーランドにおける共産主義が崩壊して，最初の大統領にワレサが就任すると，彼らは親ビジネス・親ヨーロッパの「リベラル民主議会党（KLD）」を結成し，トゥスクはその党首となる。トゥスクはまた，当時，国有企業による独占状態の解体，さらには国有メディアの民営化に力を入れた。1990年代になるとトゥスクは国会議員となり，上院副議長に選出される。1994年に KLD は民主連合と合併し自由連合となりトゥスクはその副党首となる。2001年に市民プラットフォームが結成されると彼はそれに参画し，2003年に党首に就任。2007年には当時支配政党であった「法と正義」との選挙戦に勝利し，首相に就任した。彼はその後，約7年もの間ポーランドの首相として在任し，これは体制転換後ポーランドでは最長の在任期間を誇る。

　彼が首相の任にあった約7年間はポーランド経済にとって極めて順調な時期でもあった。2008年のいわゆるリーマン・ショックにもかかわらず，ポーランドの経済は彼の在任期間中におよそ20%もの伸びを示した。また，前政権によって失われたドイツやロシアとの関係改善にも努めた。

　2014年，トゥスクはその長期における EU 加盟国首相としての経験と実績を背景として，ファン・ロンパイ後の欧州首脳理事会常任議長に選出された。1989年の共産主義・社会主義体制から市場経済・民主主義体制への転換，2004年の EU 加盟を経て，そこから10年。ポーランド人が EU の顔になった瞬間であった。

1　体制転換後の選挙の動向

　社会主義から民主主義への体制転換期におけるポーランドの政党政治はどのような変動があったのか。ポーランドの政治史全般については，伊東・井内・中井（1998）に詳

しいので，本節では現代ポーランド事情を理解する上で不可欠な1989年以降のポーランドの選挙について概観する。

「連帯」から左派への揺り戻し

1989年6月，統一労働者党による社会主義・共産主義体制に対して異議を唱えてきた自主管理労組「連帯」の約10年にわたる抵抗の末に開催された「円卓会議」合意に基づく，初の国政選挙が行われた。この選挙は，下院の35％と，新設された上院を自由選挙枠とし，残りは統一労働者党とその衛星政党に割り当てるという部分的自由選挙であった。驚くべきはその結果であり，「連帯」を基盤とする連帯市民委員会が自由選挙枠のほぼ全てを獲得した。上院（定数100）では連帯市民委員会が99議席，無所属が1議席を獲得。統一労働者党は議席を獲得できなかった。また，下院でも連帯市民委員会は自由選挙枠161議席中全てで議席を獲得し，決定的勝利を収めた。これにより，同年8月末に「連帯」顧問のマゾヴィエツキ（Tadeusz Mazowiecki）が首相に就任した。マゾヴィエツキは同年9月に連帯市民委員会を中心とした組閣を行い，これにより東欧初の非共産党系政権が誕生した（田口 2005：96）。東欧革命の端緒である。

この結果を受けて，1948年以降ポーランドを支配してきた統一労働者党は1990年1月に解散した。1990年11月25日および12月9日には，大統領選挙が行われた。11月25日の第1回投票には6名の候補者が名を連ねたが，過半数を獲得した候補者がいなかったため，40.0％を獲得した連帯のワレサ（Lech Wałęsa）と23.1％を獲得した無所属のティミンスキ（Stanisław Tymiński）が第2回投票に駒を進めた。12月9日の第2回投票では，ワレサが74.3％と圧勝し，東欧革命後初のポーランド大統領に就任した。ワレサはその後，1995年まで大統領を務める。一方，この選挙の第1回投票に無所属で立候補していたマゾヴィエツキは首相の座を降り，ワレサの任命により1991年1月4日から当時無名だった自由民主会議のビェレツキ（Jan Krzysztof Bielecki）が首相となる（伊東 1993：12-13）。ビェレツキはポーランドの公的債務削減などに成果を上げた。1991年10月27日，上下院の完全自由選挙が行われた。29もの政党が乱立したこの選挙では，上院ではマゾヴィエツキを党首とする民主連合が最大の21議席を獲得した。下院では民主連合は第一党の62議席を獲得したものの，民主左翼連合が60議席，カトリック選挙行動が49議席，ポーランド農民党が48議席，独立ポーランド連合が46議席，中道市民連合が44議席，自由民主会議が37議席と混迷を極めた。連立交渉は難航したが，1990年以来の急激な経済改革（バルツェロビッチ・プラン）への反対の声に後押しされる形で，同年12月6日に中道市民連合を中心としたオルシェフスキ（Jan Olszewski）連立内閣が誕生した。しかしその後，外相，国防相，内相などの任命権についてワレサ大統領と激しく争うこととなり，オルシェフスキは1992年6月5日に辞任，後任のポーランド農民党のパヴラク（Waldemar Pawlak）は連立交渉が難航し35日後の1992年7月10日に辞任，その後は多党連合の末，第一党の民主連合のスホツカ（Hanna Schocka）が首相の任にあ

たった。だが，スホツカ政権も失業率の高止まり，景気回復の後退といった経済状況のなかで苦境に立たされた。混迷の2年間を経た1993年9月19日，上下院の選挙が行われた。多党乱立を防ぐために5％条項（得票率5％を満たない政党には議席を割り当てない制度）を採用しての初めての選挙となった。結果は，急速な経済改革に対する国民の嫌気を反映し，下院では，旧統一労働者党系の民主左翼連合が111議席伸ばし171議席を獲得，第2党にはポーランド農民党が84議席伸ばし132議席を獲得した。上院でも民主左翼連合が33議席伸ばし37議席，ポーランド農民党も29議席伸ばし36議席を獲得することとなった。この結果を受けて，民主左翼連合との連立政権のもとパヴラクが首相の座に返り咲いた。これは，急激な経済改革にもかかわらず，国民経済の状況に改善が感じられなかったことに対する国民の不満を如実に反映したものとなった（田口 2005：166-167）。

　しかし，パヴラク政権も長くは続かなかった。背景には，農村に利害関係を持つポーランド農民党と，都市に基盤を持つ労働組合を擁する民主左翼連合間の利害関係のねじれがあった（田口 2005：167）。両党の連立は維持されたものの，1995年3月7日には民主左翼連合のオレクシ（Józef Oleksy）が，さらには1996年2月7日からは同チモシェヴィチ（Włodzimierz Cimoszewicz）が首相に就任した。1995年11月5日と19日には，大統領選挙が行われた。第1回投票では13人が立候補したが，民主左翼連合のクファシニエフスキ（Aleksander Kwaśniewski）が35.1％，無所属のワレサが33.1％を得票し，決選投票に臨んだ。第2回投票は大接戦であったが，1993年の国政選挙同様，急速な経済改革への不満という国民意識を反映しクファシニエフスキが51.7％を得票し勝利を収めた。彼は2000年までポーランドの大統領を務めた。自主管理労組「連帯」出身のワレサから，クファシニエフスキへと大統領が変わったことで，1990年代後半は，「連帯」の牙城であったグダンスク造船所の倒産をはじめとする経済改革が進み，経済も徐々に成長軌道に乗った。経済成長率も5％台に乗り，海外直接投資が増えだしたのもクファシニエフスキ時代であった（田口 2005：167-169）。

「連帯」系の復権と分裂

　1997年9月21日，上下院選挙が行われた。ここでは1993年以来の民主左翼連合とポーランド農民党の連立政権に対する評価が鍵となった。結果は，下院では「連帯」系政党が結集した新党である連帯選挙行動が201議席を獲得，民主左翼連合が7議席減らし164議席，自由連合が60議席，ポーランド農民党は105議席減らし27議席にとどまった。上院でも連帯選挙行動が51議席，民主左翼連合が28議席，自由連合が8議席を獲得。ポーランド農民党の大敗により，政権交替が行われ，連帯選挙行動は自由連合と連立（のちに自由連合は連立離脱し少数与党となる）を組んだ。これにより1997年10月31日からブゼク（Jerzy Buzek）が首相に就任した。ポーランド農民党の大敗により政権は失ったものの，2004年に迫ったEU加盟に向けた経済・社会改革のスピードを抑えるための錨

としての民主左翼連合は，未だ国民からの期待を担っていた。2000年10月8日に行われた大統領選挙では，12名が立候補したが，第1回投票で現職のクファシニエフスキが53.9％の得票で勝利を収めた。

　ここで重要なのは，この選挙結果によって，1997年の上下院選挙で勝利をおさめた連帯選挙行動が，大きく3分裂したことである。つまり，連帯選挙行動から2000年の大統領選挙に出馬したクシャクレフスキ（Marian Krzaklewski）の敗北により，2001年9月に迫る上下院選挙にむけた連帯選挙行動の政党再編の動きが活発化した。今回の大統領選挙に無所属で出馬し2位につけたオレホフスキ（Andrzej Olechowski）を中心として中道を標榜する市民プラットフォームが，クシャクレフスキを中心として労組「連帯」が，さらにはカチンスキ兄弟の兄ヤロスワフ・カチンスキ（Jarosław Kaczyński）を中心としてナショナリスティックな性格を持つ「法と正義」が誕生したのである。現在のポーランド政治を理解する上で重要な2党，すなわち市民プラットフォームと「法と正義」がここで産まれたことは，記憶されておいてよい。

　2001年9月23日，上下院の選挙が行われた。大きなトピックとしては連帯選挙行動の分裂により各党に票が割れたことと，極右政党である自衛が53議席を獲得し下院第三党に躍進したことである。下院において勝利したのは民主左翼連合で，前回よりも52議席伸ばして216議席を獲得。第二党は連帯選挙行動から割れた市民プラットフォームで65議席，第三党は自衛で53議席であった。市民プラットフォーム同様に連帯選挙行動から割れた「法と正義」は42議席であった。上院も民主左翼連合の圧勝だった。47議席を伸ばして75議席を獲得した。この結果を受けて，民主左翼連合のミレル（Leszek Miller）が2001年10月19日に首相に就任した。しかし，イラク戦争をめぐる親米路線に対して市民の意識との乖離が生まれ，EU加盟直後の2004年5月2日に首相を辞任。2005年の国政選挙までの1年余は，ベルカ（Marek Belka）が首相を務めた。

　これとは別に，この選挙に関して注目されるべきは，EU加盟を3年後に控え，EU加盟に反対する自衛（下院53議席）とポーランド家族連合（下院38議席）が台頭したことである。ポーランドでは，1989年以降，政権が左右に振れようが，急進的改革もしくは穏健的改革という程度の差はあれ，どの政権もEU加盟賛成の立場をとってきた。自衛の党首であるレッペル（Andrzej Lepper）は，EUが要求する加盟条件が故郷を荒廃させ，農民に不公正な競争条件を押しつけているものとみなし（小森田 2005：262-263)，改革に乗り遅れたと感じる人々の支持を取りつけた。また，ポーランド家族連合は，「原理主義的カトリック聖職者率いる『マリア放送』の聴取者である高齢の女性層を固い支持基盤」（小森田 2005：263）とし，世俗的なEUとの対比を明確化した。

EU加盟と二大政党化

　2004年5月1日，ポーランドはEUに加盟した。これまでEUの加盟条件に従うた

めの方策に腐心してきたポーランドは，この日を境に，EU内で自国の利害を主張することが可能となった。

このことは，2005年9月23日に実施された上下院選挙において，EU内で強いポーランドを標榜できる政党に有利に働いた。下院では「法と正義」が111議席伸ばして155議席を獲得，市民プラットフォームが68議席伸ばして133議席を獲得，自衛が3議席伸ばして56議席を獲得したのに対して，民主左翼連合は161議席落として55議席にとどまった。上院でも「法と正義」が過半数に迫る49議席を獲得，市民プラットフォームも34議席を獲得した。象徴的なことは，この選挙後に「法と正義」が自衛とポーランド家族連合という反EU政党と連立を組んだことである。ここにもまた，「法と正義」の強いナショナリズム，強いポーランドへの希求が看取できる。

なお，この選挙の結果，2005年10月31日から「法と正義」のマルチンキエビッツ（Kazimierz Marcinkiewicz）が，さらに，2006年7月14日からは同カチンスキ兄弟の兄ヤロスワフ・カチンスキが首相を務めた。2005年は大統領選挙も行われた。上下院選挙同様，ここでも「法と正義」と市民プラットフォームの一騎打ちの様相を呈した。2005年10月9日の第1回投票では市民プラットフォームのトゥスクが36.3％，「法と正義」のカチンスキ兄弟の弟レフ・カチンスキ（Lech Kaczyński）が33.1％を獲得した。しかし，決選投票では自衛のレッペルの票（第1回投票で15.1％）がカチンスキにまわり，最終的にはレフ・カチンスキが54.04％の得票率で勝利を収めた。これにより，「法と正義」が大統領と首相の職を得，さらに2006年7月14日のヤロスワフ・カチンスキの首相就任によって，カチンスキ兄弟で大統領と首相を分け合うという珍しい構図となった。

「法と正義」は反EU，反露の姿勢をとり，自衛とポーランド家族連合との連立政権を背景に，強いナショナリズム政権となる。第3節で詳述するように，それは時に，強い反露姿勢として表出し，また独仏との対立も辞さない姿勢を強調することとなった。カチンスキ兄弟による政治の独占，および，時にEU加盟国ながら反EUの姿勢を崩さない「法と正義」政権への厭気からか，2007年10月21日の上下院選挙は市民プラットフォームが勝利した。下院では市民プラットフォームが76議席伸ばし209議席，「法と正義」は11議席伸ばして166議席となった。「法と正義」が連立を組んでいた自衛とポーランド家族連合はともに議席を全て失った。上院でも，市民プラットフォームが26議席伸ばして60議席，「法と正義」が10議席減らして39議席，無所属が1議席となり，ここでも市民プラットフォームが勝利をおさめ，二大政党化の様相を呈した。

市民プラットフォームは下院で31議席を獲得したポーランド農民党と連立を組むことで，下院で過半数を獲得し，2007年11月16日，トゥスクが首相に就任した。彼は，以後，欧州首脳理事会常任議長に就任するまでの6年と310日間首相に在任し，これは1989年以降，最も長い首相の在任期間となった。

「法と正義」と異なり，トゥスクは親EUおよび対露緊張緩和の路線を選んだ。また，EU市場へのポーランド経済の開放に力を注ぎ，ナショナリズムに振れた「法と正義」

時代からの揺り戻しが企図された。2007年11月から，大統領は「法と正義」のレフ・カチンスキ，首相は市民プラットフォームのトゥスクという政治権力のねじれ状態が続いた。しかし，この構図はある日，突如の悲劇によって幕を閉じる。2010年4月10日，カチンの森事件（1941年のソ連によるポーランド捕虜銃殺事件）70周年追悼行事に参加するために搭乗していた大統領専用機がロシア西部スモレンスクにおいて墜落するという事故により，カチンスキは死亡する。これにより，2010年4月11日から市民プラットフォームのコモロフスキ（Bronisław Komorowski）が，一時的に大統領代行を務めた。

　その後，2010年6月20日に欠員となった大統領選挙の第1回投票が行われた。結果はコモロフスキが41.54％，「法と正義」のヤロスワフ・カチンスキが36.46％となり，第2回投票に駒を進めた。第2回投票では，コモロフスキが53.01％，カチンスキが46.99％という結果となり，コモロフスキが正式に大統領に就任した。これにより首相と大統領のねじれ関係が解消された。2011年10月9日の上下院選挙では，下院では市民プラットフォームが2議席落として207議席，「法と正義」が9議席落として157議席となった。市民プラットフォームから転出したパリコット（Janusz Palikot）率いるポピュリスト左翼政党であるパリコット運動が40議席を獲得したのが印象的であった。ポーランド農民党は3議席落として28議席に減らしたが，市民プラットフォームとの連立政権は継続された。上院では，市民プラットフォームが3議席伸ばして63議席，「法と正義」は8議席減らして31議席となった。ポーランド農民党が2議席を獲得したが，二大政党化傾向は継続した。

　ただし，1つ重要な点は，この選挙において，EU加盟国からの投資が入ってきやすいポーランドの西側では市民プラットフォームが勝利を収めたのに対して，比較的経済的に低水準のポーランドの東側では「法と正義」が勝利を収めていた点である。この点は，次の上下院選挙への布石となる。

　2015年5月10日および24日に，大統領選挙が行われた。トゥスクはすでに欧州首脳理事会常任議長に就任し，2014年9月22日からコパチ（Ewa Kopacz）が首相となっていた。ポーランド経済はマクロでは順調であったが（第2節第1項参照のこと），グローバル化の勝ち組と負け組の差が国民の間で認識され，また，安定政権を維持してきたトゥスクの後任としては，コパチが十分な準備ができていなかったこともあり，市民プラットフォームが苦戦を強いられることになる。第1回投票では，「法と正義」のドゥダ（Andrzej Duda）が34.76％，無所属のコモロフスキが33.77％を獲得した。上位2名による第2回投票では，ドゥダが51.55％，コモロフスキが48.45％となり，「法と正義」が大統領職を取り返した。

初の単独政権誕生

　市民プラットフォームの凋落は，2015年10月25日の上下院選挙でも顕著に現れた。下院では，「法と正義」が78議席伸ばして235議席を獲得し，単独過半数を手にした。市民

プラットフォームは69議席減らして138議席，連立相手のポーランド農民党も12議席減らして16議席しか獲得できなかった。上院でも，「法と正義」は61議席を獲得。市民プラットフォームは34議席減らして34議席，ポーランド農民党は1議席を獲得するにとどまった。11月16日に「法と正義」のシドゥウォ（Beata Szydło）が単独政権として首相に就任した。これにより，1989年以来長きにわたる連立政権の歴史が幕を閉じる。しかし，「法と正義」による強権的な政策運営（第4節を参照のこと）をうけて，2017年12月に内閣不信任案が提出された（結果は否決）ことなどもあり，経済政策で目玉となる政策を掲げていたモラヴィエツキ（Mateusz Morawiecki）副首相兼財務相が2017年12月11日から首相の座を引きついだ。

　このように1989年以降の大統領選挙および上下院選挙を整理すると，現代ポーランド政治を理解するためには，右派保守系ナショナリズム政党としての「法と正義」と，中道親EUリベラル政党としての市民プラットフォームが，その中心であるといえる。無論，その時々によって，2011年のパリコット運動や，2015年のクキズ15（下院で42議席獲得）のように突如議席を獲得する政党はあるものの，基本的には「法と正義」と市民プラットフォームの保守対リベラルの構図が，最も重要なものといえる。

2　「法と正義」政権の経済・福祉政策

　ポーランドのマクロ経済情勢について，在ポーランド日本国大使館経済班資料に基づいて基礎情報を確認する。ポーランドの経済成長率は，2008年の第1四半期に6.3％の高水準を達成したが，リーマン・ショックの余波により，同年第2・第3・第4四半期には6.1％，5.2％，3.2％と下降を続け，2009年の第1四半期に0.4％の低水準に至った。しかし，EU 27カ国（当時）でリーマン・ショックによりマイナス成長に至らなかったのは唯一ポーランドだけであったことは記憶されるべきである。その背景には順調な海外直接投資の流入と，ドイツの経済的後背地としての堅調な工業生産があった。その後，ポーランド経済は持ち直しの兆しを見せ，経済成長率は2009年第4四半期には3.7％，2010年同4.7％，2011年同4.5％とおおむね4％台で推移した。2009年10月にギリシャに端を発する欧州ソブリン危機が発生すると，その余波はポーランドにも達し，経済成長率は2012年の第1・第2・第3・第4四半期にそれぞれ3.6％，2.1％，1.2％，マイナス0.1％と急激に下落した。しかしここを谷としてその後順調に持ち直し，2013年第4四半期2.3％，2014年同3.6％，2015年同4.2％，2016年同2.9％，2017年同4.3％と安定して経済成長の軌道に乗っている。

　これに呼応するように，失業率も低下傾向にある。2015年6月までは常に10％を超えていた失業率は，2016年初頭に一時再度10％を超えたものの，下落傾向を続け，2018年3月時点では6.7％と過去最低水準である。

　物価については中央銀行のインフレ目標値2.5％±1％が掲げられている。2011年初

から2012年末にかけては3.5％を超え，逆に，2013年初から2016年末にかけては1.5％を下回ったものの，2017年からはおおむねインフレターゲットに収まって安定した水準を保っている（2018年4月は1.6％）。

このように，リーマン・ショックやユーロ危機などの余波は受けつつも，ポーランド経済は堅調に推移してきた。2018年3月の鉱工業生産は前年同月比1.8％増，小売販売は対前年同月比8.8％増，と生産・消費の拡大傾向は継続している。特に小売販売は2016年11月から対前年同月比で5％上回っており，同様に，貿易額も順調に増加している。

しかし，不安要素もある。2004年5月のポーランドのEU加盟以降，特に2007年10月の上下院選挙で市民プラットフォームが政権をとって以降，ポーランドは大企業に対する大幅減税を打ち出し，EU市場およびグローバル経済の恩恵を受けてきた。このことは，ポーランド市民の実感としても感じとられている。2016年の世論調査（CBOS 2016c：3）では，経済的グローバリゼーションが肯定的な影響を与えるのは，「ポーランド経済にとって」61％，「ポーランド企業にとって」59％，「ポーランドの消費者にとって」56％，「ポーランドの労働者にとって」57％であった。しかし，2015年5月の総選挙で政権が「法と正義」に変わると，「法と正義」は高齢者および低所得者層向けのポピュリズム色の濃い経済政策を打ち出し，いわゆる内向きのばらまき政策へと転じた。

ただし，これを単なるポピュリズム的ばらまき政策として否定的に断じることは難しい。ポーランドが抱えている最大の問題点の1つは急速な少子高齢化である。IMF（国際通貨基金）の報告書によれば，ポーランドは深刻な人口構成上の問題に直面しており，2017年時点では65歳以上年齢人口は15％であるが，2050年までにその割合は2倍になるとされる。また，労働人口の減少は2012年からすでに始まっており，2050年までに4分の1の労働力人口が減少すると予想されている。これはEU加盟国でも最大規模の減少となる。それゆえ，人口問題は，ポーランドの経済成長の最大の足枷となると考えられ，現在の好調な経済成長のパターンは持続不可能となるだろう（IMF 2017：4-7）。また，別の統計では，2060年までに労働人口の割合は40％まで下がると予測されている（OECD 2018：16）。それゆえ，ポーランドの経済成長の持続可能性を鑑みると，人口構成を是正する何らかの政策が必要とされる。その第1として考えられているのは出生率の増加，第2は，女性の労働市場への参加，第3は経済移民（これについては第3節で詳述する），第4は，労働力転換，つまり農業からより生産性の高い産業への労働力の置換である（IMF 2017：9-10）。

第1の問題については，「法と正義」政権は，子どもを持つことによる貧困を減らし，出生率を上げることを目的としてFamily500＋という政策を掲げた（OECD 2018：38）。Family500＋とは，第2子から月額500ズウォチを補助する制度である。月額収入800ズウォチ未満の低所得者については第1子から同額を補助する。また，第1子が障がい児

である場合，月額収入1,200ズウォチ未満の低所得者については第1子から同額を補助する。これにより，補助を受ける子ども1人当たり，年間6,000ズウォチの補助が受けられることとなり，少子化への効果が期待されている（10年間で29万人の子どもが追加的に産まれると指摘されている（IMF 2017：12））。

ただし，子どもの数によって補助金を提供するFamily500＋には批判も多い。第1は，女性が出産を優先することによる低学歴化，および女性が出産のために労働市場から退出する（24万人の女性が労働市場から退出するとされる（IMF 2017：12））ことにより将来受け取る年金が減少するという問題である。そのため，女性の雇用を促進し，彼らがほしいだけの子どもを産み育てる環境を維持するためには，高品質なチャイルドケアが必要となる。

そこで，第2の女性の労働市場への参加を促すための政策がToddler＋である。この政策は，各県（ヴォイヴォドシップ）においてチャイルドケアが十分でない地域に新しい施設を建設したり，現存する施設への補助を行ったり，そのような施設のない地方自治体に対する補助金を与えるものである。低学歴の両親の子供にとって，高品質なチャイルドケア施設は特に重要であると考えられており（OECD 2018：40），Family500＋とToddler＋は，車の両輪の役割を果している。

IMFの報告書は，ポーランド経済について，その他何点かの問題点を指摘している。第1は運輸，電力，ICT（情報コミュニケーション技術）などのインフラが弱いこと，第2はビジネス投資が低いこと（国営企業がGDPの2％，海外企業がGDPの3％，国内企業がGDPの6％（IMF 2017：16）），第3は農業の生産性が低いこと（IMF 2017：36），である。

このような国内産業の問題を克服するために，2016年2月，副首相兼財務相だったモラヴィエツキはモラヴィエツキ・プランを発表した。これは，①中所得国の罠（経済発展進行に伴う賃金上昇による経済停滞），②国内資本と国外資本のバランスの悪さ（ポーランド国内資本の不十分），③平均生産の罠（ポーランド経済における不十分なイノベーション），④人口動態の罠（少子高齢化），⑤弱い制度の罠（公的制度の効果の低さ）に焦点を当て，経済改革を進めるものである。その目指すべき目標としては，①再工業化（産業を強化しポーランド経済の特徴を増やす），②イノベーティブな企業の発展，③国内投資の増大，④ポーランド企業の国際的拡大，⑤よりバランスのとれた社会経済発展，が掲げられている。

このような「法と正義」の経済政策は，現状，ポーランド市民の大半には好意的に捉えられているといってよい。注目すべきは，ポーランド市民が前述のように，経済的グローバル化を肯定的に受け止めつつも，大きな政府による経済政策を支持している点だ。国家の経済における介入についての世論調査では，「国家は経済において活発な役割を果すべき」と回答した市民が2016年3月の時点で55％，2017年9月の時点で58％にのぼった。他方「小さな政府が良い」と答えた市民は同34％，32％であったことを斟酌す

ると,「法と正義」の政策は市民には受け入れられているといえる (CBOS 2017b : 1)。

また, モラヴィエツキ・プランのどの目標が最も重要か (2項目まで回答可) との世論調査に対しては,「イノベーティブな企業の発展」が46％で一番多く, 続いて,「経済における投資拡大」35％,「再工業化」33％,「よりバランスのとれた社会経済発展」29％,「ポーランド企業の国際的拡大」19％と続く (CBOS 2016a : 3)。これらの結果を斟酌すると, ポーランド市民は経済的グローバル化を肯定的に受け止めつつも, 大きな政府による内向きなばらまき政策を支持し, 経済の高度化を目指していると考えられる。

3　移民の2つの流れと消極的な難民政策

まずは, ポーランドに流入する移民から見ていこう。現在, ウクライナからの多くの経済移民がポーランドに流入している。2016年の時点で, 彼らはポーランドの労働人口の5％と推計されている。これは, ポーランドの労働力人口が減少を始めた2012年から続く現象である (OECD 2018 : 20)。2014年の居住許可数を見てみると, ①ウクライナ21万402人, ②ベラルーシ7万6,883人, ③ロシア1万3,696人, ④ベトナム9,068人, ⑤トルコ5,152人, となっている (EMN 2014 : 6)。ウクライナおよびベラルーシといったポーランド東隣の旧ソ連諸国からの流入が大多数を占めることがわかる。また, 国境で追い返される人の数は, 2011年で2万225人, 2012年2万9,705人, 2013年4万385人, 2014年2万125人となっており, 違法滞在が摘発されて国外退去を命じられる人の数も, およそ年間1万人存在する (EMN 2014 : 7)。これらの経済移民の多くは, 農業, 接客業, 工場での単純労働に従事していることが多く, クラクフなどの観光都市のレストランの給仕係などは, ウクライナ人であることも珍しくない。

他方, ポーランドから流出する労働者に目を転じよう。2016年末には, 約250万人のポーランド人が, 3カ月以上ポーランド国外に居住している (OECD 2018 : 42)。かつて2005年5月29日にフランスで欧州憲法条約の批准が拒否された時には,「ポーランド人の配管工」という言葉が出回った。これは, ポーランドのEU加盟によって, フランスにおける水道工事の仕事も, いずれは低賃金で働くポーランド人労働者に奪われる, といったフランス労働者の失業への不安を端的に表した言葉であった (脇坂 2006 : 166)。また, ポーランドの配管工がフランスの社会的扶助, 社会保障法の適用を受けながら働くことへの警鐘でもあった (畑山 2016 : 157)。

同じことは, 2016年6月23日のEUからの脱退を問うイギリスの国民投票の際にも見られた。ポーランドをはじめとする東欧諸国からの労働者がイギリス人の職を奪っているという言説や, 彼らがイギリスの社会保障制度や教育制度を利用しているとの言説は, 離脱派のキャンペーンの主軸であった。

現実に, ポーランド人に「なぜ海外で働きたいか」を尋ねると, ポーランド国内の給与の安さ56％, ポーランドでの失業15％, 新しい経験やキャリア形成12％, 専門的経験

を積むため9％となっている（CBOS 2015c：4）。また，「海外で働いたことがあるか」尋ねると，20％の回答者があると答えた（CBOS 2016c：4）。さらに，過去10年間に海外で働いたことのあるポーランド人に，どの国で働いたかを尋ねると，ドイツ41％，イギリス23％，オランダ20％，ベルギー6％，アイルランド6％と続く（CBOS 2016c：4）。隣国の経済大国であるドイツや，比較的英語が通じる国での就業が目立つ。

ヒト・モノ・カネの自由移動が担保されるEUにおいて，ポーランド人労働者が自国に留まらないという選択をすることはあり得る。しかし，頭脳労働者や技能労働者が西欧諸国へ流出し，不足したポーランド国内の労働人口を埋めるためにウクライナやベラルーシから労働力が流入する状況は，ポーランド社会が連綿と培ってきた社会的関係資本を蝕むと憂慮する声があることも事実だ。

さて，話題を難民に移そう。難民に関しては，ポーランドは難民受け入れに対して消極的であるといってよい。2014年の難民申請について見ると，①ロシア4,000人，②ウクライナ2,275人，③ジョージア720人，④アルメニア135人，⑤カザフスタン120人，であった（EMN 2014：4）。これに対して，全体としての難民認定率は，2011年は5％，2012年は3％，2013年は7％，2014年は10％となっている。（EMN 2014：5）。

2015年に端を発するシリア難民の大量のEUへの流入に関しては，他の中・東欧諸国同様，ポーランドもEUの難民受け入れ割当制度に反対の姿勢を示している。2015年まで政権を担っていた市民プラットフォームは難民受け入れ割当制度に賛成の姿勢を示していたが，「法と正義」が政権の座に就いたことで，その姿勢も反転した。ただし，ポーランドがシリア難民の全てを拒否しているわけではないことには注意が必要だ。シリアからのキリスト教難民50家庭については難民申請を認めている（MPC）。

このようなシリア難民受け入れに対するポーランドの拒絶反応の一因は，ポーランド人の他国に対する印象にある。例えば，「他国に対する好印象の割合」に関する世論調査では，アラブ人は2002年に16％，2003年に13％，2004年に11％と最も低い数値となっている（CBOS 2005：6）。また，「他国に対する悪印象の割合」に関する世論調査でも，アラブ人は2002年に54％，2003年に60％，2004年に59％と最も高い数値となっている（CBOS 2005：6）。

また，イスラーム教に対する否定的意見も根強い。「宗教に対する態度」に関する世論調査では，イスラーム教が44％と最も否定的であった（CBOS 2015a：1）。また，同じ世論調査では，「大部分のイスラーム教徒は他の習慣や価値に寛容ではない」という記述に同意した者が64％，同「西欧に住むイスラーム教徒は居住地の習慣や価値を受容できていない」63％，同「イスラーム教徒は他の宗教よりも暴力を推奨する」57％，同「イスラーム教徒は他の宗教に対して暴力を容認する」51％だった（CBOS 2015a：2）。

このようなポーランド人のイスラーム理解は，90％を超えるカトリック教徒を抱えるほぼ単一的な社会に特有のものかもしれない。しかし，カトリック教徒も困っている者に対しては寛容に手を差しのべることを是としていることは間違いない。

例えば、「なぜポーランドは中東・アフリカからの難民を受け入れるべきか」との世論調査では、モラル上の理由66％、互恵主義29％、国際的義務7％という回答が並び、心情的には助けになりたいとの思いは垣間見られる（CBOS 2015b：1）。しかし、「なぜポーランドは中東・アフリカからの難民を受け入れるべきではないと思うか」との問いには、準備ができていない44％、恐怖41％、文化的・宗教的距離感13％という回答が並び（CBOS 2015b：1）、ポーランド国民のアンビバレントな感情が浮かび上がる。

また、「難民危機はEU崩壊を引き起こしかねないという意見に同意するか」との質問には、2015年9月の時点で同意するものが43％、2016年4月には58％に増えている（CBOS 2016b：3）。さらに、「EUの難民受け入れ割当制度を拒否し、EUからの資金援助を失うリスクがあるとした場合に、イスラーム教国からの難民を受け入れるべきか」との質問に対しては、それでも同意しないと回答するものが65％にのぼった（CBOS 2017a：1）。その背景には、パリでの同時多発テロや西欧の諸都市における治安情勢の悪化などを例に挙げる市民が多い。

2018年は、ポーランドが独・墺・露の分割統治から独立した1918年から数えて100周年にあたる。ポーランドにおける移民および難民に対する一定の敬遠や拒否感は、ポーランドが内側から崩されていくかもしれないという恐怖心とは無関係ではない。

4　重層的でバランスのとれた外交・安全保障政策を目指して

ポーランド政府発行の『ポーランド共和国の国家安全保障政策』（Poland 2014）は、4章からなる包括的な外交・安全保障政策である。そのうち、安全保障に関する中心部分は第1章「安全保障主体としてのポーランド」に纏められている。そこで強調されることは、北大西洋条約機構（以下NATO：North Atlantic Treaty Organization）がポーランドにとって安全保障上重要な組織であること、EUがポーランドの社会経済開発および世界における地位向上において重要な組織であること、ポーランドが独仏とともに「ワイマール・トライアングル」を形成し欧州と米国を架橋する存在になっていること、そして、米国が最も重要な非欧州のパートナーであること、である（Poland 2014：9）。

そこで、本節ではNATOを取り上げる。具体的には、ポーランドのNATO加盟、加盟後のNATOにおけるポーランドの貢献、そしてNATOに対するポーランド国民の意識を概観する。NATOが創設されたのは1949年4月4日、原加盟国は米、英、仏、伊、ベネルクス3国、ポルトガル、デンマーク、ノルウェー、アイスランド、カナダの12カ国であった。NATO創設の要因としては、西欧側の思惑と米国側の思惑が合致したことがある。つまり、「西欧側から見れば、西欧共同防衛に平時から米国を引っ張り込んだということであり、米国側から見れば「ソ連封じ込め」の最重点地域である欧州で、政治および軍事地理の見地から精選された10カ国を陣営化したということ」（佐瀬1999：52-53）であった。

アメリカ側にとってみれば，ソ連封じ込めの具現化の1つとして機能したNATOであるが，1989年の中・東欧諸国の体制転換と冷戦の終結は，NATOの性格を自ずと変容させた。第1は，東西冷戦への対処のための西側の主力軍事同盟としてではなく，1999年4月のNATO新戦略に見られるように，人権・民主主義・法の支配といったNATO加盟国共通の価値を普遍化することを「第1義」（渡辺 2006：325）ための軍事機構として自らを再定義したのである。

そして第2は，NATO拡大の問題である。1989年以降，中・東欧諸国のNATO加盟要求は，非常に強いものがあった。これはポーランドを含むこれら諸国が，特に第2次大戦初期にソ連に侵略された歴史的経験との相関関係がとても強い。さらには，1989年の東欧革命，冷戦崩壊，1990年12月のシュワルナゼ（Eduard Shevardnadze）ソ連外相辞任，1991年1月ソ連軍によるバルト3国武力弾圧事件，1991年3月ワルシャワ条約機構崩壊といった一連の流れのなかで，中・東欧地域が1990年に統一したドイツと，1991年に成立したロシアの，いわば「力の真空」（広瀬 1995：314）となる危惧があった。これらを背景として，中・東欧諸国のNATO加盟が政治日程にのぼってくる。

その日は1993年8月末にやってきた。ロシア大統領エリツィン（Boris Yeltsin）が訪問先のポーランドで，同国のNATO加盟を容認するかのような発言を行ったのだ。この発言のこの種の理解について，エリツィンは1993年9月15日に書簡にて撤回した（植田 2003：28）が，同月末にはマンフレッド・ウェルナー（Manfred Wörner）NATO事務総長が「NATO加盟を希望している東欧諸国にもっと具体的な展望を示す時が来た」（日下 1995：198-199）として加盟への前向きな姿勢を明らかにした。そこで出てきたのがPFP（平和のためのパートナーシップ）という概念であった。これはロシアに対しては，中・東欧諸国を直接加盟させることを回避し無用な刺激を避ける効果があり，中・東欧諸国にとってはNATOとの何らかの結びつきを持たせることで，安全保障上の安心感を与えることができる仕組みであった。1994年1月10～11日，NATOは中東欧諸国とのPFP締結を提案した。ポーランドは1994年2月2日に，中東欧諸国の先陣を切ってPFPを締結した。

次なる段階は，中・東欧諸国のNATOへの正式加盟である。1997年5月，NATO加盟16カ国とロシアは「NATO・ロシア連邦間の相互関係，協力および安全保障に関する基本文書」を締結し，「NATOとロシアは互いに敵とは見做さない」（佐瀬 1999：189）と謳った。これを受けて同年7月8日にNATO加盟国はマドリードにおいて「欧大西洋の安全保障と協力に関するマドリード宣言」を採択し，ここでチェコ，ハンガリー，ポーランドの3国に対して加盟交渉開始のための招請を発し，12月の加盟議定書調印，1999年4月のワシントン条約（NATO条約）50周年記念日までの発効，を目指すこととなった（佐瀬 1999：188）。加盟交渉は，政治，軍事・防衛，費用負担，保秘，その他の5項目からなり，候補国3カ国はNATO事務総長に加盟招請を受ける旨，通知した（植田 2003：28）。

1999年3月12日，これら3カ国はNATOの正式な加盟国となった。NATOがポーランドを含むこれら諸国に与えた影響は，ただ軍事的なものにとどまらなかった。六鹿が指摘するように，「NATOは民主化，市場経済化，軍の文民統制，善隣友好関係の達成などを加盟条件に掲げることで，いわゆる「NATO効果」なるものを引き出し，東欧に歴史的に内在する不安定要因を除去することによって，東欧内部から欧州の平和を構築するという，これまでにない新たな役割を担っ」（六鹿 1997：22）たのである。

　さて，NATO加盟後にポーランドが最初に直面したのがNATO軍によるコソヴォ空爆であった。1999年の世論調査でも，一般的にNATOが海外派兵すべきか，との問いに40％（1999年4月8～13日），42％（1999年4月22～27日）の人が反対を表明した（CBOS 1999：3）。これはすべきと答えた，36％，38％よりも高い数字であった。またコソヴォでのNATOのオペレーションに，ポーランド人兵士が参加すべきだと思うかについては，「はい」が13％，「どちらかといえばはい」が24％，であり，「どちらかといえばいいえ」の21％，「いいえ」の30％を斟酌すると，消極的な雰囲気が伝わる。

　しかし，ポーランドは決してNATOにおける活動に消極的なわけではなかった。それが鮮明に現れたのがイラク戦争をめぐるポーランドの動きである。イラク戦争をめぐっては，欧州が，独仏などの「古いヨーロッパ」とポーランドなどの「新しいヨーロッパ」に分けて論じられたのが1つの特徴であった。ポーランドがEU加盟を控えた時期に敢えて「新しいヨーロッパ」の一角を占めたのは，「『親米国家』ポーランドを政治的支柱にしようとするブッシュ（George W. Bush）政権の意思」と「そのような米国の意思に呼応したポーランド自身の選択」であるとされる（小森田 2005：275）。そして，特殊部隊や化学部隊など百数十人をイラクに展開し，米英によるイラク占領体制のもとで，4分割されたイラクのバグダッド南方に広がる1地域を，さらに3分割した区域を，ポーランドが直接担当するという重責を果たした（小森田 2005：274）。イラク戦争にポーランドが参加したことが正しかったかどうかはともかく，米国＋欧州の安全保障体制においてポーランドが占める地位がより確たるものとなったのがイラク戦争であったといえる。

　こんな数字を紹介しておこう。「ポーランドが安全保障上信頼できる国はどこか」という世論調査（CBOS 2006：8）に，ポーランド国民はアメリカ32％，イギリス17％，ドイツ15％，フランス11％，ウクライナ6％と答えている。この世論調査がEU加盟後であることを考えると，ポーランド国民が欧州よりも，安全保障については米国に頼りたいという部分が見て取れる。これは，同年の世論調査（CBOS 2006：8）である，「ポーランドが脅威と感じる国はどこか」，を見ると理解できるかもしれない。ロシア59％，ドイツ23％，ベラルーシ11％と回答は続き，やはり第2次大戦で酷い仕打ちを受けた両国への脅威の意識はいまも残る。西欧の国のなかにはロシアと融和的な政策を取りたがる国も多く，EUの枠組みではロシアに対する強硬姿勢が取りにくい。ポーランドは，ゆえに，安全保障においてアメリカとの絆を大切にしているのである。

なお，こちらの数字も紹介しておこう。ロシアがジョージア危機，ウクライナ危機などポーランドの東の諸国で現状変更の試みを行うに伴って，ポーランド人の心のなかにNATO（とくに米国）への強い依存心が芽生えてきている。「NATO加盟国がポーランドに駐留することに賛成するか」との世論調査（CBOS 2018：1）に「はい」と答えた人の割合は，1999年2〜3月は32%，2000年2月には35%，2004年1月には40%，2004年9月にも40%，2005年12月には33%に下がるものの，2014年9月には57%，2017年2月には65%，2018年5月には67%となっている。ジョージア危機は2008年，ウクライナ危機は2014年であることを考えると，2000年代前半の楽観ムードは影を潜め，アメリカを含むNATOと一体化した安全保障体制が求められているといえる。

　そこで第3節では，米欧とロシアの狭間に存在するポーランドの安全保障上の立ち位置について，ミサイル防衛（以下MD：Missile Defense）を巡る米ロの政治過程を概観しつつ検討してみたい。そこでの政治過程の観察を通じて，ポーランドが米国，NATO，ワイマール・トライアングルという三つ巴の安全保障体制を引かねばならぬ理由が浮き彫りにされよう。

5　ポーランドの地政学——MD配備問題

MD計画の端緒

　アメリカによる中・東欧諸国へのMD計画が取りざたされ始めたのは，2007年2月下旬である。これは，イランのミサイルから欧州を守るために配備されるとの前提で，チェコに早期警戒レーダー，ポーランドに迎撃ミサイルを配備する計画であった。ロシアとの宥和を図りたいドイツのシュタインマイヤー（Frank-Walter Steinmeier）外相は，当計画について事前にロシア側と協議すべきだったと批判し，アリヨマリ（Michèle Alliot-Marie）仏国防相は，この計画はこのままでは大きな困難に直面するとの懸念を表明した。しかし，欧州を東西に分断しかねない要素を含みつつも，アメリカは強硬にチェコとポーランドへの配備に固執した。

　MDシステムに過敏に反応したのは，当然，ロシアだった。配備先がロシアに近いチェコとポーランドであるため，当計画はイランではなく，対露包囲網であると受け止められた。この時点でポーランドに配備される予定の長距離迎撃ミサイルは10基。配備完了時期は2011〜2012年の予定であった。

MD計画をめぐる米露対話

　2007年3月28日，プーチン（Vladimir Putin）露大統領はブッシュ米大統領と電話会談を行う。ここでブッシュはMD計画についてロシアと協議したい考えを表明し，ロシア側との関係改善に動いた。

　MD計画に積極的なアメリカおよび中・東欧諸国と，対露宥和を優先したい西欧諸

国が一堂に会する場はNATOであった。2007年4月19日，NATOはロシアとの合同理事会を開催し，当計画について協議した。ここでアメリカはNATO加盟国およびロシアに対して当計画の詳細を説明した。同月23日，ゲーツ（Robert Gates）米国防長官は訪露し，プーチンと会談した。ここでゲーツはMD計画への理解を求めたが，露側は反対姿勢を崩さず，継続協議となった。5月になるとライス（Condoleezza Rice）米国務長官が訪露し，プーチンらと会談した。彼女は，ロシアの意向に関わらず，当計画を進める旨を通告。この2007年3月から5月の初期の時点では，お互い矛を収めず，主張は物別れに終わった。

MD計画の断行

米露の対話の裏で，MD計画は粛々と進んでいた。MDの発射基地の候補国ポーランドとの公式交渉は2007年5月中旬から開始された。ロシアは2007年5月29日に，新型大陸間弾道ミサイルの発射実験を行い，当計画を牽制。MD計画が断行されれば，より強硬な態度で臨むことを示唆した。

しかしポーランドは怯まない。2007年6月6日にカチンスキ大統領がNATOのデホープスへッフェル（Jaap De Hoop Scheffer）事務総長と会談し，MD配備計画について協議した。カチンスキは，ポーランドがこの施設を受け入れれば，全てのNATO加盟国がカバーされ，欧州の安全保障が大幅に向上すると強調し，NATO側の理解を求めた。ブッシュもカチンスキを後押しする。同月8日にポーランドのユラタで両者は会談し，この計画を進めることで一致した。ブッシュは，この会談後の記者会見で，ポーランドへの感謝の意を表するとともに，イランから欧州大陸を守るため，今後もMD計画についての交渉をポーランドとの間で加速化していくことを表明した。

当計画の米ポ間での断行に対してロシアは，新たな分断線を引くものである，と猛反発する。ここにおいて，これ以上の強硬策について危惧の念が持たれるようになる。

MD計画の仕切り直し

NATOは2007年6月14日の国防相理事会において，このMDシステム配備を承認・合意したものの，同年7月になると米露は，この計画に関しては，二国間交渉ではなく，欧州諸国も加えた多国間交渉とすることで一致する。MD計画を巡る交渉は，二国間から多国間への仕切り直しとなった。

これに，驚きをもって反応したのは，ポーランドである。ポーランドはすでに迎撃ミサイル10基について2012年からの運用を目指し，2008年春から基地建設に着工する予定であったからだ。基地建設地としては，北部のレジコボ村に絞って調査が進められており，規模は600ha，200人の米軍関係者が駐留するとされる。ミサイルは，縦75m，横37mの敷地に集中的に設置するとされる。基地負担に関しては，アメリカが建設費の全額を負担し，ポーランド軍が警護を担当する，ことが決まった。基地警護を担うポー

ランド軍には，諜報能力の向上や装備の近代化も必要となるが，それについてもアメリカの支援を受ける方向で調整していた。

このように，米露間では仕切り直しの雰囲気を醸成しつつ，ポーランドはMD計画の実現に向けて走り続ける，という捻れた事態の推移の一因は，米露の首脳交代が翌年度に控えていたことが挙げられる。2007年9月7日，ブッシュとプーチンはシドニー市内のホテルで会談したが，当計画については継続審議ということとなった。また，プーチンは10月12日，このままならば中距離核戦力全廃条約から脱退する可能性をアメリカ側に示したが，これも，選挙を控え，弱腰外交を国内に見せられないことが原因であるとされた。アメリカは，ゲーツ国防長官が10月23日，訪問先のプラハで記者会見を行い，ロシアに対して当計画の稼働延期を提案したと明らかにした。さらに，アメリカは当計画にロシアを巻き込む（具体的にはロシアの監視団をチェコとポーランドに駐留させる）ことも譲歩として提案した。

トゥスクの登場

2007年10月のポーランド上下院選挙で市民プラットフォームが勝利し，トゥスクが首相に就任した。トゥスクは前政権の反露強硬姿勢を改め，アメリカ偏重外交からの脱却を図り，EU内での関係改善に努める外交姿勢を示した。そこでトゥスクは当計画受け入れを2008年の秋以降に延期する方針を固め，ロシアとの対立を避けようとした。2008年11月には米大統領選挙が控えており，その結果次第で合理的な解決を見出そうという狙いだった。

2008年2月8日，トゥスクは初の訪露を行う。プーチンはこの席で，MD施設に自国監視団を受け入れるよう迫った。トゥスクは，恒久的な監視団の駐留は想定外と応じ，焦点がMD計画そのものから，MD施設の運営に移ったことを物語った。

他方，ブッシュは政権末期を迎え，この問題での妥協を探っていた。それが，ポーランドに建設を計画する迎撃ミサイル基地に核兵器を持ち込まないことと，それを確認するためにロシアの監視団をチェコとポーランドに常駐させることであった。またもや，ポーランドの最も嫌がる内容を，米露間で妥協するという構図がここに現れる。ここまで譲歩したアメリカは，2008年4月6日のソチでの米露首脳会談でMD問題について，基本合意に達するものと考えていた。

しかし，ソチ首脳会談では当問題についての合意には至らなかった。ソチ宣言では，米露は潜在的なミサイルの脅威に対応するシステム構築に関心を有していることを強調し，ロシアはポーランドやチェコにMD施設を建設するというアメリカの決定に同意しないとする一方，レーダーの限定利用といったアメリカからの譲歩案については，ロシアの懸念を和らげると評価し，今後もこの問題について対話を継続するとした。

このようなアメリカの対応に，トゥスクは方針を変換する。つまり，MD施設受け入れの「見返り」を求め，それが不十分な場合には受け入れを拒否する旨，アメリカに

通告した。他方，ブッシュの任期切れを控え，MD予算で議会の理解を得られにくくなっていたアメリカ側は見返りの提供に慎重だった。2008年5月7日，「見返り」問題で米ポが作業部会を設置することで合意。米露の妥協交渉に翻弄されてきたポーランドが米国に一矢を報いた瞬間だった。

この状況下，ライスは2008年7月7日，ポーランドのシコルスキ（Radosław Sikorski）外相とワシントンで会談し，MD施設受け入れに関する詰めの協議を行った。シコルスキは会談後，MD施設受け入れの可否はアメリカの対応に委ねられたと述べた。

そして2008年8月14日，アメリカとポーランドはワルシャワでMD施設受け入れに関する合意文書に調印した。ポーランドの態度軟化の背景には，2008年8月から始まったジョージア紛争がある。トゥスクは前政権との差別化を図るために対露関係の改善を模索してきたが，ここに至って方針を転換し，アメリカに依存する安全保障体制へと傾いた。また，この基本合意では，ポーランドはMDとは別に，自国の防空能力強化につながる地対空誘導弾パトリオットの配備も勝ち取った。

ロシアの反発

イランのミサイルに対抗するというMDとは異なり，パトリオットは周辺国からの低高度ミサイルに対抗する意味合いが強い。このことから，ロシア軍からは，ポーランドを核攻撃の標的にする，といった強い反発があった。2008年9月11日，この状況を緩和すべくラブロフ（Sergey Lavrov）露外相はワルシャワを訪問し，シコルスキ外相と会談した。会談後の共同記者会見では，MD配備問題によって両国間関係の悪化が懸念されるなか，対立先鋭化の回避を探ることで両者が一致。シコルスキは，ロシアと信頼しあえる雰囲気づくりに乗り出す用意がある，と述べた。他方で，シコルスキは，ロシアが圧倒的な武力でジョージアに侵攻したことを指摘し，ポーランド国民のMD施設受け入れ懐疑論が，これにより薄まったことを強調した。

この状況に，ロシアは次の一手を打つ。2008年11月5日，メドベージェフ（Dmitrii Medvedev）露大統領は，ポーランド北東部に隣接するロシアの飛び地であるカリーニングラードに新型ミサイルシステムのイスカンデルを配備すると発表した。イスカンデルは射程最長400 km超の通常弾頭搭載可能な地対地ミサイルである。また，メドベージェフは米国のMD施設を攪乱するための妨害電波装置もカリーニングラードに配備することを言明。実は前日の11月4日は，米大統領選挙でオバマ（Barack Obama）が就任を決めている。ロシアの強硬姿勢は，アメリカの反応を探る意味もあった。

現に，アメリカは揺れた。2008年11月8日に，ポーランドのカチンスキ大統領は，オバマ次期大統領との電話会談のなかで，アメリカがMD計画推進を確約する意向を表明したという声明を出したが，オバマ氏側はすぐに，確約はしていない，と反論した。オバマ氏の国家安全保障担当顧問も，MD問題も議論の俎上には上ったが，計画推進を誓約していない，との声明で打ち消した。これにより，ポーランド側も同月9日に，

カチンスキ大統領の声明を撤回した。このようなアメリカとポーランドの間の歪みに，すかさずロシア側が行動を起こす。ロシア軍参謀本部は2009年1月28日，イスカンデル配備計画を一時凍結したことを明らかにした。その理由として挙げたのが，オバマ新政権がMD計画に積極的ではないからというものであった。その上で，米露の対決姿勢を弱めつつ，アメリカに当計画の見直しを促した。

　前政権時代の置き土産でもあるMD計画に対し，オバマ大統領が後ろ向きだったのは明らかだった。2009年4月5日にプラハを訪れたオバマ大統領はカチンスキ大統領と会談し，この席上，オバマ大統領はイランの脅威が存在し，コストが膨大なものにならない限り，MDシステムの配備計画を支持するとかなり制約の多い条件のなかでのMD計画支持の発言をした。さらにアメリカは，ロシアとの交渉のなかで，新たな妥協案を協議し，ロシア領内にもMDのレーダー基地か情報センターを作り，共同運営する，という内容で駆け引きが行われた。

MD 東欧配備中止

　2009年9月17日，オバマ大統領はホワイトハウスでの声明のなかで，MDシステムの東欧配備を取りやめたと発表した。オバマ大統領がこれを決定したのは9月15日。同月23日の米露首脳会談を控え，対応を協議している時のことであった。翌16日にはポーランドとチェコの首脳に事前通知を行い，17日の発表となった。

　オバマは前政権が計画したMDシステムに変わり，修正版MDシステムの概要を発表した。これは，4段階に分かれているもので，第1段階で，イージス艦を利用した海上配備型と陸上配備型の迎撃ミサイル（SM-3），最新の探知システムを欧州地域に配備する。第2段階で，海上，陸上の迎撃ミサイルの改良型を展開，第3段階ではより長距離のミサイルも撃ち落とせるようにする。第4段階では，アメリカ本土も射程とする大陸間弾道ミサイルの迎撃体制も整える，というものである。これにより，イランの脅威が段階的に上がっていくのに合わせた柔軟な対応が可能となり，また前政権が提案したMDシステムよりも安価に当システムが構築可能になったとした。

　これに対して，中・東欧諸国，特にポーランドは当然，強く反発した。オバマ政権の中・東欧軽視の象徴，などという声も囁かれ，ポーランド大衆紙は「裏切り」と主張した。カチンスキ大統領は，これでまたポーランドが「西欧とロシアの間の危険な灰色地域に取り残される」（『日本経済新聞』2009年10月13日付）と述べた。

　この反応は，MD施設配備の元来の趣旨とは異なる点で注意が必要だ。つまり，MD施設は，そもそもイランのミサイルが欧州地域に飛来することに対応するものであった。これに対して，ロシアは，当施設が対露を想定していると主張して，これまで揉めてきたわけである。ここにまず，1つ目のねじれがある。そして，オバマ大統領のMD施設配備中止決定後のポーランド国内の反応を見ると，対露防衛への懸念が主張された。つまり，ポーランドにとってMDは対露防衛の役割を担うと考えられていたわけであ

り，ここでアメリカの建前との，2つ目のねじれが見て取れる。

米ポ関係の立て直し

　この状況を受け，トゥスクは事態の改善へ向けた動きを始める。2009年9月17日トゥスクは，計画変更がポーランドや欧州の安全保障に影響を及ぼすことがないよう，また新MD構想においてもポーランドに注意を払うことで欧州の安全保障強化につなげるよう求めた。これに呼応するようにクリントン（Hillary Clinton）米国務長官は翌18日，MDシステム配備を見送ったポーランドとチェコの安全保障のため，パトリオットミサイル（PAC-3）を擁する部隊の巡回配備を発表した。さら10月にはバイデン（Joe Biden）副大統領がワルシャワを訪問しトゥスクと会談を行い，オバマ政権の新しいMD計画にポーランドが参加すること，また，PAC-3の配備についても合意した。さらにポーランド側は米軍の常駐を希望し，12月11日には米軍がポーランドに駐留するための地位協定を締結した。

　アメリカ側は，中・東欧地域の安保体制の弱体化を懸念するポーランド側にさらに配慮を重ねる。クリントンは2010年7月3日にクラクフを訪れ，シコルスキ外相と会談を行い，新しいMD計画で正式に合意した。クリントンはアメリカとNATOはポーランドの安全保障に深く関与している，と述べて，両国の紐帯を強調した。2011年になると5月28日にオバマがワルシャワを訪問し，コモロフスキ大統領，トゥスクと相次いで会談し，会談後の記者会見で「ポーランドは最も身近で強い同盟国の1つ」と語った。

　この米ポ関係の立て直し過程を見ると，米露という大国間関係の論理の中で，ポーランドをこれ以上ないがしろにできないという，アメリカ側の配慮が透けて見える。

ミサイル配備

　2011年9月，オバマ政権下でのMD配備に必要な協定が次々と交わされた。ポーランドとは9月15日に迎撃ミサイル基地の建設で合意がなされた。新MDシステムでは，トルコへのレーダー基地配備，ルーマニアとポーランドに迎撃ミサイル，スペインにミサイル防衛システム搭載の米イージス艦の駐留，指揮・管制センターはドイツのラムシュタインに置くこととなった。

　2014年になると3月のロシアによるクリミア編入を背景としてより大規模な安全保障関係の構築が模索されるようになった。対露宥和を重んじてきたオバマも，方針を転換せざるを得なくなった。2014年6月3日，訪欧中のオバマ大統領は，中・東欧諸国の防衛力を高めるために，軍事費を最大で10億ドル追加拠出する方針を明らかにした。NATOは，クリミア編入を理由に，対露協力を停止した。さらにアメリカは，中・東欧諸国を含めたNATO諸国に対して軍備増強に乗り出すよう求めた。これに，素早く呼応したのがポーランドであった。コモロフスキは，国内総生産に占める軍事費の割合を2％にすると発表。同年7月，NATOがロシアへの抑止力を高めるために，ロシア

に隣接するバルト3国とポーランドに4つの大隊を展開することを決めた。ポーランドには1,000人規模の派遣となる。

ポーランドの地政学

以上，MD配備計画をめぐって，米国とロシア，欧州とロシアの間で翻弄されつつ，ポーランドがいかに対応してきたかを2007年から2014年まで時系列的に整理した。

1939年のポーランド侵攻の際も，ポーランドは東からドイツに，西からソ連に侵攻され，その領土がドイツとソ連によって焦土と化すという憂き目に遭っている。ロシアの西，ドイツの東，EUの東端という地理的条件のなかで，また，西欧とロシア，アメリカとロシア，という大国間関係のなかで，ポーランドが払ってきた，そして，今後も払うであろう地政学的リスクを除去する努力は，極めて大胆で繊細な問題である。

6　EUの内のポーランド

ポーランド政治について現在問題になっているのは，2015年に大統領および首相の座を手にした「法と正義」が，単独政権であり，連立政権の制約もないことから，メディア規制，憲法裁判所の弱体化，といった非リベラル・デモクラシーへの途を進んでいる，と指摘されていることである。このような傾向は，ポーランドだけではなく，例えば，ハンガリーのオルバーン（Orbán Viktor）政権にも見られる傾向である。「法と正義」がどこまで権力の集中に突き進むかが焦点である。

本章の議論でいえば，経済政策においては，「法と正義」はユーロ導入に反対し，緊縮財政を取る気がない。難民政策においては，EUの難民受け入れ割当制度に反対し続けている。さらに安全保障政策においては，ロシアへの強硬姿勢を崩さない。本章で述べたように，これら「法と正義」の政策や姿勢には，ポーランド独自の理由がある。しかし，他方でポーランドはEU加盟国でもある。ここでいかにバランスのとれた政策運営が行われるのかが問われている。

2019年後半にはトゥスクの欧州首脳理事会常任議長としての任期が終わる。その時，現在は国内政治において辛酸を舐めている市民プラットフォームがトゥスクをどのように処遇するのか，「法と正義」がどのように動くのか。世論はどう動くのか。ポーランド国内政治のみならず，EU・ポーランド関係まで視野を広げて，注視し続ける必要がある。

参考文献

伊東孝之「多元的民主主義の制度化——東欧諸国の経験，1989〜92年」『ロシア研究』No. 16, 1993年，5〜39頁。

植田隆子「北大西洋条約機構」植田隆子編著『現代ヨーロッパ国際政治』岩波書店，2003

年，21～46頁。
日下淳『EU統合——草の根の現実』日本経済新聞社，1995年。
小森田秋夫「ポーランドとEU」森井裕一編著『国際関係の中の拡大EU』信山社，2005年，251～284頁。
佐瀬昌盛『NATO——21世紀からの世界戦略』文藝春秋，1999年。
田口雅弘『ポーランド体制転換論——システム崩壊と生成の政治経済学』御茶ノ水書房，2005年。
畑山敏夫「フランスの『欧州懐疑主義』と『再国民化』——「国家主権をめぐる攻防」」高橋進・石田徹編著『『再国民化』に揺らぐヨーロッパ——新たなナショナリズムの隆盛と移民排斥のゆくえ』法律文化社，2016年，145～165頁。
広瀬佳一「中欧国際関係の新展開」伊東孝之・木村汎・林忠行編著『スラブの国際関係（講座スラブの世界⑦）』弘文堂，1995年，311～330頁。
六鹿茂夫「NATO拡大『3＋2＋α』方式は欧州外交の古典的手法——強者の論理で『力の真空』狭める」『世界週報』第78巻第34号，1997年，22～25頁。
脇坂紀行『大欧州の時代』岩波新書，2006年。
渡辺啓貴『ポスト帝国——二つの普遍主義の衝突』駿河台出版社，2006年。
「米のMD東欧配備中止が波紋——欧州の政治力学，変動も」『日本経済新聞』2009年10月13日付夕刊。
CBOS (Public Opinion Research Center), *Polish Public Opinion 5/2018*, (Warsaw, CBOS), 2018.
CBOS *Polish Public Opinion 5/2017*, (Warsaw, CBOS), 2017a.
CBOS *Polish Public Opinion 10/2017*, (Warsaw, CBOS), 2017b.
CBOS *Polish Public Opinion 3/2016*, (Warsaw, CBOS), 2016a.
CBOS *Polish Public Opinion 4/2016*, (Warsaw, CBOS), 2016b.
CBOS *Polish Public Opinion 12/2016*, (Warsaw, CBOS), 2016c.
CBOS *Polish Public Opinion 3/2015*, (Warsaw, CBOS), 2015a.
CBOS *Polish Public Opinion 9/2015*, (Warsaw, CBOS), 2015b.
CBOS *Polish Public Opinion 11/2015*, (Warsaw, CBOS), 2015c.
CBOS *Opinie o Stosunkach z Rosją, Niemcami i Ukrainą. Na Kim Polacy Mogą Polegać, a Kogo Się Obawiać*, (Warsaw, CBOS), 2006.
CBOS *Stosunek do Innych Narodów*, (Warsaw, CBOS), 2005.
CBOS *Opinie o Interwencji NATO w Jugosławii*, (Warsaw, CBOS), 1999.
EMN (European Migration Network), *Country Fact Sheet: Poland 2014*, (Brussels, European Commission), 2014.
IMF, *Republic of Poland: Selected Issues*, (Washington D.C., IMF), 2017.
OECD, *OECD Economic Surveys Poland Overview*, (Paris, OECD), 2018.
Poland, *National Security Strategy of the Republic of Poland*, (Warsaw, National Security Bureau), 2014.

ドナルド・トゥスクに関する欧州首脳理事会の公式ウェブサイト (http://www.consilium. europa.eu/en/european-council/president/biography/, 2018年7月3日最終閲覧日)。
在ポーランド日本国大使館 (http://www.pl.emb-japan.go.jp/itprtop_ja/index.html, 2018年8月25日最終閲覧日)。
MPC (Migration Policy Centre) (http://www.migrationpolicycentre.eu/profile-poland/, 2018年7年25日最終閲覧日)。

読書案内

家本博一『ポーランド「脱社会主義」への道——体制内改革から体制転換へ』名古屋大学出版会,1994年。
  ＊本書は,社会主義政権内での政治・経済改革について詳述し,さらに「連帯」運動についても触れる。1989年のいわゆる東欧革命と,その後の経済改革に言及し,ポーランドの体制転換に深い洞察を与える1冊。
青山繁『欧州の大国ポーランド——高成長の秘密』大蔵省印刷局,1997年。
  ＊本書は,1970年代から1990年代の経済改革を冷静に分析するとともに,グレー・エコノミー,年金改革,農業改革を課題として挙げ,ポーランドの将来を俯瞰する。
伊東孝之・井内敏夫・中井和夫編『ポーランド・ウクライナ・バルト史』山川出版社,1998年。
  ＊ポーランドを中心に,ウクライナやバルト諸国にまで射程を広げ,中世から1989年の東欧革命後の民主化までを取り扱う,包括的な歴史書。巻末の年表・参考文献・索引も極めて充実。

(市川　顕)

第Ⅳ部
旧ソ連地域

第18章
ロシア

正式国名：ロシア連邦，**面　積**：1,707万5,400km^2（国連欧州経済員会），**人口**：1億4,449万5,044人（2017年）（世界銀行），**首　都**：モスクワ（約1,240万人，2017年）（連邦国家統計局），**主要構成民族**：ロシア人（80.9％），ウクライナ人（7.4％），バシキール人（6.0％），チュヴァシ人（5.5％），チェチェン人（5.5％）など（2010年全ロシア国勢調査，**公用語**：ロシア語，**宗　教**：ロシア正教，イスラーム教，仏教，ユダヤ教など，**通　貨**：ルーブル，**名目GDP**：363万5,868米ドル（2016年），**1人当たりGDP**：2万4,789米ドル（2016年）

※ロシア政府の公式発表では，面積と人口にクリミア共和国およびセヴァストーポリ市のものが含まれるが，上記の数字はそれを含まない。

―― 近くて遠い国ロシア ――

　ロシアは，2014年にソチ冬季五輪，2018年にサッカーワールドカップという２つの大きなスポーツイベントを開催した。多額の予算が投じられるこうしたビッグイベントの開催は，本来であれば，国際社会におけるロシアのイメージアップを実現するはずであった。しかし，実際には近年のロシアは国際社会から孤立している。ソチ五輪の直後にウクライナ危機が起こり，ロシアはＧ８から追放され，欧米諸国を中心に経済制裁を受けることになった。また，ロシアの国家ぐるみのドーピング疑惑も問題となり，2018年の平昌冬季五輪では国としてロシア選手団が参加することは禁止された。このようなニュースが相次ぐため，日本ではロシアにポジティブなイメージを抱く人は多くないのではないだろうか。地理的には日本の隣国であるにもかかわらず，多くの人にとってロシアは「遠い国」になっている。

　一方現在のロシアでは，ロシアに対する批判を「欧米諸国の陰謀」と捉える傾向が強まっている。ドーピング疑惑についてすら，このような陰謀論が聞かれる。つまり，国際社会から見たロシアとロシアから見た国際社会の間には，大きな認識のギャップがある。このような認識のギャップはどこから生じているのだろうか。ロシア政治の概要を説明しながら，この問題を考えてみたい。

1　混乱から安定へ

政治体制の変化

　ロシア連邦は，1991年末のソ連解体により新たに生まれた国家である。ソ連は，15の共和国（ロシア共和国，ウクライナ共和国など）から構成される連邦国家であったが，ソ連の解体によって，この15共和国が新たな独立国家となった。そして，ソ連の連邦構成共和国の１つであったロシア共和国も，新たにロシア連邦という国名で独立国家になった。

　ロシアの政治・経済のあり方は，1990年代と2000年代以降で大きく異なる。極めて単純化すれば，1990年代は「混乱」の時代であり，大統領と議会の対立，連邦構成主体（地方）の自立化，チェチェン紛争などが起こり，ボリス・エリツィン（Boris Yeltsin）初代大統領の支持率は低迷した。経済的にも，市場経済化後の混乱が1997年頃まで続き，1998年には金融通貨危機が起きた。これに対し，2000年代は「秩序」と「安定」の時代と位置づけられる。ウラジーミル・プーチン（Vladimir Putin）大統領はチェチェン紛争を平定し，議会では与党「統一ロシア」が過半数を維持し，中央集権化も進んだ。高い経済成長率を記録したのもこの頃である。プーチンの支持率が一貫して高い水準を維持していることが，この変化を国民が基本的に支持したことを示している。

　しかし，国際的には2000年代のロシアは「権威主義化」が進展した時期と理解されてきた。例えば，アメリカのNGOフリーダム・ハウスの評価では，1990年代末からロシ

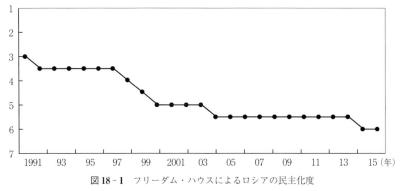

図18-1 フリーダム・ハウスによるロシアの民主化度

出典：Freedom House (https://freedomhouse.org) のデータをもとに筆者作成。

アの民主主義は年々後退している（図18-1）。この評価は点数が小さいほど自由（民主的）であることを表し、逆に点数が大きくなるほど自由（民主的）ではないことを意味する。そして、1.0～2.5が「自由（free）」、3.0～5.0が「部分的自由（partly free）」、5.5～7.0が「自由でない（not free）」と分類される。ロシアの評価は、2005年にそれまでの「部分的自由」から「自由でない」になった。後述するような選挙制度の変更や地方首長選挙の廃止が、国民の政治的権利を制限し、メディアやNGOに対する規制の強化は市民の自由を限定するものと捉えられた。また、政権に批判的な政治家やジャーナリストの暗殺事件が起きたことも、ロシアの権威主義化を示すと考えられた。

こうした評価の妥当性には疑問の声もあるが、20世紀末のロシアと21世紀のロシアに大きな変化があったのは間違いない。重要なことは、ロシア政治の変化に対する認識がロシア国内と国際社会（特に欧米諸国）では、乖離しているということである。

連邦制

ソ連時代と比べると、ロシアの国土面積は約4分の3になり、人口も約半分になった。しかし、依然としてロシアは日本の約45倍の国土面積を持つ世界最大の国である。また、民族構成としては、ロシア人が全人口の約8割を占めているが、その広大な国土に約150の民族が居住する多民族国家である。そのため、ソ連時代からロシア共和国自体が連邦制をとっており（ロシア共和国の正式名称は、「ロシア・ソヴィエト連邦社会主義共和国」であった）、当時の行政区画はソ連解体後も基本的に引き継がれた（溝口 2016a）。

もっとも、ソ連解体の過程が全て平和的に進んだわけではない。特に、北カフカース地方に位置するチェチェン共和国では、ロシアからの独立を目指す武装勢力に対しロシア軍が出動する形で、1994年と1999年に2度の紛争が生じた。また、中央政府の圧力が強まると、独立派勢力はテロ戦術をとるようになった。2007年に、中央政府からの支持を得たラムザン・カディロフ（Ramzan Kadyrov）がチェチェン共和国大統領に就任し

て以降政情は安定しているが，その強権的支配が問題となっている（富樫 2012）。

ロシアの連邦制は，民族名を冠する地域（タタルスタン共和国，チェチェン共和国，ユダヤ自治州など）と領域的な地域（モスクワ州，サハリン州，沿海地方など）からなる。その数は，1993年のロシア連邦憲法制定時には89であったが，2000年代に連邦構成主体の合併によって83となった。さらに，2014年3月にはウクライナ領であったクリミア自治共和国とセヴァストーポリ市を編入する手続きがとられたため，2019年現在連邦構成主体の数は85である（ただし，この編入をウクライナや多くの国家は認めていない）。

執政制度

共産党の一党独裁体制であったソ連時代は，共産党に権力が集中し，権力分立原則は否定されていた。また，党や国家の要職につく人物は，ノメンクラトゥーラ制とよばれる人事制度によって選出され，承認されていた（ノメンクラトゥーラというのは，元来役職候補者の一覧表を指す言葉だが，それが転じてその一覧表に基づいて行われる人事制度や，支配階級・エリート層を指す言葉としても用いられた）。こうした体制は，ソ連末期の政治改革によって，競争選挙，複数政党制，権力分立などリベラル・デモクラシーの基本的な政治制度へと変わった。

ソ連末期の1990年，ロシア共和国では国民の直接選挙によって選出される人民代議員大会と人民代議員の互選によって選出される最高会議という2層構造の議会制度が作られた。当時の憲法では，人民代議員大会は「国家権力の最高機関」と位置づけられたが，1991年に大統領制が導入され，エリツィンが初代大統領に就任すると，大統領と議会の対立が激化した。その結果，1993年10月には武力衝突が起こり，大統領は議会に立てこもった反エリツィン派を制圧した。そして，1993年12月の国民投票でロシア憲法が制定された（溝口 2016b）。

新憲法で採用された執政制度は半大統領制である。半大統領制は，国民が選出する大統領と，議会に責任を負う首相とが執政権（行政権）を分有する制度である。フィンランドやフランスなどで採用されてきたが，近年中・東欧や旧ソ連諸国で多く見られ，ロシアもその一例である。ロシアの半大統領制の特徴は，大統領権限の強さにあり，憲法規定上，大統領は議会に対して優位に立つ存在である。たとえば，首相の任命や議会下院による内閣不信任案をめぐって大統領と下院が対立した際には，大統領は下院を解散できる。立法上の権限（議会法案に対する拒否権，大統領令を発する権限）も大きい。ロシア政治というと強いリーダーシップを発揮するプーチン現大統領の姿をまず想像する人も多いだろう。「強い大統領」というイメージは，このような憲法規定に由来する面もある。

しかし，「強い大統領」がロシアに常に存在していたわけではない。エリツィン大統領（任期1991～1999年）は強いリーダーシップを発揮できず，経済はマイナス成長が続いたこともあり（次節を参照），退任前の彼の支持率は10%を下回った。対照的に，

2000年の大統領就任以来，プーチンの支持率は一貫して60％以上を推移しており，2008年や2014年には80％を超えることもあった。
　1993年憲法では，大統領任期は4年であり，同一人物が2期を超えて務めることはできないとされた。しかし，支持率の高いプーチンの任期満了が近づくと，彼の留任を求める声があがった。この頃は中央アジア諸国で大統領の任期延長が相次いだため，同様の憲法改正の可能性がロシアでも話題となった。しかし，プーチンは憲法規定どおり2008年に大統領を退任し，大統領府長官などを歴任していたドミートリー・メドヴェージェフ（Dmitrii Medvedev）の大統領選挙出馬を支持した。その後，2008年の大統領選挙で勝利したメドヴェージェフは，プーチンを首相に任命した。メドヴェージェフ大統領，プーチン首相というこの体制は，2頭立て馬車になぞらえて「タンデム体制」とよばれた。
　メドヴェージェフは，リベラルな人物でプーチン時代に強まった統制を緩和するのではないかとも予想されたが，基本的にはプーチンの政策を引き継いだ。メドヴェージェフの任期満了となる2012年には，プーチンが再び大統領選挙に出馬し，他の候補に大差をつけて勝利した（大統領を「連続2期を超えて務めることはできない」という憲法規定は，同一人物が3期連続で務めることを禁止しているが，連続でなければ3期以上務めることを禁止していないとされた）。2008年の憲法改正によって大統領任期は6年に延長されたため，2018年の大統領選挙でも再選したプーチンは2024年まで大統領を務める見通しとなっている。

政党システムの変化と中央集権化
　議会制度も，憲法制定前後で大きく変化した。上述した転換期の議会制度は，エリツィンによって「旧体制」の遺物と批判され，新憲法によって連邦会議（上院）と国家会議（下院）からなる二院制の連邦議会が設置された。
　上院は地域代表機関としての性格を持ち，各連邦構成主体の執政府と立法府から1名ずつ代表が選出される。ただし，憲法にはその選出方法が規定されておらず，これまで上院議員の選出方法は何度か変更になった。最初の会期（1993～1995年）では直接選挙によって選出されたが，1995年からは連邦構成主体の執政府と立法府の長が自動的に上院議員を兼任した。しかし，上院議員が他の役職を兼務することへの批判があり，2000年以降は，連邦構成主体の執政府と立法府が1名ずつ代表を選出することになった。
　また，各連邦構成主体から2名ずつ代表を選出するため，連邦構成主体の数の変化に伴い上院の定数も変化した。2000年代半ばの連邦構成主体の統合や2014年のクリミア併合によって連邦構成主体の数は89から85に変化した。さらに，2014年の憲法改正によって上院議員の1割までは大統領が直接任命できることになった。
　一方，下院の定数は450で，1993年以降定期的に選挙が実施されてきた。1993年から2003年までの選挙は小選挙区と比例区の定数が225ずつの小選挙区比例代表並立制で行

われた。その後，2007年と2011年の選挙は全国1区の完全比例代表制となったが，2016年選挙から小選挙区比例代表並立制が復活している。任期は，1993年憲法では4年と定められたが，最初の会期（1993～1995年）のみ，移行期であることを考慮して2年とされた。また，前述した大統領任期の延長と同時に，下院議員の任期も5年に延長された。

政党システムは，1990年代は少数政党が乱立し不安定であった。それは，市民と政治エリートがどちらも政党を必要としなかったためである。共産党一党独裁が続いたロシアでは，政党に対する拒否反応が根強く，市民は自発的に政党などの社会組織に参加しようとしなかった。また，大統領が組閣の権限を握るため，議員にとって政党組織を強化することはメリットにならなかった。エリツィン大統領自身も特定の支持政党をつくらず，政党システムの安定に消極的であった。さらに，小選挙区の選挙では，政党を形成せずに無所属で出馬する者が多かった。このような制度的な要因ゆえに，政治エリートの側からしても，政党を組織するインセンティブは高まらなかった。そのため，1990年代を通じて，下院には無所属議員が多く，政党の役割は限定的であった。

こうした状況は2000年代に入ると変化した。エリツィンの後継者に指名されたプーチンは当初全くの無名であったが，チェチェン独立派の掃討作戦でリーダーシップを発揮し，治安回復を望んでいた国民から支持を得た。そのため，2001年に結成された「統一ロシア」が政権与党としての地位を確立していくと，多くの政治エリートが同党に参加した。また，政党登録要件の厳格化や選挙制度の変更などによって，与党に有利な環境が整い，新規政党の参入が困難になったことも，「統一ロシア」の一党優位状況を後押しした。「統一ロシア」は結党以来，一貫して過半数の議席を維持し続けている（油本 2015）。

プーチン政権が進めた中央集権化も，「統一ロシア」の強化と密接な関係にあった。1990年代には中央政府の力が弱く，中央政府の決定が地方で実施されないことが，政治的・経済的混乱の一因であるとみなされていた。そこで，「強い国家」の復活を掲げたプーチン大統領は，中央集権化を実施した。特に，地方首長の公選制を廃止し，首長候補の選抜に中央政府の意向が反映するような制度へと変更することで，地方への影響力を強化した。これは，連邦構成主体首長の多くが「統一ロシア」に加入するきっかけとなった。彼らの多くは，中央政府に反発するよりも，良好な関係を築いて首長に再任用されることを選択した。ロシアの中央集権化は中央と地方の互恵関係によって進んだのである（溝口 2016a）。

2011年から2012年にかけて，選挙不正の様子が YouTube で拡散したことをきっかけに，プーチン政権の長期化に反対する抗議デモが一時的に広がった。これをうけて，首長公選制が復活したが，中央政府が首長を更迭する事例は増えており，中央政府優位の状況はむしろ強化された。2014年のウクライナ危機以降は愛国主義が高まり，政権に対する支持は回復したが，「統一ロシア」はかつての集票力を失いつつあるという見方もある（大串 2018）。

2 資源に依存した経済

ソ連解体以降のロシア経済はいくつかの段階に区別できる。そのことは，国内総生産（GDP）と経済成長率の変化を表した図18-2を見るとよくわかる。第1段階は，マクロ経済が低迷した1990年代である。ソ連時代の社会主義経済から市場経済への転換が図られたこの時期は，転換不況が長く続き，1998年には金融通貨危機が起きた。1990年から1998年の間にロシアのGDPは約4割縮小した。第2段階は，金融通貨危機後の経済成長の時期である。経済を牽引する石油や天然ガスなど資源価格が高騰したことで，一転してロシアは好景気を経験した。この時期には，社会保障政策の充実が図られるとともに，「国家資本主義」とよばれる国家の経済への介入度合いも上がった。そして，第3段階は，2008年の世界金融危機の影響で低成長となった時期である。ここには，2014年のウクライナ危機を経て，原油安と欧米諸国からの経済制裁の影響でマイナス成長に陥った時期も含まれる。以下では，この3つの段階ごとに経済状況がいかに変化したかを追いながら，ロシア経済の特徴を見てみよう。

社会主義経済と市場経済化

社会主義経済は，理念的には貧富の差を解消し，社会の全ての構成員の平等（「結果の平等」）を目指すものである。1917年のロシア革命によって世界初の社会主義国家となったソ連は，この理念を実現するために，私的所有権を否定し，生産手段（土地，天然資源，機械，設備など）を基本的に共有（国有）とした。また，農産物や工業製品を国家が定めた計画（ノルマ）に基づいて生産し，商品価格も国家が設定した。このような計画経済のもとでソ連は短期間に急速な近代化を達成したが，早くも1950年代頃から計画経済の非効率性，重工業偏重型の経済構造などのせいで，国民経済は西側先進国に遅れをとった。

こうした社会主義経済の機能不全は，1980年代末から中・東欧諸国とソ連で体制転換が起こる一因となった。そしてロシアでは，ソ連解体直後の1992年初頭から市場経済への転換が本格的に始まった。この市場経済化は，価格や貿易の自由化，国有企業の私有化（民営化），緊縮財政をセットとして，短期間に市場経済化を実現しようとするものだった。しかし，「ショック療法」といわれる急速な市場経済化は，「転換不況」をひき起こした。ソ連時代は国家が物価を抑制していたが，価格の自由化によってハイパーインフレが起こり，1992年の1年間で消費者物価は26倍，生産者物価は34倍になった。また，緊縮財政下では企業への補助金が打ち切られ，生産の大幅な低下も生じた。そのため，市民は慢性的な物不足と物価の上昇に苦しむことになった。特にロシアでは中・東欧諸国よりもこの不況が長引き，1997年まで続いた。

市場経済化策のもう1つの要である私有化も，ロシア経済に大きな問題を残すことに

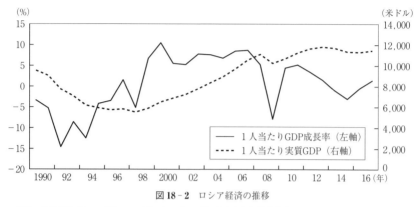

図 18-2 ロシア経済の推移

出典：世界銀行（https://data.worldbank.org）のデータをもとに筆者作成。

なった。社会主義時代，国有企業はノルマの達成を主要な目標としており，市場経済で企業が求める利益の最大化や生産性の向上はないがしろにされた。そこで，国有企業の私有化は，企業が競争原理にさらされることで，経営再建や効率化が進むことを期待された。しかし実際には，一部の実業家が，石油や非鉄・製鉄産業の重要な企業を独占する結果となり，腐敗やセカンド・エコノミーが蔓延する「粗野な資本主義」が生まれた（田畑・塩原 2004）。

この私有化過程で富を蓄えた実業家たち（新興財閥）は，オリガルヒとよばれ，政治にも影響力をふるう存在となり，1990年代後半には政権の中枢に入り込む者も現れた。一方，「転換不況」に苦しむ国民の目には，彼らが国有資産を掠めとったように映った。ロシア語で私有化を表す「プリヴァチザーツィヤ（*privatizatsiia*）」は，「略奪」を意味する「プリフヴァチザーツィヤ（*prikhvatizatsiia*）」であったと揶揄された（ゴールドマン 2003）。

金融通貨危機と経済成長

市場経済化による「転換不況」が続くなかで，1998年夏には金融通貨危機が起きた。財政赤字を抱えるロシア政府は，高利の国債を大量に発行していたが，1997年のアジア通貨危機とその翌年の石油価格下落の影響で，国債を購入していた外国投資家が一気に資金を引き揚げたのである。政府はこの状況に耐えきれず，8月17日に通貨ルーブルの切り下げ，国債取引の停止，対外債務の支払い猶予を宣言した。年末までにルーブルは3分の1に切り下がり，1990年代前半のようなインフレが再燃し，経済は混乱した。

しかし，この金融通貨危機以降，ロシア経済は成長に転じた。1999年から2007年までのGDP成長率は年平均6.9％であり，1990年代の混乱が嘘のような高成長となった。そして，ブラジル，インド，中国とともに，新興国BRICsとして注目されるように

なった。この好景気の時期は，第1次プーチン政権期（2000〜2008年）とほぼ重なっている。確かに，プーチンの下での政治的安定は経済成長にプラスに作用した。しかし，より重要な要因は，ロシア経済を支えている資源価格が高騰したことであった。1990年代には1バレル20〜30ドル程度であった原油価格は，2000年代後半には100ドル超となった。高騰した石油や天然ガスを輸出することで，経常収支は大幅な黒字を記録した。また，政府の財政状況も改善し，2000年以降はそれまでの赤字から一転して大幅な黒字となった。

　以上から明らかなように，ロシア経済は天然資源への依存度が高い。そうした傾向はソ連時代からあったが，「ショック療法」によって製造業が打撃を受けたことも，資源依存型の経済構造を助長した（栖原 2016：108）。2018年現在，石油と天然ガスの生産量はそれぞれ世界第3位，第2位であり，石油，天然ガス，その他鉱物資源の輸出額が，製品輸出額全体の5分の4を，GDP全体の4分の1を占めており，依然として資源依存型の経済構造が続いている。資源価格は変動が大きいため，価格が上昇すればロシア経済は好調になるが，価格が下落すれば経済状況も悪化することになる。

　政府もこうした経済構造の脆弱性を認識し，さまざまな対策を講じてきた。例えば，2004年には財政余剰を蓄えて将来の原油価格下落に備える政府系ファンド「安定化基金」を設立した（このファンドは，2008年に国民福祉基金と予備基金に再編された）。また，ハイテク産業や知的サービス分野の発展を促して産業構造を多様化しようとする試みもなされた。その一方で，資源開発などの分野で，国家の経済活動に対する介入を強化する「国家資本主義」の傾向も強まっており，資源部門が経済を牽引する構造は変わっていない。

　政治とビジネスの関係も変化した。エリツィン時代に台頭したオリガルヒのなかには，プーチンと対立したことで国外亡命したり，収監された者もいる。その一方で，プーチン時代には「シロヴィキ」とよばれる軍・治安機関出身者が実業界に進出し，新たなビジネスエリートとして台頭するようになった（安達 2016）。

低成長の時代へ

　2008年のリーマン・ブラザーズの破綻に端を発する世界金融危機は，ロシア経済にも大きな打撃を与えた。手元に流動性を確保したい外国人投資家がロシアから一気に資本を逃避させたため，株価はピーク時の4分の1にまで急落した。2009年の経済成長率はマイナス7.8％で，これはどの主要先進国やBRICs諸国よりも大きな下落幅だった。ただし，国民福祉基金の資金を投入するなど政府の対応も早く，他のヨーロッパ諸国よりもロシアの回復は早かった。

　もっとも，それ以降成長の速度は減速した。特に，2014年3月にロシアがウクライナのクリミア半島を併合すると（次節参照），アメリカやEUはロシアの政府高官や企業幹部の資産凍結，商取引停止などの経済制裁を課し，ロシアもアメリカとEUからの

食料品輸入を禁止する「逆制裁」を実施した。ロシア経済にさらに大きな打撃を与えたのは，原油安とルーブル安である。2014年前半に1バレル100ドルほどであった原油価格は，2015年後半以降1バレル50ドル以下まで下落した。原油価格の下落はルーブルの価値も半分以下に引き下げた。

　経済制裁，原油安，ルーブル安の経済への影響は大きく，2014年から2015年にかけて1人当たりGDPが30％以上も下落した。ウクライナ危機の影響で国防費も増大し，財政を圧迫している。そのため，この後に述べるように，政府は年金制度改革に取り組まざるを得なくなっている。

社会保障

　ソ連時代の社会保障は，資本主義社会よりも国民の生活を広範囲にカバーするものだった。教育や医療は無償であり，また，年金も国家予算の負担の割合が大きく，保険料も国有企業が負担していた。年金の受給開始年齢も男性60歳，女性55歳と早かった。住宅も大部分は公的機関によって提供され，住宅維持費，電気・上下水道・ガス，給湯などの「住宅・公共サービス」も極めて安価に提供されていた。このように，国民は「負担なく受けられるサービス」を生活の大部分で享受していた。

　市場経済化はこうした経済のあり方を根本から変えるものだった。国有企業の私有化は，期待されたような公正な競争環境を生み出さず，ごく少数の富裕層を生み出すが，大多数の市民は生活に困窮し，所得格差を拡大することになった。また，ソ連時代はほとんどいなかった失業者も増加した。一方で，財政難によって社会保障システムは機能不全に陥り，医療施設の老朽化などが深刻な社会問題となった。年金についても，制度改革には手がつけられないまま，勤労者人口の減少，企業による年金保険料未納，インフレなどが原因となって，実質的な年金支給額が1999年には1991年の約3割にまで減少した。そのため，年金生活者の多くが生活の困窮を余儀なくされた。

　こうした状況は，人口減少という形で顕著に現れた。1992年に1億4,830万人であった総人口は減少を続け，2009年には1億4,270万人になった。この間に実に約560万人も人口が減少した計算になる。ソ連解体直後は旧ソ連諸国からのロシア系住民の流入があったが，移民の流入を上回るほぼ毎年80万人以上のペースで人口の自然減少が生じ，高い死亡率と低い出生率が大きな問題であったことが分かる。平均寿命も伸び悩み，特に男性の平均寿命は一時期50歳台にまで悪化した。

　このように，ロシアでは急速な人口減少と少子高齢化が，日本をはるかに上回るペースで進行した。そのため，財政が安定した2000年代半ばから政府は人口問題解決に取り組み始めた。2005年には優先国家プロジェクトとして，保健，教育，住宅，農業経済の4分野が指定され，国民の生活水準向上を通じて人口問題の解決を目指した。また，出産・育児手当を増額した上に，「母親（家族）資本」とよばれる制度を設けて，2人以上の子どもを持つ家庭に教育，住宅購入，母親の年金保険料納付に使える手当も支給し

た。こうした対策がどの程度の直接的効果があったかは定かではないが，今世紀に入り出生率は増加傾向にある。

また，年金支給額の増加を目的とした年金制度改革も2000年代以降進められた。例えば，2002年の制度改革によって，年金制度の中核をなす労働年金において，保険料の一部に積立方式（自分が支払って積み立てた保険料を将来受け取る方法）が導入され，被保険者は金融機関を通じて積立資金を運用できるようになった。ただし，金融市場での運用の経験がほとんどない国民にこの制度はなかなか活用されず，2014年には制度自体が凍結された。また，年金支給開始年齢については，社会主義時代の制度が手つかずのまま残された。プーチンは正しい措置をとれば支給年齢の引き上げは必要ないという考えを示し，自身の任期中にはそのような改革は行わないと明言していた。

しかし，平均寿命（2017年で男性が66.5歳，女性が77歳）や人口（2018年で1億4,690万人）といった点で政府の取り組みが成果を上げると，年金生活者が増加し，皮肉なことに今度は年金制度改革が急務となった。年金財政の赤字は膨らみ，政権周辺からも支給開始年齢引き上げを主張する声が強まった。ついに2018年大統領選挙後に，メドヴェージェフ首相は年金受給年齢を2019年から段階的に男性60歳から65歳に，女性55歳から63歳に引き上げる改革案を提示した（その後女性については60歳から受給開始とされた）。しかし，この改革案は国民から強い反発を招いた。特に，この案が実現すると，男性は受給開始年齢が平均寿命とほぼ同じになるし，経済水準の低い極東やシベリア地域では，平均寿命はさらに低いため，そもそも年金を受け取れない可能性が高くなる。そのため，各地で抗議デモが起こり，プーチンの支持率が低下する事態となっている。

年金制度を維持する上で，支給開始年齢の引き上げは不可欠であるが，それだけでは問題は解決しない。年金財政の赤字を解決する上で，さらにロシア特有の問題が2つある。第1に，ロシアでは軍勤務者，危険労働に従事する者，極北地域に勤務する者など，さまざまなカテゴリーの人々が通常よりも5〜10年早く年金を受給できる。これは社会主義時代から残存する制度であるが，多くの早期退職者を生み，年金財政を圧迫している（堀内他 2012：163-165）。第2に，これも社会主義時代の遺産として，企業や使用者が被保険者の年金保険料を納付することに由来する問題がある。多くの企業が，保険料納付額を節約するために，書面上は実際よりも少ない給与を支払っていることにしたり，実際より少ない人数を雇用していることにしたりしている。この問題は年金財政を悪化させているだけでなく，被保険者が退職後に初めて自分が受け取れる年金が本来より少ないことを知るという問題も生じさせている。

3　「大国」の復活を目指して

ソ連の遺産

ロシアは超大国であったソ連の後継国家であり，その遺産を引き継いだが，その一方

でソ連解体によって喪失したものも多い。核保有国や国連常任理事国の地位はソ連から引き継いだが，国土は縮小し，かつてソ連の「勢力圏」であった東欧諸国に対する影響力を失った。また，体制転換直後の経済的混乱が国力を低下させたことで，ロシアの国際的な地位は後退した。さらに，核兵器の管理・撤去，ロシア軍の周辺国への駐留，バルト諸国やカザフスタンなどに多く居住する在外ロシア人の帰還や国籍取得などの問題も生じた。

　したがって，1990年代以降のロシア外交にとって最大の課題は，国際社会における新たな役割をいかに見出せるかという点にあった。それは第1に，ロシアの国際的地位の低下をいかに最小限に食い止めるかという問題であり，第2には旧ソ連諸国におけるロシアの死活的利益をいかに守ることができるかという問題であった。ロシアは旧ソ連諸国を「近い外国」とよんで，この地域を他の「遠い外国」とは区別し，「近い外国」におけるロシアの死活的利益を守る必要性を主張するようになった。

　また，冷戦終結やソ連解体によって生じた新たな国際環境に接して，ロシア人は「ロシアとは何か」という問いに直面した。外交関係者や知識人の間では，ロシアは欧米諸国と協調し，その一員となるべきなのか，それとも，ロシアはアジアと欧州の双方に跨る独自性を持った国家を目指すべきなのか，意見が対立した。この2つの考え方のうち，前者は大西洋主義とよばれ，欧米諸国との協調をロシア外交の基調とすべきだと考え，後者はユーラシア主義とよばれ，欧米諸国とは異なる独自の外交政策を展開すべきだと主張した。

1990年代の外交政策

　ソ連解体直後のごく短い時期のロシア外交は，大西洋主義が優勢であった。エリツィン政権で最初の外相を務めたアンドレイ・コズィレフ（Andrei Kozyrev）は欧米諸国との友好関係を基盤として，アメリカが中心となる国際制度への参加を目指した。欧米諸国側も，エリツィンの強権的政治手法を黙認し，彼を「改革派」として支持する姿勢を示した。

　しかし，市場経済化の混乱を経て，大西洋主義はアメリカや西欧諸国への従属だと批判されるようになった。そのため，早くも1993年初めには，西側との協調を維持しつつも，旧ソ連諸国におけるロシアの「国益」確保を目指す「バランス路線」へと軌道修正した。さらに，中・東欧諸国やバルト諸国へのNATO拡大が政治課題として浮上すると，大西洋主義はいっそう後退した。かつてソ連を敵国とした軍事同盟のNATOが東方に拡大し，ロシアの国境に近づくことは国民のナショナリズムを刺激するものであったし，欧州の安全保障に関する重要な決定からロシアが疎外されることへの反発も強かった。

　1996年1月に外相に就任したエヴゲニー・プリマコフ（Evgenii Primakov）は，新たに「多極世界」という方針を提唱した。これは，欧米諸国との対等で互恵的な関係を維持しつつ，ロシアは中国，インド，中近東諸国などから構成される「多極世界」の一角

を担うべきだという考え方であった。この時期，中国とは戦略的協調関係が強化され，武器輸出も増大し，長年続く国境問題もほぼ解決に至った。また，CIS（独立国家共同体）諸国との関係強化も図られ，二国間，多国間の枠組みが多く作られた。ただし，多国間協力は「同床異夢」の様相が強く，CIS の統合強化はあまり進展しなかった。また，ジョージア，ウクライナ，アゼルバイジャン，モルドヴァによる GUAM が創設されるなど，周辺諸国からは「ロシアの拡張主義」を警戒する動きも生じた。

プーチン政権下の外交政策

　第 1 次プーチン政権（2000～2008年）においても，プリマコフ時代の「多極化」外交は基本的に踏襲された。ただし，国力低下が目立った1990年代とは異なり，「強い国家」の復活を掲げるロシアの国際的プレゼンスは拡大した。プーチン政権下での政治的安定（第 1 節参照）と経済成長（第 2 節参照）が，この時期の積極的な外交を展開する条件を整えた。

　2001年の同時多発テロ事件後にアメリカが「テロとの戦い」を掲げたことは，米露関係が改善するきっかけとなった。ロシアはもともとチェチェンの独立運動を「テロリズム」と位置づけていたし，「テロとの戦い」におけるアメリカとの協力はロシアの国際的立場を高めると考えられた。そのため，米軍がアフガニスタン攻撃のために中央アジアに駐留することをロシアは容認し，冷戦時代からの変化を世界中に印象付けた。しかし，この蜜月関係は長続きせず，同年12月にアメリカが ABM 条約（弾道弾迎撃ミサイル制限条約）からの一方的離脱を通告し，2003年にイラク戦争を始めると，アメリカの単独行動主義にロシアは反発し，両国関係は再び停滞した。

　2000年代半ばに起きた「カラー革命」もロシアにおける対米感情を悪化させた。カラー革命とは，ジョージア，ウクライナ，クルグズスタン（キルギス）で，市民の大規模な反政府運動が政権交代を引き起こした事件の総称である。これらの国々の NGO などにアメリカが民主化支援を行っていたため，「革命」の背後に欧米諸国の「内政干渉」があり，それが体制転覆をもたらしたという不信感がロシアでは強まった。旧ソ連諸国へのアメリカの「侵入」は，安全保障に対する脅威認識を高めた。

　このようななかで，2008年にロシアとジョージアの間で軍事衝突が起きた。ジョージアでは，1990年代初頭に国内の南オセチアとアブハジアで独立を求める運動が生じ，その後ロシアの支援もあってこれらの地域は非承認国家化した。カラー革命によって政権を獲得し，国家の再統一を推し進めていたミヘイル・サアカシヴィリ（Mikheil Saakashvili）大統領は，2008年 8 月 7 日深夜に南オセチア共和国に対する攻撃を開始した。ロシアは，南オセチアに駐留するロシア人を救出するという目的で反撃し，圧倒的な軍事力によってわずか 5 日でジョージア軍を駆逐した。さらに，ロシアはその後南オセチアとアブハジアを国家承認した。この戦争によって両国の関係悪化は決定的になった。ジョージアは2009年 8 月に CIS を脱退し，ロシアとの外交関係を断絶した。また，

国名をロシア語読みの「グルジア」から英語読みの「ジョージア」へと変更した（本章では，国名変更以前から一貫して「ジョージア」という呼称を用いている）。

また，国際的にもロシアの軍事行動は強く非難された。ロシア政府は，この戦争はジョージア軍が始めたものであり，ロシアの軍事行動は報復的で，防衛的なものだと主張した。しかし，ロシアが南オセチアやアブハジアの範囲を超えて，ジョージア政府の実効支配地域にまで軍を進めたことは，ジョージアの主権と領土的一体性を侵害する過剰な武力行使だと批判を浴びた。

アジアでは，プーチンは多極世界の追求という認識を共有する中国との戦略的協調関係の強化に努めた。2001年には中露善隣友好協力条約を締結し，核兵器の不使用，互いの安全を損なう軍事ブロックへの不参加などに合意した。また，同年には上海ファイヴを上海協力機構として再編した。上海協力機構の加盟国間の利害は必ずしも一致していないが，2005年以降中露両国を中心に合同軍事演習を行うなど，存在感を強めている。さらに中露は2004年には40年にわたり続いた国境問題を全て解決した。

また，安全保障面だけでなく経済面でも両国の関係は深化した。ロシアは冷戦時代から欧州市場に石油・天然ガスを供給してきたが，それに変わる新たな市場として近年発展が著しいアジア太平洋地域が注目され，東シベリアの資源開発や太平洋パイプラインの建設などが進められた。そのなかでロシアの資源に対する需要が最も高いのが，中国であった。このように，ロシア外交におけるアジアの重要性が増している近年の状況は「東方シフト」とよばれる。

ウクライナ危機と国際秩序への挑戦

2013年末から2014年にかけて起きたウクライナ危機は，冷戦後のロシア外交における最大の転機となった。2013年11月に，ウクライナのヴィクトル・ヤヌコーヴィチ（Viktor Yanukovych）大統領がEUとの連合協定締結交渉を中断すると，この決定に反発したウクライナ市民が，首都キエフの独立広場で「ユーロマイダン」と称される大規模な抗議運動を行った。そして，2014年2月，デモ隊と治安部隊の衝突をきっかけに，ヤヌコーヴィチ政権の主要閣僚がキエフから姿を消して政権が崩壊し，反政府勢力が暫定政権を組織した。

ロシアは暫定政権の成立を認めず，「ロシア系住民の保護」を理由にクリミアに侵入し，2014年3月にこの地域を併合した。プーチンは，ウクライナの政変は背後で欧米諸国が関与していること，冷戦後のアメリカ中心の国際秩序が武力によって成立しており，アメリカは国際的ルールを自国に都合よく変更していること，そして欧米諸国のロシアに対する「封じ込め」策がいまも続いていることなどを演説で述べ，アメリカに対する不信感を露わにした。こうした批判自体はプーチンがこれまでにも繰り返してきたことだが，ロシアの利益を守るために軍事力を用いて具体的行動をとり，既存の国際秩序に対する挑戦の姿勢を明確にしたという点で，ロシア外交の転換点となった（溝口 2015）。

同年4月から5月には，ウクライナ東部のドネツィク州，ルハンシク州（ドンバス地方）で，クリミアと同じくロシアへの編入を求める分離独立派がそれぞれ人民共和国を設立した。ロシアはドンバスの編入は否定しているが，同地域に「人道支援」や「平和維持」という名目で資金や兵器などを提供している。クリミア併合がほぼ無血状態でなされたのに対し，ドンバスの紛争では多数の死者を出す激しい戦闘となった。独仏の仲介によって，2014年9月と2015年2月の2度，停戦合意（ミンスク合意）が締結されたが，未だに紛争解決の目処は立っていない。
　ウクライナ危機以降，ロシアはG8から除外され，欧米諸国や日本からも経済制裁を受けた。一方，国際社会における孤立とは対照的に，国内では低下していたプーチンの支持率が20ポイント以上回復した。このような状況は「クリミア・コンセンサス」とよばれ，国民は経済状況の悪化にもかかわらず，欧米諸国との対決姿勢を明確にしたプーチンを支持している。つまり，現在のプーチン体制は，愛国主義と反欧米主義によって支えられている。
　ロシアはシリア内戦においても，中東地域におけるロシアの存在感を強めることに重点をおいている。2011年の「アラブの春」の影響で内戦が始まったシリアでは，イスラーム過激派「イスラーム国（IS）」が支配地域を拡大するなど，情勢が複雑化し，解決困難な状況に陥っている。ロシアはアメリカを中心とする有志連合の空爆が効果的ではないとして，2015年9月に「テロと過激主義に対する一種の国際的連合」をよびかけた。これは，シリア内戦の解決にロシアの存在が不可欠であることをアピールし，欧米諸国を揺さぶり，分断しようというものであった。そして，シリアのアサド政権からの要請という形で空爆を開始した。アサド政権を支持しているロシアの立場は，欧米諸国と食い違っているものの，シリア和平案において影響力を行使することは，ウクライナ危機後欧米諸国と対立しているロシアにとって重要な問題となっている。

4　移民大国ロシア

移民をめぐる状況

　日本ではあまり知られていないが，ロシアは巨大な移民受入国である。近年移民の増加が著しいドイツに抜かれるまで，ロシアは長らくアメリカに次ぐ世界第2位の移民受入国であった。そして，ロシア国内には依然として約1,200万人の移民が居住している。
　最も多いのが旧ソ連諸国からの移民である。ロシアは帝国時代からロシア人を周辺地域に送り込む政策をとってきたため，相当数のロシア人がロシア以外の連邦構成共和国に居住していた。ソ連時代，ロシア共和国外に居住していた民族的なロシア人やロシア語を母語とする人（これらを総称して「ロシア系住民」とよぶ）は，ロシア共和国内に住むロシア人と同じ国民であった。しかし，ソ連が解体したことによって，突如として彼ら・彼女らは「異国」に「取り残される」ことになった。

そのため，ソ連解体後の数年間で，在外ロシア系住民のロシアへの大規模な「帰還」が起きた。もちろん，ロシアに居住していた非ロシア系民族の旧連邦構成共和国（ウクライナ，ベラルーシなど）への流出もあったが，ロシアへの流入が流出を常に上回った。1992〜1999年までの間に，約200万人がロシアに「帰還」したといわれている。もっとも，彼らが必ずしも「祖国への帰還」を願ってロシアへ移住したとは限らず，経済的理由や紛争地域からの逃避といった理由による場合もある。いずれにせよ，この大規模な移民の流入は，第2節で述べた人口の自然減少をかなり補塡していたことになる（岡 2002；雲 2014：143-144）。

　年間40〜80万人の規模で推移していたロシアへの移民は，1990年代末以降落ち着き，2000年代半ばには年間20万人以下となった。これは，ロシア系住民の移動がほぼ収束したことを意味する。その後，人口減少への国家的対策としての移民受け入れが始まり，ロシアに流入する移民の数は再び増加傾向にある。特に特徴的なのは，2015年，2016年にウクライナから20万人近い人がロシアにやってきている点である。これはウクライナ危機の影響によるものと考えられる。

移民政策

　以上のような移民流入の推移とともに，政府の政策も変化してきた。1990年代半ばまでは「近い外国」にいるロシア系住民の「帰還」を推奨することが主要な目的であった。しかし，外国人として滞在するための手続きが煩雑である一方で，ロシア国籍取得の手続きも厳格であったために，非正規滞在者数が数百万人から1,000万人に上るといわれた。こうした状況は，治安悪化や税収減といった問題を生んだため，政府は移民の合法的受け入れへと政策を転換した。就労手続きの単純化，外国人労働者を非合法に雇用する使用者への厳罰，ビザ免除国出身者への就労許可証の割当などがそれにあたる。さらに，2006年には，人口減少が特に顕著な地域への移民を奨励するプログラムも実施した。その対象となったのは，ロシア系に限らず，ロシア語やロシア文化とのつながりを持つ人々であり，そのような人々は「在外同胞」と位置づけられた。これらの政策は労働力不足の解消という点では一定の成果も上げたが，インフラ整備や経済発展が遅れている過疎地域に十分な外国人労働者を引きつけるまでには至っていない（ヴァルヴァラ 2015）。

5　愛国主義による統合は持続可能か

　これまで見てきたとおり，ロシアはソ連解体直後の混乱や喪失感から立ち直り，安定と発展を経験するなかで，「大国」としての地位や誇りを徐々に回復してきた。冒頭に記した冬季五輪やワールドカップも，そうしたロシアの国際的地位の回復をアピールすべく開催されたものである。しかし，ロシアの「復活」は国内では肯定的に評価される

一方で，国際的には「権威主義化」や「大国主義」とみなされることが多かった。ロシア人はそのことへの不満を長く積もらせており，クリミア併合は，そのロシア人の不満を代弁するものと受け止められた。当時低迷していたプーチンの支持率が急上昇したこともあり，これ以降，政権は「反欧米主義」的色彩の強い愛国主義に依拠するようになった。

もっとも，愛国主義による国民統合はロシアで特に目新しいものではない。愛国主義政策の一環として，官製青年組織「ナーシ」が設立され，多くの若者が動員されてきたし，反欧米主義的な思想も潜在的には存在していた。ウクライナ危機がロシアにもたらした変化は，米国を中心とする既存の国際秩序に対抗する姿勢を明確にし，それが国民の支持を集めたことで，この路線が正当化されたことにある。

その一方で，このような路線がどの程度持続するかは定かでない。「統一ロシア」の集票力が低下しているため，プーチン体制はますます個人主義化しており，プーチンの個人的人気に依存している。ただし，年金制度改革発表後にプーチンの支持率が20％も落ちたように，その体制は必ずしも盤石ではなく，小さなきっかけでも揺らぐ可能性をはらんでいる。特に，若者が現政権に対する漠然たる不満を抱えており，反政府運動に参加する者が増加している点は注目に値する。例えば，年金制度改革に反対するデモにも，短期的には影響のない若者が多く参加している。ソ連解体後に生まれた若い世代が，今後ロシアがどのような道を進むのかを決める上で重要な役割を持つことになるのかもしれない。

参考文献

安達祐子『現代ロシア経済——資源・国家・企業統治』名古屋大学出版会，2016年。

油本真理『現代ロシアの政治変容と地方——与党の不在から圧倒的一党優位へ』東京大学出版会，2015年。

ヴァルヴァラ，ムヒナ「ロシアにおける移民政策の変容——近年の移民政策改正の位置づけ」『移民政策研究』第7号，2015年，133～150頁。

大串敦「重層的マシーン政治からポピュリスト体制への変容か——ロシアにおける権威主義体制の成立と変容」川中豪編『後退する民主主義，強化される権威主義——最良の政治制度とは何か』ミネルヴァ書房，2018年，159～188頁。

岡奈津子「『近い外国』のロシア人——同胞法と国籍法にみるロシアのジレンマ」田畑伸一郎・末澤恵美編『CIS——旧ソ連空間の再構成』国際書院，2002年，93～112頁。

雲和広『ロシア人口の歴史と現在』岩波書店，2014年。

ゴールドマン，マーシャル・I.／鈴木博信訳『強奪されたロシア経済』日本放送出版協会，2003年。

栖原学「経済　ロシア経済の現況と展望」塩川伸明・池田嘉郎編『東大塾——社会人のための現代ロシア講義』東京大学出版会，2016年，103～138頁。

田畑伸一郎・塩原俊彦「ロシア──石油・ガスに依存する粗野な資本主義」西村可明編『ロシア・東欧経済──市場経済移行の到達点』日本国際問題研究所，2004年，1～27頁。
富樫耕介『コーカサス──戦争と平和の狭間にある地域』（ユーラシア・ブックレット No. 171）東洋書店，2012年。
西山美久『ロシアの愛国主義──プーチンが進める国家統合』法政大学出版局，2018年。
溝口修平「ウクライナ危機をめぐる二重の相互不信」『地域研究』第16巻，第1号，2015年，77～90頁。
溝口修平「ロシアにおける連邦制の変容とその効果」松尾秀哉・近藤康史・溝口修平・柳原克行編『連邦制の逆説？──効果的な統治制度か』ナカニシヤ出版，2016a年，174～190頁。
溝口修平『ロシア連邦憲法体制の成立──重層的体制転換とその意図せざる帰結』北海道大学出版会，2016b年。

読書案内

塩川伸明，池田嘉郎編『東大塾──社会人のための現代ロシア講義』東京大学出版会，2016年。
　＊ロシア研究者による社会人向け連続講座を書籍化。歴史，法律，経済に加え，クリミア問題，エネルギーなど現代ロシアのさまざまな問題がわかりやすく解説されており，入門書に最適である。
武田善憲『ロシアの論理──復活した大国は何を目指すか』中公新書，2010年。
　＊偏見や先入観を持たれがちなロシア政治には独自の「論理」があることを，現役外交官がわかりやすい文章で客観的に分析している名著。ロシア政治を学びたい人にはまずこの本を読むことをお勧めしたい。
松戸清裕，浅岡善治，池田嘉郎，宇山智彦，中島毅，松井康宏編『ロシア革命とソ連の世紀』全5巻，岩波書店，2017年。
　＊ロシア革命百周年の年に編まれた日本のロシア史研究の集大成。ロシア革命から現代ロシアまでさまざまな論文が収められているので，より専門的にロシア史を学びたい人に適した論文集である。

映画案内

『オリバー・ストーン オン プーチン』（オリバー・ストーン監督，2017年公開）。
　＊映画監督オリバー・ストーンが2年以上にわたり行ったプーチンへのインタビューを記録したドキュメンタリー。ところどころで垣間見えるプーチンの人間性も見どころ。

（溝口修平）

第19章
ウクライナ

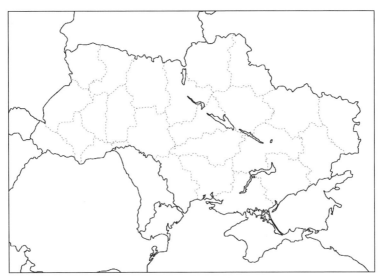

正式国名:ウクライナ,面 積:60万3,500km², 人 口:4,483万1,159人,首都:キエフ市(293万7,531人),主要構成民族:ウクライナ人(77.8%),ロシア人(17.3%),ベラルーシ人(0.6%),その他モルドヴァ人,クリミア・タタール人,ハンガリー人など,公用語:ウクライナ語,宗 教:ウクライナ正教/東方正教会,カトリック,プロテスタント,ユダヤ教,イスラーム教,その他,通 貨:フリブニャ,名目GDP:1,121億5,400万米ドル,1人当たりGDP:2,501米ドル
出典:世界銀行(https://data.worldbank.org/country/ukraine),ウクライナ国家統計局(http://2001.ukrcensus.gov.ua/results/general/nationality/, http://ukrstat.org/en)。2001年以降公式統計が取られていないため,主要構成民族は2001年のデータである。その他は2017年度のデータである。また政治状況を受けて,人口や面積などの一部のデータは,ロシアの章と重なっている。URLは2018年11月21日最終閲覧日。

―――「狭間」の国家建設―――

　ウクライナの首都キエフに「独立広場」とよばれる大きな広場がある。普段は市民や観光客で賑わう場所だが，2014年の「ユーロマイダン革命」のように大規模な抗議活動が行われる際には野党の指導者や群衆で埋め尽くされる。この広場でひときわ目を引くのが，高さ約62mの聖母オランタ像である。東方正教会のシンボルでもあるオランタは，伝統衣装を身にまとってガマズミを頭に掲げ，その手は平和や繁栄などを意味しており，ウクライナ独立の象徴になっている。

　西ヨーロッパ諸国と比べると，ウクライナは独立してから30年ほどしか経っていない。ロシア革命の最中にウクライナ人民共和国が誕生し，一時的に国家になった時期もあるが，その時期と今日のウクライナでは領土の範囲が異なっている。もともとウクライナはソ連邦を構成する共和国の1つであり，ロシア共和国に次ぐ第2の地位を占めていた。だがソ連解体が避けられなくなると，ウクライナ共和国は連邦からの離脱を表明した。その後，独立の是非を問う国民投票が実施され，ウクライナは独立国家となった。現在のウクライナはソ連解体に伴って形成されたのである。

　このようなウクライナについては，近年のクリミアや東部の分離独立問題などもあって，東西に分裂した紛争地帯というイメージが根強い。西のウクライナ人と東のロシア人という対抗図が描かれ，EU（欧州連合）とロシアの地政学的な対立がそこに加わる。だが国内政治の仕組みや政策から見ると，東西分裂だけでは捉えきれないウクライナのさまざまな特徴を見出せる。独立後のウクライナ政治はどのような仕組みになっているのだろうか。ウクライナ政府はどのような問題を抱えているのだろうか。本章では独立後の政治史を踏まえながら，政治制度，移民・難民政策，外交・安全保障政策，経済・福祉政策を取り上げ，その全体像に迫る。なお，ソ連時代のウクライナは「ウクライナ共和国」，ソ連解体後は「ウクライナ」と記述する。

1　政治制度と政治史

半大統領制

　前半部では，ウクライナの政治史に触れながら，その政治制度を概観する。まずは執政府と立法府の関係である。ウクライナでは半大統領制が採用され，今日大統領選挙と議会選挙は別々の日程で実施されている。半大統領制とは，「国民から直接選出された固定任期の大統領と立法府に責任を負う首相および内閣が並列する制度」である。

　この制度の起源は，ソ連末期のミハイル・ゴルバチョフ（Mikhail Gorbachev）の政治改革にさかのぼる。当時ゴルバチョフは，経済改革とともに競争選挙の導入や連邦の再編，共産党や最高ソヴィエトなどの政治改革に着手した。なかでもソ連共産党第19回協議会では「全権力をソヴィエトへ」というスローガンが復活し，最高ソヴィエト幹部会の権限は最高ソヴィエトと最高ソヴィエト議長に分散された。その際に「誰が執行権の

担い手になるのか」という問題が生じた。ここで，共産党に代わって権力の空白を埋めるものとして，ソ連の大統領制が導入された。ゴルバチョフは大統領制を導入することで，最高意思決定機関を共産党の政治局から大統領府へと移転しようとし，ソ連憲法に「ソ連大統領」の章が挿入されるとともに，共産党の指導的役割を正当化していたソ連憲法第6条や所有権に関する条項が改正された。それは国家権力として，共産党書記長から（ソ連の）大統領への移行を意味していた。

こうした連邦中央の変動はウクライナ共和国の国制に大きな影響を与えた。とりわけ，ソ連樹立に関する連邦条約をより分権的で新たな連邦条約に再編させる動きが起こると，連邦中央と各共和国はさまざまな政治・経済的な権限をめぐって対立した（新連邦条約の問題）。1990年7月にウクライナ共和国は，連邦法に対する共和国法の優位性を明記した「主権宣言」を発表し，ソ連邦に対する共和国の意思決定の権限を強め，その利益を擁護するために，ウクライナ共和国に大統領制が設置された。ここにウクライナにおいて大統領と首相が併存する半大統領制の原型ができた。モスクワで8月クーデタが発生し，ソ連解体が避けられなくなると，ウクライナ共和国はソ連からの独立を宣言し，国民投票と大統領選挙を経て独立国家になった。それに伴って，半大統領制はウクライナ共和国から独立国家ウクライナに引き継がれた。

つまり半大統領制は，ウクライナが自立的に採用したというよりも，連邦中央との相互作用のなかでできた，ソ連末期の副産物といえるだろう。独立後のウクライナでは，経済危機やクリミアの帰属変更を求める運動などが起こり，政治制度の構築には時間がかかったものの，1996年に憲法が制定された。この憲法制定によって，ウクライナに半大統領制が正式に導入された。

ただし憲法の制定後から，半大統領制の中身はたびたび変更されている。それのみならず，政治経済的な危機が起きると，半大統領制から大統領制への移行や大統領の選出方法の変更，一院制から二院制への変更が議論されるなど，今日でもウクライナは望ましい政治制度を模索しており，それが確立されているとは言い難い。そこで以下では，1996年憲法と2004年憲法改正という2つの制度設計を取り上げ，任免権を中心としながら大統領と議会はどのような関係になっているのかを考えてみよう。

まず1996年憲法では，国家元首の大統領は議会の合意を得て，首相を任命し，その解任権を持つ。大統領は5年任期（2期まで）であり，首相の提案に従って，閣僚と地方行政府長官を任命し，その解任権も持つ。大統領の任免権は，国軍の最高司令官，検事総長，在外公館の大使，国立銀行評議員（半数），テレビ・ラジオ局評議員（半数），憲法裁判所の裁判官（3分の1）などに及ぶ。加えて，大統領は議会で採択された法案に対する拒否権を持ち，キエフとクリミア自治共和国の内閣の決定を無効にできる。

議会は「最高ラーダ」と呼ばれ，定数450名の一院制である。議会は予算の承認と修正，社会経済や学術プログラムの承認などの権限を持ち，国立銀行評議員（半数），テレビ・ラジオ局評議員（半数），憲法裁判所（3分の1）などの任命権を持っている。か

表 19-1 ウクライナの歴代大統領

大統領	任期開始	任期終了	所属政党
レオニード・クラフチューク (Leonid, Kravchuk)	1991年12月	1994年7月	無所属
レオニード・クチマ (Leonid, Kuchma)	1994年7月	2005年1月	無所属
ヴィクトル・ユーシチェンコ (Viktor, Yushchenko)	2005年1月	2010年2月	我らのウクライナ
ヴィクトル・ヤヌコーヴィチ (Viktor, Yanukovych)	2010年2月	2014年2月	地域党
オレクサンドル・トゥルチノフ (Oleksandr, Turchynov, 暫定)	2014年2月	2014年6月	祖 国
ペトロ・ポロシェンコ (Petro, Poroshenko)	2014年6月	現職（2018年11月時点）	連 帯

出典：筆者作成。

なり複雑な手続きが必要だが，議会は大統領を罷免できる。内閣は大統領に対して責任を負い，憲法の規定の範囲内で，最高ラーダが内閣を監督する。内閣は首相，第1副首相，副首相（3名），各種大臣から構成され，それは大統領の提案と任命，議会の合意によって発足される。

このように1996年憲法において，ウクライナの大統領はとりわけ任免権の面で大きな憲法権限を持っていた。それに加えて，当時のレオニード・クチマ大統領は「統一ウクライナのために！」という自身を支持する政党連合をつくり，権力基盤を固めようとしていた。だが，大統領がジャーナリストの誘拐と殺害に関わったという「カセット・テープ事件」が明るみに出ると，議会の多数派は分裂し，「クチマなきウクライナ」とよばれる反政府デモが活発化する。その状況下で，クチマは後継者として当時のヴィクトル・ヤヌコーヴィチ首相を指名する。その後，2004年に大統領選挙が実施された。その決選投票でヤヌコーヴィチ候補者の選挙不正が指摘されて再決選投票が行われ，ヴィクトル・ユーシチェンコが新たな大統領に選出された。一連の現象は「オレンジ革命」とよばれる。この時に，クチマ大統領は3度目の投票の実施を認める代わりに，大統領から議会に憲法権限を委譲することの合意を対立候補者だったユーシチェンコに取り付けた。これが2004年憲法改正である（2006年に施行）。

まず2004年憲法において，首相や閣僚の任免方法が変更された。2004年憲法改正では，①議会の多数派が大統領に首相候補者とその他の閣僚候補者を提案し，大統領の合意を得て，議会が首相を任命する，②大統領は首相を解任できなくなり，内閣の存続は議会の多数派にもっぱら依存することになった。これまで広範に持っていた大統領の任免権

は，外務大臣と防衛大臣，地方行政府長官や最高裁判所長官（議会の合意は必要），国立銀行の評議員（半数），国家安全保障局長官などに縮小された。ただし内閣の発足と存続に対する議会の役割が強まっても，大統領は議会で採択された法案の拒否権を持ち——2004年憲法改正では，同じ法案が議会で再び採択されたにもかかわらず，大統領が再度拒否権を発動した場合は，議長が大統領に代わってそれに署名することで，法案が成立すると変更された——，特定の状況下で議会を解散できる。また議会には大統領の所属政党もいる。そのため間接的ではあるにせよ，大統領は議会の立法活動に影響を及ぼせた。

　2004年憲法改正によって議会の役割が強まったことで，その多数派形成が安定的な政治運営の鍵となった。だがウクライナでは，ロシアの「統一ロシア」のような優位政党が不在のなかで，連立交渉は紛糾する。ユーシチェンコ大統領の時の第2次ヤヌコーヴィチ内閣では，大統領と首相の所属政党の異なる「コアビタシオン」が形成されていたが，両者の間で権限をすみ分ける「学習」は働かず，憲法権限や政策をめぐってたびたび大統領と首相の対立が激化した。この大統領と首相の執政内紛争は，第2次ティモシェンコ内閣でも激化し，政策形成を困難にした。その後ヤヌコーヴィチが大統領になると，2004年憲法改正は違憲であると判断されて，1996年憲法体制に戻った。2014年のウクライナ政変のあとでは，再び2004年憲法体制に回帰している。

　このようにウクライナでは，半大統領制の中身が定期的に変更されている。ここまでをまとめると1996年憲法の場合，大統領は議会の合意を得て首相を任命し，その解任権も持つ。内閣は大統領と議会の二重に責任を負う。他方で2004年憲法改正の場合，議会の多数派が大統領から合意を得て，首相を任命し，内閣を解散する。内閣は議会に責任を負う。半大統領制研究では下位類型として，「大統領・議会制」と「首相・大統領制」という用語がある。それに即してみると，1996年憲法を採用したクチマ期とヤヌコーヴィチ期は「大統領・議会制」，2004年憲法改正を採用したユーシチェンコ期とポロシェンコ期は「首相・大統領制」となる。

政党システム

　執政府と立法府の関係は，政党システムに影響を与える。その一方で，政党システムは執政府と立法府の関係にも影響を与える。ウクライナでは隣国のロシアのように，複数政党制を採用しながらも与党勢力が優位な状態にある「一党優位」が成立していない。それどころか，過半数以上の議席を獲得できた議会政党は存在せず，常に5つ程度の政党が乱立する「多党制」となっている。

　ウクライナの政党政治は脆弱である。イデオロギー軸は弱い反面，政治経済エリートの自律性が極めて高く，独自の利害を持つエリート間の競合が政党間競合へと転化されている。それを財界の産業家集団や指導者のカリスマ性などが支える構図になっている。とりわけ，ソ連解体後に多くの国営企業が民営化されるなかで，新興の大資本家オリガ

表19-2 ウクライナの政党 (2002〜2012年) (単位:%)

政党	党首	2002年(数字は得票率)	2006年	2007年	2012年
地域党(野党連合)	ミコーラ・アザーロフ(Mykola, Azarov),ヴィクトル・ヤヌコーヴィチ	11.2(統一ウクライナのために)	32.1	34.4	30.0
ユーリヤ・ティモシェンコ選挙連合(2012年からは祖国)	ユーリヤ・ティモシェンコ(Yulia, Tymoshenko, 2009〜2011, 2014年以降),アルセーニ・ヤツェニューク(Arseniy, Yatsenyuk, 2012〜2014)	7.5	22.3	30.7	25.6
ウダール	ヴィターリ・クリチコ(Vitali, Klitschko)	-	-	-	14.0
共産党	ペトロー・シモネンコ(Petro, Simonenko)	20.8	3.7	5.4	13.2
全ウクライナ連合「自由」	オレーフ・チャフニボーク(Oleh, Tyahnybok)	-	-	0.8	9.7
我らのウクライナ	ヴィクトル・ユーシチェンコ(2002-2004, 2012年以降),ユーリー・ルツェンコ(Yuriy, Lutsenko, 2005-2010),ヴァレンティン・ナリヴァイチェンコ(Valentyn, Nalyvaychenko, 2009〜2011)	24.5	14.0	14.2	1.1
農民党(2004年)/人民党(2005〜2006年)/リトヴィン・ブロック(2007年)	ヴォロディーミル・リトヴィン(Volodymyr, Lytvyn)	-	2.4	4.0	1.1
急進党	オレーフ・リャシコ(Oleh, Liashko)	-	-	-	1.1
社会党	アレクサンドル・モローズ(Olekandr, Moroz),ミコーラ・ルジコフスキー(Mykola, Rudkovskyi)	7.1	5.7	2.9	2.4
統一ウクライナのために	ヴォロディーミル・リトヴィン	12.2	-	-	-
社会民主党	ヴィクトル・メドヴェドチュク(Viktor, Medvedchuk)	6.5	1.1		

出典:Whitemore(2014:6-7). 2002年と2012年は小選挙区比例代表並立制で実施されたが,ここで挙げられている得票率は比例代表のみである。

ルヒが台頭し，時として政権と癒着しており，政策形成を困難にしている。そもそも政党形成の動機が個々のビジネスを守ることになっており，政党自体が組織化されておらず，政党間の明確な対立軸も見えにくい。何より政治家に対する市民の信頼度は極めて低い。

　なお歴史的に見ると，ハリチナをはじめとする西部諸地域はハプスブルク帝国が，ドンバスなどの南東部はロシア帝国が統治し，その住民は言語や宗教などの異なるアイデンティティーを持ち，東西の地域的特性が政党システムに反映されているといわれる。確かに地域別に投票行動を見た場合，一部を除いて，その結果は概ね東と西で異なる。とはいえむしろ，選挙のときに地方エリートが有権者を動員することで，東西分裂が顕在化しているともいえる。表19-2は2002～2012年までの国政の議会政党であり，このうち主要な政党が地域党と祖国，我らのウクライナである。政治経済エリートは議会や大統領選挙ごとに離合集散を繰り返しており，表19-2は必ずしも現在の政党政治を反映していないものの，ここで取り上げる政党は現在のウクライナ政治の基盤になっている。以下ではそれぞれの立場を見てみよう。

　地域党はヤヌコーヴィチ元大統領の支持基盤だった政党であり，ドネツィク州という東部の地域から生まれた。現在ドネツィクは一部を除いて，「ドネツィク人民共和国」という未承認国家になっているが，もともとはウクライナのなかでも相対的にロシア語話者が多く，石炭や鉄鋼を初めとして最も工業化された地域だった（服部 2011）。この地域で有名なのは大富豪リナート・アフメトフ（Rinat, Akhmetov）によって，ヨーロッパ屈指のフットボール・クラブチームに成長した「FC シャフタール・ドネツィク」であろう（「シャフタール」の意味は「炭鉱労働者」である）。この州の利害を保護してきたのがドネツィクの政治経済エリートである。クチマ大統領のパヴロ・ラザレンコ内閣時代（Pavlo, Lazarenko）にドニプロペトロウシク州へのガストレード権の供与が起きると，ドネツィクの政治経済エリートは自分たちの利権を守るべく，一致団結して地方派閥を形成した（大串 2015）。それは，「地域復興党」という公式政党へと転化され，のちに「地域党」へと名称が変更された。

　1998年の議会選挙では，議席占有率が1％にも満たなかったことを契機に，地域党は当時のクチマ大統領に接近し，彼の再選を支持するようになる。ヤヌコーヴィチがクチマ大統領から首相に指名されると，地域党は国政レヴェルの政党に発展する。2004年大統領選挙において，ヤヌコーヴィチはユーシチェンコに敗れたものの，地域党は脱集権化やロシア語の公用語化などを掲げて，市民からの人気も少なからずあった。2007年の議会選挙からは最高ラーダで第1党だった。だが2014年に抗議活動が拡大するなかで，ヤヌコーヴィチはロシアのロストフ・ナ・ドヌーに逃避し，地域党も崩壊する。共産党はこの地域党と連立を組んでいたが，東部の分離独立運動に加担した廉で，その政党活動は禁止された。現在，地域党は「野党連合（オポジション・ブロック）」を後継政党として活動している。

他方で我らのウクライナや祖国党は，ユーシチェンコとティモシェンコというカリスマ的指導者から形成された。これらの指導者は「民主派」とよばれており，ウクライナに近代化かつ民主主義を定着させ，ヨーロッパの一員になるためには，ソ連時代の遺産を取り除いて，ウクライナ人を主要民族として確立させ，国家の統合を保障する制度構築を進めるべきであるという立場をとっている。

　我らのウクライナは，さまざまな小政党がユーシチェンコの個人的な人気に与って形成された政党連合である。ユーシチェンコは国立銀行総裁，1999～2001年では首相を務めた。彼は，クチマ大統領から首相職を解任されたあと，野党から反クチマの人物として担ぎ上げられ，我らのウクライナが形成された。この政党連合は2002年の議会選挙で躍進し，オレンジ革命ではリヴィウをはじめとする西部諸地域から支持を集め，ユーシチェンコは大統領となる。2005～2010年において，我らのウクライナは連立内閣の一角を担っていた。

　だがユーシチェンコの支持率が低下すると，我らのウクライナの支持率も低下する。2010年の大統領選挙で，多くの党員は祖国党や他党に鞍替えし，我らのウクライナは分裂した。その1人がポロシェンコ大統領である。「チョコレート王」ともよばれるポロシェンコは巨大菓子会社「ローシェン」のオーナーであり，地域党の設立に携わったあと，我らのウクライナに加入し，ユーシチェンコ大統領下で外務大臣，ヤヌコーヴィチ大統領下で経済貿易大臣などを歴任した。2014年の政変後，ポロシェンコは「連帯」や「我らのウクライナ」，元ボクシング選手でキエフ市長のヴィターリ・クリチコの「ウダール」などを合併させて，ポロシェンコ選挙連合を作った。それはヤツェニューク率いる人民戦線と連立を組んで与党連合となり，ポロシェンコが大統領となった。

　祖国党は，ラザレンコ元首相の「フロマダ」党から分裂したエリートによって1999年に形成された。その指導者がティモシェンコである。「ガスの女王」と呼ばれるティモシェンコは，ドニプロペトロウシク州出身で，ウクライナ統一エネルギーシステムの社長であり，クチマ大統領時代に燃料・エネルギー諸問題担当の副首相となった。だが，彼女は汚職の嫌疑で解任されると，反クチマへと転向する。彼女はガストレーダー時代に蓄積した財産や産業家集団から資源を得て，その勢力を拡大させた。オレンジ革命後では，ティモシェンコは2度首相となり，ティモシェンコ選挙ブロックも議会の第2党になった。ヤヌコーヴィチ大統領の時に彼女は対露ガス契約署名の際に権限逸脱した廉で再び逮捕されたが，2014年のウクライナ危機のあと政界に復帰した。

　こうしたカリスマ的指導者のもとに形成された政党は，リーダーの人気が落ちた場合や政権の座についていない場合，党員の離反を招きやすい一因にもなっている。また「民主派」は一枚岩ではなく，その内部ではたびたび対立が発生している。近年の研究では，初期の地域党は党内にさまざまな派閥を抱えて，産業家集団の利害を調整することで成り立っていたため，最も凝集性の高かった政党だったともいわれている。

　政治経済エリートの強さは，地方制度からも影響を受けている。ウクライナは連邦国

家ではなく——連邦制の導入については議論されるものの——，単一国家であり，24の州とクリミア自治共和国，2つの特別指定市（キエフとセヴァストーポリ）から成っている。その地方制度では，大統領が州知事の任命権を持っている（最高ラーダの合意は必要）。そのことは，大統領が地方エリートに票の動員を求める代わりに，州知事に任命するという「クライアンテリズム（恩顧主義）」を生み出している（松里 2000）。この恩顧主義は現在においても見られている。例えば巨大財閥「プリヴァト・グループ」のイーホル・コロモイシキー（Ihor, Kolomoyskyi）は，ポロシェンコと密接に繋がっており，大統領からドニプロペトロウシク州知事に任命された。ユーリー・ルツェンコの妻のイリーナ（Iryna, Lutsenko）はビジネスマンだったが，ポロシェンコ大統領の片腕として議会の大統領代理になった。

近年のウクライナでは，クリミア自治共和国とセヴァストーポリがウクライナからロシア連邦へと実質的に帰属変更し，ドネツィク州やルハンシク州はウクライナ政府の統治の及ばない地域となっている。また急進党や自由の出現，新たな選挙ブロックの形成などの動きが見られているが，政治経済エリートの利害対立が政党間競合に直接反映されるという構造は概ね変わっていない。

選挙制度

ウクライナの国政では，大統領選挙と議会選挙がある。では，議会の議員はどのように選出されているのだろうか。半大統領制の設計と同様に選挙制度も定期的に変更されている。まず独立後において，初の議会選挙となった1994年選挙では，最高ラーダの議員定数を450とする小選挙区制が採用された。有権者は18歳以上かつ直近2年以上，ウクライナに住む者であり，候補者に1票を投票し，その議員の任期は4年であった。50％以上の投票かつ25％以上の票を獲得した候補者がいない場合には，上位2名の間で決選投票が行われ，投票率50％を下回る場合は再選挙となる。1998年と2002年の議会選挙では，小選挙区比例代表並立制が採用された。そこでは，450議席のうち225議席を小選挙区に配分し，225議席を全国1区として全国投票率4％以上の政党に配分された。比例区では，各政党や政党ブロックがあらかじめ届け出た名簿順位に沿い，議席獲得数に従って当選させる拘束名簿式が用いられた。比例区の阻止条項は全国で4％であった。これらの議会選挙では，政党や政党ブロックに所属する候補とともに，無所属候補も多く立候補して，選挙戦を戦っていた。

2006年と2007年の議会選挙では，比例代表制に一本化され，450議席を全国1区の比例区で配分し，阻止条項は3％だった。そこでは，以前の議会選挙と同じように拘束名簿式が用いられていたが，議員の任期は5年となった。2012年と2014年では，再び小選挙区比例代表並立制に変更され，450議席のうち225議席を小選挙区に配分し，225議席を全国1区として全国投票率4％以上の政党に配分されるように変更された。クライアンテリズム（恩顧主義）と完全比例代表制は，多党制の成立を促した。

ところで地方レベルの選挙では，かつてクリミアでユニークな試みがなされたことがある。追放された諸民族の政治参加と代表を保障する「議席割り当て制度」である。今日クリミアは，実質的にロシア領となっており，ロシア人を多数派民族としながらも，クリミア・タタール人，ドイツ人，ギリシャ人などが暮らしている。もともとクリミアは，ソ連成立後においてクリミア・タタール人を主要民族とし，ロシア共和国のなかに創設された自治共和国だった。クリミア・タタール人は対独戦争に協力した廉で，中央アジアをはじめとする諸共和国に国外追放されたが，ブレジネフ期に名誉回復された。ゴルバチョフ期になると，強制追放された諸民族に対する是正政策が始まり，国家主導のもと，クリミアへの集団帰還が始まった。ソ連解体後において，その政策はウクライナ政府に引き継がれ，アファーマティブ・アクションとして，追放された諸民族への議席の割り当てが実施されたのである。
　この当時小選挙区制が導入されていたが，クリミアではそれにクオータ制が付け加えられた。これはクリミアの小選挙区に，追放された諸民族の政党や民族団体などを対象とした民族選挙管区を加えたものであり，アルメニア人，ブルガリア人，ギリシャ人，ドイツ人，クリミア・タタール人の5つの選挙区が存在する。例えばクリミア・タタール人の民族選挙区では，市民は小選挙区制に従って，候補者を選び，それとは別にクリミア・タタール人政党や民族団体名を書いて，比例代表に従って14の代表が選出される。それによって，ウクライナ政府はクリミア・タタール人組織に議席を割り当てて，その政治参加を促そうとしていた。この制度の導入には，クリミア・タタール人政党の「クリルタイ」からの自民族への割り当てに関する強い要請があった。ただしこのクオータ制は，1994年の選挙にのみ適用されており，そもそもクリミアでは2014年以降，ウクライナの1地域としての選挙は実施されていない。

2　移民の送り出し，通路，避難民

　ウクライナは，移民の送り出し大国として知られている。その歴史は古く，19〜20世紀初頭では，西ウクライナの人々がカナダや米国，ブラジルやアルゼンチンなどのアメリカ大陸に移住していた。当時の人々は土地不足や貧困から逃れるため，人手不足に悩んでいた諸外国に渡っており，その移住先でコミュニティを形成していた。例えば「カナダ・ウクライナ支援社会」では，ウクライナ人移民に英語教育の実施や雇用の斡旋，移住に関する情報を提供し，彼らが生活する上で大きな役割を果している。他方で帝政ロシアやソ連時代では，東ウクライナの人々はカザフスタンやロシア，極東などに渡り，農業労働者となっていた。ソ連解体後では，海外への移動の自由が保障され，多くのウクライナ人がロシアやポーランド，チェコ，イタリアなどに渡り，労働移民となっていた。
　またウクライナは移民のトランジット国でもある。「移民の通路」はウクライナの地

政学的な位置と密接に関係し，ウクライナを通ってEU諸国へと移民や難民が流入している。それはウクライナだけではなく，EUの安全保障政策にも影響を及ぼし，国境管理やビザの面で，EUとウクライナの協力を促している。近年のウクライナでは，東部やクリミアの分離独立問題が起こり，経済が停滞するなかで，国外からやってくる者が激減する反面，国内避難民や他国への移民・難民が多く生まれており，人口減少も加速している。移民の送り出しとトランジット，そして避難民。ウクライナは移民や難民問題において，さまざまな顔を持っている。独立後から現在にかけて，その歩みはどのようなものだったのだろうか。

労働移民，帰還民，難民

ソ連の解体後，ウクライナ経済が停滞するなかで，多くの人々は失業や安い賃金，支払いの遅れなどの問題に直面し，仕事を求めて他国に渡った。その行き先はロシアが最も多く，ポーランドやイタリア，ポルトガル，トルコなどさまざまだった。独立後のウクライナ政府は，移動に係わる法整備に着手し始め，1990年代前半から移動の自由や出入国などの基本的な出入国管理が構築されていった。労働移民は，農業や建設業，サービス業などに就く者が多く，なかには高学歴者も含まれていた。だが魅力的な仕事を求めて諸外国に渡っても，単純労働に就くことになり，それは「頭脳流出」と「頭脳消費」を同時に引き起こしていた。

海外への労働移民が母国に及ぼす影響として，重要なのは送金である。通常，労働移民は，母国の家族や親戚などに送金する。ウクライナでも，海外で得た収入は子どもの養育費や住宅の購入費などに充てられている。本来，それは送り出し国にとって経済発展にも繋がる。だが，この送金がウクライナ経済に肯定的な影響をもたらしているのか，については定かではない。送金は国内総生産を押し上げ，中間層の形成に繋がっていると評価される一方で，単なる人材の喪失であるともいわれている。というのも，ウクライナ政府は移民からの送金を促す制度的な基盤を整備していない。国際比較から見ると，中南米諸国のように送金によって道路の整備や学校の改装をしている国も存在するが，ウクライナ政府はそれにあまり熱心ではない。なお労働移民は，海外へ向かった者だけではなく，国内の他地域に渡った者も存在する。

ソ連解体後のウクライナでは，移民の送り出しとともに，その受け入れも行っていた。その1つが，前述した帰還民族である。ウクライナ政府は，国家帰還プログラムを実施し，追放された諸民族は諸外国，とりわけ中央アジア諸国からクリミアへと帰還していった。受け入れ先のクリミアでは，土地不足や居住査証，就職斡旋などの問題が起こったが，ウクライナ政府にとって帰還民政策は数少ない功績の1つとなっている。

またウクライナは近隣諸国やアフガニスタンから難民を受け入れている。とりわけソ連解体後では，モルドヴァの沿ドニエストルやジョージアの南オセチアとアブハジア，ロシアのチェチェンなどで，武力紛争が発生した。それによって，当該地域からの難民

が生まれ，地理的な近接性からウクライナを目指す者も少なくなかった。だが，独立してからまもない時期において，難民を受け入れる法制度は不十分だった。その結果として，多くの不法移民が生まれたといわれている。ウクライナ政府が「難民法」や「市民権法」を施行し，1996年憲法で基本的な原則を打ち立てたあとでも，その実施は国際的な基準と合致せず，複雑な手続きや人材不足，資金不足などが指摘されている。

トランジット国ウクライナ

2000年代に入ると，EUの東方拡大が活発化する。中・東欧諸国がEUに加盟するなかで，EUは「欧州近隣諸国政策（ENP）」を発表し，ウクライナを含む近隣の域外諸国との関係を強化する。これはEU加盟を前提とせず，その価値を広域な範囲に広げてウクライナに「欧州化」を促すことで，EU内外諸国との安定的な関係を構築するものである。

この東方拡大が進むなかで，ウクライナは移民の「トランジット国」として注目されていた。ウクライナは，アジアとヨーロッパを繋ぐ結節点の1つである。移民のなかには，ウクライナにとどまった者もいるが，ウクライナは目的地というよりも，むしろEU諸国へと向かうまでの経由地だった。

こうした状況においてEUは，ウクライナ政府の国境管理や治安改革の不十分さを指摘し，組織的犯罪や人身売買が生まれ，シェンゲン圏に不法移民が流入していると見なした。2000年代前半から，EUとウクライナの間で出入国管理をめぐる協力が進展する。具体的にはEUはウクライナに対して，国境警備や税関の能力向上などの国境管理の「近代化」を促す代わりに，資金援助やビザの緩和などを行っている。この当時，ユーシチェンコ大統領が誕生していたことも両者の協力を促進させる一因になった。例えば「モルドヴァとウクライナ間の国境支援ミッション」である。ウクライナの隣国のモルドヴァには未承認国家の沿ドニエストル共和国がある。この領域は，ウクライナとモルドヴァの国境に位置している。EUはこの未承認国家の存在を問題視し，国境警備隊と税関の能力向上や汚職の撲滅などに着手し，ウクライナとモルドヴァ間の国境管理能力を高めようとした。

またEUとウクライナはビザ手続き解禁を最終目的とする行動計画に合意し，最終的には「ビザ無し体制」の構築を目指している。もっともビザの自由化といっても，すでにウクライナ政府はEU市民のビザを免除しているので，ウクライナの移民難民制度の改革が主な対象になっている。2008〜2010年では，東方パートナーシップの一環で，両者は「ビザ緩和に関する対話」を発表し，出入国の改革やウクライナにおける社会統合などについて合意した。それはウクライナ政変の最中やその後においても続いている。だが，行き過ぎた協力はロシアの対外的な利益に抵触し，紛争の発生やそれを長引かせる要因の1つになっている（東野 2014）。

国内避難民問題

　近年の「ユーロマイダン革命」は記憶に新しいだろう。2013年11月21日に，当時の大統領だったヤヌコーヴィチはEUとの関係を強化する連合協定署名の準備プロセス中断を発表し，議会はティモシェンコ元首相の釈放延期を決定した。これらに端を発して，首都のキエフでは，政府と野党および反政府勢力の間で武力衝突が発生した。キエフ情勢を受けて，クリミア半島ではウクライナからロシアへの帰属変更を求める運動が拡大し，住民投票を通してロシアに編入された。それに加えて東部では，ドネツィク州とルハンシク州が新たな国家樹立を宣言し，ウクライナ政府との間で武力衝突を続けている。

　こうした紛争は，多くの国内避難民を生み出した。正確にその数を把握することは難しいものの，国連と国連開発計画（UNDP）はそれを世界第9位と見積もっている。国内避難民の大部分はドネツィク州とルハンシク州から生まれており，彼らはハリキウやドニプロ，リヴィウ，キエフなどに移動している。また，ロシアのクリミア併合後，クリミア・タタール人はその政治活動を制限されており，ウクライナの他地域へと移動している。その一方で，クリミアの人々のなかには一時的に移動しても，家族のいるクリミアに再び戻った者もいる。

　避難民の多くは主に国内の移動であるが，海外へと渡った人々もいる。近年では，ポーランド政府がウクライナ労働者に対して，就労ビザを発行したことから，多くのウクライナ人がポーランドに渡っている。

　ウクライナ政府は「国内避難民の権利と自由についての法」や「一時的に占領された領域と反テロ活動の領域から移動する人々に毎月の財政支援を実施し，住居や公共設備を含む生活手段を補うための内閣の決定」などを定めて，避難民対策を進めている。だが，多くの問題が山積している。例えば選挙権である。ウクライナ市民が選挙に参加する場合，居住地の登録が必要となる。しかし住んでいた家を失った避難民にとって，新たな居住地を即座に見つけることは困難である。2014年大統領選挙は，こうした状況下で実施されたため，多くの避難民が選挙に参加できないという問題が起こった。

　社会統合の面でも課題は多い。例えば避難民のなかには戦闘の最中，命からがら逃げてきたものの，パスポートなどの証明書がないため，国内避難民として認定されず，住宅手当や年金を受け取れない者もいる。仮に住宅手当を支給されても生活するには不十分な金額であり，結局のところ，個人的なネットワークに頼るか，自力で仕事を探さざるを得ない。また紛争後にドネツィクやルハンシクで生まれた子どももいるが，政府の対応が追いついておらず，その出生や死亡記録が法的に認められない。社会統合は政府の問題だけではない。例えば避難民がキエフで住まいを探そうとしても，ドネツィク出身というだけで，住宅を借りられないといった，社会の受け入れ側の問題も存在する。

　このような問題の根源的な原因として挙げられるのが，予算不足に加えて脆弱な官僚機構である。移民難民政策を推進する省庁や部局としては，内務省や社会政策省，移民局などがある。だが，官僚機構間の縦割り主義は著しく，その手続きも不透明かつ煩雑

である。その結果として，政府の移民・難民の政策には多くの課題が残っている。

3　「狭間」の外交・安全保障政策

　独立後のウクライナでは，ロシアとの関係構築に違いがあるものの，歴代の大統領は一貫してヨーロッパの一員になることを目指してきた。ウクライナの外交・安全保障政策はどのようなものなのだろうか。ここでは歴代の大統領別に見てみよう。

クラフチューク・クチマ期——自立化の模索

　独立国家となったウクライナの課題は，その自立性を確立させることだった。初代大統領のクラフチュークは，1993年の「外交の基本方針」において，最終的な目標は EU 加盟であると明言し，諸外国の要請に応える形で核兵器を放棄した。その一方で，ウクライナはガスをはじめとするエネルギー資源に乏しく，ロシアに経済的に依存せざるを得ず，ロシアや CIS（独立国家共同体）の経済統合を図っていた。初期のウクライナ外交は，ロシアとの経済協力を通して EU 加盟を目指すというものだった。

　ウクライナ独自の外交政策も見られている。例えばクラフチュークは，ウクライナが西ヨーロッパとロシアの軍事的な「架け橋」になることを主張し，「中東欧安定・安全保障圏構想」を唱えていた（藤森 2000）。具体的には CIS と NATO（北大西洋条約機構）を含む全欧州型の安全保障システムを模索しており，軍事ブロックとしてのロシアと西ヨーロッパのどちらにもつかない「中立化」を目指していた。もっとも中東欧諸国と西欧諸国は，この構想がロシアを刺激することを恐れ，ロシアはこの構想に反対し，最終的には頓挫することになる。

　ロシアとの経済統合を手段としながらも，EU 加盟を目指すという外交方針は，クチマ大統領に引き継がれる。中・東欧諸国が NATO の「平和のためのパートナーシップ（PFP）」に次々と参加を表明するなかで，クチマは PFP への参加表明を行う。クチマ大統領は，NATO 拡大がロシアにとって脅威にならず，ヨーロッパの安全を保障すると定義した上で，緩衝国化の可能性を払拭し，「欧州」の地位を得ようとしたのである。こうしてクチマ期に，NATO との協力拡大が EU 加盟と並ぶ外交目標と位置づけられた。1997年には「NATO・ウクライナ間の特別なパートナーシップ憲章」が署名されるとともに，「NATO・ウクライナ委員会」が設置され，両者の関係が構築されていった（藤森 2000）。

　その一方で，ロシアとの関係に目を移すと，クチマはCISの経済統合には賛同したものの，その統合が政治および軍事的部門にまで及ぶことに反対した。経済統合においても，共通ルーブル圏や金融，税政策の一本化にも反対した。だが，欧州寄りの姿勢を見せながらも，ウクライナは経済的にロシアに頼らざるを得なかった。例えば1997年には「ウクライナ・ロシアの友好，協力，パートナー条約」が締結されたが，この合意では，

ウクライナはロシアに対して，クリミアのセヴァストーポリ軍港の賃貸期間，ロシアの黒海艦隊の基地使用料と艦隊分割を認めた。その代わりに，ウクライナの対ロシアのガス債務と相殺された。それによって，ロシアはクリミアを含むウクライナの主権を認めたが，ウクライナの NATO 加盟は実質的にロシアの合意なしには成し得なくなった。こうしてウクライナは欧州の一員を目指しながらも，ロシアと協力せざるを得ない構造が形成された。

ユーシチェンコ期——欧米との関係重視

オレンジ革命は，欧米諸国から支持を受けるユーシチェンコ大統領の誕生をもたらした。ユーシチェンコ大統領は EU と NATO 加盟を掲げて，前任者以上に欧米諸国との関係を重視する姿勢を見せる。EU の「欧州近隣諸国政策」に同意し，移民・難民政策で EU との協力を強化し，WTO に加盟を果たしたのも，このユーシチェンコ期である。

その一方で，ウクライナとロシアの関係は悪化した。そもそもロシアは，欧米諸国が民主化の理念を掲げて旧ソ連域内に介入することに反対しており，オレンジ革命は欧米諸国の拡張主義的な対外行動によってもたらされたと考えていた。ロシアから見ると，ユーシチェンコは親欧米の大統領に映った。

ロシアとウクライナの「ガス戦争」がたびたび発生したのも，まさにこの時期である。ウクライナは旧ソ連諸国のなかでもエネルギー輸入大国であり，その大部分をロシアから輸入するため，経済的な脆弱性を抱えている。ロシアの他には，トルクメニスタンからもガスを供給しているが，それはロシア領を通るため，ウクライナはロシアにトランジット料を支払っている。その債務は膨大に膨れ上がっているが，ウクライナ政府の支払い能力は乏しく，戦略兵器やセヴァストーポリ基地などのソ連時代の資源を使って，債務相殺を図っている。だが，その資源にも限界があり，しばしばロシアからのガス供給が停止される。

もっとも，このエネルギーは一方的なロシアの外交手段になっているわけではない。というのも，ロシアは欧州向けのガス輸出の大部分をウクライナ経由に依存している。そのため，ウクライナもロシアに対して影響を及ぼすことができる。実際に1990年代後半から2000年代前半では，欧州向けのトランジットガスを契約外ながら抜き取り，それを国内や諸外国に売却して，外貨を稼いでいた（藤森 2008）。

1990年代においてロシアはウクライナに対して安価なガスを供給していたが，オレンジ革命後にウクライナ側がガス輸送量の通貨決済への移行を申し込んだことで，ロシアの国営企業のガスプロム社はウクライナ向けの天然ガス代金の引き上げを要求した。ウクライナ政府がこれに合意しなかったことにより，ウクライナ向けのガス供給は停止され，欧州向けのガスの量も減少した。それに加えて，ロシアはウクライナにガスを直接供給するのではなく，合弁企業を通して供給するように取り決めた。これによって，ウクライナは輸入業者の介在を受けざるを得ず，国家の市場への統制能力は低下していっ

た。ウクライナとロシア間の対立は「ガス戦争」(2006年) とよばれ，2009年と2014年でも発生した。

　こうしたガス供給の停止が政治的な動機に基づいているのか，否かについては議論が分かれている。オレンジ革命のあとで，ロシア政府は価格を引き上げたため，その行為はウクライナの欧州統合を牽制する目的だったとされる。その一方で，ウクライナ以外の CIS 諸国でもガス代金の引き上げがなされているため，単に経済的な動機に基づいて行われたともいわれる。またかつて，ウクライナはトルクメニスタンに対しても，ガスの未払い問題を抱え，トルクメニスタンからのガスの供給停止もあった。いずれにしても，ロシアとウクライナの相互依存関係やウクライナの支払い能力に大きな問題があるといえるだろう。

ヤヌコーヴィチ期——バランス外交

　ヤヌコーヴィチ大統領の外交政策は，EU 加盟を目指しながらも，ロシアとの関係改善を図るというバランス外交だった。大統領の就任後，ヤヌコーヴィチとロシアのドミートリー・メドヴェージェフ (Dmitrii, Medvedev) は，クリミアの黒海艦隊のリース権を延期させる代わりに，ウクライナ向けのガス価格を引き下げる合意を行った。歴代の大統領と異なり，ヤヌコーヴィチは NATO 加盟を外交目標に掲げなかったものの，それと同時にロシアの主張する関税同盟への参加も見送っている。つまり彼の外交姿勢は，ロシアと西ヨーロッパのバランスを重視するものだった。だが，ヤヌコーヴィチは EU との関係を強化する連合協定署名の準備プロセス中断を発表したあと，2014年政変が発生し，国外逃亡した。

　今日クリミアが実質的にロシア領となり，東部の紛争が続くなかで，ウクライナはその原因をロシアの対外行動にあると主張し，両国の関係は冷え切っている。ポロシェンコ大統領期にウクライナは CIS から脱退し，EU の要求に応える形で汚職裁判所を設立するなど，ユーシェンコ以上に欧米への傾倒が進みつつある。2018年後半の最高ラーダでは，ウクライナの NATO と EU 加盟に関する対外方針の確立を憲法に盛り込む法案が模索されている。だが国内の政治的言説を差し置いても，ウクライナにとってロシアは重要な「独立国家」であることに変わりないだろう。

4　産業構造の転換？

　ソ連時代においてウクライナ共和国は，肥沃な国土地帯を持つ農業国であるとともに，とりわけ東部では石炭や鉄鉱石などのある重工業地帯だった。だがソ連邦が解体し，ウクライナが独立を果すと，マイナス成長が続き，貧困が蔓延するなど，その経済的な脆弱性が明らかになる。というのも前節で見たように，ウクライナは石油や天然ガスなどの天然資源に乏しく，その供給はロシアの安価なガスに頼っていた。それのみならず，

ウクライナの基幹産業もロシアの安価な天然資源に依存している。主要な輸出品目は鉄鋼であり，ドネツィク州とルハンシク州に集中している。だがそれは，ソ連時代の旧式の設備を引き続き利用し，安価な天然ガスと輸送の利便性を武器として，付加価値の低い製品を輸出向けに大量生産することで成り立っている（服部 2017）。化学工業も安価なガスに頼っている。

　前述したように，ロシアも欧州向けに天然ガスを供給する際にウクライナを経由するため，同国に依存していた。独立当初においては，ロシア産ガスの90％がウクライナ経由であり，輸送量・ガス価格は両国政府の合意によって定められていた。ウクライナはロシアから天然ガスを輸入するものの，ガス代金の未払いは常態化し，その債務は累積している。ロシアのガスプロム社が支払いを求めて，時にガス供給を停止させても，ウクライナはガスの不正な抜き取りを行う。それはロシアとウクライナ間の対立を引き起こし，電気やガスが使用できないなど市民の生活にも大きな影響を与えている。

　こうした背景からウクライナ政府はロシアへの経済的依存の脱却を図ってきた。それが供給源・輸送ルートの多角化である。例えば「オデッサ－ブロディ石油パイプライン」では，カスピ海およびカザフスタンで産出された石油をウクライナのオデッサに運び，それをブロディまで輸送した上で，中・東欧や北欧に出荷させるという計画が進んでいた。だが，このパイプラインの利用を希望する石油会社は現れず，またスロヴァキアの反対にあって，計画自体が破綻し，稼働していない（藤森 2008）。

　2000年代に入り，国際的な石油価格の高騰によってロシア経済が成長に転じると，ウクライナからロシア向けの鉄鋼の輸出が急増し，ロシア国内の消費需要も活気づく。それによって，ウクライナ経済もプラス成長を遂げ，好景気になった。だがリーマンショックはウクライナ経済を直撃し，2009年の経済は14.8％のマイナス成長になり，失業率も8.8％となった。

　2014年の地域党の崩壊，ロシアのクリミア併合，東部の紛争といった一連のウクライナ危機は，ウクライナ経済に大きな影響を与えている。とりわけ天然ガスに関しては，ウクライナ危機前からウクライナとロシアの相互依存関係の脱却が始まっていたが，2014年以降，ウクライナのロシア産天然ガス輸入は減少し，ロシアのウクライナ領経由の割合も減るなど，ロシアからの脱却が加速している。パイプラインについては，かつてガスプロム社がウクライナ領とトルコ領を迂回して，EU に直接天然ガスを輸送する「サウスストリーム天然ガスパイプライン」を建設していたが，それも2014年の12月に計画の中止が発表された。それに加えて，東部の紛争によって，石炭・鉄鋼産業はインフラや経済活動の面で壊滅的になっており，産業構造は重化学工業から農業・食品産業へと変化しつつある。

5　忘れられた紛争？

　ユーロマイダン革命から約5年が経過し，ウクライナ経済は回復しはじめているものの，依然として東部の紛争は続いており，クリミアはロシアに帰属変更したままである。欧米諸国はこれらの地域の分離独立を認めておらず，ロシアへの経済制裁を実施することで，東部とクリミアをウクライナの領土に戻そうとしている。近年ではアメリカやEU，OSCE（欧州安全保障協力機構）が参加して，ミンスク和平プロセスが実施され，一時停戦に至った。だが，ロシアとクリミア間のインフラ整備は進んでおり，東部の武力衝突や砲撃は収束の兆しを見せていない。2018年11月にはクリミア半島沖で，ウクライナの艦船がロシア当局から発砲を受けて拿捕され，負傷者が出ている。ウクライナ政府は「戦時状態」とみなし，国連安全保障理事会の緊急会合が開催されるなどロシアとウクライナの危機が高まった。

　実は日本もウクライナ紛争の解決に無関係ではなく，OSCEや欧州評議会を通して，ウクライナに巨額の資金援助を行っている。その額は国内避難民や東部の復興支援だけでも，49億円（無償資金協力）と言われており，ウクライナ内外から高い評価を得ている。

　だが，国際社会の関心は必ずしも高くないのが実情である。というのもユーロマイダン革命と同時期に，中東の政変や移民・難民問題が発生し，それは欧米諸国の安全保障問題として認識されている。国際社会の介入には，介入国の意思と能力に左右される。外部アクターは全ての紛争に介入できるわけではなく，優先順位を付けざるを得ない。中東の問題に対してウクライナ紛争は，欧米諸国にとって優先度の低い問題となっている。

　こうした背景から，ウクライナ紛争は長期化すると考えられる。そのことは，市民の生活に大きな影響を与え続けることを意味する。ウクライナでは，自分の希望する仕事に就きたいと考え，家族と一緒に暮らし，紛争の発生までは日常生活を営んでいた若者が多くいる。だが紛争によって，そのキャリアを破壊され，やむをえず転職し，また家族と離れて暮らさざるを得ない。東部の家族に会うためには，ウクライナ政府や未承認国家の「ドネツク人民共和国」政府のチェックポイントを何度も通る必要があり，安易に行けるものではない。よりよい機会を求めて他国に移り住みたいと考える若者は，半数以上というデータもある。前述したように，ウクライナは移民の送り出し大国であるが，そこにはこうした背景もある。

　当然ながらウクライナ政府は，クリミアや東部の再統合計画を議論し，その解決方法を模索している。だがその予算はかなりの程度，欧米諸国に依存しており，自力での問題解決は困難である。その結果，ウクライナ政府はロシアの対外行動をひたすら批判することで，国際社会の関心を繋ぎ止めるしかないという状況に陥っている。だが，その方法にも限界があろう。ロシアの軍事介入が紛争を引き起こす重要な一因だったことは

確かだが，ウクライナ政府が東部やクリミアに対して，領域内に戻るための効果的なインセンティブを与えられるのかも，今後の注目の動向だといえよう。

6 持続可能な国民国家に向けて

　本章ではウクライナ独立後の政治史を踏まえながら，政治制度と政策を概観した。東部のロシア人と西部のウクライナ人，またはEUとロシアの対立だけでなく，ソ連末期の副産物としての半大統領制や政治経済エリートの強さ，帰還民族，移民の送り出しとトランジットなど，さまざまな特徴が浮かび上がったと考えられる。

　現在のウクライナは多くの課題を抱えている。国内避難民問題，地方改革や経済の構造改革，そして対外関係。政治と密接に関連する正教世界では，コンスタンチノーポリ総主教が至聖ウクライナ教会の独立を認めたが，ウクライナ内の教会の統合は十分に進まず，大きな課題である。政治家が自分たちの有利なようにルールを変更させず，ウクライナに見合った政治制度を確立させることも大きな課題である。それに加えて国家の自立性は模索されているものの，特に安全保障面ではNATOとEUなどに頼らざるを得ない。このウクライナと欧米諸国の関係は，ロシアから大きな制約を受けている。ウクライナ（Україна）は，「国家（Країна）」であると同時に，ヨーロッパと旧ソ連の「辺境（Окраина）」であり続けているのだ。今後のウクライナの動向に注目することは，ヨーロッパ内外諸国の関係を占うことにも繋がるだろう。

　ただし，独立してから30年という年月は国民国家をつくり上げるには短いのかもしれない。聖母オランタは，いまもなお国家建設に勤しんでいるウクライナの人々をどのように見ているのだろうか。

参考文献
大串敦「ウクライナの求心的多党競合体制」『地域研究』第16号，2015年，46〜61頁。
末澤恵美「民族の独立とレファレンダム——クリミアの事例」『選挙研究』第32号，2016年，32〜44頁。
中井和夫『ソヴェト民族政策史——1917-1945』御茶の水書房，1988年。
服部倫卓『ウクライナ・ベラルーシ・モルドバ経済図説』東洋書店，2011年。
服部倫卓「輸送・商品・エネルギーの経済関係——ロシアとウクライナの角逐を中心に」六鹿茂夫編『黒海地域の国際関係』名古屋大学出版会，2017年，318〜345頁。
東野篤子「ウクライナ危機をめぐるEUの対応——経済制裁，連合協定，和平調停」『ロシア・ユーラシアの経済と社会』第987号，2014年，17〜37頁。
藤森信吉「ウクライナとNATOの東方拡大」『スラヴ研究』47号，2000年，301〜325頁。
藤森信吉「ウクライナとロシア」田畑伸一郎編『石油・ガスとロシア経済』北海道大学出版会，2008年，251〜270頁。

藤井悦子，オリガ・ホメンコ編訳『現代ウクライナ短編集』群像社，2005年。
松里公孝「ウクライナにおける現代家産制と公式政党の形成——オデッサ，トランスカルパチア，ドネツィク，ドニプロペトロフシク州」『ロシア東欧学会年報』第29号，2000年，49〜71頁。
Whitemore, Sarah, "Political Party Development in Ukraine", *Helpdesk Research Report*, 2014, 1-13（http://www.gsdrc.org/docs/open/hdq1146.pdf 2018年8月29日最終閲覧日）。

読書案内

オリガ・ホメンコ『ウクライナから愛をこめて』群像社，2014年。
　＊正教や地下鉄，フットボール，観光名所，ダーチャ（別荘），個人の人生といった人々の生活を描いたエッセイ。挿絵も付いており，日本語でウクライナの雰囲気に触れられる貴重な1冊。
黒川祐次『物語ウクライナの歴史——ヨーロッパ最後の大国』中公新書，2002年。
　＊古代のスキタイ時代から独立国家ウクライナの誕生までの歴史を扱った書籍。入門書に最適。
Wilson, Andrew, *The Ukrainians: Unexpected Nation, Fourth edition*, New Haven : Yale University Press, 2015.
　＊キエフ・ルーシからユーロマイダン革命までを描いたウクライナの通史。イギリスの歴史学者がウクライナの宗教や経済，政治などを多面的に描く。

（松嵜英也）

第20章

バルト諸国（エストニア・ラトヴィア・リトアニア）

正式国名：エストニア共和国，面 積：4万5,200km^2，人 口（およそ）：124万人，首 都：タリン（45万人），主要構成民族：エストニア人69％，ロシア人25％，ウクライナ人2％他，公用語：エストニア語，宗 教：ルーテル教会10％，正教徒16％，他のキリスト教2％，無宗教54％，無回答17％，通 貨：ユーロ，名目GDP：417億米ドル，1人当たりGDP：3万2,585米ドル

正式国名：ラトヴィア共和国，面 積：64,600km^2，人 口（およそ）：192万人，首 都：リーガ（64万人），主要構成民族：ラトヴィア人62％，ロシア人25％，ベラルーシ人3％，ウクライナ人2％，ポーランド人2％他，公用語：ラトヴィア語，宗 教：ルーテル教会20％，正教徒15％，他のキリスト教徒1％，無回答64％，通 貨：ユーロ，名目GDP：303億米ドル，1人当たりGDP：2万7,813米ドル

正式国名：リトアニア共和国，面 積：6万5,300km^2，人 口（およそ）：279万人，首 都：ビリニュス（54万人），主要構成民族：リトアニア人84％，ポーランド人7％，ロシア人6％他，公用語：リトアニア語，宗 教：カトリック77％，正教徒5％，無回答10％，通 貨：ユーロ，名目GDP：473億米ドル，1人当たりGDP：3万2,411米ドル

出典：OECD，CIAファクトブック。

───「バルト3国」は似たり寄ったりか，全然違う国々か───

　エストニア・ラトヴィア・リトアニアの3カ国からなるバルト諸国（The Baltic States）は，日本では「バルト3国」の名称でも知られている。本章の他の国々に比べれば小国ゆえやややマイナーだが，スカイプの母国や世界初のインターネット投票導入国としてエストニアを，杉原千畝の「命のビザ」を通じてリトアニアを，ラトヴィアは歌の祭典との関連で知っている人もいるかもしれない。

　この3カ国の存在を知っている人であっても，大抵は「どう違うのか」「似たような国なのではないか」と疑問に持つことが多いようである。特に，「旧ソ連」としてまとめて理解している世代の方には「名前は知っているけれど……」という認識の方も多いようだ。これは日本に限らない現象で，それゆえに現地の政治家のなかには「バルト諸国／3国」とひとまとめにされることを極端に嫌う動きもある。その背景にあるのは，当然それぞれは全く異なった歴史や文化があるという自負心と，政治経済的状況が抱える課題も違うのだという問題認識があるだろう。本章でも，3カ国の共通性や類似性は抑えつつも，各国の個性や差異を重視して説明していきたい。

　これら小国の政治や経済について説明するためには，あまり知られていないだろうその歴史に関する概説は不可欠だろう。その歴史的背景が今日の状況や言説にも大きな影響を与えているからだ。以下では，政治，経済，社会の各テーマについて解説をしていくが，その前に少しだけその歴史を鳥瞰する。より長期間かつ包括的に詳しい歴史を知りたい人には，後述読書案内にある『バルト三国の歴史』を推奨する。

1　3カ国の歴史的背景

中世から近世まで

　エストニアとラトヴィアが独立した国家性を獲得したのは20世紀初頭になってからで，中世以降さまざまな支配権力の下にあった。この領域は，かつて欧州最後の非キリスト教徒の地として，中世では北方十字軍の対象となり，ドイツ騎士団（チュートン騎士団）を中心とした統治が長らく続いていた。北方海上交易の要所にあって，その統治者はデンマーク，ポーランド，スウェーデン，ロシア帝国などさまざまに目まぐるしく変遷してきたが，現地の領主階級は一貫してドイツ人領主（バルト・ドイツ人）であり続けた。他方でリトアニアは中世にはすでに大国としての地位を築いていた。14世紀にキリスト教（カトリック）を受け入れつつ，異教徒に平等な権利を与えることで技術職・軍事職として多様な人材を雇い，リトアニア大公国は欧州の一大強国として君臨した。1569年にポーランド王国と合同・一体化し，そのポーランドが3度にわたり周辺諸国に分割される過程で，現在のリトアニア領のほとんどはロシア帝国に編入された。この歴史からもわかるように，エストニア・ラトヴィアと，リトアニアは現地では異なる歴史を持つ国々として理解されている節がある。

近世以降，現在の3カ国にあたる領域はロシア帝国の統治下におかれた。このロシア帝国支配およびその後のソ連時代をあわせて，バルト諸国ではいまでも「ロシアの支配」に対する敵愾心ともいえる言説が非常に強い。だが，当時の実際の雰囲気はやや異なる。近代化に伴う文学運動などはあったものの，（リトアニア領域での幾度かの反乱を除けば）一貫した抵抗と独立運動があったわけではなく，そもそもまだ独自の民族意識も希薄であった。特に旧バルトドイツ人支配領域であった現在のエストニアとラトヴィアではドイツ人領主による搾取を抑え込む権力としてロシア帝国統治が歓迎された節すらあった（実際に農奴解放はロシア帝国時代に行われた）。

1918年から現代まで

近代の工業化に伴ってこの地でも徐々に独自の民族意識やナショナリズムが体系化される。これらナショナリスト勢力にとって，第1次世界大戦とロシア革命による上位権力の揺動は，自治拡大や独立を目指すための格好の契機となった。他方で，ロシア帝国によって削がれたドイツ人勢力の復権を目指す勢力や，ソ連との一体化を目指す社会主義勢力も国内に現れており（もともとロシア帝国内で工業化が進んでいたこの地域はロシア以上に社会主義勢力が強力だった），この3勢力は三つ巴の争いを繰り広げた。時に内戦のような状況を経験し，そこにさらにドイツ帝国・ソ連・イギリスなどの諸外国が介入した代理戦争の様相すら呈し始めたが，最終的には民族派勢力が親独勢力・親ソ勢力を打倒し，1918年にエストニア・ラトヴィア・リトアニアの3カ国の独立（リトアニアの場合は独立"回復"）が達成された。当時の国際情勢であるところの，民族自決原則の前面化や，ソ連との間に緩衝国家をつくりたがった西欧列強の存在も，その独立確立を後押しした。

しかし，その独立と民主主義は長くは続かず，国内に台頭するファシズムへの対抗として各国政府は議会を停止して権威主義化する。さらにはドイツとソ連の間に結ばれたモロトフ＝リッベントロップ協定付帯密約に基づき，次々とソ連へ併合されていった。独ソ戦開始後は一時的にドイツ実効支配下となり，反ソ感情の反動として「かつての領主」の再来を歓迎する声やそれに乗じたユダヤ人虐殺も発生した。独ソ戦におけるソ連の勝利により再びソ連領へと併合／占領されたが，この際，相当数のバルト系住民が，「人民の敵」として即決裁判で処刑されたり，シベリア送りとなったりした。そして，その手から逃れるため，西欧（最終的には北米）に相当数が難民として流出した。現在でも親族にシベリア追放や難民経験を持つ人は非常に多く，今日の強い反ソ・反露感情の源泉にもなっている。

ソ連再占領に対しては地下抵抗運動も行われた。森に潜みソ連軍人に対するパルチザン活動を展開したこれら地下ゲリラは「森の兄弟（forest brothers）」とよばれ，なかには1980年代まで抵抗を続けたものもいる（「最後の森の兄弟」はなんとソ連崩壊後の1995年に見つかっている）。他方で，ソ連時代の統治においては，ソ連体制に反目しない限り

においては現地文化の発信や現地語での活動は許容された（この点は一般的に誤解されがちであるが，ソ連インターナショナリズムの発露として，現地語による現地文化活動は推奨さえされていた）。しかし，この地域がソ連内でも突出して経済的に豊かだったことや，戦時の労働力人口減の補塡の意味合いもあって，ロシア語を母語とする住民がソ連中から移住し，急速な「ロシア化」が進んだ。具体的には，独立回復直前の1989年世論調査の時点で，エストニアの35％，ラトヴィアの42％がロシア語系住民となっており，特に工業化の進んだ都市部の多くでロシア語系住民が多数派となった。パルチザン活動が活発かつ農業国だったリトアニアへのロシア語系住民の流入は少なく，同時点でのロシア語系住民は12％程度であった（元来，3カ国とも東部国境沿いには古くからロシア人コミュニティがあった）。

　ペレストロイカに伴う言論の自由化は，この地域で長らく禁じられた独自民族集団としての政治的主張を活発化させ，ナショナリズムを高揚させた。地下反政府運動のみならず，現地共産党エリートまでが自治権拡大や独立回復を主張し始めた。最も運動が急進的だったのは，草の根運動「サーユーディス」および現地共産党改革派のどちらもが，独立推進派であったリトアニアであった。1990年3月の一方的独立宣言ののちに，ロシア連邦からの制裁や介入を受けながらも独立回復に向けて邁進した。1991年には徒手空拳の人民と戦車の衝突も発生した。一方，国内のロシア語系住民からの支持調達に慎重にならざるを得ず，ソ連残留旧派も強かったエストニアやラトヴィアでの独立回復運動は遅れ，それに業を煮やした急進民族主義派がソ連体制の枠外での独自議会（「市民会議」）の形成を主張しはじめるということが起きた。これら急進的な市民会議派はバルト諸国のソ連併合自体が違法かつ無効であること，それゆえにソ連時代に移住してきたロシア語系住民の存在自体も違法であるといったことを主張しはじめ，両国で支持を集める。1991年8月にソ連で反ゴルバチョフ・クーデターが発生し権力体系の揺動が生まれた間隙をついて，エストニア共和国ソビエトおよびラトヴィア共和国ソビエトはソ連邦からの独立を宣言，西側主要国がこれを承認，9月6日にモスクワもバルト3国のソ連離脱を承服する。かくして，バルト諸国の独立状態の回復は達成された。

　最終的に民族急進派が勝利したエストニア・ラトヴィアでは，ソ連時代の併合自体が違法という認識をとっているため，1991年の出来事は「独立」とはみなされていない。あくまで，主権回復であるとか独立状態確認といった表現が用いられる。リトアニアは既存のソ連体制からの移行であり，いったんソ連に編入されたという前提に基づいて，独立したという認識をとっている。

2　異なる民主制の様相

　現代の3カ国の政治について，執政制度から手始めに紹介する。いくつかの重要情報については表20-1にまとめた。

執政制度

　エストニアとラトヴィアは議院内閣制をとり，リトアニアが半大統領制となっている。つまり，エストニアとラトヴィアでは，議会多数派から形成される内閣を統べる首相が一国のリーダーであるのに対し，リトアニアは選挙で直接選出される大統領と議会経由で選出される首相が行政権限を分有する形となっている。エストニアとラトヴィアにも，議会などによって間接選出される名目上の「大統領」は存在するが外交儀礼などで役割を果す象徴的な存在である（ただし法案署名などを行う都合上，政治に対する一抹の影響力は存在している）。

　リトアニアでは，先述のサーユーディス派と共産党改革派の希望する政治体制が異なり，かつ両者の関係が悪くなっていたことから，いわば中間的な政治体制としての半大統領制が採用された。エストニアとラトヴィアでは，自国が法的には独立を失っていない（ソ連領であったことなどない）と主張する勢力が民主化後に勝利を収めていた関係上，第1次世界大戦後の共和国の政治制度である議院内閣制をそのまま採用した。

　司法との関係についていえば，ラトヴィアとリトアニアでは独立した憲法裁判所が政府与党の立法の合憲性を独立して判断する。エストニアでは憲法裁判所がなく，最高裁が憲法裁判所の機能を兼ねている。

議会と政党政治

　3カ国とも，一院制である点は共通しているが，その議会の状況はずいぶんと異なる。最も安定しているのがエストニアであろう。中道左派の中央党と社民党，中道右派の改革党，保守派の祖国という4つの政党を核とし，時々新しい政党が現れては消えて政党政治を展開していくという構図が20年以上続いている。比較的政党登録要件が厳しいこと，各社会層と各党の支持体系が比較的明確なことなどがその背景にある。特に中央党と改革党が二大政党である。近年は，極右政党（保守人民党）も議席を持っているが（後述），今後その地位を確立できるかは現時点では不明である。中央党と社民党は同じ中道左派であるが，前者が高齢者とロシア語系住民からの支持が厚いのに対し，後者は若年層とエストニア語話者の支持が厚いという違いがあり，両党の関係は密接というわけではない。

　次に安定しているのがリトアニアだろう。1990年代には，旧共産党系の流れをくむ民主労働党（のちに合併して社会民主党）とサーユーディス派の流れをくむ祖国連合（およびキリスト教民主党）の二大政党制が確立するかに見えていた。だが，両陣営の交代によっても社会経済状況が改善しないと感じた有権者は次々と新しい政党を支持するようになり，2000年代初頭から次々と新興政党が現れ，そのいくつかの流れをくむ政党（労働党・自由運動など）がいまでも安定的な支持を構築している。選挙のたびにある程度の流動性はあるが，首相のほとんどは前述の2陣営から出ているという大枠は維持されているといえる。

表20-1　バルト諸国の政治制度

	エストニア	ラトヴィア	リトアニア
執政制度	議院内閣制	議院内閣制	半大統領制
選挙制度	比例代表制	比例代表制	並立制・2回投票制
議会	一院制　101議席	一院制　100議席	一院制　141議席
有効内閣数（～2012）	11	18	11

出典：筆者作成。

　最も流動的なのがラトヴィアである。この国では，民主化後に一貫して存在し，安定的に政権に参与してきた特定の政党が存在しない。選挙のたびに，新しい政党が勝ち，1つ前の選挙で大きく議席を得たはずの政党が消えるということが頻繁にある。わずか100人の署名で新党を立ち上げられるという政党登録要件の緩さや，政治とビジネスの距離の近さなどが背景にある。また，ロシア語系住民とラトヴィア語系住民の政党支持の分断も激しく，ここ数回の選挙では本来少数派であるはずのロシア系政党にロシア語系有権者の票が集中し第一党になるも，その他のラトヴィア系政党が連立形成でロシア語系政党を排除するために，2位以下の政党で連立政権が組まれるといったパターンが形成されている。

　このような違いの結果，政権運営の安定性はエストニアやリトアニアで高い一方，ラトヴィアで低いことになっている。1992年から2012年の20年間に成立した内閣数は，エストニアとリトアニアで11，ラトヴィアで18である。暫定内閣などの期間を除くと，ラトヴィアでの内閣平均存続期間は1年に満たない（近年はやや安定性を見せつつあるが今後の状況は不透明である）。

選挙政治

　では，先述のようなバルト諸国の政治家はどのような制度を通じて選ばれているのであろうか。選挙制度の概要を簡潔に述べれば，エストニアとラトヴィアが比例代表制を採用し，リトアニアが小選挙区比例代表並立制を採用している。

　より詳しく見ていくと，エストニアのそれが全国101議席を11～13の選挙区にわけた比較的細かい比例代表であるのに対し，ラトヴィアは全国100議席を歴史的な5地区に割り振っている。

　エストニアの選挙制度で特に有名なのが，世界初のインターネット投票だろう。2005年の統一地方選で初めて全国的に用いられ，回を重ねるごとに利用者は増えている。稀に誤解されているが，これはあくまで期日前投票の方法の1つでしかなく，制度上は郵便や封筒を使った期日前投票と並列されるものであって，投票日当日にインターネットで投票できるわけではない（つまり，エストニア人の多くが期日前投票をするようになっているということである）。インターネット投票は，投票時の環境を管理できないという

都合上，買収・脅迫・誘惑などによる投票の危険性があり，ネットでの再投票や紙による投票での上書きが可能である。あとから再投票ができるならば，買収や脅迫に基づいて特定候補への投票を強いても無駄だからだ。再投票や紙での上書きできないと（そしてそれを可能にするための電子政府システムがないと），インターネット投票は不正の温床にしかならないというのがエストニア政府の考え方である。

リトアニアの選挙制度は141議席のうち71議席を小選挙区，70議席を全国1区の比例代表で選ぶ制度なので，同じ並立制を利用している日本の読者には比較的わかりやすいといえる。ただ，顕著な特徴として，小選挙区の投票で過半数票を得た候補がいない場合は2週間後に上位2名での決選投票が行われる。大抵の選挙区で，1回目の投票で50％を超える票を得る候補は出ないので，リトアニアの選挙は事実上2週間かけて行われるのである（余談だが，これを知らない日本の某全国紙が，1回目の選挙結果が全てだと思って間違った結果を報道してしまったことがある）。

3　経済・福祉政策

経済・福祉の状況の大枠は，別章で記述される他のロシア・東欧諸国と類似している。すなわち，それまでの計画経済・社会主義経済から，市場経済・自由主義経済への転換が，長年の課題であった。総体としてその改革は目指す方向通りに進んだが，その改革がもたらしたのは必ずしも好ましい結果のみでもなかった。

急速な経済成長と崩壊

市場経済・自由化改革のペースについて3カ国間で多少の違いが存在した。最もドラスティックな自由主義改革を行い，成功したとみなされているのがエストニアである。有名な政策の1つに，法人税率0％制度の導入がある。これにより外資をひきつけ，投資をよび込み，エストニア経済を牽引させようとした。ラトヴィアとリトアニアはエストニアに比べれば，やや不利な面もあった。ラトヴィアはソ連時代の重工業産業が強く，リトアニアは農業セクター就労者が多かったので，急速な自由化はこれらの産業従事者に痛みを強いる部分もあったからだ。エストニアは，これといった産業がなかったからこそ，大胆な改革や，今日注目を集めるIT・ICT分野といった新産業に戦略的に投資することができた。

それでも，3国の経済成長のあり方はおおむね似ていたといえた（図20-1）。EUに加盟するために，自由主義市場や制度を整備するという動機も，3カ国の市場化改革を後押しした。ある時点までは，大枠としてバルト諸国の経済体制改革は大成功であった。1990年代後半からは，毎年5〜10％のGDP成長率をたたき出し，バルトの虎（Baltic Tiger）などともてはやされ，EU加盟の2004年からは外資流入も加速した。だが，継続的に加熱する経済成長と，EUへの人口流出に伴う国内労働力不足（すなわち実態以

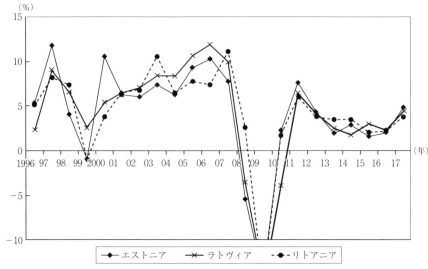

図 20-1　各国の GDP 成長率

出典：世界銀行データに基づき筆者作成。

上の国内賃金の上昇）は，国内において「いま借りて，後で払う」という経済様式を蔓延させ，与信バブル状態へと至らしめた。2008年，そのバブルが崩壊し，さらにそこにリーマン・ショックによる国際的経済不況が追い打ちをかけた。2009年世界で最もマイナス成長を記録したワースト5に，エストニア・ラトヴィア・リトアニアの全ての国が並ぶ異常事態が記録された。特に打撃が大きかったのが，与信チェックの甘い国内資本銀行が強かったラトヴィアであった。国内資本としては最大のパレックス銀行が破たんし，暴動も発生した。IMF（国際通貨基金）の管理下に置かれ，財政再建のために大量の支出カットがなされ，病院や学校までもが一部廃止という措置がとられた。

　大規模な財政改革により経済状況は再び好転に転じ始め，2011年には，3国とも明確なプラス成長に転じた。エストニアは引き続き IT・ICT 分野での躍進を目指している。ラトヴィアは重工業重視から軽工業（特に木材加工品）分野等への転換が進み，近年ではバイオ・グリーンテクノロジー産業への注力でも着目されている。リトアニアは被服などの対アジア輸出に活路を見出しつつある。

格差と貧困と低調な福祉
　市場経済への転換は（蹉跌を経験しながらも）目指すべき方向へと進んできたが，そのことは同時に市場経済が不可避にもたらす経済格差（と貧困）もこの国々にもたらしてきた。また，社会主義経済から自由主義経済への転換は，それまでの国家による手厚

い補助と支援が減らされる過程でもあった。

　結論からいえば，バルト3国はヨーロッパ諸国のなかでも経済格差の激しい地域の1つとなっている。貧困比率や格差係数の高さは，ルーマニアやブルガリアに続く2番手グループにあり，おおよそギリシャやスペインと並ぶ位置にある（ただし，ここでもエストニアはまだ3国のなかでは相対的に良好な状況である）。

　格差や貧困に対応するべき，国家による福祉提供機能はバルト諸国では押しなべて低調である。むしろ，自由主義改革とはソ連時代に存在した国家による介入を市場に任せる過程であったから，福祉水準を減らすことが目指すべき「改革」ですらあった。市場経済化によって恩恵を受ける層（若年層，高学歴層，新興産業技術を持つもの）にとっては，自由主義改革によって福祉提供機能が市場に任されることは，むしろその福祉水準の増大を意味した。他方で，市場経済化によって恩恵を失う層（老齢層，低学歴層，重厚長大産業・農業従事層）にとっては，福祉提供機能が市場に移ることは，その福祉が失われることと等価であった。自分で高い賃金を稼ぎ，その余剰のなかから保険や福祉サービスに出資できる人間にとって，国家の社会福祉が薄まり市場化したことは好ましい結果をもたらしたが，そうではない人間には冷酷な結果がもたらされた。年金も，それまでの稼ぎに応じて支給額が増減するような改革が実施された。就労支援なども手薄く，いったん成功のルートから外れた者たちが，再びチャンスをつかみ取ることは非常に困難になりつつある。貧困比率も高く，特に貧困層所得と平均所得の間の差である貧困ギャップが激しい。ソ連時代の遺産により男女間の就労差別が弱く，高い失業率に男女差はほとんど存在しないという点は，皮肉なニュースだろう。子ども手当（扶養控除）は月に数十ユーロ相当程度でしかなく，子どもを持てない家庭も多くなり，出生率は低下している（特にラトヴィアでは児童貧困比率が非常に高い）。このような状況を1つの背景として，バルト3国はいずれも男性自殺率ランキング世界ワースト10の常連国である（特にリトアニアは長らくワースト1位の不名誉な座にあり続けた）。

　他方で，自由主義改革の進展によりビジネス環境は国際的にもよい状況にあり，そのような状況から恩恵を受けられる層は，その若さや学歴や技術を生かして，新しいビジネスを生み出し，富を得，成功者としてのきらびやかな人生を謳歌している。世界銀行が発行するビジネス容易性ランキングではすでに日本を超えて世界トップ20にバルト3国がいずれも入っている（3国のなかではエストニアがトップ）。

　日本からバルト諸国の首都や観光地に行くと，美しい自然と煌めく中世の街並みが混在する魔法のような都市の風景に出会うことができる。西欧や北米の大都市に勝るとも劣らない様相に魅了される日本人も多いが，そのような素晴らしい生活はこの社会が抱える一部ではあるが全てではない。地方都市や郊外団地地区などに足を運べば，そこには驚くほどの貧困の風景もまた広がっているのが現実である。そのような社会の二面性は，どこの社会にもあるだろうが，バルト諸国のそれはヨーロッパのなかでは一段高い状況にある。世界トップレベルのビジネス環境と（先進国内では）ワーストレベルの格

差と貧困という2つの指標のどちらもが、バルト諸国の経済状況を象徴しているといえるだろう。

4 移民・難民政策

　バルト諸国において移民・難民の問題を考慮する際には、3つの次元に分解して考える必要がある。①ソ連時代にやってきたロシア語系住民を中心とする「古い移民」の話題、②EU加盟後にやってきた、EU外などからの「新しい移民」をめぐる話題（近年の難民危機の話題もここに含まれる）。③バルト諸国内の住民自体が、EUの別の国々に流失してしまっている「流出」の話題である。おそらく②と③の問題は、他の東欧諸国にも共通する事例があるはずであるが、①も含めた三重の話題を持っているのはバルト諸国の特徴といえるだろう。

国内の古い移民問題——ロシア語系住民
　はじめに、バルト諸国で通常「移民」といわれた時に、人々が最初に想定するのは、（世代にもよるが）ほぼ①の問題である。すでに本章の何カ所かでも言及したが、バルト諸国（特にエストニアとラトヴィア）には、ソ連時代に国内移住者としてやってきた大量のロシア語系住民がいる。必ずしもロシア連邦からだけの住民ではなく、ウクライナ、ベラルーシ、カザフスタンなどからの移住者もここには含まれるが、彼／彼女らは共通語としてのロシア語を母語として用いていたため、ロシア語系住民として包括して語られることが多い。ただし、独立回復の時点で、多くはその本人というよりは子や孫であり、生まれてからずっとバルト諸国内で育ってきたという背景を持っていた。
　リトアニアだけは独立回復時に例外措置として国籍取得希望者にリトアニア国籍を与える決定をおこなったため、この問題はあまり大きな政治問題とはならなかったが（リトアニアでは伝統的なマイノリティであるポーランド系住民との関係の方が大きな課題である）、エストニアとラトヴィアは極めて強固な血統主義として、1930年代の国民の末裔のみに国籍を与えるという決定を下したため、国内の非常に多くの人々がエストニア・ラトヴィアの国籍を得られなかった。先述のように、エストニアとラトヴィアは、ソ連併合自体を違法とみなす国家観を採用したので、ソ連時代の移住者はいわば全員が「不法移民」であったからだ。かといって彼らはどこか別の国の国籍を得られたわけではないので、大量の無国籍者（steteless）が発生した。この状況については、欧州評議会、国連、OSCE（欧州安全保障協力機構）などから人権侵害であると継続的に強い非難を受け、またロシアからの外交的圧力も苛烈であった。
　エストニアやラトヴィアではその後、特殊な地位法・外国人法を制定し、彼らに市民権は与えない一方で（≒投票権や土地所有に制限）、外交的庇護を与えるパスポートは発行した。いわば、国家への所属はあるが市民権はないといった（通常重複する2要素を

分離する）対応をとった。そのため，同地政府の「公式」見解では，同地にいるのは「非市民の」エストニア・ラトヴィア国民であり，時に批判される「無国籍」住民などこの国にはいない，ということになっている。他方，UNHCRなどは世界に散見される「無国籍」住民問題の顕著な一例としてエストニア・ラトヴィアの事例を挙げ続けている。

その1つの帰結として，エストニアとラトヴィアには国政選挙への投票権がない住民が非常に多い。市民権がないため参政権が存在しないからである。エストニアでは地方選挙については外国人参政権が許容されているため，これらロシア語系住民も選挙政治に参加が可能であるが，ラトヴィアでは外国人地方参政権も存在しない。

この問題は，世代交代が進み，少しずつ国籍取得が進むにつれて，長期的には緩やかな問題になっていくであろう。他方，国籍取得・選択はアイデンティティに大きくかかわる領域であり，それを取得することがサブ社会でスティグマとみなされているような状況がある以上，完全になくなるわけではない。

国内の新しい移民・難民問題

新しい移民への話題は，バルト諸国ではあまり着目されてこなかった。欧州のなかで経済的後進性を持つ以上，欧州・旧ソ連圏以外からの移民は非常に少なかったからである。だが，それはこの地域で欧州圏外からの移民問題が存在しなかったことを意味しない。特に肌の色の濃い人々への差別的言動は時折報告されており，アメリカ大使館はその黒人職員に対しては公式に注意喚起を行っていた。肌の色を理由に一部の差別主義者に暴力・暴言を振るわれるというニュースも存在した。もちろん，社会の大勢としてはこれらの偏見をよしとしない風潮はあり，少なくとも政治的討論のような公的でメインストリームな言説として，アジア・アフリカ系への敵意や偏見を大っぴらにする勢力は存在していなかった。

ところが近年，ラトヴィアとエストニアではややその状況が異なりつつある。エストニアの保守人民党（EKRE）やラトヴィアの「全てをラトヴィアに（VL!）」といった勢力が2010年代以降にその地歩を確立し，「有色」人種の排斥を公然と唱えて少数ながら議席を獲得しはじめている（VL!は穏健民族派と合併して国民連合（NA）を形成し，与党にすらなっている）。特に嫌悪感が顕著に表明されるのが，イスラーム教徒の多い中東からの移民・難民である。彼らにとって2015年の難民危機はまたとない政治的奇貨であった。欧州難民危機に際してエストニアやラトヴィアが分担する難民家族数はわずか数家族というものであったが，同決定がなされる時は過激な反対デモが展開された。EKREのリーダーは「肌の黒い者はアフリカに追い返せ」と大っぴらに主張して支持を集め，VL!は難民受け入れが「白人に対するジェノサイド」だと主張した。他方，より中道的な政党は難民受け入れこそが欧州との連携に必要だというアピールを展開したし，なかには「我々の祖父母が独ソ戦・ソ連支配から難民として逃れ，救ってくれた国があった

からこそいまの私たちがある。今度は私たちが助ける番だ」という，民族主義に依拠しつつ難民受け入れを支援するというテレビCMなども存在した。背景にあるのは，過剰に「流入する他者」の支援ばかりを強調することが「国民の敵」とみなされやすいこの国の歴史認識であろう。

　もう1国のリトアニアでも欧州圏外の人々に対する反感・嫌悪勢力は一部に存在するが，エストニア・ラトヴィアほどには，それらの言説は「公的な」地位を得ていないように思われる。EKREやVL!のパートナーにあたる政党もほとんど支持を得られていないし，またイスラーム教徒であるという理由に基づく嫌悪表明も相対的に見られない。先述したリトアニアの歴史的背景により，同地には中世時代に軍事的専門家として雇用したイスラーム教徒集団（リプカ・タタール人）の末裔コミュニティがあり，イスラーム教徒を「モデルマイノリティ」とみなしている風潮があるとの指摘すらある。リトアニア国内法ではイスラーム教スンニ派は「リトアニアの伝統的な宗教」の1つとして定義されている。歴史が全てを規定するわけではないにせよ，こういった構造的背景の差は存在するのかもしれない。

国内からの移民・人口流出

　近年最も各国（特にラトヴィアとリトアニア）を悩ませているのが，自国からの移民流出である。ラトヴィアとリトアニアは，EU諸国のなかでは突出して人口流出が（他の東欧諸国と比較してもなお）大きい。具体的には，リトアニアでは人口の15%，ラトヴィアでは10%程度が国外にいるといわれている。出生率の低下も相まって，リトアニアとラトヴィアは世界で最も人口減少率の高い国々となっている。ラトヴィアでは大卒者の半分程度は国外就職を目指すというデータもある（これは世界に羽ばたくというようなポジティブな動機ではなく国内に適切な仕事がないためである）。先述したバルト諸国内の貧困や格差だけではなく，EU内での東西賃金格差も国外脱出を促す要因となっている。苦労して国内で，Decent workを見つけるよりも（そして大抵は見つけられない），移住者コミュニティを頼ってイギリスやアイルランドにわたり，そこで3K労働に従事したほうが高い稼ぎを自身にも家族にも得られるという状況にあるからだ。エストニアは3カ国のなかでは経済水準や平均賃金も高く，先述した外資導入策が奏功して国内労働市場もあるため，人口流出は抑えられている。各国政府はこの人口流出にどうにか対応すべく，ようやく重い腰を上げ始めているが，すでに手遅れだという報道も散見される。

　ユーロスタットの試算（2018年1月）によれば2050年頃には，各国人口はエストニア126万人，ラトヴィア151万人，リトアニア196万人程度になると見られている。特にラトヴィアとリトアニアは，1990年時点での人口がそれぞれ266万人・370万人であったことを考えると，非常に危機的な状況にある。先述した出生率現象の効果も相まって，ラトヴィア・リトアニアの2国は人口減少率ランキングのワースト5に入り続けている

（最近ワースト１位の座を奪ったのが内戦下のシリアであるといえば，その異常な状況がわかるであろう）。

5　足並みを揃える外交・安全保障

EU・NATO 加盟への道のり

　バルト諸国が最も足並みを揃え，共通性を表明するのが，外交と安全保障の領域である。その方針は，1990年前後の自由化以降，非常にはっきりしている。かつてのソ連の継承国家であるロシアからの影響力を最大限減じ，他方で自由で民主的な「西」の欧米社会への回帰することであった。具体的には EU に加盟することで，政治経済的に先進国の仲間入りを果しつつ，アイデンティティの面からもヨーロッパ社会に復帰し，さらに NATO（北大西洋条約機構）に加盟することで自国の安全保障を頑健なものにしてロシアからの再侵略・再占領の脅威に備えることであった。

　EU 加盟への道のりは平易なものではなかったが，３カ国とも独立回復直後から熱意をもって行動した。1990年代前半には早々に EU 加盟申請を表明した。３カ国は歩調を合わせて加盟交渉を進めていくことについて合意していたが，EU 側の判断は違っており，エストニアだけが先行交渉の対象となった。市場経済改革や人権保護においてラトヴィアとリトアニアには一定の課題があるとみなされたのである。他方で，最終的な加盟時期について他の東欧諸国と歩調を合わせることが考慮され，最終的には３カ国はそろって2004年に EU 加盟国となった。

　EU 加盟に比べて NATO 加盟はより困難な道のりであった。ロシアと国境を接するバルト諸国の NATO 入りに対してはロシアが極めて強い懸念をかねてから表明していた。バルト諸国がいずれも，欧州の軍事配備に上限をかける FTA（自由貿易協定）条約未批准である事が，ロシアの懸念をより強めた。自国と国境を接する FTA 未批准国が NATO 加盟国になることは，原理的にはロシア国境に NATO 軍による無制限の軍事的配備が可能であることを国際法上可能にする。これが，ロシアにとって真剣な脅威であった。1990年代の多くの観測は，バルト諸国は EU 加盟国にはなれても，NATO 加盟国にはなれないだろうという論調であった。

　ところがバルト諸国にとってのチャンスは全く意外な形で外からやってきた。2001年９月11日の同時多発テロ以降，イスラーム圏でのテロリストとの戦いを標榜するアメリカが主導する NATO と，同様にイスラーム圏からのテロに悩むロシアの利害が一致し，急速にその距離感を近づけていった。ロシアの対 NATO 警戒視の緩和と，バルト諸国の積極的な対米追従が，バルト諸国の NATO 加盟を可能なものとした。もっとも象徴的な具体例が，2003年の対イラク戦争をめぐる対応に見られた。EU 加盟を前提に，EU 主要国のフランス・ドイツと歩調を合わせて対イラク戦争に参加しないのか，NATO に加盟する意義を示すためにアメリカに追従してイラクに軍隊を派遣するべき

なのか。この時バルト3国はいずれも即座に後者の決断を採用した。それは政治エリートだけの独断ではなく，国民の大多数も同じ意見であった。かつて西欧の諸大国にはミュンヘン宥和で東欧を見捨て，アメリカだけが東欧の庇護者たりえるという言説も広く浸透していたからである。

　NATO加盟以降は，加盟国が輪番で担当する4機の戦闘機による航空警戒業務が中心であった。これはリトアニアの基地が拠点であったが，2014年のウクライナ紛争以降は増派され，エストニアの基地も利用されることになった。陸上部隊の展開はラトヴィアが中心となっている。現在はこの他に，NATOのサイバー戦防衛拠点（CCD COE）がエストニアに，対フェイクニュース/プロパガンダを担当する戦略コミュニケーション拠点（STRATCOM COE）がラトヴィアに，エネルギー安保拠点（ENSEC COE）がリトアニアにある。

3国それぞれ固有の外交問題

　3カ国個々の外交関係についても簡単に解説しておこう。まずリトアニアは，歴史的にポーランドとの間に複雑な関係を抱えている。そもそも，首都であるビリニュスは，歴史的にはリトアニアの枢要な都市であった一方で，その人口構成はポーランド系とユダヤ系がほとんどという土地であった。また，第1次世界大戦後にはリトアニア・ポーランド間の戦争によりポーランド領になっている（杉原千畝が領事として第2の都市カウナスに駐在していたのはこれが理由である。当時のビリニュスにはリトアニアの支配権が及んでいなかった）。リトアニアとポーランドは近しい歴史と敵対する歴史の双方を抱えており，現在でも，しばしば急速に外交関係を縮めることもあれば相互に批判の応酬を行うこともあり，複雑な関係にあるといえよう。またリトアニアはロシアとの関係においてカリーニングラード問題という固有の論点を抱えている。ロシアの飛び地であるカリーニングラードとロシア本国との通行を認めるため，EU国境政策との関連でリトアニア当局がカリーニングラード出入国を管理している。

　エストニア固有の外交関係としては，まずロシアとの領土問題がある。エストニアが第1次世界大戦後にロシアから取得しながらも，ソ連時代にロシアへと編入された土地（ロシア名：イヴァンゴロド，エストニア名：ヤーニリン）がある。先述のように，エストニアはソ連編入自体を合法とはみなしていないため，エストニア独立時にソ連より獲得したヤーニリン（エストニア語で"新しい街"の意）が，ソ連時代に再びロシア領へと移動したことも有効とはみなしておらず，従来よりこの土地をエストニア領土とみなし，ロシアが不法に占拠し続けているという主張をしていた。他方で，エストニアとロシアの国境問題は，そのままEUとロシアとの国境問題にもなるため，EU側からも早期の決着が求められ，2005年のEUロシア・サミットで当時の政府が請求権放棄を閣議決定した。その後，ロシア政府との間に署名までは終わらせるも，批准の段になってエストニア議会側が前文を一方的に挿入し，それにロシア側が抗議して破談になっている。

以来，エストニア政府が当該領土請求権を放棄した方針自体は変わらないのだが，最終的な国境画定と条約批准には2018年現在至っていない。ロシアが周辺諸国との国境問題を着々と確定しているなか，日本の北方領土問題とエストニアの国境問題はロシアの数少ない国境問題の1つとなっている。

また，エストニアにとっては，フィンランドとの外交関係も欠かせない。両国は言語文化的にも近接しており，政治・外交的にもしばしばフィンランドを「お手本」のようにみなしている。両国の首都はフェリーで平易に往復が可能ということもあって，一般住民の往来も盛んである。特に，同じアルコールをフィンランドより安く購入できるため，フェリーを使った買い出しがよく行われており，週末のフェリー乗り場で大量のアルコールを運ぶフィンランド客の存在はちょっとした風物詩（？）にもなっている。

ラトヴィアもロシアとの間に領土紛争を抱えていたが，エストニアとは異なりこれはすでに決着している。ラトヴィア名アブレネ・ロシア名プタロヴォ市を中心とした地域は，ラトヴィア語で旧名ヤウンラトガレ「新しいラトガレ」（ラトガレは東部の地名）と呼ばれたように，ラトヴィアがロシアより獲得した土地であった。エストニアと同様の背景があり，2005年のEU－ロシアサミットでは，ラトヴィア政府は請求権を全面的には放棄しない旨を表明し，ロシアとの関係がこじれる。他方，その後エストニア議会が紛糾しているのを横目に，2007年に劇的な領土請求権放棄表明を行い署名・批准を果す。

ラトヴィアはリトアニアやエストニアに比べると，領土的・文化的に近接し密接かつ戦略的な関係を築けるパートナーがいない。エストニアにとってのフィンランド，リトアニアにとってのポーランドのような国が，ラトヴィアにはないのだ。そのためラトヴィアが最も「バルト諸国」アピールや連携に熱心だという指摘もある（「エストニアは北欧であり，リトアニアは中欧であり，ラトヴィアだけがバルト諸国である」というような笑えないジョークもある）。経済的な紐帯に関していえばスウェーデンと強い傾向にあり，金融機関は特にスウェーデンの影響が強い。

6 政治化される各国の歴史認識問題

バルト諸国において着目すべきトピックとして，本章では歴史認識問題を挙げておきたい。これまでもたびたび触れてきたが，歴史認識は，いまもなお，これらの国々の政治的問題とは無関係ではいられない。3カ国に共通するのは，第2次世界大戦前後の種々の問題と，それを現代の言説がいかに解釈しているかである。この問題は国ごとの固有性も高いことから各国ごとに紹介するが，共通する構造は，従来「大国に翻弄された」被害者性を国家アイデンティティと高度に連関させてきたこの国々の歴史認識が，一方で加害者性も帯びていたということ，そしてそれがEU加盟という"国際標準"に晒されることになっても黙殺できなくなってきたという構造である。このテーマについては近年，日本語でも水準の高い分析が読めるようになり始めているので，関心を

持った読者には、後述読書案内にある『記憶の政治』の講読を推奨する。

リトアニア——ユダヤ人迫害の負の歴史

　リトアニアでは過去のポーランドとの関係もしばしば問題となるが、より取り扱いの難しいのはユダヤ人に関する第2次大戦前後の歴史である。元来、ビリニュスは「北のエルサレム」とよばれるほどに、ユダヤ系人口が多く、彼らの言葉であるイディッシュ語話者が最大の言語集団の時期もあった。しかし、今日ビリニュスにはシナゴーグなどの名残はあれど、ユダヤ系人口はほとんどいない。現地ユダヤ人の90％以上が第2次大戦中にこの地で殺害されたためである。ドイツやポーランドでまだ大量殺戮が起きていない1941年のことであり、このことからリトアニアがホロコーストの始まりといわれることもある。

　第2次世界大戦の渦中、ソ連に併合されていたリトアニアの領土がドイツに占領されると、ユダヤ人に対する現地リトアニア社会からの迫害が加速し、多くのリトアニア人自警団や警察の手によりユダヤ人が殺害されていった。背景には、従来商業セクターを占めていたユダヤ人に対し現地リトアニア人による産業が育ちつつあり利益相反が生まれていたことと、ユダヤ人が共産主義陣営（ソ連）に協力的でありユダヤ人の手によってリトアニアはソ連に占領されたという認識が流布していたことがあった。

　リトアニア人の手による加害者性を認めたがらない勢力は、この虐殺は全てナチスドイツの指令と強制によって行われたものであることを主張する。他方で、多くの歴史研究などは、現地のドイツ軍政担当者の統制を離れ、半ば暴走する形で現地協力者がユダヤ人住民を虐殺し、また多くのリトアニア人がそれを黙殺したことを指摘する。この際にユダヤ人から没収・接収した土地や財産の問題は、独立後にイスラエル政府も含めた問題となった。ヨーロッパにおけるユダヤ人に対するナチスドイツの所業は、疑問符のつくことのない「悪」であり、それに隣接する歴史が実はリトアニアにも色濃くあったことは、できれば回避したい話題である。

　いまでこそ、杉原千畝の話題はリトアニア大使館が日本との交流で頻繁に言及する話題であるが、かつて杉原の名前は、リトアニアにおけるユダヤ人社会においては有名であっても、リトアニア人社会では知られていない、もしくは知っている人でも触れたがらない話題であった。杉原自身が主に救ったのはポーランドから逃げてきたユダヤ人であったが、リトアニアの地におけるユダヤ人の話題を出せば、多くの人が触れたくないリトアニアにおけるユダヤ人虐殺の話題は避けられないからだ。

ラトヴィア——対ナチ協力者とユダヤ人虐殺

　ラトヴィアの場合は、第2次世界大戦末期にラトヴィア人のみによって結成されたナチス親衛隊（SS）部隊の顕彰が問題となっている。毎年3月16日の「部隊追慕日」には、ナショナリスト勢力を中心に、これらの部隊を称揚するイベントが実施される。「ソ連

と戦ったラトヴィア人部隊」としての英雄を追慕することがこのイベントの目的であり，1990年代には公式に政府が祝日化を企図したこともあった。だが，これは当然当時のEU側から問題視された。いうまでもなく，SS部隊は，ナチスの部隊であり，彼らの称揚するのは，ナチス信奉という欧州では到底受け入れられない行為の側面を含んでいたからだ。

　複雑なのはこのような対ナチス協力の責任がどこにあるかということである。現地のナショナリストは，これらは全てナチスによって強制的に徴募された部隊であり，ナチス協力者という批判は当たらないと主張する。よって，SS部隊はソ連とのみ戦ったのではなく，ナチスとも戦ったという意味で，左右の全体主義と戦ったラトヴィア民族が誇るべき自由の闘志であったとする。他方で実証的歴史研究は，確かに後期には強制徴募であったが当初は志願兵であり，ナチス協力者としての誹りは免れないとする（ロシア政府は毎年このイベントを「ラトヴィア・ファシストの式典」と批判する）。

　さらに問題を複雑にしているのが，この初期のSS志願者のなかに，悪名高きアライス・コマンド（Arajs Kommando）が含まれていることである。アライスは熱心なナチ信奉者であり，戦間期ラトヴィアのファシスト組織，雷十字団（Pērkonkursts）のメンバーでもあった。リトアニア同様，ラトヴィアにおいても現地ナチスシンパが，ユダヤ人虐殺にドイツ軍政の統制から離れて積極的に加担したと多くの資料が示してきた（ラトヴィアにおけるジェノサイドについては野村真理氏による一連の業績が日本語で読めるもっとも詳しいものである）。アライス・コマンド単独でおおよそ現地ユダヤ人人口の半分を殺害したとも指摘されている。ゆえにこのようなメンバーを含むSS部隊追慕日については，ロシア政府だけではなくイスラエル政府が批判の声をあげている。

　ラトヴィア人もまたユダヤ人虐殺の加害者だったのか否か，またラトヴィア人部隊としてソ連と戦ったものたちは民族の英雄なのかナチス協力者なのか，このような問いにおいて異なる歴史認識を持つ者同士の対話はほとんど不可能である。本文の様な両論併記の記述であっても，ラトヴィア国内の研究者やジャーナリストがラトヴィア語で書くことは大変に勇気がいる，という状況になっている。

エストニア——ソ連兵士像問題

　エストニアにもラトヴィアと同様の対ナチ協力者に関する問題が存在する（「パルヌ事件」詳細は小森宏美氏の一連の業績を参照されたい）。だが，ここではそれ以上に国際的耳目を2007年に集めたソ連兵士像の問題について説明しておきたい。事の経緯は次のとおりである。従来，首都のタリン市街の中心部の近くには，ソ連時代に建築された，ソ連による対ナチス勝利を記念する兵士像が設置されていた。しかし，これを2007年に当時の政権が撤去・移設することを目指した。歴史的に重要な像であることから，移設は住民とのコンセンサスをとりながら進めることが事前には約束されていたが，総選挙の直前に政権は突然この撤去に着手した。これに抗議する（ロシア語系を主とする）住

民が抗議のデモを展開し，これは暴動にまで発展した。隣接ブティック街は襲撃され，混乱と鎮圧の過程で2名が死亡した。最終的にはロシアとエストニア間のサイバー戦争にまで発展した（これがロシア政府の息がかかった攻撃なのか，ロシア国内のナショナリストによる自発的な攻撃だったのかは，さまざまな議論がある）。

　背景にあるのは，ソ連による対ナチス戦の評価である。いうまでもなく，ソ連そしてロシアの歴史観では，ナチスドイツの打倒に最も多くの犠牲を払ったのはソ連であり，ソ連こそが欧州をファシストの脅威から防衛した立役者であった。そしてこれは，西欧そしてEUにおいても同じ認識であった。東西冷戦の歴史はあったものの，ナチスに対する対応に関していえば，英仏米ソは同じ同盟国の仲間であり，欧州においてファシズムを打倒した英雄的所行の担い手であった。このような「ソヴィエト・ロシアこそが，ファシズムの手から欧州を救った」という認識は，ソ連時代に教育を受けた人々や，ロシア語系住民においてはおなじみの世界観であったし，かつEU西側諸国とも共有できる価値観であった。他方で，先述したように，ソ連への併合を「違法な」占領とみなすエストニアやラトヴィアの民族主義者にとってみれば，ソ連兵士の対ドイツ勝利はすなわちバルト諸国のソ連占領の再開でしかなかった。彼らにとって忌むべきは，半世紀前にあったナチスの問題ではなく，十数年前まであったソ連による支配という事実であったから，そのようなソ連兵士の業績を称揚する銅像はソ連支配の象徴以外の何ものでもなかった（同じことが5月9日の対独戦勝記念日にもいえ，一般にバルト諸国の人々はこの日をソ連支配再開の日とみなし，多くの欧州諸国とは異なり，祝わない）。問題の銅像は現在，中心部より少し離れた戦没者墓地に設置されているが，いまでも献花などが絶えない。だがそこにささげられているものに書かれている言語は大抵ロシア語であり，オレンジと黒のゲオルギーリボンである。

7　今後の展望

　今後，バルト諸国はヨーロッパという枠組みのなかでどのような政治経済的動向を示していくのだろうか。短中期的には，EUという枠組みのなかで，その自由と民主主義の価値を重視しながら行動していくことに変更はないだろう。もとより，EUのなかでは経済的後進性が強く，EUによる経済的再分配による恩恵を多く受けているし，ロシアという最大の仮想敵国に対抗していくためには，3つの小国だけで対応するよりも，EU内部にとどまりEU内の意思決定に関与し続けEUというテコを用いて対応するほうが戦略的である。それもあって，欧州懐疑主義的な見解を主唱する政党は，存在しないわけではないものの，これまでも大きな支持は集めていない。

　西欧諸国が経験しているような，右派的に民族主義を掲げる政党が台頭し，既存の政党システムを大きく動揺させるような現象も短期的には起きないだろう。そもそも，既存の主流政治勢力や政権政党がもとより民族主義的な対応をとってきているので，いま

さらそのような主張を掲げても既存政治に不満を持っている有権者をポピュリスティックに動員することは困難だからである。

他方で長期的に現状の格差や貧困が放置され続けるようなことがあり，社会経済的分断が固定化され，もしそれが各国に存在する民族的分断などと重複するようなことがあれば，それは大きな政治的リスクとなる。それは，一部地域の分離主義運動であったり，いま以上に過激な排外主義政党の台頭であったりといったことである。

中世時代の美しい街並みをよく残し，自然と伝統とを調和させてきたバルト諸国は，北欧とも東欧ともロシアとも違う独自の魅力が「発見」されて，近年では日本からもツアーが組まれ，多くのガイドブックなども発刊されるようになっている。他方で，その美しい見た目とは裏腹に，現地社会が抱える状況は美談だけでは済まされない問題もあるのが事実である。本章の記述がその理解の一助になれば幸いである。

参考文献

小森宏美，橋本伸也『バルト諸国の歴史と現在』東洋書店，2002年。

小森宏美『エストニアの政治と歴史認識』三元社，2009年。

小山洋司「中東欧新規EU加盟国の経済危機——バルト3国を中心に」『比較経済研究』，47，2011年，39〜49頁。

中井遼『デモクラシーと民族問題——中東欧・バルト諸国の比較政治分析』勁草書房，2015年。

中井遼「リトアニア・ラトヴィア——東欧のE(Im)migration問題の極端例として」岡部みどり編『人の国際移動とEU——地域統合は「国境」をどのように変えるのか』法律文化社，2016年。

野村真理「1941年リーガのユダヤ人とラトヴィア人——ラトヴィア人のホロコースト協力をめぐって」『金沢大学経済論集』第30巻第1・2号，2009／2010年，219〜246／175〜200頁。

Auers, Daunis, *Comparative Politics and Government of the Baltic States: Estonia, Latvia and Lithuania in the 21st Century,* Palgrave Macmillan, 2015.

Lane, Thomas, Artis Pabriks, aldis Purs, and David J. Smith *The Baltic States: Estonia, Latvia and Lithuania,* Routledge, 2002.

Purs, Aldis, *Baltic Facades: Estonia, Latvia, and Lithuania since 1945,* The University of Chicago Press, 2012.

Yasui, Kiyotaka and Ryo Nakai, "An Opportunity for Backing Down: Looking for an Electoral Connection to Audience Costs", *Japanese Journal of Political Science,* vol. 17, no. 2, 2016, 168-189.

読書案内

アンドレス，カセカンプ／小森宏美・重松尚訳『バルト三国の歴史——エストニア・ラト

ヴィア・リトアニア　石器時代から現代まで』明石書店，2014年。
＊その名が示す通り，3カ国の通史的解説。英語で書かれた原著はバルト各国内でも高い評価を受けた。日本随一のバルト研究者による翻訳で，安心して読むことができる。

橋本伸也『記憶の政治──ヨーロッパの歴史認識紛争』岩波書店，2016年。
＊エストニアとラトヴィアの事例が中心。読者によっては，バルト諸国の歴史認識問題の構造に，日本と周辺諸国が持つ歴史認識問題とのある種の共通性を見出すに違いない。

Auers, Daunis, *Comparative Politics and Government of the Baltic States: Estonia, Latvia, and Lithuania in the 21st Century,* Palgrave Macmillan, 2015.
＊英語ではあるが，バルト諸国政治に関する入門書として極めて優れている。経済・社会問題もカバー。この地の政治を研究しはじめたいと思ったならば手に取るべき1冊。

（中井　遼）

第Ⅴ部
EU とトルコ

第21章
EU

正式名称：欧州連合，**加盟国**：28カ国（イギリスは離脱交渉中），**面　積**：429万km²，**人　口**：5億1,246万人（2017年），**公用語**：英語，フランス語，ドイツ語など24言語，**通　貨**：ユーロなど10通貨，**名目GDP**：17兆3,254億米ドル（2017年，世界銀行），**1人当たりGDP**：4万1,339米ドル（2017年，世界銀行）。

---- ポピュリストの天国 ----

　水島治郎『ポピュリズムとは何か』(中公新書)，ヤン＝ヴェルナー・ミュラー(板橋拓己訳)『ポピュリズムとは何か』(岩波書店)，中谷義和・川村仁子・高橋直・松下冽編著『ポピュリズムのグローバル化を問う』(法律文化社)，谷口将紀・水島治郎編『ポピュリズムの本質』(中央公論新社)……。これらはここ数年に出版された「ポピュリズム」を考える本である。しかも氷山の一角にすぎない。2016年以降，世界の，日本の政治学はポピュリズムを論じること一色で染まったといってもいい。そしてその本質は何か。どう評価して，どう対応すべきか。いまもなおその問いは続いている。

　「ポピュリズム」という言葉はすでにヨーロッパ政治を語る文脈で，高校の「政治・経済」のテキストにも掲載されるほど定着した。例えば山川出版の『政治・経済用語集』では，ポピュリズムを「大衆の利益や願望などを考慮して，大衆の支持のもとに体制側や知識人などと対決しようとする政治姿勢」(同書17頁)と説明している。

　実際にポピュリズムとして括られる政党はイギリス(イギリス独立党)，イタリア(5つ星運動)，オーストリア(自由党)，オランダ(自由党)，スイス(国民党)，スウェーデン(民主党)，デンマーク(国民党)，ドイツ(ドイツのための選択肢)，ノルウェー(進歩党)，フランス(国民戦線)，ベルギー(フラームス・ブロック)など多くの国にわたり，しかも政権の一角を担う場合や，フランスのように大統領の座を最後まで争う場合もある。連立形成を混乱させ，また既成政党の政策がポピュリズムに流される場合もある。

　先の高校教科書は冷静に「大衆の利益や願望などを考慮して，大衆の支持のもとに体制側や知識人などと対決しようとする」と定義しているが，その人権侵害に抵触するような言説，移民排斥，かつ既存の政治制度を，あまりに単純に国民投票という手段を用いて破壊しようと訴えているように映る面を強調して，批判的に論じるものも多い。要はまだ評価は一定していないということだ。

　ただし多くのポピュリストが「反EU」を語ることは共通しているように映る。ということはEUに何か起きているに違いない。なぜヨーロッパは，これほどの「ポピュリズムの天国」になってしまったのだろうか。そのカギを解くためにもEUを見直す必要があるだろう。

(松尾秀哉)

1　欧州統合の歴史

　いまも，そしてこれまでも，欧州統合は多くの批判を受けていたし，幾度となく危機に直面しながら展開してきた。まずは，その歴史を振り返ってみよう。

欧州統合の背景

　現在に連なる欧州統合の動きが見られたのは，第2次世界大戦後である。2度の世界

大戦の戦場となり，多くの犠牲者を出したヨーロッパの地では，恒久的な平和を求める声が高まっていた。しかし，終戦直後から冷戦が始まっており，ヨーロッパはその前線となっていた。社会主義国の誕生で東西陣営がにらみあっていたことから，再び戦争が始まる恐れすらあった。

　朝鮮戦争の勃発をきっかけとして，西ヨーロッパでは，平和を実現するためには国際連合だけでは不十分で，独自の枠組みが必要だと考えられるようになっていた。ドイツとフランスが和解し，ヨーロッパの不安定要因になっていたドイツを多国間枠組みに組み込むことで安定した平和秩序をつくり上げなければならなかった。荒廃した経済の復興も急務であった。ヨーロッパ諸国が団結することで，アメリカとソ連に挟まれながらも存在感のあるヨーロッパを築くことができると考えられた。

欧州統合への出発

　統合への第1歩は，フランスによって刻まれた。フランスは，アメリカの経済援助（マーシャル・プラン）によってルール地方の石炭・鉄鋼産業が復興すると，これを足掛かりに再びドイツが軍事大国化するのではないかと警戒していた。モネ（フランス計画庁長官）は，フランスとドイツが石炭・鉄鋼を共同管理する案を示した。これは1950年5月にフランス外相のシューマンによって発表され，シューマン・プランとよばれた。西側諸国との結びつきを強めようとしていた西ドイツ首相のアデナウアーはシューマン・プランを歓迎した。こうして，1951年4月に欧州石炭鉄鋼共同体（ECSC）が発足することになる。加盟国は，フランス，西ドイツ，ベルギー，オランダ，ルクセンブルク，イタリアであった。加盟国の政治指導者たちは第1次・第2次世界大戦の経験者であり，生命の危機を乗り越えてきただけに，平和の実現を切望していた。彼らは，党派を超えてシューマン・プランを支持したのであった（森井 2005）。ECSC には後々のEU の核となる制度が登場しており，例えば，欧州委員会，閣僚理事会，欧州議会の原型が存在していた。

　1957年のローマ条約で，次のステップに進んだ。ECSC 6カ国は，ローマ条約によって，欧州経済共同体（EEC）と欧州原子力共同体（EURATOM）を発足させた。共通市場の形成および共通の平和的な原子力利用が目指されることになった。ECSC，EEC，EURATOM はそれぞれ委員会や議会を持っていたが，1967年の融合条約で統合されることになった。こうして，欧州共同体（EC）が発足することになる。

「空席危機」と停滞

　1960年代後半までの時期に，欧州統合に目覚ましい進展があったことは間違いない。しかし，その一方で，統合の停滞ともいえる場面も見受けられた。例えば，フランス首相のプレヴァンによって示されたヨーロッパ軍の設置は，1954年8月に当のフランスの否決によって失敗に終わった。

1960年代には、フランスのドゴール大統領がEECの拡大・活発化に反対して、「空席危機」が生じた。1965年7月から1966年1月の期間、フランスはEECの活動に参加しなかったのである。ここで「ルクセンブルクの妥協」が行われた。その内容は、加盟国の「非常に重要な利害」に触れる法案は全会一致に至るまで採択しない、というものであった。加盟国は、単独で、自国の利害に反する法案を葬り去ることができるようになった。これはEECの政策決定能力を大きく阻害することになった。

ドゴールは、フランスの利益にかなった、フランス主導の欧州統合を望んだが、これは加盟国の反対を受けていた。また、ドゴールはイギリスの加盟をめぐって何度も拒否権を行使した。イギリスを通じてアメリカがEECに影響を及ぼすことを危惧しての行動であった。

「欧州硬化症」の時代

1970年代に入ると、「欧州硬化症」ともよばれる現象が見られた。2度のオイルショックは欧州統合の流れを止めた。急速な景気後退に直面したヨーロッパ各国は、自国産業の保護を優先し、欧州統合に関心を払わなくなったのである。1971年8月のドルと金の交換停止と、1973年3月の変動相場制への移行を受けて、ヨーロッパ各国は為替変動幅を抑えるための「スネーク」を導入しようとしたが、失敗に終わった（小川・板橋・青野 2018）。

しかし、1970年代に欧州統合が全く進まなかったかというと、そうではない。ECは拡大に向かっていった。1973年1月に、イギリス、アイルランド、デンマークが加わって加盟国は9カ国になり、民主化したスペインとポルトガルの加盟が議論されるようになっていた。同年12月には、加盟9カ国が欧州アイデンティティ宣言を決議したことも注目されてよいだろう。この宣言で、欧州連合を目指すことが確認された。1975年3月にはダブリンで第1回の欧州理事会が開催されることになった。これは欧州統合を推進する制度として定着していく。1979年6月からは欧州議会議員が加盟国民から直接投票によって選出されることになった。欧州統合に民主的正統性を持たせるための改革であった。

経済統合の推進

1980年代の最も大きな問題は、イギリス首相のサッチャーが、同国がECに支払っていた超過負担金を引き下げるよう強く主張したことであろう。欧州理事会はこの「イギリス予算問題」に対してなかなか解決策を見出せず、欧州統合は停滞した。1984年6月のフォンテーヌブロー欧州理事会でイギリスへの還付が決まり、この問題がようやく解決すると、欧州統合の機運は高まっていく。

まず目指されたのは経済統合であった。1985年6月には、「域内市場白書」がEC委員会に提出される。ヨーロッパ経済の統合を阻んでいる障壁を取り払って、ヒト、モノ、

カネ，サービスの国境を越えた自由な移動を保証する域内市場を完成させることが提案された。同年同月にはシェンゲン協定が調印され，まずは，フランス，ドイツ，ベネルクスの5カ国間で人の自由移動が実現されることになった。そして，「域内市場白書」をもとにして単一欧州議定書が策定され，これは各国の批准を経て，1987年7月に発効する。1992年末までに経済統合を進めて単一の域内市場を完成するために，欧州委員長のドロールがイニシアティブを握って制度改革を進めることになった。

1980年代には加盟国も増加した。1981年にギリシャ，1986年にスペインとポルトガルが加入し，ECは12カ国となった。

冷戦終結からマーストリヒト条約へ

冷戦が終焉を迎え，東西ドイツが再統一を果すと，欧州統合は次の段階へと踏み出すことになる。東欧の共産主義政権が崩壊することによって新しく安全保障の枠組みを設けなければならず，加えて，再統一したドイツが独り歩きをしないように欧州統合の枠組みのなかに同国をさらに深く埋め込んでいく必要性が生まれた。

こうして，1992年2月にマーストリヒト条約が調印され，欧州連合（EU）の設立が定められることになる。同条約では3つの柱が立てられた。これまでECにおいて進められてきた①経済統合に加えて，さらに②共通外交安全保障政策と③司法内務協力を発展させることが取り決められたのであった。ヨーロッパレベルの行政機関の権限を強め，エネルギー政策などを新たに加えることで政策領域も拡大することになっていた。

こうして，経済同盟を超えた政治同盟を目指すことが明確に打ち出されたわけだが，マーストリヒト条約で最も注目されたのは，1999年までの単一通貨の導入であろう。そのためには加盟国の経済を収斂させなければならず，財政，インフレ率，金利などについて厳しい基準が設けられた。これは，マーストリヒト基準とよばれる。同条約は政治・経済の両面で統合を加速させるものであり，1993年11月に発効することになる。

EUの東方拡大

冷戦後もEUの加盟国は増えていった。1995年1月には，オーストリア，スウェーデン，フィンランドが加盟した。一方で，東欧の旧社会主義国もまた加盟の可能性を探っていた。東方への拡大を前にして，EUは加盟国の条件を明確化する必要に迫られた。そして，1993年6月にコペンハーゲン基準を設けることになる。これによって新規加盟国には，第1に，民主主義，法の支配，人権が認められていること，第2に，市場経済が実現されていること，第3に，EU加盟国として義務を負うことができること，が求められることになった。

その後，こうした条件を整えた東欧諸国が次々と加盟を申請していった。2004年はEUの東方拡大の年となり，同年5月に，ハンガリー，ポーランド，ルーマニア，チェコ，スロヴァキア，スロヴェニア，キプロス，マルタ，バルト3国が加盟することになった。

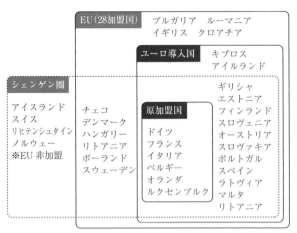

図 21-1　現在の EU 加盟国，ユーロ圏，シェンゲン圏
出典：毎日新聞ウェブサイト。

　さらに2007年1月にはブルガリアとルーマニアが加わった。こうして加盟国は27カ国に増える（2013年7月にクロアチアが加わって，2018年12月時点で28カ国，図21-1参照）。
　経済圏も拡張している。ユーロは1999年1月に11カ国で導入され，現在（2018年12月時点）では19カ国が圏内に入っている。人の自由移動の範囲も拡大しており，1995年に6カ国で始まったシェンゲン圏は現在では26カ国に広がっている。
　EU が拡大に向かっていく一方で，1997年10月にアムステルダム条約，2001年2月にニース条約が調印され，EU 基本条約（マーストリヒト条約やローマ条約）が改正されて，いっそうの統合が進められていった。また，2000年10月に公布された欧州基本権憲章は法的拘束力は持っていなかったが，生存権や自由権を定めていた。

憲法条約失敗とその後の停滞
　しかし，こうした統合に向かう動きは欧州憲法条約で歯止めがかかることになる。2004年10月に調印された欧州憲法条約は，各国での批准に失敗した。基本権憲章に法的拘束力を与え，欧州議会を強化し，意思決定の迅速化を図る同条約は，2005年5月にフランス，6月にオランダの国民投票で否決されたのである。同条約の内容が「憲法」とよぶに相応しいかどうかについては議論があるものの，憲法という名を冠した条約が拒否されることで，連邦国家を目指すような欧州統合のあり方にはブレーキがかかったといえる（遠藤 2016）。これらの否決の後に「熟慮期間」が設けられ，各国での批准手続きはストップした。結局，憲法条約の発効は断念され，代替案である改革条約（リスボン条約）の成立が目指されることになった。
　2007年に調印されたリスボン条約では「憲法」の文言が外され，EU のシンボルにか

かわる規定も外された。ただ，欧州議会の権限強化，基本権憲章に法的拘束力を持たせること，EU の活動政策領域の拡大など，実質的な内容の多くは継承された。各国批准の過程では，アイルランドの国民投票によって1度は否決されたが，2度目の国民投票で批准された。

リスボン条約の後も，欧州統合は停滞したままである。むしろ，大きな障害がいくつも立ち現れることで情勢は悪化しているといえるだろう。その代表的な事例として「ブレグジット」が挙げられるだろう。つまり，2016年6月に国民投票で「EU 離脱」を決めたイギリスの処遇をめぐる問題である。依然として，同国議会でも EU 内でも意見が割れており，いくつもの離脱プランが登場しては消え，イギリス・EU 交渉は難航している。この他にも，EU が直面した問題群として，ユーロ危機，難民危機，欧州懐疑主義の拡大が挙げられるだろう。これらについては第3〜5節で論じることとして，以下ではまず EU という政体についてその特徴を概説しておきたい。　　　　（近藤正基）

2　EU の政治制度

EU は特殊な政体である。EU の市民に対する強制力は，国家ほど大きくはない。固有の領土がなく，原則的に課税もできず，直属の軍隊も警察も組織できない。一方で，EU は一般的な国際組織とも違う。EU は市民に対して直接の立法や行政を行うことができるし，他の国際組織に比べて司法権が強い（中村 2016）。

EU という政体には，具体的にどのような特徴があるのだろうか。まずは主要機関を見てみよう。

欧州理事会

欧州理事会（European Council）は，理事長，各国首脳，欧州委員長で構成される会合である。EU 全体の政治方針を示す役割を果している。立法権は持たない。ここで示された方針に基づき，実際の立法活動については，欧州委員会や閣僚理事会が行うことになる。欧州理事会は，原則的にコンセンサス方式をとっており，議決することはまれである。

閣僚理事会

閣僚理事会（Council of the European Union）は，構成国政府の代表（大臣）による会合である。欧州委員会，欧州議会とならぶ，EU の立法機関である。

閣僚理事会は政策領域ごとに分かれており，現在では10の閣僚理事会がある。例えば，経済財政，司法内務，外務などの政策分野でそれぞれ会合が開かれる。外務を除く分野では輪番制をとっており，半年ごとに議長国がかわる。外務分野の議長は上級代表とよばれ，EU の外務大臣ともいえる職だが，これだけは選出方式が異なっている。欧州理

事会が欧州委員会委員長との合意のもと，特定多数決で選出する。

　共通外交・安全保障政策においては閣僚理事会が最も重要な決定機関であり，その他の多くの政策分野では欧州議会と閣僚理事会が立法採択機関である。提出される法案は，ほとんどが欧州委員会によるものであるので，採決にあたっては特定多数決（全体の55％以上の諸国の賛成で，賛成諸国の合計人口がEU全体の65％以上）がとられることが多い。また，閣僚理事会は，欧州委員会の法執行を監視したり，EU法を自ら執行したりする行政機関でもある。

欧州委員会

　欧州委員会（European Commission）は，法案を作成し，提出する権限を持つ。委員は28名である。まず，各国の首脳によって候補があげられ，欧州議会がそのなかから委員長を選出する。その後，委員長と閣僚理事会が委員を選ぶ。委員選出には欧州議会の承認が必要である。委員長が指揮し，副委員長と各委員はそれぞれの政策を担当する。

　共通外交・安全保障政策では欧州委員会は法案を提出できないが，それ以外の分野では欧州委員会がほとんどの法案を提出している。行政機関としての面もあり，それぞれの政策分野には大規模な官僚機構が存在している。欧州委員会は，EU法を自ら執行し，各国のEU法執行を監督する役割も担っている。また，不履行国をEU司法裁判所に提訴する権限も持っている。

欧州議会

　欧州議会（European Parliament）は，EU市民による直接選挙で選ばれた議員（750名）と議長（1名）によって構成される。議長は欧州議会での投票によって選ばれる。欧州議会は，閣僚理事会とならぶEUの立法採択機関の1つである。ただ，外交・安全保障分野では決定に関与することはできない。また，法案提出権は制限されており，多くの分野で実質的に欧州委員会がこの権限を独占している。その他，EU行政機関への調査権を持っており，不信任決議によって欧州委員会を総辞職に追い込むこともできる。

その他の制度

　その他の制度として，EUの裁判所が挙げられる。EUには，EU司法裁判所と一般裁判所がある。EU司法裁判所は，EU各国から1名ずつの裁判官によって構成される。裁判官は，単純多数決で判断する。一般裁判所はその下級審である。EU加盟国の増加に伴う訴訟の増加に対応するために設置された。その他に，ユーロ圏の金融政策を行う欧州中央銀行がある。

EUと加盟国

　国別の各章を読んで，EUと加盟国の関係に関心を持った人がいるかもしれない。以

下で,立法過程,立法範囲,司法の3つの面から,EU‐加盟国関係を概観しよう。

どのEU加盟国であれ,EUの立法をコントロールすることは難しくなっている(中村2016)。以前は,「ルクセンブルクの妥協」によって,加盟国は単独であっても立法を阻むことができた。しかし,この決定方式はEUの立法能力を大きく損なうため,条約改正ごとに少しずつ減らされていった。リスボン条約で拡張された「通常立法手続」においては,欧州委員会に提出された法案は閣僚理事会と欧州議会で審議され,多数決で採択されることになっている。もはや,EU加盟国は単独では立法化を止めることはできない。

その一方で,こうした「通常」の意思決定手続きをとらない分野がある。外交・安全保障分野である。ここでは,いまも各国の大臣のみで意思決定が行われている。舞台となるのは外務分野の閣僚理事会で,原則として全会一致をとっている。そのため,依然として各国が事実上の拒否権を持っているといえよう。外交・安全保障には,欧州議会と欧州委員会はほとんど影響力を及ぼすことができない。

EUの立法活動の範囲は拡大してきた。EUは,排他的権限,共有権限,支援的権限でもって加盟国の立法に影響を及ぼすことができる。排他的権限とは,EUのみが立法可能な領域であり,関税同盟や通貨政策などがこれにあたる。共有権限とは,EU法が各国法に優先する領域であり,域内市場政策や社会政策などが該当する。支援的権限とは,EUは各国の支援・調整・補完の措置のみができる領域であり,産業政策や文化政策がこれにあたる。これらの範囲は広いとはいえないが,次第に拡張されつつある。

司法の面でもEUの力は強まってきた。EU司法裁判所の判断によって,EU法全般がEU域内の人々に権利を発生させることになった。一般的にいって,国際条約が直接的に人々に権利を発生させるかどうかは,各国の法によって左右される。しかし,EUの場合は,直接,域内の人々に権利を発生させる。また,EU司法裁判所は,EUの法が国内法に対して優位に立つという判断を下した。EU法と国内法が矛盾する場合,EU法が優先されるのである。

以上で制度の特徴を概観した。次節からは,具体的な問題を切り口にEUの個別政策について検討する。

(近藤正基)

3 ギリシャのツケを誰が払う?

リーマン・ショック

2008年以降のヨーロッパの動揺の発端は,やはりユーロ危機,そしてその直後のギリシャ危機であることは間違いがない。その契機はアメリカ経済にある。

アメリカ経済は1980年代以降,基本的に右肩上がりの伸びをみせてきたが,2001年以降不況に陥り,対応策として政府は低金利政策を実行した。これによって不動産などへの投資が活発になって住宅ブームが到来した。

住宅価格が実体より上がってくると，持ち家を買うことができない低中所得者層（サブプライム）には不満が高まっていった。その不満を解消するため，ブッシュ（子）政権は「オーナシップ（所有者）社会」政策を掲げた。これによれば，本来住宅ローンを組めない所得層に対しても，ローンを証券化して投資家に販売することで住宅ローンを可能にして，住宅を持たせることができるようになった。

　こうして2003年から2005年にかけてサブプライム・ローンの供給が増大した。グローバル化の進む現代においては，ロンドン市場を中心にヨーロッパの多くの銀行がサブプライム証券を購入した。これは住宅価格が上昇している間は有効であった。しかし2006年末に住宅価格の上昇が終わり，下落に転じると，ローンの延滞，焦げつきが急増し，2007年6月にサブプライム証券が格下げされた。これで問題が表面化したが，負債を抱えた一部大手銀行に中央銀行が資金供与するなどの策で救済が進み，「大手銀行はつぶれない」という安心感も広がり，この危機はいったん収束した。

　ところが2008年9月，アメリカ第4位の投資銀行であるリーマン・ブラザーズの救済をアメリカ政府が拒否して，約6,000億ドル（約64兆円）の負債額を抱えて破綻した。「巨大銀行が破たんする」という恐怖感がアメリカのみならず全世界の市場を支配し，大混乱を招き，ここから世界同時不況とよばれる事態に陥った。

　アメリカとヨーロッパで銀行が破綻し，株価が暴落した。投資の激減，各国経済と貿易の急激な落ち込みが続き，2008年9月29日からの1週間で次々と各国の主要銀行が破綻した。各国政府は公的資金を注入するなど，対応に追われた（田中 2016）。ただし当時まだユーロ加盟国の政治制度は強靭で，また首脳の危機に対する分析は十分に共有されており，危機に対抗して明確な政策が打ち出されていたように見えた。

ギリシャ危機

　ところが事態はそれで済まなかった。翌年10月4日にギリシャで政権交代が起きた。パパンドレウ率いる全ギリシャ社会主義運動が政権を担うと，そのわずか2週間後に，前政権が4％台と発表していた財政赤字が，実際はGDPの12.7％に相当しており，巨額の財政赤字を抱えていることを発表した。「ギリシャは財政赤字の解消ができるのだろうか」と，いわゆるソブリン危機に発展した。国債格付けが低下した結果，国債は売却され，さらに暴落を招いた。その余波で経済力の弱い南欧と西欧との差が露呈し，PIGS（「豚野郎」）とよばれるようになった。

　ギリシャの首相パパンドレウは父も首相経験者で，政治家一家で育っている。このパパンドレウ（父）はハーバード大学で経済学の博士号を取得した。政党を率いる時は「変革」を掲げて，「ギリシャ人のためのギリシャ」，そして「特権なき人々のための政治」を目指して次第に支持を広げていった。結局この「ギリシャ人のためのギリシャ」が，保守的なエリート層たちからも，反エリート層たちからも支持を得た1つの要因だ。つまり，単に現状に対する不満票が集まっただけなのだ。

パパンドレウ（父）政権が訴えた「変革」の1つが，健康保険や年金を充実し，国営企業を支援することだった。インフラ整備に投資して，農民にいたるまでその恩恵を受けた。倒産した企業を国営の再生機構が支えた。さらに党に忠実な支持者には公的機関や国営企業のポストが与えられた。こうなると，選挙に勝つためにはこうしたポストが安定して供給されねばならない。これらの財源をパパンドレウ（父）は，富裕層からの再分配で賄うのではなく，借金で賄った。

冷戦が終わるといったん政権交代が生じたが，彼は3年後に政権に復帰した。パパンドレウ（父）が健康を害して一線を退き，次に全ギリシャ社会主義運動の党首を継いで首相となったシミティスは親EU派で，ユーロ圏に加わることを目標とした。シミティス政権は必死に財政再建に取り組み，93年には対GDP比17％だった財政赤字が2000年1月には1％まで回復した。これでギリシャはユーロを導入することができた。しかし，この数字がすでにおかしかったといわれている。

シミティスは続いて年金削減改革を提案するが，大規模な反対デモが生じて辞任し，政権交代が生じた。2004年にはアテネ五輪が開催された。そして2009年10月に，先のパパンドレウ（息子のヨルゴス）が全ギリシャ社会主義運動を率いて政権を奪還し，前政権の嘘を明らかにした（村田 2012）。

ギリシャ支援へ

2010年1月に欧州委員会がギリシャの統計上の不備を報道し，同国の財政状況の悪化が世界的に表面化した。信用を失ったギリシャ国債は売られるだけで財政赤字を解消できず，信用格付けも低いこと，そしてデフォルト（債務不履行）の危険があることが明らかになった。統計データの（故意であろうとなかろうと）不備は，国際経済を揺るがすのだ。

救済のためには貸し付けが必要だが，ならばそれを誰が負担するのか。ユーロ導入国のみか，それともIMF加盟国も負担するのか。こうしてギリシャ救済の問題がヨーロッパの政治の問題となった。もしこの財政赤字がギリシャの公務員に対する給与，年金などギリシャが公的支出をコントロールできなかったことに原因があるならば，苦労しながら自国の財政赤字と戦っている堅実な他国がこれを支えるべきだろうか。深刻な社会不安を招くことなく支出の削減が可能だろうか。さまざまな問題が複雑に絡んだ。

2010年2月，ギリシャ政府は急場をしのぐために3カ年財政健全化計画を発表したが，あまりに楽観的な経済成長を前提としていたため，格付け会社が相次いでギリシャ国債の格付けを引き下げ，マーケットではデフォルト不安からまたもやギリシャ国債が暴落し，外国為替市場ではユーロが下落した。

結局，ユーロ圏諸国の財務相会合において，2010年5月にIMF・EU・ユーロ圏諸国による第1次支援（総額1,100億ユーロ），さらに2012年2月にIMF・EU・民間による第2次支援（総額1,300億ユーロ）が決定された。

ギリシャ政府に対しては，交換条件として増税，年金，公務員改革などの厳しい緊縮財政策や公益事業などの大規模な民営化が課された。徐々に財政は健全化に向かったものの，公務員と国営企業に慣れ親しんだ国民生活は圧迫され，大規模なデモや暴動が度々発生した。2015年の総選挙では，反緊縮派の急進左派政党が勝利し，チプラス政権が誕生した。

　チプラス政権は緊縮政策を受け入れるかどうかを国民投票にはかり，結果は「緊縮反対」が勝利した。ただしユーロ圏に残ることを前提にしていたため，EU首脳は2016年にはギリシャに対して財政改革案を要求し，それを条件に支援を継続した。これにギリシャが応じることで当面の危機は回避できた（以上については，第11章ギリシャのコラムも参照していただきたい）。

問題の顕在化

　しかしこの間，ドイツのように自己抑制的にやってきた国から「なぜギリシャの借金を私たちが？」という疑問の声が挙がるのも当然であった。救済をめぐる各国の意見の相違が明らかになってきた。他方でオバマ大統領がメルケルの懐柔に動いたり，『21世紀の資本』で知られるトマ・ピケティなどがドイツを批判する公開書簡を公表したりするなどメルケルは板挟みになった。

　メルケルはかつて「どの国も脱落させてはいけない」とEUを擁護すると発言していたという。しかしあまりにずさんなギリシャの自己管理体制にあきれてしまったのではなかろうか。

　何より重大なのは，このギリシャの問題が，ギリシャだけの問題にとどまらず，「同じユーロでも同じ国債ではない」こと，つまりユーロの脆弱性を露呈したことだ。EUはその後，金融監督制度，安定メカニズムなどさまざまな改革に追われていくことになった。その流れはなお止まってはいない（松尾 2019）。　　　　　（松尾秀哉）

4　EUは移民・難民とどう向き合うか

発展の遅かった移民政策

　次にEUにおける移民・難民政策へ目を移そう。前節でみたように単一市場の形成を中核として発展してきたEUでは，しばしば4つの自由，すなわちヒト，モノ，カネ，サービスの自由移動が謳われ，人の自由移動も単一市場の原則を体現する理念の1つとして数えられている。実際，1993年のマーストリヒト条約ではEU市民の権利として，他の加盟国へ自由に移動・居住する権利が与えられ，移動先での地方レベルおよび欧州議会での選挙権・被選挙権が与えられている。しかし，域外から入ってくる人々をどのように処遇するかについての移民・難民政策は，主権に深くかかわる政策であるゆえに最も統合が遅れた分野の1つであった。例えば，1973年の社会行動計画でなされ

た移民政策共通化の提案や，1985年加盟国へ移民政策に関する協議を求めた「共同体の移民政策ガイドライン」など，欧州委員会によるイニシアティブは加盟国の反発によりことごとく失敗してきた。

　結果として，移民政策への飛び石となったのは1985年のシェンゲン協定と1990年のシェンゲン実施条約によって創出されたシェンゲン圏であった（岡部 2016）。シェンゲン協定には当初ドイツ，フランス，ベネルクス諸国（ベルギー，オランダ，ルクセンブルク）の5カ国が参加し，加盟国のイニシアティブにより隣国間での国境検問廃止が目指された。この枠組みを基に諸国は共通の対外的な国境管理政策，ビザ政策，庇護政策，越境犯罪への対処を展開することに合意した。とはいえ，これがすぐにEUでの共通移民政策の進展につながったわけではない。1993年に発効したマーストリヒト条約ではEUに第3の柱として移民・難民政策を含む司法・内務協力を組み込むことが合意されたが，EUの権限は弱く，実質的な成果は少なかった。

　これが大きく変化する契機となったのが1999年に発効したアムステルダム条約である。この条約では，EUを市民にとってより身近なものとし，その関心に応えるため「自由・安全・正義の領域（AFSJ）」を創設すると定められた。自由移動を促進するとともに，市民の安全と人権を確保することがその狙いである。当初は移行期間が定められたものの，これによって移民・難民政策は第1の柱，いわゆる共同体の柱へと編入され，EU諸機関の権限が拡大される契機となった。

　同時にシェンゲン協定もEUへと取り込まれた。シェンゲン空間にはひきつづきイギリスとアイルランドが加わらず，デンマークも適用除外を選択した一方，EU非加盟国であるアイスランドやノルウェーは参加するなどEUの多速度的統合，あるいはアラカルト的統合の典型となった。シェンゲンはその後も拡大を続け，2018年現在では26カ国が加入している。

　2009年発効のリスボン条約では，移民統合の分野を除いてほぼ全ての移民政策分野へ通常決定手続きが適用されることとなった。移民政策はようやくEUの普通の政策分野となったのである。

EUの移民政策

　それではEUは具体的にはどのような政策を展開してきたのだろうか。1999年フィンランドのタンペレで開催された欧州理事会では司法・内務分野での協力が集中的に取り上げられ，自由移動の促進の他，第3国国民の公正な処遇のための共通ルールの展開，域外からの人の移動の管理，人身売買等の抑止など包括的な展開が謳われた。

　早期の移民政策で大きな達成の1つといえるのは，2003年の指令で長期居住者の地位を定めたことであろう（2003/109/EC）。これによって，EUの加盟国に5年以上居住した移民に対しては，雇用・教育・社会保障・社会扶助・住宅などさまざまな分野で国民との平等な権利が保障されることになった。この地位の付与にあたっては各国の要求す

る統合の基準を満たさねばならないとされ，実際には当該国の言語の習得などが課されるようになった点は批判的な注目も集めたものの（このような統合の義務づけは市民統合政策と称される），他方で長期居住者には他の国へ移動する権利も認められ，EU市民類似の権利を，居住によって移民に認めようとした野心的な試みであった。

　他方，労働移民の身分・権利を定めようとする試みは難航した。当初，欧州委員会は労働移民一般について法案を提出したが，これには加盟国からの支持がほとんど得られなかった。このため，欧州委員会は高度技能移民や研究者，季節労働者，企業内移転労働者など，比較的抵抗の少ない移民についての指令案を分野ごとに分け提出していった。高度技能移民に関する指令（通称「ブルーカード」指令）では，これらの移民を世界から誘致するために権利面での優遇が行われたものの，やはり交渉は難航し，2009年にようやく採択がなされた。

　移民の統合に関しては2009年のリスボン条約までEUの権限が定められていなかった。リスボン条約ではようやく権限が明示されたが，その権限は非常に限定的である。そのためEUが移民統合で果す役割は，加盟国の政策担当者・実務家のためのハンドブックづくりや加盟国のプロジェクトを支援する統合基金の設置，EUと市民社会の対話のための統合プラットフォームの設置など，各国の取り組みを側面から支援するものとなっている。

　このように域内での移民政策への取り組みが限定的なものにとどまっているのに対し，EUは国境管理や，EUへの移民の経由国や出身国との協力を進めることで，域外からの移民の流れを管理しようと試みている。

　例えば，国境管理については2000年代を通してシェンゲン圏へビザが必要となる国の共通リストの策定や，共通の国境審査基準，共通のビザ情報データベースなどを整備してきた他，2004年には欧州対外国境管理協力機関（Frontex）が創設されて，外囲国境の監視やリスク状況の分析を行ってきた。

　これに加えて，EUは2005年に対外的な移民政策として「グローバル・アプローチ」を公表し，域外国との協調の必要を打ち出した。その中心には第3国との再入国協定，つまりその第3国から入った非正規移民をEUが送還した際，当該国が移民の再入国を認めるとする協定の締結がある。しかし，これには第3国側にもインセンティブが必要であり，EUがこれを提供することは容易ではなかった。EUの東方諸国に向けてはビザ発給の促進が打ち出されたが，成果は限定的であった。

　そこで近年では「モビリティ・パートナーシップ」の概念が打ち出されている。①循環的な労働移民のルートの創設と②移民と開発の連関強化とともに，③非正規移民や人身密売との戦いを進めるとされ，ケープヴェルデ，モルドヴァ，アゼルバイジャン，ジョージア，モロッコ，チュニジアなどの国々と協定が結ばれている。

難民危機と今後の課題

このように EU は域内への移民の受け入れに加え，域外国境の管理，そして域外国との協調へと包括的な移民政策を打ち出してきた。しかし，この EU の移民政策にとって大きな挑戦となったのは，2015年夏に生じた難民危機であった。

難民政策の分野では，EU は1999年以来「共通欧州庇護システム（CEAS）」の形成に取り組んできた。そして，その背骨となるのがダブリン規則である。この規則によれば，庇護希望者は原則として「最初の入域国」，つまり避難民が足を踏み入れた最初の国でのみ庇護申請ができるとされる。これは避難民がいったん EU 内，特にシェンゲン圏内に入ってしまえば自由に移動できることから，庇護申請を EU 全体で1回のみと限定する必要があったためである。

そして2005年までには庇護審査の手続きや難民認定の基準，受入れ環境基準など，さまざまな側面で共通政策が策定された。これも加盟国間で難民資格の認定率や手続き，待遇などを平準化することで避難民の人権を保護するとともに，避難民が特定国へ集中することを避ける意味があった。

ところが，難民危機はこの庇護システムを機能不全に追い込んでしまった。2015年8月，増大するシリアからの避難民に対し，ドイツがダブリン規則を適用しないと宣言したことで人々の流れは加速し，9月にはハンガリーやスロヴェニアなどシェンゲン圏の前線からオーストリア，ドイツへと避難民がバスや鉄道で移送される事態になった。さらに11月にパリで起きたテロ事件の後には，フランス，ドイツ，オーストリア，スウェーデン，デンマークなどの諸国が国境審査の再導入を決定し，シェンゲンの危機までもが叫ばれたのである。結局2016年3月の EU−トルコ声明により，トルコからギリシャへ渡航した非正規移民がトルコへ送り返されることになり難民危機は沈静化したが，この間，2015年，2016年ともに100万人を超える避難民の流入があったのである。歴史的にみても未曾有の規模の避難民の流入は EU にさまざまな移民・難民政策の課題を認識させたといえる。

1つはダブリン規則の問題性であった。以前からギリシャやイタリアなど EU 域外と国境を接する諸国で庇護審査の負担の大きさと審査の遅れが問題とされていたが，今次の危機のように特定の国へ負担が集中する場合にどのように対処するかの問題が浮かび上がった。ダブリン規則を改正し，各国ではなく EU が庇護審査を行おうとの改革案も欧州委員会から提案されたが，加盟国側の抵抗が強く抜本的な改革は困難なのが現状である。

そのため EU は危機の際に負担を分担する仕組みをつくりながら，同時に国境管理と，域外国への働きかけを強化し，域外からの人の流れをコントロールしようとする方向に向かっている。国境管理の面では2016年に Frontex が改組され欧州国境沿岸警備隊へと強化されるとともに，EU は周辺のトルコや，アフリカ諸国への援助など対外的な活動を強めており，さらに2018年6月には EU 内および第3国で庇護審査を行うセ

ンターの設立がよびかけられた。

　難民危機の残した影響はこれにとどまらない。1つには今後の難民統合の問題がある。特にドイツやオーストリア，オランダ，ベルギーなど大陸諸国では今後流入した難民をどう統合するかが中長期的な問題となり続けるだろう。その政治的なインパクトはすでに欧州諸国における移民排斥的・EU 懐疑的なポピュリスト勢力の伸長という形で現れている。また難民危機の前線にあったイタリアやハンガリーでは，2018年現在，政権与党が明確に自国への難民受入れに反対を唱えており，EU の東西間・南北間に亀裂が生まれている。この歴史的にも前例のない状況に EU はどのように対処できるのか。難民危機は単に1政策分野の問題であることを超えて，EU という政体へ新たな課題を提起したのである。
（佐藤俊輔）

5　テロとの戦い

頻発するテロ

　特に2015年以降，IS（イスラム国）が関与したとされるテロがヨーロッパで頻発し，多くの犠牲者が出た。先の難民問題もテロの脅威ゆえに安全保障，治安の問題と絡み合って余計に社会的分断を深いものとしている。

　1950年代の高度経済成長期以降，西欧では，いわゆる経済移民とよばれる外国人労働者を積極的に受け入れてきた。しかし1970年代の石油危機以後，経済不況のなかで母国に帰らない移民は放置され，大都市周辺部がスラム化する状況も生まれていた。やがて2世・3世世代の若者は，移民の子だからというだけで就職が不利になるなど社会的差別を受けて育つことも多く，すでに90年代にはパリをはじめとする大都市で暴動が起き，社会問題となっていた。彼ら・彼女たちは，西欧社会の差別の犠牲者でもある。

　近年ヨーロッパで頻発しているテロは，中東で空爆を受ける「同胞」にシンパシーを感じた2世・3世世代が，国際テロ組織の導きで海を渡って中東で武装訓練を受け，「敵地」西欧に戻り，自爆することが多いとされている。特にこうした過激派は，1979年のソ連によるアフガニスタン侵攻に義憤を覚え，集まり，過激派グループへと組織化されたとみなされている。そして，もちろん先に述べた社会的差別のために，すでにヨーロッパ社会に対する敵意や疎外感を抱えていることが，テロリストになってしまう人たちの背中を後押ししている。

　繰り返すが，本来この問題の本質は移民ではなく，ヨーロッパ側の差別対策，貧困対策，そして治安対策などにも求められねばならない。しかしこうしたテロの問題がしばしばムスリム移民と直截に結びつけられることで，先の難民危機は一層重大な政治的課題とされた。また，各国における一連のテロ対策の足並みの相違が EU 内で批判的に指摘されることも多い。EU にとって，当面の最大の課題の1つといえよう（松尾 2016）。

EUのテロ対策

中林啓修によれば，現在，EUのテロ対策は「予防」「防護」「追跡」「対応」という4つの要素に区分される。「予防」は個人の過激化につながる要因に対処しようとするものおよび過激派へのリクルート活動を阻止しようとするものである。2005年には「過激化とテロリストによるリクルートに対するEU戦略」が採択された。インターネット，青少年犯罪の規制強化，若年層への教育機会の提供などがこれに当たる。

また「防護」とは国境警備，交通，インフラの防護，市民の防護を指す。2008年には「欧州重要インフラの選定および防護措置の改善に関する指令」を採択して，石油精製所，原発，交通機関など29種類のインフラが重要インフラ施設に指定された。事業者は2年ごとに安全計画を見直すことなどが義務づけられた。また国境管理という点では2006年以降，生体情報内蔵パスポートが導入されるなど技術革新も進められた。

「追跡」は文字通りEU内でのテロリストの追跡や操作をいい，計画，移動，通信，支援ネットワークの破壊，遮断などを指す。ただし，この点は個人情報保護などの問題と絡み，単純に規制されていかなかった。例えばマネーロンダリングについては，金融機関だけではなく，カジノ，古物商などを規制の対象にしようとしたが，長く欧州議会と欧州委員会の間で議論がなされてきた。動き出したのは9・11同時多発テロ後で，ようやく規制対象業種の拡大が，守秘義務つきで認められるに至った。また通信記録についても業者がそれらを保存するルールがなかったため，ようやく2006年に「通信データ保存指令案」が採択された。

さらに「対応」はテロ攻撃による被害の管理，極小化を図ることで，2001年10月には「市民保護メカニズム設立決定」が採択され，大規模災害や事故による被害管理，そのための円滑な協力を目的としている。例えば加盟国の緊急時派遣チームのリスト，EUレベルでの監視・情報センターの設置などが進められた。

2009年12月にはストックホルム・プログラムが採択された。ここでは，より市民の基本的自由に対する配慮を強調し，テロ対策における法の遵守，市民の基本的自由を尊重した上で，市民の過激化の早期発見プログラムの作成，インフラ防護の強調が謳われた（中林2012）。「人権」を大切にする大陸ゆえに，治安強化を一気に進めることは難しい。それはEUのプライドであるだろう。

しかし，こうした対策をしても，2015年以降に西欧を襲ったテロの波はすさまじかった。2011年5月にビン・ラディンが射殺されて以来，テロリスト組織は分散し，テロの形態は「ローン・ウルフ（一匹狼）型」という，追跡しにくい形態に変わりつつある。当面ヨーロッパはテロと戦い続けることになるのかもしれない。　　　　　（松尾秀哉）

6　ポピュリズムとEUの将来

以上，EUについて，統合の歴史，政治制度と個別政策に注目して論じてきた。最後

に，本章の冒頭で述べたポピュリズムと EU のゆくえに言及しておきたい。

　なぜヨーロッパでポピュリズム政党が支持されるのだろうか。ポピュリズムとは元来19世紀末のアメリカの「人民党」の政治運動と理念を指すとされ，その後帝政ロシアにおける農民運動や，南米の権威主義運動と体制を指す語としても当てられてきた。定義のはっきりしない用語であるが，ここでは特に現代の西欧に台頭しているポピュリズムに限定し，「工業化と都市化を経た欧米の自由民主政の理念と体制における『不満と不安』の政治的表現」（中谷他 2017）としておきたい。具体的には人々の現状の生活と政治に対する不満と不安を煽り，現状を批判して支持を獲得する勢力である。

　その批判は，第1に，妥協的で不透明な現状の民主政治に対する批判，第2に，不透明な政治に対して説明責任を果さない既成の政党と，誰が最後の決定を下したかがわからなくなる複雑な政治・行政の制度に対する批判，最後に，移民や外国人労働者に代表される「外集団」に対する攻撃と，それを受け入れている西欧の多文化主義政策に対する批判，の3つに集約できる。特に有権者からみて，「不透明さ」「複雑さ」を欧州連合は一層増しているだろうし，「外集団」の入国管理についても，域内国境管理についても，有権者は EU を問題視することになる。

　ただし2017年のフランス大統領選で注目されたフランスの国民戦線にせよ，その起源は古く1970年代から80年代に遡る。当時から現状批判と改革を打ち出してはいたものの，党勢はいまほど目立たなかった。これらのポピュリズム政党が勢いを増したのは，1980年代末に西欧各地で生じたムスリム系移民に対する差別と反差別という社会的論争のなかで，彼ら・彼女らが明確に「移民排斥」を争点に掲げた1990年代である。目に見える「移民の増加」を争点化したのである。

　1990年代当時，これらの政党は，過激な言葉で移民排斥を訴え，「極右」とよばれていたことが多かったと記憶する。この勢いはしばらく持続するが，西欧は当時主に福祉国家研究者の間で，「福祉と人権と環境の大陸」とよばれていた。極右政党が台頭してくると，その移民に対する差別発言が人権侵害に当たると法的に問題になり，現在ほど政権に肉薄ないし政権を奪取するほどの勢力にはならなかった。

　しかし，現在（特に2008年以降）の西欧において，シリアからの難民の急増および頻発するテロによって，ポピュリストは（本来，重大な人権問題であるはずの）難民問題を安全保障の問題に読み替えた。またリーマン・ショック以降長く続いた経済危機のなかで，各国で緊縮政策を打ち出されたことも（難民が福祉を奪うのではないかという排斥主義を高めて）ポピュリストの伸長につながった。

　リーマン・ショックに引き続き，ギリシャに端を発する財政危機。シリアから到来する数多くの難民。それらの対応をめぐる各国の足並みの乱れ。東に行けば，ロシアの単独行動も目を引く。多発した自爆テロ事件は，「多文化の共存」というヨーロッパ社会の矜持を揺るがしている（松尾 2017）。

　EU は生き延びることができるだろうか。あるいは，これから EU はどのような姿に

変わっていくのか。EUと市民の関係から考えてみよう。

「反EU」ポピュリズムの台頭に象徴されるように，多くの市民はEUに愛想をつかしているのかといえば，そうではない。2018年の世論調査によれば，自分の国がEUに加盟していることをいいことだと考える人の割合は62%で，2007年以降で最高値を記録した。また，68%が，自分の国がEUに加盟していることによって利益を得ていると答えており，1983年の調査開始以降で最も高かった（Eurobarometer Survey 90）。EUの将来を楽観視する人の割合は61%であり，悲観の割合（34%）を大きく上回っている。2007年の69%から見れば楽観論者の割合は下がっているが，2011年に48%という低水準を記録してからは緩やかな上昇傾向にある（Special Eurobarometer 479）。全体としてみれば，EUへの支持は拡がりつつあり，急に縮小あるいは分解することは考えにくい。

EU批判でしばしば持ち出される「民主主義の赤字」をみてみよう。2018年世論調査では「EUの民主主義が機能している」と答えた人は全体の46%であった（Eurobarometer Survey 89.2）。別の調査では，47%が「EUは自分の声に耳を傾けている」と答えており，「耳を傾けていない」と答えた48%をわずかに下回った。ただ，2009年に「耳を傾けている」とした回答者の割合が38%であったことを考えると（Eurobarometer Survey 90），少しずつではあるがEUの民主主義に対する評価は高まっている。

EUは加盟国の利害に反する政策を決定できるようになり，移民・難民問題や安全保障ではEUなしに解決策を見出すことは困難になっている。他方では，相次ぐ危機のなかで，日常的な政策決定というより大きな制度変化・政策決定が必要となると，加盟国間の利害に配慮する必要性は以前より増しているともいえる。今後，EUの政策決定プロセスがどのように改革され，民主的正統性が担保されていくのかが注目される。

EU市民の帰属意識・対EU感情はどうか。2018年調査では，回答者の70%が「EU市民であると感じる」と答えている。これは過去最高値であった。他方で，「EUに愛着を感じる」としたのは全体の56%であり，これは各国への愛着（93%）には遠く及ばなかった（Standard Eurobarometer 89）。帰属意識や感情的な結びつきを強めることができれば，EUの存立基盤は安定するだろう。これまではあまり光が当てられてこなかったが，EU共通のアイデンティティを喚起しようとする文化政策にも目を向けるべきだろう。

EUが市民の支持を得るためには，政策が広く受け入れられる必要がある。EUはまずは経済統合を目指してきたが，社会政策では後手に回ってきた。市場原理を推し進めると同時に，格差や貧困に対してどのような手を打つのか。将来のEUの理想形に関する調査では，トップ5に「同一労働同一賃金」「最低限の医療」「最低限の年金」「教育への平等なアクセス」がランクインしている（Special Eurobarometer 479）。市民の2大関心事である移民とテロへの対策を含めて（Standard Eurobarometer 89），人々が求めるような政策を実施できるかどうかが，EUの将来を占う上で重要なポイントになるだろう。

（松尾秀哉・近藤正基）

参考文献

遠藤乾『欧州複合危機』中公新書，2016年。
岡部みどり編『人の国際移動とEU——地域統合は「国境」をどのように変えるのか?』法律文化社，2016年。
小川浩之・板橋拓己・青野利彦『国際政治史』有斐閣，2018年。
田中素香『ユーロ危機とギリシャ反乱』岩波新書，2016年。
中田晋自・松尾秀哉・臼井陽一郎・金敬黙・平賀正剛編著『入門政治学365日』ナカニシヤ出版，2018年。
中林啓修「EUのテロ対策」押村高・小久保康之編著『EU・西欧』ミネルヴァ書房，2012年。
中村民雄『EUとは何か（第2版）』信山社，2016年。
中谷義和・川村仁子・高橋進・松下冽編『ポピュリズムのグローバル化を問う——揺らぐ民主主義のゆくえ』法律文化社，2017年。
村田奈々子『物語近現代ギリシャの歴史——独立戦争からユーロ危機まで』中公新書，2012年。
松尾秀哉「ヨーロッパの華やかな小国・ベルギーがなぜ『テロの温床』になったのか。自治と共存の伝統はいったいどこに」『現代ビジネス』，2016年（https://gendai.ismedia.jp/articles/-48352 2019年2月8日最終閲覧日）
松尾秀哉「欧州は新世代ポピュリストの大陸なのか『選択肢のない時代』で選択する責任」『季刊現代の理論デジタル』第12号，2017年（http://gendainoriron.jp/vol.12/feature/f04.php 2018年12月27日最終閲覧日）
松尾秀哉『ヨーロッパ現代史』ちくま新書，2019年。
森井裕一編『拡大EU』信山社，2005年。

読書案内

遠藤乾『欧州複合危機』中公新書，2016年。
　＊EUがこれまでどのような危機を潜り抜け，いまどのような危機に直面しているのか。EUの現在地を確認できる良書。
中村民雄『EUとは何か（第2版）』信山社，2016年。
　＊EU統合の歴史や制度を網羅的かつ平明に解説している。初学者でも無理なく学べるだろう。
羽場久美子編著『EU（欧州連合）を知るための63章』明石書店，2013年。
　＊EUの歴史やEUと加盟国の関係，政策などを多面的に網羅している。中・東欧諸国との関係まで広くカバーされており，知りたい箇所から簡単に読み始めることができる。

（佐藤俊輔・近藤正基・松尾秀哉）

第22章

トルコ

正式国名：トルコ共和国，面　積：78万3,562km^2（国連統計部ウェブサイト，https://unstats.un.org/），人　口：およそ8,081万人（2017年）（トルコ統計機構ウェブサイト，http://www.tuik.gov.tr/），首　都：アンカラ（人口：およそ545万人：2017年）（トルコ統計機構ウェブサイト，http://www.tuik.gov.tr/），主要構成民族：トルコ人80％以上，クルド人約18％，その他アラブ人，ラズ人，チェルケス人など，公用語：トルコ語，宗　教：イスラーム（スンナ派）が大多数だが憲法では世俗主義を掲げる，通　貨：トルコ・リラ，名目GDP：2兆1,413億米ドル（2017年）（OECDウェブサイト，http://www.oecd.org/），1人当たりGDP：2万7,092米ドル（2017年）（OECDウェブサイト，http://www.oecd.org/）

––––– トルコはヨーロッパか –––––

　トルコという国が,「ヨーロッパ」に関する書籍で扱われることに違和感を持つ読者も多いのではないだろうか。トルコは地理的にヨーロッパではなく中東の国であるという見方もあるだろうし,宗教の観点からもムスリム(イスラーム教徒)が国民の圧倒的多数を占めるトルコはヨーロッパ諸国とは異なるという考え方もあるだろう。しかし,トルコはその「前身」であるオスマン帝国(1299～1922年)の時代からヨーロッパ政治の一員であったし,現在もEUの加盟候補国の1つでもある。1923年の共和国建国以来,国家による宗教の管理や宗教の政治への不介入を掲げる「世俗主義(トルコ語でラーイクリキ, lâiklik)」を採用してきたトルコは,そのイスラーム性をあまり表面化させることなく,政治や経済,そして人の移動といった側面においても,ヨーロッパ諸国と極めて密接に結びついてきた。

　とはいえ,近年,ヨーロッパ諸国との関係は必ずしもよいとはいえなくなってきている。EUへの加盟は,1999年の加盟候補国化,2005年の加盟交渉開始を経ても遅々として進まず,東欧諸国に次々と先を越されている。また,2011年以降継続しているシリア紛争に起因した難民のヨーロッパへの急激な流入をめぐっても,経由国であるトルコの対応をめぐって衝突が生じたことは記憶に新しい。さらに,2018年現在のエルドアン大統領(Recep Tayyip Erdoğan:2014年8月より現職,2003～2014年は首相)が率いる公正発展党(Adalet ve Kalkınma Partisi: AKP)政権による自国メディアへの抑圧的な態度は,ヨーロッパ諸国から非難の的となっている。

　こうしたトルコ・ヨーロッパ関係の状況に関して,先に述べたような双方の違い,とりわけトルコが元来「ムスリムの国」であり,エルドアンやAKPが「世俗的な」トルコをより「親イスラーム化」させたことに原因を求める論調がしばしばみられる。しかし,はたしてそれがトルコ・ヨーロッパ関係を変容させた原因なのだろうか。そしてそもそもトルコはエルドアンやAKPのもとで(どれほど)「親イスラーム化」したといえるのだろうか。

　本章では,トルコ政治におけるさまざまなトピックを,世俗主義やイスラームとの関係を通して見ていくことで,現在のトルコの全体像の把握を目指していきたい。

1　「民主化」の道のり

「国是」としての世俗主義

　トルコはその国民の大半がムスリムであることと同時に,世俗主義を「国是」としてきたことが大きな特徴の1つである。この特徴は,1923年に共和国が建国された際に,第1次世界大戦で西洋列強に敗れ国土分割を招いたオスマン帝国の諸制度を見直すなかで生み出された。

　「共和国建国の父」とされ初代大統領を務めたアタテュルク(Mustafa Kemal

Atatürk：ムスタファ・ケマルとも）は，トルコを西洋に負けない国家にすることを目標に，西洋をモデルとする「近代化」改革を次々に実施した。そのうちの1つが世俗主義とよばれるもので，イスラームを統治原理の中心に据えてきたオスマン帝国との決別も視野に入れつつ，新生共和国における諸制度は，国家による宗教（ここでは主にイスラームを指す）の管理・統制を通して整備が目指されることとなった。1924年には国家機関として宗務庁が設置され，モスクの設置や維持，公務員化したイマーム（imam：説教師）らの採用や監督を担った。

　こうした方針は，のちにアタテュルク主義（あるいはケマリズム）とよばれることになる近代化理念の1つとして位置づけられ，「国是」の一部となった。アタテュルクが設立し共和国初期に事実上の一党支配体制を築いていた共和人民党（Cumhuriyet Halk Partisi：CHP）は，1931年に党綱領にこれらの理念を定め，1937年には当時の1924年憲法を改定しそれに明記することで，アタテュルク主義を法制度面からも整えていった。トルコではその後，共和国初のクーデタである1960年クーデタ後に1961年憲法が，そして1980年クーデタ後に現行の1982年憲法が制定されたが，程度の差はあれどの憲法にもこうした理念が反映され，世俗主義はその重要な一部としてトルコ社会や内政全般を規定し続けた。これにより，例えば政治家による宗教的な発言は強い非難の対象となり，議会議員を含む公務員や大学構内での女性のスカーフ着用は禁止されることとなった。そして，次第に世俗主義は「西洋的な民主主義」に不可欠なものと認識されるようになり，この理念を否定するような発言は「反民主主義的」でありタブー視されるものとなっていった。

　しかし一方で，トルコ社会には世俗主義の緩和を求める声は常に一定数存在しており，ことあるごとに選挙や政治の争点となった。とりわけ，右派や保守を自任する政党は，伝統的価値観としてのイスラームの重要性を認識し，教育分野を中心に親イスラーム的な要素の拡大を志向してきた。また，アタテュルク主義を法制度化しのちに中道左派を標榜することとなるCHPでさえ，複数政党制が導入された1946年には，有権者の支持獲得を目指し，当時閉鎖されていた説教師ら養成のためのイマーム・ハティプ校の課程としての再開や，公立学校の選択科目としての宗教教育授業の設置，ならびにアンカラ大学での神学部の開設を掲げていたという事実は，非常に興味深い。

　このように，トルコでは共和国初期に「国是」としての世俗主義の導入という大きな変化が図られたのち，それが共和国の近代化理念を支える不可欠な要素として認識されるに至ったものの，依然としてその緩和の必要性も主張され続けている。そしてこうした主張は，次項以降で述べるような政治構造の重大な転換を経て，次第に「反民主主義的」であるとはみなされなくなっていった。

政治的に強力な軍

　トルコ政治を考える上で，欠かすことができないのが軍の存在である。実に2000年代

半ばに至るまで，軍は政治に大きなインパクトを与え続けてきた。そもそも共和国の建国においても，西洋列強やオスマン帝国政府と戦ったアタテュルクら新政府にとって，軍は自らの母体でありなくてはならない存在であった。共和国建国後も軍は有力政治家たちの重要な供給源であったし，軍の英雄であったアタテュルクやイニョニュ（İsmet İnönü：第2代大統領）は，軍と協力しつつ CHP 一党支配体制のもとで近代化改革を推進していった。しかし，軍から政治への積極的な関与はこの頃から行われていたわけではない。むしろすでに CHP 一党支配期には軍の脱政治化が図られ，現役将校の被選挙権が剥奪されるなど，個人的なコネクションを除く公式な政治へのアクセスは遮断された。こうした傾向は1950年に初の政権交代によって民主党（Demokrat Parti：DP）が単独政権の座に就いた際により明確なものとなった。

だがこのような状況は，1960年クーデタ以降大きく変化した。このクーデタは佐官・尉官級将校が中心となって起こしたものであったが，特筆すべきなのはクーデタ後に制定された1961年憲法のもとで軍の権益を保障する諸制度が設けられたことである。その1つが，政府首脳と軍首脳がともに参加する国家安全保障会議（Milli Güvenlik Kurulu：MGK）である。MGK は憲法でその設置が認められ，軍の政治へのアクセスを制度化した組織として，さまざまな変化を経つつも2018年現在においても存続している。トルコでは，1971年に「書簡によるクーデタ」とよばれる軍の政治介入が，1980年には軍首脳が中心となって実行したクーデタが発生したが，それぞれにおいて MGK は権限が強化されてきた。設立当初は閣議の諮問機関としてその意見を「通知する」とされていたが，1971年「クーデタ」では「勧告する」，1980年クーデタ後には MGK の決議は閣議によって「優先的に考慮される」と定められた。トルコにおいて軍が直接政治に関与するいわゆる軍政の期間は，最長でも1980年クーデタの際の約3年間であり，比較的早期に民政移管が実施されてきたという特徴がある一方で，このように軍は法制度にのっとって政治にアクセスする合法的な制度を確立し，クーデタごとに政治的権限の強化を試みてきたのである。

またこうした軍の政治への関与は，次第に思想的な背景を帯びてくるようになった。1971年「クーデタ」では，政府に「アタテュルク主義にのっとった」改革を遂行するよう求めた他，1980年クーデタ以降は憲法や教育などを通じて国民生活へのアタテュルク主義の浸透を図る施策を実施した。それとともに，軍は自らを「アタテュルク主義の擁護者」として位置づけ，政治や社会におけるアタテュルク主義のあり方を軍が規定していくようになった。とりわけ世俗主義については，軍自身がクーデタ後にイスラームを国民統合の1つの手段とみなし重視する姿勢を見せていたため（「トルコ－イスラーム総合」），それとバランスをとるためにも，適用を厳格化した。

政治への合法的なアクセスを持つ「アタテュルク主義の擁護者」たる軍が，思想的な背景を主たる要因として行った介入が，1997年の「2月28日キャンペーン」である。これは，前年の総選挙でエルバカン（Necmettin Erbakan）を党首とし議会第一党となっ

ていた親イスラーム的な福祉党（Refah Partisi: RP）連立政権が，その言動が世俗主義に反するとしてMGKの場で軍首脳より総辞職を迫られた事件であり，トルコ国内外に軍の「アタテュルク主義（とりわけ世俗主義）の擁護者」としてのイメージを再確認することとなった。以降，アタテュルク主義ないし世俗主義と軍がいっそう強く結びつけられるようになり，軍もそれを有力な正統性の源として政治への介入をうかがう状況が続いた。

公正発展党政権と「民主化」

　このような政治における軍の存在を大きく変化させたのが，2018年現在も政権を担うAKPとそのリーダーであるエルドアンである。AKPの創設者であるエルドアンやギュル（Abdullah Gül: 2002年11月～2003年3月は首相，2007年8月～2014年8月は大統領）といった政治家は，RPに所属しながらも，これまでトルコで主要な親イスラーム政党を率いてきたエルバカンの方針とは一線を画してきた。そして，従来のエルバカン系の政党の大半が「世俗主義の原則に反した」として憲法裁判所によって閉鎖されてきたこと，そしてAKPと同時期に設立された至福党（Saadet Partisi: SP）がエルバカンの路線を継承したことから，トルコ政治で生き抜くためのより現実的な政策を掲げたAKPを2001年に設立したのである。

　AKPは公式の略称をAK Partiとしており，「公正と発展」を意味するAdalet ve Kalkınmaの頭文字と「白色」や「潔白さ」を意味するakを重ねることで，既存の政党とは異なるイメージを打ち出した。そして同様に，親イスラーム政党に起源を持ちながらも，AKPは設立当初から「保守民主」を標榜し，EU加盟に積極的な姿勢を示した。また，従来の政党のような西洋とイスラームとの二項対立的な構図から距離を置き，文明の共存を掲げたことも，特徴の1つである。AKPは，西洋化を目指してきた軍などの勢力と親イスラーム的な勢力との双方の了解の範囲内で党を維持し，それでいてこれらに満足していない有権者から支持を得ようとしていた。彼らが掲げる「保守」とは，アタテュルク主義を掲げる既存の体制の枠組みを遵守することを意味すると同時に，伝統的・文化的・宗教的価値観を尊重することも意味している。このように，AKPは旧来の対立軸に身を置かず，双方の枠組みや志向を踏まえることで，この対立軸そのものの変革を視野に入れて活動を開始したのである。

　そしてAKPは，初参加となった2002年11月総選挙で一院制議会の全550議席中363議席（得票率34.3％）を獲得し，連立政権が続いていたトルコにおいて10年以上ぶりとなる単独政権を樹立した。政権の座に就いたAKPがまず着手したのが，EU加盟という目標に向かっての「民主化」改革の実施である。EU加盟は，アタテュルク主義が近代化（西洋化）のための理念であったことからもわかるように，アタテュルク主義を支持する勢力からはおおむね国家目標として位置づけられてきた。AKPは，それ以前の政権によって開始されたEU加盟に向けてのさまざまな改革を継続し，「民主化」改革，

とりわけ軍の政治的影響力の排除としての「政治の文民化」を大きく前進させた。

まず，2003年に「MGK法」（法律第2945号）の改定によってMGK事務局長の武官規定を廃止するとともに，開催頻度を毎月から隔月へと変更，さらに会計検査院による非公開の軍事支出の検査を可能とした。2004年には，これらの改定を憲法に反映させると同時に，軍から教育・放送機関への委員選出枠と国家安全保障裁判所の廃止を実現した。これらの改革は，2006年頃までに一段落し，EU加盟の名のもとに軍の政治的影響力の排除は一定の成果を上げた。

こうした「政治の文民化」に不可欠であったのが，EU加盟をアタテュルク主義の延長線上に位置づける作業である。AKPは，2002年の選挙マニフェストやその後の政府プログラムにおいて，アタテュルク主義の肯定をEU加盟やそのための改革受容の肯定に結びつけるような表現をしばしば用いた。また，当時のオズキョク参謀総長（Hilmi Özkök）がEU加盟支持を強く表明したことも，1971年「クーデタ」以降に整備された参謀総長を頂点とする軍内のヒエラルキーも手伝って，軍が「政治の文民化」を受容する重要な素地を形成したといえる。

2010年代に入ると，こうした政軍関係のもとでさらなる軍の政治的影響力の排除が進められた。2013年には，ながらく軍に政治介入の法的根拠を提供してきたトルコ国軍国内任務法（法律第211号）が改定された。当該法では，第35条において「国軍の任務は，トルコの祖国と憲法によって定められたトルコ共和国を看視し保護すること」と規定されていたが，これを「国外からの脅威および危険からトルコの祖国を防衛すること」と変更することで，軍の直接的な政治への介入回避を試みた。さらに，2008年と2010年から開始された，かつてのクーデタ計画に対する2つの裁判は，元参謀総長をはじめ多くの軍関係者が逮捕・起訴されたことで，軍のイメージを大きく損なわせた。最終的には被告の多くが釈放されるに至ったが，被告である軍関係者に対する処遇をめぐって軍首脳とAKP政権が対立し，2011年7月には当時の参謀総長・陸軍司令官・海軍司令官・空軍司令官が一斉に辞任する出来事が生じた。これは，軍がAKP政権に屈したとの見方もされるなど，以降は文民優位での安定した政軍関係が築かれていくこととなった。2016年7月には軍の一部がクーデタ未遂を起こす事件が発生したが，軍首脳らが迅速にこれを鎮圧するとともに，AKP政権による大規模なパージが軍内でも実施されるなど，文民優位の状況がより進展しているといえる。

議院内閣制から大統領制へ

軍の政治的影響力の排除や「政治の文民化」の進展と一部重なるようなかたちで，トルコでは政治制度にこれまでにない重大な変化が生じた。すなわち，執政制度の議院内閣制から大統領制への移行である。トルコでは1924・1961・1982年と3つの憲法が存在してきたが，1961年憲法以降はいずれも明確な議院内閣制を掲げており，執政権は内閣のもとに置かれてきた（表22-1を参照）。のちに執政制度を変更することになるAKP

表 22-1 トルコにおける執政制度の変遷

憲　法	期　間	執政制度の特徴
1924年憲法	1924～1960年	議院内閣制に近い。大統領は議会選出で，首相・内閣を任命する。執政権は大統領・首相・内閣を通して，立法権とともに議会によって担われるとされる
1961年憲法	1961～1980年	議院内閣制。大統領は議会選出
1982年憲法	1982～2014年 2014～2018年 2018年～	議院内閣制。大統領は議会選出 議院内閣制。大統領は国民選出で強い政治的リーダーシップを持つ 大統領制。首相職は廃止

出典：筆者作成。

政権も，原則として党首が首相を務めるかたちで2002年11月以来政権を担当してきた。

　その AKP をながく率いてきたのが，冒頭で紹介したエルドアンである。1994年3月からイスタンブル広域市市長として活躍したエルドアンは，1997年12月に政治集会でイスラームを称揚する詩を朗読したことにより，宗教・人種間の敵対心を煽動した罪に問われ（刑法第312条），実刑判決を受けた。そして1999年3～7月の禁錮期間を経たのち，2001年8月に AKP を結党，初参加となった2002年11月総選挙での勝利を経て，与党党首として2003年3月には首相に就任した。なお，トルコの選挙制度は比例代表制であるが，全国での得票率が10％を超えない政党は議会に議席を持つことができないため，当該総選挙では得票率10％を超えた AKP と CHP，そして無所属議員のみが議席を獲得した。以降，2007年7月・2011年6月と連続して AKP を議会第一党に導き，エルドアンは首相として執政府の長を務めた（図22-1を参照）。

　このように，AKP 政権となってからも執政府を率いる首相が議会に責任を負う議院内閣制は維持されていたが，象徴的・儀礼的な意味合いの強い大統領職に，次第に権限が与えられるようになっていった。その端緒となったのが，2007年10月の改憲による大統領選出方法の変更である。従来，大統領は議会が選出してきたが，この改憲によって次期大統領選挙から国民による直接選出へと変更され，任期も7年から5年に短縮されるとともに再選まで可能となった（3選不可）。その他の部分，例えば執政権に関する大統領の権限は，従来通り，首相の任命と辞任の承認，首相の提案に基づく大臣の任免，必要に応じての閣議の議長担当と招集，参謀総長の任命，MGK の議長担当と招集，閣議決定による戒厳令・非常事態布告，政令への署名と発布などに限定されたままであった。しかし，国民選出という正統性を手に入れたことで，実際には大統領は憲法に規定されたものよりも大きな政治的影響力を行使できるようになった。

　国民選出による初の大統領選挙は2014年8月に実施されたが，ここでは新しい規定に従って議会議員20名以上あるいは直近の総選挙で得票率が10％以上であった政党に推薦された者が候補者となった。エルドアンはこれに出馬して第1回投票で過半数（51.8％）を獲得し，トルコ初の国民選出による大統領として，実質的に執政府の長と

第22章　トルコ　449

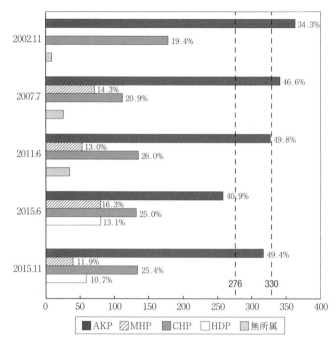

図 22-1 トルコにおける総選挙での各党の獲得議席数と得票率
（2002〜2015年，全550議席）

注：1 AKP：公正発展党，MHP：民族主義者行動党，CHP：共和人民党，HDP：人民民主党。
　　2 横軸は議席数（過半数は276議席，5分の3は330議席），％は得票率を表す。
出典：高等選挙委員会ウェブサイト（http://www.ysk.gov.tr/）より筆者作成。

なり政治を動かしていくこととなった。1982年憲法第104条では，大統領は「共和国と国民の一体性を代表する国家元首」として，「国家諸機関の秩序立ち調和の取れた活動を後見する」べく中立であることが求められており，大統領が議会選出であった頃には，当選には概して議会議員総数の3分の2以上の得票が必要であったため（第102条），大統領候補は必然的に議会第一党以外からの支持も得なければならず，制度的にもその中立性が幾分保障されていたといえる。しかし，エルドアン大統領は自らを「行動的大統領」とよび，憲法規定によってAKPの党籍は離脱したものの，与党の初代党首・前首相という地位と影響力によって首相（AKP党首）をはるかにしのぐ党・政治の権力者となった。

　こうした，議院内閣制の体裁をとりつつも大統領が実質的に主導するという状況は，AKP政権にとってはあくまでも過渡期とみなされていた。2015年6月総選挙に向けたAKPのマニフェストにおいても，執政権を大統領に公式に付与する大統領制が「効率

表22-2　2017年4月改憲案での大統領に関するおもな内容

改憲案条項	内　容
第8条	執政権は大統領に属する 国内外の政治に関し議会に意見を述べる 1名または複数の副大統領，閣僚および上級行政官を任免する 国家安全保障政策を決定し必要な措置をとる 大統領令および規則を発令する（第16条でも言及）
第11条	議会解散権を有する
第12条	非常事態を宣言する
第14条	裁判官・検察官人事への関与増大
第15条	予算案を提出する
第16条	憲法裁判所裁判官の大半の任命権
第18条	党籍を離脱する必要はない

出典：『トルコ共和国官報』第29976号（Resmî Gazete, Sayı: 29976）より筆者作成。。

的に機能する統治モデル」であるとされ，その導入を目指す方向性が示された。また，現行制度で起こりうる，首相と大統領の出身政党が異なる「ねじれ」を避けるためにも，大統領制の導入が必要であるとの主張がなされた。しかし2015年6月総選挙では，AKPは議会第一党をかろうじて維持したものの過半数に及ばず，その後の連立交渉も不調であったことから大統領制への以降は一時頓挫，同年11月に再度総選挙が実施された。11月総選挙では，AKPは再び単独政権に返り咲いたが（316議席），大統領制導入改憲案の議会承認に必要な367議席（国民投票不要）あるいは330議席（国民投票による承認必要）には届かず，エルドアンおよびAKP政権は，必要な議席を確保するため民族主義者行動党（Milliyetçi Hareket Partisi：MHP）に接近し事実上の連立を組むに至った。

　このような状況のなか，2017年4月に，2019年11月の大統領選挙・議会選挙の実施と大統領制への移行を主眼とする改憲国民投票が実施された。この改憲では，大統領制であることを考慮しても，より大統領に権限が集中する内容となっていたが（表22-2を参照），投票結果は賛成票が51.4%，反対票が48.6%となり，改憲案が承認された（投票率85.4%）。これによって，まず大統領の党籍離脱条項が廃止され，エルドアンはAKP党首に復帰，AKP政権は次期大統領選挙・議会選挙をエルドアン党首のもとで争うことが決まった。そして2018年4月には，急遽，次期大統領選挙・議会選挙（改憲により議員任期は4年から5年に延期され大統領選挙との同日実施）の繰り上げが決定され，これらを同年6月に実施し大統領制への移行が行われることとなったのである。

　2018年大統領選挙では，エルドアンが第1回投票で過半数（52.6%）を獲得して当選を果たした。一方の議会選挙では，AKPは単独過半数に届かず（全600議席のうち295議

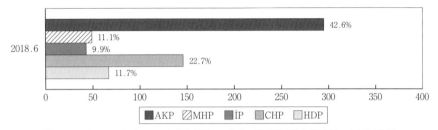

図22-2 トルコにおける2018年議会選挙での各党の獲得議席数と得票率 （全600議席）
注：1 AKP：公正発展党，MHP：民族主義者行動党，İP：善良党，CHP：共和人民党，HDP：人民民主党。
　　2 当該選挙では政党間で結成された選挙連合が得票率10％を超えた場合には，その構成政党は個別の得票率に応じて議席を獲得することができた。AKP は MHP などと，CHP は İP や SP などと選挙連合を結成した。
出典：高等選挙委員会ウェブサイト（http://www.ysk.gov.tr/）より筆者作成。

席），選挙戦で連合を結成した MHP（49議席）と事実上の連立を組む必要が生じたが（図22-2 を参照），現時点では「エルドアン政権」は決して盤石とはいえないまでも比較的安定した政権運営を行っている。

2　新自由主義と「公正」のあいだ

　AKP 政権による政策は，党名（公正発展党）にもある「公正」，あるいはイスラーム的な「正しさ」を意識したように映るものも多く存在するが，そうした観点を含みつつも総じて現実主義的・実際的であるといえる。経済や福祉といった面においても，こうした傾向は同様である。
　まず経済政策については，現在でも1980年代からトルコが採用してきた新自由主義的な政策が基礎となっている。トルコでは1970年代までは輸入代替工業化と保護主義的な政策が実施されてきたが，1980年クーデタ軍事政府で経済担当副首相を務め，のちに首相（1983～1989年）・大統領（1989～1993年）に就任したオザル（Turgut Özal）のもとで，市場メカニズムを重視した輸出志向型の政策へと転換，規制緩和の促進や積極的な外資の導入が行われた。1990年代に入ると財政赤字の拡大や慢性的な高インフレ率など多くの問題が生じたが，そうしたなかでも EU との関係は強化が進み，1996年にはトルコ・EU 間で関税同盟が発効し，貿易がさらに拡大した。1999年の民主左派党（Demokratik Sol Parti: DSP）連立政権下においては，銀行法改正などの構造改革を実施するとともに EU 加盟候補国となり，IMF とも3年間約40億ドルのスタンドバイ協定で合意した。そして2001年には，通貨危機への対応としてデルヴィシュ経済担当国務相（Kemal Derviş）による IMF 指導下での構造改革に着手，緊縮財政による規律強化や中央銀行

の独立性維持，金融抑制政策，民営化促進政策などを実施していった。

DSP連立政権は高齢であったエジェヴィト首相（Bülent Ecevit）の入院と相次ぐ閣僚の辞任を機に崩壊したが，AKP政権も，基本的にはこのデルヴィシュ改革を引き継ぐ形でスタートした。2005年にはEU加盟交渉が開始されたこともあり，AKP政権はIMFとEUというダブルアンカーのもとで経済の安定化に成功した。その結果，AKP政権下のトルコは，2018年まで平均して年約5.7％の経済成長率を実現し（最大で約11％），OECDによると1人当たりGDPも2003年の約9,500米ドルから2012年には2万米ドル以上にまで引き上げることに成功した。しかし，こうした目覚ましい経済成長は2011～2013年頃をピークに鈍化しており，2018年に入ってからは通貨安もあり状況は悪化しつつある。この背景には，低金利政策に基づく国民経済の発展を志向するエルドアンによる中央銀行への圧力があるともいわれているが，2018年後半には政策金利を大幅に引き上げるなど，現実主義的な対応も見せている。とはいえ，AKP政権下でも中間財を輸入に頼る傾向は解消されておらず，慢性的な経常収支の赤字は改善される兆候も見られないなど，経済面での課題は多い。

この他，AKP政権においては，国内のバランスが大きく変化したことも特筆に値する。従来のイスタンブルに拠点を置く大企業から，アナトリア（トルコ内陸部）にある中小企業へと重点をシフトさせる政策は，経済面だけでなく後述のように外交面にも影響を与えた。すなわち，前者がEUとの結びつきが強い一方で，後者のための新たな取引先として，中東諸国へとトルコが目を向けるようになったのである。こうした政策は，国内に新興経済グループを誕生させるとともに，AKP政権を支える重要な基盤を整備することにもつながった。

また，これまで顧みられてこなかった場所に光をあてるという点では，福祉政策でも同様である。トルコには，これまで公共・民間の労働者を対象とした一般社会保険組合，退職公務員を対象とした年金基金，そして自営業者を対象とした自営業者保険組合という3つの公的保険制度が存在していたが，2006年にはこれらを社会保障機構（Sosyal Güvenlik Kurumu: SGK）に統合し，年金制度の統合と格差解消，そして国民皆医療保険制度の導入を実現した。2008年には，「社会保障および国民皆保険法」（法律第5510号）が施行され，単一支払者制度が確立された。

またトルコでは，第2次大戦以降，とりわけイスタンブルなどの大都市において急激な都市化に伴って広がった「ゲジェコンドゥ（gecekondu：一夜建て，不法居住住宅の意）」が対応すべき重要な課題であった。ゲジェコンドゥに住む人々は，人口にして大都市の半分以上ともいわれていたが，AKP政権はこうした低所得者層向けの公共住宅を含む大規模な都市再開発を，環境都市整備省の下に1984年に設置された集合住宅局（Toplu Konut İdaresi Başkanlığı: TOKİ）を中心に実行した。これによってゲジェコンドゥはほぼ解消へと至り，住民の多くは比較的低価格で提供された公共住宅に移ることとなった。さらにイスタンブルでは，慢性的な交通渋滞解消のため，幹線道路の専用

レーンを走る交通システムであるメトロバス（metrobüs）を2007年から導入した。地下鉄路線の拡充なども継続しており，公共交通機関を利用する一般市民の満足度は高い。こうした都市再開発は，建物の強制撤去をめぐる衝突やさまざまな汚職・不正を含みながら半ば強引に実行されていったことは否めないが，「公正」の名のもとに実行されたこれらの政策は，都市部でAKP政権を支える基盤を形成するなど，有権者から一定以上の評価を受けている状況にある。

3　変化する人の流れ

　移民・難民政策については，トルコは送り出し国・受け入れ国の両方の側面を持っていることが特徴である。前者は主に1960年代頃から，後者は2010年代から顕著となっていった。

　移民の送り出し国としてのトルコは，1961年に当時の西ドイツ・トルコ間で締結された「労働力協定」が重要な役割を果してきた。第2次世界大戦後の若年層の労働者不足をねらう西ドイツと，未熟練労働者の失業問題をかかえるトルコの利害の一致を具体化したこの協定により，双方で公的機関を通じた労働者の送り出し・受け入れが行われた。当初はこれらの機関が十分に機能し，トルコからの労働者の送り出し人数はドイツの経済状況によって調整されていた。また，外国人労働者を指すガストアルバイター（Gastarbeiter）というドイツ語の呼称（Gastは客人の意）からも明らかなように，受け入れられた労働者はあくまでも一時滞在者であると想定されていた。

　しかし，1960年代半ばに協定における滞在許可期間に関する条項が削除されたこと，そして退職金や労働災害に関する保障がトルコ人労働者にも適用されるようになったことを契機に，定住化を視野に入れた家族の呼び寄せなどが増加した。西ドイツは1973年には外国人労働者の募集を停止したが，1974年時点では西ドイツにおけるトルコ人人口は100万人を超えるなど拡大の一途をたどった。これに対し，西ドイツは1983年に時限立法として「帰還支援法」を制定し帰還奨励金などで外国人労働者の帰国を推奨したが，結果的には外国人居住者数の増加を押しとどめることはできなかった。

　このようにしてドイツを中心にヨーロッパで暮らすようになったトルコ系住民は，500万人を大きく超えるといわれている。彼らはトルコで暮らす家族・親族への送金といったかたちでトルコ経済にも存在感を示している他，近年，選挙権を持つ住民はトルコ政治を左右する存在にもなっている。例えば，2018年大統領選挙・議会選挙においては国内の有権者数は約5,600万人であったが，国外にも約350万人の有権者が存在しており，国内に比べてAKPやクルド人（後述）に基盤を持つ人民民主党（Halkların Demokratik Partisi：HDP）に多く票を投じている。こうした状況から，選挙戦においてはヨーロッパも重要度が増しており，選挙キャンペーンのため各党の政治家が現地入りすることも多くなってきた。そしてそれをめぐる現地の賛否両論が，トルコ系住民をめ

ぐる新たな問題となりつつある。

　一方，2010年代になると，南の隣国であり900キロメートルを超える国境を接するシリアでの紛争が激化したことで，難民の受け入れ国としてのトルコの存在もクローズアップされるようになった。2011年から緩やかに増加したシリアからの難民の流入は，2013年以降その数が飛躍的に増加し，内務省移民行政総局（İçişleri Bakanlığı Göç İdaresi Genel Müdürlüğü：GİGM）によって登録されたシリア難民の数は2016年時点で280万人を超えた。総人口が約8,000万人であるトルコにとって，約3.5％に相当するシリア難民は，経済面・社会面において多大なコストを要する問題となっている。こうした大規模かつ急激な難民流入への対応は，主に首相府の下に2003年に設立された災害緊急事態管理庁（Afet ve Acil Durum Yönetimi Başkanlığı：AFAD）や前述のGİGMがあたっている。AFADは，一時保護センター（いわゆる難民キャンプ）の設置・運営や関係省庁間のコーディネーションを，GİGMは，各種サービスを受けるための難民登録を行っている。

　こうした難民の受け入れは，次第にEUにとっても同様に喫緊の課題となっていった。2015年前半においてヨーロッパに移動した人数は，前年の同時期に比べて83％増加し約14万人であったとされるが，そのうち3分の1がシリア出身者であったとされる。シリア難民はその多くがトルコを経由地としていると考えられ，EUにとってはトルコとの連携強化によって難民流入を解決する必要があった。そこで同年10月には，欧州委員会は「EU・トルコ共同行動計画」として，EUへの非正規移民（irregular migrants）の阻止を目的に，EUによるトルコへの経済支援とEU渡航のためのビザ免除協議の加速，トルコによるEUへの非正規移民の再入国の推進とビザ免除に向けた改革の実施を決定した。その後，翌月には「EU・トルコ声明」が，翌2016年3月にはEU・トルコ首脳会議で新たな合意がなされたが，いずれも共同行動計画の枠組みを踏襲したものであった。

　このように，難民の受け入れという人道的あるいは「正しい」とされる行為をめぐっては，トルコとEUの間の取り引き材料として扱われる局面が増え，状況を打破するには至っていない。AKP政権は，ビザ免除が難民送還の実施に先行すべきだという主張を繰り返し行っているが，EU側はこれに応じる状況になく，後述するような外交・安全保障を取り巻く環境も相まって，トルコにとってのシリア難民問題は今後も国内外にとって重要な要素となっていくと考えられる。

4　対外関係の「多角化」

　外交・安全保障政策は，AKP政権になってから最も大きな変化が現れた分野である。伝統的なトルコの外交政策は，アタテュルク主義に象徴されるような西洋志向が強い善隣外交であり，冷戦期においてはNATO加盟国および西側陣営の一員としての役割を

果してきた。1960年代にキプロスをめぐってギリシャと関係が悪化した際にも，NATO加盟国としてアメリカやイギリスとの交渉を継続した。

　これにわずかではあるが重要な変化をもたらしたのが，前述のオザルの時代である。オザル政権下では，冷戦後に中央アジアに誕生したトルコ系諸国や中東諸国など，これまで注目してこなかった地域を視野に入れた経済活動が開始された。オザルは1987年にEU（当時はEC）への加盟申請を行うなど，対ヨーロッパ関係の深化にも積極的であり，トルコ系諸国や中東諸国との関係はこの時期大きく発展することはなかったが，彼の拓いた道は1990年代を通して継続されていった。

　このような経済分野での変化に加え，1990年代後半の安全保障分野においても変化が見られるようになった。その大きな要因となったのが，トルコ国内の少数民族であるクルド人の居住地域の分離独立を掲げるクルディスタン労働者党（Partiya Karkerên Kurdistanê: PKK）による武装闘争の活発化である。クルド人はトルコだけでなく，シリア北部・イラク北部，そしてイラン西部にも居住するが，当時は特にシリアがPKKを支援しているとみなされていた。そのため，トルコはイスラエルと軍事協力協定（1996年）を締結するなど，シリアに圧力をかけて対PKK支援を断念するよう働きかけた。その結果，1998年には，シリアは保護していたPKKの指導者オジャラン（Abdullah Öcalan）を国外追放し，これによってトルコは翌年にオジャランを逮捕することに成功した。オジャランは逮捕後，一度は死刑判決を受けたが，トルコのEU加盟に向けた諸改革において2004年に死刑制度が完全に廃止されたことから終身刑となり，以降は武装闘争の放棄を宣言した上で2012年頃からPKKおよびクルド系勢力の重要人物の1人としてトルコ政府との対話を断続的に行っている。その後トルコ・シリア関係は一時的に改善したが，PKKをめぐる問題は現在でも引き続き安全保障政策の最重要項目となっている。

　AKP政権は，こうしたシリアとの関係改善の兆しも背景としつつ，政権が安定期に入った2期目の2007年頃から外交政策の「多角化」と「ゼロ・プロブレム外交」を展開した。AKP政権下においても，これまでと同様にEU（ヨーロッパ）やアメリカが外交上の最重要パートナーであったが，同時に前述のアナトリアの中小企業からの要請や輸入超過傾向の解消という目的もあって中東諸国にも目が向けられるようになった。2008年頃からは，輸出額全体・輸入額全体に占める割合において，EUはそれぞれ半数を下回るなど明らかに減少傾向にあるが，中東諸国の割合は逆に増加している。しかし依然としてEUが最も重要な貿易相手であることに変わりはなく，ここでも現実主義的なバランスを意識した方針がとられているといえる。その意味において，AKP政権における外交政策の変化は，やはり「多角化」による欧米偏重の一定の修正にとどまるものである。

　一方の「ゼロ・プロブレム外交」は，エルドアン首相の首席補佐官，外相を務め2014年8月には首相に就任したダヴトオール（Ahmet Davutoğlu）が掲げた政策で，近隣諸

国との摩擦を回避する積極的な善隣外交を目指すものである。ここでの近隣諸国，特に国境を接するイラン・イラク・シリアとは，前述のように経済面からまず関係強化を進めていった。そして安全保障面においても，オジャラン逮捕はトルコ国内におけるクルド問題への非軍事的アプローチを可能とし，イラク北部のクルディスタン地域政府との連携をさまざまな面において強化していく素地を形づくった。イランについても，天然ガスや原油の供給源としての重要性や同様に国内にクルド問題を抱える立場から緊密な関係が築かれていき，シリアに関しても，経済関係の発展を軸にクルド問題についても協力の兆しが見られていった。

しかし，こうした「ゼロ・プロブレム外交」を取り巻く状況を一変させたのが，2010年末から中東諸国を席捲した一連の政治変動，いわゆる「アラブの春」である。とりわけ，シリアで生じた政治変動が紛争化したことは，トルコに微妙なバランスが必要とされる「ゼロ・プロブレム外交」を事実上放棄させることとなった。シリアのアサド政権と反政府勢力との交戦によって空白地帯となったシリア北部は，PKKの関連組織とされる民主統一党（Partiya Yekitiya Demokrat: PYD）が実効支配しているとされ，国内のPKKの活動にも影響を与えた。実際，2011年後半からPKKによる武装闘争が再発し，トルコ国内でもクルド問題をめぐる対立が再度激化していった。

そして2015年以降は，AKP政権における安全保障政策の中心は，PKKやクルド問題への軍事的アプローチへと移っていった。2016年8月からは，イスラーム国（Islamic State: IS）だけではなくPYDも射程に入れた「ユーフラテスの盾」作戦を開始し，シリア北部の安全保障を軍事力によって確保する姿勢を示した。特に，シリア北部のトルコ国境沿いに帯状のクルド人地域が成立することを強く警戒しており，この東西への分断を維持することが最重要目標となっている。そのため，対IS作戦の観点からPYDを支援しているアメリカとは，意見の対立がしばしば生じており，むしろロシアやイランといったその他の大国・隣国との協力が見られている。こうした状況も，対外政策を「多角化」したことによって可能となった，AKP政権による新たなオプションといえるだろう。

5　体制変革か権威主義か

親イスラーム政党の系譜にありつつ従来の政党とは一線を画してきたAKP政権の政策は，「公正」やイスラーム的な「正しさ」とは無縁ではないながらも，さまざまな局面で極めて現実主義的・実際的なものであったといえる。事実，2007年7月総選挙までのAKP政権に対する世論の政策評価では，反動（親イスラーム的傾向を指す）が強まったと評価する人々はすでに少数派となっており，「民主化」を含めむしろ改革が進んだと評価する人々が多数を占めるようになっていた。2008年にはAKP政権に対し「世俗主義の原則に反した」として党の閉鎖などを求める裁判がおこされたが，憲法裁

判所がEU加盟に向けたAKP政権の諸改革を評価し民意もこれを支持したと判断したことで，AKPは閉鎖をまぬがれ，政党助成金が削減されるにとどまった。

　その後もAKP政権は多くの分野で改革を実施し，世俗主義の解釈や適用も含めて旧来の政治の変革を進めていった。2010年9月には，1980年クーデタの首謀者らの訴追を可能とする改憲や憲法裁判所裁判官の議会選出枠の設置などを含む司法改革のための国民投票を実施し，57.9％の賛成で承認された。また，公的施設での女性のスカーフ着用の解禁にも，女子教育の推進という観点から取り組みを進めた。親イスラーム的な風潮を許容するAKP政権のもとでスカーフを着用する人々の割合は増加傾向にあり，大学でのスカーフ着用を認めるべきとする意見が80％近くにのぼるとの調査結果もあるなど，国民の要請が背後にあることは明らかであった。こうした状況を受け，AKP政権は共和国建国100周年にあたる2023年を目指した党の政策ヴィジョンにおいて，世俗主義の堅持をうたいつつ，それが共和国観の不可欠な一部であると同時に宗教への平等さを保障するものであると指摘し，スカーフ着用解禁に向けて自由や平等の観点から議論を展開していった。そして2013年には公務員の服装に関する規則を閣議決定により改定し，女性公務員のスカーフ着用解禁を実現した。また同年には，AKP女性議員4名が本会議にスカーフ着用のまま出席したことで，議会でも事実上スカーフが解禁された。さらに，このころにはすでに，大学でのスカーフ着用は事実上認められるようになっていた。2016年には女性警官の，2017年には女性軍人のスカーフ着用も可能となった。

　こうした，「西洋的な民主主義」の概念を用いつつ多くの有権者の実情に沿った変革は，親イスラーム的な傾向としても捉えることが可能である一方，民主政治のあり方に適ったものということもできる。しかし，2013年半ばに生じた反政府抗議運動への対処を契機に，エルドアンおよびAKP政権は次第に権威主義的な傾向を帯びてくることとなった。

　この抗議運動は，イスタンブル・ゲズィ公園（Gezi Parkı）の再開発に対して座り込みを行った活動家らの強制排除の様子がSNSを通じて拡散されたことに端を発しており，最終的にはイスタンブルやアンカラなど大都市を中心に各地で数万人規模のデモが発生した。抗議運動は警官による暴力がきっかけであったものの，焦点はすぐにAKP政権による自由の制限や権利の侵害に対する批判へと移っていった。とりわけ，当時政権に批判的なジャーナリストらの逮捕によって報道や表現の自由が抑圧されつつあったことは，こうした状況に拍車をかけた。これに対し，外遊中であったエルドアン首相に代わって対応したギュル大統領やAKP政権首脳は，警官の対応の非を認めつつ，選挙以外における対話の重要性を強調して事態の鎮静化を模索した。

　しかし，帰国したエルドアンは，むしろ抗議運動による暴力を批判した上で，AKP政権の選挙によって得た正統性を主張する演説を展開し，一貫して抗議運動に対する強硬姿勢をとった。これにより，AKP政権は強硬姿勢に一本化され警官によるデモへの大規模介入によって解決を図るようになった。また，イスタンブルやアンカラで10万人

を超える規模でのAKP支持者集会を開催し，エルドアンは選挙に勝利した多数派の存在を強くアピールした。そうしたなか，やがて抗議運動は小規模化・散発化していき，エルドアンの強硬姿勢が勝利を収める形となった。

このような，抗議運動への対応とその「成功体験」は，エルドアンやAKP政権をより多数派主義的かつ権威主義的な傾向へと導いていった。また同時に，抗議運動の矛先が，エルドアンやAKP政権の親イスラーム的傾向に直接は向かわなかったという点も，トルコ政治の現状をよく表していたといえるだろう。ジャーナリストやメディアなどに対する抑圧的な状況は，選挙での勝利，すなわち民意という正統性を武器とすることで現在も継続している。

6 個人への権力集中

これまで述べてきたように，エルドアンとAKP政権は有権者の支持を強力な背景とし，それに応えるかたちで様々な改革をおこなってきた。それらのなかには，従来の世俗主義のあり方に変化を加え親イスラーム的傾向を強めたものと見ることのできるものもあるが，それが世論の積極的な支持と現実主義的・実際的な判断のもとで実施されてきたことには，注意が必要である。

しかしこうした状況は，エルドアン個人に権力がより集中する体制となった2018年以降，より容易に変化する可能性がある。導入された大統領制は，大統領個人の権限が非常に大きいことが特徴であり，特に大統領の所属政党が議会多数派を形成している場合には立法・司法にも強い影響力を行使することができる。こうした制度においては，組織である政党の重要性が低くなり，大統領個人の判断が政策に反映されることを妨げる要素は少なくなるといえる。そうした意味では，エルドアンが自身の思想・信条に基づいた政策を実施することも容易になったと考えられる。

また，このような大統領個人への権力集中は，政権維持のための重要な正統性の源である経済にも影響を与える可能性がある。前述のようにAKPが達成した目覚ましい経済成長は有権者の支持をつなぎとめるとともに，間接的には軍の経済活動にも貢献してきた。今後もシリア難民の流入が続きトルコの経済的負担が増えると予想されるなか，大統領が経済政策の舵取りを大きく失敗した場合には，各方面から一気に不満が噴出することもありうるだろう。

エルドアンがAKP政権を率いる限り，こうした傾向に歯止めをかけることは難しい。AKP政権への支持がほぼ固定化されている現状では，AKPはあくまでも多数派の形成ができる規模の勢力を維持する可能性が高い。しかし今後，有権者の支持が失われた際に，エルドアンやAKPはそれでも民意に従い続けることができるのか。また，「エルドアン後」に権力を手にする個人は，民意に基づいてどのような体制を選択するのか。今後のトルコ政治を理解するためには，世俗主義とイスラームの二項対立から脱却しつ

つ，それぞれの存在に留意しながら，分析していくことが必要であるといえるだろう。そして，こうした観点からトルコ政治を見ていく限り，トルコはヨーロッパ政治と変わらない文脈で考えることができるのではないだろうか。

参考文献
新井政美『トルコ近現代史――イスラム国家から国民国家へ』みすず書房，2001年。
今井宏平『中東秩序をめぐる現代トルコ外交――平和と安定の模索』ミネルヴァ書房，2015年。
今井宏平『トルコ現代史――オスマン帝国崩壊からエルドアンの時代まで』中公新書，2017年。
岩坂将充「『アラブの春』をめぐるトルコの対外政策――経済・安全保障環境の変化と中東地域秩序の今後」土屋一樹編著『中東地域秩序の行方――「アラブの春」と中東諸国の対外政策』アジア経済研究所，2013年，37～63頁。
岩坂将充「トルコにおける『民主化』の手法――文民化過程にみる『制度』と『思想』の相互作用」『国際政治』第178号，2014年，132～145頁。
岩坂将充「議院内閣制における政治の『大統領制化』――トルコ・エルドアン体制と大統領権限の強化」『日本比較政治学会年報』第18号，2016年，129～156頁。
澤江史子『現代トルコの民主政治とイスラーム』ナカニシヤ出版，2005年。
間寧「外圧の消滅と内圧への反発――トルコにおける民主主義の後退」川中豪編著『後退する民主主義，強化される権威主義――最良の政治制度とは何か』ミネルヴァ書房，2018年，103～127頁。
八谷まち子編著『EU拡大のフロンティア――トルコとの対話』信山社，2007年。

読書案内
新井政美『トルコ近現代史――イスラム国家から国民国家へ』みすず書房，2001年。
　＊「イスラーム国家」オスマン帝国末期の近代化改革から「国民国家」トルコ共和国の20世紀末までの歩みを歴史的に追いながら，一貫して抱えてきた問題を浮き彫りにしている。
澤江史子『現代トルコの民主政治とイスラーム』ナカニシヤ出版，2005年。
　＊AKP政権初期までの，トルコ政治における世俗主義勢力と親イスラーム勢力の相克を，膨大な資料をもとに分析した1冊。
今井宏平『中東秩序をめぐる現代トルコ外交――平和と安定の模索』ミネルヴァ書房，2015年。
　＊冷戦後のトルコの対中東諸国外交を，国際関係論の理論の視点から分析し，その構造を明らかにしている。

（岩坂将充）

現代ヨーロッパ政治略年表

年	月	出　来　事
1945	2	ヤルタ会談
	5	ドイツ降伏
	7	アトリー政権【イギリス】
1946	10	第4共和制発足【フランス】
	11	NHS制定【イギリス】
1947	6	マーシャル・プラン
	9	コミンフォルム設立
	12	共和国憲法制定（翌年1月より施行）【イタリア】
1948	2	2月事件【チェコスロヴァキア】
	6	ベルリン封鎖開始【ドイツ】
1949	4	英連邦を離脱し，共和国に【アイルランド】
	5	ドイツ連邦共和国建国【西ドイツ】
	9	アデナウアー政権【西ドイツ】
	10	ドイツ民主共和国建国【東ドイツ】
1950	5	シューマン・プラン提唱
	6	朝鮮戦争勃発
1951	4	ECSC条約調印
	10	チャーチル政権【イギリス】
1952	5	EDC条約調印
1953	3	スターリン死去【ソ連】
1954	8	EDC条約批准拒否【フランス】
	11	アルジェリア独立戦争【フランス，〜1962.3】
	12	ECSC条約連合協定による参加【イギリス】
1955	4	イーデン政権【イギリス】
	5	ワルシャワ条約機構発足。オーストリア国家条約。NATO加盟【西ドイツ】
	7	ジュネーヴ四巨頭会談
1956	2	フルシチョフのスターリン批判【ソ連】
	3	モロッコ独立【フランス】
	10	スエズ戦争【イギリス】ハンガリー事件

1957	1	マクミラン政権【イギリス】
	3	ローマ条約（EEC, EURATOM 設立は1958年1月）調印
	10	スプートニク打ち上げ成功【ソ連】
1958	10	第五共和制発足【フランス】教皇ピウス12世死去，教皇ヨハネ23世就任【バチカン】
	12	ドゴール大統領選出【フランス】
1959	9	フルシチョフ訪米
1960		アフリカ植民地独立
	5	EFTA 設立。アメリカ U2 撃墜【ソ連】
1961	3	アフリカ植民地戦争【ポルトガル】
	8	ベルリンの壁構築開始【東ドイツ】EEC 加盟申請【イギリス】
1962	7	アルジェリア独立【フランス】
	10	キューバ危機【ソ連】第2バチカン公会議始まる
1963	1	EEC 加盟失敗【イギリス】
		独仏友好条約（エリゼ条約）【西ドイツ・フランス】
		教皇ヨハネ23世回勅「地上の平和」【バチカン】
	6	教皇ヨハネ23世死去，教皇パウロ6世就任【バチカン】
	10	ヒューム政権【イギリス】エアハルト政権【西ドイツ】
1964	10	ウィルソン政権【イギリス】ブレジネフ党第一書記就任【ソ連】バチカン国連に加盟
1965	2	アメリカ，北爆開始
	7	EEC 空席危機【フランス】
	12	第2バチカン公会議終了
1966	1	ルクセンブルクの妥協【フランス】
	7	NATO 軍事機構から仏軍撤退【フランス】
	12	キージンガー政権【ドイツ】
1967	7	EC 発足
	11	EC 加盟再申請失敗【イギリス】
1968		学生・市民運動活発化
	8	ワルシャワ条約機構軍，プラハ占領
1969	4	ドゴール退陣【フランス】
	6	ポンピドゥー大統領選出【フランス】
	10	ブラント政権【西ドイツ】
1970	6	ヒース政権【イギリス】ホーネッカー政権【東ドイツ】
	8	モスクワ条約【ソ連・西ドイツ】

1972	1	血の日曜日【イギリス】
	5	SALT 締結【ソ連】
	12	東西ドイツ関係正常化
1973	1	イギリス，アイルランド，デンマーク EC 加盟
	10	第4次中東戦争，石油危機
1974	2	第2次ウィルソン政権【イギリス】
	4	ポンピドゥー死去【フランス】4月25日革命【ポルトガル】
	5	ジスカール＝デスタン大統領選出【フランス】シュミット政権【ドイツ】
1975	4	ベトナム戦争終結
	6	ウィルソン政権，EC 加盟巡る国民投票，残留【イギリス】
	7	ヘルシンキ会議にカサロリが参加【バチカン】
	8	全欧安全保障協力会議（CSCE）発足。バチカン CSCE 参加
1976	1	新型 INF 配備開始【ソ連】
	4	キャラハン政権【イギリス】
1977	1	IMF，最大規模の経済支援【イギリス】
1978	8	教皇パウロ6世死去【バチカン】
	10	教皇ヨハネ・パウロ2世就任【バチカン】
1979	1	「不満の冬」【イギリス】
	2	イラン革命
	3	EMS 発足
	5	サッチャー政権【イギリス】
	6	教皇ヨハネ・パウロ2世母国ポーランド初訪問【バチカン】
	12	アフガニスタン侵攻【ソ連】
1981	1	ギリシャ EC 加盟
	5	ミッテラン大統領選出【フランス】
		教皇ヨハネ・パウロ2世暗殺未遂事件【バチカン】
	12	戒厳令公布【ポーランド】
1982	4	フォークランド紛争【イギリス】
	10	コール政権【西ドイツ】
	11	ブレジネフ死去【ソ連】
1983	3	アメリカ，SDI 構想。緑の党連邦議会進出【西ドイツ】
1985	3	ゴルバチョフ書記長就任【ソ連】
	11	英愛協定【イギリス・アイルランド】
1986	1	スペイン，ポルトガル EC 加盟
	3	シラク政権成立，コアビタシオン【フランス】

	4	チェルノブイリ原発事故【ソ連】
	12	「連帯」弾圧【ポーランド】
1987	7	単一欧州議定書発効
	12	INF 全廃条約調印【ソ連】
1988	9	サッチャー，ブリュージュ演説【イギリス】
1989	2	アフガニスタンより撤退完了【ソ連】円卓会議開催【ポーランド，～4月】
	5	ハンガリー，オーストリア国境の鉄条網を撤去
	6	ポーランドで社会主義体制の崩壊
	9	ハンガリー，東ドイツ人にオーストリア国境開放
	10	経済自由化政策であるバルツェロビッチ・プラン発表【ポーランド】
		ライプツィヒの月曜デモ【東ドイツ】
		社会党による一党支配の放棄【ハンガリー】
	11	ベルリンの壁崩壊【ドイツ】ジフコフ共産党書記長辞任【ブルガリア】
		「ビロード革命」「静かな革命」【チェコスロヴァキア】
	12	マルタ会談（冷戦終結）【ソ連】「ルーマニア革命」，チャウシェスク夫妻処刑
1990	10	東西ドイツ再統一
	11	メージャー政権【イギリス】
	12	ワレサ大統領就任【ポーランド】
1991	1	湾岸戦争
	6	スロヴェニアとクロアチア，ユーゴからの独立を宣言
	7	ワルシャワ条約機構解体議定書署名
	12	ソ連崩壊
1992	2	マーストリヒト条約調印
	3	ボスニア＝ヘルツェゴヴィナ独立宣言。トランスニストリア紛争【モルドヴァ，～7月】
	9	ERM 離脱【イギリス】
1993	1	チェコとスロヴァキアの分離
	8	小選挙区制を基本とする新選挙法の成立【イタリア】
	11	マーストリヒト条約発効。EU 発足
1994		タリバーン結成
	2	ベルスコーニが新党フォルツァ・イタリアを旗揚げ，政界に進出【イタリア】
	4	ルワンダ大虐殺
	5	第1次ベルスコーニ政権成立【イタリア】
	12	第1次チェチェン紛争【ロシア】
1995	1	オーストリア，フィンランド，スウェーデン，EU 加盟
	3	シェンゲン協定発効

	5	シラク大統領選出，翌年にかけて核実験強行【フランス】
	8	NATO ボスニア軍事介入（12月デイトン合意）
1996	11	体制転換後初の政権交代【ルーマニア】
	12	NATO と「平和のためのパートナーシップ」の枠組み文書に署名【スイス】
1997	5	ブレア政権【イギリス】
	10	アムステルダム条約調印
1998	4	ベルファスト合意（聖金曜日協定）【イギリス・アイルランド】
	6	セルビア，コソヴォへ攻勢
	8	通貨金融危機【ロシア】
	10	シュレーダー政権【ドイツ】
1999	1	ユーロ11国で正式通貨
	3	NATO 第1次拡大。NATO ユーゴ空爆
	6	EU と第1次2国間協定調印【スイス】
	8	第2次チェチェン紛争【ロシア】
	10	自由党，総選挙で大躍進【オーストリア】
2000	1	改正国籍法施行【ドイツ】
	2	人民党と自由党の連立政権誕生【オーストリア】
	5	プーチン大統領就任【ロシア】
	9	ユーロ導入否決【デンマーク】
	10	ブルドーザー革命によりミロシェヴィチ退陣【セルビア】
2001	1	ユーロ参加【ギリシャ】
	2	ニース条約調印
	6	総選挙で元国王シメオン2世の国民運動勝利【ブルガリア】
		ニース条約批准一時否決【アイルランド】
	9	アメリカ同時多発テロ
2002	5	シラク大統領再選（国民戦線ルペン，決選投票で敗退）【フランス】
	8	ハルツ改革案発表【ドイツ】
	9	国連加盟【スイス】
	11	総選挙で公正発展党が勝利，単独政権を樹立【トルコ】
2003	3	イラク戦争（イギリスが参加）
2004	3	マドリード列車テロ【スペイン】
	4	NATO 第2次拡大
	5	EU の東方拡大（25国へ）
	10	憲法条約調印。EU と第2次二国間協定調印【スイス】
	12	オレンジ革命，ユーシェンコの大統領就任【ウクライナ】
2005	4	教皇ヨハネ・パウロ2世死去【バチカン】

現代ヨーロッパ政治略年表　465

	5	欧州憲法条約批准否決【フランス】
	6	欧州憲法条約批准否決【オランダ】
	7	ロンドン同時爆破テロ【イギリス】
	11	メルケル政権【ドイツ】
2006	7	第1回総合サミット開催【ドイツ】
2007		サブプライム・ローン問題発生
	1	EU 27国へ拡大（ルーマニア・ブルガリア加盟）
	5	サルコジ大統領選出【フランス】
	6	ブラウン政権【イギリス】
	12	リスボン条約調印
2008	2	コソヴォの独立宣言
	8	ロシア・ジョージア戦争
	9	リーマン・ショック
2009	4	NATO 第3次拡大
	10	ギリシャ財政危機発覚
	12	リスボン条約発効
2010	2	ヤヌコーヴィチの大統領就任【ウクライナ】
	4	フィデス勝利【ハンガリー】
	5	キャメロン政権【イギリス】第1次ギリシャ支援
2011	1	ジャスミン革命
	3	シリア内戦，東日本大震災
	5	ビン・ラーディン殺害
	7	オスロ連続テロ【ノルウェー】
	8	改正原子力法発効【ドイツ】
2012	2	第2次ギリシャ支援
	5	ギリシャ総選挙，翌月再選挙へ【ギリシャ】オランド大統領選出【フランス】プーチン，大統領に復帰【ロシア】
	7	ロンドン五輪【イギリス】
	10	欧州安定メカニズム条約発足
	12	EU，ノーベル平和賞受賞
2013	2	ドイツのための選択肢（AfD）結党【ドイツ】
	7	クロアチア EU 加盟（28国へ）
	10	ランペドゥーサ島沖難民船沈没事故．単独の難民探索・救助活動の開始【イタリア】
2014	3	クリミア併合へ【ロシア】
	4	ウクライナ東部で親ロシア派武装蜂起，独立宣言

	5	欧州議会選挙で国民戦線が第一党に【フランス】
	6	Ｇ８から追放【ロシア】
		ポロシェンコの大統領就任【ウクライナ】IS 樹立の宣言
	8	初の国民の直接投票による大統領選挙実施【トルコ】
	9	スコットランド独立の住民投票否決【イギリス】アメリカ，IS 空爆開始
	11	ユンカー欧州委員会発足。カタルーニャ独立住民投票（非公式）【スペイン】
2015	1	シャルリ・エブド襲撃事件【フランス】チプラス新政権発足【ギリシャ】
	5	保守党勝利，EU をめぐる国民投票へ【イギリス】
		教皇フランシスコの環境問題についての回勅「ラウダート・シ」発布【バチカン】
	8	メルケル，難民受け入れを表明【ドイツ】
	9	EU，難民割り当て案合意。南部国境封鎖【ハンガリー】
		カタルーニャ，自治州議会選挙で独立派が過半数を獲得【スペイン】
	10	「法と正義」勝利【ポーランド】難民問題を背景に右派政党が躍進【スイス】
	11	パリ同時多発テロ【フランス】
	12	シリア空爆参加表明【イギリス】IS 掃討作戦参加【ドイツ】
		EU 難民割り当て案，欧州司法裁判所に提訴【スロヴァキア】パリ協定（COP21）採択
2016	3	EU・トルコ声明。ブリュッセルで連続自爆テロ【ベルギー】
	6	EU 離脱派が国民投票で勝利，メイ首相誕生へ【イギリス】
	7	クーデタ未遂事件発生【トルコ】
	12	ベルリンでテロ事件【ドイツ】
2017	1	トランプ大統領就任
	4	改憲国民投票を実施，承認され大統領制への移行が決定【トルコ】
	5	マクロン大統領選出，翌月「共和国前進！」勝利【フランス】
	9	連邦議会選挙で AfD 議席獲得【ドイツ】
	10	カタルーニャ独立住民投票（非合法）【スペイン】
		国民議会選挙の結果，クルツ政権成立【オーストリア】
2018	3	大統領選挙でプーチン再選【ロシア】
	6	反 EU 政権発足【イタリア】
		大統領選挙・議会選挙同時実施，大統領制に移行【トルコ】
	7	中国との国交暫定合意【バチカン】
	8	正教会独立問題が発生【ウクライナ】
	11	黄色いベスト運動【フランス】

人名索引

ア行

アデナウアー, コンラート 80, 87, 425
アンタル, ヨージェフ 301
アンドレオッティ, ジュリオ 177, 179
ヴァラッカ, レオ 28
ヴチッチ, アレクサンダル 288
エリツィン, ボリス 364, 366, 374
エルドアン, レジェップ・タイイップ 444, 447, 449, 451, 458, 459
オカムラ, トミオ 318, 333
オザル, トゥルグト 452, 456
オバマ, バラク 355
オランド, フランソワ 57, 62, 65, 66, 69
オルテガ・イ・ガセー, ホセ 195
オルバーン, ヴィクトル 298, 358

カ行

カーダール, ヤノーシュ 300
カーン, サディク 14
カヴァコ・シルヴァ, アニーバル 214
カエタノ, マルセーロ 212
カチンスキ, ヤロスワフ 342
カチンスキ, レフ 342
クチマ, レオニード 384
クラウス, ヴァーツラフ 323, 324
クラクシ, ベッティノ 178, 179, 188
グリッロ, ベッペ 190
グロース, カーロイ 301
ゲンツ, アールパード 301
コエリョ, ペドロ・パッソス 215
コール, ヘルムート 72, 73, 81, 87, 89
コシュトゥニツァ, ヴォイスラヴ 286, 295
コスタ, アントニオ 216

コモロフスキ, ブロニスワフ 343
ゴルバチョフ, ミハイル 323

サ行

サアカシヴィリ, ミヘイル 375
サッチャー, マーガレット 13
サルヴィーニ, マッテオ 187, 191
サルコジ, ニコラ 57, 58, 60, 66
ジスカール=デスタン, ヴァレリー 55, 60
シドゥウォ, ベアタ 344
ジフコフ, トドル 257, 258, 264
シメオン2世 260
ジュカノヴィチ, ミロ 289, 290, 292
シュッセル, ヴォルフガング 332
ジュルチャーニ, フェレンツ 304
シュレーダー, ゲアハルト 73, 81, 85, 88-90
シラク, ジャック 52, 55-57, 60, 63, 64
ジンジッチ, ゾラン 288, 295
杉原千畝 414, 416
スターリン, ヨシフ 322
ズリンダ, ミクラーシュ 324, 328
ゼマン, ミロシュ 324
ソアレス, マリオ 213
ソクラテス, ホセ 215

タ行

チトー, ヨシップ・ブロズ 277
チャーチル, ウィンストン 18
チャウシェスク, ニコラエ 257, 258, 260, 263, 268
デ・ガスペリ, アルチーデ 177, 188
デュヴェルジェ, モーリス 52
デルポンテ, カルラ 295
トゥジマン, フラニョ 282

469

トゥスク，ドナルド　29,338
ドゴール，シャルル　51,52,63,64

ナ行

ナジ，イムレ　299
ナポレオン，ボナパルト　50,51
ネーメト，ミクローシュ　301

ハ行

ハイダー，イェルク　332
パウロ6世　164
バセスク，トラヤン　259,260,266
バビシュ，アンドレイ　324,327,333
バルニエ，ミシェル　29
バローゾ，ホセ・マヌエル・ドゥラーオ　215
ビスマルク，オットー・フォン　79
ヒトラー，アドルフ　129
フィツォ，ロベルト　324,328,331,333
プーチン，ウラジーミル　352,364,366,375,379
フェアホイゲン，ギュンター　332
フェリペ6世　204
フォルタイン，ピム　140
ブラウン，ゴードン　13
フランコ，フランシスコ　195
ブレア，トニー　13
ベルリングェル，エンリコ　177
ベルルスコーニ，シルヴィオ　179

ペレグリニ，ペテル　324,333
ポジュガイ，イムレ　301
ボリソフ，ボイコ　260,264,266
ホルン，ジュラ　304

マ行

マクロン，エマニュエル　52,57,62,64,65,67-69
マサリク，トマーシュ　320
ミッテラン，フランソワ　52,55-57,63,64
ミロシェヴィチ，スロボダン　278,286,287,294
メイ，テリーザ　23
メチアル，ウラジミール　323,324,328,367
メドヴェージェフ，ドミートリー　367
メルケル，アンゲラ　62,72,81,85,86,88,90
モネ，ジャン　62
モラヴィエツキ，マテウシュ　344

ヤ・ラ行

ヤヌコーヴィチ，ヴィクトル　376,384
ユーシチェンコ，ヴィクトル　384
ユンカー，ジャン＝クロード　147
ルペン，ジャン＝マリ　67
ルペン，マリーヌ　61,65,67
レイプハルト，アレンド　136
ローマ法王　44,153
ロマーノ，プローディ　180

事項索引

ア 行

アイスランド 239
アイデンティティ 42
アイルランド島 28
アキ・コミュノテール 323
アソーレス諸島 218
アナーキズム 204
アムステルダム条約 17, 428, 435
アルジェリア独立戦争 51, 58
アルスター統一党（UUP）35
安定成長協定 214
安定・連合協定（SAA）291, 293
イギリス・アイルランド条約（英愛条約）29
イギリス独立党（UKIP）20, 21
移行期正義 294
意志の国家 96
イスラーム 445, 447, 452, 457-459
　――教 348
　――教徒 411, 412, 444
　――国（IS）377
一時移民 184
イニシアティブ 102
移民 41, 454
　――送り出し国 210
　――政策 111
　――の送り出し 390
　――のトランジット国 390
　――の背景を持つ市民 126
　――排斥 440
イラク戦争 18, 19, 63, 88, 375
インターネット投票 406, 407
ウィーン会議 106
ヴィシェグラード・グループ（V4）310, 330

ウエストファリア体制 154
ヴェルサイユ条約 106
ウクライナ危機 372, 376, 377
右翼 53
　――ポピュリズム 234
エストニア 402
エスニック・マイノリティ 41
円卓会議 339
欧州委員会 430
欧州懐疑主義 21, 265
　――政権 191
欧州懐疑派 1, 20, 182, 189
欧州議会 32, 430
欧州共同体（EC）36, 145
欧州金融危機 199
欧州近隣諸国政策 391
欧州経済共同体（EEC）425
欧州原子力共同体（Euratom）425
欧州憲法条約 65, 139, 428
欧州自由貿易連合（EFTA）108
欧州自由民主同盟（ALDE）32
欧州主義 201
欧州首脳理事会常任議長 338
欧州人民党グループ（EPP）31
欧州石炭鉄鋼共同体（ECSC）425
欧州単一市場 56
欧州通貨統合 55, 64
欧州統合 396
欧州難民危機 307
欧州評議会 410
欧州防衛共同体（EDC）64
欧州理事会 429
欧州連合（EU）413
オーストリア・アイデンティティ（オーストリア

471

国民意識）129, 130
オーストリア＝ハンガリー二重帝国　319
汚職　256, 265-267, 270
オスマン帝国　276
オフリド合意　285
オランダモデル　140
オリガルヒ　370, 371, 385
オレンジ革命　384

　　　　カ　行

改憲　449, 451
外国人過多　110
　――＝イニシアティブ　111
外国人参政権　113, 126, 411
外国人問題　110
外国人労働力（ガストアルバイター）84, 124
解放の神学　168
閣僚理事会　429
過重債務帳消し　170
ガス戦争　395
ガス代金　397
家族主義　182
家族政策　249
カタルーニャ　195
カトリック　30, 199
　――教会　38
加盟のための行動計画（MAP）292
カラー革命　375
カリーニングラード　414
環境政党　234
環境保護政党新しい政治の形（LMP）304
完全比例代表制　389
黄色いベスト　1
議院内閣制　261, 269, 405
議会主権　9, 15
帰化申請　112
帰還民族　391
犠牲者　130
帰属変更　383

北アイルランド　28
北大西洋条約機構（NATO）18, 107, 226, 237, 264, 265, 349, 395, 455
義務的レファレンダム　101
救国戦線（FSN）258, 259, 262
急進左派連合（SYRIZA）223
キューバ・ミサイル危機　161
救貧活動　168
旧ユーゴ国際刑事裁判所（ICTY）280, 291-295
教育　42
教皇　153, 161
共産主義　232
共産党（スペイン）196
共産党（フランス）53-55, 66, 69
共産党（ポルトガル）213
共産党（ロシア）362
競争的権威主義体制　282, 287
協調民主主義　120
共通欧州庇護システム（CEAS）437
共有権限　431
共和国前進！　67-69
共和制　176
共和派　67-69
ギリシャ（財政）危機　263, 432
キリスト教民主・社会同盟（CDU/CSU）74-76, 86, 89-91
キリスト教民主人民党（KDNP）302
緊縮財政　13, 21, 44
金融通貨危機　369, 370
空席危機　426
クーデタ　445, 446, 458
クオータ　240
クライアンテリズム（恩顧主義）389
クリミア　389
　――併合　379
クルド　456, 457
クロアチア独立国　277
グローバル・サウス　168
グローバル化　66

軍　445, 446, 448
軍事介入　398
軍縮会議　165
軍廃止　108
経済危機　305
経済協力　394
経済制裁　398
ゲリマンダリング　34
ケルトの虎　37
権威主義体制　211
言語　42
健康保険　105
言語問題　135
原初三邦　95
建設的不信任　73
憲法の公式　100
コアビタシオン（保革共存）　52, 261, 270
合意型民主主義　137
合議制民主主義　100
公正発展党（AKP）　444, 447, 453, 456-459
拘束名簿式比例代表制　284, 285, 287, 289
合同連邦会議　99
合邦　118, 129
コーポラティズム　236
国外ハンガリー人に関する法律　310
国際関係　28
国際社会　398
国際秩序　158
国際難民帰還（IRO）　159
国際任務　312
国際法　154
国際連合（国連）　107, 158
　　──の難民条約　110
国際連盟　106
国際労働機関（ILO）　159
国籍法　125
国内移民　185
国内避難民　393
国防軍改革　313

国民議会　98
国民国家　399
国民自由党（PNL）　259-261
国民政党　74
国民戦線　54, 60, 61, 65-69, 440
国民総生産（GDP）　36
国民党（PP）　196
国民投票（アイルランド）　43
国民投票（スイス）　102
国民投票（ハンガリー）　308
国民投票で否決（オランダ）　428
国民投票で否決（フランス）　428
国民の家　236
国民保健サービス（NHS）　12
国有化　54, 55
国連難民高等弁務官事務所（UNHCR）　127, 159, 224
個人原理への転換　123
個人特使　163
コソヴォ解放軍　280
コソヴォ空爆　20
コソヴォ暫定行政ミッション（UNMIK）　280
コソヴォ治安部隊　293
国家建設　399
固定支持層　121
ことばと民族　129
子どもの権利条約　250
コモンウェルス（英連邦）　14, 16, 18, 42
コンクラーベ　152, 158
コンセンサス・ポリティクス　231
コンセンサス型民主主義　120

サ　行

サーミ　247
サーユーディス　404, 405
財政危機　304
サイバー戦争　418
サブプライム・ローン　432
左翼　53

事項索引　473

左翼連合　215
サラザール体制　211
三権分立　158
シウダダノス　196
シェンゲン協定　308, 427, 435
シェンゲン・ダブリン協定　109
ジェンダー　290
　──クオータ　240
　──平等　230, 239, 241, 249
支援的権限　431
自主管理社会主義　278
市場経済化　256, 262, 269, 369, 372
自制の文化　87
自治議会　29
失業保険（ALV）　104
失業問題　199
失業率　199
執政内紛争　385
ジブラルタル　201
市民プラットフォーム　341
社会主義　256, 257
　──経済　369
社会主義労働者党（MSZMP）　300
社会党（フランス）　52, 54, 55, 57, 60, 63, 64, 66-69
社会党（BSP, ブルガリア）　258, 259-264, 266
社会党（ポルトガル）　213
社会統合　125, 393
社会パートナーシップ　122
　──における「排除」　123
社会民主主義　232
社会民主党（PSD, ブルガリア）　259, 261, 266
社会民主党（SPD, ドイツ）　74-76, 80, 89-91
社会民主党（ポルトガル）　213
社会民主労働党（SLDP）　35
社会労働党（PSOE）　196
自由・安全・正義の領域（AFSJ）　435
宗教国家　152
重工業　396

自由主義　232
　──改革　407
　──レジーム　13
自由主義民主連合（SZDSZ）　301
終身制　158
シューマン・プラン　62, 425
障がい者年金保険（IV）　105
少子高齢化　345
少数民族　124, 262, 263, 268-270
　──政党　259, 262-264
　──枠　261
小選挙区　389
　──制　9, 10, 21
　──多数決2回投票制　281, 284, 287, 289
　──2回投票制　54
　──比例代表併用制　76
　──比例代表並立制　282, 284, 389, 406, 416
条約　154
女性解放　103
女性参政権　103
女性政党　234
ショック療法　262, 369
シリア内戦　377
シン・フェイン　31
陣営（ラーガー）　119
新憲法（基本法）　298
人権擁護　202
人口流出　412
新自由主義（ネオリベラリズム）　198, 263
　──的な改革　244
神聖ローマ帝国　117
人道の介入　20, 280
新トマス主義者　164
進歩主義　69
人民運動連合（UMP）　54, 57, 66-69
人民党　131
スイス革命　95
スイス盟約者団　95
スウェーデン　235

――・モデル 235
枢機卿 153
スエズ危機 18
スカーフ事件 60
スコットランド国民党（SNP） 10
ストップ・ソロス法 314
スペイン内戦 195
スモレンスク 343
正規化措置 186
政教条約 155, 163
政権交代（アイルランド） 32
政権交代（フランス） 54
聖座 151
政治体制 301
政治の文民化 448
政治腐敗 256, 265, 270
精神的国土防衛 96
政党国家 74
政党システム 302
政党支配体制 178
セウタ 201
世界金融危機 263
世界プロテスタント教会協議会（WCC） 164
赤十字 163
石油危機 55
セクリターテ 257
世俗主義 444, 445, 447, 457-459
ゼネスト 96
セルビア人・クロアチア人・スロヴェニア人王国 276
セルビアとの国境を閉鎖 308
1996年憲法 383
全州議会 98
相互依存 45
属地主義 94
祖国党 388
阻止条項 261, 281, 282, 285, 291
　5％の―― 76, 142
ソチ冬季五輪 364

ソ連 403, 410, 418
　――憲法 383

タ　行

第1共和制（イタリア） 177
第1共和制（ポルトガル） 211
第1次世界大戦 118
第1次二国間協定 109
第2共和制（イタリア） 179
第2共和制（スペイン） 195
第2次二国間協定 109
第2バチカン公会議 164
大英帝国 14, 16
大航海時代 210
体制転換 300
大西洋主義 187
大統領制 383, 448, 450, 451, 459
大量移民反対イニシアティブ 112
大連立政府 120
多極共存型民主主義 34, 137, 283, 285
多言語国家 94
多国間主義 65
多数派 121
　――プレミアム付き比例代表制 180, 181
多速度の統合 435
戦う民主主義 74
縦割り主義 393
多党制 53, 385
ダブリン協定 224
多文化主義 94, 245
単記移譲式投票（STV） 32
単純小選挙区制 35
男女同権 103
単独行動主義 65
地域協力 128
地域政党 203
地域党 387
地域ナショナリズム 203
小さな政府 104

事項索引　475

チェチェン共和国　365
チェチェン紛争　364
近い外国　374
地下教会　162
地球温暖化　169
地中海　200
地方参政権　126
地方制度　38, 74
中国　221
柱状化社会　137, 140
中・東欧諸国のNATOへの正式加盟　350
中立国　106, 163
中立政策　127
直接民主主義　101
通貨統合　20, 56
デイトン合意　283, 294
ディリジスム　54
テクノクラート政権　180, 181, 189, 190
デュヴェルジェの法則　9
テロとの戦い　375
伝統的な家族像に基づく社会政策　123
天然ガス　397
デンマーク　234
ドイツ騎士団　402
ドイツ系オーストリア　118
ドイツのための選択肢（AfD）　74, 75, 91
ドイツ問題　86
ドイツ連邦　117
統一ロシア　368
同意法　78
東欧革命　350
同化協定　125
同化政策　245
統合契約　186
東西の架け橋　127
同時多発テロ　375
投資ビザ　220
　──制度　210
同性婚　44

東方政策　167
同盟党（AP）　35
トゥルコ・ナポリターノ法　186
特殊外交関係　162
ドゴール派　52-55, 63, 64, 66, 67
ドネツク人民共和国　398
トリアノン条約　299
トルーマン・ドクトリン　222
トルコ人労働者　454
トロイカ合意　215

　　　　ナ　行

ナショナリスト　197
ナショナル・アイデンティティ　108
ナショナル・マイノリティ　246
ナチ・ドイツ　84, 106
　──への関与　129
ナチス　74, 80, 83, 155, 416, 418
難民　411, 455
　──危機　65, 72, 85, 86, 89
　──申請　111, 161, 163, 224
ニース条約　428
二極化　54
二国間協定の制度的枠組み条約　109
2004年憲法　383
2018年4月の総選挙　314
二大政党　180
　──制　8, 9, 23, 53
日独伊三国同盟　277
2ブロック競合　259, 260
ニューディール政策　163
任意的レファレンダム　102
妊娠中絶　44
ヌンティオ　160
ネオ・コーポラティズム　140
年金制度　373
農民政党　232
ノーザン・ダイメンション　248
ノメンクラトゥーラ　257, 265

ノルウェー　237

ハ　行

ハーグ条約　106
排他的権限　431
バスク　195
8月クーデタ　383
バチカン外交　168
パトリオットミサイル（PAC3）　357
ハプスブルク家　95, 116
ハプスブルク帝国　276, 319, 320
バランス外交　396
パリ協定（第21回気候変動枠組み条約締約国会議）　169
パリ同時多発テロ　62
ハルツ改革　81
バルト・ドイツ人　402
バルトの虎　407
ハンガリー事件　299
半大統領制　52, 119, 212, 260, 261, 269, 366, 382, 405
非・規約　190
東ドイツ人への国境の開放　307
非拘束名簿式比例代表制　283, 290
非承認国家化　375
非正規移民　185, 186, 455
非ドイツ語系民族　123
非同盟運動　278
ビリニュス　414
非リベラル・デモクラシー　358
比例代表制　54, 261, 269, 281, 406
比例配分（プロポルツ）　120
貧困ギャップ　409
ファシズム　404
フィアナ・フォイル　31
フィデス-ハンガリー市民連合（Fidesz-MPSZ）　298
フィネ・ゲール党　28
フィンランド　238, 415

フェミニズム運動　241
フォークランド紛争　18
福祉国家（ドイツ）　79
福祉国家（フランス）　55
福祉国家（北欧）　243
福祉政策（ハンガリー）　305
福島原発事故　90
福祉レジーム　241
武装中立国　107
浮動票　120
普遍主義　242
不法移民　392
ブラジル　210
　──人　220
フラット・タックス　263
フランス革命　50, 53
武力紛争　391
ブルガリアの欧州発展のための市民（GEBR）　260, 263, 264, 266
ブレグジット　21, 23, 28, 65, 429
プレスパ合意　284
プロテスタント　30
プロパガンダ　158
文明の衝突　167
兵役義務　107
平行社会　85
兵士像　417
平和のためのパートナーシップ　107, 291
ベヴァリッジ報告　12
ベオグラード協定　286
ペギーダ　76
ベトナム戦争　18
ヘルヴェティア共和国　95
ヘルシンキ会議　165
ベルリン条約　276
ベルリンの壁の崩壊　279
ベルン　98
ペレストロイカ　404
包括的経済・貿易協定（CETA）　134

事項索引　477

法と正義　341
ポーランド　414
　　──人の配管工　347
補完性原理　205
北欧モデル　242
北欧理事会　243
ボクロシュ・チョマグ（パッケージ）　304
保守主義　232
　　──型福祉国家　81, 82
　　──レジーム　122
保守党　9
補償議席制度　283
ボックス（Vox）　197
ボッシ・フィーニ法　186
ポデモス　196
ポピュリズム　1, 131, 197, 223, 424
　　──政党　440
　　──の台頭　441
ポルトガル語諸国共同体　217, 220
ホロコースト　155, 156, 321, 416

マ 行

マーシャル・プラン　425
マーストリヒト基準　427
マーストリヒト条約　20, 64, 88, 427, 434, 435
マーレ・ノストルム作戦　187
マケドニア問題　226
マネタリズム　13
マルテッリ法　185
緑の党（ドイツ）　74, 75, 89-91
緑の党（フランス）　54
ミドルパワー　202
南ティロール　128
ミュンヘン協定　321
ミリッツシステム　100
民営化　55, 262, 265
民主化　212, 405
民主化中央・国民党　213
民主左翼連合　340

民主主義の赤字　126
民主統一党（DUP）　23, 35
民主フォーラム（MDF）　301
民主連合（DK）　304
ミンスク合意　377
無国籍　411
ムスリム　444
モラヴィエツキ・プラン　346
モロッコ　202
モロトフ＝リッベントロップ協定　403

ヤ 行

ユーゴ継承戦争　279
ユーゴ人民軍　279
ユーゴスラヴィア社会主義連邦共和国　277
ユーロ　64, 189
　　──危機　181, 183, 191, 215, 218, 222, 319
　　──税　189
　　──導入　328, 329
ユーロマイダン革命　393
ユダヤ人　110, 155, 403, 416
ユニオニスト　34
ヨーロッパ主義　187-189
ヨーロッパ中央銀行　223
ヨーロッパの病人　72
よりよいハンガリーのための運動（ヨビック，Jobbik）　303

ラ 行

ライシテ　61
雷十字軍　417
ラテラノ条約　160
ラトヴィア　402
ランツゲマインデ　101
リーマン・ショック　1, 239, 326, 328, 344
リーマン・ブラザーズ　432
リスボン条約　88, 139, 218, 428, 436
リトアニア　402
ルクセンブルクの妥協　426, 431

冷戦崩壊　350
歴史的妥協路線　177
歴史認識問題　415
レジスタンス　176, 178
レシュティの溝　96
連合協定署名　396
連合政治　120
連帯　339
　　──選挙行動　340
連邦議会　98
連邦制　96
連邦内閣　99
連立内閣　388
労使協調路線　122
労働移民　390
労働市場の柔軟化　184
労働者憲章　183, 184
労働党（アイルランド）　31
労働党（イギリス）　9, 13, 23
老齢・遺族年金制度（AHV）　105
68年世代　75
ローマ条約　425
ローマ問題　154
ローン・ウルフ（一匹狼）型　439
ロシア革命　403
ロシア語系住民　404-406, 410
ロシア帝国　402

ワ 行

ワークシェアリング　140
ワークフェア政策　13
ワイマール共和国　73, 74, 76, 80, 83
ワイマール・トライアングル　349
ワセナール合意　140
ワルシャワ条約機構　322
我らのウクライナ　388

欧　文

AfD→ドイツのための選択肢
AKP→公正発展党
BRICs　370, 371
CDU/CSU→キリスト教・民主社会同盟
CIS　394
CiU　203
EC加盟　198
EU→欧州連合
　　──加盟　108, 128, 221, 309, 394
　　──加盟国14カ国から制裁　128
　　──憲法　20
　　──国民投票　22
　　──司法裁判所　430, 431
　　──市民　434
　　──市民権　220
　　──トルコ声明　437
　　──の東方拡大　427
　　──離脱→ブレグジット
Family500+　345
FTA　413
GERB→ブルガリアの欧州発展のための市民
ICTY→旧ユーゴ国際刑事裁判所
ILO→国際労働機関
IMF（国際通貨基金）　223
ISDS条項　146
KGB　166
MD計画　352
NATO→北大西洋条約機構　413
　　──拡大　374
　　──加盟　311
NGO　159
OSCE　410
SAA→安定・安全協定
SPD→社会民主党（ドイツ）
Toddler+　346
UMP→人民運動連合
WCC→世界プロテスタント教会協議会

事項索引　479

執筆者紹介(所属，執筆分担，執筆順．＊印は編著者)

*松尾秀哉(龍谷大学法学部教授，はしがき・序・第7章・エッセイ①・第21章)
*近藤康史(名古屋大学大学院法学研究科教授，はしがき・序・第1章)
*近藤正基(京都大学法学部教授，はしがき・序・第4章・第21章)
*溝口修平(法政大学法学部教授，はしがき・序・第18章)
小舘尚文(アイルランド国立大学ダブリン校(UCD)准教授，第2章・コラム①・②)
千葉優子(青山学院大学経営学部准教授，第2章・コラム①・②)
尾玉剛士(獨協大学外国語学部専任講師，第3章・コラム③)
穐山洋子(同志社大学グローバル地域文化学部准教授，第5章)
梶原克彦(愛媛大学法文学部人文社会学科准教授，第6章)
松本佐保(名古屋市立大学人文社会学部国際文化学科教授，第8章・コラム④)
佐藤良輔(皇學館大学文学部・現代日本社会学部非常勤講師，第9章)
細田晴子(日本大学商学部教授，第10章)
西脇靖洋(静岡文化芸術大学文化政策学部准教授，第11章)
村田奈々子(東洋大学文学部史学科教授，エッセイ②)
浅井亜希(東海大学文化社会学部北欧学科講師，第12章)
藤嶋亮(國學院大學法学部教授，第13章・エッセイ③)
久保慶一(早稲田大学政治経済学術院教授，第14章)
荻野晃(長崎県立大学国際社会学部教授，第15章)
福田宏(成城大学法学部准教授，第16章)
市川顕(東洋大学国際学部グローバル・イノベーション学科准教授，第17章)
松嵜英也(津田塾大学学芸学部専任講師，第19章)
中井遼(北九州市立大学法学部政策科学科准教授，第20章)
佐藤俊輔(國學院大學法学部専任講師，第21章)
岩坂将充(北海学園大学法学部政治学科准教授，第22章)

《編著者紹介》

松尾秀哉（まつお・ひでや）
1965年　生まれ。
2007年　東京大学大学院総合文化研究科博士課程修了，博士（学術，東京大学）。
現　在　龍谷大学法学部教授。
主　著　『物語ベルギーの歴史——ヨーロッパの十字路』中公新書，2014年。
　　　　『連邦国家ベルギー——繰り返される分裂危機』吉田書店，2015年。
　　　　『ヨーロッパ現代史』ちくま新書，2019年。

近藤康史（こんどう・やすし）
1973年　生まれ。
2000年　名古屋大学大学院法学研究科博士課程後期課程修了，博士（法学，名古屋大学）。
現　在　名古屋大学大学院法学研究科教授。
主　著　『個人の連帯——「第三の道」以後の社会民主主義』勁草書房，2008年。
　　　　『社会民主主義は生き残れるか——政党組織の条件』勁草書房，2016年。
　　　　『分解するイギリス——民主主義モデルの漂流』ちくま新書，2017年。

近藤正基（こんどう・まさき）
1975年　生まれ。
2008年　京都大学大学院法学研究科博士課程満期退学。博士（法学，京都大学）。
現　在　京都大学法学部教授。
主　著　『現代ドイツ福祉国家の政治経済学』ミネルヴァ書房，2009年。
　　　　『ドイツ・キリスト教民主同盟の軌跡——国民政党と戦後政治 1945-2009』ミネルヴァ書房，2013年。
　　　　『現代ドイツ政治——統一後の20年』（西田慎との共編著）ミネルヴァ書房，2014年。

溝口修平（みぞぐち・しゅうへい）
1978年　生まれ。
2011年　東京大学大学院総合文化研究科国際社会科学専攻博士課程満期退学。
2012年　博士（学術，東京大学）。
現　在　法政大学法学部教授。
主　著　『ロシア連邦憲法体制の成立——重層的転換と制度選択の意図せざる帰結』北海道大学出版会，2016年。
　　　　『連邦制の逆説？——効果的な統治制度か』（松尾秀哉・近藤康史・柳原克行との共編著）ナカニシヤ出版，2016年。
　　　　「ロシアにおける1993年憲法体制の成立と変容——憲法改正なき変容から憲法改正を伴う変容へ」『レヴァイアサン』第60号，木鐸社，2017年。

教養としてのヨーロッパ政治

| 2019年6月20日　初版第1刷発行 | 〈検印省略〉 |
| 2021年3月30日　初版第2刷発行 | |

定価はカバーに
表示しています

編著者	松尾　秀哉
	近藤　康史
	近藤　正基
	溝口　修平

| 発行者 | 杉田　啓三 |
| 印刷者 | 坂本　喜杏 |

発行所　株式会社　ミネルヴァ書房
607-8494　京都市山科区日ノ岡堤谷町1
電話代表　(075)581-5191
振替口座　01020-0-8076

©松尾・近藤・近藤・溝口ほか, 2019　冨山房インターナショナル・藤沢製本

ISBN 978-4-623-08641-2
Printed in Japan

現代ベルギー政治
津田由美子・松尾秀哉・正躰朝香・日野愛郎／編著　　Ａ５判／282頁　本体　2800円

現代ドイツ政治
西田　慎・近藤正基／編著　　Ａ５判／352頁　本体　3000円

よくわかるイギリス近代史
君塚直隆／編著　　Ｂ５判／184頁　本体　2400円

よくわかるフランス近現代史
剣持久木／編著　　Ｂ５判／212頁　本体　2400円

教養のイタリア近現代史
土肥秀行・山手昌樹／編著　　Ａ５判／348頁　本体　3000円

教養のフランス近現代史
杉本淑彦・竹中幸史／編著　　Ａ５判／360頁　本体　3000円

教養のドイツ現代史
田野大輔・柳原伸洋／編著　　Ａ５判／360頁　本体　3000円

大学で学ぶ西洋史〔古代・中世〕
服部良久・南川高志・山辺規子／編著　　Ａ５判／373頁　本体　2800円

大学で学ぶ西洋史〔近現代〕
小山　哲・上垣　豊・山田史郎・杉本淑彦／編著　　Ａ５判／424頁　本体　2800円

― ミネルヴァ書房 ―
https://www.minervashobo.co.jp/